Kleist in Tra

doppelt

Wolfgang Golther

Die deutsche Dichtung im Mittelalter

Wolfgang Golther

Die deutsche Dichtung im Mittelalter

800 bis 1500

Mit einem Nachwort von Manfred Stange

marixverlag

Neu gesetzte und überarbeitete Ausgabe für
Marix Verlag GmbH, Wiesbaden 2005
nach der Ausgabe Stuttgart, 1912
Covergestaltung: Thomas Jarzina, Köln
Bildnachweis: akg-images GmbH, Berlin
Satz und Überarbeitung: Pinkuin Satz und Datentechnik, Berlin
Gesamtherstellung: GGP Media GmbH, Pößneck
Printed in Germany

ISBN: 3-86539-002-1
www.marixverlag.de

Inhalt

I. Die althochdeutsche Zeit

II. Die frühmittelhochdeutsche Zeit

III. Die mittelhochdeutsche Blütezeit

IV. Das 14. und 15. Jahrhundert

Vorwort

Die deutsche Dichtung im Mittelalter erhält ihr eignes Gepräge durch die besonderen Kulturideale der Kirche, der ritterlich höfischen Gesellschaft, der Spielleute und der gelehrten oder doch mit Gelehrsamkeit prunkenden bürgerlichen Verfasser. Geistliche Stoffe, Roman und Minnesang, Heldensage und lehrhafte Werke lösen einander ab, lateinische und französische Vorbilder bestimmen den deutschen Dichter, der nur in der Heldensage auf uralt heimischem Grunde steht. In der ältesten Zeit ist die deutsche Literatur nur eine Wiederholung der lateinischen geistlichen. Diese immerhin verheißungsvollen Anfänge verlaufen fast spurlos, weil im 10. Jahrhundert die deutsche Dichtung verstummt und im 11. Jahrhundert zum zweiten Male neu begründet werden muss. Jetzt aber beginnt eine lange, ununterbrochene Entwicklung, die sich um 1200 zu bedeutender Höhe, zu wirklicher Blüte erhebt. Die geistliche Literatur wird von der weltlichen abgelöst, neue Stoffe und Formen kommen auf, die auch im 14. und 15. Jahrhundert bei den bürgerlichen Verfassern fortleben. Die mittelalterliche Literatur findet ihr Ende, als das neue humanistische Ideal auftaucht. Unsre Darstellung berücksichtigt nur die auf den mittelalterlichen Kulturidealen begründeten Werke und findet ihren Abschluss um 1500. Das 16. Jahrhundert verlangt eine besondere Darstellung. Die neue, von den fremden Renaissanceliteraturen geweckte deutsche Dichtung verliert vollends jeden Zusammenhang mit dem Mittelalter, bis Herder und die Romantiker und die aus ihren Anregungen erwachsene Wissenschaft auch für den Dichter die alte Zeit wiederbeleben. Es wäre eine dankbare, aber weit über den Rahmen unsres Buches reichende Aufgabe, der mittelalterlichen Literaturgeschichte einen Abschnitt anzugliedern, der ihr Wiedererwachen im 19. Jahrhundert schildert.

Die vorliegende Geschichte der altdeutschen Dichtung sucht die übersichtliche, zusammenhängende Erzählung der literarischen Entwicklung mit der Charakteristik der einzelnen Werke zu verbinden. Die wichtigsten altdeutschen Denkmäler sollen dem Leser nach Form und Gehalt möglichst klar vor Augen treten; in besonderen Fällen sind die wissenschaftlichen Streitfragen, um deren Lösung die Forschung sich bemüht, hervorgehoben. Vollständige Aufzählung sämtlicher altdeutscher Denkmäler ist keineswegs beabsichtigt, vielmehr galt es nur, das Wesentliche und Wichtige vorzuführen. Diesem Zwecke dienen auch die literarischen Nachweise am Schlusse des Bandes, die sich auf Nennung der neusten Ausgaben und Abhandlungen, wo der Leser alles Weitere findet, beschränken. Ich habe bereits 1891 für Kürschners deutsche Nationalliteratur eine Geschichte der deutschen Dichtung von den ersten Anfängen bis zum Ausgang des Mittelalters geschrieben. Die heutige neue Darstellung, die auf Wunsch und Anregung des Herrn Verlegers verfasst wurde, hat mit dem früheren Buche wenig gemein. Nicht nur der wissenschaftliche Zuwachs, sondern such die ganze Anlage bedingten eine wesentlich verschiedene Behandlung der Aufgabe. So gebe ich das Buch hinaus mit dem Wunsche, dass es mit und neben den andern Literaturgeschichten des Mittelalters zur Erkenntnis des altdeutschen Schrifttums beitrage, dass es tauglich erfunden werde, den Laien zu den Schätzen der altdeutschen Dichtung heranzuführen und dem Studierenden eine bequeme und willkommene Übersicht und Zusammenfassung zu bieten.

Rostock, November 1912.
Wolfgang Golther.

I. Die althochdeutsche Zeit

Reste urdeutscher Dichtung in der althochdeutschen Literatur

Aus urdeutschem Erbgut weist die ahd. Literatur zwei Beispiele auf: die *Merseburger Zaubersprüche* und das *Hildebrandslied*. Sie sind nur beiläufig überliefert, indem das Hildebrandslied um 800 auf die Umschlagseiten einer theologischen Handschrift und die Sprüche im 10. Jahrhundert auf das leere Vorsatzblatt eines lateinischen Messbuches eingetragen wurden; einer besonderen literarischen Aufzeichnung wären diese Stücke kaum für würdig erachtet worden. Sie entstammen einer andern Welt als die geistliche Literatur der ahd. Zeit. Wie zwei vereinzelte Denksäulen ragen sie aus der Vergangenheit in die anbrechende Literatur herüber. Es gilt, sie einem größeren Zusammenhang einzuordnen, aus ihnen ein Bild der vorliterarischen urdeutschen Dichtung zu gewinnen.

Aus der *Sprache* und aus gelegentlichen Anspielungen geschichtlicher Quellen erholen wir unsre recht dürftigen und unsicheren Vorstellungen einer urdeutschen Dichtung, wovon diese beiden Überreste Zeugnis ablegen. Das gemeingermanische Wort »*laikas*«, das als »*leich*« in veränderter und eingeschränkter Bedeutung und Anwendung bis ins Mhd. herunterreicht, umfasste ursprünglich Dichtkunst, Tonkunst und Tanzkunst, meinte das zum Reigen gesungene Gedicht. Und da die altenglische Sprache mit »lâc« die Bedeutung Opfer verknüpft, so ist zu schließen, dass dieser Gesang beim feierlichen Opfer erschallte. Die nordische Sprache versteht unter »leikr« Spiel. Das Wort »Lied« bedeutet ursprünglich so viel als Strophe. Zusammensetzungen mit »leich« und »lied« lassen erkennen, bei welchen Gelegenheiten sie erklangen. Wîglied und Sigilied weisen auf Kriegs- und Siegeslieder, Hîleich und Brûtleich auf Hochzeitslieder, Karaleich und Jâmarleich, womit altdeutsche Glossen die lateinische Nänie umschreiben, auf Klagelieder; Albleich ist der allbezaubernde Elbleich, die süßeste Weise, der nichts widerstehen kann. Hugileich (mhd. hügeliet) und Winileich sind Freuden- und Freundschafts-, d. h. Gesellschaftslieder. Harafleich deutet auf die Harfenbegleitung solcher Gesänge. Unter den Leichen sind Chor- und Tanzlieder zu verstehen, die entweder wie unsre Choräle etwa vom ausrückenden Heere und beim Siegesfest angestimmt oder beim Tanz von einem Vorsänger vorgesungen, von den Übrigen im Kehrreim wiederholt wurden, so wie in geschichtlicher Zeit und in der Gegenwart die Reigenlieder. Wenn sich die eigentlichen Choräle eher der lyrischen Gattung eingliedern, dürften die vom Vorsänger angestimmten und geführten Lieder den Balladen (d. h. Reigenliedern im eigentlichen Sinn), also der erzählenden Gattung zugeschrieben werden.

Neben dem Leich steht das *Spell*, die Erzählung oder epische Dichtung. Von einem eigentlichen Epos findet sich in urdeutscher Zeit keine Spur, wohl aber von kürzeren erzählenden Gedichten vom Umfang unsres Hildebrandsliedes und der Eddalieder. Dass man solche Gedichte als Spell bezeichnete, lässt sich zwar nicht beweisen, aber vermuten. Spell (vgl. gotspell-Evangelium) besagt nichts über die Form, wohl aber über den Inhalt. Das Spell kann in gebundener oder ungebundener Rede verfasst sein. Die mhd. Sprache kennt das Wort »bîspell«, das hernach zu Beispiel umgedeutet wurde und so bis auf unsre Zeit fortlebt. Beispiel ist eigentlich die neben der Lehre und zu deren Veranschaulichung gegebene Erzählung. Man möchte das Hildebrandslied als Spell, d. h. Erzählung, die Einleitung der Zaubersprüche aber als Bispell, d. h. Beispiel bezeichnen. Denn im ersten Fall, steht die Erzählung für sich selbst, im zweiten nur als erläuterndes Beispiel des Spruches. Wenn der Leich meist als Chorlied angesprochen werden darf, so ist das Spell für den Einzelvortrag bestimmt. Damit ist eine verschiedene Vortragsweise bedingt. Der Leich wurde gesungen, ist also ein musikalisches Stück; das Spell wurde gesprochen, aber in rhythmisch gehobenem Vortrag, mit klingender Stimme, von begleitenden Harfenakkorden unterstützt. Zum Leich, zum Chorlied und dessen Führung bedurfte es keiner besonderen Übung, natürliche Begabung reichte dafür aus: Aber »der epische Vortrag« wollte gelernt sein, das war eine Kunst, deren Ausübung in den Händen der germanischen Sänger lag. Diese Berufssänger, von Fürsten und Volk hoch geehrt, hießen bei den Westgermanen *Skop* (so niederdeutsch, wofür im Hochdeutschen die Form Skof eintritt). Die *metri-*

sche Form dieser urdeutschen und urgermanischen Gedichte war die stabreimende Langzeile, die zwei Kurzzeilen mit je zwei Haupthebungen durch den Stabreim so miteinander verbindet, dass die erste Hebung der zweiten Halbzeile den Hauptstab, die Hebungen der ersten Halbzeile den oder die Nebenstäbe tragen. Die folgenden Zeilen aus dem Hildebrandslied mögen die Grundform erläutern:

Ik dat (*s*ódlíko)	*s*éggen gihórta,
dat sih *ú*rhéttun	*ǽ*non múotin,
*H*íltibrànt enti *H*ádubrànd	untar *h*ériun tuém
*s*únufátarùngo:	iro sáro ríhtun,
*g*árutun se iro *g*údhàmun,	*g*úrtun sih iro swért ana,
*h*élidos, ubar *h*rínga,	do sie to dero *h*íltiu rítun.

(Ich hörte das wahrlich sagen, dass sich Streiter allein begegnen wollten, Hildebrand und Hadubrand zwischen zwei Heeren von Vater und Sohn: sie bereiteten ihre Kampfhemden, sie gürteten sich ihre Schwerter an, die Helden, über die Brünnenringe, als sie zum Kampf ausritten.)

Der Sinn der ausgehobenen Verse ist, dass Hildebrand und Hadubrand zum Zweikampf allein ausritten und dazu sich rüsteten.

Die Haupt- und Nebenstäbe sind im Druck hervorgehoben, die Hebungen und Nebenhebungen durch Akzente angedeutet. Die andern Silben sind unbetont, sog. Senkungen. Im Rahmen einer Literaturgeschichte ist es nicht möglich, die rhythmische Vielartigkeit der altgermanischen Verskunst zu beschreiben. Nur so viel sei gesagt, dass sie ganz und gar auf der natürlichen Betonung der Wortsilben beruht. In der Hauptsache kann man vielleicht die Rhythmik so kennzeichnen, dass der echtgermanische Vers dreierlei Füße verwendet: *einsilbige*, d. h. Worte, die nur eine Silbe im Vers beanspruchen, im vorliegenden Fall *súnu* und *sáro*, die als zwei kurze Silben metrisch nur wie eine einzige Länge zählen; *zweisilbige*, d. h. Worte von zwei Silben mit fallender Betonung wie *séggen*, *ríhtun*, *hrínga*, *hélidos*, und Worte, denen eine kurze Silbe vorangeht, wie *untar hériun tuém*, wobei die letzte Hebung den Ton trägt; zur Verdeutlichung kann auch gesagt werden, dass der Vers mit zweisilbigen Füßen entweder jambischen Gang, d. h. steigende Betonung, oder trochäischen Gang, d. h. fallende Betonung aufweist; endlich *dreisilbige* wie *fátarùngo*, wobei aber notwendig eine, Nebenhebung neben die Haupthebung tritt. Diese urdeutsche, ja urgermanische, aus dem Geist der germanischen Sprache geborene Verskunst blieb in rhythmischer Hinsicht auch im altdeutschen Reimvers gewahrt, bis im 13. Jahrhundert unter französischem Einfluss der regelmäßige Wechsel von Hebung und Senkung, also jambischer oder trochäischer Gang allein herrschend wurde. Erst Klopstock gewann unbewusst wieder die altdeutsche Rhythmik zurück, indem er den deutschen Vers von der Eintönigkeit zweisilbiger Füße befreite und ihm den freien Wechsel zwischen ein-, zwei- und dreisilbigen Füßen wiedergab. Hier nur noch so viel, dass die Stabreimkunst deshalb als die echteste germanische Verskunst betrachtet werden muss, weil sie aus der urgermanischen Wortbetonung hervorging. Einige Jahrhunderte vor Beginn unsrer Zeitrechnung hatte die germanische Sprache ihre Trennung von der indogermanischen durch Lautverschiebung und durch den neuen Akzent vollzogen. Während die indogermanische Sprache, ähnlich der indischen und griechischen, den Ton frei bewegte, von der Wurzelsilbe auf Vorsilben, Bildungssilben und Endsilben in den verschiedenen Kasus- und Personalformen veränderte, legte die germanische Sprache den Hauptton des Wortes auf die erste Silbe unverrückbar fest; der Nebensilbe wurde Nebenton oder Tonlosigkeit, metrisch gesprochen: Nebenhebung oder Senkung zugewiesen. Mit der Hervorhebung der Anfangssilben traten die anlautenden Vokale und Konsonanten stark hervor, die Neben- und Endsilben verloren an Gewicht und Bedeutung. Der Anlautsreim oder Stabreim ist auf die germanische Betonung der Anfangssilben begründet; ebenso die Rhythmik auf die Betonung der Nebensilben, wie sie im germanischen Satz verteilt waren. Die Geschichte der literarischen Metrik lässt sich am einfachsten, als ein Versuch bezeichnen, die völlig entgegengesetzte romanische Endsilbenbetonung mit der deutschen Anlautsbetonung, die romanische Silbenzählung mit dem freien Wechsel nebentoniger und unbetonter Silben zu vertauschen. Sofern die Eigenart deutscher Sprache dabei einigermaßen gewahrt blieb, mag der Endreim als Bereicherung erscheinen, sofern die deutsche Sprache in ihrer rhythmischen Vielartigkeit dabei zu kurz kam, als eine beklagenswerte Verarmung.

Die Eigentümlichkeiten des *Stabreimstiles* treten an den ausgehobenen wenigen Versen bereits deutlich hervor: die Wiederholung desselben Gedankens mit andern Worten, die Variation eines einzelnen

Begriffes und die Wiederaufnahme des Fürwortes durch ein Hauptwort. Unsre Verse variieren den Gedanken: Hildebrand und Hadubrand rüsteten sich zum Zweikampf; sie variieren den Unterbegriff: sie legten ihre Rüstung an, indem sie diese Handlung zugleich ins Einzelne ausmalen (sie gürteten das Schwert an); sie nehmen das Fürwort »sie« mit »die Helden« wieder auf. Auch diese Erscheinung ist mit dem Stabreim verknüpft, weil die stabreimenden Formeln überhaupt gerne verwandte Begriffe (Haus und Hof, Haut und Haar, Wohl und Wehe, Land und Leute, Schutz und Schirm, Stock und Stein) miteinander zusammenbinden. Der Stabreim fördert die Ausbildung von Synonymen und poetischen Umschreibungen, die dadurch, dass sie eine Person oder einen Gegenstand von verschiedenen Seiten beleuchten, eindringlich und anschaulich wirken können. Aber der Entwicklung eines ruhig dahinflutenden epischen Stiles ist die Stabreimdichtung nicht günstig. Dazu fehlten in der Urzeit gewiss auch alle andern Voraussetzungen, die erst viel später in der englischen Epik bis zu einem gewissen Grade erfüllt wurden.

Für die aus der Sprache erschlossenen Gattungen von hymnischen und epischen Gedichten und für die Sänger lassen sich aus der *geschichtlichen Überlieferung* folgende Zeugnisse beibringen. Tacitus berichtet, dass die Germanen mit einem Hymnus auf Hercules, d. h. auf Deutsch mit einem Leich auf Donar in die Schlacht zogen. Noch im späteren Mittelalter übten die Heere solchen Brauch, indem sie unter Chorälen oder Heldenliedern zur Anfeuerung des Glaubens und Mutes vorrückten. So heißt es im ahd. Ludwigslied:

ther kunig reit kuono, sang lioth frâno,
ioh alle saman sungun »kyrrieleison«.

Der König stimmt ein heiliges Lied an, das Heer fällt mit dem geistlichen Kehrreim ein. So mag in der Heidenzeit der Donarleich zum Schrecken der Feinde geklungen haben. Mit wildem Gesang, mit Waffengetöse, mit dem fürchterlichen Schildruf (barditus) begannen nach andern Stellen die germanischen Heere die Schlacht. In der Nacht, die auf eine siegreiche Schlacht folgte, hörten die römischen Legionen mit Ingrimm Gesang und Geschrei aus dem germanischen Lager herüberschallen: die Siegeslieder der Germanen. Im Jahre 14 n. Ch. verbrachten die Germanen das Fest der Tamfana, einer Göttin im Gebiet der Marsen, mit frohem Gesang, wovon Berg und Tal widerhallten: die Opferlieder der Germanen, oder doch die im Anschluss an das große Opferfest angestimmten Freudengesänge, die »hügeliet«, »hugileich«. Tacitus erwähnt, obzwar nicht den Inhalt, so doch den Gegenstand von Götter- und Heldenliedern: in uralten Liedern besangen sie den erdgeborenen Gott Tuisko, seinen Sohn Mannus und die Urahnen und Begründer, die Stammeshelden der Ingwaeonen, Erminonen und Istwaeonen – also ein Götterlied; noch zur Zeit des Tacitus verherrlichte das Lied Arminius, den Befreier Germaniens, der mit wechselndem Glück, doch unbesiegt das stolze, blühende Römerreich bekriegte, im Alter von 37 Jahren der Hinterlist seiner eigenen Magen erlag – also ein Heldenlied. Das werden keine bloßen Leiche mehr gewesen sein, sondern bereits epische Lieder, die der Sänger zur Harfe vortrug. Gregor von Tours berichtet zum Jahr 579 von den noch heidnischen Langobarden, sie hätten zur Siegesfeier »dem Teufel« ein Opfer dargebracht: das Haupt einer Ziege, das sie im Kreis umtanzten und mit einem abscheulichen (»nefando carmine«) Lied weihten. Hier ist Sieges- und Opferleich vereinigt. Priscus erzählt, wie Attila im Jahr 446 in seinen, mitten unter den Goten belegenen Wohnsitz einzog. Da begrüßte ihn ein gotischer Mädchenreigen mit Tanz und Gesang. Am besten sind wir über die Totenlieder unterrichtet, die zugleich den Übergang vom Leich, vom Hymnus, den der feierliche Augenblick eingab, zum kunstvoller gefügten Ehrenlied, ja zur epischen Heldensage dartun. Namentlich bei den Goten wurde die Sitte des Ehrenliedes gepflegt und bei den Goten erwuchs, wie Jordanes bezeugt, eine reiche Heldensage. Als die Westgoten im Jahr 451 in der Schlacht auf den katalaunischen Feldern ihren König Theodorid vermisst und nach langem Suchen auf der Walstatt im dichtesten Haufen der Erschlagenen gefunden hatten, ehrten sie angesichts der Feinde sein Andenken mit Liedern. Sie führten den König im Trauerzug von dannen. Zwei Jahre später, 453, wurde Attilas Totenfeier nach gotischem Brauch begangen. Die besten Reiter aus dem Hunnenvolk umritten in kunstreichen Gängen den Platz, wo der König aufgebahrt war. Sie sangen dazu ein Lied folgenden Inhalts: »der berühmte Hunnenkönig Attila, der Sohn des Mundzuk, der Beherrscher der tapfersten Völker, der mit nie zuvor erhörter Macht als Alleinherrscher Skythiens und Germaniens Reiche besaß, der Schrecken beider Römerreiche, der Städteeroberer, der, um nicht alles zu erbeuten, sich zu einem Jahreszins erbitten ließ: er starb, nachdem er alles dieses glücklich vollbracht, nicht durch die vom Feind empfangene Wunde, nicht durch den Verrat der Seinen, sondern inmitten seines freien Volkes in Freuden und ohne Schmerz.« Nach solcher Totenklage feierten sie auf seinem Grabhügel die so genannte »Strawa« mit einem großen Gelage. – Strawa ist ein gotisches Wort, gleich dem deutschen Streu, Stroh; die Grundbedeutung ist Bettstreu, d. h. Aufbahrung des Toten, weiterhin der damit verknüpfte Brauch. Der »Karaleich«, wie die ahd. Sprache diese Totenklage bezeichnen würde, gibt einen rühmenden Rückblick auf des Königs Leben, wie eine ehrende Leichenrede. Man denkt auch hier an einen Vorsänger und formelhafte Entgegnungen des Chores. Alle zusammen können einen solchen, von der Stimmung des Augenblicks eingegebenen poetischen Nachruf doch nicht gedichtet und gesungen haben. Bemerkenswert ist dieses Ehrenlied dadurch, dass noch keine Spur von Sagenbildung bemerkbar wird, die hernach Attilas Tod so reich umrankte. Das Totenlied, das unmittelbar der Leichenfeier sich anschloss, war an die wirklichen Tatsachen gebunden. Wenn es aber fortlebte und auch später noch zur Erinnerung erklang, dann mochte leicht die sagenhafte Ausschmückung eintreten, zum unsterblichen Nachruhm des Gefeierten. Die Totenfeier *Beowulfs* ist am ausführlichsten beschrieben, sagenhaft und doch mit den geschichtlichen Zeugnissen übereinstimmend. Ich gebe den Beowulfschluss nach der schwungvollen metrisch und rhythmisch genauen Übertragung von Wilhelm Hertz:

Dort schichteten sie einen Scheiterhaufen
festen Gefüges auf dem First des Bergs,
mit Helmen behangen, mit Heergewanden,
mit schimmernden Schilden, wie er scheidend gebeten.
Sie legten inmitten den mächtigen König,
die Helden voll Leides den lieben Herrn.
Dann ließen sie lodern den Leichenbrand
in gewaltigen Wogen. Es wirbelte Rauch
in schwarzem Schwalle aus schwelender Glut.
Dann flackerte sausend die Flammensäule
in die reinen Lüfte; es ruhte der Wind.
Nur Wehruf mengt' sich ins Wüten der Lohe,
als die Brust des Fürsten das Feuer durchbrach.

Nun begannen die Gauten, auf gähem Felsen
einen Hügel zu baun; der war hoch und breit
und den Wogenwandrern weithin sichtbar.
Sie gruben zehn Tage am Grabmal des Tapfern,
vollführten es fürstlich, wie erfahrene Männer
den Bau geboten. Dort betteten sie
in steinerner Kammer den köstlichen Staub
und legten dazu all die lichten Schätze
mit Ringen und Reifen und der Rüstungen Schmuck,
den die Helden geholt aus der Höhle des Drachen,
gaben der Erde zur Obhut das Edelgeschmeide,
den leuchtenden Hort. Dort liegt er bis heut
in Nacht und nutzlos nach wie vor.

Dann umritten den Hügel zwölf ruhmvolle Helden
von adligen Ahnen, die ersten des Volks.
Dem König erklang ihr klagender Sang;
sie rühmten in Reden sein Reckentum,
seines Armes Gewalt, sein edles Wesen.
Denn das ist Gebrauch und gebührt sich wohl,
daß den lieben Herrn man im Lied erhebe,
ihn trauernd trage im treuen Herzen,
wenn das Leben er ließ und dem Licht entschwand.
So beklagten die kühnen Krieger Gautlands
ihres Herren Hingang, die Herdgenossen,
und feierten ihn vor den Fürsten der Welt
als milde den Mannen, sich mühend nach Ehren,
liebreich vor allen, von allen geliebt.

Aus des Jordanes Gotengeschichte erhellt eine reiche gotische Heldensage in Liedern. Die Ahnen ihrer Könige verehrten die Goten wie Heroen und nannten sie Ansis, d. h. Halbgötter. Wort und Begriff der Ansis rückte später um eine Stufe hinauf und bedeutet bei den übrigen Germanen Vollgötter. Man darf auf eine mythisch-heroische Heldensage der Goten schließen und auf zahlreiche Lieder. Ermanarich und Dietrich von Bern wurden zuerst im gotischen Lied verherrlicht und gelangten von hier aus in die deutsche Heldensage. Paulus Diakonus, der Geschichtschreiber der Langobarden bezeugt für dieses

Volk Sage und Lied. Aus fränkischer und burgundischer Sage erwuchsen die Mären von Siegfried und den Nibelungen. Der Reichtum englischer und nordischer Sagen ist bekannt. Aus alledem ergibt sich, dass das Heldenlied bei den germanischen Stämmen zur Zeit der Wanderung und in den darauf folgenden Jahrhunderten eifrig gepflegt wurde. Bei den Engländern kam es auch zu einer förmlichen Epik, während die Deutschen und Nordleute auf dem ursprünglicheren Stand des kurzen balladenartigen Einzelliedes verharrten.

Über den *Skop*, den Träger und Bildner dieser Überlieferung und über seine Tätigkeit liegen verschiedene Nachrichten vor. Priscus, der 448 als Gesandter den Hof Attilas besuchte, wo gotische Sitte herrschte, erzählt, wie abends beim Mahle, als die Fackeln angezündet waren, zwei Skythen, d.h. Goten vor den König traten und Gedichte vortrugen, die sie selbst auf seine Siege und kriegerischen Tugenden verfasst hatten. Die Gäste waren ganz Auge und Ohr, die einen freuten sich an den Versen, die andern begeisterte die Erinnerung an die Kämpfe, wieder andere vergossen Tränen, weil das Alter ihren Leib und Mut geschwächt hatte und ihnen die tätige Teilnahme an den Kriegen verbot. Dann erschien ein Spaßmacher und brachte alle zum Lachen. Aus dieser Stelle erfahren wir, dass der Sänger beim Mahle zur Erhöhung der Festfreude vor den Helden sang und ihre Seele aufs tiefste bewegte. Zugleich tritt der Spaßmacher, der Vorläufer des Spielmanns, mit dem der Sänger hernach verschmolz, ihm zur Seite, vorläufig in Ansehen und Kunstübung noch völlig vom Heldensänger getrennt. Vom westgotischen König Theodorich (453–66) berichtet Apollinaris Sidonius, dass an seinem Hof zu Tolosa zur Tafel Lieder gesungen wurden, die den Mut zu tapferen Taten begeisterten. Dieselbe Sitte herrschte bei den Burgunden. Aufs Frankenreich beziehen sich Angaben des Venantius Fortunatus am Ende des 6. Jahrhunderts, wonach der römischen Lyra und dem lateinischen Vers die fränkische Harfe und das fränkische Lied entgegengesetzt werden. An den germanischen Höfen des 5. und 6. Jahrhunderts herrschte also durchweg die Sitte, nach dem Mahle beim Trunk Lieder zur Harfe vorzutragen. Die Harfe wurde wahrscheinlich so verwendet, dass sie den Vortrag mit Akkorden, die die Stäbe stützten und hervorhoben, begleitete. Die altenglische Dichtung malt dieses Bild ins Einzelne aus. In der Halle Heorot war täglich lauter Jubel zu hören, Harfenklang und heller Sang des Sängers.

Nach dem Sieg über Grendel erwacht die Lust aufs Neue:

da war Sang und Klang im Saale vereinigt
hier vor Healfdenes Heeresführern.
Das Lustholz ward gegrüßt, das Lied gesungen,
wenn die Hallfreude Hrodgars Sänger
längs den Metbänken ermuntern sollte.

Der Sänger wird als Skop, seine Harfe als »Lustholz« (gomenwudu) bezeichnet. An andrer Stelle singt der König selber:

So kühnen Kampf hat der König der Schildinge
mit gediegenem Golde mir gütig gelohnt
und mit manchem Kleinod, als der Morgen kam
und wir beim Schmause saßen und zechten.
Da war Hall und Schall. Bald hub der alte Schilding,
der vielerfahrene, von fernen Zeiten an;
bald begann ein Held der Harfe Wonne
lustsam zu wecken, bald ein Lied zu singen
süß und schaurig; Geschichten erzählte bald
der Wahrheit gemäß der weitherz'ge König.
Ein andermal hörten wir den altergebundenen
greisen Krieger von des Kampfes Strenge
der Blüte melden, dass die Brust ihr schwoll,
wenn der Winterreiche der Wagnisse gedachte.

Wie hier Healfdene, so hatte im Jahr 533 der Wandalenkönig Gelimer in der Gefangenschaft selber ein Lied gedichtet und verlangte von seinem Gegner eine Harfe, um es singen zu können. Der Sänger und Dichter lebt also am Königshof unter den Helden, deren Taten er besingt, ja er ist oft selbst einer der Helden; Fürsten und Könige nehmen an der Dichtung Anteil. So stehen die nordischen Skalden im Gefolge und Dienst der Fürsten, so noch der Sänger Horand in der Gudrun, Volker im Niblungenlied. Das Preislied und die epische Erzählung feiern die Taten und Schicksale berühmter Gefolgsleute und Gefolgsführer; in diesem höfischen Kreise muss daher das Heldenlied besondere Pflege gefunden haben. Der englische Sänger Widsid, d. h. Weitfahrer, ist das Beispiel eines solchen Mannes, der viele Könige und Herrscher aufgesucht hat und von seinen Fahrten in der Methalle singen und sagen kann. Er und sein Genosse Schilling rühmen sich der besten Kunst: »als wir beide mit heller Stimme vor unsrem Siegesherrn den Sang anhoben, und die Harfe laut erklang, da sprachen viele mutige Mannen, die es wohl verstanden, dass sie niemals besseren Sang vernommen hätten«.

Aber nicht bloß am Hofe standen solche Skope in hohem Ansehen, sondern auch beim Volk. Im 8. Jahrhundert war der blinde Bernlef bei den Friesen sehr beliebt, weil er die Taten der Vorfahren und die Kämpfe der Könige vortrefflich zur Harfe zu singen verstand. Der Dichter des Heliand galt bei seinem Volk als Sänger von Bedeutung, wie die lateinische Vorrede berichtet.

Nachdem im Allgemeinen die vornehmsten Gattungen und Formen der urdeutschen Dichtung besprochen wurden, mögen die beiden hierher gehörigen ahd. Denkmäler angeschlossen werden. Von Leichen ist nichts erhalten. Wir haben es mit Liedern, die für den Einzelvortrag bestimmt waren, zu tun. Aber sie eröffnen weite Rückblicke. Das Zauberlied führt eine bisher noch nicht erörterte Gattung vor.

Die *Merseburger Zaubersprüche* gehören zur religiösen, mythischen Dichtung, wie sie namentlich in priesterlichen Kreisen gepflegt worden sein mag, das *Hildebrandslied* gehört zur Heldensage der Skope, zur höfischen Dichtung des deutschen Heldenzeitalters. Bemerkenswert ist der Bau der Sprüche: sie zerfallen in einen einleitenden erzählenden Teil mit der herkömmlichen stabreimenden Langzeile und in den Hauptteil des Spruches, in dem die Kurzzeile selbständig behandelt zu sein scheint; denn nicht immer fügen sich zwei Halbzeilen durch Stäbe zur Langzeile zusammen. Der einleitende Abschnitt ist das »Bîspell«, das Beispiel, das zur Erläuterung des Spruches dient und durch die Beziehung auf das berühmte Vorbild den Zauber wirksam machen soll. Der erste Spruch ist ein Lösezauber, den man raunt, um feste Bande zu sprengen; der zweite ein Heilsegen, der über gebrochene oder verrenkte Glieder gesungen wird. Nach seinem Inhalt ist der Zauberspruch uralt und lebt noch heute im Volksbrauch; dagegen wechselt die Einkleidung, das Beispiel, nach den Zeitumständen. In den Merseburger Sprüchen ist es heidnisch-deutsch. Auch im Vortrag unterscheiden sich Bîspell und Zauber, indem Ersteres wie ein erzählendes Gedicht gesprochen, Letzterer aber geheimnisvoll mit gedämpfter Stimme und unter bestimmten, die Lösung oder Heilung andeutenden Gebärden gemurmelt und gesungen wird. Der *Lösezauber* erzählt vom Walten der Idisi, der weisen Frauen, die den Gang der

Schlacht bestimmen, wie Nornen und Walküren nordischer Sage. »Einst saßen Idisi hier und dort, die einen, um Fesseln anzulegen, die andern, um das Heer zu hemmen, die dritten, um Fesseln zu lösen: entspring den Banden, entfahr den Feinden!« Die Tätigkeit der drei Scharen ist uns im Einzelnen dunkel, im Ganzen klar: die gefangenen Freunde sollen gelöst, das Heer der Feinde gefesselt und gehemmt werden. Wir lernen aus diesem Zauberspruch, dass die heidnischen Deutschen Schicksalsfrauen kannten, die über die Entscheidung der Kämpfe walteten. Aus dem Kreise der dämonischen Wesen führt der *Heilsegen* zu den hohen Göttern und Göttinnen. Er verherrlicht Wodan als den Hauptgott.

Vol und Wodan fuhren zu Holze,
da ward dem Fohlen Balders sein Fuß verrenkt.
Da besprach ihn Sinthgunt, Sunna ihre Schwester,
da besprach ihn Frija, Volla ihre Schwester,
da besprach ihn Wodan, wie er's wohl verstand:
so Beinverrenkung, so Blutverrenkung, so Gliederverrenkung:
Bein zu Bein, Blut zu Blut,
Glied zu Gliedern, als ob sie geleimt wären!

Bei dem Satze mit »so« streicht man über den verletzten Knochen, das zerrissene, blutige Fleisch und die Gelenke, um sie wieder einzurichten. Dann erfolgt der eigentliche Zauber, der den Willen des Heilenden vollziehen soll. Das Beispiel ist hier so wirksam als nur irgend möglich aus der Göttersage entnommen. Um dies richtig zu verstehen, muss man über die Bedeutung der Namen klar werden. Zwei Götter reiten zusammen in den Wald, vielleicht zur Jagd. Der eine ist Wodan, der andere führt zwei Namen: Vol und Balder. Die Handschrift liest Phol, der Stab verlangt anlautendes F, also darf Vol oder Fol geschrieben werden. Dem männlichen Vol entspricht der weibliche Göttinnenname Volla. Frija ist Wodans Gattin, Volla gehört zu Vol als Gattin oder Schwester. Sunna (die Sonnengöttin) und Sinthgunt sind nicht näher zu bestimmen. Balder ist der in Norddeutschland und vornehmlich in Dänemark, Norwegen und Island sagenberühmte lichte Tagesgott. Ihm würde der Beiname des Vollen, d.h. in Fülle Spendenden, wohl anstehen. Wodan ist der auf grauem Wolkenhengst im Sturm daherbrausende Reiter, Balder der lichte Tagesritter auf schneeweißem Roß. Schon J. Grimm hat den Spruch ansprechend gedeutet: »das erlahmte, in seinem Gang aufgehaltene Pferd Balders empfängt vollen Sinn, sobald man ihn sich als Lichtgott oder Taggott vorstellt, durch dessen Hemmung und Zurückbleiben großes Unheil auf der Erde erfolgen muss.« Das strahlende Sonnenroß, das auf dem Ritt zu Fall kommt und gefährlich verletzt wird, kann der eigene Reiter nicht mehr heil machen. Auch die zu Hilfe gerufenen heilkundigen Frauen, darunter die Sonne selbst, versagen. Aber Wodan, der Erzzauberer bessert den Schaden. Dadurch bewährt er seine Überlegenheit und seinen Vorrang. Der Spruch gewährt Einblick in die einander bekämpfenden Kulte Wodans und Balders. Wodan, ursprünglich der Frankengott, rückte im Lauf der ersten Jahrhunderte in Norddeutschland an erste Stelle und drängte die andern älteren Götter zurück. Seiner Sprachform nach ist der Spruch fränkisch und würde demnach für fränkischen Balder- und Wodanglauben zeugen. Er entstand unter den Anhängern Wodans, vielleicht in den Kreisen der Wodanspriester, die im Namen ihres Gottes Heilsegen ausübten. Dichterischen Wert beanspruchen die beiden Zaubersprüche kaum, wohl aber religionsgeschichtliche Bedeutung. In kurze Formeln ist der Mythus gebannt, dessen sprunghafte und andeutende Darstellung nur dem Kundigen und Eingeweihten verständlich wird. Neuerdings wird freilich die mythische Bedeutung des Heilsegens bestritten, seit sich in einer alten Trierer Handschrift um 800 eine christliche Variante vorgefunden hat. Christus reitet auf einem Eselsfüllen in Begleitung des reißigen Stephan und der Maria nach Jerusalem; auf dem Wege verletzt das Reittier seinen Fuß; da kein anderer Kundiger zu finden ist, spricht Christus selber die helfenden Beschwörungsworte. Vielleicht ist dieser Segen das Vorbild des Merseburger, in dem die heidnischen Götternamen eingesetzt und die Stabreimverse angewandt worden wären. In diesem Fall ist die Deutung auf heidnisch-deutsche Mythen unstatthaft.

Das *Hildebrandslied* erzählt die alte Wandersage vom Zweikampf zwischen Vater und Sohn. Sie wurde in die Geschichte Dietrichs von Bern aufgenommen und an dessen Waffenmeister Hildebrand und seinen Sohn Hadubrand angeknüpft. Der Dichter beginnt ohne Umschweife: Ich hörte sagen, dass Hildebrand und Hadubrand zwischen zwei Heeren kampfbereit sich begegneten. Hildebrand als der ältere fragte seinen Gegner nach dem Namen seines Vaters und nach seinem

Geschlecht. Hadubrand antwortete: Hildebrand hieß mein Vater, ich bin Hadubrand. Vor langer Zeit schied mein Vater in Dietrichs Gefolge auf der Flucht vor Odoaker aus dem Lande. Er ließ sein Weib und ein unerwachsenes Kind zurück. Hildebrand war Dietrichs liebster Held, er, stand immer an der Spitze des Kriegsvolkes. Aber nun ist er tot. Bei Gott, sprach Hildebrand, du hast noch nie mit einem so nah verwandten Mann verhandelt. Er wand von seinem Arm gewundene Ringe, die ihm der Hunnenkönig geschenkt hatte. Er reichte sie Hadubrand zum Zeichen freundlicher Gesinnung. Der aber erwiderte: Mit dem Ger soll man Gaben empfangen, Spitze wider Spitze. Du bist ein alter schlauer Hunne, willst mich mit Worten verlocken und mit dem Speere werfen. Seeleute, die von Osten über Meer fuhren, sagten mir, dass mein Vater im Kampfe fiel. Tot ist Hildebrand, Heribrands Sohn. Hildebrand sprach: ich sehe an deiner schönen Rüstung, dass du einen guten Herrn daheim hast und noch nie ein Verbannter warst. (Darum bedürfe er der Gaben nicht. Vermutlich warf Hadubrand ihm darauf Feigheit vor, dass er sich dem Kampf unter einem Vorwand entziehen wolle.) Da rief Hildebrand: Wohlan, das Wehschicksal erfüllt sich. Ich bin dreißig Jahre im Elend gewesen und war allezeit in den Kämpfen voran ohne den Tod zu finden. Nun soll mich mein eigen Kind erschlagen oder ich ihm den Tod geben. Aber ich wäre wirklich der feigste Hunne, wenn ich dir noch weiter den Kampf weigern würde, dessen dich so sehr gelüstet. Wer's nicht lassen kann, wage das Spiel, ob er heute seine Rüstung verliere oder unser beiden Brünnen walte. Da schossen sie zuerst die Wurfspeere einander in die Schilde. Dann gingen sie mit den Schwertern aufeinander los und hieben sich ihre Lindenschilde klein. (Der Sohn erlag dem Vater und wurde von ihm getötet, vielleicht, nachdem er, bereits überwunden am Boden liegend, einen verräterischen Streich nach Hildebrand geführt hatte.)

Die Überlieferung des Liedes bietet viel Schwierigkeiten. Sie scheint lückenhaft, wie aus dem stellenweise zerstörten Stabreim und aus dem sprunghaften, ohne Annahme von Ausfällen kaum erklärlichen Zusammenhang erhellt. Die Sprache zeigt ein eigentümliches Gemisch von hochdeutschen und niederdeutschen Formen, weil die Mundart des Originals und des Aufzeichners verschieden war. Die uns vorliegende Fassung wurde um 800 von zwei Schreibern im Kloster Fulda in die Handschrift eingetragen, wie aus Lesefehlern mit Sicherheit hervorgeht, nicht etwa aus dem Gedächtnis, sondern nach einer schriftlichen Vorlage. Nach Ausweis eines Stabreims (*r*iche: *r*eccheo), der fürs Niederdeutsch nicht stimmen würde, weil er dort *r*ike: *w*rekkio lauten müsste, ist das Hildebrandslied eine hochdeutsche, vermutlich ostfränkische Dichtung; die niederdeutschen Bestandteile kamen auf irgendeiner schriftlichen Zwischenstufe herein. Das Hildebrandslied ist kein Bruchstück einer größeren epischen Dichtung, vielmehr ein selbständiges, kurzes episches Lied, das bis auf wenige Verse im Text und am Schluss vollständig genug erhalten ist, um ein Urteil über die Kunst des Dichters zu ermöglichen. Über den tragischen Ausgang besteht kein Zweifel, weil er durch andere Quellen wirklich bezeugt ist, im Gegensatz zum späteren jungen Hildebrandslied, wo der Schluss versöhnlich und heiter gewendet ist. Der Dichter bringt zwanglos in Rede und Gegenrede alles an, was zum Verständnis nötig ist: Dietrichs Flucht vor Odoaker, wie hier sein Gegner statt des späteren Ermanarich noch heißt, die dreißigjährige Verbannung beim Hunnenkönig, die Rückkehr. Der Kampf ereignet sich bei der Heimkehr, wie Odoakers und Dietrichs Heer zur Schlacht gerüstet sich gegenüberstehen. Mit geschickter stofflicher Anordnung verbindet der Dichter scharfe Charakteristik des alten, bedächtigen Hildebrand, der sein tragischer Hauptheld ist, und des jungen, kampflustigen, raschen und unbedachten Hadubrand. Die Spannung ergibt sich aus der Frage des alten Kämpen nach dem Namen seines jungen Gegners. Sofort erkennt Hildebrand, wer vor ihm steht. Umsonst wendet er seine ganze Beredsamkeit daran, den Sohn zu überzeugen. Hadubrand setzt allen Annäherungsversuchen nur Misstrauen und kränkenden Hohn entgegen. Er bleibt bei seiner Meinung, dass Hildebrand längst tot sei. Da muss der Vater notgedrungen die Herausforderung annehmen und den verhängnisvollen Kampf, dessen siegreichen Ausgang er ebenso wenig wünschen wie meiden mag, beginnen. Der eigentlichen Schilderung sind nur die Eingangs- und Schlussverse und einige kurze Zwischenbemerkungen gewidmet, die Haupthandlung verläuft in Rede und Gegenrede, dramatisch bewegt. Diese Darstellungsweise scheint dem germanischen Lied überhaupt eigentümlich gewesen zu sein, wie der Vergleich mit den ebenso angeordneten Eddaliedern lehrt. Ohne in umständliche Schilderungen sich einzulassen, gibt der Dichter doch ein anschauliches Bild der Handlung und der Handelnden. Er versteht es, ihre Rüstung eingehend zu beschreiben. Er zeigt uns aber die Helden, wie sie die Schwerter über die Brünnen gürten. Dass die mit Wurfspeeren bewehrt sind, ergibt sich aus dem Verlauf. Und die kostbare Rüstung, der Schmuck der Armringe stellt sich ebenso im Verlauf vor unser Auge. Jeder Einzelzug ist fein bedacht und trefflich zur Geltung gebracht. Von der epischen Breite Homers ist das deutsche stabreimende Heldenlied weit entfernt. Aber es verfügt auch über einen formelhaften Stil. Beiwörter und Wendungen des Hildebrandsliedes kehren im Heliand und in den englischen Gedichten wieder, sie sind aus alter gemeinsamer Überlieferung geschöpft.

Das Hildebrandslied ist in der uns erhaltenen Fassung um 800 aufgezeichnet. Da aber frühere schriftliche Vorlagen notwendig angenommen werden müssen, da die Sprachformen altertümlich sind, so darf die ursprüngliche Dichtung von Hildebrand und Hadubrand wohl bis zur Mitte des 8. Jahrhunderts zurückverlegt werden.

Für die urdeutsche Ballade in der Art des Hildebrandsliedes dürfen wir mit Bestimmtheit noch eine Anzahl anderer Dichtungen ansetzen, die später literarische Verarbeitung fanden und bei den daraus hervorgegangenen Werken näher besprochen werden sollen. Das zweite gotische Hauptlied, das für die Entwicklung der Dietrichsage von großer Bedeutung wurde, ist das von Ermanarichs Tod durch die Brüder Sörli und Hamdir, wie wir es aus der Edda kennen. In seiner ursprünglichen Fassung erzählte es von Sunhild, der Gattin Ermanarichs, die des Ehebruchs mit ihrem Stiefsohn beschuldigt wurde. Ermanarich ließ seine Gattin zur Strafe an wilde Pferde binden und zerreißen und seinen Sohn an den Galgen hängen. Durch die wilde Rachsucht ihrer Mutter aufgereizt, machten sich die Brüder Sunhilds, Sarulo und Hamdeo auf, um Ermanarich zu töten. Ihren jungen Stiefbruder, der sich zur Hilfe erbot, schlugen sie nieder. Sie drangen in die Burg Ermanarichs, verwundeten ihn, wurden aber selber erschlagen und erkannten zu spät das Unrecht, das sie an ihrem Stiefbruder getan, mit dessen Hilfe sie die Rache völlig ausgeführt hätten. Diese Ermanarichballade verkümmerte in Deutschland infolge der Verschmelzung der Dietrich- und Ermenrichsage, die aber im Hildebrandslied noch nicht vollzogen ist. Hier erscheint ja noch Odoaker als Dietrichs Feind, nicht Ermanarich. Somit darf man wohl annehmen, dass gleichzeitig mit dem Hildebrandslied noch die alte Ballade von Ermanarichs Tod gesungen wurde. Weiterhin haben wir Gedichte von Jung Siegfried, von Siegfrieds Tod und von der Nibelunge Not, ebenfalls in der Art der Eddalieder, anzusetzen, die noch nicht zur epischen Zusammenfassung und Erweiterung vorgeschritten waren. Eine Ballade von Walthari steht hinter Ekkehards lateinischem Gedicht und im nördlichen Deutschland gab es eine Hildeballade, aus der das mhd. Gedicht von Hilde und Gudrun sich entwickelte.

Die Literatur im Zeitalter der Karolinger

Im 4. und 5. Jahrhundert blühten in Gallien die lateinischen Poeten, Rhetoren und Grammatiker; im 6. und 7. Jahrhundert, unter den Merowingern, verfielen diese Studien gänzlich. Im Gefolge des Christentums und der lateinischen Kirchensprache erwuchs langsam eine neue Geisteskultur, mächtig gefördert von Karl dem Großen, dessen Bildungseifer auch die deutsche Literatur erweckte und begründete. Die gesamte mittelalterliche Bildung ist geistlich, darum auch die Literatur in ihren Anfängen; sie beruht auf den Werken der kirchlichen Schriftsteller, denen eine beschränkte Auswahl antiker Autoren, die in den Schulen erlaubt oder vorgeschrieben waren, zur Seite tritt. Weil die ahd. Literatur aus den Klöstern und Domschulen hervorging, ist ein kurzer Überblick über die geistlichen Studien des Frankenreichs nötig. Die Bekehrung zum Christentum, zu dem am Ende des 5. Jahrhunderts Chlodowech übergetreten war, wurde von Irland und England her betrieben. Der irische Mönch Columban gründete schon im Jahre 585 zu Luxeuil in den Vogesen ein Kloster, das zum Ausgangspunkt der Mission wurde. Als Wanderprediger zog er in die Ferne, im Anfang des 7. Jahrhunderts zu den Alemannen, in Begleitung des heiligen Gallus, der in einem Alptal an der Steinach seine Zelle erbaute, die im 8. Jahrhundert der alemanniache Priester Otmar zum Benediktinerkloster erhob. Andere Sendboten verbreiteten das Christentum bei den Bayern und Thüringern. Der irischen Mission fehlte die strenge kirchliche Organisation. Die kam erst mit der englischen Mission durch Bonifatius und damit der Anschluss an Rom. Schon Wilibrord, der Friesenapostel, hatte 695 die Missionserlaubnis beim Papste eingeholt. Bonifatius erhielt 719 die Vollmacht und wurde der Hauptapostel der Deutschen, indem er Reformation der bereits Bekehrten und Heidenbekehrung 36 Jahre lang erfolgreich ausübte. Er regelte die kirchlichen Einrichtungen und schuf die hessisch-thüringische und bayerische Kirche. Bei den Friesen starb er 755 den Märtyrertod.

Karl der Große verband politische und kirchliche Zwecke, indem er die Sachsen seinem Reiche unterwarf und zu Christen machte. Er nahm die Aufgabe der geistlichen Bildung und wirklichen Bekehrung sehr ernst. In Italien lernte er die antike Kultur kennen und suchte sie so weit als möglich ins Frankenreich zu übertragen. Er führte in Aachen romanische Bauten auf, ließ sich durch Petrus von Pisa unterrichten und berief 782 den Engländer Alchuine an seinen Hof, wo er eine Hofschule einrichtete, die sich mit klassischer Literatur beschäftigte. Der Langobarde Paulus Diaconus, die Franken Angilbert und Einhard, der Gote Theodulf wurden Mitglieder dieser Akademie der freien Künste. Alchuine war in England Leiter der Domschule zu York gewesen. Nach ihrem Vorbild erstanden fränkische Bildungsanstalten, so die Klosterschule von Tours, die Alchuine selber übernahm. Hrabanus Maurus aus Mainz, der Schüler Alchuines leitete die Klosterschule von Fulda nach denselben Grundsätzen und brachte sie zu hohem Ansehen. Walahfrid Strabo, ein Schüler des Hrabanus, verpflanzte die Fuldaer Klosterkultur nach Reichenau, das im Laufe des 9. Jahrhunderts sein Vorbild Fulda sogar überflügelte. Der Abt Hartmut von St. Gallen studierte mit seinem Jugendfreund Otfried von Weißenburg zusammen in Fulda. Die nach den Regeln des heiligen Benedict eingerichteten Klöster Fulda, Reichenau, St. Gallen, Weißenburg, St. Emmeran in Regensburg, Tegernsee sind die ältesten deutschen Bildungsstätten, die auch für die Anfänge der ahd. Literatur Bedeutung gewannen.

Karl der Große umfasste die Grundelemente der neuen Kultur: die Antike und das Christentum, ohne dabei deutsche Art zu verachten. Er setzte deutsche Monatsnamen fest, begann eine deutsche Grammatik, d. h. wohl Vorschriften für Aufzeichnung deutscher Werke, also eine amtliche Regelung der Rechtschreibung, und ließ alte Lieder, in denen die Taten und Kriege der Könige (wohl seiner Vorfahren) besungen wurden, aufzeichnen. Von dieser Sammlung ist nichts erhalten, aber die wohlgesinnte Pflege deutscher Sprache neben der lateinischen rief die ahd. Literaturdenkmäler hervor, die sich fast durchweg an Verordnungen Karls anknüpfen lassen und so für deren unmittelbare Wirkung zeugen.

Die ahd. Literatur ist anfangs Übersetzung und schließlich freiere dichterische Nachbildung lateinischer Vorbilder. Die Prosadenkmäler, deren literarische Bedeutung gering ist, zeigen die anfangs sehr mangelhafte, allmählich sich verbessernde Übersetzertätigkeit, die poetischen Denkmäler sind schon um ihrer Form willen und als freiere Nachdichtungen literarisch wertvoller. Schon das älteste und ehrwürdigste Denkmal germanischer Sprache, die Bibel des westgotischen Bischofs *Wulfila* (311–381) ist ein Erzeugnis der Übersetzerkunst. Wulfila, der in drei Sprachen, Gotisch, Griechisch und Lateinisch, zu predigen verstand, stellte seine Sprachgewalt ganz in den Dienst des Glaubens und gab seinem Volk die Bibel, Altes und Neues Testament, mit Ausnahme der Bücher der Könige, weil diese den angeborenen kriegerischen Sinn eher vermehrt als vermindert hätten. Aus griechischen, lateinischen und runischen Zeichen schuf er sich ein Alphabet, in dem er sein Werk niederschrieb. Bewundernswert an Wulfila ist, dass er gleich ein so großes Unternehmen wie die vollständige Bibelübersetzung an den Anfang der zu begründenden gotischen Literatur stellte, dass er vor der schwierigen Aufgabe, die gotische Sprache nicht bloß der einfachen biblischen Geschichte, sondern auch den ethischen und dogmatischen Stücken anzupassen, nicht zurückschreckte. Er benutzte den griechischen Text, der im Sprengel von Konstantinopel vorgeschrieben war. Seine Übertragung ist wörtlich, sein Verständnis des griechischen Textes vollkommen. Der griechische Satzbau beherrscht auch die gotische Übersetzung, sodass beim Mangel rein gotischer Quellen für uns schwer zu entscheiden ist, ob dabei dem gotischen Sprachgefühl Gewalt geschah oder nicht. Mit Luthers deutscher Volksbibel darf die gotische Wulfilabibel gewiss nicht verglichen werden. Sie wandte sich wohl doch nur an die schulmäßig Gebildeten, ohne ins Volk zu dringen. Aus seiner Schule und an seine Bibel anschließend entstand auch ein arianischer Kommentar zum Johannesevangelium, die Skeireins d. h. Erläuterung. Die Großtat Wulfilas wird uns klar, wenn wir damit die unsicheren und unvollkommenen Versuche der deutschen Mönche vergleichen, die an Wissen und Kunst weit hinter ihm zurückblieben. Freilich war Wulfila ihnen gegenüber im Vorteil dadurch, dass die gotische und griechische Sprache im Satzbau einander näher stehen als die deutsche und lateinische und dass die Kultur des byzantinischen Reiches höher war als die des karolingischen, namentlich im Hinblick auf die Bildung des Klerus. Wulâla scheint keine Vorgänger gehabt zu haben, im Frankenreich bildet sich in langjähriger Übung die Verdeutschung nach und nach heraus. Die ältesten deutschen Schriftdenkmäler sind die *Glossen* zu lateinischen Werken und diese Glossierungen sind die frühesten, noch schülerhaft befangenen Übersetzungsversuche. Die Glossen kamen so zustand, dass neben die lateinischen Wörter die deutschen geschrieben wurden. Zunächst wurden lateinische Wörtersammlungen, Glossare, mit deutschen Erklärungen versehen, sodass ein lateinisch-deutsches Wörterbuch, zur Einführung in die lateinische Sprache und zum Schulgebrauch nützlich, bei solcher Glossierung herauskam. Eine zweite Art der Erläuterung war die sog. Interlinearversion: zwischen die Zeilen eines lateinischen Textes wurden die entsprechenden deutschen Worte eingetragen. Wohl ergab sich dadurch eine vollständige und wörtliche Übersetzung des Textes, die aber in Wortstellung und Satzbau unfrei dem lateinischen Vorbild folgte und ohne dieses kaum verständlich war. Endlich kamen wirkliche mehr oder minder richtige und brauchbare Übersetzungen, die sich der Vorlage gegenüber selbständiger verhielten. Von allen diesen Gattungen bietet die ahd. Literatur zahlreiche Beispiele dar. Die glossographische Tätigkeit reicht bis in die Merowingerzeit zurück: in den altniederfränkischen Glossen zur Lex salica aus dem 6. Jahrhundert. Um die Mitte des 8. Jahrhunderts beginnt aber erst die eigentliche deutsche Glossographie. Schon in den Glossen zeigen sich in Bezug auf richtiges Verständnis des lateinischen Textes und auf Wortwahl mannigfache Unterschiede. Das fränkische Gebiet links vom Rhein ist den andern deutschen Ländern gegenüber im Vorsprung. Die von Karl dem Großen ausgehenden Bestrebungen wirkten natürlich stärker auf die nähere Umgebung als in die Ferne. Die St. Galler Übersetzung von Pater noster und Credo aus dem Ende des 8. Jahrhunderts und die Interlinearversion der Benediktinerregel aus dem Anfang des 9. Jahrhunderts wimmeln von Fehlern. 789 verordnete Karl, dass die Hauptstücke der christlichen Glaubenslehre dem Volke ausgelegt werden sollen, 802 wurde bestimmt, dass jeder Laie Vaterunser und Glaubensbekenntnis auswendig lernen müsse. Im Anschluss hieran entstanden in verschiedenen Klöstern Verdeutschungen dieser Stücke. Aus Freising ging die Exhortatio ad plebem christianam hervor, die Ermahnung des Priesters an die Gemeinde, Pater noster und Credo zu lernen und die Taufpaten zu lehren. In der Handschrift steht dem lateinischen Text der deutsche gegenüber. Kulturgeschichtlich wichtig ist das sächsische Glaubensbekenntnis, weil es der Abschwörungsformel »ich verleugne den Teufel« heidnische Götternamen, Thuner, Woden und Saxnot, die mithin als die sächsischen Sonderteufel erscheinen, zur Seite setzt. Sprachlich eng zusammen gehören einige Stücke aus dem Ende des 8. Jahrhunderts: die Verdeutschung einer Schrift des Bischofs Isidorus von Sevilla, worin er die Wahrheit der christlichen Lehre gegen die Juden verteidigt; einer Predigt über den Gedanken, dass man Gott in jeder Sprache dienen dürfe; des Matthäusevangeliums und einer Predigt des Augustinus über Matthäus 14. Kapitel. Alle diese Stücke sind ursprünglich in rheinfränkischer Mundart geschrieben und rücken damit in die Nähe des königlichen Hofes, von dem sie wahrscheinlich auch angeregt wurden. Allen gemeinsam ist die gute Kenntnis des lateinischen Originales und die treffliche Verdeutschung. Man bemerkt das Bestreben nach Unabhängigkeit vom Lateinischen, deutsche Wendungen und Satzverbindungen werden gewählt, für theologische Begriffe deutsche Ausdrücke gesucht, erklärende Zusätze gemacht, die Wiederholung derselben Wörter wird gemieden. Diese Stücke dürfen als das *Beispiel der ältesten und besten deutschen Prosa* gerühmt werden, die bereits die Fähigkeit besitzt, einer fremden Gedankenwelt sich unterzuordnen und anzupassen, ohne dem deutschen Sprachgeist Gewalt anzutun. Ja sogar Sinn für Redeschmuck, für Schönheit der Sprache ist ersichtlich. Die Matthäusübersetzung rührt vielleicht von einem andern Verfasser, von dem Schüler des Meisters, der sich in den übrigen Stücken betätigt, her. Aber diese rheinfränkische Übersetzerschule blieb in ihrer Wirkung beschränkt. Man schrieb die Stücke wohl in bayerischen Klöstern ab, ahmte ihr Beispiel aber nicht nach. Die althochdeutsche Prosa erlebte in der Karolingerzeit keine Blüte und auch später stand Notker in St. Gallen vereinzelt, zudem mehr Gelehrter als guter Stilist.

Vor allem aber galt es, den Deutschen das Leben Jesu vorzuführen. In Prosa und Poesie wurde dieser Versuch gemacht, dem die zwei ältesten Mesaiaden, der sächsische *Heliand* im Stabreimvers und *Otfrieds Evangelienbuch* im Endreimvers entsprangen. Das Mittelalter benützte für das Neue Testament mit Vorliebe die Evangelienharmonie, die der Syrer Tatian im 2. Jahrhundert auf Griechisch hergestellt hatte. Eine lateinische Bearbeitung davon fand im 6. Jahrhundert der Bischof Viktor von Capua. Eine uralte Handschrift, die Stammhandschrift aller erhaltenen Tatiancodices, liegt in der Klosterbibliothek von Fulda. Sie wurde um 830 abgeschrieben, wobei eine deutsche, wahrscheinlich vom Abt Hrabanus Maurus (822–842) veranlasste Übersetzung beigefügt wurde. Die erhaltene St. Galler Handschrift trennt den lateinischen und deutschen Text in zwei Spalten, die Urhandschrift schrieb den deutschen Text vermutlich über die lateinischen Zeilen. Daraus würde sich auch die Art der Übersetzung, die mehr einer Interlinearversion als einer Verdeutschung gleicht, erklären. Der deutsche Tatian ist zwar frei von gröberen Missverständnissen des lateinischen Originals, aber im Stil kann er nicht im Entferntesten mit den Werken der rheinfränkischen Schule verglichen werden. Um dieselbe Zeit legte der Dichter des Heliand die Evangelienharmonie seinem Epos zugrunde. So nahe beisammen liegen hier die Gegensätze der Kunst der Eindeutschung, wobei besonders merkwürdig bleibt, dass aus der alten Fuldaer Klosterschule nur eine unfreie äußerliche Arbeit hervorgebt, während im neu gewonnenen und gewaltsam bekehrten Sachsenland ein geistliches Epos von Bedeutung entsteht.

In einer lateinischen Quelle, der 1562 gedruckten »Praefatioll«, wird von den Verdiensten Ludwigs des Frommen um die christliche Religion gesprochen und erzählt, er habe, um dem ganzen Volke, nicht bloß den Gelehrten die Bibel zugänglich zu machen, einem Sachsen, der als ein berühmter Dichter galt, den Auftrag erteilt, das Alte und Neue Testament in deutsche Verse zu bringen. In Ausführung dieses Befehls habe der Dichter von der Erschaffung der Welt an alle biblischen Begebenheiten behandelt, Nebensächliches beiseit lassend, hie und da mystische Auslegungen einstreuend. Dieses Werk komponierte er so leicht verständlich und gefällig, durchaus im Geiste der sächsischen Sprache, dass es allen, die es lesen oder hören, wegen seiner Schönheit wohl gefällt. In Handschriften ist der Heliand beinahe vollständig, die Genesis in Bruchstücken und teilweise in einer altenglischen Übersetzung erhalten. Zweifellos darf die Nachricht der lateinischen Quelle, die nach ihrer Angabe die Einleitung zu einem sächsischen Buche bildete, damit in unmittelbare Verbindung gebracht werden. In derselben Quelle findet sich ein mit dem vorigen nicht vereinbarer Bericht von einem Bauern, der im Traum zum Dichter berufen worden sei: eine Übertragung der englischen Legende von Kaedmon, die keineswegs zum historischen Bericht passt. *Ein sächsischer Skop als Verfasser von Genesis und Heliand* in Stabreimen, der Schöpfer eines großen geistlichen Epos, wird uns tatsächlich bezeugt.

Wie der Skop seine geistlichen Kenntnisse sich aneignete, ob durch mündliche Unterweisung eines Geistlichen oder durch eigenes Studium, etwa weil er nach weltlichem Leben ins Kloster getreten war und dort den Auftrag empfing, ist nicht festzustellen. Der Heliand folgt der Evangelienharmonie des Tatian, er benützt die Kommentare des Hrabanus zum Matthäus, des Alchuine zu Johannes, des Bäda zu Marcus und Lucas. Da des Hrabanus Kommentar nicht vor 822 erschien, da Ludwig der Fromme 840 starb, muss das sächsische geistliche Epos in diesem Zeitraum, zwischen 822 und 840 entstanden sein. Die Quellenbenützung stimmt zu den Angaben des lateinischen Berichtes, von den 184 Kapiteln des Tatian sind 60 ganz, 40 teilweise übergangen. Der Dichter bevorzugte die evangelische Erzählung, ließ aber lehrhafte Stellen aus. Er überging, was nach seiner Meinung von untergeordnetem Wert war oder den Anschauungen seines Volkes widersprach. Die Kommentare sind nur so weit herangezogen, als sie in die Erzählung ohne Störung aufgenommen werden konnten. Nirgends belastet gelehrtes Rüstzeug den epischen Fortgang. Vor allem aber muss die Literaturgeschichte den künstlerischen Wert des Gedichtes richtig bemessen und vor Über- oder Unterschätzung sich hüten. Der Dichter verstand es, den fremden Stoff germanisch einzukleiden und damit dem Verständnis seiner Landsleute nahe zu bringen. Der Heiland ist ein Volkskönig, die Jünger seine Gefolgsleute. Alle gehören dem Adel an. Der Königsschatz knüpft die Mannen an den Herrn. Matthäus war bereits im Herrendienst; aber er erwählte sich Christus, weil er ein freigebigerer Ringspender als sein erster Herr war. Die Bergpredigt zeigt Christus als deutschen König in der Volksversammlung. »Die Männer versammelten sich um den Heiland, sie schwiegen und merkten auf, was ihnen der Herr, der Waltende, mit Worten künden wollte. Da saß des Landes Hirte vor den Leuten, wollte sie mit klugen Worten unterweisen. Er saß und schwieg und sah sie lange an, bis er endlich seinen Mund erschloss und redete zu den Männern, die er zur Verhandlung entboten hatte.« Was dem Königsbild widerstreitet, lässt der Dichter weg z. B. den Einritt auf dem Esel. Das Gebot der Feindesliebe wagte er seinen sächsischen Zuhörern nicht vorzutragen. Im Johannesevangelium sagt Thomas, den die Jünger von der gefährlichen Reise nach Judäa abhalten wollen: »eamus, ut moriamur cum eo«. Diesen Gedanken, der das Treuverhältnis zum Herrn darstellt, führt der Sachse breit aus: »nicht dürfen wir seine

Absicht tadeln, nicht seinen Willen hindern, sondern bei ihm ausharren, mit unserem König dulden; denn das ist des Gefolgsmannes Los, dass er fest zu seinem Herrn stehe und mit ihm ruhmreich sterbe. So wollen wir alle tun und ihm auf seiner Fahrt folgen. Wenn wir unser Leben bei ihm lassen, dann folgt uns Nachruhm bei den Menschen.« Freilich waren Heldentaten mit dem Schwert nicht zu berichten und mancher Zug im Benehmen der Jünger stimmte nur wenig zum Bild des Gefolgsmannes. Als die Jünger ihren Herrn verlassen und fliehen, sucht der Dichter diesen Umstand mit dem unabänderlichen Schicksalsschluss zu rechtfertigen: es sei so geweissagt gewesen! Ähnlich hilft er sieh bei Petri Verleugnung. Dagegen widmet er 15 Zeilen dem Bericht, wie Petrus des Kriegsknechtes Ohr abhieb. Mit sichtlicher Freude verweilte er bei der einzigen kriegerischen Tat. Die Hochzeit zu Kana veranlasst die Schilderung eines sächsischen Gelages. Die Gäste schwebten in Lust und Freude, die Diener liefen mit Krügen und Kannen umher und schenkten klaren Wein. Lauter Jubel erschallte auf den Bänken. Besonders gelungen ist die Schilderung des Seesturmes:

da stießen sie in den starken Strom
ein hochgehörntes Schiff, in die hellblinkenden Wogen,
sie schnitten die schimmernden Wasser; es schied des Tages Licht,
die Sonne sank zum Ruhesitz; auf hoher See die Recken
bewarf die Nacht mit Nebeln; den Nachen steuerten die Männer
vorwärts in der Flut; es war die vierte Stunde
gekommen in der Nacht. Christus der Heiland
gewahrte die Wogenkämpfer. Da wurden mächtig die Winde,
Hochgewitter erhoben sich, es heulten die Wogen,
die Strömung im Sturme; steuernd stritten
die Wehrhaften wider die Windsbraut, wehvoll war ihr Gemüt,
in Sorgen ihre Seele, selbst wähnten sie sicher,
die Wogenkämpfer, nicht mehr zu kommen an die Küste
bei der Wetter Gewirr.

Eine andere Stelle lautet: »die wetterkundigen Männer hissten die Segel, ließen sich vom Winde über den Meerstrom treiben, bis sie in die Mitte kamen. Da begann Wettermacht, Sturmwind aufzusteigen, die Wogen wuchsen, Finsternis schwang sich dazwischen: die See kam in

Aufruhr, Wind und Wasser kämpften miteinander.« Die Hirten, denen die frohe Botschaft von Christi Geburt gebracht wird, sind im Heliand Pferdehüter. Sogar Anklänge an heidnische Vorstellungen laufen mitunter. Schicksalsmächte (regano geskapu) werden erwähnt, die Engel legen Federhemden an, wie die Schwanmädchen. Aber man muss sich auch hüten, allzu viel Heidnisches im Heliand zu suchen. Im Grunde ist alles nur die naive mittelalterliche Anschauung, die ferne Zeiten und fremde Völker nach ihrem Ebenbilde schildert.

An psychologischer Vertiefung steht die *Genesis* über dem Heliand, weil größere und menschlichere Leidenschaften darin vorkommen als in der Geschichte des leidenden Heilands. Das nur in englischer Übersetzung erhaltene Bruchstück beginnt mit einer Anrede des Himmelskönigs ans erste Menschenpaar, mit dem Verbot, von der Frucht des einen Baumes zu essen. Dann folgt die Erzählung vom Sturze Satans, der als eine tragische Gestalt erscheint und darum unser Mitgefühl erregt. Seiner Überhebung folgt die Strafe, er wird in eherne Bande gelegt. Da steigt in der Seele des Gestürzten und Gefesselten ein Racheplan auf: er will Adam und Eva von Gott abspenstig machen. Er schickt seinen Boten, der sich im Tarnhelm (helithhelm) durch die feurige Lohe der Hölle schwingt und in Wurmesgestalt an Adam seine Verführungskünste versucht. Was ihm hier misslingt, glückt ihm bei Eva. Ergreifend schön ist die Reue der Verführten geschildert. Hier setzt das erste altsächsische Fragment ein. Das zweite handelt von Kain, das dritte von der Zerstörung Sodoms. Durch geschickte Anordnung bringt der Dichter in das Gespräch zwischen dem Herrn und Kain bessere Entwicklung und größere Steigerung, als der biblische Bericht es tut. Und wieder schließt sich daran eine Szene zwischen Adam und Eva, wie sie das Unheil betrauern und durch Seths Geburt getröstet werden. In der Erzählung von Sodoms Zerstörung weiß der Dichter durch wohl angebrachte Kürzungen alles Anstößige zu beseitigen. Als Quelle der erhaltenen Stücke der Genesis kommt außer der Bibel das Gedicht des Alcimus Avitus, der um 490 den Bischofsitz zu Vienne einnahm und fünf Bücher de origine mundi schrieb, in Betracht. Der Gedanke des verlorenen Paradieses ist vortrefflich herausgearbeitet, überall lebendige Anschauung und tiefe Auffassung.

Über die Heimat des Helianddichters wissen wir nichts Genaues, da die Handschriften keine einheitliche, örtlich genau bestimmbare Sprachform aufweisen. Das ganze niederdeutsche Tiefland von Utrecht bis Hamburg hat den Dichter beansprucht, ohne dass irgende eine Ansicht zur Gewissheit erhoben wäre. Wahrscheinlich ist das Gedicht in der Nähe eines Klosters geschrieben, wenn nicht im Kloster selbst verfasst. Da kämen Münster, Werden oder die Abtei Korvey, die sich der besonderen Gunst Ludwigs des Frommen erfreute, in Frage. Dass der Heliand älter ist als die Genesis, darf mit Sicherheit angenommen werden. Die Weitschweifigkeit des Heliand ist in der Genesis vorteilhaft eingeschränkt, von der Variation mäßiger Gebrauch gemacht, die Sätze sind kürzer und inhaltsreicher, die Gestaltungskraft ist bedeutender. Man sollte also meinen, dass der Dichter seine volle Meisterschaft erst im zweiten Werk erreichte. Demgegenüber wird aber darauf hingewiesen, dass Verskunst und Stil in der Genesis schwächer seien, sodass man an verschiedene Verfasser, einen Schüler des Helianddichters denken muss. Der Schüler wäre dem Meister nur in der Form nachgestanden, keineswegs an dichterischer Fähigkeit. Der offenbar wohl unterrichtete Verfasser der Praefatio weiß nur von *einem* sächsischen Dichter, und es ist immerhin auffallend, dass das Sachsenland zwei solcher hervorragenden Männer hervorbrachte, die als Schöpfer der geistlichen Epik völlig übereinstimmten, in Quellenbehandlung und Darstellung ebenfalls gleiche Wege wandelten.

Die altsächsische Bibeldichtung ist undenkbar ohne das Vorbild der angelsächsischen, mit der sie literarisch und stilistisch zusammenhängt. Von allen Germanen beteiligten sich die Angelsachsen zuerst an der lateinischen Literatur des Mittelalters. Und dieser Beteiligung an der lateinischen Literatur folgte bald eine eigene Dichtung in heimischer Sprache. Ende des 7. und Anfang des 8. Jahrhunderts verfasste in Nordhumbrien der durch göttliche Eingebung zum Dichter erweckte Kaedmon seine Hymnen auf die ganze biblische Geschichte, von der Weltschöpfung bis zum Jüngsten Gericht herunter, alle wichtigen Ereignisse in schwungvollen Stabreimversen besingend. Im 8. Jahrhundert folgten längere Stabreimepen über Genesis und Exodus, in der zweiten Hälfte des Jahrhunderts erlebte die angelsächsische geistliche Epik ihre Blüte in Kynewulfs Krist und in seinen Legenden. Breite epische Schilderungskunst bildete sich in England aus. Die altsächsische Bibeldichtung schließt sich genau an. Die meisten Wörter und Wendungen des Heliand begegnen auch in englischen Gedichten, während in Deutschland keine Vorbilder vorlagen. Gewiss hatten die Sachsen ihre Heldenlieder, die der Verfasser des Heliand kannte. Galt er doch unter den Seinen als hervorragender Dichter, ehe er sein Epos schuf. Aber der Gedanke, diese formelhafte Dichtersprache aufs geistliche Epos anzuwenden, ja überhaupt ein langes erzählendes Gedicht zu schreiben, wurde durch die bereits blühende englische Literatur angeregt. Die deutschen Klöster beherbergten viele Mönche englischer Herkunft, die altsächsische und angelsächsische Sprache standen einander so nahe, dass ohne Schwierigkeit eine Verständigung möglich war. Den Zusammenhang mit England erweist die geistliche Dichtung Sachsens dadurch, dass die Praefatio die Kaedmonsage auf den Helianddichter überträgt, und durch die Tatsache, dass die sächsische Genesis ins Englische übertragen wurde, woraus wir die nahe Verwandtschaft der Sprachen unmittelbar erkennen. Ohne viel Änderung konnten die Verse von der einen in die andere Sprache umgeschrieben werden. Aus der altsächsischen geistlichen Epik darf keine entsprechende weltliche sächsische Dichtung gefolgert werden, vielmehr nur das Vorbild der angelsächsischen Epik. Es war freilich verfehlt, die Heimat des Helianddichters überhaupt in England zu suchen und die sächsische Dichtung als eine Übersetzung aus dem Englischen aufzufassen. Aber es erscheint vollkommen berechtigt, die sächsische Epik als eine Abzweigung und Nachbildung der englischen zu bezeichnen. Wie in England das Christentum durch die Poesie verbreitet worden war, so sollte es auch im neu bekehrten Sachsenland geschehen, indem man die Dichtung für den neuen Glauben gewann. Eine ausgedehnte und bedeutende geistliche Epik erwuchs freilich nicht mehr, weil die Stabreimkunst zu Ende ging. Aber in neuen Formen nahmen hochdeutsche Dichter, vor allen Otfried von Weißenburg diesen Gedanken auf. Der geistlichen Dichtung in Stabreimen folgte die in Endreimen, der altgermanische Vers wurde von dem romanischen Reimvers verdrängt. Seine Zeit war vorbei, zur epischen Blüte brachte er es nicht.

Neben den zwei großen Epen sind noch zwei kleine stabreimende Gedichte geistlichen Inhalts überliefert, das *Wessobrunner Gebet* und das *Muspilli*. Etwa gleichzeitig mit dem Hildebrandslied, um 800 wurde im bayerischen Kloster Wessobrunn ein Gebet aufgezeichnet, dem neun stabreimende Zeilen vorhergingen. Die Mundart dieser Zeilen ist bayrisch, aber mit Spuren eines englischen Schreibers. Da die Überlieferung lückenhaft ist, muss eine ältere Vorlage angenommen werden, sodass die Zeilen den letzten Jahrzehnten des 8. Jahrhunderts angehört haben mögen. Der Inhalt lautet folgendermaßen: »Das erfuhr ich als der Wunder größtes unter den Menschen, dass Erde nicht war noch Himmel drüber, noch Berg noch Baum, kein Stern und keine Sonne schien, der Mond leuchtete nicht, noch war kein herrliches Meer. Als es noch keine Grenzen und Enden gab (d. h. im Grenzenlosen), da war der eine allmächtige Gott, der Männer mildester, und bei ihm viele guten Geister (die Engel) und Gott war heilig.« Das Gedicht ist rein christlich und zeigt nirgends heidnische Anklänge, wie durch Vergleich mit einer Strophe der altnordischen Völuspá, die ebenfalls christlich beeinflusst ist, irrigerweise behauptet wurde. Es scheint eine Hymne über den 89. Psalm: »priusquam montes fierent aut formaretur terra et orbis, a saeculo usque ad saeculum tu es deus.« Nach dem ersten Kapitel der Genesis führt der Dichter den Gedanken des Zustandes vor der Weltschöpfung aus. Bis ins Einzelne lassen sich also die Gedanken aus der Bibel und den Genesiskommentaren, die die Erschaffung der Engel mit der Erde zusammenbringen, belegen. Dass frühzeitig in den Tagen der Bekehrung Hymnen gedichtet wurden, lässt neben der angelsächsischen Dichtung, die ebenfalls mit Hymnen anhebt, die Geschichte des bereits oben S. 19 erwähnten friesischen Sängers Bernlef vermuten. Der heilige Liudger machte den Blinden sehend und lehrte ihn Psalmen, gewiss mit der Absicht, dass er sie ins Friesische umdichte. Ähnlich wurde der Engländer Kaedmon, der keine geistlichen Studien betrieben hatte, von Mönchen mit den Stoffen, die er dichterisch behandeln sollte, bekannt gemacht. »Wessobrunner Gebet« ist eine sehr ungeschickte Bezeichnung, die wohl das angefügte Gebet in Prosa, aber nicht die Verse trifft. Vielleicht darf man von einer »*Wessobrunner Hymne*« sprechen und damit die Art dieser ältesten geistlichen Dichtung, die der biblischen Epik um etwa vierzig Jahre vorhergeht und in die Zeit der Bekehrung des sächsischen Volkes fällt, besser und richtiger andeuten.

Muspilli ist ein bayerisches Gedicht. Merkwürdig ist seine Überlieferung, indem es auf die leeren Blätter einer schönen theologischen Handschrift, die Bischof Adalram von Salzburg um 825 Ludwig dem Deutschen schenkte, mit ungeübter Hand eingeschrieben wurde. Man vermutet, dass zu Lebzeiten des Königs (gestorben 876) niemand wagen durfte, die Handschrift dermaßen zu verunzieren, dass mithin wahrscheinlich der König selber den Eintrag machte, weil er an dem Gedicht oder an dessen unbekanntem Verfasser besonderen Gefallen fand. Die Abfassungszeit des Gedichtes fällt in die Jahre 830–840, weil auf eine Verordnung des Jahres 827 gegen Bestechlichkeit der Richter angespielt wird. Überliefert sind 106 Zeilen; Anfang und Schluss, die aber nur wenige Verse umfassten, fehlen, weil sie auf den verlorenen Deckeln der Handschrift standen. Das Gedicht ist eine Ermahnung im Predigerton und wendet sich an vornehme Leute. Es behandelt die Schicksale der Seele nach dem Tod, wie ein himmlisches und höllisches Heer um ihren Besitz kämpfen. Die Freuden des Himmels und die Schrecken der Hölle werden wortreich geschildert. Dann folgt die Beschreibung des Jüngsten Gerichtes, das der mit dem auferstandenen Leib wiedervereinigten Seele bevorsteht. Dem Gericht voran geht ein Zweikampf zwischen Elias und dem Antichrist, dem der Satan gesellt ist. Der Antichrist fällt, aber auch Elias. »Wenn des Elias Blut auf die Erde träufelt, entbrennen die Berge, kein Baum bleibt stehen, die Gewässer versiegen, das Meer verschlürft sich, der Himmel schwelt in Lohe, der Mond fällt herab, Mittgart brennt, kein Stein bleibt stehen. Wenn der Tag der Strafe ins Land fährt mit Feuer über die Menschen, dann mag kein Vetter dem andern helfen vor dem Muspille. Wenn der breite Wasen ganz verbrennt und Feuer und Luft alles wegfegt, wo ist dann die Mark, auf der man mit seinen Magen stritt?« Darum soll jeder gerecht richten. Denn wenn das himmlische Horn erschallt und der Sühner sich auf die Fahrt erhebt, zu richten die Lebenden und die Toten, dann ergeht das Jüngste Gericht. Die Menschen steigen aus ihren Gräbern und müssen für alle Freveltaten Rede stehen. Nur wer mit Fasten und Almosen gebüßt hat, mag getrost sein.

Das Gedicht beruht vollkommen auf christlichen Vorstellungen. Was von Elias erzählt wird, stammt aus byzantinischen Quellen, aus der Legende der griechischen Kirche. Keine Spur germanischen Heidentums ist in dem Gedicht zu erweisen. Der Ausdruck »Muspilli«, dessen Etymologie noch nicht einwandfrei erklärt ist, begegnet im Heliand und in der Edda. Die Bedeutung ist zweifellos: eine Übersetzung von »dies illa«. Muspilli ist der Jüngste Tag, der Gerichtstag, vielleicht auch die Weissagung davon. In Niederdeutschland muss im 9. Jahrhundert die stehende Formel verbreitet gewesen sein: »Muspilli kommt heran« für »superveniet dies illa«. Und diese Formel, die den Weltuntergang begriff, wanderte nach Island, wo sie in der Völuspá vorkommt, und nach Bayern zum Verfasser unseres Gedichtes, das sehr mit Unrecht in der Literaturgechichte den Namen Muspilli erhalten hat. Besser hieße es »von den Schicksalen der Seele nach dem Tod« oder »vom Jüngsten Gericht«. Es ist eine Mahnung zur Buße an alle Sünder, insbesondere an die Vornehmen und Großen der Erde. Der bayrische Verfasser hat nur geringe Kenntnis des Stabreims, er verstößt gegen die einfachsten Grundregeln und verfällt aus der Poesie fortwährend in die Prosa des Bußpredigers. Diese Mängel sind dem Gedicht nicht etwa in der Überlieferung erst später angewachsen, sondern von Anfang an eigen. Auch Endreimverse kommen gelegentlich vor. Der Verfasser scheint ein des Dichtens unkundiger Geistlicher, vielleicht auch ein Laie, der aus zweiter Hand, etwa aus Predigten seine geistlichen Kenntnisse schöpfte, gewesen zu sein, dessen Werk wegen der vermeintlichen heidnischen Anklänge in der rein christlichen Weltbranderzählung über Gebühr gelobt worden ist. Es ist stilistisch wie rhythmisch gleich mangelhaft und ungeschickt.

Der Heliand ist ein geistliches Epos im englischen Kunststil, in der stabreimenden Langzeile, in seiner Anlage und Ausführung nach rückwärts schauend, Otfrieds Evangelienbuch ist ein lyrisches Erbauungsbuch in Strophen mit Endreim, nach Anlage und Ausführung vorwärts gewandt. Uns Heutigen erscheint der Heliand wertvoller, geschichtlich verdient die Tat Otfrieds den Vorzug. Denn sie eröffnet die altdeutsche Verskunst, die aus einer Vermählung altgermanischer Rhythmik mit romanischer Reimkunst hervorging.

Otfried ist wahrscheinlich von Geburt ein Elsässer, er bedient sich der südrheinfränkischen Mundart, Um 800 geboren, erhielt er seine Bildung vermutlich im Benediktinerkloster zu Weißenburg. Seine geistlichen Studien vollendete er in Fulda bei Hrabanus etwa um 830, wo er mit dem nachmaligen Bischof von Konstanz, Salomo, und dem späteren Abt von St. Gallen, Hartmuot, in Verkehr und Gedankenaustausch trat. Nach seiner Studienzeit wurde er Mönch und Priester in Weißenburg, wo er der Klosterschule vorstand. Hier verfasste er sein Evangelienbuch, das gegen 870 vollendet war. Um dieselbe Zeit starb Otfried, aber nicht in Weißenburg, weil die sorgsam geführten Totenbücher ihn nicht nennen. Otfrieds Gedicht, von Widmungen, Vor- und Nachreden umrahmt, gibt über Entstehung und Quellen genauen Aufschluss. Nicht aus innerem Antrieb, sondern auf Bitten einiger unvergesslicher Brüder und einer verehrungswürdigen vornehmen Frau, namens Judith, schrieb er eine Auswahl aus den Evangelien in deutschen Versen nieder, um damit weltliche Gesänge zu verdrängen, um denen, die der lateinischen Sprache nicht mächtig waren, die heiligen Worte in der eigenen darzubieten. Und nun regt sich vaterländischer Stolz. Die Franken stehen an Tapferkeit und Adel hinter Griechen und Römern nicht zurück, warum sollen sie einer fränkischen Literatur entbehren? Aber gleichzeitig wagt Otfried nicht, im lateinischen Brief an den Erzbischof Liutbert von Mainz deutsche Worte einzuflechten, weil dem Leser dies lächerlich vorkommen würde! So frei und stolz und so befangen ist Otfrieds Urteil. Den Titel seines Werkes »Evangelienbuch« entnimmt er dem Liber Evangeliorum des Juvencus, dem er auch sonst in Einzelheiten folgt. Den Inhalt schöpft er nicht, wie der Heliand, aus der Fuldaer Evangelienharmonie, sondern aus den Evangelien selber, aber nicht nach freier, selbständiger Wahl, sondern nach den liturgischen Perikopen, d. h. den für die Sonn- und Festtage vorgeschriebenen Bibelabschnitten. In der Regel entsprechen die erzählenden Kapitel Otfrieds einer Perikope, manchmal aber ist die Perikope auch auf zwei oder drei Abschnitte verteilt. Zu der also bestimmten Auswahl aus den Evangelien benützte Otfried fleißig die Kommentare, Hrabanus und Paschasius Radbertus zu Matthäus, Beda und Ambrosius zu Lukas, Beda und Alchuine zu Johannes. Gregor, Augustin, Hieronymus, Predigtsammlungen und christliche Poeten wie Juvencus, Arator, Sedulius wurden daneben noch zu Rate gezogen. Otfried bringt fast gar keine eigenen Gedanken vor, nur Entlehntes und von andern Geprägtes.

Er wurzelt ganz und gar in der lateinischen Literatur seiner Zeit und ist ein Kompilator. Aber weil er alle diese mühsam zusammengesuchte Gelehrsamkeit in deutsche Reimverse brachte, ist Otfried für die deutsche Literaturgeschichte von derselben Bedeutung wie hernach Opitz, mit dem er überhaupt manche Berührungspunkte hat. Über die Einteilung seines Buches sagt er: »obwohl es vier Evangelien gibt, habe ich mein Werk in fünf Bücher eingeteilt, um damit unsre fünf Sinne zu reinigen. Was wir durch Gesicht, Geruch, Gefühl, Geschmack und Gehör sündigen, diese Verderbnis können wir durch das Lesen der Bücher reinigen. Möge unser äußeres Gesicht erblinden, wenn nur das innere erleuchtet wird durch die Worte des Evangeliums; das unreine Gehör soll unsrem Herzen nicht mehr schaden; Geruch und Geschmack sollen sich von der Bitternis der Welt abwenden und Christi Süßigkeit empfinden.« Diese allegorisch-typologische Auslegungsweise, die hinter jeder biblischen Erzählung einen verborgenen symbolischen Sinn sucht, wurde von Origenes begründet und von Hrabanus besonders gepflegt. Darum widmet ihr Otfried einen großen Teil seiner Schrift. Zwischen den Kapiteln erzählenden Inhalts sind betrachtende eingefügt, die spiritaliter, moraliter, mystice überschrieben sind. Darin zeigt sich der gelehrte Theologe in seiner ganzen Umständlichkeit. Die Auslegung, die der Heliand aufs bescheidenste Maß beschränkte und nur der Erzählung einflocht, tritt bei Otfried selbständig in den Vordergrund. Sein Werk kann also nur an Leser denken, die hierfür das nötige Verständnis mitbrachten, eine Wirkung auf weitere Kreise ist ausgeschlossen. Offenbar bezweckte er ein Erbauungsbuch für die des Lateins Unkundigen, die an allen Sonn- und Feiertagen das von der kirchlichen Liturgie vorgeschriebene Evangelium und die dazugehörige Auslegung darin lesen sollten. Er gibt seinen Lesern die Sonntagspredigten mit allem Zubehör moralischer und mystischer Auslegung in deutschen Reimen. Darum berechnete er sein umfangreiches Werk nur auf stückweisen Gebrauch. Vor allem muss bei Otfried jeder epische Maßstab fern bleiben, weil sein Buch gar kein Epos sein will. Aber auch Otfried hat sich in der Auffassung Christi deutschen Vorstellungen angepasst. Auch sein Christus ist ein Volkskönig, geschmückt mit allen edlen Eigenschaften. Er war tapfer, furchtlos, gerecht, milde, von hoher Geburt. So ging er mutvoll seinen Feinden im Garten Gethsemane entgegen. Es war ein Jammer, dass er nur so kleines Gefolge hatte, darum musste er unterliegen. Die Seelenangst Christi am Ölberg übergeht Otfried, weil sie das Königsbild stören würde. Petrus rühmt sich seines Mutes: »sollte ich gewürdigt werden, mit dir, o Herr, zu sterben, kein Schwert in der Welt wäre so scharf, kein Speer so spitz, dass sie mich zurückschreckten, kein Feind würde mich hindern, ich würde willig mit dir zum Tode gehen, wenn alle andern von dir abfielen.« Kaum hatte Petrus bemerkt, wie die Kriegsknechte Christum fesselten, da wagte er sich als treuer Gefolgsmann mitten ins Getümmel und zog sein Schwert, seinen Herrn zu retten, bis dieser ihm jeden Widerstand untersagte. Freilich, alle diese deutschen Züge, die in den Stabreimversen des Heliand so lebendig hervortreten, verbergen sich bei Otfried unter der weitschweifigen und unepischen Darstellung. Die Hochzeit von Kana, die Bergpredigt, die der Heliand in fein ausgeführten deutschen Bildern anschaulich macht, tun bei Otfried keine besondere Wirkung. Wenn Otfried im Epischen versagt, so hat er dagegen schöne lyrische Stellen und beweist die Fähigkeit deutscher Sprache fürs Lehrhafte. Und diese poetischen Eigenschaften sind nicht zu unterschätzen im Hinblick darauf, dass der Dichter hierin keine deutschen Vorbilder hatte. Das äußere Leben, das der Heliand bevorzugt hatte, tritt zurück hinter der Fülle des inneren Lebens. Zum ersten Male erscheinen bei Otfried die idyllischen Bilder von der Verkündigung, der Geburt Christi, der Anbetung der Hirten, kurz die Weihnachtslegende, die zu verinnerlichen und auszumalen gerade das deutsche Gemüt berufen war. »Da kam ein Bote von Gott, ein Engel vom Himmel, er brachte der Welt teure Botschaft. Er flog der Sonne Pfad, der Sterne Straße, die Wege der Wolken zur hehren Jungfrau, zur Adelsfrau, zu Maria selbst. Er ging in die Pfalz, fand sie in schweren Gedanken, den Psalter zur Hand, den sie bis zum Ende sang, indem sie ein Werk schöner Tücher, teurer Garne wirkte. Das war ihre Lieblingsbeschäftigung. Da sprach er ehrerbietig, wie ein Mann zur Herrin sprechen soll, wie ein Bote zur Mutter seines Herrn reden muss: Heil dir, schöne Maid, ziere Jungfrau, aller Weiber liebste vor Gott! Erschrick nicht und wende nicht die Farbe deines Antlitzes, voll bist du der Gnade Gottes. Die Propheten sangen von dir und wiesen alle Welt auf dich hin, du weißer Edelstein, du reine Magd!« Und daran schließt Otfried ein inniges Marienlied. Auch eigene Empfindung weiß er gelegentlich einzuflechten. Hrabanus bemerkt zur Rückkehr der drei Könige in seinem Kommentar: »ebenso sollen wir tun; unsre Heimat ist das Paradies: wir haben es durch Übermut und Ungehorsam verlassen, wir müssen durch Tränen und Gehorsam zurückkehren.« Otfried führt den Gedanken weiter aus: »es mahnt uns diese Fahrt, unser eigen Land zu suchen, das Paradies, das ich in Worten nicht preisen kann. Dort ist Leben ohne Tod, Licht ohne Finsternis, ewige Wonne. Wir haben es verlassen, das müssen wir nun immer beweinen. Nun liegt unbenutzt unser Erbgut, wir darben an viel Liebem und dulden hier bittere Not. O Elend, wie hart bist du! In Mühsal liegen, die der Heimat entbehren. Ich hab's erfunden. Ich fand in der Fremde nur Trauer, Herzbeschwer und mannigfaltige Schmerzen. Verlangen wir nun heim, so müssen wir, wie die drei Genossen, auch eine andre Straße fahren, den Weg, der uns zum eigenen Land bringt.« Während hier Otfrieds Heimweh in die Schilderung warme Empfindung hineinträgt, zeigt ein anderes Bild der Heimfahrt zum Paradies die ganze Geschmacklosigkeit der theologischen Auslegerkünste. Der Helianddichter hatte

Christi Eselritt übergangen, weil er für den deutschen König unpassend erschien. Otfried musste ihn beibehalten, weil die Auslegung daran anknüpfte. Er macht den Esel zum Gegenstand eines exegetischen Kapitels. Der Esel, ein viel dummes Vieh, gleicht uns Menschen. Die zwei Jünger, die den Esel zu Christus brachten, sind die Prediger, die uns zu Christus führen. Die Gewänder, die sie auf den Esel legten, sind Lehre und Beispiel, womit sie uns bedecken. Die Stadt Jerusalem ist das Himmelreich, wohin wir ziehen sollen. Die ausgebreiteten Zweige sind die Lehren der heiligen Schrift. Die Menge, die sich niederwarf, bedeutet die Märtyrer. So ist der Einzug in Jerusalem ein Vorbild des Einzugs ins Paradies, wohin wir wie der Esel im Geleit Christi und seiner Jünger kommen. Am Schlusse seines Werkes, wo er die Mühen des Alters beklagt, schildert Otfried noch einmal in aller Breite die Herrlichkeit des Himmels; dann beendet er seine lange Fahrt, lässt das Segel nieder und sein Ruder am Gestade rasten.

Otfried entbehrt keineswegs dichterischer Eigenschaften, aber der Hauptwert seines Buches liegt doch nur auf der formalen Seite: er ist der Schöpfer des deutschen Reimverses für die Literatur. Der Endreim stammt aus der vulgärlateinischen Dichtung; von hier aus kam er in den lateinischen kirchlichen Hymnus und in die romanischen Sprachen. Dass auch schon vor Otfried deutsche fränkische Reimverse bestanden, ist sehr wahrscheinlich. Die ganze spätere Entwicklung des deutschen Reimverses stimmt in den Grundgesetzen mit Otfried überein, ohne von seinem Werk unmittelbar beeinflusst zu sein. Somit muss der spätere deutsche Reimvers und Otfrieds Vers auf derselben Grundlage einer volkstümlichen Dichtung erwachsen sein, die unter romanischem Einfluss bei den Franken im Rheinland zuerst aufkam. Der anstößige Laiengesang, den Otfried mit seinem Gedicht verdrängen will, war zweifellos in derselben Form, im Reimvers, nicht im Stabreim. Aber Otfrieds Verdienst bleibt ungeschmälert, auch wenn er im Volksgesang Vorgänger hatte. Seine Tat ist die sorgsame literarische Verwertung und Ausbildung dieser neuen Kunstart, der die Zukunft gehörte. Otfrieds Vers und der deutsche Endreimvers im Mittelalter sind dadurch ausgezeichnet, dass sie trotz der romanischen Form den Charakter der deutschen Sprache wahrten, dass sie die alte Rhythmik, wie sie der Stabreim ausgebildet hatte, in der neuen Form nicht aufgaben. Von der Gefahr der Silbenzählung hält sich der altdeutsche Vers frei, er misst nur die Hebungen und gewährt den Senkungen Freiheit. Dadurch vermeidet er Eintönigkeit. Nach und nach wird die deutsche Sprache fähig, den Schmuck des Endreims zwanglos anzulegen. Die althochdeutsche Sprache mit ihren vollen Endungen, die allein schon reimfähig sind, erleichterte die Einführung des Reims wesentlich. Als Otfrieds Vorbilder denken wir uns gereimte lateinische Hymnen und fränkische Volkslieder. Otfried bindet zwei Langzeilen zur Strophe, die Strophe besteht aus zwei Kurzzeilen, die durch die letzte betonte, männlich reimende Silbe miteinander gebunden sind. Die Kurzzeile hat vier Hebungen, von denen zwei höher, zwei schwächer betont sind. Die Haupthebungen bezeichnet Otfried mit Akzenten und zeigt somit deutlich den rhythmischen Bau seiner Verse an. Wenn in der Stabreimdichtung die Kurzzeile zweitaktig und zweifüßig ist, so ist die Kurzzeile der Endreimdichtung viertaktig und vierfüßig. Da aber stets zwei Füße mit höherer und schwächerer Hebung rhythmisch sich enger zusammenschließen, spricht man von dipodischem Bau, d. h. zweifüßigem Bau, wonach zwei Füße eine rhythmische Einheit bilden. Der deutsche Vierhebler wahrt stets den dipodischen Charakter, ebenso bei Otfried wie in Goethes Faust oder in Wallensteins Lager. Zum Beispiel mögen die ersten Verse der Widmung an König Ludwig den Deutschen dienen, wobei mit Akut die Haupthebung, mit Gravis die Nebenhebung angezeigt wird:

Lúdowìg ther snéllò, des wísdùames fóllò,
er óstarrìchi rìhtit ál, so Fránkóno kúning scàl
Ùbar Fránkòno lánt, so gèngit éllu sìn giwált,
thaz ríhtit, so ìh thir zéllù, thiu sìn gewált éllù.

(Ludwig, der Schnelle, der Weisheitsvolle, regiert über ganz Österreich (d. h. das östliche Frankenland), wie ein Frankenkönig soll. Übers Frankenland erstreckt sich alle seine Gewalt, das regiert, wie ich dir erzähle, alle seine Gewalt.) Eine entsprechend gebaute Hymnenstrophe setze ich zum Vergleich hierher:

ólim pìus rex Karólùs magnús ac pòtentíssimùs
fecít locùm devótiùs pro béatì virtútibùs.
Flámmas ubìque Brìttonès mox ínferúnt ira trucés,
sanctús locús combúritúr, tantúm decús consúmitúr.

Überall tragen die Endsilben den männlichen Reim und die letzte Hebung; doch kann auch die vorletzte Hebung in den Reim mit einbezogen werden, der dann zweihebig und weiblich wird (zellu: ellu; snello: follo: latein. comburitur: consumitur). Die Reime sind nicht immer rein, es genügt schon Assonanz. Der deutsche Vers unterscheidet sich vom lateinischen und romanischen durch den dipodischen Bau; während der lateinische und romanische Vers eine feste Silbenzahl aufweist, im gegebenen Fall acht Silben oder vier Jamben, ist die Silbenzahl des deutschen Verses frei, weil die Senkungen fehlen können. Otfried ringt mit der Form und ist dadurch in der Entfaltung seines poetischen Stiles gehemmt. Um Vers und Strophe zu füllen, bedarf er zahlreicher nichts sagender Flickwörter und verstößt sogar gegen die Grammatik und den natürlichen Satzbau. Wenn gar noch, wie in den Widmungen, die Künsteleien des Akrostichons dazukommen, so wird der dichterische Schwung von leerem Formalismus ganz ertötet. Mit der Stabreimdichtung hängt Otfried noch zusammen durch das Stilmittel der Variation und durch stabreimende Verbindungen. Die Dipodie entspricht insofern der Rhythmik des Stabverses, als die stärkere und schwächere Hebung der Hebung und Senkung (bzw. Nebenhebung) des Stabverses gegenüberstehen. Die Akzente verteilt Otfried so, dass sie den zwei Hebungen des Stabverses gleich sind, daher auch in der Regel nur zwei Akzente bezeichnet sind. Bedenkt man die Tatsache, dass Otfried zuerst in einem laugen Gedicht den Reimvers durchführte, so verdient seine Leistung trotz manchen Mängeln alle Anerkennung. Er vervollkommnet sich auch im Verlauf der Arbeit immer mehr. Man darf die Teile mit unvollkommenen Reimen zu den frühesten zählen, während am Ende seines Werkes der Dichter die gewählte Form entschieden freier und besser handhabt. Otfrieds Strophen waren ursprünglich für den Gesang bestimmt, wie die Vorbilder, denen sie folgten. Dafür zeugen Musiknoten, die in zwei Handschriften zu einigen Strophen überliefert sind. Aber als Ganzes genommen ward das Werk doch vorwiegend ein Lesebuch und dürfte auch so in der endgültigen Ausführung gedacht gewesen sein. Das Lyrische bei Otfried ist musikalisch, das Epische und Didaktische aber fürs Lesen bestimmt. So mag Singen und Sagen bei Otfried selber durcheinander gegangen sein.

Der vollendeten Arbeit gab Otfried Widmungen mit, eine an König Ludwig den Deutschen, der also zum Evangelienbuch ähnlich steht wie Ludwig der Fromme zum Heliand, eine an den Bischof Salomo von Konstanz, eine an die St. Galler Mönche Hartmuot und Werinbert, endlich ein lateinisches Schreiben an den Erzbischof Liutbert von Mainz, der seit 863 als Nachfolger des 847 von Fulda nach Mainz berufenen Hrabanus den Bischofstuhl innehatte. Er war also für die offizielle Verbreitung seines Buches sehr tätig.

Die Wiener Handschrift ist höchstwahrscheinlich von Otfried selber durchkorrigiert, insbesondere auf die Akzente genau durchgesehen und verbessert. Wir verfügen also über eine außergewöhnlich gute Überlieferung und vermögen Otfrieds hervorragende gelehrte Eigenschaften wohl zu beurteilen. Wie weit seine Wirkung reichte, lässt sich nicht genau bemessen, weil die literarische Tätigkeit in althochdeutscher Sprache überhaupt bald aufhörte. Aber so viel scheint sicher, nach Otfrieds Vorgang im Reimvers war der Stabreim endgültig aus der Literatur verbannt. Die kleineren gereimten ahd. Denkmäler sind alle jünger als Otfrieds Buch, also wahrscheinlich auch von ihm angeregt.

Die kleineren ahd. Denkmäler zeugen für die in der Literatur gepflegten Gattungen: das Ludwigslied ist ein Kriegs- und Siegeslied, das Lied von Christus und der Samariterin sowie der 138. Psalm sind poetische Bearbeitungen biblischer Stücke, Ratperts Lobgesang auf den heiligen Gallus und das Petruslied sowie das Georgslied zeigen die Verehrung der Heiligen. Endlich gibt es noch gereimte kurze Gebete. Das *Ludwigslied* ist gedichtet auf den Sieg, den Ludwig III. von Westfranken im Jahr 881 über die heerenden Normannen erfocht. Ein rheinfränkischer Geistlicher ist der Verfasser. Ihm gelten die Franken als das auserwählte Volk Gottes. Der Herr steht mit dem König im engsten freundlichen Verkehr. Der Dichter weiß lebendig zu schildern, aber nicht in epischer Anschaulichkeit, vielmehr in andeutenden Augenblicksbildern. König Ludwig war ein vaterlos Kind; da nahm der Herr sich seiner an und erzog ihn. Er verlieh ihm den fränkischen Königstuhl. Gott wollte erproben, ob er so jung schon Mühen erdulden könne. Zur Strafe für die Sünden der Franken fielen die Normannen ein. Der König weilte eben ferne von seinem Reich; da gebot ihm Gott, alsbald heimzureiten: Ludwig, mein König, hilf meinem Volk! Die Normannen bedrängen es sehr. Der König sprach: Herr, ich tu's, wenn der Tod mich nicht hindert. Mit Gottes Urlaub erhob er die Kampffahne und ritt nach Franken gegen die Normannen. Seine Leute dankten Gott und sprachen: So lange harren wir deiner! Ludwig der Gute erwiderte: Tröstet euch, Gesellen, Gott sandte mich her zum Gefecht. Nun sollen mir alle Gottes-Diener folgen. Er nahm Schild und Speer, ritt kühnlich aus, bis er auf die Feinde traf. Er begann ein heiliges Lied und alle fielen ein: Kyrieeleison. Da fing der Streit an, Blut erschien auf den Wangen, froh waren die Franken. Jeder Kämpe stellte seinen Mann, aber keiner kam dem König an Tapferkeit gleich. Den einen erschlug er, den andern erstach er, er schenkte seinen Feinden bittern Trank. Gelobt sei Gott, Ludwig ward sieghaft. Heil Ludwig, siegreicher König!

Der Verfasser, der neben der zweizeiligen auch dreizeilige Strophen verwendet, vereinigt das Lob Gottes mit dem des Königs, der ein Gottesstreiter ist. Alle Vorgänge erscheinen in geistlicher Beleuchtung. Mit geistlichen Liedern hebt der Kampf an. Nirgends mehr eine Spur der germanischen Schlachtbeschreibung, die in den stabreimenden englischen Kriegs- und Siegesliedern des 10. Jahrhunderts, im Lied auf Aethelstans Sieg bei Brunanburg 937 und auf Byrhtnoths Fall bei Maldon 991, so reich entfaltet uns noch entgegentritt. Frommer Gesang und Tedeum erschallen in den Schlachten der christlichen Könige und den Sieg nimmt der Geistliche zu Ehren Gottes in Anspruch. Das Ludwigslied ist ein Stimmungsbild aus den Tagen kurz nach der Schlacht. Aber unter den romanischen Franken wurde dasselbe Ereignis in episch-weltlicher Weise besungen und begegnet hernach als altfranzösisches Epos von Gormond und Isembard.

Ein alemannischer Dichter behandelte das Gespräch zwischen *Christus und der Samariterin* in zwei- und dreizeiligen Strophen. Hier bietet sich ganz von selber der Vergleich mit Otfried, weil beide auf dieselbe Perikope Johannes IV, 3–42 zurückgehen. Der jüngere Dichter verdient den Vorzug, weil er einfacher und besser zu erzählen weiß. Otfried ist viel breiter und unterbricht den Fortgang der Erzählung durch seine lästigen lehrhaften Erörterungen. Wie im urdeutschen Lied stand hier Rede und Gegenrede im Vordergrund, die Schilderung ist aufs geringste Maß beschränkt.

Im 10. Jahrhundert entstand in einem bayerischen Kloster eine freie, wenig charakteristische *Bearbeitung des 138. Psalms* in zwei- und dreizeiligen Strophen. Man will in den Versen noch Spuren von Stäben finden, was in Bayern im Hinblick auf das Muspilli, in dem die Stabreimkunst gegen Ende des Jahrhunderts noch der Aufzeichnung für wert erachtet wurde, wohl zu verstehen wäre. Aber die vermeintlichen Spuren scheinen mir zufällig. Abweichungen von der Vulgata, Umstellungen und Wiederholungen erklären sich aus der Strophenform, nicht aus besonderer poetischer Absicht.

In St. Gallen verfasste der Mönch Ratpert um 880 nach der Vita sancti Galli ein *Loblied auf den heiligen Gallus* in fünfzeiligen Strophen. Die Form beruht wohl auf der Vereinigung der sonst üblichen zwei- und dreizeiligen Strophen. Leider haben wir nicht das deutsche Original, sondern eine lateinische Übersetzung Ekkehards IV., aus der kein Rückschluss auf den ursprünglichen deutschen Wortlaut möglich ist. Das Lied war als volkstümlicher Chorgesang gedacht. Wegen seiner süßen Melodie übertrug es Ekkehard so getreu als möglich. Im Lobgesang wurde erzählt, wie Kolumban und Gallus über Gallien und Frankenland nach Schwaben fahren, wie sie zu Tuggen am Züricher See das Opfer stören, wie sie danach an den Bodensee entweichen müssen, wo Kolumban zu Bregenz einen christlichen Tempel errichtet. Von dort geht Kolumban nach Italien, der erkrankte Gallus kehrt nach Arbon zurück, wo er Genesung findet. In der Einsamkeit gründet er seine Zelle und vertreibt die Unholde aus der Gegend. Wie er stirbt, geleitet der Erzengel Michael seine Seele ins Himmelreich. Auch der St. Galler Mönch Tutilo dichtete deutsch und lateinisch, wovon leider nichts erhalten blieb. Ein sehr schlecht überliefertes alemannisches Lied auf die *Marter des heiligen Georg* fällt noch ins 9. Jahrhundert. Wie die Quelle, ist auch das deutsche Gedicht auf äußerlichste und rohste Wirkung berechnet, die fast spielmännisch possenhaft erscheint, wenn schon der geistliche Verfasser alles ernst gemeint haben wird. Georg fuhr zum Ding und tat Wunder, die Blinden machte er sehend, die Lahmen gehend, die Stummen redend, die Tauben hörend. Aus einer viele Jahre alten Säule ließ er Laub hervorsprießen. Aber der Wüterich Tacian zürnte darob und ließ ihn mit dem Schwert richten: alsbald stand Georg wieder auf und predigte. Da ließ ihn der Heidenfürst rädern und in zehn Stücke zerreißen: alsbald stand Georg wieder auf und predigte. Da ließ der Heide ihn zermalmen, verbrennen, in den Brunnen werfen: alsbald stand Georg wieder auf und predigte. Er ging zur Königin Elossandria in die Kammer und lehrte sie den Glauben. Er bannte den Götzen Abollin, den Höllenhund, in den Abgrund. Damit bricht das Gedicht ab. Da es Kehrreimstrophen enthält, war es vermutlich zum Singen am Georgstag bestimmt. Das bayerische *Petruslied* ist das Beispiel eines kurzen Prozessionsgesanges. Es besteht aus drei zweizeiligen Strophen, von denen eine Langzeile (daz er uns firtânên giuuerdô ginâdên) wörtlich aus Otfried entnommen ist. Den Kehrreim, »Kirie eleison, Christe eleyson« dürfte das Volk, die Strophen der Vorsänger gesungen haben. Der Inhalt ist nur ein Gebet um Fürbitte an Petrus, dem Gott die Gewalt gab, den zu ihm Flehenden zu retten. Das Lied ist das älteste Beispiel des deutschen Chorals.

Die Literatur im Zeitalter der Ottonen

Jakob Grimm sagt: »Nachdem das Christentum die noch aus heidnischer Wurzel entsprossene Dichtung des 8. und 9. Jahrhunderts verabsäumt oder ausgerottet hatte, musste die deutsche Poesie eine Zeit lang still stehen, einer Pflanze nicht ungleich, der das Herz ausgebrochen ist.« Aber die Geistlichen im 10. und 11. Jahrhundert bemächtigten, sich wenigstens der Stoffe. Diese Dichtungen, »in die sich eine Menge Stoff geflüchtet, den die heimische Dichtkunst erzeugte, aber kein Mittel mehr hatte zu erhalten,« vermittelten zwischen der absterbenden althochdeutschen und der aufblühenden mittelhochdeutschen Poesie.

In der lateinischen Literatur finden wir die deutsche Heldensage, den Ritterroman, das Tierepos, das Drama nach dem Vorbild des Terenz, die St. Galler Oster- und Weihnachtsstrophen als Uranfänge des geistlichen Dramas, kleinere Gedichte geschichtlichen Inhalts; Novellen und Schwänke, also viel reichere Stoffe als in der karolingischen Zeit, beinahe schon alles, was hernach die mhd. Literatur aufnimmt. Sogar ein niederdeutsches Tanzlied und ein lateinisch-deutsches Liebesgespräch zwischen Kleriker und Nonne, Vorklänge der lateinischen und deutschen Lyrik treten uns entgegen.

Im Kloster St. Gallen schrieb der Mönch Ekkehard um 930 den *Waltharius* in lateinischen Hexametern. Sein Lehrer Geraldus hatte ihm die Aufgabe gestellt, über ein Thema aus der deutschen Heldensage ein Epos im Stile des Vergil und Prudentius zu dichten. Ekkehard entledigte sich dieser Aufgabe vortrefflich. Wir kennen seine unmittelbare Vorlage nicht. Nach Ausweis des angelsächsischen Gedichtes Waldere aus dem 8. Jahrhundert gab es einst auch Stabreimlieder von

Walthari und Hildegunde. Aber Ekkehard hatte schwerlich davon unmittelbare Kenntnis. Der Stoff kam ihm wahrscheinlich in Gestalt einer kurz gefassten Inhaltsangabe, vielleicht in lateinischer Sprache, zu. Daraus schuf er sein Epos, das in allen Einzelheiten frei erfunden ist, nicht als Übertragung einer deutschen Vorlage gelten kann. Die neuere Forschung über den St. Galler Waltharius hat die deutsche Heldensage um eine vermeintliche zuverlässige Quelle ärmer, aber die deutsche Literatur um einen bedeutenden Dichter, der sich freilich der lateinischen Sprache bediente, reicher gemacht. Am 1. Mai 926 wären die Ungarn aus Pannonien bis weit nach Deutschland hinein vorgedrungen. Sie lagerten im St. Galler Klosterhof. Die Klausnerin Wiborad erlitt den Märtyrertod. Im 10. Jahrhundert hielt man die Ungarn für die Nachkommen der Hunnen, die einst unter Attila wie ein Sturm über ganz Europa hingefegt waren. In Erinnerung an die Hunnen entstand der Waltharius, ein Heldengedicht aus der großen Zeit Attilas, an den die Hunneneinfälle der Gegenwart so lebhaft erinnerten. Das Gedicht beginnt mit den Worten:

Brüder, man hat Europa den dritten Erdteil geheißen;
Völker, welche gesondert durch Sitten und Sprache und Namen,
wohnen darin, an Glauben und Lebensgewohnheit verschieden.
In Pannonien sitzt, wie bekannt, darunter ein Volksstamm,
den wir zumeist mit dem Namen der Hunnen zu nennen gewohnt sind.
Dieses tapfere Volk war mächtig an Mut und an Waffen,
und es bezwang nicht allein die ringsum liegenden Länder,
sondern es drang auch vor zu des Ozeans Küstengebieten,
niederwerfend den Trotz, den Flehenden Bündnis gewährend.

Der Frankenkönig Gibicho erkaufte den Frieden, indem er als Geisel einen Knaben edlen Geschlechtes, Hagano, mit unermesslichen Schätzen zu Attila sandte. Ebenso verfuhr der Burgundenkönig Herrich, der seine Tochter Hildegund drangab, und der König von Aquitanien Alphari, der seinen Sohn Walthari als Geisel stellte. Mit diesen Geiseln zog Attila wieder heim. Hildegund erwuchs in der Hut der Königin Ospirin, Hagano und Walthari wurden vom König in kriegerischen Künsten erzogen. Inzwischen starb Gibicho; sein Sohn Gunthari war kriegerisch gesinnt und fürchtete Attila nicht. Da entfloh Hagano und kehrte in seine Heimat zu Gunthari zurück. Walthari sollte durch eine Heirat mit einer hunnischen Jungfrau an Attilas Hof gefesselt werden. Da fasste er den Plan, mit Hildegund zu entfliehen. Nach einem siegreichen Feldzug im hunnischen Dienst, richtete Walthari ein Gelage an. Als alle volltrunken waren, entwich er unbemerkt mit Hildegund. Er legte sorgsam seine Rüstung an. Ein Saumroß wurde mit Schätzen beladen, die Hildegund als Beschließerin der Kammer der Königin heimlich entwendet hatte.

Aber es führte das Roß, beladen mit Schätzen, die Jungfrau,
die in den Händen zugleich die haselne Gerte dahertrug,
der sich der Fischer bedient, die Angel ins Wasser zu tauchen,
dass der Fisch voll Gier nach dem Köder den Haken verschlinge.
Denn der gewaltige Held war selbst mit gewichtigen Waffen
rings beschwert und zu jeglicher Zeit des Kampfes gewärtig
Alle Nächte verfolgten den Weg sie in Eile; doch zeigte
frühe den Ländern das Licht der rötlich erstrahlende Phöbus,
suchten sie sich zu verbergen im Wald und erstrebten das
Dunkel,
und es jagte sie Furcht sogar durch die sicheren Orte.
Und es pochte die Angst so sehr in dem Busen der Jungfrau,
dass sie bei jedem Gesäusel der Luft und des Windes erbebte,
dass sie vor Vögeln erschrack und dem Knarren bewegten
Gezweiges.

In der hunnischen Hofburg erwachte Attila mit schwerem Kopf und rief in seinem Jammer nach Walthari. Ospirin entdeckte die Flucht Hildegundes. Der König zerriss im Zorne sein prächtiges Gewand. Er versprach dem, der ihm Walthari gebunden zurückbringe, er wolle ihn bis zum Scheitel mit gehäuftem Gold einhüllen. Aber niemand trug Verlangen, diesen Lohn sich zu holen. Die Flüchtlinge kamen unbehelligt nach vierzig Tagen an den Rhein nahe der Stadt Worms. Der Fährmann, den sie mit Fischen gelohnt, erzählte am Hofe Guntharis von den Fremden, von der glänzenden Jungfrau und den Schatztruhen. Da rief Hagano: »freut euch mit mir, mein Geselle Walthari kehrt heim von den Hunnen!« Aber Gunthari stieß mit dem Fuße den Tisch um und rief: »freut euch mit mir, der Schatz, den Gibicho an den König des Ostens gesandt, kehrt heim in mein

Reich!« Sogleich ließ er sein Roß satteln und brach mit zwölf erprobten Helden, darunter Hagano, der umsonst für Walthari sprach und vor dem ungerechten Kampf warnte, zur Verfolgung auf. Walthari und Hildegunde waren bereits in das Waldgebirg des Vosagus gekommen, in den wildreichen Tann, an Hundegebell und Hörnerklang gewöhnt. Dort in der Einsamkeit treten zwei Berge so nahe aneinander heran, dass sich zwischen ihnen eine anmutige Schlucht nicht durch Aushöhlung der Erde, sondern durch überhangende Felsen bildet, ein Schlupfwinkel mit zarten grünen Kräutern bewachsen. Der fahrtmüde Held beschloss hier, wo ein weiter Ausblick über die Ebene verstattet und der enge Zugang des Felsenpfades leicht zu verteidigen war, zu rasten. Er legte die Rüstung ab und barg sein Haupt im Schoß der Jungfrau, der er befahl, ihn beim Herannahen der Gefahr zu wecken. Gunthari und seine Genossen folgten den Spuren Waltharis und kamen bald in die Nähe der Schlucht. Hildegund weckte den Schläfer; sie fürchtete hunnische Verfolger; Walthari aber erkannte die Franken: »Da ist mein Geselle Hagano,« rief er. Gunthari sandte einen Boten an Walthari und forderte ihn auf, das Roß mit den Schätzen und die Jungfrau herauszugeben; dann dürfe er frei abziehen. Walthari weigerte sich, diesem schmachvollen Antrag Folge zu leisten, bot aber ein Lösegeld von hundert goldenen Armringen. Hagano, den ein böser Traum geschreckt hatte, riet dem König zur Annahme – umsonst. Da rief er: »So will ich keinen Teil an der Beute haben« und ritt auf einen nahen Hügel, wo er vom Pferd stieg und als Zuschauer der folgenden Ereignisse verharrte. Nun beginnt das Meisterstück der Dichtung: die Schilderung der Einzelkämpfe, die mit immer neuen Einzelzügen ausgestattet sind, sich nicht wiederholen und nicht ermüden. Jakob Grimm charakterisiert diesen Teil mit den Worten: »Keins dieser Gefechte gleicht dem andern, sondern ist durch die Sinnesart der jedes Mal auftretenden Kämpfer, durch die Verschiedenheit der gebrauchten Waffen und durch den für Walthari zwar immer siegreichen, in den Nebenumständen aber abweichenden Ausgang eigentümlich ausgebildet. Die wechselndsten Gefühle werden dadurch angeregt; ein Held erscheint als treuer Dienstmann, der andere als Rächer seines gefallenen Verwandten, ein dritter als landflüchtiger Fremdling, und für jeden verändern sich die Beweggründe des Angriffs. Besonders zu preisen ist die nach dem Tode des elften Streiters einfallende Pause, bevor auch

Gunthari und Hagano sich einlassen, die Schilderung der Nacht, in welcher Walthari die Häupter der von ihm erschlagenen Feinde mit den Leichnamen zusammenfügt und in feierlicher Stille für ihre Seelen betet.« Walthari

wirft zur Erde sich dann und spricht, nach Morgen gewendet
und das entblößte Schwert in den Händen haltend, die Worte:
O du Schöpfer der Welt, der alles regiert, was erschaffen,
ohne dessen Befehl und ohne dessen Gewährung
nichts besteht, hab Dank, daß du vor den tückischen Waffen
jener feindlichen Schar und vor Schmach mich gnädig
bewahrtest.
Gütiger Gott, ich bitte dich hier mit zerknirschtem Gemüte,
der du die Sünden, doch nicht die Sünder, zu tilgen gewillt bist,
laß mich diese dereinst in dem himmlischen Reiche erblicken.

Er verrammelte den Weg mit Dorngestrüpp und legte sich nieder, um auszuruhen. Hildegund saß zu seinen Häupten und hielt sich mit Gesang wach. Gegen Morgen stand Walthari auf und hieß die Jungfrau schlafen. Auf den Speer gelehnt erwartete er den Tag. Er belud vier der feindlichen Rosse mit den Waffen der Toten, auf das fünfte hob er Hildegund, auf das sechste schwang er sich selber. Dann brachen sie auf; sie ließen die Saumrosse zuerst aus der Schlucht; ihnen folgte die Jungfrau, Walthari mit dem hunnischen Saumroß machte den Beschluss: Kaum waren sie tausend Schritte weit, so sahen sie zwei Männer heranreiten: Gunthari und Hagano, die sich bisher des Kampfes enthalten hatten. Der König hatte sich vor Hagano gedemütigt und ihn gebeten, am Kampfe teilzunehmen. Da riet Hagano zur List. In der Schlucht sei Walthari unbesiegbar; sie wollten ihn herauslocken, indem sie scheinbar abzogen. Die List gelang. Nun folgt der letzte Kampf, zwei gegen einen. Er endet mit schweren Wunden, Walthari verliert die Schwerthand, Hagano das rechte Auge, Gunthari ein Bein. Die geschwächten Recken versöhnen sich und sitzen mit wilden trutzigen Scherzreden beim Versöhnungsmahl. Dann reiten Gunthari und Hagano nach Worms zurück, während Walthari und Hildegund ihre Heimreise fortsetzen. Ekkehard schließt mit den bescheidenen Worten:

der du dies liest, verzeihe der zirpenden Grille, erwäge
nicht, wie rau die Stimme noch ist, bedenke das Alter,
da sie, noch nicht entflogen dem Nest, das Hohe erstrebte.
Das ist Waltharis Lied. – Euch möge der Heiland behüten!

Ekkehard war etwa zwanzig Jahre alt, als er den Waltharius schrieb. Ekkehard IV. unterzog hernach das Gedicht einer stilistischen Feile, indem er die zahlreichen deutschen, der lateinischen Sprache widerstrebenden Wendungen verbesserte. An den Inhalt und die Kunst der Darstellung hat Ekkehard IV. schwerlich gerührt. Beim Fehlen der Quelle haben wir keinen Maßstab, um Ekkehards dichterische Selbständigkeit in Bezug auf den Inhalt zu bestimmen. Sagenecht ist natürlich die Flucht Waltharis und Hildegundes und der Kampf mit Hagano und Gunthari. Ob die Vorlage von weiteren Zweikämpfen wusste, ist nicht auszumachen. Die Namen der fränkischen Recken sind nicht sagenecht, die Schilderung der Kämpfe bleibt unter allen Umständen Ekkehards Eigentum. Der Waltharius ist ein vergilianisches Epos und als solches von Grund aus verschieden von den deutschen Heldenliedern, deren Beispiel wir im Hildebrandslied haben. Während dort die Handlung in Wechselreden verläuft und die Beschreibung auf wenige Verse sich beschränkt, verwendet Ekkehard die breite epische Darstellung, die anschauliche Erzählung und Ausmalung. Trotzdem wird Ekkehard nicht weitschweifig. Sein Gedicht umfasst 1456 Hexameter, etwa den Umfang von zwei Gesängen Homers mittlerer Länge. Die Erzählung ist spannend, vorwärts drängend, nicht ermüdend in die Länge gezogen, wie die mhd. Epen, denen Ekkehard stilistisch und als Schilderer überlegen ist. Ekkehard weiß sich weise zu mäßigen, er übersieht nichts Wesentliches und duldet nichts Überflüssiges. Ausgezeichnet ist die Kunst, mit wenigen Strichen auch die Nebenpersonen zu charakterisieren. Wie lebendig erscheinen Attila und Ospirin, wie plastisch die fränkischen Kämpfer. Die Hauptpersonen sind vorzüglich erfasst, klar geschaut und abgeschildert. Die Motive sind germanisch. Walthari, der Hildegunde entführt und gegen Hagano und Gunthari verteidigt, erinnert an sein mythisches Urbild, an Hedin, der mit Hagen um Hilde kämpft. Der Zwiespalt der Pflichten, der in Haganos Seele sich erhebt, ist derselbe, an dem Rüdeger in der Nibelunge Not zugrunde geht. Hagano ist durch Freundschaft dem Walthari verbunden, durch Dienstpflicht dem Gunthari. Dazu kommt noch die Blutrache, weil Walthari unter den Kämpfern auch Haganos Neffen Patafried getötet hatte. So muss Hagano der Not stärkerer Pflichten gehorchen und seinen Gesellen bestreiten. Aber der Ausgang ist nicht wie im Hildebrandslied und bei Rüdeger tragisch, sondern glimpflich. Die drei Recken tragen zeitlebens ihre Denkzettel an den Kampf davon, aber sie bleiben am Leben. Man bewundert die Kunst des Klosterschülers und den trefflichen Lehrer, der solche Aufgaben stellte. Deutsche Heldensage in der Form des lateinischen Epos war das Ergebnis ihrer Bemühungen.

Die geistliche Gesinnung des Dichters kommt in der von J. Grimm so gepriesenen Szene, wie Walther für seine getöteten Feinde betet, zum Ausdruck. Aber nirgends drängt sich mönchische Frömmigkeit störend vor.

Die Möglichkeit ist nicht zu leugnen, dass unter Bischof Pilgrim von Passau (971–991) eine *lateinische Bearbeitung der Nibelunge Not* entstand. Am Schlusse der »Klage« wird berichtet, der Bischof habe seinen Neffen (d. h. den burgundischen Königen) zulieb die Märe lateinisch aufschreiben lassen, wie es anhub und endete, von der guten Knechte Not und wie sie alle tot lagen. Ein Spielmann habe ihm die Geschichte erzählt, danach habe sein Schreiber Konrad die Märe »gebrieft«. Oft hernach sei sie in deutscher Sprache gedichtet worden. Demnach wäre um 980 eine lateinische Nibelunge Not, eine Nibelungias anzusetzen, die wir uns als eine epische Behandlung der alten Attilaballade denken dürfen. Man hat vermutet, dass aus diesem lateinischen Nibelungenepos, das von Ekkehards Waltharius abhängig gewesen sei, die spätere deutsche Nibelungenepik ausging. Aber das ist alles sehr ungewiss. Vielleicht war die lateinische Nibelungias gar kein Epos in Hexametern wie der Waltharius, sondern eine Chronik in Prosa. Die Klage unterscheidet zwischen »briefen« und »dichten« Konrad war ein Schreiber, kein Dichter. Somit könnte eine lateinische Nibelungenchronik vermutet werden. Aber auch sie mag sich in der Darstellung sehr wesentlich von den bisherigen Balladen und Liedern unterschieden haben.

Um 1030, also 100 Jahre nach dem Waltharius entstand im Kloster Tegernsee der erste frei erfundene mittelalterliche Roman, der *Ruodlieb*, ein Gedicht in gereimten Hexametern, das leider nur in Bruchstücken überliefert ist, vielleicht aber auch der letzten dichterischen Feile entbehrt, weil der Verfasser sein Werk nicht vollendete. Deutsche

Heldensage und Ritterroman haben bereits in der lateinischen Literatur Pflege gefunden, ehe die deutsche sich ihnen erschloss. Der Ruodlieb erzählt die Geschichte eines jungen Helden, der sein Leben im Dienste großer Herren zugebracht hatte und seine Heimat verließ, weil er keinen Lohn fand. Der Kargheit seiner Herren und den Nachstellungen seiner Feinde entzog er sich, indem er in Begleitung seines treuen Knappen in die Fremde ging. Weinend sah die Mutter dem ausziehenden Sohne nach. Als er die Grenze überschritten, begegnete ihm der Jäger des benachbarten Königs, mit dem er sich schnell anfreundete. Der pries ihm den Dienst seines Königs an, sodass Ruodlieb beschloss, hier sein Glück zu versuchen. Er ward mit Freuden aufgenommen. Durch seine Jägerkünste gewann er die Gunst des Königs, der ihn bald zum Feldherrn machte. Das fremde Königreich ist Afrika, von dessen Lage der Dichter keine klare Vorstellung hat. Eine Fehde mit dem König des Nachbarstaates führte Ruodlieb siegreich zu Ende. Als Gesandter brachte er einen ehrenvollen Frieden zwischen den beiden Staaten zustande. Die beiden Könige kamen an der Grenze auf der Brücke eines Flusses zusammen und schlossen einen Sühnevertrag. Nach der Rückkehr erhielt Ruodlieb einen Brief seiner Mutter, worin sie ihn bat, wieder heimzukommen, weil seine Feinde tot seien und er jetzt bei seinen Herren besseren Lohn finden werde. Er nahm Urlaub vom König, der ihm zum Abschied die Wahl zwischen einer Belohnung in Geld oder in Weisheitslehren ließ. Ruodlieb zog die Lehren vor. Der König gab ihm zwei Brote, die er erst zu Hause bei der Mutter anbrechen sollte, und zwölf goldene Lehren mit auf den Weg, von denen sich einige in der weiteren Erzählung bewährten. So gleich die erste: er solle keinem Rotkopf trauen. Auf der Reise gesellte sich ihm ein rothaariger Begleiter, der mit ihm in ein Dorf einritt. Der Rote verließ dabei die schmutzige Straße und ritt durch die Saaten, weshalb die Bauern ihn verprügelten. Ruodlieb hatte auch hier den Rat des Königs befolgt und war auf dem unbequemen gebahnten Weg geblieben. Der Rote kehrte bei einem alten Bauern ein, der ein junges Weib hatte. Ruodlieb, treu den königlichen Lehren, sprach da zu, wo ein junger Mann mit einer bejahrten Frau hauste. Er fand hier auch gute Unterkunft, während der Rote mit dem jungen Weib in Liebesverkehr sich einließ, seinen eifersüchtigen Gastfreund erschlug und dafür vom Dorfgericht zum Tode verurteilt ward. Ruodlieb war inzwischen mit seinem Neffen zusammengetroffen und setzte mit ihm die Heimreise fort. Sie kehrten auf dem Schlosse einer vornehmen Dame ein, wo sie treffliche Aufnahme, Geselligkeit und Kurzweil aller Art fanden. Der Neffe verliebte sich in die Tochter des Hauses und verlobte sich mit ihr. Ruodlieb und der Neffe zogen darauf weiter und erreichten das Ziel der Reise, das Haus von Ruodliebs Mutter, die ein Freudenmahl anrichtete, um die Heimkehr des lang entbehrten Sohnes zu feiern. Nach dem Mahle ging er mit seiner Mutter ins Nebengemach, um die Brote anzubrechen, die sich unter der Rinde als silberne, mit Gold und Schmuckstücken angefüllte Schalen erwiesen. Der Neffe machte bald darauf mit seiner Braut Hochzeit. Die Mutter und die Verwandten drangen in Ruodlieb, sich ebenfalls eine Frau zu nehmen und schlugen dazu eine Dame aus der Nachbarschaft vor. Ruodlieb erfuhr von ihrem leichtsinnigen Lebenswandel und entlarvte die Heuchlerin listig, indem er ihr als Geschenk durch einen Boten eine Schachtel überbringen ließ, in der ihr Kopfputz und Strumpfband lagen, die sie im intimen Verkehr als Zeichen ihrer Gunst einem Kleriker geschenkt hatte. Damit wurde natürlich die geplante Werbung zu nichte. Die Mutter aber träumte das künftige Schicksal ihres Sohnes: sie sah zwei große Eber, gefolgt von einer Schar Wildsäue, die mit den Hauern drohten. Ruodlieb schlug den Ebern den Kopf ab und streckte die Wildsäue nieder. Danach erblickte die Mutter ihren Sohn im Wipfel einer hohen und breiten Linde; unten herum standen kampfbereite Feinde. Da kam eine schneeweiße Taube geflogen und trug im Schnabel eine edelsteingeschmückte Krone, die sie Ruodlieb aufs Haupt setzte. Weil sie erwachte, ohne zu Ende geträumt zu haben, schloss sie, dass sie sterben müsse, ehe alles erfüllt sei. Das letzte Bruchstück zeigt den Beginn dieser neuen, durch die Träume eingeleiteten Abenteuerreihe. Ruodlieb hat einen Zwerg gefangen, der ihm für seine Lösung verheißt, den Schatz zweier Könige, Immung und Hartung, zu zeigen. Ruodlieb werde sie siegreich bekämpfen und töten und Immungs Tochter Heriburg samt ihrem großen Reich nach blutigen Kämpfen gewinnen.

Der Roman ist in Anlage und Stoff aus verschiedenen Teilen zusammengesetzt. Die Ausfahrt des Helden, um in der Ferne sein Glück zu versuchen, erinnert an Märchen und an die Torenfahrt des jungen Parzival, wie die Einführung beim König durch Jägerkünste an Tristans Ankunft bei Marke gemahnt. Ruodliebs Heimkehr ist auf dieselbe Novellen- oder Märchenformel gebaut wie Parzivals Ausfahrt: auf die guten Ratschläge. Diese Lehren sind der Faden, an dem die folgenden Abenteuer aufgereiht werden. Die Lehren beziehen sich aber auch auf ganz alltägliche Dinge z. B. mit einer trächtigen Stute nicht zu pflügen, durch allzu häufige Besuche seinen Verwandten nicht lästig zu fallen, an Saatfeldern, die neben der Heerstraße liegen, keine Gräben zu ziehen. Ein allbekanntes, durch Schillers Gang nach dem Eisenhammer uns geläufiges Motiv ist der Rat, an keiner Kirche, wie eilig die Reise auch sei, vorbeizureiten, ohne sich ihrem Heiligen zu empfehlen; in Sonderheit, wo zur Messe geläutet wird, abzusteigen und zuzuhören. Mit dem Parzival hat der Ruodlieb gemein, dass im Laufe der Erzählung nur ein Teil der guten Lehren zur Anwendung kommt. Die übrigen hat der Dichter wieder fallen lassen. Diesem Abenteuerroman ist ein geschichtliches Ereignis einverwebt, der Friedensschluss der beiden Könige. Die Beschreibung entspricht genau der Zusammenkunft des Kaisers Heinrich II. mit König Robert von Frankreich im Jahre 1023. Dadurch bestimmt sich auch die Zeit des Ruodlieb gegen 1030. Das letzte Stück, Ruodliebs Abenteuer mit dem Zwerg und die Kämpfe mit Immung und Hartung deuten auf die Heldensage. Der Ruodlieb zeigt mithin dieselbe Mischung wie die Spielmannsgedichte der mhd. Zeit und die Ritterromane. Dazu kommt als Vorläufer der mhd. Romanschilderungen das genau beschriebene Ideal weltlicher Sitte in Verfeinerung des Lebens und strenger Einhaltung der gesellschaftlichen Formen, in der Galanterie gegen die Frauen und in Anklängen des Minnebegriffs. Zum ersten Mal tritt der volle Glanz des ritterlichen Lebens uns in der Dichtung entgegen. An Höfen und in vornehmen Häusern, aber auch im Dorf bei den Bauern verkehren die Helden des Romans. Auf Beschreibung von Waffen, Gewändern, Möbeln, Jagdausrüstung, Speisen, Gerätschaften, Schmucksachen ist viel Raum verwendet. Fremdländische und abgerichtete Tiere spielen eine große Rolle z. B. Affen, Kamele und Tanzbären, ein Hund, der jeden Dieb entdeckt, eine zahme Dohle, die sprechen kann. Ausländische Pflanzen, märchenhafte Edelsteine, mechanische Kunstwerke, byzantinische Goldmünzen, Becher mit eingelegter Arbeit werden umständlich beschrieben. Einzelnes erinnert an den spätgriechischen Roman, die Botenberichte und Briefe, die Verschachtelung der Rahmenerzählung und Binnenfabel. Sehr lebendig ist das Abenteuer des Roten im Dorf geschildert, fast wie im 13. Jahrhundert im Helmbrecht; wir haben hier die erste deutsche Dorfgeschichte. Für

Kleinmalerei besitzt der Dichter entschiedene Begabung. Er hat mehr Wirklichkeitssinn als die späteren Ritterromane, die in einer eingebildeten Feenwelt schwelgen, ins Maßlose abschweifen und in der Umweltschilderung typisch und konventionell sind. Dagegen gebricht es dem Verfasser, wenigstens für die Männer, an einer individuellen Charakteristik. Ruodlieb selber ist typisch, ein junger braver Held ohne persönliche Eigenschaften und ausgeprägte Züge. Der Rotkopf ist der herkömmliche Märchenbösewicht. Besser gelangen ihm die Frauen; und die Frau steht im Vordergrund: die verschiedenartigsten Gestalten, die fromme Mutter des Helden, die sinnliche Bauersfrau, die nach dem Gericht zur reuigen Büßerin wird, das Edelfräulein, das mit Ruodliebs Neffen verliebte Scherze treibt, die vornehme Buhlerin, die Ruodlieb entlarvt, endlich Heriburg, die wohl als das Frauenideal erschienen wäre, werden anschaulich charakterisiert. Die weibliche Schönheit wird gepriesen: das Mädchen, das aus der Kammer unter die Gesellschaft tritt, leuchtet wie der Mond (que dum procedit, ceu lucida luna reluxit). Ruodlieb ist, wie die Ritter der höfischen Dichtung, ein guter Harfenspieler, der die berufsmäßigen Harfenspieler beschämt, gleich dem jungen Tristan an Markes Hof. Er schlägt neue, unbekannte Weisen, nach denen der Neffe und das Fräulein einen zierlichen Tanz treten. Der Tänzer umkreist das Mädchen wie der Falke die Schwalbe. Verlobung und Hochzeit werden sehr lebendig geschildert, sodass der Roman hierdurch eine Fundgrube für die Kulturgeschichte des 11. Jahrhunderts ist. Als Probe der Verskunst des Dichters setze ich den lateinischen Liebesgruß hierher, mit dem die Dame sich Ruodlieb empfiehlt:

die, sodes, illi nunc de me corde fideli
tantundem liebes, veniat quantum modo loubes.
et volucrum wunna quot sint, tot die sibi minna;
graminis et florum quantum sit, die et honorum.

Nach Heynes Verdeutschung in Blankversen:

sie spricht: sag ihm von mir aus treuem Herzen
des Guten soviel, wie das Laub am Baum,
der Liebe soviel, wie da Vögel fliegen,
der Ehren soviel, wie da Gräser sprießen.

Kein altdeutsches Minnesprüchlein steht hinter diesen Versen, die in der lateinischen Dichtung, seit den Zeiten der karolingischen Hofdichter, als brieflicher Gruß herkömmlich waren. Der Tegernseer Mönch Froumund, etwa ein Menschenalter früher als der Verfasser des Ruodlieb lebend, sendet an den Bischof Liutold von Augsburg einen ähnlichen Gruß:

»frater Froumundus Liutoldo mille salutes
et quot nunc terris emergunt floscula cunctis.«

Aber für den Verfasser des Ruodlieb ist die Einmischung deutscher Worte eigentümlich. Im Gegensatz zu Ekkehard ist sein Stil von antiken Vorbildern ganz frei. Die lateinischen Verse sind vielfach deutsch gedacht. Die Komposition des Romans ist insofern mangelhaft, als die klare Gliederung und Übersicht verloren geht. Der Dichter hat zu viel unterbringen wollen. Daher musste er angesponnene Motive fallen lassen. Bemerkenswert ist endlich der Umstand, dass ein Mönch in Tegernsee eine so rein weltliche Dichtung schrieb. Nur an einer einzigen Stelle merkt man den geistlichen Verfasser, wenn der König beim Friedensschluss alle Geschenke zurückweist, mit Ausnahme der für die Äbte bestimmten; denn diese werden alles durch fleißiges Beten bei Tag und Nacht reichlich vergelten. Das Geschenk an die Klöster und Kirchen ist rentabel, will der Dichter den Weltkindern hierdurch andeuten.

Burdach sagt: »Der Ruodlieb lüftet den Vorhang vor einer sonst nicht zu verfolgenden Bewegung. Um die Mitte des 11. Jahrhunderts war der Typus des mittelalterlichen Romans fertig.«

Um 940, also nicht lange nach Ekkehards Waltharius, erscheint das erste *Tierepos* in gereimten Hexametern, die *Ecbasis cujusdam captivi per tropologiam*, die Flucht eines Gefangenen im Gleichnis. Der Dichter war ein lothringischer Mönch des Klosters St. Aper zu Toul, der seine Lebenserfahrungen im Bilde einer Tiergeschichte darstellte. Er war ein junger, lebenslustiger Gesell gewesen und unterwarf sich nur schwer der neuen strengen Zucht, die um 936 nach dem Vorbild von Cluny in seinem Kloster eingeführt wurde. Zum Zeichen seiner Besserung und Bekehrung verfasste er reumütig das Gedicht, in dem er sich als ein entlaufenes, aus Gefahr errettetes Kalb schildert. Sein Gedicht zerfällt in eine Außen- und eine Binnenfabel. Die Rahmenerzählung berichtet von den Abenteuern des Kalbes, das, während die Herde zur Weide ging, allein im Stall zurückbleiben musste, sich vom Stricke losriss und davonlief, um die Mutter zu suchen. Im dichten Wald begegnete ihm der geistliche Lieder singende Wolf, der seit drei Monaten mit mönchischer Speise sich kasteit hatte, aber nun sehr erfreut war über den Zufall, der ihm das Kalb in die Hände führte. Er lud es auf seine Burg und eröffnete ihm sein Schicksal, er wolle es als leckeren Braten verspeisen. Das Kalb erbat Aufschub bis zum nächsten Morgen; König Heinrich habe ja Frieden im Lande geboten. Der Wolf gewährte die Frist und setzte dem Kalb eine Mahlzeit vor. Beim Anbruch der Nacht kamen seine Dienstleute, der Igel und die Otter an. Der Wolf teilte ihnen seine Absichten mit dem Gast mit. Der Igel hielt Wache und sang ein Lied von den Taten des Wolfes. Die Otter labte das Kalb mit Speise und tröstendem Zuspruch. Schlimme Träume schreckten den Wolf aus dem Schlaf empor, die Otter deutete sie auf nahe Gefahr und riet, das Kalb freizugeben. Aber der Wolf wollte davon nichts wissen und gab dem Igel Anweisung, wie er am andern Morgen das Kalb zubereiten solle. Vergeblich warnte die Otter vor solchem Gräuel und vor der Verachtung des Mönchtums. Mittlerweile war dem Hirten durch den Hund kundgetan worden, dass das Kalb in der Behausung des Wolfes weile. Da machte sich die ganze Herde, der gewaltige Stier an der Spitze, auf, um den Wolf zu belagern und die Herausgabe des Kalbes zu erzwingen. Das Gebrüll des Stieres weckte den schlaftrunkenen Wolf, der seine Dienstmannen zum Widerstand aufforderte und nichts befürchtete, weil er den allein gefährlichen Fuchs unter den Belagerern nicht bemerkte. Auf den Wunsch der Dienstmannen erzählte er, weshalb er mit dem Fuchs verfeindet sei. Nun hebt die Binnenfabel an, deren Kern die breit ausgeschmückte Geschichte vom kranken Löwen und geschundenen Wolf ist. Der sieche Löwe hatte einmal alle Tiere herbeibefohlen, damit sie ihm Heilmittel brächten. Alle erschienen bis auf den Fuchs, den sein Feind, der Wolf, daher verklagte. Der Löwe und die anderen Tiere verurteilten den abwesenden Fuchs zum Tode. Endlich nahte der Fuchs, angeblich nach langer Suche nach einem Heilmittel, das er nur zögernd nennen wollte: einem Wolf müsse die Haut abgezogen und der Löwe darein gewickelt werden. So rächte er sich am Wolf. Seitdem besteht zwischen beiden grimme Feindschaft, zumal weil der Fuchs mit der Burg des Wolfes belehnt worden war. Nach Beendigung der langen Geschichte schaute die Otter von einem Hügel nach den Belagerern aus und sah den Fuchs, wie er seine Verbriefung auf die vom gegenwärtigen Wolf ihm wieder abgewonnene Burg vorlas. Die Tiere riefen laut, des Königs Geheiß dürfe nicht ungerochen verletzt werden, der Wolf gerechter Strafe nicht entgehen. Geschreckt durch diese Reden mahnte die Otter nochmals zur Herausgabe des Kalbes. Umsonst. Da entfloh die Otter furchtsam in ihren Fluss und der Igel barg sich in einer Schlucht. Die Belagerer stürmten, der Fuchs versuchte seine List und schmeichelte dem Wolf, er sei an Schönheit, Tapferkeit und Adel allen voran und komme gleich nach dem König Konrad; er möge herauskommen und sich in seiner edlen Gestalt zeigen. Der Wolf ließ sich betören, kam heraus und wurde vom Stier niedergestoßen. Das befreite Kalb lief zu seiner Mutter.

In der Rahmenerzählung erkennt man leicht die Parabel vom verirrten Lämmlein, das vom Wolf in Schafskleidern geraubt und vom guten Hirten zurückgebracht wird. Die Fabel vom kranken Löwen stammt aus Äsop. Bereits am Hofe Karls des Großen war sie von Paulus Diakonus in lateinischen Versen behandelt worden. Diese Fabel vom Hoftag des Löwen wurde der Ausgangs- und Mittelpunkt der mittelalterlichen Tierdichtung, die zunächst in lateinischer, hernach in französischer, endlich in deutscher Sprache gepflegt wurde. Andere Fabeln und volkstümliche deutsche Tiermärchen und Schwänke gruppierten sich um den kranken Löwen. Um 1100 erfolgte, wahrscheinlich in Flandern, die Individualisierung der Tiere durch Eigennamen: seither heißt es nicht mehr Fuchs und Wolf, sondern Reinhart und Isengrim. Von Anfang an diente die Tierdichtung der Satire: der Hoftag des Löwen legte die Beziehung zum Hofleben, das Mönchsgewand des Wolfes die zum Mönchtum nahe. Geistliche waren die Urheber dieser Tierdichtung, deren erstes Beispiel der Verfasser der Ecbasis darbietet. Poetisch wirkt die Tiersage dann, wenn die Freude an der Tierwelt die satirischen und lehrhaften Bestandteile überwiegt, wenn das Märchenhafte den gelehrten Fabelton überwindet. Der lothringische Mönch steht freilich ganz und gar auf gelehrtem Boden – per tropologiam – und dem entspricht auch die Form. Viele seiner Anspielungen auf die Zeitgeschichte und das Klosterleben sind uns nicht mehr verständlich; die Erwähnung Konrads I. und Heinrichs I. bestimmt seine Zeit. Seine klassische Bildung erweist der Verfasser durch die vielen Zitate aus Horaz, Ovid und Prudentius. Die Ecbasis ist ein Klostergedicht, das mit der späteren Tierdichtung keinen unmittelbaren Zusammenhang hat, aber für die im 10. Jahrhundert einsetzende epische Verwertung des Stoffes in geistlichen Kreisen zeugt.

Hrotsvith, die Gandersheimer Nonne, schrieb zwischen 960 und 970 sechs Stücke in lateinischer Prosa, Nachahmungen oder besser Gegenstücke zu Terenz. »In derselben Dichtungsart, in der man bisher von schändlicher Unzucht üppiger Weiber las, soll jetzt die preiswerte Keuschheit heiliger Jungfrauen geschildert werden.« Damit deutet sie den Leitgedanken ihrer Dramen an, die vom Leben und Leiden heiliger Jungfrauen berichten. Sie will dadurch Terenz verdrängen. Hrotsvith ist die gewandteste und gelehrteste Frau des 10. Jahrhunderts. Sie schreibt lebendigen, fließenden Dialog und weiß anschaulich zu schildern, wennschon sie sich nicht über andeutende Skizzierung erhebt. Vielseitig sind ihre Stoffe trotz der gemeinsamen Grundidee. Im »Abraham« wirkt die Darstellung am meisten psychologisch: der Einsiedler, als Ritter verkleidet, rettet seine verlorene Nichte aus einem öffentlichen Hause und führt sie zu reuigem Büßerleben zurück. Humoristisch ist der »Dulcitius«, ein Statthalter, der drei gefangene christliche Jungfrauen im Gefängnis aufsucht, von Gott verblendet statt ihrer rußige Töpfe umarmt und sich daran schwarz macht, von der Wache als Teufel geflohen und zum kaiserlichen Palast hinausgejagt wird. Es ist immerhin sehr beachtenswert, dass die Begeisterung für die klassischen Schriften sogar bis zur Nachahmung des römischen Dramas ging. Die Ausführung gelang so gut, dass die Humanisten, als Konrad Celtes 1501 die Werke der Hrotsvith herausgab, die Dichterin mit lautem Jubel begrüßten und Professor Aschbach noch 1867 allen Ernstes zu beweisen suchte, diese Dramen seien von Celtes und Reuchlin verfasst. Aber die erste deutsche Dramendichterin darf auch nicht überschätzt werden. Ihre Zeit hatte gar keine Ahnung vom antiken Theater, man hielt die Dramen des Terenz für Dialoge. Somit fehlt jeder Versuch eines wirklichen dramatischen Aufbaus, jeder Gedanke an eine Aufführung, jede Wirkung auf die späteren deutschen Schauspiele des Mittelalters, die aus völlig verschiedenen Voraussetzungen erwuchsen.

Um die Wende des 9. und 10. Jahrhunderts war die Glanzzeit und Blüte der Wissenschaften in St. Gallen. Vornehmlich wurde die Musik gepflegt. Notker der Stammler führte damals eine neue Gattung geistlicher Lyrik in Deutschland ein, die sog. *Sequenzen*, d.h. Lieder, ohne gleichmäßigen Versrhythmus und Strophenbau, aus freier Bewegung der Melodie heraus geschaffen. In der Sequenzform wurden im 10. Jahrhundert auch weltliche Stoffe behandelt, aber in lateinischer Sprache. Als »Leich« findet die Sequenz im 12. Jahrhundert auch in deutscher Dichtung Eingang. Neben Notker wirkte Tutilo, der die *Tropen*, d. h. Erweiterungen evangelischer Texte für den kirchlichen Gesang einführte. Sie wurden in den Gottesdienst eingefügt und als Responsorien, im Wechselgesang zwischen dem Priester und Chor, vorgetragen. Hierzu wurde der Oster- und Weihnachtstropus, gedichtet und komponiert, der die Keimzelle des geistlichen Dramas im Mittelalter enthält. Der St. Galler Ostertropus lautet:

Quem quaeritis in sepulchro, o christicolae?
Jesum Nazarenum, crucifixum, o caelicolae!
Non est hic, surrexit, sicut praedixerat, ite, nunciate,
quia surrexit de sepulchro!

(Wen sucht ihr im Grabe, Christusverehrerinnen, d. h. ihr drei Marien, die ihr zum Grabe kommt? Sie erwidern: Jesus von Nazareth, den Gekreuzigten, o Himmelsbewohner! Darauf antworteten die Engel: Er ist nicht hier, er ist auferstanden, wie er vorausgesagt hatte; gehet hin, verkündiget, dass er auferstanden ist!)

Der Weihnachtstropus lautet:

Hodie cantandus est nobis puer,
quem gignebat ineffabiliter ante tempora pater
et eundem sub tempore mater.
Int. Quis est iste puer, quem tam magnis preconiis dignum
vociferatis? dicite nobis, ut collaudatores esse possimus.
Resp. Hic enim est, quem presagus et electus symmista Dei ad terras
venturum previdens longe ante praenotavit sicque praedixit:
puer natus est nobis!

(Heute ist der Knabe zu besingen, den vor undenklichen Zeiten der Vater zeugte und in der Zeit die Mutter gebar. Darauf erfolgt die Frage: Wer ist der Knabe, den ihr als so hohen Ruhmes würdig verkündiget? Sagt es uns, dass wir mit euch ihn preisen! Die Antwort lautet: Es ist der, von dem der Prophet und Priester des Herrn seit lange geweissagt und verkündigt hat: Uns ist heute ein Knabe geboren.)

Das Drama des Mittelalters war in seinen Anfängen eine geistliche Oper oder ein Oratorium und hat sich sehr langsam zum gesprochenen, bühnenmäßigen Schauspiel entwickelt. Die Grundlagen der Oster- und Weihnachtsfeiern und Spiele sind aber die St. Galler Tropen, die darum hier zu erwähnen waren. Die St. Galler Mönche, die diese musikalischen Sätze komponierten und dichteten, hatten natürlich keine Ahnung von deren künftiger dramatischer Entwicklungsfähigkeit. Aber sie haben unbewusst den Grundstein zum mittelalterlichen Drama gelegt. St. Gallen ist die Wiege des Oratoriums, der Oper und weiterhin des lateinischen und deutschen geistlichen Dramas geworden, dank den Tropen Tutilos.

Der germanische Skop, der Träger und Pfleger der Heldensage, verlor sein Ansehen und seine höfische Stellung, seitdem die lateinische Bildung in Aufnahme kam. Er musste um eine Stufe heruntersteigen zu den Fahrenden, die an den Sonntagen das Volk mit ihren Künsten belustigten. Er ward Genosse der Gaukler, die sich aus der römischen Zeit ins Mittelalter hinübergerettet hatten. Der *Skop* verwandelte sich in den *Spielmann*. Natürlich gewann die neue Umgebung auf die Kunst des alten Heldensängers Einfluss. Wohl wahrte er treulich die alten Sagen; ihm verdankt das Mittelalter die Kenntnis davon. Aber auch andre Stoffe, Schwänke, Novellen, Märchen, Nachklänge antiker Literatur flossen dem Spielmann zu, in dessen Gedichten die mannigfaltigsten Bestandteile sich miteinander vermischten. Er hatte sich natürlich auch den neuen Formen der Dichtung angepasst, war vom Stabreim zum Endreim übergegangen. Die mündliche Überlieferung der Spielmannsdichtung ist als Unterströmung der Literatur im ganzen althochdeutschen Zeitraum anzunehmen. Im 10. und 11. Jahrhundert lassen sich Spielmannsdichtungen aus gelegentlichen Anspielungen der Geschichtsquellen und aus Nachahmungen deutscher Lieder in der lateinischen Literatur nachweisen, sodass wir doch wenigstens über die Stoffe dieser Dichtungen einigermaßen unterrichtet sind. Der Spielmann trachtet danach, allmählich die verlorene Stellung an den Höfen der Vornehmen wiederzugewinnen. Er tritt im 12. Jahrhundert mit den Geistlichen in literarischen Wettstreit und erringt langsam, aber sicher sein Ziel. In der Zeit, da die mhd. Dichtung ihre Blüte erreicht, steht der Spielmann Volker wieder als Genosse der Könige da, und seine Schöpfungen, Nibelungenlied und Gudrun, beherrschen die Literatur nicht weniger als die französischen Romane.

Von solchen Spielmannsliedern erfahren wir nun Folgendes. Über Karl den Großen, der in Frankreich zum Mittelpunkt der Heldensage wurde, gingen auch in Deutschland allerlei Sagen und Lieder um, denen aber keine zusammenfassende Darstellung und Bearbeitung beschieden war. Es sind gleichsam nur die Ansätze zu einer *Karlssage*. Am Ende des 9. Jahrhunderts schrieb der Mönch von St. Gallen, vielleicht Notker der Stammler, der berühmte Musiker, nach Erzählungen seines Erziehers Adalbert, der einige Feldzüge Karls mitgemacht hatte, die Sagen über Karl den Großen nieder. Darunter finden sich sicherlich auch solche, die in Liedern behandelt worden waren. So die Geschichte vom lombardischen Spielmann, der die Franken auf geheimen Wegen über die Berge führte und als Lohn so viel Land bekam, als der Schall eines von einem Hügel geblasenen Hornes reichte. Oder die Geschichte vom Franken Odger, der dem Langobardenkönig Desiderius das Herannahen des fränkischen Heeres schilderte, oder von der langobardischen Königstochter, die Karl ihre Liebe erklärte, die Schlüssel der Stadt Pavia sandte und dem einreitenden König bei Nacht entgegeneilte, im Gedränge aber unter den Hufen der Rosse umkam. Ein Spielmann soll auch dem Grafen Udalrich, dem Schwager des Kaisers, der nach dem Tod Hildegards, seiner Schwester, der Gemahlin Karls, in Ungnade fiel und seine Lehen verlor, die Gunst des Kaisers wiedergewonnen haben, indem er das Liedchen sang: »nunc habet Uodalricus honores perditos in oriente et occidente defuncta sua sorore«, worin Haupt die deutschen Reimverse vermutete:

nu habêt Uodalrîch firloran êrono gilih,
ôstar enti westar sîd irstarp sîn suester.

(Nun hat Udalrich verloren jedes Lehen im Osten und Westen, seit seine Schwester starb.) Der Kaiser sei davon zu Tränen gerührt worden und habe den Grafen wieder in seine früheren Ehren eingesetzt.

Vor allem aber fanden *geschichtliche Begebenheiten* des 10. und 11. Jahrhunderts in Lied und Sage Verherrlichung. In der Fehde zwischen den Babenbergern und Konradinern hatte der ränkevolle Erzbischof Hatto von Mainz Adalbert von Babenberg listig aus seiner festen Burg herausgelockt und in die Gewalt seiner Feinde gebracht, die ihn 906 enthaupteten. Davon wurde im 11. Jahrhundert gesungen und gesagt (vulgo concinnatur et canitur). – Viele Sagen gingen von Heinrich I. Als er im Jahr 915 Eberhard von Franken bei Eresburg besiegt hatte, sangen die Spielleute: »wo ist eine Hölle, groß genug, um die Menge der Erschlagenen zu fassen?« Offenbar ist ein geschichtliches Lied über die Schlacht gemeint, worin diese Verse vorkamen. – Otto der Große hatte einen Helden, den Grafen Kuno von Niederlahngau, der seiner gedrungenen Gestalt wegen den Beinamen Kurzbold führte. Ekkehard IV. sagt von ihm: »multa sunt quae de illo concinnantur et canuntur«, »diffamatur longe lateque«; also weit und breit liefen Sagen und Lieder über ihn um. Da wurde erzählt, wie er, ein neuer David, einen riesigen Slaven mit dem Wurfspeer niederstreckte; oder wie er einen anspringenden Löwen, der ihn und den König bedrohte, mit dem Schwert erschlug. Der kühne Held hatte aber auch seine Schwächen: er konnte keine Weiber und Äpfel ansehen und wich ihnen überall aus. Der kühne Kurzbold war also humoristisch geschildert. – Kaiser Otto pflegte bei seinem Bart zu schwören. Ein schwäbischer Ritter, Heinrich von Kempten, fasste ihn dereinst an diesem Bart und erzwang Verzeihung für einen Totschlag, weil er selber den Kaiser mit dem Tode bedrohte, wenn er nicht freigesprochen würde. Heinrich wurde aber aus den Augen des Kaisers verbannt. Auf einem Feldzug errettete Heinrich den Kaiser vor einem Hinterhalt. Er saß gerade im Bade, als er die Gefahr bemerkte, in die Otto geraten war. Da sprang er, nackt wie er war, aus dem Bad, ergriff ein Schwert und eilte dem Kaiser zu Hilfe. Darum fand er Verzeihung. – In den Tagen Ottos wurde aber besonders die Empörung seines Sohnes Ludolf in Liedern besungen. Auf ihrer Grundlage erwuchs ein Teil der Sage vom Herzog Ernst. Ludolf war 945 mit dem Herzogtum Schwaben belehnt worden, 953 erhob er sich in Empörung, 954 wurde er niedergeschlagen und mit dem Verlust seines Herzogtums bestraft. Darüber müssen Lieder umgelaufen sein. Im 11. Jahrhundert erhob sich abermals ein Schwabenherzog gegen seinen Stiefvater, Herzog Ernst gegen Konrad II. zwischen 1025 und 1030. Auch hierüber gab es Lieder in den Kreisen der Spielleute. Die Ludolfs- und Ernstlieder, die einen ähnlichen Inhalt hatten, verschmolzen miteinander. Sie bilden in ihrer Vereinigung die Grundlage der epischen Ernstdichtung in der Mitte des 12. Jahrhunderts. Diese historischen Lieder verhalten sich zum Epos wie die Heldenballaden zum mhd. Heldenepos.

Von Bischof Ulrich von Augsburg, der 955 seine Stadt mutvoll gegen die Ungarn verteidigte, wurde in den Tagen Ekkehards IV. noch viel gesungen (plura de eo concinnantur vulgo et canuntur). Ekkehard wundert sich, dass die Biographen Ulrichs von diesen Geschichten keinen Gebrauch machten. Vom Scholastiker Benno zu Hildesheim, späterem Bischof von Osnabrück gab es Lieder (cantilenae vulgares), die seine Beteiligung an Bischof Ezzelins Ungarnfeldzug im Jahr 1052 behandelten. Von dem Bayern Erbo, der um 900 auf der Jagd durch einen Wisent getötet worden war, sang man noch zweihundert Jahre später (vulgares adhuc resonant cantilenae). Vom lothringischen Grafen Immo, der vom Herzog Giselbert von Lothringen zu dessen mächtigem Gegner Kaiser Otto übergegangen war, wurden Geschichten erzählt, wie er seinem früheren Herrn durch Kriegslisten Abbruch tat, dass er beim Abzug sagte: »als Immo mir beistand, konnte ich alle Lothringer leicht fangen, aber um ihn zu fangen, genügen alle Lothringer nicht.«

Zu den *Novellen* gehört die Sage von Graf Ulrich in Schwaben, der zwischen 916 und 926 in ungarischer Gefangenschaft gewesen war, Seine Frau Wendelgart galt nach Verlauf einiger Jahre als Witwe und wurde viel umworben. Als sie einst am Jahrestag des Abschieds ihres Gatten in Buchhorn am Bodensee die Armen beschenkte, umarmte sie ein Bettler. Kaum ihrer mächtig wegen des erlittenen Schimpfs rief sie aus: »Nun erst weiß ich, dass Ulrich tot ist, da mir solche Schmach angetan werden darf!« Da fiel ihr Blick auf die Hand des Bettlers und sie erkannte an einer Narbe ihren Gatten; der ihr in solcher Verkleidung überraschend genaht war. Es ist das erste Beispiel der uralten Rückkehrsage, die wir hier auf deutschem Boden finden.

Die *Schwänke und Märchen* sind in lateinischen Bearbeitungen, in Gedichten mit regelmäßigen und unregelmäßigen Strophen, den sog. Sequenzen oder Modi, überliefert. Wir erkennen daraus die lebendige Schilderungskunst der Spielleute. Der »Modus florum«, die Blumenweise ist das älteste Lügenmärchen. Wer so lügen kann, dass der König selber ihn als Lügner schilt, erhält die Königstochter zur Frau. Ein Schwabe löst die Aufgabe, indem er von einem wunderbaren Hasen erzählt, unter dessen Schwanze er eine Urkunde, die den König als Knechtssohn bezeichnet, gefunden habe. Das wird dem König zu bunt, er ruft: »Du und die Urkunde lügen!« Damit hat er die Wette verloren.

Der »Modus Liebinc«, das Gedicht in der Liebingsweise, erzählt die

Geschichte vom Schneekind. Ein Konstanzer wird auf einer Reise verschlagen und bleibt zwei Jahre fern. Bei der Rückkehr findet er seine Frau, die inzwischen aus Langerweile mit Gauklern sich eingelassen hat, mit einem Kinde. Sie behauptet, sie habe einmal in den Alpen Schnee gegessen und sei davon schwanger geworden. Der Mann gibt sich zufrieden. Nach fünf Jahren geht er wieder auf Reisen und nimmt das Kind mit. Unterwegs verkauft er es für hundert Pfund. Bei der Rückkehr berichtet er seiner Frau, die nach dem Knaben fragt: »Ein Sturm verschlug uns an heiße Küsten, und dort ist das Schneekind an der Sonne geschmolzen.« Von Lantfrid und Cobbo wird die Freundschaftssage berichtet, die Geschichte der zwei Gesellen, die alles, sogar die eigene Frau für einander aufzuopfern bereit sind. Erzbischof Heriger von Mainz (913–927) empfing einen Fahrenden, der vorgab, zur Hölle gefahren zu sein. Er schildert sie mit dichten Wäldern eingeschlossen. »So will ich meinen Hirten dorthin auf die Weide schicken mit den magern Ferkeln.« Der Lügner berichtet weiter, wie er gen Himmel gefahren sei, wo er Christus beim fröhlichen Mahle traf. Johannes war Mundschenk und reichte Becher köstlichen Weines den geladenen Heiligen. Petrus war Küchenmeister. Der Bischof zweifelte an der Richtigkeit dieser Angaben, Petrus sei der Pförtner, Johannes habe nur Wasser getrunken und verstehe nichts vom Schenkenamt. Er frägt den Mann, welcher Sitz ihm zugewiesen worden sei. Er erwidert, er sei in einem Winkel verborgen gewesen und habe den Köchen ein Stück Leber gestohlen. Da ließ ihn Heriger mit Ruten streichen und sagte: »Wenn dich Christus zur Mahlzeit lädt, so sollst du nicht stehlen.« Vermutlich klingt hier das Märchenmotiv vom heimlich gegessenen Leberlein an. Scherer bemerkt über den Humor des Gedichtes: »Es bietet das älteste Beispiel jener gemütlich-humoristischen Behandlung der Heiligen und ihres himmlischen Haushaltes, die sich in Märchen und Sagen bis auf die Gegenwart fortgesetzt hat.«

Endlich ist ums Jahr 1021 der Anfang eines *Tanzliedes* erhalten, wie es im Volk zum Reigen gesungen wurde. Im Zusammenhang der Sage von den Tänzern von Kölbigk hören wir davon. Die Tänzer sind verflucht zu ewigem Tanz; sie singen dazu:

equitabat Bovo per silvam frondosam,
ducebat sibi Merswindem Merswindem formosam.
Quid stamus? cur non imus?

(Durch den grünen Wald Herr Bovo ritt, Merswind die schöne, die führte er mit. Was stehn wir? Auf gehn wir!) Wahrscheinlich bilden die Verse den Anfang eines niederdeutschen Tanzliedes, über das Eduard Schroeder sagt: »Der Reigenführer stimmt das Lied an, das er improvisiert oder für den bevorstehenden Zweck neu gedichtet hat: zwei Personen der vorher mit Namen genannten Tanzgesellschaft, Bovo und Merswind, treten in der ersten Strophe auf, waren offenbar die Helden des Gedichts. Denn dies Tanzlied war episch oder hatte jedenfalls epische Einkleidung: es war eine richtige Ballade. Es wirkt verblüffend, hier im 11. Jahrhundert plötzlich dem Eingange eines Tanzliedes zu begegnen, der an so viele typische Balladenanfänge des 16. Jahrhunderts und der späteren Zeit erinnert.

Das Zeitalter der lateinischen Literatur schuf einige Gedichte in merkwürdiger *Mischsprache*, halb Deutsch, halb Lateinisch. Am bekanntesten ist das Gedicht auf den Bayernherzog Heinrich, das mit der Strophe anhebt:

nunc almus thero êwigun assis filius thiernun
benignus fautor mihi, thaz ig iu côsan muozi
de quodam duce, themo hêron Heinrîche,
qui cum dignitate thero Beiaro rîche bewarode.

(Nun steh mir bei, erhabner Sohn der ewigen Jungfrau, gütiger Gönner, dass ich euch erzählen möge von einem Herzog, dem Herrn Heinrich, der in Ehren der Bayern Reich beherrschte.) Ein Bote meldet dem Kaiser Otto die Ankunft des Herzogs, den der Kaiser mit hohen Ehren empfängt. »Willkommen, Heinrich, samt deinem Namensvetter (ambo vos aequivoci) und deinem Gefolge,« sprach der Kaiser. Heinrich antwortete geziemend, sie reichten sich die Hände und gingen ins Gotteshaus. Nach dem Gebet führte Otto den Herzog Heinrich ehrenvoll in die Versammlung und übergab ihm alle Macht außer den königlichen Rechten, die Heinrich auch gar nicht begehrte. Seitdem stand die Versammlung unter Heinrich; was Otto tat, hatte Heinrich geraten. Keiner war da von Edlen und Freien, dem Heinrich nicht jegliches Recht zuteil werden ließ. Die geschichtlichen Verhältnisse, auf die das in nordrheinfränkischer Mundart verfasste Gedicht sich bezieht, sind nicht sicher zu bestimmen. Wahrscheinlich handelt es sich um eine Belehnung. Aber welcher der bayerischen Heinriche,

Heinrich I. oder Heinrich II., welcher Kaiser, Otto I. oder Otto II. gemeint ist, bleibt immer noch zweifelhaft. Die Belehnung könnte entweder die des Jahres 948 unter Otto I. oder die von 973 unter Otto II. sein. Auf die Ereignisse des Jahres 941, wo Heinrich, der nachts aus der Haft entwichen war, am Morgen des Weihnachtstages barfuß und im Büßergewand seinem königlichen Bruder sich zu Füßen warf, kann das Lied nicht gehen, weil der Inhalt in keiner Weise damit in Einklang zu bringen ist. Jedenfalls entstand das Gedicht in der Umgebung Heinrichs I. oder Heinrich II. Der Dichter will für den Bayernherzog Stimmung machen und dessen Einfluss auf den Kaiser hervorheben. Poetischen Wert hat das Gedicht nicht, wohl aber literarhistorischen, weil es die geschmacklose Mischung von Latein und Deutsch zeigt, der wir im Liebesgruß des Ruodlieb begegneten, die wir bei Notker finden und in einem zweiten Gedicht, das in derselben Cambridger Handschrift steht, die das Heinrichslied überliefert.

Das zweite Gedicht, das leider nur sehr trümmerhaft vorliegt, gehört zur Gattung der Liebeslieder, es enthält das Gespräch zwischen einem *Kleriker und einer Nonne.* Bereits vernehmen wir Vorklänge der lateinischen Vagantenpoesie, die etwa 150 Jahre später so reich entwickelt uns entgegentritt. Nach Kögel wäre der Inhalt folgender: »Ein Kleriker bittet eine Nonne um Erhörung, indem er sie auf den blühenden Frühling, die neu begrünten Auen hinweist. Schon hier ist also das Seelenleben zu der Natur, zur Jahreszeit in Parallele gestellt, wie seitdem in der Lyrik tausend- und abertausendmal. Der Frühling ist die Jahreszeit der Liebe. Die Nonne fragt, was sie tun solle; worauf der Kleriker mit erneutem Liebeswerben antwortet: erkenne meine Liebe, die Vögel singen jetzt im Walde. Sie lehnt die Berufung auf die Wonne der Natur ab: was geht mich die Nachtigall an? Ich bin Christi Magd, ihm habe ich mich gelobt. Aber er lässt nicht ab, in sie zu dringen: wenn du meiner Liebe Gehör schenkst, so werde ich dir überdies weltliche Ehre genug geben. Mit Ernst erwidert sie: das zieht alles dahin wie die Wolken am Himmel; Christi Reich allein dauert in Ewigkeit.« Das Weitere ist unklar, wir wissen nicht, ob die Nonne sich erweichen ließ. Nach Kögel lauten einige Verse so:

»suavissima nunna   coro mîner minna,
resonant odis nunc silvae,   un singant vogela in walde.«

(Liebste Nonne, prüfe meine Minne, nun erklingen die Wälder von Liedern, die Vögel singen im Walde.) Bei den mhd. Liederdichtern heißt es wörtlich gleich: »die kleinen vogelîn singent in dem walde.« Offenbar brach sich die deutsche Sprache am Ende des Zeitraums allmählich wieder Bahn, indem sie zunächst noch nicht selbständig, sondern mit dem Lateinischen vermischt in der Literatur Eingang fand. Aus dieser Dichtungsgattung, in gemischter Sprache, haben sich zwei Beispiele, de Heinrico, und Kleriker und Nonne, ein historisches und ein erotisches Lied erhalten.

Im Ausgang des 10. und Anfang des 11. Jahrhunderts ist *Notker III.*, »Labeo« der Großlippige zubenannt, der einzige Autor, der sich in seinen Prosaschriften der deutschen Sprache bediente. Er ist vor 952 geboren, wurde von seinem Oheim Ekkehard I., dem Verfasser des Waltharius, ins Kloster eingeführt und leitete später die Klosterschule. Als der gelehrteste und gütigste Mann genoss er allseitige Verehrung und wurde nach seinem Tode wegen seiner hervorragenden deutschen Schriften Teutonicus genannt. Er starb am 29. Juni 1022 an der Pest. Notkers Werke sind Übersetzungen aus dem Lateinischen zum Gebrauch der Schule. Er verdeutschte des Boethius Schriften von den Tröstungen der Philosophie und von der Dreieinigkeit, des Marcianus Capella Abhandlung von der Heirat des Mercur und der Philologie, die Kategorien und die Hermeneutik des Aristoteles, den Psalter mit der Auslegung des Augustin und noch einige kleinere Schriften über Rhetorik, Logik und Musik. Auch lateinische Dichtungen, die Hirtengedichte des Vergil, die Sprüchwörter des Cato, die Andria des Terenz beabsichtigte er zu verdeutschen. Doch hat sich nichts davon erhalten. Notker weiß sehr wohl, dass er eine in seiner Zeit unerhörte Aufgabe (»rem paene inusitatam«) sich vornahm, wenn er die deutsche Sprache für die Zwecke des Unterrichts dienstbar machte. Während man bisher nur glossierte oder wortgetreu übersetzte, schlug Notker einen ganz andern Weg ein. Er gab zu den lateinischen Texten, die er gründlich und richtig verstand, eine fließende Übertragung, der er die Erklärung einflocht. Nicht ängstlich sollte Wort für Wort wiedergegeben werden, sondern Satz für Satz in fassbarem gutem Deutsch mit trefflicher, reicher Wahl der Ausdrücke, bald kürzend, bald erweiternd, je nachdem der Sinn es verlangte. Der Übersetzung folgte die Erläuterung aus den üblichen Schulbüchern, auch diese deutsch, aber mit vielen lateinischen Wörtern untermischt. Der Ursprung der Mischsprache lag im praktischen Unterricht, im mündlichen Verkehr mit den Schülern, wo der abwechselnde Gebrauch von Deutsch und Lateinisch der Erläuterung und Verdeutlichung diente. Bei Übersetzung des Aristoteles hat Notker sogar versucht, deutsche Kunstausdrücke für die Philosophie zu prägen. Öfters erhebt sich sein Stil zu poetischem Schwung, zu dichterischem Rhythmus. Notker ist unstreitig der vollkommenste Prosaist der althochdeutschen Zeit. Es ist nur zu bedauern, dass seine Schriften auf die Schulstube beschränkt blieben und keine literarische Wirkung taten. Nach der formalen Seite erforschte Notker seine Muttersprache sorgfältig. Er bezeichnete in seinen Schriften die Betonung und Quantität der Silben und ermöglicht uns dadurch, den Unterschied altdeutscher und neudeutscher Quantität zu erkennen. Er beobachtete die Wechselwirkung zwischen Anlaut und Auslaut der Wörter im Satz: Notkers Anlautsgesetz bildet einen besonderen, wertvollen Abschnitt unserer ahd. Grammatiken. Dadurch erhalten seine Schriften neben dem literarischen noch einen sehr hohen sprachgeschichtlichen Wert. Wenn Otfried, der doch die Franken so hoch erhebt, Bedenken trug, in einen lateinischen Brief deutsche Worte einzumengen, weil der Leser solche Barbarei belachen müsste, so holt Notker in seiner Rhetorik deutsche Verse als Beispiel herbei. Es sind die einzigen rheindeutschen Verse des ganzen Zeitraums! Sie mögen darum hier stehen mit den Notkerschen Akzenten:

sóse snél snéllemo	pegágenet ándermo,
sô uuírdet slîemo	firsniten sciltrîemo

(Wenn ein kühner Held einem andern begegnet, dann wird schleunig der Schildriemen zerschnitten, d. h. dann kommt es alsbald zum Kampf.)

der heber gât in lîtun	trégit spér in sîtun:
sîn báld ellin	ne lâzet in véllin.
ímo sínt fûoze	fûodermâze,
ímo sínt búrste	ébenhô fórste
únde zéne síne	zuuélifélnige

(Der Eber geht auf der Bergleite mit dem Speer in der Seite; seine kühne Kraft lässt ihn nicht fallen. Seine Füße sind fudermäßig, d.h. groß wie ein Fuder, seine Borsten hoch wie der Forst, d.h. wie die Bäume, seine Zähne zwölf Ellen lang.)

Woher die Verse stammen, lässt sich nicht erkennen. Die Geschichte vom großen Eber kann ebenso gut aus dem Jägerlatein stammen, wie als eine Beschreibung des kalydonischen Ebers (Ovids Metamorphosen 8, 282 ff.) aufgefasst werden. Da wir vom Zusammenhang nichts wissen, müssen wir uns bescheiden.

II. Die frühmittelhochdeutsche Zeit

Die frühmittelhochdeutsche Literatur von 1050 bis 1180 steht unter dem Einfluss geistlicher Bildung und Weltanschauung. Im 10. Jahrhundert hatte die Erneuung des geistlichen Lebens im Kloster Cluny begonnen, im 11. Jahrhundert ergriff die Bewegung die deutschen Klöster, die Abtei Hirsau an der Nagold tat sich in cluniazensischen Reformen besonders hervor. Die Abkehr von allem Weltlichen, die Trennung des geistlichen vom weltlichen Leben ist das Endziel, dem auf politischem wie literarischem Gebiet zugestrebt wird. Der Kampf zwischen Papst und Kaiser beginnt, seitdem Hildebrand als Gregor VII. im Jahr 1073 den päpstlichen Stuhl bestiegen hatte. Die weltfreudige lateinische Literatur der Ottonischen Renaissance wurde aufgegeben, die klassische Literatur galt nur noch als formales Rüstzeug im Ausbau der scholastischen Wissenschaft, die dazu bestimmt war, verstandesmäßig die theologischen Ansichten zu begründen. Der Priester Otloh ist ein lebendiges Beispiel für den Umschwung der Meinungen, der sich damals vollzog. Otloh war in Freising geboren und kam nach Tegernsee, um die Kunst des Schreibens zu erlernen. Er begeisterte sich an Vergil und Lukan und lebte bis gegen 1030 in einer Umwelt, aus der der Ruodliebroman hervorging. Nach mannigfachen Schicksalen übernahm Otloh 1068 die Klosterschule von St. Emmeran in Regensburg; jetzt suchte er die in der Jugend geliebten Klassiker aus dem Unterricht zu verdrängen, Horaz, Terenz, Juvenal waren ihm teuflische Verführer und sogar Sokrates, Plato, Aristoteles und Cicero werden verworfen, weil sie dem Christen in der Todesstunde nicht nützten. Unter solchen Umständen war an eine Fortsetzung der antiken Bestrebungen der Ottonenzeit, an deren Übertragung in die deutsche Literatur gar nicht zu denken. Die Anknüpfung an die deutsche Literatur der Karolingerzeit war ausgeschlossen, weil die althochdeutschen Denkmäler dem 11. Jahrhundert sprachlich so fern gerückt waren, dass sie kaum mehr verstanden werden konnten. Es galt somit, von neuem aufzubauen. Die frühmittelhochdeutsche Literatur ist eine neue selbständige Schöpfung, die wie die ahd. auf lateinische geistliche Vorlagen sich gründet. Altes und Neues Testament samt den apogryphen Evangelien, Legenden, liturgische Stücke, Predigten und lehrhafte Gedichte liefern dem deutschen Dichter den Inhalt und Gedankenvorrat. Nur in der Auswahl und Darstellung betätigt sich seine Eigenart.

Im Gegensatz zur gelehrten geistlichen Literatur steht die Dichtung der Spielleute, die schon in der ahd. Zeit nebenhergelaufen war. Von dorther entnahmen die gelehrten Dichter ihre Formen, vor allem den Vers. Das Grundschema des deutschen Verses ist noch immer, wie bei Otfried, der Vierhebler, der dipodisch gemessen wird, indem zwei Haupthebungen die beiden andern als Nebenhebungen sich unterordnen. Aber die formale Kunst ist weit geringer als in der ahd. Zeit. Die Zahl der Senkungssilben ist freier, weshalb überlange und überkurze Verse miteinander abwechseln können, je nachdem der Dichter die Senkungen ausfüllt, mit mehreren Silben überladet oder sie ganz weglässt. Die Reimkunst ist nicht mehr so streng wie früher, man begnügt sich mit allgemeinen Anklängen. Die ahd. Endungsvokale sind zu dem schwachtonigen Endungs-E abgeschwächt, das aber immer noch als Träger des Reimes gelten kann, obwohl das Gewicht der ahd. vollen Endungsvokale mangelt. Die Verwilderung in Reim und Rhythmus nimmt überhand, bis in den Gedichten Heinrichs von Veldeke die klassische mhd. Zeit mit strengeren Anforderungen an die formale Kunst anhebt. Noch gilt der strophische Bau wie bei Otfried: zwei oder mehr Langzeilen sind zur Strophe gebunden mit den Reimen a:a, b:b. Aber allmählich verwandeln sich die Strophen in Reimpaare, was zunächst durch den überlaufenden Satzbau und die Reimbrechung sich kundgibt. Der Satzschluss fällt z. B. zwischen die Reime a:a oder b:b, indem der erste Satz mit a1 endet, der Zweite mit a2 beginnt. Dadurch ist erwiesen, dass jetzt nicht mehr die Vereinigung mehrerer Langzeilen zur Strophe stattfindet, vielmehr die Langzeile selber in Gestalt des Reimpaars herrscht.

Nach Gehalt und Darstellung kann man Gedichte mit streng geistlicher Richtung von solchen, die dem weltlichen Geschmack Zugeständnisse machen, unterscheiden. Stand und Bildungsgrad der Verfasser und Rücksicht auf die Leser oder Hörer bestimmen die besondere Art eines Gedichtes. Während anfangs geistliche Dichtungen überwiegen, treten nach und nach weltliche in den Vordergrund, bis endlich der Spielmann selber an der Literatur sich beteiligt, die zuerst ausschließlich in der Pflege der Geistlichen gestanden war. Da der Geistliche namentlich auf die ritterlichen Kreise Rücksicht zu nehmen hat, so gelangt auch auf diesem Weg viel Weltliches in die Literatur, bis endlich der Ritter selber den Geistlichen ablöst. Am Ende des Zeitraums ist der Sieg der Weltkinder entschieden. Die Literatur wird ritterlich und spielmännisch.

Die Literatur zerfällt in folgende Hauptgruppen: die lehrhafte und erzählende geistliche Dichtung, die weltliche Epik in Franken und Bayern, die Anfänge der weltlichen Lyrik, die Anfänge des ritterlich-höfischen Romans.

Die geistliche lehrhafte Literatur

Das älteste geistliche Gedicht, in dem sich die asketische Richtung am deutlichsten ausprägt, ist ein in St. Gallen verfasstes *Memento mori*! Eine eindringliche Warnung vor der Welt, eine Mahnung zur Gerechtigkeit und Barmherzigkeit gegen die Armen, alles im Hinblick auf den Tod. »Gedenket, Männer und Weiber, wohin ihr gehen werdet! Ihr liebt diese Vergänglichkeit und wähnt, immer hier zu sein. So minnesam sie euch dünkt, ihr sollt sie nur kurze Zeit besitzen. Viele sind dahingefahren, die dieses irdische Elend minnten. Nun ist es ihnen leid. Sie gedachten zur ewigen Freude einzugehen. Das Paradies ist fern von hier. Noch keiner kehrte von dort zurück und brachte uns Botschaft, wie man dort lebt.« »Gott schuf euch alle so, dass ihr von einem Manne abstammet. Er gebot euch, in Liebe hier zu leben wie *ein* Mann. Ihr habt das zu eurem Schaden übertreten. Obschon ihr alle von einem Menschen stammet, seid ihr doch durch mannigfaltige Listen und Bosheiten unterschieden. Der arme Mann bedarf des Rechtes, das er leider nur erkaufen kann. Darum müssen sie alle zur Hölle fahren. Wenn ihr alle nach *einem* Rechte lebtet, so würdet ihr zur ewigen Freude geladen; ihr aber behaltet das eine Recht für euch, das andere gebt ihr den Armen. Darum müsst ihr draußen bleiben.« »Niemand ist so weise, dass er seine Hinfahrt wisse. Der Tod kommt wie der Dieb. Er macht alles gleich; niemand ist so vornehm, dass er nicht sterben müsse. Dagegen hilft kein Reichtum. Hat er aber seinen Reichtum so angelegt, dass er ohne Beschwer hinfährt, so findet er süßen Lohn in schöner Herberge.« »Der Mann ist nicht weise, der auf der Reise einen schönen Baum findet und darunter ausruht. Der Schlaf bedrückt ihn, dass er vergisst, wohin er sollte. Wenn er dann aufspringt, wie sehr reut es ihn! Ihr alle gleicht dem Mann: ihr müsset von hinnen. Der Baum aber ist die Welt, in der ihr säumt. Üble Welt, wie betrügst du uns so! Du hast uns beherrscht, deshalb sind wir betrogen. Wenn wir dich nicht zeitig verlassen, so verlieren wir Seele und Leib. Gott hat uns freie Wahl gegeben, solang wir hier leben. O Herr, hehrer König, erbarm dich unser! Verleih uns die kurze Zeit, die wir hier zubringen, den rechten Sinn, dass wir die Seele retten!«

Die ganze Heilslehre fasst das *Ezzolied* in schönen Bildern und Vergleichen zusammen. Der Verfasser ist ein Bamberger Domherr Ezzo, der Komponist war Willo. Der Bischof Gunther von Bamberg bestellte das Lied zur Weihe des Hauses, das die Geistlichen zu mönchischem Zusammenleben aufnehmen sollte. Auf dem Pilgerzug, den Gunther 1064 unternahm, wurde das Lied gesungen, weil es durch die Anrufung des heiligen Kreuzes dazu besonders geeignet war. In schwungvoller Hymne preist das Gedicht die christliche Heilslehre: Schöpfung und Sündenfall, die Zeit der Finsternis, Christi Geburt, Lehre, Wunder, Tod, Höllenfahrt, Auferstehung, Erfüllung der Weissagungen des alten Testaments, Bedeutung des Kreuzes und Lob der Dreieinigkeit. Der Verfasser schöpfte aus geistlichen Schriften und aus der geistlichen Beredsamkeit. Wahrscheinlich fand er die wirkungsvoll zusammengestellten Gedanken in einer lateinischen Vorlage schon beisammen. Andernfalls wäre seine dichterische Bedeutung gerade in der vortrefflichen Auswahl anzuerkennen. Wir werden nicht durch scholastische Gelehrsamkeit beschwert, sondern durch anschauliche, künstlerische Sinnbilder in die Erlösungsidee eingeführt. Lux in tenebris, das göttliche Licht in dem irdischen Dunkel, das ist des Dichters Hauptmotiv. Gott schuf den Menschen und setzte ihn ins Paradies. Da Adam fiel, da ward Nacht und Finsternis, nur wenige Sterne erhellten zeitweilig die Welt mit schwachem Licht, denn sie beschattete die nebelfinstere Nacht, die vom Teufel kam; bis endlich die Sonne aufging, der wahre Gottessohn! Die Sterne waren Abel, Enoch, Noe, Abraham, David und die Propheten, zuletzt Johannes der Täufer, der, dem Morgenstern gleich, uns das wahre Licht verkündigte. Als Christus geboren ward, ging der alte Streit zwischen Himmel und Erde zu Ende. Engelscharen kamen zur Erde hernieder und sangen gloria in excelsis. Denn seit Adams Fall war der erste sündlose Mensch geboren. Nun wird in rascher Skizze Christi Leben, Leiden und Tod angedeutet: Sein Todesopfer verschaffte uns die freie Rückkehr in unser altes Erbeland, wohin wir uns auf geistlichen Wegen wenden wollen. Das Blut des Erlösers ist unser Brunnen, sein Leib das Brot des Lebens. Wie die Juden aus der ägyptischen Knechtschaft, fahren wir unter unserem Herzog zu dem Land, das uns der Teufel so lang verwehrte. Gesegnet sei das Kreuz, das beste aller Hölzer. Das Kreuz ist die Segelstange, die Welt ist das Meer, der Herr Segel und Steuermann, die guten Werke die Segelseile, die uns die Fahrt heimwärts richten. Der heilige Geist ist der Wind, der uns auf die richtige Fahrt leitet. Das Himmelreich ist unsere Heimat, wo wir landen wollen! – Wohl verliert sich auch im Ezzolied manche gekünstelte, unpoetische Auslegung ins Einzelne, aber zwei Grundgedanken heben sich eindrucksvoll und beherrschend heraus: das himmlische Licht, das von der Sünde verfinstert und durch die Opferung Christi wieder geläutert ward, und die Kreuzfahrt über das Weltmeer zur alten Heimat.

Anders als das Ezzolied verarbeitete ein mittelfränkischer Dichter in der zweiten Hälfte des 11. Jahrhunderts eine Heilslehre in Versen, worin die Summe aller Theologie enthalten sein sollte. Man pflegt das Gedicht als *Summa theologiae* zu bezeichnen. Die Mängel bestehen darin, dass keine anschaulichen Leitgedanken hervortreten und dass auch nur wenige dichterische Einzelheiten zu rühmen sind. Daher bleibt die künstlerische Wirkung, die das Ezzolied auszeichnet, aus. Die ersten Strophen reden von Gott, dem ewigen Vater, dem Ursprung alles Guten, der den Teufel gebunden hat, dem Allgegenwärtigen, Allmächtigen, Allgütigen, Unwandelbaren. Er hauchte uns seine lebendige Seele ein, dass wir sein Ebenbild seien. Gott, der mächtige und gütige, schuf als Meister und Werkmann alle Dinge. Er ließ lichte, hehre Engel werden. Luzifer aber wollte im Norden seinen Thron gleich dem Höchsten aufrichten. Darum ward er mit seinen Anhängern in die Hölle gestoßen. Da schuf Gott den Menschen, dass er an Luzifers Stelle wohne, er schuf ihn aus den vier Elementen. Da musste der erste Mensch einen Kampf bestehen für das ganze menschliche Geschlecht, ob er uns das ewige Leben erstreiten könne. Leider erlag unser Vorkämpfer und betrog uns alle. Mit Adams Fall verloren wir Gottes und der Engel Minne. Der Teufel gewann Gewalt über uns, bis der Sohn Gottes, das Kind der Jungfrau erschien. Er nahm uns den Tod und gab uns die Gottheit wieder. Der andere Adam wollte seine Genossen wiedergewinnen. Nun wird die Kreuzigung nach ihrer mystischen Bedeutung geschildert. Wer Christus nachfolgen will, der muss das Kreuz auf sich nehmen. Die Gottesminne ist eine Königin über alle Tugenden. Gott, der die Minne ist, hat uns offenbart, wie wir die Minne haben sollen. Der Dichter sagt, alle Dinge seien beim Sündenfall verflucht worden, nur das Wasser ward ausgenommen, weil es uns in der Taufe von Sünden reinige. Früher hätte die Sintflut die Erde gereinigt. Das Wasser wurde geweiht, als es gemischt mit dem Blute des Heilands aus der Seitenwunde des Gekreuzigten floss. Über Grablegung und Auferstehung kommt der Dichter zu dem Bilde, dass die edelgeborene Seele Gottes Braut sei, der Leib die Magd der Seele. Die Seele soll sich vor der Magd hüten, dass sie nicht um ihretwillen das ewige Leben verliere. Dann schweift der Blick noch zum jüngsten Gericht, wo die Seligen zur Rechten Gottes gewiesen werden und zur ewigen Freude eingehen. Vermutlich fand auch der Verfasser der Summa seine Gedanken bereits in einer lateinischen Vorlage beisammen. Aber er bewältigte den Stoff nicht. Vieles ist so kurz und unklar angedeutet, dass es aus dem deutschen Gedicht allein gar nicht verstanden werden kann, sondern erst durch Vergleich mit der geistlichen lateinischen Literatur deutlich wird. Die poetische Gestaltungskraft versagte völlig, die Summa ist ein Beispiel dafür, wie ein lehrhaftes oder hymnisches Gedicht nicht sein soll.

Predigten in Reimform begegnen mehrfach in der mhd. Literatur. Sie sind teils für Geistliche, teils für Laien verfasst. Letztere nehmen auf das Weltleben besondere Rücksicht. In der zweiten Hälfte des 12. Jahrhunderts sind die Gedichte des armen Hartmann und Heinrichs von Melk, eines mittelfränkischen und eines österreichischen Laienbruders zu erwähnen. Um 1150 schrieb Hartmann eine Auslegung des *Glaubens* und der Beichte in eindringlicher Rede, die sich wie die Predigt zu allerlei lehrhaften Erörterungen anlässt, die mit dem eigentlichen Gegenstand nicht unmittelbar zusammenhängen. Sein Stil ist formelhaft. Der Inhalt zeigt den Dichter im Besitz der herkömmlichen dogmatischen Kenntnisse. Er zieht Bibelstellen, Sprüche und Erzählungen heran, greift über das nicaeische Credo auf andere liturgische Stücke hinüber, führt Legenden an z. B. den Theophilus, den Faust des Mittelalters und die ägyptische Maria, die Buhlerin, die, vom Tempel zu Jerusalem dreimal zurückgestoßen, ein Büßerleben in der Wüste begann und heilig wurde. Wichtig sind die weltlichen Anspielungen des Gedichtes, weil sich hier der Zusammenhang mit der Bibel lockert und das persönliche Gefühl des Verfassers mehr hervortritt. Mit wuchtigem Pathos eifert er gegen die Welt: er lässt ihren trügerischen Glanz aufleuchten und predigt Abkehr und Buße, indem er die Vergänglichkeit alles Irdischen eindrucksvoll hervorhebt. Der Reiche besitzt herrlichen Hausrat und edlen Schmuck, er nimmt kostbare Seidenstoffe für Mäntel und Kleider. Er setzt seine Füße auf goldgewirkte Teppiche und lehnt seinen Rücken an weiche Wandvorhänge. Er trägt glänzende Rüstung und schwingt lange, mit Fähnlein gezierte Lanzen. Seine Speise ist Fleisch und Fisch und Weißbrot. Sein Keller ist mit Wein und anderen Getränken wohl versehen. Aus diesem Leben der Wollust entsteht der Hochmut, durch den einst Luzifer zu Fall kam, der Anfang und die Wurzel aller Übel. Was nützt aber aller Reichtum, da wir sterben müssen! Wir faulen im Grabe und die lachenden Erben teilen sich in unsere Schätze. Dann fahren wir zur Hölle, deren Qualen alle Wonnen der Welt nicht aufwiegen. Wenn die ganze Welt von Gold erstrahlte und uns gehörte, wie gern gäben wir sie dahin, wenn wir dafür in den Höllenflammen brennen! Wer nach der Vorschrift des Evangeliums sein Eigentum der Kirche gibt, wer alles verlässt, was ihm auf Erden lieb ist, wer einsam in dunklen Wäldern sich von Wurzeln und Wasser nährt und um Gottes willen Hunger und Durst, Frost und Nacktheit erträgt, der ist sündenrein und des Paradieses würdig. So endet Hartmanns Lebensweisheit wie die des Verfassers des St. Galler Memento mori. Aber er richtet seine mahnende Stimme vornehmlich gegen die ritterliche Gesellschaft, die immer mehr aufkam und trotz allen Bußpredigten in Kunst und Leben siegte.

Im Kloster Melk schrieb um 1160 ein Laienbruder Heinrich ein Gedicht »*von des todes gehugede*« d. h. von der Erinnerung an den Tod. Er verstand seine Gedanken zu anschaulichen Bildern und Gleichnissen zu verdichten. Er will die Laien über die Gefahren und Nöte belehren, die ihnen täglich drohen. Nur selten hört man von einem, der sich reuig in eine Klause zurückzieht, um seine Sünden zu büßen. »Gedenke, o Mensch, deines Todes nach den Worten Hiobs und Salomos, weil deine Tage kurz sind, dein Leben wie ein Wind oder ein fließendes Wasser vergeht und du zu Staub und Asche wirst.« Nun drei Beispiele: Heinrich richtet den Blick zu der Menschheit Höhen, zum Königssohn. Wenn er glücklich bis zur Schwertleite gelangt ist, da muss er spät und früh um seine arme Ehre sorgen, wie er sein Leben vermehre. Seine nächsten Verwandten trachten nach seinem Leben, er zittert immer vor Verrat. Und wenn er's wirklich bis zu einem friedlichen Tod und kostbaren Begräbnis bringt, was dann? – Die Schrecken des Todes malt der Dichter, indem er die Gattin zum verwesenden Leichnam fährt, wo sie mit Ekel sich von dem abwendet, den sie so geliebt. Darum kehre dein Schifflein beizeiten zum Hafen, dass die Südwinde auf dem Meer dich nicht hin und her treiben! – Endlich das Leben nach dem Tode. Der Sohn soll zum Grabe des Vaters gehen, den Stein abheben und sprechen: Lieber Vater, was betrübt dich? Der Vater tut seinen Mund auf und schüdert die Höllenqualen der Verdammten. Da schallt Klagen und Zähneklappen aus dem Abgrund. Was hilft aller Reichtum, aller Besitz dem Toten? Der Sohn wird ermahnt, zum Seelenheile des Vaters Almosen zu spenden und fleißig Messe lesen zu lassen, damit er nicht auch einmal inmitten seiner Sünden zur Hölle fahre. Dagegen wohnen die Frommen im Angesicht Gottes in ewiger Wonne, zu der sich auch der Dichter, der arme Knecht Heinrich wünscht.

In den Anfang des Gedichtes ist ein Abschnitt *vom gemeinen* Leben in der Welt eingeschaltet. Heinrich betrachtet zunächst die Pfaffheit, Weltgeistliche und Mönche; besonders die Ersteren, die von der Weltfreude nicht lassen wollen und sich nicht zum gemeinsamen klösterlichen Leben in Stiftern entschließen können, kommen schlecht weg. Die Geistlichen sind heruntergekommen und kümmern sich nicht um ihr Amt. Pfründen sind käuflich und werden nicht nach Würdigkeit verteilt. Wie die Bischöfe machen es auch die niederen Geistlichen, indem sie sich alle Amtsverrichtungen bezahlen lassen. Den Priestern ist die apostolische Kraft, zu binden und zu lösen, verliehen. Aber in Wirklichkeit tadeln sie nur die Armen, die Reichen können sich von Bußen loskaufen. Die Geistlichen sollen das Fleisch töten, dass es kraftlos werde und die Seele anschaue, wie eine Magd ihre Herrin: Aber sie wollen ein Weib haben und kommen wie die Stutzer daher. Ein zweiter Sturmschall braust von seinem Heerhorn in die Laienwelt. Unrecht Gericht und Treulosigkeit, Hoffart ist bei den Rittern zu tadeln. Von den ritterlichen Damen will er schweigen; aber er zieht gegen die Kleiderpracht der Tagelöhnerinnen, gegen den Putz und die Schminke der Bäuerinnen los. Wo Ritter sich gesellig vereinigen, wird nur von Liebesabenteuern und Totschlag geprahlt. Ehre, Zucht, Tugend schwinden dahin, wer Geld hat, gilt für adlig. Die Bauern sind neidisch und die Kaufleute betrügerisch.

Ein in Sprache und Darstellung nah verwandtes Gedicht *vom Priesterleben* wird auch diesem Heinrich von Melk zugeschrieben. Darin begegnen dieselben Vorwürfe, nur verstärkt. Die Priester geben sich einer üppigen Lebensführung hin. Sie zechen, spielen, erzählen Liebesgeschichten und tun es den Laien in der Unkeuschheit zuvor. Die schönen Weiber sind für die Priester bestimmt. Und die Geistlichen dürfen weder heiraten noch minnen! Der Dichter erörtert die Frage, ob ein unsittlicher Priester Messe halten dürfe. Die unsittlichen Priester können nie selig werden.

Heinrich unterscheidet sich von Hartmann durch die größere dichterische Kraft, aber auch durch seine Meinung von der Welt. Während Hartmann die Geistlichen schont, eifert Heinrich rücksichtslos gegen ihre Untugenden. Den Laienstand beurteilt er ebenso schonungslos, immerhin nimmt er auf die adligen Damen Rücksicht. Man sieht, Heinrich war ein Weltkind, der in der ritterlichen Gesellschaft seine Jugend verbrachte und sich später ins Kloster zurückzog. Bei Hartmann fehlen solche Anzeichen.

In der ersten Hälfte des 12. Jahrhunderts verfasste ein alemannischer Dichter in Kärnten die *Hochzeit*, eine Gleichnisrede, die in mystischer Auslegung den heiligen Geist unter dem Bilde des Bräutigams, die menschliche Seele unter dem Bilde der Braut fasst. Die Einkleidung des Gedankens ist hübsch und anschaulich. Auf einem hohen, unzugänglichen Gebirge wohnte ein reicher, vornehmer Herr mit vielen Dienern, die ihm nicht alle richtig zu dienen wussten und daher in tiefe Abgründe verstoßen wurden. In einem schönen, lieblichen Tale wurde eine Magd aus edlem Geschlechte geboren, die demütigen Sinnes war. Der mächtige Herr vom Berge wollte um sie freien und sandte einen Boten aus, der die Werbung bei der Verwandtschaft des Mädchens anbrachte. Zum Zeichen der Verlobung steckte er der Magd im Namen des Herrn einen Ring an den Finger und setzte den Tag fest, an dem die Braut heimgeholt werden sollte. Am bestimmten Tag versammelte der Herr ein großes Gefolge in königlichem Aufzug und ließ dem Brautvater seine Ankunft melden. Die Magd wurde gebadet und in weiße Gewänder gehüllt, mit seidenen Borten, goldenen Spangen geschmückt. So trat sie leuchtend und hehr, wie der Morgenstern alle andern überglänzend, dem Bräutigam entgegen und reichte ihm ihre Hand. Das Gleichnis der Hochzeit ist anschaulich erzählt und kulturgeschichtlich wichtig. Die Auslegung, die im Brautwerber den Priester sieht, geht zu sehr ins Einzelne und unterbricht vorzeitig den Gang der Erzählung. Die Darstellung ist umständlich und ungewandt, auch im Reim ungeschickt. Dem Verfasser fehlt jede feinere poetische Schulung. Möglicherweise liegt das Gedicht auch nicht in ursprünglicher, sondern überarbeiteter Gestalt vor, wobei die Mängel mehr dem Bearbeiter als dem Dichter zur Last fielen. Vom selben Verfasser stammt ein lehrhaftes Gedicht *vom Rechte*, das dem Menschen drei Hauptpflichten: Gerechtigkeit, Treue, Wahrhaftigkeit einschärft. Dem übermütigen Reichen und Mächtigen, dem üppigen, kampflustigen Adel droht die göttliche Strafe. Der Dichter ist offenbar ein Geistlicher, der sich als Anwalt der Armen und Bedrückten fühlt und sie in Schutz nimmt, weil vor Gott für alle das gleiche Recht gelte.

Hier mögen noch einige Stücke lehrhaften Inhalts, aber von geringem poetischem Wert erwähnt werden. Um 1140 wurde von einem bayerischem Verfasser das Pater noster ausgelegt, wobei nach Hugo von St. Victor zwischen den sieben Bitten des Vaterunsers, den sieben Gaben des heiligen Geistes, den sieben Seligkeiten, den sieben alttestamentlichen Vorbildern geistreich verkünstelte Zusammenhänge hergestellt wurden. Ein anderes, etwas jüngeres Gedicht handelt von der Siebenzahl überhaupt, worin von den sieben Siegeln der Apokalypse ausgegangen und ein Zusammenhang mit allen möglichen Siebenzahlen der Bibel gesucht wird. Ein österreichischer Priester *Arnold* schreibt von der Siebenzahl zum Lobe des heiligen Geistes und bringt damit die sieben Lebensalter, die sieben Leiden, die sieben Weltalter und dergleichen zusammen. Für unser Empfinden ist diese Zahlenmystik äußerlich und unerquicklich, dem Mittelalter war sie tiefsymbolisch. Der niederrheinische Dichter *Werner* erkor sich eine andere heilige Zahl; er ging aus von den vier Rädern am Wagen des Aminadab, die auf Christi Geburt, Tod, Auferstehung und Himmelfahrt gedeutet werden. Vier Rosse zogen den Wagen. Salomo ist die Judenschaft, Aminadab Christus, der Wagen die Lehre der Evangelien, die vier Rosse die vier Evangelisten. Die vier Enden des Kreuzes werden gedeutet: eingewurzelt durch die Liebe, in die Breite, Länge, Höhe und Tiefe über die Welt sich ausbreitend. Vier Straßen leiten zum Himmelreich. In diesem Stile geht es fort, aber nicht ohne Anschaulichkeit trotz des abstrakten Themas. Daneben sind liturgische Stücke, Glaubensbekenntnisse und Beichten, Sündenklagen und Gebete in deutsche Reime gebracht worden, eine religiöse Erbauungsliteratur, die durch ihre poetische Form leichter eingehen sollte.

Aus dem Ende des 11. Jahrhunderts stammt ein oberdeutsches Gedicht, das eine gereimte Geographie enthält. Der Entdecker, Hoffmann von Fallersleben, gab den Bruchstücken die Bezeichnung »*Merigarto*« das vom Meer umgebene Land. Die erhaltenen Bruchstücke beschreiben das Meer und die Quellen des Landes, von denen wunderbares zu berichten ist. Gott schied Meer und Erde und ließ aus der Erde mancherlei Brunnen, springen, schiffbare Flüsse und Seen. Unter den verschiedenen Meeren ist das geronnene Meer (das Lebermeer) bemerkenswert, in dem die Schiffe steckenbleiben. Gemeint ist das nördliche Eismeer, das den Verfasser zu Mitteilungen über Island verleitet, wie er sie einem Geistlichen namens Reginbrecht verdankt. Auf Island soll es genug Korn und Wein geben, aber Holz sei selten. Die Isländer entbehren der Sonne. Darum wird das Eis dort so hart, dass man Feuer darauf anmachen und mit dem glühend gewordenen Kristall Essen kochen und Zimmer heizen kann. Unser Verfasser erfuhr also höchst seltsame Dinge von der fernen Eisinsel, Dichtung und Wahrheit bunt gemischt. Das zweite Bruchstück handelt von italienischen Wunderquellen. Der Verfasser gibt an, er sei auf der Flucht vor dem Streit zweier Bischöfe nach Utrecht gekommen und habe dort seinen Gewährsmann Reginbrecht getroffen.

Wie im Merigarto die Erdkunde in Reime gebracht ist, so enthält der *Physiologus* eine gereimte Geschichte der Tiere, deren gute oder schlimme Eigenschaften sinnbildlich auf Christus oder den Teufel gedeutet werden.

Erzählende geistliche Literatur

Die *Bibel* wurde teils in Form kurzer Gedichte im Spielmannston zur Unterhaltung, teils in Gestalt längerer epischer Erzählungen im Predigerton zur Erbauung behandelt. Freilich besitzt auch der spielmännische Verfasser gelehrte geistliche Kenntnisse und der ernste geistliche Dichter verschmäht keineswegs, dem weltlichen Geschmack seiner Zuhörer Zugeständnisse zu machen. Drei Gedichte in fränkischer Mundart aus den ersten Jahrzehnten des 12. Jahrhunderts sind Beispiele der kurzen spielmännischen Behandlung der biblischen Geschichte. Das »*Lob Salomos*« entwirft ein Bild irdischer Königspracht. Salomo vollendete den von David begonnenen Tempelbau. Auf Grund der »Archäologie des Hieronymus« wird eine jüdische Sage eingeschaltet: ein Drache hatte alle Brunnen Jerusalems ausgetrunken. Salomo ließ eine Zisterne mit Wein füllen, machte dadurch den Wurm trunken und legte ihn in Banden. Um sich zu lösen, entdeckte der Drache dem König ein Geheimnis, im Libanon hause ein Tier, aus dessen Adern eine so scharfe Schnur bereitet werden könne, dass die härtesten Steine damit geschnitten werden möchten. So wurde der Tempelbau aufs prächtigste zu Ende geführt. Der Pracht des Tempels stand die des königlichen Hofhaltes nicht nach. Alle Geräte schimmerten von Gold und Edelsteinen, der König saß auf einem Stuhl aus Elfenbein, davor stand auf silbernem Gestell ein Tisch aus Zedernholz. Sechzig erwählte Ritter mit Schwertern dienten dem König bei Tag und Nacht. Die Königin von Saba besuchte den Hof Salomos, um sich von der Pracht zu überzeugen und den König glücklich zu preisen. Nun folgt noch die Auslegung: Salomo ist ein Abbild Gottes, die Königin bedeutet Gottes Braut, die Kirche, die Dienstleute Salomos sind die Bischöfe. Das Gedicht vermischt also höfischen Glanz mit einer märchenhaften, burlesken Drachensage und endet lehrhaft. Der Inhalt ist bunt gemischt.

Die Geschichte von *den drei Jünglingen im Feuerofen* folgt dem Buch Daniel nur in den äußersten Umrissen und schmückt den Bericht selbständig aus, dass er wie eine Märtyrergeschichte lautet. Der König Nabuchodonosor sagte dem wahren Gott ab und errichtete ein goldenes Götzenbild, dem die Leute mit festlichem Schall, mit Trompeten, Pfeifen, Zymbeln, Harfen und Trommeln dienten. Da kamen drei fromme Herren, die von Gott predigten. Der König ließ einen Ofen heizen und die Männer davor führen. Sie aber sprachen: »Deine Götzen sind Trug und Lug, wir glauben an Christus den Schöpfer aller Dinge im Himmel und auf Erden.« Der König befahl, die Männer in den glühenden Ofen zu werfen. Die Flamme schlug heraus und verbrannte eine Menge Heiden. Drinnen aber sangen die Männer: Gloria tibi, domine! laudamus te! Als die Heiden dieses Wunder sahen, lobten sie Gott den Herrn, der mit seiner Gewalt den Ofen kalt machte und mit seiner Hilfe die drei Gesellen erlöste!

Völlig schwankhaft und spielmännisch ist die Geschichte von *Judith.* Holofernes, der König und Herzog genannt wird, sammelt Heeresmacht und zieht vor die Stadt Bathania, die unter einem Burggrafen und dem Bischof Bebilin steht. Mehr als ein Jahr dauerte bereits die Belagerung der Stadt. Die Bürger litten große Hungersnot. Holofern, dem der Dichter den Reim anhängt: »die Burg hätt er gern« erkundigt sich, an wen die Bürger glaubten und erhält zur Antwort: an Christus! Die Bürger baten sich noch eine Frist von drei Tagen aus. Die edle Judith, der der Dichter den charakterisierenden Reim beifügt: »die zu Gott wohl betete«, schmückte sich und ihre Kammerfrau Ava. Dann begaben sich die Frauen ins Lager der Heiden. Holofernes ließ die Frauen aufheben und in sein Zelt tragen. Ein Festmahl ward angerichtet, Judith und Ava schenkten Wein. Auch der letzte Bankgenosse erhielt seinen Teil. Holofernes aber ward weinschwer zu Bett gebracht. Judith stahl seine Waffen, fiel nieder zum Gebet: »Hilf mir, Gott, dass ich deine Gläubigen von den Heiden errette!« Gott erbarmte sich ihrer und sandte einen Engel zum Trost hernieder; der gebot Judith, dem Holofernes das Haupt abzuschlagen und in einen Sack zu stecken und so das israelitische Volk zu befreien. Das Judithlied, das in der Handschrift mit den drei Männern im Feuerofen verbunden ist, zeichnet sich durch knappe Schilderung aus. Die Ereignisse folgen Schlag auf Schlag, der Verfasser macht sich von der Bibel frei und weiß durch wörtlich wiederholte Verse treffend zu charakterisieren.

Wenn die drei kurzen geistlichen Gedichte den Ton der rheinischen, kecken Spielmanndichtung anschlagen, so steht eine ernstere Gruppe erzählender Epik im Südosten. Waren die kurzen Lieder zum mündlichen Vortrag bestimmt, so scheinen die längeren Erzählungen mehr aufs Lesen berechnet. Um 1070 wurde die in einer Wiener und Milstäter Handschrift überlieferte *Genesis,* der sich eine Bearbeitung der *Exodus* anschließt, verfasst. Die Wiener Genesis zieht neben der Bibel das Gedicht des Alcimus Avitus (seit 490 Bischof von Vienne), der in fünf Büchern die Erschaffung der Welt, den Sündenfall, das Strafurteil Gottes, die Sintflut, den Zug durchs Rote Meer behandelte, und den Kommentar des Hrabanus Maurus heran. Die Ansicht, dass mehrere Dichter, sechs oder sieben, zusammengewirkt hätten, ist nicht stichhaltig. Wohl finden sich in den verschiedenen Teilen Ungleichheiten, die sich aber hauptsächlich aus den Quellen und deren Verwertung erklären. Solange des Avitus lateinische Behandlung des Stoffes vorlag, ist die deutsche Dichtung entschieden besser als später, wo sie dieser Vorlage entbehrte. Der Verfasser erzählt mit volkstümlichen Anklängen. Bei der Erschaffung des Menschen ergeht er sich in einer Erörterung über die Benennung und Bestimmung der fünf Finger: am vierten Finger glänzen die zieren Ringlein, mit denen der Mann sich sein Weib verlobt. Auch pflegt der König dem Pfaffen, den er zum Bischof machen will, an diesen Finger den Ring zu stecken. Der kleine Finger taugt zu nichts anderem, als daß man damit im Ohre grübelt, um besser hören zu können. Ritterlich klingt es, wenn Joseph mit seinen Verwandten zu Hofe geht, wo sie der König, erfreut über solche Helden, freundlich empfängt. Joseph ist schon als Knabe ein kühner Held. Esau kommt mit stattlichen Helden. Das Gastmahl im Abrahamteil, die Bewirtung der Boten im Isaak ist in volkstümlichem Ton beschrieben. Die Exodus stammt wahrscheinlich vom selben Dichter wie die Genesis. Neigungen zu weltlichen Vergleichen sind hier wie dort zu erkennen. Nur unterscheidet sich die Exodus von der Genesis durch die Beschränkung auf die Bibel ohne Benutzung von Kommentaren. Der Dichter beginnt mit der Geburt und Erziehung des Moses, berichtet seine Flucht und Rückkehr nach Ägypten, den Auszug der Juden und den Untergang Pharaos im Roten Meer. Die Fliegen, die das ägyptische Volk plagen, sind Gottes Ritter, die Heuschrecken tüchtige Helden. Die Frösche werden mit einem Kriegsheer verglichen. Die von Pharao bedrängten Juden gewinnen das Ansehen deutscher Ritter. Der Verfasser klagt, dass adlige Herren Lehm kneten mussten, dass die vornehmen Degen mit ihren weißen Händen Mergel und Ton bearbeiten sollten. Der Auszug der Juden und die Verfolgung durch Pharao wird wie ein ritterlicher Heereszug geschildert. Pharao bot alle seine Helden auf und erwählte die kühnsten zur Fahrt. Sechshundert Streitwägen wurden mit Kämpfern besetzt.

Herzoge und Grafen eilten herbei, um zu helfen. Unter breiten Fahnen rückten sie aus, dem Tode entgegen. Ihre Feldzeichen leuchteten in grünen und roten Farben, mit eisernen Rüstungen waren die Scharen bewaffnet, goldbeschlagene Speere hatten sie, breite und dicke Schilde, stählerne Helme. Wie groß war ihr Übermut, als sie aufsaßen! Sie folgten den Spuren der Juden, allen voran Pharo. Aber als die schwarzen Mohren mit ihrem ganzen Heere inmitten des Meeres waren, da ließ Gott die Fluten zusammenstürzen, sodass sie mit ihren Streitwägen umkamen.

Der Wiener Genesis und Exodus schließt sich die *Vorauer Genesis und Exodus* insofern sicherlich an, als sie deren deutschen Text voraussetzt. Aber die spätere Bearbeitung geht eigene Wege. Die Wiener Fassung war vornehmlich Erzählung, die Vorauer ist mehr auf die Erklärung aus. Der Vorauer Verfasser ist ein Anhänger der mystischen Auslegung des Alten Testaments, die überall einen verborgenen Tiefsinn sucht, sodass die Erzählung eigentlich nur die Unterlage der Deutung ist. Wenn dem Wiener sich die feindlichen Kröten und Frösche als Ritter darstellten, so erklärt der Vorauer die Frösche als ein Sinnbild gottloser Spötter, die mit unnützem Geschwätz im Sumpfe quacken. Wenn der Auszug und die Verfolgung dem Wiener als ein mittelalterlicher Heereszug erschien, so bedeutet dieser Vorgang dem Vorauer die WeltXucht! Pharao ist der Teufel, er bedrängt uns; wenn wir der Welt entsagen, so ziehen wir aus Ägypten ins gelobte Land. In Ägypten aßen die Juden saure Zwiebel und gesottenes RindXeisch, denn die weltliche Wonne kann niemand nach seinem Willen haben!

»Dieses Buch dichtete die Mutter zweier Söhne, die ihr den Stoff dazu lieferten. Der eine starb, betet für seine Seele, und wünschet dem, der noch lebt, und der Mutter Ava die Gnade des Himmels.« So endet ein in der Vorauer Handschrift überliefertes Gedicht, das uns den Namen der ersten deutschen Dichterin, von der wir wissen, mitteilt. Ob *Frau Ava* die am 8. Februar 1127 verstorbene Klausnerin des österreichischen Klosters Göttweih ist, lässt sich nicht mit Gewissheit behaupten.

Ihre Söhne waren jedenfalls Geistliche, von denen das gelehrte Wissen, das in den Gedichten zum Vorschein kommt, herstammt. Frau Ava schrieb ein *Leben Jesu*, das mit den Gedichten »von den Gaben des heiligen Geistes«, »vom Antichrist«, »vom jüngsten Gericht« ein zusammenhängendes Ganzes bildet. Ihr Werk gehört also zu den Bearbeitungen der Evangelien in mhd. Sprache. Die Verfasserin ist mit den Kirchenschriftstellern, aber auch mit der deutschen Dichtung (Ezzolied, Vorauer Genesis und Exodus) wohlvertraut. Hauptquellen sind die Evangelien und die Apostelgeschichte, denen sich die Dichterin ziemlich genau anschließt. Die Erzählungskunst ist nicht groß, sie beschränkt sich auf einen kurzen Tatsachenbericht in Versen. Der Satzbau ist überaus einfach, die Empfindung naiv, wenn z. B. unter den Vorzeichen des jüngsten Tages darauf hingewiesen wird, dass auch Spangen und Armringe, das Geschmeide der Frauen, dabei zugrunde gehen sollen. Höheren Schwung nimmt die Darstellung bei der Kreuzigung Christi, wo die Verfasserin ihr weibliches Mitleid nicht zurückhält. Sie wendet sich in lebhafter Anrede an Maria und Maria Magdalena, denen sie gern unter dem Kreuze klagend beigestanden wäre: »Ach du guter Joseph, hätte ich damals gelebt, ich hätte dir beim Begräbnis Christi geholfen.« Auch dem Nicodemus möchte sie etwas liebes antun, weil er Christus vom Kreuze nahm und so schön begrub.

Die geistliche Dichtung greift auch über die Evangelien und das Neue Testament hinaus zu apokryphen Büchern und Legenden, die teilweise sehr schöne dichterische Eigenschaften besitzen. So der Priester *Wernher* in Augsburg 1172 mit den drei Ledern von der Jungfrau, die sich auf ein dem Matthäus zugeschriebenes Buch von der Kindheit der Maria gründen. Wernher hebt an mit einer Berufung auf die Quelle: der Evangelist Matthäus habe von Christus und der Jungfrau in hebräischer Sprache geschrieben, Hieronymus habe das Buch ins Lateinische übersetzt; was da von der ewigen Sonne, von der Lilje und Rose ohne Dornen berichtet sei, wolle er, Wernher, nun auf Deutsch erzählen, damit alle, Geistliche und Laien, Männer und Frauen davon hören und lesen könnten. Zwei Bischöfe, Chromacius und Heliodorus, hätten ihn gebeten, das Buch, das vorher schlief, zu wekken. Im ersten Lied wird von der Abstammung und Geburt der Jungfrau, im zweiten von ihrer Vermählung, im dritten von der Geburt Christi berichtet. Mit dem Gebet an die Jungfrau, sie möge uns aus diesem irdischen Jammertal ins Paradies, das Eva verlor, zurückführen, beginnt das erste Lied; mit einem Ausblick auf die Taten und Wunder Christi, auf Erlösung und Himmelfahrt schließt das letzte. Wenn eine Frau diese drei Lieder in der Hand halte, werde ihre schwere Stunde verkürzt werden! Wernhers Darstellung hält die Mitte zwischen der älteren biblischen Epik und der neuen höfischen Kunst. Wernher hat die Vorlage nicht nur mit allerlei Einzelzügen, die Anschaulichkeit bezwecken, ausgeschmückt, sondern stellenweise auch verändert, wo sein Geschmack Anstoß nahm. Besonders schön und reich sind die Bilder und Gleichnisse, die der deutsche Dichter einflicht. So schildert er Annas Glück nach der frohen Botschaft des Engels: Ihr war wie einem Menschen, der, in schwerem Traum befangen, schlafend unter einem Baum liegt und sich von verfolgenden Feinden bedrängt wähnt; plötzlich erwacht er und alle Not ist geschwunden. Von Maria sagt er: Wie die Bienen den Honig aus dem Tau zu finden wissen, so kann Maria den Menschen, die ihr auf Erden dienen und vertrauen, im Jenseits die heiltriefende Honigscheibe entgegentragen. Maria steht vor dem Bischof wie die Blume, die auf der grünen Wiese ihren hellen Schein weithin ergießt. Und ritterlich klingt es: Wie die Ritter in allen Schlachten um die Fahne sich sammeln, so sollen wir uns zu dem Stern flüchten, der das christliche Heer über das Meer der Sorgen aus des Teufels Banden zu dem freudenreichen Lande bringt, wo Gott selbst die Sonne ist.

Aus dem zunehmenden Marienkult entstammen die verschiedenen deutschen *Marienlieder*, des 12. Jahrhunderts, die auf lateinischen Hymnen beruhen, durch schöne Bilder und Vergleiche und schwungvoll innige Verse sich auszeichnen. Die Erhabenheit der heiligen Jungfrau und das Geheimnis ihrer Mutterschaft wird durch Beiworte und Vergleiche versinnbildet, die zum Teil aus der mystischen Auslegung des Alten Testaments entsprungen sind, zum andern Teil in den Schriften der Kirchenväter wurzeln und von dort in die lateinische, endlich in die deutsche Hymnenliteratur übergingen. Da ist Maria der Stern des Meeres, dem der Schiffer folgt, das Licht der Christenheit, die Leuchte der Jungfrauen, Gottes Zelle, verschlossene Kapelle, Reis aus dem Stamm Jesse, Lammfell des Gideon, das vom Himmelstau benetzt ward, Moses brennender und doch unversehrter Busch, das Glas, das der Sonnenstrahl durchdringt, ohne es zu verletzen, Arons blühende Gerte, Edelstein aller Jungfrauen, Himmelskaiserin. In mystischer Weise wird Maria neben Christus als die Erlöserin der Menschen gestellt, wie Eva den Fall des alten Adam veranlasst hat. Ave Maria, in diesem Gruß sah der mittelalterliche Dichter eine sinnvolle Deutung: Ave war der Name Eva in Umkehrung! Wenn die Mutter Gottes in der älteren Dichtung einer einfachen, ernsten Nonne glich, so ward sie immer mehr erhöht und verherrlicht. Alle Anmut, Schönheit und Reinheit des Frauenideals ward auf Maria übertragen und zu göttlicher Hoheit verklärt. Das Geheimnis der Jungfräulichkeit und Mutterschaft umwob die Gestalt mit einem mystischen Schleier. Im 12. Jahrhundert kommt die Mariendichtung in Aufnahme, im 13. Jahrhundert steht sie in voller Blüte, sie ist der geistliche Minnedienst und, wie die Mystik überhaupt, der Minne verwandt. In die erste Hälfte des 12. Jahrhunderts fällt der Marienleich aus dem Kloster Arnstein an der Lahn, in freien Versen und sequenzartiger Strophenform. Maria ist Gottes Traute, Trost der Armen, Zuflucht des Sünders, Pforte des Himmels, Born des Paradieses, aus dem uns die Gnade zufloß, die uns Elenden das rechte Vaterland wieder eröffnete! »Stella maris bist du genannt nach dem Stern, der das müde Schiff zum Lande geleitet, wo es zur Ruhe gelangt. Leite uns zu Jesus, deinem lieben Sohn!« Am Schluss sind die Worte der Antiphona »Salve regina« verdeutscht: »o clemens, o pia, o dulcis virgo Maria« – »Milde, gnädige, süße Maria, alle Geschöpfe im Himmel und auf Erden sollen dein Lob singen.« Die Mariensequenzen aus St. Lambert und Muri um 1170 sind in Text und Melodie Nachbildungen der lateinischen Sequenz »ave praeclara maris stella.« Sehr schön ist das Melker Marienlied aus der ersten Hälfte des 12. Jahrhunderts, das in 14 sechszeiligen Strophen, deren jede mit sancta Maria schließt, die heilige Jungfrau in den herkömmlichen, wirkungsvoll zusammengestellten Bildern preist. Schön ist der den Kirchenschriftstellern entlehnte Gedanke, dass durch Christi Geburt Himmel und Erde sich vermählten. »Eva brachte uns in die Gewalt des Todes, du bist das andere Weib, das uns Leben brachte.« »Sancta Maria, du stehst über allen Engeln, denn du sühntest Evas Fall!«

In der mittelalterlichen Literatur spielt die *Heiligensage*, die Legende, eine große Rolle. Im 12. Jahrhundert kommen poetische Bearbeitungen lateinischer Legenden immer mehr in Aufnahme. Stofflich knüpfen diese Erzeugnisse entweder unmittelbar an die in den Evangelien genannten oder damit zusammenhängenden Personen an, z. B, an Pilatus, Veronika, Petrus und Paulus, oder sie behandeln das Leben und Leiden berühmter Märtyrer. Auch um geschichtliche Personen, die heilig gesprochen wurden, wie der Kölner Bischof Anno, oder denen etwas Besonderes angedichtet wurde, wie dem irischen Ritter Tundalus mit seiner Fahrt durch Hölle und Himmel, rankte sich die Heiligensage, die wunderbare und erbauliche Dinge, dem Geschmack der mittelalterlichen Hörer gemäß, miteinander vermischte. Aus der Menge solcher Legenden, die schon von der Kaiserchronik in größerer Anzahl vorausgesetzt werden, seien hier nur wenige Beispiele genannt. In der Kaiserchronik ist die *Crescentia* aufgenommen, die Geschichte der treuen Frau, die, wie Genovefa, unschuldig angeklagt und zuletzt gerechtfertigt wird. Crescentia ist die Gemahlin des römischen Kaisers Dietrich. Sein gleichnamiger Bruder sucht sie zur Minne zu überreden, während der Kaiser auf dem Feldzug ist. Crescentia widersteht den Anträgen ihres Schwagers, der sie aus Rache bei seinem Bruder verdächtigt und der Untreue anklagt. Crescentia wird gebunden in den Tiber geworfen und von einem Fischer gerettet. Der Kaiser und sein Bruder werden vom Aussatz befallen. Crescentia, vom Fischer bei einem Herzog untergebracht, erlebt Ähnliches wie zu Rom. Aus ihrer zweiten Wassersnot errettet sie Petrus, der ihr die Gabe der Heilung verleiht. So gelangt sie nach Rom und heilt ihren Gatten und Schwager vom Aussatz, worauf sie erkannt und in Gnaden aufgenommen wird. Crescentia wird Klausnerin, der Kaiser Mönch und sein Bruder übernimmt das Reich. Die Crescentia ist sehr hübsch erzählt und gehört zu den besten Stücken der Kaiserchronik.

Die *Visio sancti Pauli*, die durch Himmel und Hölle führt, wurde in mitteldeutscher Sprache am Ende des 12. Jahrhunderts behandelt. Die Fahrt ins Jenseits gewann um die Mitte des Jahrhunderts neue Bedeutung, indem sie als Gesicht des irischen Ritters *Tundalus* erzählt wurde. Während eines Gastmahls sank der Ritter im Jahr 1149 wie tot hin und lag drei Tage und Nächte ohne Leben. Als sich der Klerus bereits zu seinem Begräbnis versammelt hatte, erwachte er und berichtete von den Freuden der Seligen und den Qualen der Verdammten, die er während seines todähnlichen Schlafes geschaut hatte. Es sind einförmige Freuden und Qualen, die dem von einem Engel geleiteten Wanderer begegnen; der Weg führt an Mördern, Räubern, Meineidigen, Hoffärtigen, Ehebrechern, Üppigen und Gefräßigen vorüber bis zu Lucifer, und dann an den Lauen, den wenig Guten, Wohltätigen, Märtyrern, frommen Geistlichen vorbei bis zu den Aposteln und Propheten, unter denen irische Könige, Bischöfe und Kirchenmänner in Freuden dahinleben.

Die lateinische Fassung des Bruders *Markus*, eines irischen Mönchs, verbreitete sich schnell in geistlichen Kreisen und deutscher Dichtung. Um 1170 übertrug sie ein mittelfränkischer Geistlicher in Reime, etwas später ein bayerischer Priester *Albero* auf Bitten eines Bruders Konrad von Winneberg.

Eine zweite aus Irland stammende Sage ist die Fahrt des heiligen Brandan, die im 6. Jahrhundert stattgefunden haben soll. Es ist die Wunderreise zu den Inseln der Seligen, dem irdischen Paradies, in

Gestalt einer abenteuerlichen Seefahrt, wie sie die irische Sage liebte. Schon am Ende des 12. Jahrhunderts entstand eine deutsche Dichtung am Niederrhein, die uns aber nur in einer mitteldeutschen Umarbeitung des 14. Jahrhunderts erhalten blieb. Es ist begreiflich, dass solche Wunder dem mystischen Sinne des Mittelalters ebenso entsprachen wie der Sucht nach Abenteuern, weil sie genug Weltliches in geistlichem Gewand darboten.

Pilatus war dem Mittelalter eine wichtige Persönlichkeit, das geistliche Drama wies ihm eine bedeutende Rolle zu. Es gab eine besondere Legende von ihm, die ein hessischer Dichter um 1180 in deutschen Reimen nachbildete. In der Einleitung sagt der Dichter, man behaupte von der deutschen Sprache, sie sei ungelenk und schwierig zum Dichten; wenn man sie aber oft bearbeite, so werde sie schmeidig wie der Stahl, der auf dem Ambos unter dem Hammer biegsam werde. Der Verfasser weist damit auf die eben anbrechende Blütezeit der mhd. Dichtung hin, wo der alte Bann von der Muttersprache genommen wurde und sie gleichberechtigt und gleich geschickt der lateinischen und französischen Dichtung zur Seite trat. Die Geschichte von der Geburt des Pilatus ist eine willkürliche Übertragung von Geschichten über Karls des Großen Geburt. König Tyrus von Mainz erzeugte den Pilatus, als er in einem Waldhaus bei der schönen Müllerstochter Pyla schlief. Pylas Vater hieß Atus, aus den Namen der Mutter und ihres Vaters erhielt der Knabe den Namen Pilatus. Als er zum Hofe des Königs gebracht wurde, geriet er in Streit mit seinem Bruder, dem ehelichen Sohn des Tyrus. Auf der Jagd erschlug Pilatus seinen Bruder und wurde zur Sühne als Geisel nach Rom zu Julius Cäsar geschickt. Hier weilte auch Paynus, ein Königssohn aus Frankreich. Pilatus tötete ihn. Man riet dem Cäsar, Pilatus dafür mit dem Tode zu bestrafen. Aber er wagte es nicht, weil er die Deutschen mehr fürchtete als die Franzosen. Pilatus wurde daher nach Pontua gesandt, wo er das kriegerische Volk den Römern unterwarf. Endlich kam er nach Judäa zu König Herodes, der ihn gegen die widersetzlichen Juden gebrauchen konnte. Hier hört das deutsche Gedicht auf, die Vorlage brachte die Geschichte vom kranken Kaiser Vespasianus und vom Schweißtuch der Veronika mit Pilatus in Verbindung. Pilatus endete mit Selbstmord. Sein Leichnam ward in den Tiber geworfen, regte als Gespenst den Fluss auf und wurde endlich in den Schweizer See gebracht, wo er noch als Wettergeist haust.

Bischof *Anno von Köln*, der Entführer und Erzieher des jungen Königs Heinrich IV. ist der Held eines Gedichtes, in dem das Loblied auf den Toten, die Legende und die Geschichtsschreibung sich miteinander vermischen. Das nach dem Tode Annos (1077) verfasste Gedicht, dem Herder pindarischen Schwung nachrühmte, geht bis auf die Schöpfung der Welt zurück, eilt dann über die fünf Weltalter zu Christi Geburt und zur Ausbreitung des Christentums unter den Heiden und kommt so auf die Bekehrer der Franken, auf Köln und den heiligen Anno. Unter allen Städten Deutschlands ist Köln berühmt. Nun springt der Dichter auf Städtegründungen überhaupt, auf Ninive und Babylon, das ihn an Daniels Traum von den vier Weltreichen erinnert. Dabei werden die Kämpfe Cäsars mit den deutschen Hauptvölkern erwähnt, die Schlacht von Pharsalus, Cäsars Nachfolger Augustus, unter dem Köln und andere rheinische Städte gegründet wurden. Endlich kommt der Dichter wieder auf Anno, entwirft sein Charakterbild und gedenkt der an seinem Grab auf Siegburg bei Bonn geschehenen Wunder. Der bunte Inhalt stammt wohl aus zwei Quellen, einer Weltchronik und einer Lebensbeschreibung Annos. Den Anno betreffenden Inhalt entnahm das Lied einer 1105 geschriebenen lateinischen Vita. Wie der weltgeschichtliche Abschnitt, den hernach die Kaiserchronik aufnahm, zustande kam, ist nicht zu bestimmen; es ist fraglich, ob die Kompilation dem Verfasser oder einer Vorlage zuzuweisen ist. Der Dichter war vermutlich ein Insasse des Klosters Siegburg. In seinen 878 Versen bringt er erstaunlich viel unter, freilich nur vermittels einer sprunghaften, skizzenhaften Darstellung. Den Ruhm, den das Annolied in der Literaturgeschichte behauptet, verdankt es einigen wohl gelungenen Stellen. Die Eingangsstrophe wendet sich gegen die weltlichen Spielmannslieder: »Wir hörten oft singen von alten Dingen, wie schnelle Helden fochten, wie sie feste Burgen brachen, wie sich liebe Freundschaften schieden, wie reiche Könige vergingen.« Demgegenüber will der Dichter einen andern Sang anheben, offenbar in ähnlicher Absicht, wie einst Otfried mit seinem Evangelienbuch den Laiensang durch Besseres ersetzen wollte. Schön ist die geistliche Schilderung des Sündenfalls: »Sonne und Mond scheinen noch immer, die Sterne gehen ihren Lauf, das Feuer hat seinen Zug nach oben, Donner und Wind haben ihren Flug, die Wolken den Regen, die Wasser wenden ihren Fluß abwärts, die Lande bedecken sich mit Blumen, der Wald mit Laub, das Wild hat seinen Gang, schön ist der Vogelsang: nur die zwei besten Geschöpfe verkehrten sich in ihrer Torheit!« – Die Schlacht von Pharsalus wird auf deutsche Spielmannsweise geschildert: »Hei, wie die Waffen erklangen, die Rosse zusammensprangen, die Heerhörner tosten, Bäche Blutes flossen, die Erde dröhnte und die Hölle erzitterte, als die Gewaltigsten der Welt sich mit Schwertern maßen.« – »Wer möchte alle die Scharen zählen, die Cäsar entgegeneilten von Ostland, wie der Schnee auf den Alpen und der Hagel von den Wolken. Da geschah, wie das Buch berichtet, der härteste Volkskampf, der auf dieser Erde je gekämpft ward.« Das Annolied gedenkt des Krieges, der nach Annos Rücktritt ausbrach, wo dem vierten Heinrich das Reich verworren war, Mord, Raub und Brand Kirchen und Land zerstörte, wo das Reich gegen sein eigenes Eingeweide mit Waffen wütete, wo die Leichen unbegraben lagen, den bellenden, grauen Waldhunden zum Fraß. Kurz und treffend weiß der Dichter seinen Helden zu charakterisieren: »wie ein Löwe saß er vor den Fürsten, wie ein Lamm ging er unter den Bedürftigen.« Vor seinem Tod hat Anno eine Vision: Eines Nachts sah er, wie er in einen königlichen Saal kam, köstlich wie im Himmel, wo alles mit Gold behangen war, wo edle Steine überall leuchteten, wo Sang und mannigfaltige Wonne war. Da saßen manche Bischöfe, die wie Sterne glänzten. Nur ein Stuhl war noch ledig, der zu Annos Ehren gesetzt war.

Die Kenntnis des Annoliedes verdanken wir Opitz, der es 1689 nach einer verschollenen Handschrift abdruckte.

Die *Prosa* des frühmittelhochdeutschen Zeitraums ist ganz und gar geistlichen Inhalts und ohne höhere selbständige Bedeutung. Wie in der ahd. Zeit werden liturgische Stücke, Predigten; Glaubens- und Beichtformeln übersetzt. Aus dem Ende des 11. Jahrhunderts liegen Bruchstücke einer Evangelienübersetzung vor. Das geistliche Tierbuch, der Physiologus, wurde im 11. Jahrhundert von zwei Alemannen, im 12. Jahrhundert von einem Österreicher übersetzt. Am wichtigsten sind die Verdeutschungen des Hohen Liedes. *Williram*, der Abt des bayrischen Klosters Ebersberg, schrieb um 1065 eine rein deutsche Übersetzung und eine Erläuterung in einer lateinisch-deutschen Mischsprache, die mit der von Notker angewandten Sprachmischung Ähnlichkeit hat. Willirams Verdeutschung ist fließend und klar; dem deutschen Text ist die Auslegung eingeschaltet, die nach Haimo von Halberstadts Kommentar die Liebe des Salomo zur Sulamith auf Christus und die Kirche deutet. Willirams Werk war sehr beliebt, wie die zahlreichen Handschriften beweisen. Im 12. Jahrhundert erfuhr Willirams Hohes Lied eine alemannische Bearbeitung im Kloster St. Trudpert im Schwarzwald. Hier ist aber Form und Inhalt fortgebildet. Die Sprache ist durchweg deutsch geworden, schwungvoll und reich an poetischen Bildern und Gleichnissen, der Inhalt mystisch, indem das Verhältnis Salomos zu seiner Braut auf Gott und die menschliche Seele gedeutet wird und auf die Beziehung des heiligen Geistes zur Jungfrau Maria, wodurch sich Anschluss an die zeitgenössische Mariendichtung ergibt. An einer Stelle steht das herrliche, natürlich nicht selbständig erfundene, aber sehr schön wiedergegebene Gleichnis: »Unsere gnädige Frau war das Morgenrot, da die Sonne drin aufgeht. Das währte bis der wahre Tag erschien, der diese Welt mit seiner Lehre erleuchtete. Da es dem Abend des Tages nahte, da ward Gott gemartert, dass er zum Himmel fuhr, da ging die Sonne unter. Dennoch blieb eine Weile das Abendrot und der Mondschein; das war unsere gnädige Frau: die das Morgenrot war, die war auch das Abendrot, denn sie blieb nach der Auffahrt, tröstend die Traurigen, lehrte das Evangelium, richtend den heiligen Glauben. Darnach sie von dieser Welt schied, da erhob sich wieder die Nacht.«

Erzählende weltliche Literatur

Alexander der Große war ein Lieblingsheld des Mittelalters. Im 3. Jahrhundert n. Chr. entstand in Alexandria unter dem Namen des Kallisthenes eine sagenhafte Geschichte von Alexanders Kriegen. Im 4. Jahrhundert wurde eine lateinische Übersetzung, die unter dem Namen des Julius Valerius läuft, angefertigt, die im Laufe der Zeit stark verkürzt und auszugsweise Verbreitung fand. Aus dem griechischen Text ging im 10. Jahrhundert eine zweite lateinische Bearbeitung hervor, die historia de proeliis des Archipresbyter Leo. Diese beiden sagenhaften Berichte, zu denen noch Notizen aus Orosius, Curtius, der Bibel und einigen bisher nicht nachgewiesenen Quellen kamen, bilden, zusammen mit den Briefen Alexanders an Aristoteles über die Wunder Indiens und an den Brahmanenkönig Dindimus, sowie mit der Fahrt Alexanders zum Paradies, die Grundlagen für die französischen und lateinischen Dichtungen des Mittelalters. Zu Anfang des 12. Jahrhunderts schuf Alberich von Besançon ein strophisches Alexanderepos, von dem wir leider nur ein kurzes Bruchstück von 105 einleitenden Versen besitzen. Der Dichter beginnt mit dem Salomonischen »vanitas vanitatum«: alles ist eitel, niemand ersah je einen so herrlichen König wie Alexander, dessen Geschichte nun erzählt wird. Der Held sank im vollen Glanze seiner Laufbahn hin, wie alle Erdenmacht nichtig und eitel ist. Um 1130 verdeutschte ein *mittelfränkischer Priester Lamprecht* Alberichs Gedicht, offenbar in genauem Anschluss an die Vorlage: den 105 Versen Alberichs entsprechen 200 Lamprechts. Sein Werk liegt in zwei Fassungen vor: die Vorauer Handschrift, die dem Original näher steht, reicht nur bis zum Krieg mit Darius; der Bearbeiter hat seine Vorlage gegen das Ende stark verkürzt und bricht hastig ab. Die Straßburger Handschrift ist einige Jahrzehnte jünger und vollständig, sie verwendet neben Julius Valerius auch die historia de proeliis und fügt Alexanders Brief über die Wunder des Morgenlandes und die Fahrt zum Paradiese an. Es erhebt sich die Frage, ob der Straßburger Alexander aus eigenem Ermessen ergänzte oder ob Lamprechts Gedicht in der Vorauer Handschrift (1533 Verse gegenüber 7302 in der Straßburger) nur zum Teil vorliegt. Weiterhin fragt es sich, ob Alberich die Alexandersage ganz oder nur teilweise behandelte. In Erwägung des Umstandes, dass der Gedanke »vanitas vanitatum« von Alberich so entschieden am Anfang seines Buches betont wird, möchte man in der Fahrt zum Paradies die Ausführung dieses Gedankens erblicken, also der französischen Quelle denselben Umfang beimessen, den die Straßburger Fassung hat. Dazu kommt noch die Episode der Blumenmädchen, die in allen lateinischen Texten des Alexanderromans fehlt, aber in der späteren französischen Alexanderdichtung, wohl eben aus Alberichs Gedicht entnommen, begegnet. Wir legen darum den Straßburger Alexander zugrunde, als den Vertreter des vollständigen, der Vorlage genau nachgebildeten Originals und bemessen danach Lamprechts dichterische Eigenart.

Den Hauptinhalt bilden Alexanders Kriegsfahrten, der persische und indische Feldzug. Eine der ersten Taten Alexanders ist die Belagerung von Tyrus. Überaus anschaulich sind die Anstalten zum Bau von Sturmzeug, Belagerung und Erstürmung beschrieben. Im persischen Feldzug sind die Schlachtschilderungen berühmt. Alexander kämpft wie ein Bär, den die Hunde bestehen. Die Heere nahen sich wie brüllende Meere, die Geschosse fliegen beidenthalben dicht wie

Schnee. Heerhörner und Trommel ertönen. Bald ist das Feld mit Toten bedeckt. Sie schlugen und stachen, dass die Schäfte zerbrachen. Dann griffen die Recken zu den Schwertern. Alle Volksschlachten, Stürme und Streite, die bisher geschahen, lassen sich nicht dem vergleichen, wo Alexander dem Darius seine Zinsforderung vergalt. Der Sturm war grimmig und hart, mancher Helm ward schartig, manche Brünne durchstochen, dass das Blut herausfloß, mancher Schild zerhauen. Der Perserkönig sah mit Trauer auf dem Wahlplatz manchen guten Held im Blute liegen. Als die Kunde von der Niederlage nach Persien gelangte, da erhob sich großer Jammer. Mancher beklagte den verlorenen Genossen, der Vater den Sohn oder Eidam, die Schwester den Bruder, die Mutter den Sohn, die Freundin den Freund, die Frau den Mann. Die Jungen, die auf der Straße spielten, beweinten ihre Verwandten und Herren; die Kinder, die noch im Wagen lagen, weinten laut wie die Alten. Sonne und Mond verwandelten ihren Schein und wollten den Mord, der da geschehen war, nicht sehen. Darius kam auf der Flucht in seinen Saal und bejammerte den Glückswechsel. Bei einer andern Gelegenheit vergleicht Lamprecht die Schlacht mit der auf dem Wülpenwerd, wo Hagen, Hildes Vater, vor Wates Streichen erlag; er zieht also ein Beispiel der Heldensage an. Sehr kurz und doch lebendig ist geschildert, wie Alexander im Zweikampf den indischen König Porus erschlug: sie zückten die Schwerter, sie sprangen zusammen, die Schwerter erklangen in der Fürsten Händen, als die Wigande wie die wilden Schweine aufeinander hieben. Der Stahlschall war groß, das Feuer blitzte überall, als sie den Schildrand zerhieben. Und daran schließt sich wiederum der Volkskampf, wo die grünen Wiesen rot wurden, die Furche mit Blut sich füllte und die Heide mit Leichen gedüngt war. Lamprecht verwendet zuerst in größerem Umfang jene Schlachtschilderungen, die hernach im deutschen Spielmannsgedicht typisch werden. Nach den Kriegsfahrten tun sich die Wunder des Morgenlandes auf. Alexander beschreibt sie in dem Briefe an seine Mutter und Aristoteles. Da findet sich die Geschichte von den Blumenmädchen. Alexander kommt mit seinem Heer zu einem herrlichen Wald, aus dem sie süßen, vielstimmigen Gesang hören, dem sich nichts vergleichen lässt. Im Schatten hoher Bäume, den die Sonne nicht durchdringen kann, wuchern Blumen und Kräuter; klare Quellen rinnen aus dem Walde hervor auf eine Aue, die sich davor hinzieht. Hier lassen die Helden ihre Rosse stehen und gehen in den

Wald, dem wonnigen Sang nach, bis sich ihnen das Wunder offenbart. Mehr denn hunderttausend schöner Mägdlein finden sie auf dem grünen Klee spielend, springend und singend. Hier vergessen sie all ihr Herzeleid, alle Mühsal und alles bisher erduldete Ungemach. Um die Mädchen aber ist es so getan: wenn der Sommer angeht, wenn es zu grünen beginnt und die edeln Blumen im Walde aufgehen, da erscheinen wundergroße Knospen; und wenn diese sich aufschließen, erblühen aus ihnen die schönen Mädchen im Alter von zwölf Jahren; schöner als sie war nie eine andere Blume, weiß und rot glänzen sie fernhin, sie lachen und singen in den Gesang der Vögel. Auch ihr Gewand ist ganz wie Blumenblätter. Stets aber müssen sie im Schatten sein; denn welche von der Sonne beschienen wird, die kann nicht am Leben bleiben. In diesem Walde schlagen die Helden ihre Gezelte auf und verbringen hier den Sommer in Wonne. Als aber die Bäume ihr Laub lassen, die Quellen ihr Fließen und die Vögel ihr Singen, da verderben die Blumen und die schönen Frauen sterben hin. Traurig ziehen die Helden von dannen. Am Schlusse des Briefes schildert Alexander, wie er ins Reich der Königin Candacis kam, deren Feenpalast, Wundergärten und blendende Kunstwerke ihn empfingen. Sie führte ihn zu ihren Göttern in eine Grotte; hier erhält Alexander die Weissagung, er werden in Alexandria begraben werden, also nicht in der Fremde sterben.

Im letzten Teil hören wir von der Fahrt zum Paradies. Alexander will das Paradies erobern und von den Engeln Zins nehmen. Durch allerlei Schrecknisse gelangt das Heer zum Euphrat, der aus dem Paradiese strömt. Der Weg den Fluss hinauf führt zu einer hohen Mauer. Trotzig fordert Alexander von denen jenseits der Mauer die Übergabe, sie achten seiner nicht. Ein alter Mann reicht endlich den Harrenden einen kleinen Stein heraus, der den König zur Mäßigung mahnen soll. Auf der Waage hält der kleine Stein aller Belastung durch Gold das Übergewicht. Als aber etwas Erde und eine Feder auf die andere Schale gelegt werden, da schnellt der Stein in die Höhe. Der Wunderstein ist ein Gleichnis: alle Schätze befriedigen den Welteroberer nicht; aber am Ende ist er wie jeder Sterbliche mit einem Häuflein Erde zufrieden. Da verwandelt Alexander seinen Übermut. Er kehrt heim, zwölf Jahre sind ihm noch vergönnt, dann stirbt er und behält von all seinem Weltbesitz nur sieben Schuh Erde, wie der ärmste Mensch.

Der ganze Stoff ist gut gegliedert: die Kriege, die Wunder Indiens mit dem Blumenidyll, die ernste Moral des Paradiesessteins, der den zu Beginn ausgesprochenen Gedanken »vanitas vanitatum« versinnlicht. Aber diese Anordnung ist schwerlich das Verdienst des deutschen Dichters, vielmehr seiner französischen Vorlage. Reiche bunte Bilderpracht breitet sich vor dem Leser aus, Lamprecht erzählt kurz und bündig, lebendig und anschaulich. Das deutsche Gedicht passte wohl in die Zeit der Kreuzzüge, indem es die Abenteuerlust erweckte und die Ferne in lockenden Farben pries. Der geistliche Gedanke zeigt sich nur in der Umrahmung, die Erzählung nimmt unbehindert ihren Fortgang und malt kriegerische und weltfreudige Bilder, die den ritterlichen Sinn wohl erfreuen mochten.

Eine Ergänzung zum Alexanderlied bildet das *Rolandslied des Pfaffen Konrad*, das ihm auf dem Fuße folgte. Konrad dichtete auf Geheiß des Herzogs Heinrich des Stolzen von Bayern, der das französische Werk von einer im Jahre 1131 nach Frankreich unternommenen Reise mitbrachte. Konrad verfuhr umständlich, indem er die französische Vorlage zunächst ins Lateinische übertrug und dann in deutsche Verse brachte. Wenn das Alexanderlied die Abenteuer der Fahrt ins Morgenland preist, so wendet sich Konrad an die Gotteskämpfer, die wie Karl der Große, als Gottes Dienstleute das Kreuz nahmen, ohne weltliche Hintergedanken.

Im Jahr 778 hatte Karl der Große auf einem Feldzug nach Spanien Pampeluna erobert und Saragossa belagert. Er kehrte nach Frankreich zurück, weil ein neuer Sachsenkrieg drohte. Im Pyrenäental Roncesvalles wurde die unter dem Grafen Roland stehende Nachhut seines Heeres von den Basken überfallen und aufgerieben. An diese geschichtliche Tatsache knüpft die Rolandsage an, die seit der zweiten Hälfte des 11. Jahrhunderts in epischen Bearbeitungen vorliegt. Konrads Quelle war die Chanson de Roland, die in der französischen Dichtung eine so hervorragende Stelle einnimmt wie bei uns das Nibelungenlied. Die Handlung spielt sich zwischen Franzosen und Mauren ab, die Basken sind ausgeschaltet. Karl ist von seinen zwölf Paladinen umgeben, die mit Roland den Heldentod sterben. Unter den Franzosen ist Genelun der Verräter, der die scheinbare Unterwerfung der Heiden und den Überfall der Nachhut nach Abzug Karls veranlasst. Dem Fall der Helden von Roncesvalles folgt die Rückkehr des Kaisers, die Racheschlacht gegen ein neues Heidenheer, die Bestrafung Geneluns. Das französische Gedicht geht in Strophen von unbeschränkter, durch die Assonanz gebundener Zeilenzahl. Der Stil ist reich an Wiederholungen und typischen Wendungen, kraftvoll und eindringlich, aber einfach und kunstlos. Dieselben Vorgänge werde mit denselben Worten geschildert. Der Verfasser tritt nirgends mit individuellen Zügen hervor. Der Leitgedanke der Chanson ist die begeisterte Liebe zum Vaterland, zur »dolce France«. Der Kaiser führt Krieg mit den Heiden; dadurch wird er zum Vorkämpfer des Christentums. Aber im Vordergrund steht doch immer der französische König, der französische Ritter, bereit mit dem Schwert einzutreten für die Ehre Frankreichs. Die Paladine sind gut charakterisiert, neben den jugendlichen Helden Roland und Olivier stehen die erfahrenen, wie Naimes von Bayern und der Bischof Turpin.

Konrad hielt sich an den Inhalt seiner Vorlage so genau als möglich. Aber schon die Verschiedenheit der Form, Reimpaare statt Strophen, bedingte eine freiere Darstellung. Die Verszahl ist etwa verdoppelt. Der deutsche Dichter dachte nicht daran, Karl und seine Paladine als deutsche Helden in Anspruch zu nehmen, wie überhaupt das Mittelalter keine deutsche Karlssage schuf, sondern von der französischen abhängig blieb. Aber er hat doch die Dichtung auf neue Grundlage gestellt, indem er den spanischen Feldzug zum heiligen Kreuzzug erhob. In einer neu hinzugedichteten Eingangsszene und in zahllosen kleineren Zusätzen, die sich über die ganze Dichtung hin erstrecken, prägt sich Konrads geistliche Auffassung deutlich aus. »König Karl, unser großer Kaiser war sieben volle Jahre in Spanien gewesen und hatte das ganze Land außer Saragossa, wo Marsilie herrschte, erobert« – so hebt die Chanson ohne alle Umschweife an, indem sie uns mitten in die Handlung hineinversetzt. Ganz anders Konrad, für den der Kaiser vor allem »Gottes Dienstmann« ist. Er beginnt mit einem Gebet, Gott selber möge ihm die Worte eingeben, dass er die Wahrheit verkünde von einem teuren Helden, der mit Gottes Hilfe die Heiden überwand und die Christen zu Ehren brachte. Als Karl, der Gottesdienstmann vernahm, wie große Abgötterei in Spanien herrschte, da flehte er zu Gott, er solle die Heidenschaft aus der nebelfinsteren Nacht, die ihre Seele beschattete, erlösen und der Macht des Teufels entziehen. Zur Nacht erschien dem Betenden ein Engel, der ihn nach Spanien wies. Am andern Morgen lud er die zwölf weisen und tugendhaften Pfleger seines Heeres, die ihren Leib um der Seele willen feiltrugen, die nichts mehr begehrten als das Himmelreich durch Märtyrertun zu erwerben, zur Versammlung und eröffnete ihnen seinen Entschluss, die Heidenschaft zu zerstören und die Christenheit zu mehren. Wer für Gott stirbt, der gewinnt im Chore der Märtyrer eine Krone, die wie der Morgenstern glänzt. Die Herren berieten sich mit ihren Mannen. Roland sprach: wer diese Fahrt Willig tut, dem lohnt Gott; wer Gut haben will, der empfängt reichen Sold. Nun wurde die Botschaft in die Lande gesandt; alle, die sie vernahmen, zeichneten sich mit Kreuzen. Der Kaiser sprach zum versammelten Heere mit begeisternden Worten, der Erzbischof Turpin redete in Davids Sprüchen. Dann brach das Heer auf und zog in Feindesland. Die Heiden hatten alles Land bis zur Garonne verwüstet und waren bei Spiel und Tanz sorglos und übermütig. Aber ein Heide zeigte den Christen eine Furt, nach deren Überschreitung sie die Burg Tortosa berannten. Roland blies sein Horn, dass die Heidengötter Mahmet und Apollo verzagten, die Steinhäuser wankten, die Erde erbebte und die Berge widerhallten. Die Burgbewohner setzten sich zur Wehr, wurden aber besiegt und, soweit sie sich ergaben, getauft. So hauste Karl in Spanien. Jetzt erst beginnt die Übersetzung der Chanson, wie die bedrängten Heiden den Kaiser durch scheinbare Unterwerfung zu täuschen versuchen. Die Ankunft der heidnischen Boten in Karls Lager schildert Konrad ausführlicher als seine Quelle. Mit Palmen in den Händen steigen die Gesandten vom Berg zu Tal, sie erblicken viele kühne Helden, geschart unter grünen, roten und weißen Fahnen, die Felder erglänzen, als ob sie golden wären. Sie gelangen zu einem zieren Baumgarten. Da kämpfen Löwen und Bären, da üben sich junge Ritter in Schießen und Springen und Schwertfechten; da hören sie Singen und Sagen und mancherlei Saitenspiel. Junge Ritter werden in der Gesetzeskunde unterwiesen, andere unterhalten sich mit Falkenbeize. Reich geschmückte Frauen in Seide und Gold weilen im Lager. Es ist eine Pracht, wie bei König Salomo. Der Kaiser sitzt beim Schachspiel, seine Augen leuchten wie der Morgenstern; man erkennt ihn schon von ferne und braucht gar nicht zu fragen, denn keiner war ihm gleich. Sein Antlitz blendet sie wie die Sonne am Mittag. Den Feinden war er schrecklich, den Armen liebreich, im Kriege siegreich, dem Verbrechen gnädig, Gott ergeben, ein gerechter Richter; er lehrte uns das Gesetz, wie es ihm ein Engel sagte. Er war ein edler Ritter, ein Ausbund aller Tugenden. Kein milderer

Herr ward je geboren. Während die Gesandten ihre Botschaft ausrichten, macht die Besatzung der Burg Corders, vor der Karl lagert, einen Ausfall, der mit ihrer Niederlage und der Eroberung der Burg durch Roland und Olivier endet. In der Beratung des Kaisers mit seinen Paladinen über die Botschaft der Heiden führt Konrad einen Bischof Johannes ein, der gern bereit ist, auszuziehen, um Gottes Wort zu predigen, wenn er auch dabei den Tod fände. Diese eindrucksvoll erweiterte und ausgeschmückte Einleitung rückt die ganze Erzählung in neues Licht. Die Niederlage von Roncesvalles wird einigermaßen gemildert, wenn ein Sieg der Christen am Anfang steht. Bei Konrad ist die Schar der christlichen Kämpfer von einem einzigen Gedanken beseelt, der gleichsam das Ideal des Kreuzritters verkörpert. Hinweise darauf kehren immer wieder, in vielen Ansprachen, die wie Kreuzpredigten klingen. Jedes Wort, das zu Kaiser Karls Preise gesagt wird, stempelt ihn zum Apostel und Propheten. Daher auch die Bibelzitate und Vergleiche, die Konrad gern anbringt. Roland ist Gotteskämpfer, der im vollen Waffenglanze frommen Brauch übt. Ehe er zum letzten Kampf ausreitet, spricht er noch einmal den Grundgedanken seines Lebens aus: die Märtyrer werden mit Blut gereinigt; wollte Gott, ich würde dieses Namens würdig! Darum sind die Streiter von Roncesvalles Blutzeugen des Glaubens. Sie gehen zum Kampf ohne Furcht und stark im Glauben. Mitten im Sturm tönt noch der Preis Gottes von ihren Lippen. Die Engel sind ihr Geleite und führen die Gefallenen ins Paradies; die himmlische Schar freut sich der todesmutigen Helden, Gott selbst empfängt den Bischof Turpin. Die Heiden dagegen sind des Teufels Diener, sie fahren zur Hölle. Eine sehr wirkungsvolle Umstellung nahm Konrad vor, indem er die Vorzeichen, deren die Chanson vor Rolands Fall gedenkt, unmittelbar an den Tod des Helden anschloss. Als Roland von der Welt schied, da kam ein Licht vom Himmel, Donner und Blitz und Erdbeben in Spanien und Frankreich. Stürme erhoben sich, die die mächtigsten Bäume fällten. Die Sonne verlor ihren Schein, der Tag ward finster wie die Nacht und die Sterne wurden sichtbar, Türme und Paläste stürzten ein, Schiffe gingen zu Grund, alle wähnten, der Jüngste Tag sei gekommen. So erinnern die Ereignisse beim Tod Rolands an Christi Tod und machen eine gewaltige, vom deutschen Dichter wohl berechnete Wirkung. Wie die Kaiserchronik vom Kreuzzug berichtet, dass einmal Himmelstau die lechzenden Heere erfrischt habe, so schickt der Herr auch im Rolandslied den Seinen erquickenden Tau, der sie in der Hitze des Kampfes kühlt. Das deutsche Rolandslied wird mit Recht als der Ausdruck der Stimmung und Gesinnung der deutschen Ritterschaft im Zeitalter der Kreuzzüge bezeichnet.

Neben den geistlichen Zutaten sind die Kampfschilderungen zu erwähnen, in denen Konrad dem Stil der deutschen Spielmannsdichtung sich anschließt. Da brennt das Feuer aus dem Stahl, die Schwerter geben herrlichen Klang, sie schneiden in die Helme der Gegner wie in weiches Blei; die Kämpfer schlagen auf Helme und Schilde wie der Schmied auf den Amboss. Die Recken waten knietief im Blut, die Wiesenblumen färben sich rot. Auch einige Bilder und Vergleiche, die der Chanson fehlen, verwendet Konrad. Ein Kämpfer reutet das Feld von Feinden, wie der Bauer Unkraut und alles, was Schatten gibt, niederschlägt. Das Heer schwindet vor seinen Streichen wie der Schnee vor der Sonne. Wo die Schwertschläge hintreffen, kann kein Arzt mehr helfen. Wie zur Hochzeit fahren die Christen zur Schlacht. So wirkt manches in Konrads Darstellung lebendiger als in der Chanson. Aber dieser Vorzug ist weniger dem individuellen Vermögen des deutschen Dichters eigen, als vielmehr dem Stil der deutschen Spielmannslieder.

Konrads Stil und Erzählung sind nicht nur von spielmännischer Kunst abhängig, sondern stehen auch unter dem Einfluss der ihm genau bekannten geistlichen Literatur. Wir finden Anklänge an Ezzolied, Lob Salomos, Summa Theologiae, Beziehungen zum Anno und Alexander. Es ist nicht zu verwundern, dass der vielbelesene Verfasser der *Kaiserchronik* mitten in der literarischen Strömung der Zeit drin steht. Die Untersuchungen Edwards Schroeders haben ergeben, dass die Kaiserchronik von einem Regensburger Geistlichen verfasst ist. Und da auch Konrad mit Heinrich dem Stolzen und Regensburg eng zusammenhängt, so ist kaum zu zweifeln, dass diese Chronik als das Werk des Rolanddichters angesprochen werden darf.

Bisher war die Reichs- und Lokalgeschichte in lateinischer Prosa behandelt worden, jetzt erscheint sie im Gewand deutscher Verse. Das mächtige Reimwerk von mehr als 17 000 Versen erzählt zuerst die Geschichte der römische Kaiser, unter die einiges aus der Geschichte der Könige eingemischt ist, von Augustus bis Constantius, hierauf die Geschichte der deutschen Kaiser, von Karl dem Großen bis auf Konrad III. Das Buch wurde gegen 1150 abgeschlossen. Der Inhalt ist überaus mannigfaltig, unterhaltend, belehrend, erbaulich. Legenden, Novellen, Sagen und Märchen werden unter den einzelnen Herrschern, über die nichts Historisches vorliegt, erzählt. Der Verfasser eifert gegen Lügenberichte und wendet sich bei Dietrich von Bern ausdrücklich gegen die Heldensage, weil sie Etzel und Dietrich als Zeitgenossen betrachte; aber selber nimmt er es mit der geschichtlichen Wahrheit sehr leicht und fabuliert lustig drauflos. Wie bunt alles durcheinander läuft, ist daraus ersichtlich, dass unter Cajus ein gewisser Jovinus als andrer Marcus Curtius sich zu Ross in einen Höllenschlund, der sich zu Rom aufgetan hat, hinabstürzt; dass unter Otho und Vitellius ein Odenatus die Rolle des Scävola spielt; dass Tarquinius nach Nero regiert und unter ihm die Geschichte der Lucretia sich zuträgt. Die Märtyrerlegenden fügen sich leicht unter die Kaiser, von denen Christenverfolgungen berichtet werden. Im Silvester findet sich Gelegenheit zu ausgiebigen theologischen Disputationen. Die Lucretia zeigt den aufkommenden Minnedienst. Ein Ritter sagt: »Um die Minne ist es so bestellt: nichts Lebendiges kann ihr widerstehen. Wer recht wird inne frommer Frauen Minne, ist er siech, wird er gesund, ist er alt, wird er jung. Die Frauen machen ihn höfisch und kühn.« Unter dem Kaiser Theodosius steht die Geschichte vom Jüngling Astrolabius, der sich durch einen Ring einer Venusstatue vermählt. Unter Kaiser Karl, der »auch andere Lieder (nämlich das Rolandslied) hat«, sollen Gesetze über die Tracht der Bauern erlassen worden sein. Bayerisches Lokalinteresse zeigt sich in der unter Kaiser Severus verlegten Geschichte vom Herzog Adelger: dem Bayernherzog werden vom Kaiser Kleid und Haar gestutzt, die Bayern ahmen es nach, um den Schimpf zur Mode zu machen. Dadurch soll die übliche bayerische Tracht erklärt werden. Lothar ist nach des Verfassers Meinung der trefflichste Kaiser. Karl der Große und Ludwig der Fromme werden berühmt, Heinrich IV., der Papstbekämpfer kommt am schlimmsten weg. Der Standpunkt des Dichters ist geistlich, aber auch ritterlich aristokratisch, also durchaus passend für einen Mann aus der Umgebung Heinrichs des Stolzen. Wie die Stoffe, so sind auch die Schildereien in diesem ungeheuren bunten Bilderbuch sehr verschieden, bald anschaulich und lebendig, bald trocken und farblos. Das Buch erfreute sich großer Beliebtheit, ein späterer Dichter brachte es in reine Reime und setzte die Geschichte bis 1250 fort, ein anderer bis 1281; schließlich erfolgte eine Prosaauflösung.

Schwierig ist die Quellenfrage. Konrad ist nur Sammler, Überarbeiter und Vollender, aber nicht Schöpfer des Werkes, dem vermutlich eine ältere deutsche Chronik zugrunde liegt. Für die Zeit von Cäsar auf Augustus wurde der weltgeschichtliche Teil des Annoliedes benutzt. Einzelne Legenden, z. B. die von Crescentia waren vorher selbständig vorhanden und wurden nur in den Zusammenhang aufgenommen. Dem Abschnitt von Nero bis auf Constantius liegt eine uns unbekannte, wahrscheinlich in Italien entstandene Sammlung römischer Kaisersagen zugrund. Für die deutsche Geschichte sind lateinische Quellen, Ekkehard von Aura und eine Würzburger Chronik herangezogen. Die Geschichte Lothars ist aus eigener Erinnerung und Vorstellung des Dichters geschöpft. Manches kam aus mündlicher Überlieferung, aus Spielmannsliedern.

Annolied und Kaiserchronik, Alexander- und Rolandslied gehören als eine literarische Gruppe zusammen, die für die Entwicklung der mhd. Dichtung von großer Wichtigkeit ist. Die Verfasser sind Geistliche, als solche stehen sie mit der älteren geistlichen lyrischen und epischen, d. h. legendarischen Poesie in Zusammenhang. Den Spielleuten sind sie eher feindlich gesinnt, aber die kennen ihre Lieder und ihre Darstellungskunst und ziehen daraus Gewinn, wie es Otfried gemacht hatte. Das französische Vorbild führt diese Dichter zum Epos. Wie die ahd. Zeit ein geistliches Epos auf lateinischer Grundlage geschaffen hatte, so entsteht jetzt ein neues Epos in Anlehnung an die Franzosen. Die Mischung geistlicher und weltlicher Bestandteile machte es den Vertretern der weltlichen Dichtung leicht, dem Vorbild der Geistlichen nachzuahmen. Bald tritt ein weltliches, spielmännisches Epos an Stelle des geistlichen. Die neue Kunstgattung bleibt in beständiger Fühlung mit Frankreich und führt folgerichtig zum höfisch-ritterlichen Epos. Man muss aber stets im Auge behalten, dass die Begründung des mhd. Epos auf diese Anfänge zurückreicht, dass hier eine neue Gattung geschaffen wurde. Die deutschen Spielleute hatten kein Epos, das nur aufgezeichnet zu werden brauchte, vielmehr musste die neue Gattung auf literarischem Weg geschaffen werden.

Zur selben literarischen Gruppe gehört das um 1150 von einem rheinischen Spielmann in Bayern verfasste Gedicht von *König Rother*. Die Thidrekssaga bietet eine ältere, kürzere Fassung, die vielleicht in den Grundzügen dem Lied entspricht, aus dem das umfangreiche Leseepos hervorging. König Rother ist wahrscheinlich der Langobardenkönig Rothari (614–650), dem die für die Spielleute typische Brautfahrt angedichtet wurde. Die langobardischen Sagen, von denen wir durch Paulus Warnefried im 8. Jahrhundert manches hören, waren sehr zahlreich und schön. Von Authari wird darin erzahlt, wie er um die bayerische Herzogstochter Theudelinde warb, indem er in der Rolle und Verkleidung seines eignen Abgesandten am Hofe ihres Vaters erschien. Das Motiv des verkleideten Werbers kehrt auch im Rother wieder. Zwei Grundmotive treten im mhd. Gedicht hervor: die Brautfahrt und das gegenseitige Treueverhältnis des Königs und seiner Mannen. Die Brautfahrtsage, die in der Gudrun, im Ortnit, im Oswald, im Orendel, in Salman und Morolf variiert wird, ist die Geschichte von der wunderschönen Königstochter im fernen Land, die der Vater jedem Freier abschlägt. Die Gesandten der werbenden Könige werden mit Hohn abgewiesen oder in den Kerker geworfen. Da entschließt sich der Freier selber zu der mit großen Gefahren verbundenen Reise und gewinnt die Braut mit List oder Gewalt. Im 12. Jahrhundert wird der Schauplatz in die durch die Kreuzzüge eröffneten Länder verlegt. Die Brautfahrt wird ein abenteuerlicher Zug nach Byzanz oder ins Morgenland. Der König Rother, der vermutlich ein kurzes Lied zur epischen Erzählung im Stile des Rolands- oder Alexanderlieds aufschwellte, enthält Einzelheiten, die an die Kreuzfahrt des bayerischen Herzogs Welf vom Jahre 1101 erinnern. Im Charakter des eitlen, tyrannischen, schwachen Königs Constantin sind Züge des byzantinischen Kaisers Alexius Comnenus (1081–1118) unverkennbar. Wie beim Pfaffen Konrad begegnen Anspielungen auf bayerische Adelsgeschlechter, die der Dichter in seinem Werk verewigen will. Die Geschichte ist derb und rasch erzählt, die Charakteristik der Handelnden ist wohlgelungen. Die Sprache ist durch besonderen Reichtum an epischen Formeln ausgezeichnet. Im Ganzen verdient der Rother Anerkennung, weil er die vorteilhaften Seiten der Spielmannskunst aufweist, ohne in Übertreibung zu verfallen. Sein Vorbild ist auf lange zu spüren. Der Inhalt des Gedichtes ist nach Uhlands Wiedergabe folgender:

Am Westmeere sitzt König *Rother* in der Stadt zu Bare (Bari in Apulien). Er sendet Boten, die um die Tochter des Königs Constantin zu Konstantinopel für ihn werben sollen. Als sie hinschiffen wollen, heißt er seine Harfe bringen. Drei Leiche schlägt er an; wo sie diese in der Not vernehmen, sollen sie seiner Hilfe sicher sein. Jahr und Tag ist um, die Boten sind nicht zurück. Constantin, jede Werbung verschmähend, hat sie in einen Kerker geworfen, wo sie nicht Sonne noch Mond sehen. Auf einem Steine sitzt Rother drei Tage und drei Nächte, ohne mit jemand zu sprechen, traurigen Herzens seiner Boten gedenkend.

Auf den Rat Berchters von Meran, des Vaters von sieben der Boten, beschließt er Heerfahrt, sie zu retten oder zu rächen. Das Heer sammelt sich; da sieht man auch den König Asprian, den kein Ross trägt, mit zwölf riesenhaften Mannen daherschreiten; der grimmigste unter ihnen, Widolt mit der Stange, wird wie ein Löwe an der Kette geführt und nur zum Kampfe losgelassen. Bei den Griechen angekommen, lässt Rother sich Dietrich nennen. Er lässt sich vor Constantin auf die Knie nieder: vom übermächtigen König Rother geächtet, suche er Schutz und biete dafür seinen Dienst an. Constantin fürchtet sich, die Bitte zu versagen. Durch Pracht und Übermut erregen die Fremdlinge Staunen und Furcht. Den zahmen Löwen, der von des Königs Tischen das Brot wegnimmt, wirft Asprian an des Saales Wand, dass er in Stücke fährt. Rother verschafft sich, nach Berchters Rat, durch reiche Spenden großen Anhang.

Da klagt die Königin, dass ihre Tochter dem versagt worden, der solche Männer vertrieben. Die Tochter selbst möchte den Mann sehen, von dem so viel gesprochen wird. Am Pfingstfeste, wo sie mit ihren Jungfrauen zu Hofe kommt, gelingt ihr dieses nicht vor dem Gedräng der Gaffer um die glänzenden Fremdlinge. Als es still in der Kammer, geht ihre Dienerin Herlind, ihn zu ihr zu bescheiden. Er stellt sich scheu, lässt aber seine Goldschmiede eilend zween silberne Schuhe gießen und zween von Golde. Von jedem Paar einen, beide für denselben Fuß, schickt er der Königstochter. Bald kehrt Herlind zurück, den rechten Schuh zu holen und den Helden nochmals zu laden. Jetzt geht er hin mit zween Rittern, setzt sich der Jungfrau zu Füßen und zieht ihr die Goldschuhe an. Währenddessen fragt er sie, welcher von ihren vielen Freiern ihr am besten gefalle. Sie will immer Jungfrau bleiben, wenn ihr nicht Rother werde. Da spricht er: »Deine Füße stehen in Rothers Schoß.« Erschrocken zieht sie den Fuß zurück, den sie in eines Königs Schoß gesetzt. Gleichwohl zweifelt sie noch. Sie zu überzeugen, beruft er sich auf die gefangenen Boten.

Darauf erbittet sie von ihrem Vater, als zum Heil ihrer Seele, die Gefangenen baden und kleiden zu dürfen. Des Lichtes ungewohnt, zerschunden und zerschwollen, entsteigen sie dem Kerker. Der graue

Berchter sieht, wie seine schönen Kinder zugerichtet sind: doch wagt er nicht, zu weinen. Als sie darauf an sicherem Orte, wohl gekleidet, am Tische sitzen, ihres Leides ein Teil vergessend, schleicht Rother mit der Harfe hinter den Umhang. Ein Leich erklingt. Welcher trinken wollte, der gießt es auf den Tisch; welcher Brot schnitt, dem entfällt das Messer. Vor Freuden sinnlos, sitzen sie und horchen, woher das Spiel komme. Laut erklingt der andere Leich; da springen ihrer zween über den Tisch, grüßen und küssen den mächtigen Harfner. Die Jungfrau sieht, dass es König Rother ist.

Fortan werden die Gefangenen besser gepflegt; sie werden ledig gelassen, als der falsche Dietrich sie verlangt, um Ymelot von Babylon zu bekämpfen, der mit großem Heere gegen Konstantinopel heranzieht. Nach gewonnener Schlacht wird Dietrich mit den Seinigen zur Stadt vorangesandt, um den Frauen den Sieg zu verkündigen. Er meldet aber, Constantin sei geschlagen und Ymelot komme, die Stadt zu zerstören. Die Frauen bitten ihn, sie zu retten, und er führt sie zu seinen Schiffen. Als die Königstöchter das Schiff bestiegen, stößt es ab; Rother entdeckt sich, und fährt, begleitet von den Segenswünschen der Königin, die ihren Lieblingswunsch erfüllt sieht, nun ihre Tochter des gewaltigsten Königs Frau geworden, in die Heimat.

Damit wäre die Geschichte eigentlich zu Ende. Aber dem Dichter genügt sie noch nicht; er spinnt sie weiter fort. König Constantin rächt sich durch einen Spielmann, der als Kaufmann verkleidet nach Bari fährt, die Königin mit seinem Kram zur Besichtigung auf sein Schiff lockt und sie wieder nach Konstantinopel zurückbringt. Rother sammelt ein Heer, die Riesen machen die Fahrt abermals mit, der treue Berchter und Lupolt begleiten den König. Auf zweiundzwanzig Kielen segeln sie nach Konstantinopel. Das Heer wird in einem Wald versteckt. In Pilgergewändern gehen Rother, Berchter und Lupolt zur Stadt. Unterwegs vernehmen sie die Neuigkeit, dass Constantin seine Tochter zur Ehe mit Basilistum, Ymelots Sohn gezwungen hat. Die Hochzeit wird eben gefeiert. Rother und seine Begleiter schleichen sich in den Saal. Er gibt sich durch ein goldenes Ringlein seiner Frau zu erkennen, wird aber gefangen genommen und zum Galgentod verurteilt. Rother bittet, dass die Strafe draußen bei einem Walde vollzogen werde. Ein Graf Arnold mit seinen Leuten kommt Rother zu Hilfe und löst seine Fesseln. Lupolt bläst in das Horn des Königs; das im Wald versteckte Heer eilt herbei und besiegt die Heidenkönige und ihre Mannen vollständig, nur Ymelot bleibt übrig, um die Niederlage daheim in Babylon zu verkünden. Constantin bereut sein Benehmen und gibt jetzt willig seine Tochter hin. Rother führt sie nach Bari heim. Rothers Sohn ist Pippin, der Vater Karls des Großen. So knüpft der Dichter unmittelbar ans Rolandslied an.

Ein Vergleich mit dem Bericht der Thidrekssaga lässt die wichtigsten Zusätze und Änderungen des Spielmanns deutlich erkennen: seiner Vorlage fehlte die Fortsetzung, die zweimalige Entführung, die in Anlehnung an die Geschichte von Salomo und Morolf erdichtet ist; die bayerischen und byzantinischen Beziehungen ergeben sich gleichfalls als Zutaten des Spielmanns.

Endlich ist die Gestalt des treuen Berchter von Meran (d. i. Dalmatien und Istrien) vermutlich aus gotischer Sage neu eingeführt worden. Die riesischen Helfer gehören aber schon der Vorlage an, die bereits manche epische Züge enthielt, von denen aus die Umbildung zum Roman nicht schwer fiel.

Der *Herzog Ernst* ist von einem rheinischen Spielmann nach dem Kreuzzug Heinrichs des Löwen 1172 und vor 1186 gedichtet. Graf Berthold von Andechs verlangte in einem Brief an den Abt Ruprecht von Tegernsee (gest. 1186) das deutsche Buch vom Herzog Ernst, das also damals bereits vorhanden gewesen sein muss. Das Gedicht fand namentlich in Bayern Verbreitung. Die Stilmittel des eigentlichen Spielmannsepos meidet der Verfasser, der sich offenbar an feinere höfische Kreise wendet. Der Herzog Ernst zerfällt in zwei Teile, einen geschichtlichen Abschnitt, der aus einem deutschen Spielmannslied (vgl. oben Seite 66) hervorging, und eine Reisebeschreibung, der vermutlich eine lateinische Quelle zugrunde lag. Die Vereinigung beider Teile zu gleichmäßiger Darstellung ist eben das Werk des Ernstdichters. Der Inhalt ist: Kaiser Otto vermählt sich in zweiter Ehe mit Adelheid, der Witwe des Herzogs von Bayern. Ihr Sohn erster Ehe, Herzog Ernst, steht anfangs bei seinem kaiserlichen Stiefvater in hoher Gunst. Darum neidet ihn Pfalzgraf Heinrich, Ottos Schwestersohn, und verleumdet ihn beim Kaiser, als ob er diesem nach Ehre und Leben trachte. Mit Zustimmung Ottos fällt Heinrich in Ernsts Land, Ostfranken, ein, wird aber von Ernst und seinem Freund Werner bei Nürnberg und Würzburg geschlagen. Von seiner Mutter erfährt Ernst, wer sein Feind ist. Er rüstet sich zur Gegenwehr, reitet mit dem Grafen Werner und einem andern Getreuen nach Speier, wo er den Pfalzgrafen Heinrich in Gegenwart des Kaisers erschlägt. Dafür wird er in Reichsacht getan. Ein Heer zieht nach Bayern und belagert Regensburg. Ernst rächt sich durch Einfälle ins Reichsgebiet. Nach fünf Kriegsjahren beschließt er, der Gewalt zu weichen und eine Kreuzfahrt zu tun.

Fünfzig der Seinen nehmen mit ihm das Kreuz. Ein großes Heer zieht durch Ungarn durch die Bulgarei nach Konstantinopel, wo sie sich einschiffen. Nun heben die wunderbarsten Abenteuer an. Ein Sturm versenkt den größten Teil der Schiffe, die übrigen werden zerstreut. Dasjenige, worauf Ernst und Werner sich befinden, wird nach dem Lande Grippia getrieben, wo sie ein Volk mit Kranichhälsen und Schnäbeln finden, dem sie eine aus Indien entführte Königstochter abkämpfen. Sie segeln weiter, erleiden Schiffbruch am Magnetberg, lassen sich ihrer sechse, so viel vor Krankheit und Hunger noch übrig sind, in Ochsenhäute genäht, von Greifen in ihr Nest durch die Lüfte hintragen, fahren auf einem Floß durch den Karfunkelberg, gelangen zu den Arimaspen, Leuten mit einem Auge, bekämpfen dort Riesen und Plattfüße, gehen nach Indien, besiegen hier für die Pygmäen die Kraniche, dann den König von Babylon und erreichen endlich, von diesem geleitet, ihr Ziel in Jerusalem, wo sie den Templern das Heilige Grab vereidigen helfen.

Nachdem Ernsts Ruhm in die Heimat gedrungen und der Zorn des Kaisers sich gelegt, begeben sich die Helden auf die Heimfahrt. Am Christabend kommen sie nach Bamberg, wo der Kaiser Weihnachten feiert. Ernst lässt die Seinen im Walde zurück und geht bei Nacht im Pilgergewand zur Stadt. Im Münster trifft er bei der Frühmesse seine Mutter. Nach der feierlichen Messe dringt er vor den Sitz des Kaisers und wirft sich ihm, Verzeihung erflehend, zu Füßen. Nach anfänglichen Zögern versöhnt sich Otto mit seinem Stiefsohn und bestätigt ihm und dem treuen Werner, der alle Mühsale mitgemacht hatte, aufs Neue Land und Ehren.

Drei Abschnitte heben sich in der Erzählung heraus: der Aufstand, die Reise, die Versöhnung. Die Reise verleiht dem Ernst eine ähnliche Bedeutung, wie die indische Fahrt der Alexanderdichtung. Eine lose Verbindung mit dem geschichtlichen Teil wird dadurch hergestellt, dass Ernst den »Waisen« den leuchtenden Edelstein der deutschen Kaiserkrone, der nicht seinesgleichen hat, seinem Stiefvater aus dem Karfunkelberg mitbringt. Im Übrigen sind die Abenteuer nichts als eine Wiedergabe einer Sindbadreise aus 1001 Nacht, die dem Dichter lateinisch zukam; er beruft sich zweimal auf ein lateinisches Buch das kaum die Ernstsage, vielmehr die Reise enthalten haben wird. Die Reise umrahmt der Dichter mit dem beabsichtigten, zum Schluss auch verwirklichten Besuch des Heiligen Grabes. Der vom Sturm verschlagene Jerusalemfahrer konnte leicht zum Sindbad werden. Der geschichtliche Teil geht auf alte Lieder zurück, auf die oben Seite 66 hingewiesen wurde. Über Ludolf und Ernst müssen Lieder vorhanden gewesen sein, die sich miteinander vermischten, weil der Inhalt ähnlich war. Beide Mal war vom Aufstand eines Kaisersohnes erzählt. Ludolf wurde von seinem Oheim, Heinrich von Bayern, dem Bruder Ottos, verfolgt; daraus erwuchs der Pfalzgraf Heinrich der Ernstdichtung. Die Namen Otto, Adelheid, Heinrich gehören der sächsischen Kaisergeschichte an, die Namen Ernst und Werner der salfränkischen. Im Laufe des 11. Jahrhunderts werden die Ernstlieder die Ludolfslieder aufgenommen haben, sodass aus der Verschmelzung zweier Sagen eine neue entstand. Die Versöhnung aber stammt aus der Geschichte Heinrichs, des Bruders Ottos. Zu Weihnachten 941 warf sich Heinrich im Dom zu Frankfurt seinem kaiserlichen Bruder zu Füßen, erflehte und erlangte Verzeihung für seinen Abfall. Ein Ludolfslied, ein Heinrichslied, ein Ernstlied stehen hinter der aus ihrer Verbindung und Verarbeitung hervorgegangenen Überlieferung, die in der zweiten Hälfte des 12. Jahrhunderts dem Verfasser des Ernstromans zukam, der nach dem Vorbild des Alexanderromans die Fahrt nach den Wundern des Morgenlandes einschob und damit einen ebenso reichen wie einfachen und übersichtlichen Inhalt gewann. Sein Werk erfreute sich außerordentlicher Beliebtheit, es wurde im 12. und 13. Jahrhundert in reine Reime umgedichtet, ging in die lateinische Poesie und Prosa, aus Letzterer ins deutsche Prosavolksbuch über, und wurde sogar in Frankreich zu einer Fortsetzung des Epos von Huon de Bordeaux benutzt.

Zu den rheinischen Spielmannsgedichten aus dem letzten Viertel des 12. Jahrhunderts gehören die beiden untereinander nahe verwandten Epen von *Oswald* und *Orendel*. Beide verknüpfen legendarische Bestandteile mit der Brautwerbung im Morgenland und den dabei vorfallenden Kämpfen zwischen Christen und Heiden. Beide sind nur in späten Bearbeitungen, Drucken und Prosaauflösungen erhalten, die aber auf eine alte Vorlage zurückweisen.

Oswald, König von England, will sich auf göttliches Geheiß vermählen. Seine Räte wissen ihm kein ebenbürtiges Weib vorzuschlagen. Da kommt der Pilger Warmund, dem 72 Länder kund sind, an den Hof und erzählt von der schönen Spange, des Heidenkönigs Aron Tochter, jenseits über Meer, die heimlich nach der Taufe Verlangen trage. Oswald will einen Boten senden, der Pilger aber wendet ein, dass Aron jedem Boten, der um seine Tochter werbe, das Haupt abschlage; denn er wolle sie selber einst ehelichen. Die Burg des Königs sei so fest, dass Oswald 30 Jahre zuvor liegen könne, ohne der Jungfrau jemals ansichtig zu werden. Aber er weiß andern Rat. Oswald habe am Hofe einen edlen Raben erzogen, den solle er zum Boten nehmen, der sei nützer als der weiseste Mann und das beste Heer; durch des Herren Gebot sei der Rabe menschlicher Rede mächtig. Der Rabe sitzt auf einem hohen Turm, nach Gottes Willen fliegt er auf den Tisch und sein erstes Wort, das er jemals sprach, ist ein Gruß an Warmund. Er ist bereit zur Botenfahrt für Oswald, der ihm sein Gefieder durch einen geschickten Goldschmied mit rotem Golde beschlagen und eine Krone aufs Haupt setzen lässt, dass man sehe, er sei eines Königs Bote. Dem Raben wird ein Brief mit des Königs Insiegel unters Gefieder gebunden, dazu ein goldenes Ringlein mit seidner Schnur. Mit Sankt Johannes Minne wird er entsandt und fliegt bis zum zehnten Tag ohne Trinken und Essen. Da entweicht ihm über dem Meere die Kraft, er setzt sich auf eine Klippe und fängt sich einen Fisch. Ein wildes Meerweib zieht ihn zum Meeresgrund hinunter. Sie zeigt die seltne Beute ihren Gespielinnen und will mit dem Raben kurzweilen. Der entgegnet, am Hofe seines Herrn kurzweile kein fremder Mann, bevor er gegessen und getrunken. Er wird nach Wunsch bewirtet und entflieht listig. Die Meerfrauen trauern über den Verlust. Am sechsten Tag schwebt der Rabe über der Burg Arons und spät nach der Jungfrau, die in einer Kammer vor Sonne und Wind verschlossen ist. Als der König Aron sich zum Essen setzt, meint der Rabe, jetzt werde er bei guter Laune sein, fliegt auf den Tisch und grüßt ihn; dabei blinzelt er zur schönen Jungfrau. Die Heiden sind erstaunt über den redenden Vogel, der erklärt, er habe eine Botschaft auszurichten, müsse aber dafür des Königs Frieden haben. So bringt er die Werbung für Oswald vor. Der Heide gerät in mächtigen Zorn und lässt den Raben greifen, Nur die Fürsprache der Jungfrau rettet den Vogel. Sie verlangt ihn zum Geschenk, trägt ihn in ihre Kammer und bewirtet ihn trefflich. Darauf spreitet er sein Gefieder auseinander und heißt sie Brief und Ringlein abnehmen, das Oswald ihr sende. Sie nimmt die Werbung freundlich auf und verfasst ein Antwortschreiben, worin sie Oswald mitteilt, wie er sich zur Fahrt auszurüsten habe. Auf dem Meer hat der Rabe wieder ein Abenteuer, er verliert den Verlobungsring der Königstochter. Auf das Gebet eines Einsiedlers schafft ein Fisch den verlorenen Ring wieder zur Stelle. Am sechsten Tage ist der Rabe wieder daheim, setzt sich auf den Turm und treibt ungefügen Schall. Erfreut springt Oswald auf, breitet seinen Zobelmantel aus und heißt den Raben sich darauf niederlassen. Der Rabe begehrt vor allem nach Essen und Trinken, sonst könne er nicht reden. Am nächsten Morgen kündet er dem König die erwünschte Botschaft. Oswald rüstet den Winter über ein Heer aus; am Georgstag schifft er sich ein; er führt einen Hirsch mit goldenem Geweih mit sich, den Raben vergisst er. Ein volles Jahr segeln sie, bis sie die herrliche Königsburg erblicken. Da erst wird der Rabe vermisst und sie halten sich verloren. Auf ihr Gebet schickt Gott einen Engel zum Raben, der sehr übler Laune ist. Besonders empört ihn die schlechte Verpflegung, die ihm seit Oswalds Abreise zuteil geworden sei. Mit den Hunden habe er sich um sein Futter streiten müssen. Endlich lässt er sich aber doch bewegen, der Flotte nachzufliegen. Am vierten Tag setzt er sich auf eine Segelstange und wird vom Heer mit lautem Jubel begrüßt. Er berichtet von England, klagt den nachlässigen Koch schwer an und wird erst wieder gnädig, als er das Versprechen erhält, immer an des Königs Tisch zu speisen. Er fliegt über die Burg hin und sieht die Jungfrau an der Zinne; sie nimmt ihn zu sich ins Zimmer und bespricht mit ihm den Plan zur listigen Entführung. Als Goldschmiede verkleidet schlagen Oswald und seine Recken ihren Kram vor Arons Burg auf, der ihnen die Erlaubnis zum Bleiben erteilt. Eines Tages lassen sie den Hirsch mit dem goldenen Geweih in den Burggraben. Aron und seinen Mannen jagen ihn und werden in den nahen Wald gelockt. Unterdessen benutzt die Jungfrau die Abwesenheit ihres Vaters zur Flucht. Auf ihr Gebet zur heiligen Jungfrau öffnet sich die verschlossene Pforte. Sie eilt zu Oswalds Zelt. Der Rabe meldet ihr Kommen. Rasch werden Schiffe bestiegen, die Ruder ergriffen und mit fröhlichem Gesang die Abfahrt angetreten. Aron macht sich natürlich sofort zur Verfolgung auf mit 72 Kielen und 72 000 Mann. Es kommt zur Schlacht, die einen sommerlangen Tag dauert. Unter allerlei Wundern wird das Heidenheer besiegt, getötet, wieder erweckt und in Masse getauft. In England feiert Oswald eine prächtige Hochzeit. Unter den Armen, die dabei gespeist und beschenkt werden, ist auch der Heiland selber, der den König um Weib und Reich bittet. Oswald hatte das Gelübte getan, keine Bitte, die in des Heilands Namen an ihn gerichtet werde, abzuschlagen. So gewährt er dem Bettler schweren Herzens auch diesen Wunsch. Da offenbart sich der Heiland und gibt dem König Weib und Krone zurück. Er verkündet, noch zwei Jahre seien ihm beschieden, da solle er der Sünde widerstehen und sich von irdischer Lust nicht bezwingen lassen. König und Königin führen ein keusches Leben. Wenn sie Minneglut anwandelt, springen sie zur Abkühlung in eine Kufe kalten Wassers. Als ihre Stunde naht, nehmen sie ein gottseliges Ende.

Oswald ist der König von Northumbrien (635–42), von dessen Leben Bäda in seiner englischen Kirchengeschichte erzählt. Er besiegte und tötete den heidnischen König Kedwalla und bekehrte sein Volk, er gründete Bistümer und Schulen und machte das Reich groß; gegen Arme und Pilger war er leutselig und freigebig. Oswald war bei der Taufe des Königs Kynegils zugegen und heiratete dessen Tochter Kyneburg. Oswald fiel im Kampfe gegen den König Penda. Am Ort seines Todes geschahen Wunder. Der Mönch Reginald berichtet in seiner 1165 verfassten Vita sancti Oswaldi regis noch andere wunderbare Ereignisse. Ein Rabe verschleppte den rechten Arm des toten Königs auf einen benachbarten dürren Baum, der alsbald reichen Blätterschmuck trieb, in Sturm und Winter unverändert blieb und heilende Kraft bekam. Als der Rabe den Arm nicht mehr halten konnte, ließ er ihn auf einen Stein fallen, aus dem sofort ein Quell entsprang. Die geschichtlichen und legendarischen Grundlagen seines Gedichtes fand der deutsche Spielmann also fertig vor. Er fügte die Brautfahrt ins Morgenland hinzu und setzte die kecke, lustige Rabenbotschaft an Stelle der sonst üblichen Freiwerber oder hilfreichen Zwerge, wie z. B. Alberich im Ortnit. Die Anregung für den Raben entnahm er Reginalds Legende, die Ausführung der Rabenrolle ist sein volles Eigentum. Die Vortragsweise ist schwerfällig, die Darstellungsmittel sind formelhaft. Dieselben Vorgänge werden mit den gleichen Worten geschildert, Versammlungen, Speisungen, Abschiede und dgl. beinahe wörtlich wiederholt, Botschaften beim Auftrag und Ausrichten doppelt vorgetragen. Die Gestalten sind wenig individualisiert, nicht einmal der Rabe, an dem eigentlich nur die Tiergestalt originell ist. Im Übrigen handelt und spricht er als der treue Diener seines Herrn, der sein Leben an die gefährliche Werbung setzt. Höfisch oder heldenhaft ist nichts, alles bleibt im Spielmannston befangen. Dem Rother steht der Oswald nahe, ohne ihn zu erreichen.

Der Eingang des *Orendel* berichtet die seltsamen Schicksale des grauen Rockes Christi. Maria hat ihn aus der Wolle eines schönen Lammes gesponnen, die heilige Helena gewirkt. Christus hat darin die heiligen vierzig Tage gefastet; nach seinem Tode verlangt ein alter Jude von Herodes den Rock zum Lohn 23-jährigen Dienstes. Der Jude wäscht den Rock im Brunnen und breitet ihn an die Sonne, aber des Heilands rosenfarbiges Blut bleibt darin. Da heißt Herodes den Rock aus dem Gesicht schaffen; er wird in einen steinernen Sarg verschlossen und 72 Meilen vom Strand in den Grund des Meeres geworfen. Eine Sirene bricht den Sarg auf und der Rock schwimmt ans Ufer. Hier liegt er volle acht Jahre, im neunten kommt ein armer Waller, der viel gewanderte Tragemund, in Cypern auf den Sand, um ein Schiff nach dem Heiligen Grabe zu suchen. Er findet den Rock und hebt ihn auf, als eine Gabe Gottes. Er will ihn tragen um der Seele des Mannes willen, der darin ertrunken. Er wäscht ihn im Meere, aber das rosenfarbene Blut bleibt ganz frisch. Der Waller errät, dass es Christi Rock sei, durch den des Speeres Stich gegangen; nicht ihm, noch irgendeinem Sünder zieme, den Rock zu tragen; er wirft ihn wieder ins Meer. Ein Fisch, der Wal genannt, verschlingt den Rock und trägt ihn weitere acht Jahre im Magen, bis er dem Helden des Gedichtes zuteil wird.

Orendel ist der Sohn des mächtigen Königs Eygel zu Trier. Als er zu Jahren gekommen, empfängt er das Schwert und weiht es Marien. Nun soll eine Braut für ihn gewählt werden. Alle benachbarten Königstöchter sind blutsverwandt; nur eine, fern überm Meer, weiß der Vater zu nennen; es ist Jungfrau Bride, der das Heilige Grab dient und viel Heidenschaft. Mit 72 Schriften begibt sich Orendel auf die Fahrt. Nach dreijähriger abenteuerlicher Irrfahrt, auf der sie im Lebermeer festgehalten worden waren, nähern sie sich dem Heiligen Land, als ein Sturm sich erhebt und die 72 Kiele versenkt. Orendel allein rettet sich ans Land. Nackt und bloß birgt er sich in einem Loche, das er in den Sand gegraben. Am vierten Morgen hört er das Meer rauschen. Der Fischer Ise, dem der Reim »her und wîse« zur Charakteristik folgt, nimmt ihn als Knecht an. Er hat eine Burg mit sieben Türmen, 800 Fischer sind ihm untertan. Seine Frau steht mit sechs Dienstweibern an der Zinne. Meister Ise fängt den Wal beim Fischzug und findet den grauen Rock. Orendel bittet darum, aber der Fischer will ihn nicht umsonst lassen. Noch hat er nichts, um seine Blöße zu dekken. Die Frau des Fischers kauft ihm zu Weihnachten dürftige Bekleidung und Schuhe. Orendel klagt Gott seine Not. Maria sendet ihm durch den Engel Gabriel dreißig Goldpfennige, womit er den Rock kaufen soll, den der Herr bei seiner Marter getragen; er werde darin besser bewahrt sein als in Stahlringen, kein Schwert könne ihn verwunden; er solle darin gegen die Heiden fechten. Orendel geht zum Markt, wo der graue Rock feilgeboten wird. Der Herr tut ein Wunder für Orendel. Wer den Rock angreift, dem zerreißt er unter den Fingern, als ob er faul wäre. Wie aber Orendel den Rock um die dreißig Pfennige ersteht, erscheint er nagelneu. In dem grauen Rock zieht Orendel zum Heiligen Grabe, wo er sich im Kampfspiel gegen die Heiden und Tempelritter auszeichnet und die Liebe der schönen Bride, der eine Gottestimme sein Kommen zum Voraus verkündet hat, gewinnt. Nun folgen Kriege mit der Heidenschaft, in denen Bride mitunter selber das Schwert führt. Sie setzt Orendel Davids Krone auf und vermählt sich mit ihm, aber nach dem Geheiß des Engels bleibt immer ein Schwert zwischen ihnen liegen. Orendel, der als der »graue Rock« zuerst geringschätzig, hernach bewundernd genannt wird, führt viele abenteuerliche Kriege mit den Heiden, Der Himmel leistet überall Hilfe. Als Orendel einmal auf einer Burg gefangen liegt, schreibt die Gottesmutter selbst einen Brief, den eine Taube zu seinem Heere trägt und, als eben der Priester die Messe singt, auf den Altar fallen lässt. Nachdem Orendel seinen Vater zu Trier von der Belagerung eines heidnischen Heeres entsetzt und die Heiden, die sich ihm unterworfen, getauft hat, befiehlt ihm der Engel, den grauen Rock zu Trier zu lassen, wo der Herr am Jüngsten Tag Gericht halten und alle seine Wunden zeigen werde. Orendel lässt drei Priester holen, verschließt den Rock in einen steinernen Sarg und empfiehlt ihm das Land von Trier. Dann kehrt er wieder nach Jerusalem zurück, um das Heilige Grab, das in die Hände der Heiden gefallen war, zu befreien. Mit Bride und Ise, den er zum Herzog ernannt hatte, lebt Orendel, bis die Engel ihre Seelen dahinführen.

Der Spielmann, der den Orendelroman erfand, vermischte die Legende vom ungenähten Rock Christi, der in der ersten Hälfte des 12. Jahrhunderts in Trier gefunden worden war, mit der Brautfahrt und Reiseabenteuern im Morgenland. Sarazenenkämpfe ums Heilige Grab wurden dazugefügt. So ergab sich ein sehr bunter Inhalt, der ziemlich roh und plump dargestellt ist. Maria und die Engel vertreten den hilfreichen Raben des Oswald oder den hilfreichen Zwerg des Ortnit. Die Verwendung dieser Engel ist aber äußerlich unpoetisch. Jede Schwierigkeit wird sofort durch ihr Eingreifen behoben, wobei sich ihre Hilfe in Geldverlegenheit besonders wunderlich ausnimmt. Bride ist merkwürdig handfest. Sie prügelt einmal eigenhändig einen Kämmerer, der ihr ein falsches Schwert gebracht. Den Zwerg Alban, der ihre Minne begehrt, ergreift sie bei den Haaren und tritt ihn mit den Füßen. Die Spielleute werden auch im Orendel mit bedeutungsvoller Wichtigkeit hervorgehoben. Orendel schenkt ihnen die kostbare Rüstung eines von ihm besiegten Riesen. Da laufen sie mit großer Freude herzu, tragen das Gut zum Wein und vertrinken es, Gott und Maria mögen es dem braven Spender vergelten. Bei der Fahrt zum Heiligen Grabe nimmt der Verfasser einen Anlauf ins Gebiet der Ernstsage, wendet sich aber bald wieder zu den ihm näher liegenden Kämpfen mit den Heiden. Dass der vom Heiligen Rock, der Fahrt zum Heiligen Grabe und der Brautfahrt losgelösten Orendelsage ein altgermanischer Mythus zugrunde liege, ist nicht wahrscheinlich. Die romantischen Motive bilden ja gerade den Hauptinhalt des Gedichtes. Ziehen wir sie ab, so bleibt nichts mehr übrig.

Der lustigste Spielmannsroman ist der von *Salomo und Morolf.* Die zugrunde liegende Sage wurzelt in jüdischer Überlieferung von Salomos Verhältnis zu seinem heidnischen Weib und zum Dämonenfürsten Aschmedai, der ihn für einige Zeit seines Zauberringes und damit seines Reiches und seiner Frauen beraubte. Aus der jüdischen Sage ging eine griechisch-byzantinische Wendung hervor, die durch lateinische Zwischenstufen dem Abendland vermittelt wurde. Eine verlorene lateinische oder deutsche Wendung, die auszugsweise als Anhang zu einer im 14. Jahrhundert veranstalteten mittelfränkischen Übersetzung des Spruchgedichtes von Salomon und Markolf erhalten ist, erzählt die Entführung der Frau Salomos durch einen heidnischen König und die Wiedergewinnung mit Morolfs Hilfe. Der Heide, der die Frau liebt, schickt ihr zwei zauberkundige Spielleute. Sie geben vor, Kranke heilen zu können, und stecken der Königin ein Kraut in den

Mund, das bewirkt, dass sie wie tot hinfällt. Der kluge Morolf denkt gleich an Zauberei und versucht der Scheintoten ein Lebenszeichen zu entlocken, indem er geschmolzenes Blei durch ihre Hand gießt. Die Königin bleibt aber unbeweglich. In der dritten Nacht entführen die Spielleute die Scheintote. Morolf muss ihren Aufenthalt auskundschaften. Als Krämer verkleidet, zieht er durch die Lande, bis er vor einer Burg Kunde von der Verlorenen erhält. Unter einer Linde schlägt er seinen Kram auf: alsbald kommen die kauflustigen Frauen aus der Burg, darunter die Königin. Morolf erkennt sie, als sie sich Handschuhe aussucht, an dem Loch, das er durch ihre Hand gebrannt. Er kehrt heim und meldet Salomo den Verbleib seiner Gattin. Auf seinen Rat verkleidet sich Salomo als Pilger und begibt sich auf die Burg des Heidenkönigs, während Morolf mit dem Heere sich im nahen Walde versteckt, um, wenn Salomo sein Horn bläst, ihm zu Hilfe zu kommen. Salomo geht in die Burg, wird von seiner Frau erkannt und dem Heiden überantwortet. Auf die Frage des Heiden, was sein Los sein würde, wenn er in Salomos Gewalt wäre, erwidert Salomo, er würde ihn einen Baum im Walde auswählen und daran aufhängen lassen. Das bestimmt der Heide als Salomos Strafe. Mit seinem ganzen Gefolge geleitet er den König zum Walde, damit dieser sich seinen Galgen suche. Salomo bittet, vor seinem Tod dreimal ins Horn blasen zu dürfen, was ihm der Heide trotz Einrede der Königin auch gestattet. Als Salomo dreimal geblasen hat, eilt Morolf mit dem Heere herbei; der Heide wird gehängt, sein Gefolge niedergemacht, nur die Königin wird mit zurück ins jüdische Land geführt, wo sie auf Morolfs Veranlassung durch einen Aderlass im Bade getötet wird.

Wir haben hier ein Spielmannsgedicht, das mit dem König Rother in engstem Zusammenhang steht. Da charakteristische Züge, z. B. das Hornblasen des Verurteilten, der älteren jüdischen Sage angehören, muss der Rother aus dem alten, kurzen Spielmannsgedicht von Salomo und Morolf, das um die Mitte des 12. Jahrhunderts anzusetzen ist, entlehnt haben. Mann kann sich das Verhältnis zwischen dem alten verlorenen Salomogedicht und dem jungen erhaltenen ähnlich denken, wie das zwischen dem älteren durch die Thidrekssaga bezeugten Rother und dem späteren ausführlichen, im mhd. Text vorliegenden Werk.

Um 1190 entstand auf Grund des kurzen Salomo ein langer Versroman in Strophen, der die Entführungsgeschichte zweimal berichtet und viele neue Einzelheiten hinzufügt. Die Darstellung ist keck, die Verskunst flott. Salomo ist König zu Jerusalem und Vogt über die ganze Christenheit. Morolf ist sein Bruder, Salme seine Frau. Diese wollte ein heidnischer König, Fore, der zu Wendelsee herrschte, auf den Rat seiner Helden zum Weib gewinnen. Mit großer Heeresmacht zieht er vor Jerusalem. Es kommt zur Schlacht, die mit der Niederlage der Heiden und Fores Gefangenschaft endet. Fore wird in Salmes Hut gegeben. Durch einen Zauberring gewinnt er ihre Liebe, dass sie ihn entkommen lässt. Nach einem halben Jahr erscheint ein heidnischer Spielmann, der die Salme auf dieselbe Weise, wie im alten Gedicht, entführt. Nun muss Morolf ausfahren, um die Verlorene zu suchen. Gleich hier tritt eine Unwahrscheinlichkeit hervor: nämlich, dass Salme überhaupt erst gesucht wird, während doch die Vermutung, dass sie von Fore entführt wurde, nahe liegt. Der Romandichter hat die Erzählung durch Zufügung neuer Züge aufgeschwellt, ohne zu bemerken, dass er sich dabei in Widersprüche verwickelte. Morolfs erste Kundschaft, die er in der Haut eines alten Juden antritt, gibt dem Dichter Gelegenheit, Morolfs Schlauheit in glänzendes Licht zu rücken, indem er ihn nicht nur dem drohenden Tod entgehen, sondern auch seinen heidnischen Verfolgern die lächerlichsten Possen spielen lässt. Nach seiner Rückkehr macht sich Salomo zur Fahrt nach Wendelsee auf. Alles geht wie im vorigen Gedicht. Nur wird noch ein romantischer Zusatz eingeschaltet, die Schwester Fores, die Salomo liebt und zu retten sucht. Darum wird sie auch verschont, getauft und als zweite Frau Salomos ausersehen.

Trotz Morolfs Warnungen kann sich Salomo nicht entschließen, sein treuloses Weib zu töten. Der Dichter braucht sie zu einer zweiten Entführungsgeschichte. König Princian von Akers verlangt nach Salme. Als Pilger kommt er nach Jerusalem und fesselt durch einen Ring, den er in Salmes Becher wirft, ihre Liebe an sich. Nach einiger Zeit entflieht Salme mit Princian, diesmal ohne die List des Scheintodes. Nun muss natürlich Morolf wieder herhalten. In den verschiedensten Verkleidungen, als Krüppel, Pilger, Spielmann, Metzger, Krämer foppt er diesmal Salme und ihren Entführer. Da Salomo keine Lust hat, in einem zweiten Feldzug sein Leben aufs Spiel zu setzen, übernimmt Morolf selber diese Aufgabe und bricht mit dreitausend Mann gegen Princian auf. Mit Hilfe eines Zwergs und einer Meerfrau überwindet er Princian, tötet ihn im Zweikampf und kehrt nach halbjähriger Abwesenheit nach Jerusalem zurück. Diesmal setzt er seinen Willen durch, Salme verblutet sich im Bade am Aderlass. Salomo aber nimmt Fores Schwester zum Weib.

Wenn im Nibelungenlied Volker, der Spielmann, als ernster und ritterlicher Genosse der Könige erscheint, so ist Morolf eine spielmännische Possenfigur, unentbehrlich und listenreich. Höhere Ideale kennt diese Dichtung nicht mehr, nichts von Mannentreue wie der Rother, nur unterhaltende Abenteuer. Wir begegnen derselben Manier, die zu Anfang des 12. Jahrhunderts in den Rheinlanden den biblischen Sagen und Legenden possenhaften Aufputz verliehen hatte. Was dort in kurzer Liedform geschah, vollzieht sich hier im breit ausgesponnenen Roman.

Die Anfänge der ritterlich-höfischen Lyrik.

Die *lyrische Dichtung* tritt zum ersten Mal in der frühmittelhochdeutschen Literatur hervor. Sie erwächst aus verschiedenartigen Voraussetzungen, aus mündlicher und literarischer, volkstümlicher und gelehrter, heimischer und fremder Überlieferung. Schon die germanische und althochdeutsche Zeit kannte eine von den Sängern und Spielleuten gepflegte Spruchdichtung, worin Rätsel, Sprichwörter, Spottlieder vorkamen. In der althochdeutschen Zeit war die Ballade, das Tanzlied erzählenden Inhalts, vorhanden. Eine Verfügung Karls des Großen von 789 verbietet den Nonnen das Schreiben und Versenden von »winileod«, ein Ausdruck, den die Glossen als »plebeios psalmos, seculares cantilenas, rusticos psalmos vel cantus« wiedergeben. Da »wini« Freund, Geliebter heißt, so sind Winilieder wahrscheinlich Liebeslieder, Reigenlieder, die ein Liebesabenteuer enthalten. Die lateinische Poesie der Ottonenzeit lässt einige Spuren solcher volkstümlichen Liederdichtung durchschimmern (vgl. das unten S. 68 erwähnte Bovolied). Im 12. Jahrhundert gelangten einige Verse zur Aufzeichnung, die zu dieser Gattung gehören. Eigentümlich für sie ist der einfache Versbau, Vierhebler kunstlos aneinander gereiht und kunstlos gereimt, und der vom Frauendienst noch unberührte, einfach naive Inhalt, der dem Mädchen die Aussprache der Gefühle unbedenklich in den Mund legt. Da ist eine Trutzstrophe erhalten, die wir uns von einer Mädchenschar gesungen denken dürfen: »Was hier umgeht, sind alles Mädchen, die wollen ohne Mann diesen Sommer gahn.« Die spröden Jungfrauen versagen sich den Burschen, die auf eine Maienbuhlschaft hoffen und mit dem schnippischen Liedchen abgefertigt werden. Ein anderes Mädchen singt den bekannten altdeutschen Liebesgruß, den ein Fräulein in einen lateinischen Brief an ihren geistlichen Freund aufnahm:

du bist mîn, ich bin dîn:
des solt du gewis sîn.
du bist beslozzen
in mînem herzen:
verlorn ist daz sluzzelîn:
du muost immer darinne sîn.

Eine andrer klagt über die Trennung vom Freund: »Mir dünkt nichts so gut und lobesam wie die lichte Rose und die Minne meines Mannes. Die kleinen Vöglein singen im Wald: das ist manchem Herzen lieb. Wenn mein trauter Gesell nicht kommt, so hab ich keine Sommerfreude!« Wieder eine andere ist von Trauer und Eifersucht erfüllt: die Linde ist entlaubt, der Freund hasst sie. Leider gibt es so viele falsche Weiber, die ihm den Verstand rauben und manchen unerfahrenen Jüngling betrügen. »Gott weiß, ich bin ihm treu zugetan. Weh meiner Jugend, die in Sorge zergeht!«

Eine Frau steht auf grüner Heide allein, des Freundes harrend. Da sieht sie Falken fliegen: »Wie glücklich bist du Falke, dass du frei fliegst und dir im Walde einen Baum erkiesest. So tat auch ich, indem ich mir einen Mann erwählte. Um den beneiden mich andere Frauen. O, dass sie mir mein Lieb doch ließen!« Kecke Wünsche des Mannes spricht ein Liedchen aus: »Wäre alle Welt vom Meer bis zum Rhein mein, der wollt ich entbehren, wenn dafür die Königin von England an meinen Armen läge.« Gemeint ist die Königin Alienor, die Gemahlin Heinrichs von der Normandie, der 1154–89 König von England war. Der Liebeswunsch des Sängers versteigt sich also kühnlich zu den Höhen der Gesellschaft. Der volkstümlichen Liederdichtung ist die Anschaulichkeit und Gegenständlichkeit eigen, sie ist episch und dramatisch und schwelgt weder in Gefühlen noch zergliedert sie die Empfindungen in verstandesmäßiger Art. Wir dürfen die so genannten Tagelieder in ihren Anfängen der volkstümlichen Gattung zurechnen. Der Abschied der Liebenden wird darin geschildert, wie sie nach der Liebesnacht bei Tagesgrauen voneinander müssen, um nicht entdeckt zu werden. Draußen auf der Wiese oder unter Baum und Busch haben sie geschlafen, Vogelsang und Tageslicht weckt sie aus den Träumen zur rauen Wirklichkeit. Die Frau klagt und sucht den Freund zurückzuhalten oder auch zur Eile zu treiben. Solche »Albas« (Morgenrotlieder) begegnen zuerst im Provenzalischen, aber scheinen auf volkstümlicher, nicht kunstmäßiger Grundlage entwickelt. Erst die Ausarbeitung der Szene nach dramatischer oder lyrisch stimmungsvoller Seite, die Einführung des Wächterliedes und des Gespräches mit dem Wächter gehört der Kunstdichtung. Unter den Liedern des Dietmar von Eist findet sich das älteste deutsche Tageliedchen in einfacher Form. Die Einkleidung der Szene ist ein Gespräch zwischen Frau und Mann. »Schläfst du, Freund?« man weckt uns leider bald: ein Vöglein singt im Gezweig der Linde.« »Ich war gar sanft entschlafen; nun rufst du Waffen! Lieb kann nicht sein ohne Leid. Was du verlangst leiste ich, Freundin!« Die Frau begann zu weinen: »Du reitest fort und lässt mich allein; wann kehrst du zurück? Weh, du nimmst all meine Freude mit dir fort!«

Man mag sich derlei Volkslieder von Fahrenden gedichtet und verbreitet denken. ritterlich-höfischer Einfluss fehlt zunächst. Dass diesen Volksliedern Naturschilderungen eigen waren, dass der Lenz mit freudigem Schall auch im Tanzlied begrüßt und über Herbst und Winter geklagt wurde, ist sehr wahrscheinlich. In diesem Punkt spiegelt die Kunstdichtung mit ihren stehenden Natureingängen nur die älteren Volkslieder.

Sehr schön sind die dem 12. Jahrhundert angehörigen *Segenssprüche*, die sich den heidnischen Merseburger Zaubersprüchen anschließen, aber natürlich mit Anrufung von Christus, Maria und den Heiligen christliche Färbung angenommen haben. Auch das Rätsellied ist vorhanden.

Besonders schön ist der Münchner *Ausfahrtsegen,* der ziemlich kriegerisch klingt. Der Aufstehende wünscht sich morgens, dass das heilige Himmelkind sein Schild sein möge. In seiner Gnade will er gehen, sich mit Gottes Wort gürten, dass ihm alles im Himmel hold sei, die Sonne, der Mond, der Tagesstern. Marias Gewand soll seine schirmende Brünne sein. Die Waffen der Feinde sollen stumpf und weich sein wie das Haar unserer lieben Frau. Aber das eigene Haupt sei stahlhart, dass kein Waffen darein schneide. Das eigene Schwert nimmt der Sprecher vom Segen aus: es soll schneiden und beißen, aber nur in seiner Hand, in keines andern Hand! Der Tobiassegen entnimmt sein Beispiel dem Propheten Tobias, wie er seinen Sohn aussandte. Was dort dem Sohne angewünscht wird, nimmt der Sprecher auch für sich in Anspruch. »Gott möge dich behüten über Feld und durch Wald vor aller Not, vor Hunger und Durst, vor bösem Gelüst, vor Hitze und Frost. Gott behüte dich vor dem Tode, ob du schlafest oder wachest im Wald oder unter Dach. Deine Feinde seien erniedrigt, dich sende Gott gesund herwieder. Gesegnet sei dein Weg über Straße und Steg, vorne und hinten. Um der heiligen fünf Wunden willen möge der Himmeldegen dir beistehen und deiner Fahrt pflegen. Fahre in Gottes Frieden, der heilige Geist bewahre dich. Dein Herz sei dir versteint, dein Leib beinhart, dein Haupt stahlhart. Der Himmel sei dein Schild: die Hölle sei dir versperrt, das Paradies offen. Alle Waffen seien vor dir verschlossen, dass sie dich nicht schneiden. Mond und Sonne sollen dir zur Wonne leuchten, alles Liebe möge dir geschehen. Die zwölf Apostel, der heilige Stephan, Johannes der Täufer, die vier Evangelisten mögen dich behüten; St. Gallus gebe dir Speise, St. Gertrud Herberge. Sei glücklich, Männer und Frauen seien dir hold. Dir werde guter Rat!«

Der *Milstätter Blutsegen* ist wie die Merseburger Sprüche gebaut, aber christlich: »als Christus von Johannes getauft wurde, da blieb das Wasser im Jordan still stehen: so bleibe auch du, rinnendes Blut, stehen, wie der Jordan tat, als der heilige Johannes den heiligen Christ taufte; bleibe stehen um Christi Minne willen!« Der *Wurmsegen* bezieht sich auf Hiob, dessen Wunden hernach Christus heilte: so mache es auch jetzt mit dem fressenden Wurm (d. h. mit dem Geschwür).

Das Lied vom Spielmann *Traugemund* (d. i. Dragoman, Dolmetscher, die Verkörperung des länder- und sprachenkundigen Fahrenden), dem 72 Länder bekannt sind, ist zwar nur in einer Handschrift des 14. Jahrhunderts erhalten, gehört aber in den Ausgang des 12. Jahrhunderts neben Morolf und Rother. Es ist ein hochpoetisches Rätsellied: der Traugemund weiß auf alle Fragen Bescheid: »Du hast gefragt einen Mann, der dir es wohl sagen kann. Mit dem Himmel war ich bedeckt, mit Rosen umsteckt, in eines stolzen Knappen Weise erjag ich mir Kleider und Speise.« Uhland deutet dies wunderhübsch: »Das Nachtlager ohne Obdach, hinter der Dornenhecke, wandelt er zum herrlichsten um.« Die Rätselfragen gehen nach Dingen, die auch in den andern Volksrätseln erfragt werden: Was ist schneller als das Reh, was ist weißer als der Schnee, was ist höher als der Berg, was ist finsterer als die Nacht? Antwort: Der Wind ist schneller als das Reh, die Sonne weißer als der Schnee, der Baum höher als der Berg, der Ruß schwärzer als die Nacht. Eine andere Rätselgruppe vereinigt tiefen Strom und hohe Minne, Wiesengrün und Heldenkühnheit: von Minnen sind die Frauen lieb, von Wunden der Ritter kühn. Das letzte Rätsel erinnert an den Eingang zu Wolframs Parzival: Was ist weiß wie Schnee und schwarz wie Kohle? Die Elster. »Und fragst du mich noch mehr, so sag ich dirs auf Ehre!«

Die lehrhafte *Spruchdichtung* der Spielleute ist aus einer kleinen Sammlung von Gedichten *Hergers* ersichtlich. Die Sprüche stammen aus der Zeit um 1173; bis dahin lassen sich die vom Verfasser genannten Personen urkundlich verfolgen. Der alte Spielmann hebt an mit einer Mahnung an seine Söhne, denen kein Korn und Wein wächst, denen er kein Lehen und Eigen hinterlassen kann; Gott sei ihnen gnädig und gebe Glück und Heil; dem klugen wird es gelingen wie dem weisen Fruot von Dänemark! Der Vater wünscht also seinen Dänen anstatt eines reichen Erbteils Weltklugheit, die ihnen zum Glück verhelfen wird. In einer Gruppe von Sprüchen gedenkt er seiner Gönner, Herrn Walthers von Hausen und Herrn Heinrichs von Gibichenstein und des von Staufen, die mild waren wie der um seiner Freigebigkeit willen sprichwörtliche Fruot von Dänemark. Aber den Preis trägt Wernhart von Steinberg (Gräfensteinberg bei Gunzenhausen im bayerischen Franken) davon: Hei wie der gab und lieh; er wollte keinen Gewinn haben von dem, was er einem Biedermann versagte! Der gute Wernhart war ein Rüdeger an Freigebigkeit. Und Steinberg hat die gute Eigenschaft, dass es nur einem gleich Ehrenhaften als Erbe zufallen kann. Der werte Öttingerspross wird ihm seinen Ruf nicht verderben! So wird der Erbe auf das nachahmenswerte Vorbild seines Vorgängers hingewiesen.

Eine zweite Gruppe von Sprüchen handelt vom Wert des eigenen Hauses. Herger ist vom Alter bedrückt und jammert darüber, dass er kein Heim habe, wohin er seine Zuflucht nehmen könne. Wenn der Reiche sichs behaglich macht, so muss der Bedürftige durchs Land reiten. Weil er in der Jugend versäumte, ein Haus zu bauen, muss er im Alter Not leidem. Der Gast muss bei jedem Wetter früh auf sein;

der Wirt hat trocknen Fuß, wenn der Gast die Herberge räumen muss. Wer im Alter Wirt sein will, darf in der Jugend nicht säumen. Mit Bezug auf die Fabel vom Igel, der sein eigen Haus der schönen, aber gefährlichen Wohnung des Fuchses vorzog, preist der Dichter das eigene Gemach; denn die großen Herrn sind arg geworden.

Gern zieht Herger Fabeln an, um an ihnen seine Lehre zu erweisen. Da spricht er vom Wolf, den ein Tor den Schafen zum Hirten setzte; vom Wolf, der sich ins Kloster aufnehmen ließ, der mit einem Menschen Schach spielte, aber nicht von seiner Raubtierart lassen konnte, sobald eine Beute in Gestalt eines Schafes oder Widders sich zeigte. Zwei Hunde stritten sich um einen Knochen, der stärkere trug ihn davon, der schwache musste knurrend zusehen, wie der andere den guten Bissen benagte. Den Mann, der von seinem Eheweib zur Buhlerin geht, vergleicht Herger dem Schwein, das den trüben Pfuhl dem lauteren Quell vorzieht.

Eine letzte Gruppe beschäftigt sich mit der Religion. Christus ist gewaltig und stark, alle loben ihn, nur nicht der Teufel, dem darum die Hölle zuteil ward. In der Hölle ist Unrat, da scheint weder Sonne noch Mond, noch Stern. Im Himmel aber steht ein Haus von Marmor, wohin ein goldener Weg führt; dorthin kommen nur die Reinen. Wer gern zur Kirche geht und ohne Hass der Predigt zuhört, dem wird zuletzt die Gemeinschaft der Engel gegeben. Leider hat der Dichter lange dem Teufel gedient; möge der Heilige Geist ihn von dessen Banden erlösen! Christus ließ sich martern und begraben und erlöste damit die Christenheit von der heißen Hölle. Am Ostertag erstand er aus dem Grabe; in die Hölle fiel ein Licht.

Wurze des waldes
und grieze des goldes
und elliu apgründe
diu sint dir, herre, künde:
diu stênt in dîner hende.
allez himeleschez her
daz enmöhte dich niht volloben an ein ende!

Der *Spruch* mit seinem lehrhaften und persönlichen Inhalt, in dem der Dichter sein Verhältnis zur Welt darstellt, und das *Reigenlied* sind die beiden heimischen Zweige der Liederdichtung, aus denen unter der

Hand großer Meister wie Walthers von der Vogelweide auch die ritterlich-höfische Kunstdichtung reichen Gesinn ziehen kann. Schwerlich wäre aber aus ihnen selbständig eine altdeutsche Lyrik erwachsen, wenn nicht Anregungen aus der *lateinischen* und *romanischen* Literatur hinzugekommen wären. An fremdem Vorbild bildete sich die deutsche Liederdichtung des Mittelalters. Und diese Vorlagen müssen zunächst berücksichtigt werden, wenn man den Ursprung der mhd. Lyrik erkennen will. Im 11. und 12. Jahrhundert blühten die gelehrten Schulen, besonders die im westlichen Frankreich, wohin die Schüler aus allen Ländern zusammenströmten. Die lateinische Literatur wurde eifrig gepflegt. Die Briefe, die zwischen Geistlichen und Nonnen gewechselt wurden, sind in zierlichem Latein, mit ovidischen Zitaten geschmückt, abgefasst. Die klassische Bildung erfreute sich in den Kreisen der Geistlichen großer Beliebtheit. Und hieraus erwuchs die Poesie der fahrenden Schüler, der *Vaganten* oder *Goliarden*, die zu den geistvollsten Erzeugnissen der mittelalterlichen Literatur gehört und die weltliche Liederdichtung anregte und befruchtete. An der Vagantendichtung, die uns namentlich in den »Carmina burana«, in der Benediktbeurer Handschrift überliefert ist, haben Deutsche, Franzosen und Engländer Anteil. Es ist kaum möglich, für jedes der namenlos aufgezeichneten Gedichte die Heimat festzustellen; aber sicherlich sind gerade die schönsten und besten von einem Deutschen verfasst, der sich Archipoeta nannte und in den sechziger Jahren im Dienste des Erzbischofs Reinald von Dassel stand. Die Vaganten waren Studenten, meist solche, die ihr Leben verbummelten und nicht zu Amt und Würden gelangten. Aber sie warem voll göttlichem Leichtsinn erfüllt, hatten genug gelernt. Um die poetischen Formen anmutig und geschmackvoll zu handhaben, trieben sich auf den Landstraßen und in den Zechstuben der ganzen Christenheit umher und stimmten ihre sehr freiem Lieder an zu Venus und Bacchu Preis und zum Spott der Kirche und wohlbestellten Geistlichkeit. Der Verherrlichung von Wein und Liebe gesellte sich die Freude an Spiel und Tanz, an Frühling und Blumen. Die antiken Götter wurden angerufen, Paris und Helena, Äneas und Dido als Vorbilder der Liebenden gerühmt, horazische, ovidische und vergilianische Anklänge schmücken den Stil der übermütigen und oft zuchtlosen Lieder. Aber daneben ist auch das Volkslied ihr Muster. Die Mischung volkstümlicher und antiker, weltlicher und geistlicher Bestandteile verleiht der Vagantendichung ihren eigenartigen Reiz. Die Gesinnung dieser Gedichte ist von einer fürs Mittelalter schier beispiellosen Freiheit. Nichts ist der Spottlust der witzigen Verfasser heilig. Die Carmina burana zerfallen in zwei Hauptabschnitte; seria und amatoria, potatoria, lusoria. Die ernsten Lieder entsprechen inhaltlich etwa den deutschen Sprüchen, und zwar im weitesten Verstand wie bei Walther von der Vogelweide, indem der Spruch übers Persönliche ins Politische hinausgreift, die Liebes-, Trink- und Spiellieder decken sich nur zum Teil mit dem Minnesang und keineswegs mit dessen höfisch-ritterlicher Beschränkung. Die Minne ist meist sehr sinnlich und voll antiker Freiheit, sie schildert ferner anschaulich, wie das Reigenlied. Das Kneip- und Spielerlied hat in der deutschen Lyrik in des Minnesangs Frühling überhaupt kein Seitenstück, erst in der realistischen Periode der höfischem Dorfpoesie. In der Schule eines Neidhart erscheint es in deutscher Nachbildung. Die Vagantenlyrik steht in Wechselwirkung mit der Liederdichtung der romanischen und deutschen Völker, sie hat Anregungen gegeben und empfangen; es ist nicht immer leicht, im Einzelfall zu sagen, ob ein deutsches Lied einem lateinischen nachgebildet ist oder umgekehrt.

Zur Erläuterung dienen folgende Lieder. Das erste ist ein *Schmählied auf Rom,* eine kirchliche Satire. »Roma caput mundi est, sed nil capit mundum« = Rom ist das Haupt der Welt, aber enthält nichts reines – heißt es mit unübertragbar witzigem Wortspiel. Die römische Kurie ist ein Markt, auf dem alle Ämter käuflich sind. Wer dort seine oder anderer Rechtssache führen will, gebe Geld, sonst versagt Rom alles. In Rom ist Gesetz, dass Bittende mit vollen Händen kommen müssen. Für Geld ist alles möglich, wenn das Geld spricht, schweigt das Gesetz. Wenn du die Hände mit Geld füllst, können dir Justinian und die Kanones nicht anhaben. Kommst du zum Papst, so gedenk daran, dass der Arme hier nichts zu suchen hat: Wie der Papst, so halten es die Kardinäle, die Schreiber und Pförtner. Du musst allen geben!

Ein *Versus de nummo* handelt im Allgemeinen von der Macht des Geldes: Geld ist König, Geld ist Richter, Geld führt Kriege, Geld schließt Frieden, Geld lügt, Geld spricht die Wahrheit, Geld ist der Geizigen Gott, der Gierigen Hoffnung, Geld verführt Weiber und macht fürstliche Damen käuflich, Geld macht Adlige zu Dieben, wenn Geld redet, muss der Arme schweigen, niemand hat Ehre, der nicht Geld hat; Geld regiert die Welt!

Die *Vagantenbeichte* fasst die Sünde des fahrenden Schülers zusammen: Weib, Wein, Spiel! Das Gedicht schildert in köstlicher Weise den leichtsinnigen Kleriker, der aus leichtem Stoff geschaffen ist, wie das Blatt, mit dem die Lüfte spielen.

Feror ego veluti	Wie ein meisterloses Schiff
sine nauta navis	fahr' ich gern dem Strande,
ut per vias aeris	wie der Vogel durch die Luft
vaga fertur avis,	streif ich durch die Lande.
non me tenent vincula,	Hüten mag kein Schlüssel mich,
non me tenet clavis,	halten keine Bande.
quaero mihi similes,	Mit Gesellen geh' ich um –
et adjungor pravis.	o, 's ist eine Schande!

Die Vagantenbeichte enthält die berühmten Verse, die Bürger in seinem Zechlied verdeutschte:

meum est propositum	Ich will einst, bei Ja und Nein!
in taberna mori,	vor dem Zapfen sterben.
ubi vina prosima	Mit mir soll des Fasses Rest
morientis ori.	in der Gruft verderben.
tunc cantabunt laetius	Engelchöre weihen dann
angelorum chori:	mich zum Nektarerben:
deus sit propitius	diesen Trinker gnade Gott!
isti potatori.	Lass ihn nicht verderben!

In Goethes Tischlied (1802) klingt die Beichte des Erzpoeten ebenfalls nach:

mich ergreift, ich weiß nicht wie,
himmlisches Behagen.
Will mich's etwa gar hinauf
zu den Sternen tragen?

Vom *Vagantenorden* handelt ein besonderes Lied, worin geschildert ist, dass alle, Kleine und Große, Arme und Reiche, Geistliche und Weltliche, Gerechte und Ungerechte im Orden liebevolle Aufnahme finden. Wenn sie nur in der Kneipe ihren Mann stellen.

Kulturgeschichtlich wertvoll ist das Gedicht von *Phyllis und Flora*, das die Frage erörtert, ob die Liebe eines Ritters oder Klerikers vorzuziehen sei. Zur Zeit der Blüte, wenn der Himmel blau ist und der Schoß der Erde in bunten Farben prangt, gehen zwei edle Jungfrauen, Phyllis und Flora, am frühen Morgen auf die Wiesen hinaus und halten unter einem Raum am murmelnden Bach Rast. Phyllis trug die Haare frei und lose, Flora in Zöpfchen geflochten, beide Mädchen waren strahlend schön und glichen einander in allem, nur eine Kleinigkeit trennte sie. Phyllis liebte einen Ritter, Flora einen Kleriker. Nun erhebt sich ein Streitgespräch, wem der Vorzug gebühre. Phyllis rühmt den tapfern Ritter in seinem glänzenden Aufzug – und schmäht den dicken Pfaffen mit seinen epikuräischen Neigungen, seiner Glatze und seinen schwarzen Kleidern, mit denen er durch den frohen Lenz schreitet. Flora schilt den hagern, abgerackerten Ritter und lobt den feinen Gelehrten, der sich in Purpur kleidet, der keine niedere Arbeit tut und die Wege zum Himmel kennt. Von Venus und Amor wissen wir nur durch den Kleriker. Da sie zu keiner Entscheidung gelangen, beschließen sie, zu Amors Hof zu reiten und seinen Richterspruch anzurufen. Köstlich geschmückt reiten sie dahin, Phyllis auf einem wohlgezäumten Maultier, Flora auf einem edlen Zelter. Phyllis trägt einen Falken auf der Hand, Flora einen Sperber. So kommen sie zum paradiesischen Haine des Liebesgottes, der von zauberhafter Musik, Taubengirren, Amselschlag und Nachtigallenklage erschallt. Jünglinge und Jungfrauen schwingen sich im Reigen, bekränzte Nymphen, Faune und Satyrn tanzen bei Gesang und Paukenschall, Bacchus selber lenkt die Chöre. Inmitten dieser Zauberwelt thront Amor, sternenschön, geflügelt, mit Pfeil und Bogen, gestützt auf ein Blumenszepter. Aus seinen Locken träufelt Nektar, die drei Grazien knien vor ihm und halten den Becher der Liebe. Die Mädchen nahen seinem Throne und bringe ihre Frage vor. Amor verweist die Sache ans Minnegericht, das den Spruch fällt, dass der Kleriker zur Liebe besser tauge als der Ritter:

comprobavit curia	Der Sentenz mit Jubelruf
dictionem juris,	stimmen bei die Scharen,
et teneri voluit	leih'n ihr gar Gesetzeskraft
etiam futuris.	für das Rechtsgebahren.
parum ergo praecavent	Drum wird sich ein Mägdelein

rebus nocituris	schlecht vor Schaden wahren,
quae sequuntur militem	die mit einem Rittersmann
et fatentur pluris.	besser glaubt zu fahren.

Im südlichen Frankreich, in der Provence entstand um 1100 die *Trobadorkunst*, l'art de trobar, eine nach Form und Inhalt überaus kunstvoll entwickelte Lyrik, die von der Mitte des 12. Jahrhunderts nach dem nördlichen Frankreich und bald darauf auch nach Deutschland verpflanzt wurde. Aus der Trobadorkunst ging der ritterlich-höfische Minnegesang hervor. Alle Eigenschaften der Provenzalen, unter denen auch Nachklänge der antiken Dichtung fortwirkten, trugen zur Ausbildung dieser Dichtart bei, die sich zum Teil auf die volkstümliche Liederdichtung stützte, in der Hauptsache aber neu erfunden war. Gerade auf das »Erfinden« (trobar) legte der Kunstdichter besonderes Gewicht im Gegensatz zum Spielmann, dem es mehr auf die Überlieferung vorhandener Gattungen ankommt. Die Trobadorkunst war vor allem Gesang zur Begleitung von Geige oder Harfe. Der kunstvolle Ausbau der Melodie ergab neue Versformen, während sich das Volkslied mit einfachen Weisen und demnach auch einfachen und einförmigen Zeilen begnügte. Im Volkslied folgten gleichartige Verse aufeinander, die durch fortlaufende Reime oder Assonanzen verbunden waren. Nur die Schlusszeile oder der Kehrreim pflegte zuweilen durch besondere Versform sich auszuzeichnen, um den eintretenden Ruhepunkt, die Pause, im Vortrag ins Ohr fallen zu lassen. Die Strophen der Kunstdichter legen auf möglichste Abwechslung Wert; Verszeilen von zwei bis drei Silben wechseln mit solchen zu zehn und zwölf; Strophen von drei und vier Versen stehen neben solchen von zehn bis zwanzig Versen. Die Verbindung von Versen ungleicher Länge gibt dem Dichter die Möglichkeit zu fast unbeschränkter Neuerfindung. Die provenzalische Sprache hat volle Endungsvokale und bietet damit dem Trobador mühelos eine Fülle von Reimen, deren er sich zu kunstreicher Verschlingung bemächtigt. Wenn im Volkslied bloßer Anklang der Vokale genügte, so wurde jetzt im Kunstgedicht reiner und vollständiger Reim gefordert. Wenn im Volkslied die Reime aneinander gereiht waren, in den romanischen Sprachen meist mit Durchführung des Reims durch alle Endsilben der Strophenform, so erfindet der Trobadur die Abwechslung, Kreuzung und Verschlingung der Reime, auch hier in immer neuen Fügungen und Umstellungen. Zeilen von verschiedener Silbenzahl, Reime von verschiedenem Geschlecht und Klang und in kunstreich abgewogener Stellung zueinander, verleihen der Trobadorstrophe eine völlig neue Gestalt. Eine bisher unbekannte und überaus bildungsfähige Versform war erfunden und wurde von Deutschen und Franzosen mit Geschick aufgenommen und fortgeführt. Allmählich stellt sich das Gesetz der dreiteiligen Strophen, der beiden Stollen des Abgesangs, wie es in der Kunstsprache der Meistersinger hieß, ein. Musikalisch ist die Dreiteilung leicht zu verstehen. Eine Weise wurde zuerst geholt, dann variiert. Die Wiederholung verlangt natürlich den gleichen Versbau für die Stollen, während die variierte oder neue Weise des Abgesangs eigene Wege geht, d.h. metrisch von den gleichartigen Stollen sich deutlich unterscheidet. Wie die Versform neu und persönlich war, so sollte auch der Stil individualisiert werden, von der Sprache des Alltags und vom schlichten Volkston sich abheben. Die Trobadors machten Anleihen aus den lateinischen Autoren, aus der Bibel und den Klassikern. Rhetorische und poetische Figuren, Gleichnisse und Personifikationen, Metaphern und Antithesen verziehrten den Stil, der sich oft absichtlich durch Wahl seltener Worte verdunkelte. Der Stil strebt nicht nach anschaulicher Klarheit aus tiefer Empfindung, sondern nach geistreicher und witziger Feinheit und Eigenart aus verstandesmäßig gekünstelter Gedankenarbeit. Dem Provenzalen ist die Neigung zu rednerischen Kunststücken angeboren, er wurde darin zum Lehrmeister der Franzosen und Deutschen, die ihm nacheiferten. Aber dadurch wird die Trobadorkunst zur spröden Künstelei. Die Trobadorkunst ist die Gelegenheitsdichtung, aus dem Augenblick geboren und aus den Lebensverhältnissen entfaltet. Die in der Provence zuerst entwickelte höfische Gesellschaft ist ihr Nährboden und Hintergrund. Da die ritterlich-höfische Gesellschaft in Frankreich und Deutschland in derselben Weise erwuchs, war die Verpflanzung der Trobadorkunst leicht möglich, ja fast notwendig. Freilich blühte sie nicht in ihrem ganzen, zum großen Teil mit den besonderen Verhältnissen der Provence eng verwachsenen Umfang auswärts auf, sondern meistens nur als Minnegesang. Die provenzalischen Lieder zerfallen in zwei Hauptklassen: das Sirventes und die Kanzone, die nicht formal, wohl aber inhaltlich zu trennen sind. Das *Sirventes* (von sirven = Diener abzuleiten) bedeutet Dienstgedicht und ist verfasst von einem Hofdichter zum Preise seines Herrn, im Dienste seiner Politik, zur

Mehrung seines Ansehens und zur Minderung des Ansehens seiner Feinde. Mit den politischen Sirventesen ergriffen die Trobadors in den Kämpfen der Zeit lebhaft Partei. Innere kleine Fehden der Landherrn untereinander, richtige Kriege, wie die der englischen Könige provenzalischer Herkunft mit den Franzosen, werden im Sirventes behandelt. Die Provenzalen haben ketzerische Neigungen, die im 13. Jahrhundert zu den verhängnisvollen Albigenserkriegen führten. Darum nehmen viele Sirventese in kirchlichen Fragen einen sehr freien Standpunkt ein. Rügelieder und Spottverse sind bei dem lebhaften Temperament der Südfranzosen leicht begreiflich, richten sich gegen die persönlichen Feinde und gegen die Feinde des Herrn, dem der Trobador dient. Moralische Sirventese beklagen den Verfall der ritterlichen Tugenden, wenden sich gegen die Verirrungen einzelner Stände, besonders auch der Kirche. Kreuzlieder suchen die Begeisterung fürs Heilige Land anzufachen. Klagelieder wurden beim Tode des Herrn angestimmt. Das Sirventes deckt sich vielfach mit dem deutschen »Spruch«, insbesonders seit Walther von der Vogelweide, wahrscheinlich unter unmittelbarer Einwirkung der Sirventese, den Spruch aus dem rein Persönlichen und Lehrhaften ins Politische hob. Sehr beliebt waren unter den Trobadors die *Tenzonen*, die Streitgedichte, die einen geistreichen Redekampf zweier Dichter über eine Streitfrage enthalten. In der Tenzone wurden oft sehr spitzfindige Fragen erörtert mit allerlei Sophistik und unter Heranziehung weiser Aussprüche aus der gelehrten Literatur. Die Teilzone steht im Hintergrund der Sage vom Sängerkrieg auf der Wartburg, der ein Streitgespräch berühmter Meister darstellt.

Von volkstümlichen Gattungen der objektiven Lyrik behandelten die Trobadors namentlich die Pastorele und die Alba. Die *Pastorele* enthält das Liebesabenteuer eines Ritters oder Trobadors mit einer Hirtin, um deren Gunst er sich mit mehr oder weniger Erfolg bemüht. Hier war in Anlehnung an die Volkslieder die Schilderung einer natürlichen, oft auch sehr derben Liebe im Gegensatz zur höfischen Minne möglich und damit der Weg zur realistischen Kunst gewiesen. Die *Alba* ist das Tagelied in seiner einfachen Form, worin die Liebenden beim Morgengrauen Abschied nehmen.

Die *Kanzone* ist das eigentliche Minnelied, das Vorbild des höfischen Minnegesangs. Die Kanzone überträgt gleichsam die Voraussetzung des Sirventes auf die Dame und ihren Trobador. Das Sirventes war im Hofdienst zu Ehren des Herrn gedichtet, die Kanzone zu Ehren der Herrin, zu der sich der Dichter im Verhältnis des Lehnsmannes fühlt. Der Frauendienst bewegt sich daher ganz und gar in den Formeln des Lehnswesens. Der Trobador ist Vasall, kniet vor der Herrin und leistet den Treueeid in ihre Hand. Er empfängt dafür Kuss und Ring und dient fortan als der anerkannte Dienstmann. Die Dame verspricht, ihm gnädig zu sein und Lohn zu gewähren. Von vornherein war das Verhältnis also mehr ein poetisches Gleichnis, ein Gesellschaftsspiel, als eine wirkliche Liebe. Gewiss konnte sich auch aus dem Frauendienst tiefe Leidenschaft entwickeln, aber in der Regel ist nur der Verstand und die Einbildungskraft, nicht das Herz des Dichters beteiligt. Das weibliche Schönheitsideal der Trobadors wird von der Ritterromantik festgehalten. Manche Züge stammen aus Ovid, manche aus den Madonnenbildern, wie überhaupt der Marienkult auf den Frauendienst einwirkte. Goldblondes Haar, strahlende, bewegliche Augen, kleinen Mund mit schwellenden, zum Kuss einladenen Lippen, weiße Haut mit zartem Rosa gemischt, schlanken Hals, wohlgebaute Brüste, die wie gedrechselt scheinen, lange Arme und schmale Hände, schlanke Figur rühmen die Dichter mit immer sich wiederholenden Wendungen. Der schönen Gestalt muss eine feine höfische Zucht und Bildung entsprechen. Kleidung und Haltung sind streng geregelt, wie auf den Bildwerken des Mittelalters. Die Liebe wird als eine fieberhafte Krankheit geschildert, wie bei Ovid, Properz und in den byzantinischen Romanen; sie ist eine plötzlich entzündete Flamme, die Blicke der Schönen dringen wie Pfeile durch die Augen des Mannes und verwunden sein Herz. Die Liebe veredelt aber auch den Mann in seinem ganzen Wesen. Darin liegt viel Wahrheit, weil die von der Dame beherrschte höfische Gesellschaft tatsächlich die wilden Sitten und das rohe Benehmen der Männer zähmte. Die Eifersucht spielt eine große Rolle, die Liebenden müssen sich vor den Aufpassern, den Merkern in Acht nehmen, die ihr Geheimnis zu enthüllen und ihr Verhältnis zu stören trachten. Der an und für sich unverfängliche, modische Frauendienst wird geheim gehalten, der Name der Frau bleibt verschwiegen. So kleidet sich das Verhältnis zwischen Dame und Ritter in ein romantisches Geheimnis, das allerlei vermeintliche, mitunter auch wirkliche Gefahren mit sich bringt. Eine förmliche Liebeskunst entwickelt sich aus diesen Umständen.

Lenz und Liebe sind unlöslich verbunden. Schon im Volkslied

ward der nahende Frühling mit Laientanz und Ballspiel und allerlei Festen tagelang in Wald und Flur gefeiert. Die ersten Zeichen des wiederkehrenden Frühlings, das erste Veilchen wurde begierig erspäht und innig begrüßt. Wiesengrün, Blumenpracht. Vogelsang, Blätterrauschen wird in den Liedern gepriesen. In den farbenbunten Zauber tritt die Frau als die strahlende Krone der taufrischen Schöpfung. Zwischen Lenz und Herbst spielt sich das Verhältnis der Liebenden ab, Hoffen und Sehnen im blühenden Mal, traurige Entsagung beim Laubfall: Sommerlust und Winterleid. Auf diesem Hintergrund der erwachenden und welkenden Natur erhebt sich der Minnesang. Die lichte Frühlingszeit und die glänzende Blumenwelt geben manches schöne Bild zum Preise der geliebten Frau.

Die Trobadorkunst beruht auf bestimmten herkömmlichen Anschauungen und Formen und wird dadurch oft starr und eintönig. Nur bedeutende Persönlichkeiten neben sich aus der Menge der Sänger heraus. Das trifft auf das provenzalische Urbild wie auf die Nachahmungen zu. Der deutsche Minnesang hat eine Reihe von hervorragenden Vertretern aufzuweisen, denen trotz der Gebundenheit an die Überlieferungen neue und eigene Weisen glückten. Je nach Begabung und Neigung ist bald diese, bald jene Seite besonders betont: die Annäherung an die objektive volkstümliche Gattung oder an die Vagantenpoesie belebt die Lieder einzelner Dichter. Andere zeigen sich wiederum als getreue Schüler der Trobadors und bilden die verstandesmäßige Zergliederung ihrer Liebesempfindungen oder Gedanken mit fast scholastischer Feinheit aus. Die deutschen Minnesinger haben die Trobadorkunst teils unmittelbar, teils durch französische Vermittlung kennen gelernt. Übersetzungen französischer und provenzalischer Lieder finden sich öfters; meist aber haben die deutschen Dichter nur die Gedankenwelt der Trobadors zu freiem Spiel übernommen, so dass weniger von einer eigentliche Nachahmung als vielmehr von einer Weiterbildung der Grundideen gesprochen werden kann. Die deutschen Minnesinger sind inniger, gemütvoller, ihre Naturfreude schafft anschaulichere Schilderungen. Endlich vertieft sich das Sinnbildliche der Umrahmung, der Gegensatz von Frühling und Herbst, Liebeserwachen und Liebestod.

Wir unterscheiden drei Abschnitte in der mhd. Lyrik: des Minnesangs Frühling fällt ins 12. Jahrhundert und umfasst die Anfänge. In sommerlicher Reife steht Walther von der Vogelweide am Ende des

12. Jahrhunderts und in den beiden ersten Dezennien des 13. Jahrhunderts als Führer der »Nachtigallenschar« da. Dann beginnt der Verfall, der Herbst und Winter: die realistische Dorfpoesie, die sich lieber mit Dirnen und unhöfischen Dingen befasst, als Frauendienst übt, und die gelehrte Meistersingerei, die nur noch die alten Formen ohne deren Geist und Gehalt fortführt und in Tabulaturen bannt.

In des Minnesangs Frühling erkennen wir zwei Richtungen: in Österreich erblüht zuerst eine ritterliche Liederdichtung, aber in Anlehnung an die Volkslieder. Man versucht gleichsam, aus eigenen Mitteln einen Minnesang zu schaffen. Vielleicht meint Heinrich von Melk in seinem Gedicht »von des Todes Erinnerung« diesen Minnesang, wenn er der liebenden Frau vorhält, wie des Mannes Zunge, womit er so gefällige Liebeslieder (troutliet) singen konnte, nun im Grabe verwesen müsse. In Westdeutschland, besonders am Rhein, bildet sich dagegen der Minnesang völlig in den Formen der Romanen. Und diese Richtung gelangt zum Siege, jedenfalls in Bezug auf die Form, auf die Weise, die fremden Mustern folgte und die einfachen deutschen Vorbilder verschmähte. Auf dieser Grundlage erwuchs eine neue Metrik und Rhythmik, die unter Wahrung der deutschen Sprachbetonung und Hebungszählung im Vers doch die feste Silbenzahl der Verszeilen durchführte. Wir bemerken vom Gegensatz des altheimischen ostdeutschen und des romanischen westdeutschen Minnesangs nur noch die verschiedenen Metra, in Wirklichkeit war es vornehmlich die Musik, die die beiden Richtungen deutlich auseinander hielt.

Unter dem Namen des von *Kürenberg* bringt die grobe Heidelberger Liederhandschrift 15 Strophen, die zu den schönsten Erzeugnissen der altdeutschen Liederkunst gehören. Von diesen 15 Strophen sind 12 in derselben Form wie die Strophe des Nibelungenlieds, 3 in einer Variation der Nibelungenstrophe abgefasst. Schon daraus erhellt, dass in Bezug auf die strophische Form kein romanischer Einfluss vorhanden ist. Die Reimkunst wird durch einfachste Bindung der nächstliegenden Worte mit mehrfacher Wiederholung desselben Reimwortes gekennzeichnet. Also auch hier keine Spur fremder Vorbilder. Der Inhalt erinnert durch die Anschaulichkeit der kleinen Szenen, durch die Frauenstrophen, worin die Frau als die werbende erscheint, während der Mann sich stolz versagt, an die Volkslieder; aber andererseits sind der höfische Ritter adliger Herkunft und die vornehme Dame Träger der Handlung, ihre Liebe ist von Merkern und Neidern bedroht. Mithin ist hier das Vorbild der Trobadorkunst unverkennbar. Die Kürenberglieder sind durch die romanische Weise geweckt, aber begründet aufs deutsche Volkslied. Dieser altheimische Minnesang, ist eine reizvolle Mischung aus fremder Anregung, ritterlichen Standesbegriffen und volkstümlichen Bestandteilen. Darum wirken diese Lieder, so eigenartig frisch und lebendig. Kürenberg gehört wahrscheinlich einem adligen Geschlecht Österreichs an. Der Name Kürenberg (d. i. Mühlberg) ist in Oberdeutschland häufig. Freiherren und Dienstmannen des Namens sind mehrfach nachgewiesen die Zugehörigkeit des Verfassers unserer Strophen zu einem bestimmten Geschlecht derer von Kürenberg ist nicht sicher nachzuweisen. Manche Strophen sind selbständig, andere gehören paarweise zusammen. So gleich die berühmtesten, die den Namen des Dichters überliefern. Die Dame spricht: »Ich stand in später Nacht an der Zinne; da hört ich den Kürenberg aus der Menge heraus singen: er muß die Lande räumen oder ich will ihn besitzen.« Der Ritter: »Nun bring mir her gar schnell mein Roß, meine Rüstung; denn ich muß wegen einer Frau das Land räumen. Sie will mich zwingen, ihr dienstbar zu sein; darum muß sie meiner Liebe immer entbehren.« Wohl ist hier vom Dienst die Rede, aber die Dame will ihn, der Ritter weigert sich. In knappen Worten verbirgt sich tiefes Gefühl, der Dichter verschmäht allen lyrischen Aufputz, er deutet an und erreicht so volle Wirkung. Weicher klingen die beiden Strophen vom Scheiden; die Dame spricht zum Boten: »Wenn sich liebe Freunde scheiden, ist das schädlich; wer seinen Freund festhält, das ist löblich. Diesen Brauch will ich wahren. Bitte ihn, mir dienstbar zu sein wie früher und mahne ihn an das, was wir redeten, als ich ihn zuletzt sah.« Der Ritter, nachdem er die Botschaft empfangen, spricht: »Was mahnst du mich an Leid, mein Lieb? Unser beider Scheiden will ich nicht erleben. Verliere ich deine Minne, so werden die Leute merken, daß meine Freude gemindert ist, und daß ich alle andere Minne verschmähe.« In einer Strophe klagt das Mädchen: »Wenn ich allein im Hemde dastehe und dein gedenke, edler Ritter, so erblüht meine Farbe wie die Rose am Dorn und gewinnt mein Herz traurigen Sinn.« In einem anderen Selbstgespräch verwendet sie das Bild vom Falken, unter dem sie den Freund versteht: »Ich zog mir einen Falken länger als ein Jahr; als ich ihn gezähmt hatte, wie ich wollte, und sein Gefieder mit Goldschmuck umwand, da hob er sich in die Lüfte und flog in fremde Länder. Ich sah ihn entschwinden.

Möge Gott Liebende zusammenfügen!« Noch im 16. Jahrhundert (1574) klingt das Liedchen nach:

ich zemt mir einen falken vil lenger als sieben jahr;
er ist mir wild geworden, ich musst ihn fliegen lan.
er flog mir also ferne, so fern ins fremde Land
zu einer zart schönen jungfrauen uf ihr schneeweiße hand!

Man ersieht aus diesem Beispiel, wie nahe Kürenberg dem echten Volkslied steht. In zwei Strophen klagt die Dame über die Merker und Lügner, die ihr den Freund missgönnen; in einer anderen, dass sie sich wünscht, was sie nimmer gewinnen soll, nicht Gold noch Silber, sondern einen Mann. Den Frauenstrophen stehen einige Männerstrophen gegenüber. In der einen versichert der Liebende, er wolle Lieb und Leid mit der Freundin tragen und könne nicht dulden, dass sie ihre Huld einem geringen Mann schenke. Der Ritter wendet sich nicht an die verheiratete Frau, sondern, wie im Volkslied, ans Mädchen: »Aller Weiber Wonne ist noch Jungfrau; wenn ich ihr meinen Boten sende, so möchte ich den Auftrag lieber selbst ausrichten; aber ich weiß nicht, ob ich ihr gefalle.« Keck und selbstbewusst lautet eine andere Strophe: »Weib und Federspiel werden leicht zahm; wenn man sie richtig lockt, so suchen sie den Mann. So warb ein schöner Ritter um eine edle Frau: wenn ich daran denke, freut sich mein Sinn.« Auch der Ritter fürchtet die Merker und rät der Frau, in Gesellschaft ihre Augen auf andere Männer zu richten; dann merke keiner, wie es zwischen ihnen stehe. Da wird das schöne Bild gebraucht: »Der dunkle, schwach leuchtende Stern verbirgt sich zu Zeiten: so tue auch du, schöne Frau, wenn du mich siehst.« Das Gleichnis zielt auf die freudig aufleuchtenden Augen, die den Freund anstrahlen, wenn sie ihn erblicken, aber lieber ihr Licht bergen sollen, dass es nicht zum Verräter wird. Eine Parodie auf die echten Kürenbergstrophen scheint vorzuliegen in folgendem Zwiegespräch: »Ich stand nachts, spät an deinem Bette und wagte nicht, dich aufzuwecken.« Das Weib erwiderte: »Dafür soll Gott dich hassen: ich war doch kein wilder Eber!«

Meinloh von Sevelingen (bei Ulm) folgt zunächst, indem er mit denselben einfachen metrischen Mitteln seine Strophen nach dem Vorbild der beiden ersten Kürenbergischen baut. Im Inhalt schlägt er neue Bahnen ein: er besingt den eigentlichen Frauendienst; darum mangelt seinen Liedern die Anschaulichkeit Kürenbergs. Sein Gedanken- und Sprachschatz ist so wenig wie die Form der neuen Aufgabe der Trobadorkunst gewachsen. Er erzählt, wie das Lob der Dame zu seinen Ohren drang, wie er sich aufmachte, um sich von der Richtigkeit zu überzeugen, wie er sie als die Schönste erfand, die alle anderen aus seinem Herzen verdrängte, wie er ihr seinen Dienst entbot, wohl bewusst, dass der Liebende auch das Leid der Sehnsucht auf sich laden und die Aufpasser fürchten müsse. Sie nimmt seinen Dienst an und wird ihm von Tag zu Tag lieber. Auch die Frau klagt über die Merker, die den Ritter bei ihr verleumden, und über die anderen Damen, die sich um ihn beneiden. Die Naturschilderung meldet sich schüchtern in einer Strophe: »Ich sah Boten des Sommers, das waren Blumen also rot; weißt du, edle Frau, was dir ein Ritter entbot? Seinen Dienst ganz verhohlen! Ihm geschah nie lieber. Sein Herz trauert, seit er zuletzt von dir schied. nun erfreu' ihm sein Gemüt in dieser Sommerzeit. Er wird nimmer froh, eh' er so recht gütlich in deinen Armen liegt.«

Der *Burggraf von Regensburg* verwendet noch die Variation der Kürenbergstrophe. Er legt der Frau die Sehnsuchtsklage und unverhüllte Gefühlsäußerung in den Mund. Der *Burggraf von Rietenburg* ist bereits moderner, und zwar sowohl in Strophenbau und Reimbindung, als auch im Satzbau. Dazu ist der Inhalt mehr der Trobadorkunst angepasst; einige Stellen sind aus den Trobadorgedichten geradewegs übersetzt. Seine poetischen Motive konventionell: Liebeswerben, Hoffnung, Trauer, unglückliche Liebe. »Die Nachtigall, die ich zuvor wohl singen hörte, schweigt. Aber mir tut eine Hoffnung wohl, die mir eine Frau erweckt, aus deren beständigem Dienst ich nimmer scheiden will.« »Einst hörte ich die Märe, Minne sei ein Glück, das keinem anderen Schaden bringe. Möchte sie dich doch meines Kummers erbarmen! Gott weiß, dass ich lieber auf alle anderen Frauen verzichten wollte, als auf sie.«

Unter dem Namen des *Dietmar von Eist* ist eine Sammlung von Liedern erhalten, die den Übergang von der alten zur neuen Kunst zeigen. Die ältesten Strophen schließen sich der Art Kürenbergs an, dessen Strophe variiert wird. In anderen Liedern herrschen paarweis gereimte Vierhebler vor. Neben der entgegenkommenden Liebe der Frau wird auch das Sehnen des Mannes geschildert. Drei Strophen behandeln dasselbe Thema, aber jedes Mal in selbständiger Wendung. Zuerst steht ein Selbstgespräch der Frau, worin die Hut, die die

Liebenden beargwöhnt, beklagt wird. Dann folgt ein Zwiegespräch zwischen Ritter und Dame, die voneinander scheiden: »Weh dir Minne, wer deiner entbehren könnte, wäre klug!« Endlich beschließt ein Selbstgespräch des Mannes das Ganze: »Wenn alle Welt schläft, finde ich keine Ruhe. Das kommt von einer schönen Frau, die ich liebe, an der alle meine Freude liegt. Wie soll mir Rat werden? Ich fürchte, ich muß sterben. Warum schuf Gott sie mir Armen zur Qual!« Das Tagelied ist in zwei Monologe zerlegt, in denen Ritter und Frau der Erinnerung nachhängen: Der Ritter: »Oben auf der Linde sang ein Vögelein; vor dem Walde ward es laut; da hob sich mein Herz zu einer Stelle, wo ich zuvor weilte. Ich sah Rosen, die mahnen mich an eine Frau!« Die Frau: »Mich dünkt, es sind tausend Jahre hingegangen, seit ich in den Armen meines Liebsten lag. Ganz ohne meine Schuld fremdet er mich manchen Tag. Seit ich keine Blumen sah und kein Vöglein singen hörte, ward meine Freude kurz und meine Trauer lang.« Die beiden haben also eine selige Nacht unter der Linde an der Heide verbracht und denken in Trauer an das ferne entschwundene Glück. Im Winterleid klagt die einsame Frau: »Leb wohl, Sommerwonne! Der Vogelsang ist verstummt, das Laub der Linde abgefallen. Nun werden auch meine hellen Augen trüb. Mein Lieb, du sollst dich anderer Weiber enthalten und sie meiden. Als du mich zuerst sahest, schien ich dir wahrlich minniglich beschaffen. Daran mahn' ich dich, lieber Mann!« Hier fürchtet die Dame, ihr Geliebter werde sie im langen Winter, der ihre sommerlichen Zusammenkünfte störte, vergessen. Endlich ein zweistrophiges Lied, worin ein Bote die Gedanken des Paares vermittelt: »Du Bote meiner liebenden Freundin, sage dem schönen Weibe, dass mir die lange Trennung unmäßig weh tut. Ihre Minne wär mir lieber als aller Vöglein Singen. Nun muß ich ihr fern bleiben. Darum trauert mein Herz!« Die Frau lässt sagen: »Der edle Ritter möge getrost sein und Trauern lassen. Ich muß oft um seinetwillen leiden. Gar oft erschrickt mein Herz. Ich habe viel sichtliches Leid, das ich ihm gern klagen will!« Der ganze Liederkreis ergeht sich also in der Schilderung der Liebesqual, unter der die voneinander getrennten Liebenden zu leiden haben. Da immer neue Situationen vorausgesetzt sind, wird die Eintönigkeit geschickt vermieden.

Damit breche ich die Darstellung der Liederdichtung des 12. Jahrhunderts ab, weil die folgenden Dichter bereits der neuen, von der Trobadorkunst viel mehr abhängigen Richtung angehören. Die objektive Gattung des deutschen Volkslieds tritt eine Zeit lang ganz zurück, um bei Walther und in der höfischen Dorfpoesie aufs Neue hervorzutreten.

Die Anfänge des ritterlich-höfischen Romans.

Die mhd. Epik begann in den dreißiger Jahren des 12. Jahrhunderts mit geistlichen Dichtern, die französische Werke übersetzten. Ihnen schlossen sich weltliche Verfasser an, die ihre Stoffe aus der mündlichen Überlieferung der Spielleute schöpften. In den siebziger Jahren nahm die Epik neuen Aufschwung, indem abermals französische Werke ins Deutsche übertragen wurden. Die Verfasser stellen sich in Stil und Erzählungskunst noch zur älteren Gruppe. Die höfische Richtung im eigentlichen Sinne beginnt erst mit Heinrich von Veldeke. Aber ein neuer Geist zieht mit den Werken der jüngeren Epiker in die deutsche Literatur ein, der nach vorwärts weist. Wie im Rother und Ernst tritt der Geistliche völlig zurück, nur weltliche Gedanken beherrschen die Gedichte der siebziger Jahre. Im Reinhart Fuchs erscheint die Tiersage, im Grafen Rudolf, Flore und Tristan die Minne.

In der lateinischen Mönchsliteratur des 10. Jahrhunderts war die Tiersage als Ecbasis Captivi zuerst erschienen. Jetzt um 1180 schreibt ein elsäßischer Fahrender, *Heinrich der Gleißner*, nach französischer Quelle den Reinhart. Inzwischen war in Flandern um 1100 die Individualisierung der Tiere, ihre Benennung erfolgt, es hieß nicht mehr wie in der Fabel Wolf und Fuchs, sondern Isengrim und Reinhart. Ein lateinischer Ysengrinus des Magister Nivardus (1152) zu Gent zeigt diese neue Form, die auch von französischen Dichtern gepflegt wurde. Wir haben zwar Renardgedichte erst aus dem 13. Jahrhundert, aber der mhd. Reinhart beweist, dass ältere Fassungen bereits im 12. Jahrhundert vorhanden waren. Von Heinrichs Original, das in Assonanzen ging, besitzen wir nur wenige Bruchstücke; eine gereimte Redaktion des 13. Jahrhunderts ist vollständig erhalten. Die Anordnung der Tiergeschichten im Reinhart ist eigenartig: zuerst wird der Fuchs von kleineren Tieren überlistet, vom Hahn, von der Meise, vom Raben, vom Kater; hierauf gesellt er sich zum Wolf, der ihm eine gemeinsam erjagte Beute wegfrisst. Von da an siegt Reinharts Schlauheit über die Stärke des Wolfes, den der Fuchs in allerlei Gefahren führt. Zum Schlusse steht die Hauptszene, der Hoftag des kranken Löwen, der dem Fuchs Gelegenheit bietet, allen seinen Feinden Schaden zu tun. Diese Anordnung stammt schwerlich vom deutschen Dichter, sondern aus der Vorlage. Der deutsche Bearbeiter erzählt einfach und schmucklos. Seine Zusätze beschränken sich auf einige uns nicht verständliche satirische Anspielungen auf Zeitverhältnisse, z.B. dass der Elephant mit Böhmen belehnt, dort aber jämmerlich zerschlagen wird, oder dass das Kamel Äbtissin zu Erstein wird, von den Nonnen aber übelste Behandlung erfährt, auf Sprichwörter und Zitate z.B. des Nibelungenhorts. Einigen französischen Namen gibt der verständige Dichter die deutsche Form, so vor allen Reinhart, nicht Renard. Der Reinhart gewann keine besondere Bedeutung für die deutsche Literatur. Das geschah erst durch den niederdeutschen Reineke Vos (Lübeck 1498), der aus dem niederländischen Reinaert, um 1250 von Willem nach französischer Vorlage gedichtet, hervorging. Das Tierepos kam also dreimal, in der althochdeutschen, mittelhochdeutschen und neuhochdeutschen Zeit in die deutsche Literatur, jedes Mal in anderer Gestalt und nach anderen Quellen.

Die Minne hatte im Rolandslied und Alexanderlied keine hervorragende Rolle gespielt. Alda, Rolands Braut, sinkt bei der Kunde von seinem Tode entseelt nieder. Aber vorher wird sie kaum erwähnt, so nahe es lag, den sterbenden Helden der fernen Geliebten denken zu lassen. Im Alexander sind die Blumenmädchen und die Königin Candacis zu erwähnen. Die Brautfahrt des Rother gibt zu keinen Minneschilderungen Anlass und dem Ernst fehlt die Frau ganz. Nun aber Floris und Blancheflur und Tristan und Isalde, zwei Liebespaare, in denen der Minnezauber in voller Pracht sich entfaltet! Hier die treue Liebe zweier Kinder, die alle Nöten überdauert, dort die verzehrende Leidenschaft Tristans zur Frau seines Oheims und Königs! Zum ersten Male tritt die seelische Macht der Minne im Zusammenhang mit der Minnelyrik hervor, der Dichter wendet sich zur Schilderung innerer Vorgänge, die äußere Handlung allein genügt nicht mehr.

Der Inhalt von *Floris und Blancheflur* ist die einfache Geschichte vom Jugendleben und von der Jugendliebe zweier Kinder, die getrennt und nach einem gefahrvollen Abenteuer wieder verbunden werden, aufgeputzt mit vielem Schmuckwerk griechischer Romane, mit mannigfachen Schildereien und Beschreibungen, die das Abendland von den byzantinischen Wundern zu hören liebte.

Im Frühling, da die Blumen sprossen, wurden zwei Kinder an einem Tag, zur selben Stunde geboren und nach Blumen benannt. Glücklich war ihre Jugend, die sie in ungetrübter Vereinigung hinbrachten. Aber Flores Vater, ein mächtiger König, fürchtet, dass sein Sohn einst Blancheflur, die Tochter einer kriegsgefangenen Christenfrau, zum Weib nehmen werde. Darum verkauft er heimlicherweise, nachdem er seinen Sohn auf die Hoheschule auswärts gesandt, das Mädchen in die Fremde. Dem heimkehrenden Flore wird gesagt, sie sei tot. Da er sich aber im Schmerz das Leben nehmen will, wird ihm die Wahrheit mitgeteilt. Er zieht in die Welt, um die verlorene Geliebte wiederzufinden. Er kommt immer dorthin, wo Blancheflur vorher gewesen war; die Leute erzählen ihm von ihr. Endlich gelangt er nach Babylon, wo Blancheflur im Harem des Sultans weilt. Flore gewinnt die Dienstbarkeit eines Mannes, der ihm alles sagt, was er tun muss, um die Geliebte aus der Gewalt des Sultans zu befreien. Blancheflur wird in einem unnahbaren Turm gefangen gehalten und soll des Sultans Weib werden. In einem Korb voll Rosen versteckt, wird Flore hineingetragen und verlebt glückliche Tage mit der wiedergewonnenen Freundin, bis Verrat ihr Zusammensein stört. Alle Morgen soll Blancheflur zum Sultan. Als sie vom Freunde scheiden will, küsst sie ihn immer wieder und schläft darüber ein. So findet der Sultan, der die Säumende in ihrem Gemach aufsucht, die beiden beisammen und verurteilt sie zum Feuertod. Ein Zauberring vermöchte eines der Kinder zu retten, aber sie wollen beide leben oder beide sterben und kein getrenntes Schicksal tragen; darum werfen sie den Ring von sich. Der Sultan wird ob solcher Treue gerührt, begnadigt die Kinder und sendet sie reich beschenkt heim, wo sie einander heiraten und, hundert Jahre alt, an einem Tag sterben.

Der Floreroman entstand in Frankreich in der zweiten Hälfte des 12. Jahrhunderts, vielleicht aus byzantinischer Vorlage. Ein niederrheinischer Dichter übertrug das Gedicht um 1170. Da nur wenige Bruchstücke erhalten sind und die unmittelbare französische Vorlage nicht bekannt ist, lässt sich kein Urteil über die Eigenart des deutschen Gedichtes fällen. Der Verfasser scheint sich schlichter und knapper Wiedergabe befleißigt zu haben. Seine Arbeit genügte aber höheren Ansprüchen nicht und wurde hernach durch Konrad Flecks Gedicht ersetzt.

Tristan und Isalde wurde durch *Eilhard von Oberg*, einen Ritter aus dem Hildesheimischen und Dienstmann Heinrichs des Löwen um 1190 in mittelfränkische Sprache übertragen. Seit der Mitte des 12. Jahrhunderts treten Tristan und Iselt, wie die älteste Form des Namens lautet, in der altfranzösischen Dichtung hervor. Bald gelten sie überall als das berühmteste Liebespaar. Die gesamte Überlieferung geht von einem Versroman aus, der uns nicht mehr im Original, sondern nur in späteren Bearbeitungen erhalten ist. Dieser Roman setzt sich aus folgenden Grundbestandteilen zusammen. Am Anfang wird der Zweikampf Tristans mit Morholt aus Irland berichtet. Morholt war nach Kornwall gekommen, um vom König Mark Zins zu fordern. Tristan, Marks Neffe, besiegte Morholt im Zweikampf auf einer kleinen Insel und wandte damit die Schmach des Irenzinses ab. Morholts Waffe, die vergiftet war, schlug ihm eine unheilbare Wunde, an der er dahinsiechte. Als alle ärztliche Kunst verloren war, ließ er sich in einem Schifflein aufs offene Meer hinaustreiben. Im Spiel der Wellen und Winde ward er nach Irland verschlagen zu Morholts Schwester, einer heilkundigen Frau, die den ihr unbekannten wunden Mann in Pflege nahm und wieder zu Kräften brachte. So hatte die Irin, statt Rache zu nehmen, unbewusst dem, der ihren Bruder erschlug, das Leben wiedergeschenkt. An diese keltische Heldensage knüpft sich der französische Liebesroman von Iselt. Er beginnt mit dem zauberhaften Trank, dem kindlichen und doch so tiefen Sinnbild unwiderstehlicher Liebesmacht. Er zeigt eine wohlangelegte Umrahmung mit Einschub mannigfacher Novellen und Schwänke, eine planvolle Zusammenfassung verschiedenartiger Bestandteile. Den Grundton gab das Märchen von der Jungfrau mit den goldenen Haaren, das erzählt, wie einst eine Schwalbe ein wunderherrliches Frauenhaar weithin über Land und Meer trug. Vor einem König fiel es nieder; entzückt hub er es auf und schwur, nur die zum Weib zu nehmen, der dieses Goldhaar gehöre. Ein junger Held machte sich auf die Fahrt und fand nach vielen Abenteuern die Trägerin der goldenen Haare. Sie folgte seiner im Namen des Königs vorgebrachten Werbung. Am Ende aber ward sie sein Weib und der alte König ging leer aus. Das Verhältnis zwischen dem alten König (Mark), dem jungen Helden (Tristan) und der Jungfrau (Iselt) ist im Tristangedicht auf zwiefache Weise verwertet, schwankhaft und tragisch. Dem französischen Geschmack gefiel das dreieckige Verhältnis, der fortgesetzte Ehebruch, die immer neuen novellistisch aufgeputzten Ränke, mit denen der alte König vom jungen Paar überlistet wurde. Die tragische Wendung aber ergab sich dadurch, dass Tristan und Iselt erst im Tode vereinigt werden und der alte König sie überlebt. Am Schlusse des Romans finden wir Motive aus antiker Sage: die Geschichte von der Nymphe Önone und das Segel der Theseussage. Als Paris noch unter den Hirten des Idaberges lebte, vermählte er sich mit Önone, der heilkundigen Tochter des Flussgottes Kebren. Sie wusste die Zukunft voraus und sagte ihm, dass er im trojanischen Krieg verwundet würde, und niemand ihn heilen könne als sie selbst. Als Paris die Helena entführt hatte, verließ ihn Önone. Er aber wurde im Kampfe vor Troja durch einen vergifteten Pfeil des Philoktet verwundet. Da gedachte er an Önones Wort und sandte nach ihr aus, sie möchte ihm helfen. Sie erwiderte trotzig, er solle sich an Helena wenden, folgte aber doch dem Boten nach. Als Paris den abschlägigen Bescheid erhielt, starb er. Önone kam zu spät, fand ihn tot und nahm sich unter Wehklagen das Leben. So sendet auch der todwunde Tristan, der Gemahl der weißhändigen Iselt, zu seiner ersten Geliebten, der blonden Iselt einen Boten und stirbt, als ihm die erbetene Hilfe versagt wird. Die blonde Iselt, die zu spät eintrifft, stirbt ihm nach. Ein zweites Motiv antiker Sage ist damit verbunden: das schwarze oder weiße Segel der Theseussage, das Leben oder Tod, glückliche Heimkehr oder Ausbleiben des Ersehnten anzeigt. Die blonde Iselt weigert sich im Tristanroman nicht, wie ihr Vorbild Önone, dem Ruf zu folgen; aber Tristan wird durch eine gefälschte Nachricht getötet. Das Schiff, das Iselt bringt, soll ein weißes Segel zum Glück verheißenden Zeichen führen; wenn sie nicht kommt, soll ein schwarzes Segel aufgezogen sein. Obwohl das weiße Segel naht, erfährt Tristan durch den Mund seiner eifersüchtigen Frau, der weißhändigen Iselt, das Segel sei schwarz; daran stirbt er.

Der verlorene Urtristan von 1150 wurde mehrmals überarbeitet, ohne dass die Grundzüge der Handlung und die Darstellungskunst sich veränderten. Ein solcher Text lag Eilhard vor. Um 1160 erfuhr der alte Roman durch einen anglonormännischen Dichter, namens Thomas, eine Umarbeitung im höfischen Sinn. Die Handlung wurde von rohen und wilden Zügen gesäubert, die Darstellung verfeinert, die Seelenmalerei in den Vordergrund gerückt. So schied z. B. Thomas die widerwärtige Szene, wie Iselt den Siechen überantwortet werden soll, die Ernst Hardt in ekelerregender, stark übertreibender Art in seinem Tantrisdrama aufgriff, mit Recht aus. Er wollte den Stoff veredeln und duldete nichts Hässliches. Thomas fand in Gottfried von Straßburg einen ebenbürtigen Verdeutscher. Eilhards Art aber passte vortrefflich zum alten Tristanroman, der mit denselben Stilmitteln, wie er im Original behandelt war, auch in der deutschen Wendung wiederkehrt.

Eilhard übersetzte seine Vorlage getreu, manchmal kürzte er aber bis zur Unverständlichkeit. So ist z. B. die Geschichte der Eltern Tristans bei Eilhard infolge der Kürzungen ganz dunkel. Dass er stofflich selbständige Änderungen einführte, ist nicht zu erweisen. Nur gelegentlich in den Schlachtschilderungen gerät er in den Stil des Alexander und Roland. Tristan und sein Genosse Kehenis werden mit Dietrich und Hildebrand verglichen. »Von Blut ward ein ganzes Lebermeer, in dem sie wateten. Sie gaben den Raubvögeln auf lange Zeit Speise. Der Staub erlosch im Blut.« Formelhafte Ausdrücke und typische Wendungen werden in reichem Maße verwendet. Zahlreiche Selbstgespräche und lebendige kurze Wechselreden zeigen die Entwicklung des Stiles im höfischen Sinn. Die Darstellung bewegt sich in der Art des mündlichen Vortrages. Von Veldekes Kunst ist Eilhard noch unberührt. Sein Gedicht hat in Handschriften, Umreimungen, Bearbeitungen und Übersetzungen eine weit verzweigte Überlieferung bis ins 15. Jahrhundert, wo es zum Prosaroman wurde, den Hans Sachs 1553 zur Tragödie umdichtete. Das assonierende Original ist nur in wenigen Bruchstücken erhalten; in der Mitte des 13. Jahrhunderts entstand die Bearbeitung in Reimen, die vollständig nur in Handschriften des 15. Jahrhunderts vorliegt. Weil der Tristan Eilhards, wie seine Vorlage, seine eigentliche Wirkung im Stoffe hat, war ihm längeres Leben bescheiden als der höfischen Wendung Gottfrieds, deren Hauptvorzug in der Darstellung beruht.

Der Kreuzzugsgedanke, den schon das Rolandslied hervorgehoben hatte, erscheint aufs Neue in einem um 1170 von einem thüringischen oder hessischen Dichter verfassten Gedicht, das die Geschichte des *Grafen Rudolf*, seine Erlebnisse im Heiligen Land sehr lebendig und anschaulich schildert. Leider sind nur Bruchstücke erhalten, die aber immerhin genügen, um den hohen literarischen Wert des Gedichtes erkennen zu lassen. Das Gedicht stammt aus französischer Quelle, vielleicht aus mündlicher Überlieferung. Der Stoff beruht im letzten Grund auf wirklichen Vorkommnissen. Graf Hugo von Puiset kam um 1127 nach Palästina ins Königreich Jerusalem, wo sein Vater die Grafschaft Joppe als Erblehen empfangen hatte. Der Graf war jung, von stattlicher Erscheinung. Mit dem König Fulco von Jerusalem geriet er bald in Streit: die einen geben eine Liebschaft mit der Königin Melisende, die andern den Hochmut des Grafen als Ursache an. Er wurde schließlich des Hochverrats angeklagt. Da ging er zu den Sarazenen über und kämpfte mit ihnen vereint gegen die Christen. Die Sache endigte mit einem Vergleich. Im Grafen Rudolf sind die Erlebnisse mit einem Liebesroman ausgeschmückt: der Graf gewinnt die Neigung einer schönen Heidin, die sich taufen lässt. In den mhd. Bruchstücken treten folgende Bilder wirkungsvoll hervor: die bedrängten Christen im Morgenlande schicken einen Brief an den Papst nach Rom. Der Papst liest ihn und klagt: »pater de caelis, miserere nobis«. Er beruft eine Versammlung und ordnet einen Kreuzzug an. Auch an abwesende Ritter und Herren geht die Botschaft, unter andern an den Grafen von Arras. In Arras findet wiederum eine öffentliche Versammlung statt. Graf Rudolf lässt sich noch besonders berichten und brennt vor Begier, für die heilige Sache kämpfen zu dürfen. Mit Zustimmung seines Vaters bricht er auf. – Wir finden ihn im nächsten Bruchstück in Syrien. Sein unabhängiges Benehmen missfällt dem König Gilot von Jerusalem. Mit dem Grafen ist sein Vetter Bonifait ausgezogen. Zunächst werden Festlichkeiten und Kriege gegen die Sarazenen geschildert, die Rudolf siegreich zu Ende führt. Der König von Jerusalem will ein großes Dankfest veranstalten, so herrlich wie der Kaiser. Rudolf lacht und meint, dem Kaiser könne es der König doch nie gleichtun. – Im zweiten Teil weilt Rudolf beim Heidenkönig Halap (Sultan von Aleppo). Dessen Tochter hat ihn in ihr Gemach entboten. Ein Liebesgespräch entspinnt sich. »Wir Frauen können nicht alles aussprechen, was uns heimlich bewegt. Redet Ihr, ich sag euch nichts.« »Nein, wenn ich euch lieb bin, so sagt mir Euren Sinn willig und ohne Falsch.« Die Dame lässt sich nicht bewegen. Da beginnt der Graf: »Große Not leid ich um Eure Minne, alle meine Sinne hab ich an euch gelassen, ich minne euch ohne Maßen, so daß ich beinah davon tot war.« Da erwidert sie. »Rudolf, du bist mir sehr lieb, ich kann es nicht verhehlen. Auch mich bezwingt die Minne, ich wollte es nicht gestehen.« – Nun wird eine Schlacht der Sarazenen gegen die Christen berichtet. Auf grüner Heide treffen die Heere zusammen. Der Graf ersieht den König Gilot. Wie die Vögel vor dem Falken, so stieben die Christen vor Rudolf auseinander. Er besiegt die Christen, aber schont sie, indem er nur mit flacher Klinge zuschlägt. – Rudolfs

Geliebte ist inzwischen nach Konstantinopel gelangt, begleitet von Bonifait. Sie hat vieles erdulden müssen. In Konstantinopel wird sie auf den Namen Irmengart getauft. Auch der Graf ist in Not geraten. Schwer wund entflieht er aus einem Kerker, er sättigt sich an weggeworfenem Brot und stillt seinen Durst am Tau. Er liegt ohnmächtig am Weg und wird von einem Pilger gelabt. – Endlich ist auch Rudolf in Konstantinopel. Wieder spricht er mit Irmengart, die Freudentränen vergießt. Sie bereden die Flucht. Diese Flucht wird in der letzten erhaltenen Szene geschildert: Beatrix, die Zofe, packt Gold und Edelsteine zusammen, Bonifait kauft zwei Saumrosse, die mit den Schätzen beladen werden. So brechen sie auf, Bonifait voran, dann Beatrix, zuletzt der Graf mit Irmengart. Nacht und Tag reiten sie durch den Wald. Die Königin verlangt nach Ruhe. Ein Blumenlager wird bereitet. Alle legen sich nieder bis auf Bonifait, der die Nachtwache übernimmt, Feuer anzündet und die Rosse anbindet. Zwölf Räuber kommen heran, Bonifait will den Grafen nicht wecken und misst sich allein mit der Überzahl. Fünf schlägt er nieder, die Übrigen töten ihn. Vom Getöse des Kampfes erwacht Rudolf. Rasend vor Wut dringt er auf die sieben ein und erschlägt alle. Dann nimmt er Bonifaits Leiche in den Arm und bejammert des lieben Neffen Tod.

Der Graf Rudolf hat den Vorzug, dass die Charaktere und Ereignisse von übermäßiger Verfeinerung und romantischer Ausschmückung frei sind. Überall fühlt man die Wahrheit der Verhältnisse. Die schlichte, ruhige, gleichmäßige Erzählung passt vortrefflich zu diesem Inhalt. Wir haben hier das leider so seltene Beispiel eines zeitgeschichtlichen Romans, der sich nicht in die bunte Fabelwelt und Abenteuerlust des Ritterromans verliert, der auf dem Boden der Wirklichkeit bleibt.

Das lateinische geistliche Drama.

Im 11. und 12. Jahrhundert entstand aus den oben S. 62 f. angeführten St. Galler Weihnachts- und Ostertropen das geistliche Drama, zunächst als Bestandteil des Gottesdienstes, hernach losgelöst und selbständig als Spiel, aber immer noch in lateinischer Sprache und gesungen, nicht gesprochen. Die Entwicklung ist in ihren Grundzügen klar, ohne dass wir über alle Einzelheiten sicher unterrichtet wären. Der Ostertropus erweiterte sich nach zwei Seiten, szenisch und textlich.

Die Frage und Antwort erging ursprünglich zwischen dem Geistlichen am Altar und dem Chor. Bald aber wurden Frage und Antwort auf besondere Rollen verteilt. Noch im 10. Jahrhundert treten in einem Bamberger Texte die drei Marien (presbyteri vice mulierum) aus dem Chor heraus, um das Grab zu besuchen, und sprechen davon, wer ihnen den Stein vom Grabe wegwälzen wird (quis revolvet nobis lapidem ab ostio monumenti?). Dann folgt die Interrogatio angeli: quem quaeritis? und die entsprechende Antwort und Auskunft, worauf der Chor einfällt: te Deum laudamus! Neu ist hier die ausdrückliche Rollenverteilung und der szenische Vorgang, der sich zwischen dem Altar, wo das Grab gedacht ist, und dem Chor abspielt. Eine schöne Erweiterung wurde im 11. oder 12. Jahrhundert hinzugefügt, indem die Marien zum Beweis des leeren Grabes das Linnen und Schweißtuch erheben. Damit kommt gleichsam das Bühnengerät in die Szene. Man baute zugleich das Grab, das noch heute in der katholischen Kirche am Karfreitag aufgestellt wird, an einem besonderen Platz auf. Schon im alten Tropus war den Marien die Weisung geworden, die Auferstehung zu verkünden. Eine alte Ostersequenz (victimae paschali) enthielt einen dialogischen Teil, worin Maria gefragt wird, was sie gesehen habe; sie antwortet: das Grab, die Engel, das Schweißtuch und Linnen. Mit Leichtigkeit war die Sequenz in der Osterfeier zu verwenden und ergab ein Gespräch der vom Grabe heimkehrenden Frauen mit dem Chor. Nach den Evangelien geht Maria Magdalena vom Grab zu Petrus und Johannes und erzählt, was sie gesehen, worauf die beiden Apostel hinauseilen, um sich mit eigenen Augen zu überzeugen. Die Osterfeier gewann daraus folgenden Vorgang: die Marien zeigen das Tuch und Linnen; währenddem singt der Chor: currebant duo simul, zwei eilten zusammen hinaus. Zugleich laufen zwei Personen, die Darsteller des Petrus und Johannes, zum Grabe, Johannes kommt vor Petrus zum Ziele. Diese Apostelszene, die hernach in den deutschen Spielen zu einem humoristisch aufgefassten Wettlauf sich erweiterte, war ursprünglich nur pantomimisch, begleitet von den erzählenden Worten des Chores. Und wie die Rückkehr der Marien immer reicher mit Einzelheiten ausgestattet wurde, so auch der Gang zum Grabe. Nach Marcus kaufen die Marien in der Nacht vom Samstag zum Ostersonntag Spezereien und kommen nach Sonnenaufgang zum Grabe. Daraus wird eine neue Szene gebildet: die drei Marien kaufen die Salben bei einem Krämer und setzen dann erst ihren Gang zum Grabe fort. Dies war die erste Szene, für welche die Evangelien keinen Text boten. Also musste er gedichtet werden. Drei Strophen singen die Marien beim Auftritt, worin sie klagen und ihre Absicht zum Besuch des Grabes kundtun:

sed eamus et ad ejus　　properamus tumulum:
quem diliximus viventem,　　diligamus mortuum.

Dann folgen einige Strophen, in denen sie mit dem Kaufmann verhandeln, durchaus ernst und würdevoll gehalten. Aber mit dem Krämer war eine Gestalt in die Feier eingetreten, die im Evangelium nicht vorkam, die eine weltliche Zutat ist und in weltlichem Sinne ausgeführt werden mochte. Die Krämerszene wurde in den deutschen Spielen zur reinen Posse, in der die drei Marien mit ihren ernsten Gesängen sich wunderlich ausnehmen. Das Evangelium bot aber in dem bereits ziemlich reichen geistlichen Drama, zu dem der alte Tropus sich entfaltet hatte, den Höhepunkt von selber dar: *die Erscheinung Christi.* Der Dichter, der es wagte, den Heiland einzuführen, weckte damit einen Geist, der im Drama des Mittelalters mehr und mehr die Herrschaft gewann und es schließlich ganz umgestaltete. Der folgenreiche Schritt geschah vermutlich erst gegen das Jahr 1200; die dramatische Ausgestaltung des Stoffes fällt ins 13.–15. Jahrhundert, zuerst im lateinischen, dann im deutschen Spiel. Wir wissen nicht, wo und von wem die erste Erscheinungsszene gedichtet wurde. Aber wir erkennen wohl, wie der Dichter verfuhr. Die Worte dazu standen im Evangelium: das Gespräch zwischen Christus und Maria Magdalena, die am Grab zurückblieb. Der Christusdarsteller, die »dominica persona,« trat im weißen Priestergewand und Stola, mit Krone und mit bloßen Füßen auf. Der Vorgang war wesentlich pantomimisch. Der Maria ist eine genaue Spielweisung gegeben: nachdem sie am Stimmklang den Heiland erkannt, stürzt sie zu seinen Füßen, um sie zu umfassen; er aber spricht mit feierlicher Stimme zu ihr, sie dürfe seinen verklärten Leib nicht berühren (noli me tangere), sie steht auf und neigt sich dreimal: sancte Deus, sancte fortis, sancte immortalis, miserere nobis! Nach der Erscheinung Christi geht die Reihenfolge der Szenen in gewohnter Weise vor sich. Diese Osterfeier, die immer noch im Rahmen des Gottesdienstes unterzubringen war, suchte den Gegenstand der Osterliturgie der Gemeinde in schönen und eindrucksvollen Bildern vor Augen zu bringen. Da der

Text in der Hauptsache durch Bibelstellen und kirchliche Hymnen und Sequenzen bestritten wurde, war die Aufführung in der Kirche, die ohne besonderen Aufwand die szenischen Mittel hergab, unbedenklich. In der zuletzt erwähnten Gestalt mit der Erscheinungsszene war aber doch schon so viel Handlung und Gespräch vorhanden, dass diese Form eine gewisse Selbständigkeit behauptete und vom eigentlichen Gottesdienst losgelöst werden konnte.

Die Osterfeier wird zum Osterspiel, das sich freier entfalten konnte, da die Rücksicht auf die Liturgie nicht mehr allein maßgebend war. Die Dichtung bemächtigte sich dieses dankbaren Stoffes. Bereits im 12. Jahrhundert, zur Zeit Friedrich Barbarossas, gab es geistliche Spiele außerhalb des Gottesdienstes, die aber damals nur im Weihnachtszyklus das Christkind vorführten. Nachdem Christus in der Osterfeier persönlich aufgetreten war, entwickelte sich verhältnismäßig schnell das geistliche Schauspiel, in dessen Mittelpunkt seine Person stand. Das Glaubensbekenntnis nannte die Auferstehung und die Niederfahrt zur Hölle zusammen, Bilder stellten seit alters diese Vorgänge dar. Dem Spiele war damit der Weg zur weiteren Entwicklung gewiesen. Der ursprünglich so einfache Bau der Osterfeier geriet dadurch ins Wanken, dass neue Szenen anwuchsen. Die bisher besprochenen Szenen enthielten die Ereignisse am Ostersonntagmorgen. Ohne Schwierigkeit konnten die Vorgänge vom Sonnabend vorangestellt werden, wodurch ein längeres Spiel in zwei Teilen entstand. In den Osterspielen erkennen wir zwei Gruppen: das *Wächterspiel* und das *Marienspiel*, Letzteres die alte Osterfeier. Das Wächterspiel enthält die Aufstellung der Grabwächter durch die Juden und Pilatus; sie ziehen auf ihren Posten; der Engel erscheint mit Donner und Blitz und schlägt sie nieder; Christus ersteht aus dem Grab und steigt in die Hölle hinunter, wo sich eine lange Szene mit den Vätern des alten Bundes, die Christus befreien will, und dem Teufel entspinnt; die Soldaten werden endlich durch Boten, Juden oder Pilatus geweckt, zanken sich untereinander und lassen sich zuletzt bestechen, nichts von den Vorgängen der Auferstehung zu melden. Im Wächterspiel ist sehr wenig Liturgisches und sehr viel Erdichtetes. Gerade die Möglichkeit ungebundener freier Erfindung reizte die Dichter zur Ausgestaltung dieser Szenen, die bald einen durchaus weltlichen Charakter annahmen. Das Osterspiel konnte im ganzen Umfang dargestellt werden oder gesondert in seinen zwei Abteilungen.

Eine dritte Stufe ist das *Passionsspiel:* das Hauptziel der Dichter des 13. und 14. Jahrhunderts, darzustellen, wie der Erlöser lebte, litt und starb. Der Schluss war durch die Osterspiele, die in ihrem ganzen Umfang aufgenommen werden konnten, bereits gegeben. Aber alles Vorhergehende musste neu erfunden werden. Als ältestes Beispiel besitzen wir das Benediktbeurer Passionsspiel aus dem 13. Jahrhundert mit wenigen und kurzen Handlungen: Christus beruft Petrus und Andreas am Meeresufer, er wolle sie zu Menschenfischern machen. Mit den Worten der Bibel spricht er zu Zachäus und heilt einen Blinden. Knaben streuen Zweige beim Einzug Christi in Jerusalem. Christus speist beim Pharisäer Simon; Maria Magdalena wirft sich vor Christus nieder und salbt seine Füße. Christus erweckt Lazarus vom Tode. Judas verhandelt mit den Juden. Dann folgen in sehr kurzen Worten das Gebet am Ölberg, die Gefangennahme, die Verhandlungen vor Pilatus, der Tod des Judas, der Weg zum Kreuz und die Kreuzigung. Maria erscheint mit Johannes unter dem Kreuz und stimmt ihre Klage an. Der blinde Longinus durchbohrt Christi Seite und wird sehend durch das Blut, das in sein Auge spritzt. Die Juden verspotten Christus, Joseph von Arimathia bittet um den Leichnam des Herrn. Das ganze Spiel umfasst nur 289 Verse, ist lateinisch, wenn schon bereits einige deutsche Verse eingemischt sind, und wird gesungen. Der Verfasser enthält sich bis auf zwei Ausnahmen jeder eigenen Zutat und weiteren Ausführung, er bleibt so getreu als möglich am Bibeltext. In dieser Weise dürfen wir uns die ältesten Passionsspiele vorstellen, die im Anschluss an die Osterspiele entstanden. Die Aufführung ist nicht mehr so einfach wie im Osterspiel, sie verlangt einen größeren Schauplatz, der allerdings noch weit entfernt von den szenischen Anforderungen der deutschen Spiele im 14. und 15. Jahrhundert zu denken ist. In der Kirche wird das Bendiktbeurer Spiel kaum aufgeführt worden sein, sondern in Sälen z. B. im Refektorium des Klosters oder auch auf einem Hofe oder Platz im Freien.

Das Passionsspiel hat nur zwei ausführliche Szenen, die der Maria Magdalena und ihres weltlichen Vorlebens und die Klage der Maria, der Mutter Jesu, unter dem Kreuz. Die Schmerzen der Gottesmutter waren in einer schönen Sequenz (planctus ante nescia), die später durch »Stabat Mater dolorosa« ersetzt wurde, geschildert. Diese konnte von den Passionsdichtern nach dem Vorgang der Verfasser der Osterfeiern einfach übernommen werden. In einem anderen lateinischen

Gedicht wandte sich Maria an die Weiber mit den Worten: flete, fideles animae, und an Johannes: mi Johannes, planctum move, plange mecum, fili nove! Schon in der lateinischen Lyrik war hier eine kleine dramatische Szene entstanden, die unverändert ins Drama übergehen konnte. Die Maria-Magdalena-Szene steht unter dem Einfluss der Krämerszene des Osterspieles. Hier wie dort geht Maria zum Krämer, um Salbe zu kaufen. In der Passion aber verlangt sie Schminke, um sich für ihr Minneleben zu schmücken. Maria Magdalena galt als die Ehebrecherin des Evangeliums. Daraus entstand die dramatische Szene von der reumütigen Sünderin.

In der *Weihnachtszeit* gibt es drei Feiern, die zu dramatischer Entwicklung drängten: das Officium pastorum, die Anbetung der Hirten am 25. Dezember, das Officium stellae oder magorum, die Anbetung der drei Weisen aus dem Morgenland am 6. Januar, das Officium infantium oder der Ordo Rachelis, der bethlehemitische Kindermord und die Klaue der Rachel am 28. Dezember. Vielleicht noch früher als die Osterfeiern wurden diese Officia zu einem Spiele ausgebildet, das die Ereignisse in der Reihenfolge: Hirten, Dreikönige, Unschuldige Kindlein darstellte. Im eigentlichen Weihnachtsofficium wurde die Krippe in der Kirche aufgestellt, wie in der Osterfeier das Grab. Das Evangelium bot mit dem Gloria in excelsis, der Aufforderung an die Hirten, nach Bethlehem zu eilen, zwanglos den Text. Beim Dreikönigsofficium ging es ähnlich zu, der Stern erschien in der Kirche und leitete die Magier zur Krippe. Der alte Weihnachtstropus mit Frage und Antwort, der sich ursprünglich zwischen dem Geistlichen am Altar und dem Chor abspielte, verknüpfte durch den Einfall eines geschickten Dichters Hirten und Magier: die drei Könige begegnen den Hirten, hören ihren Lobgesang und fragen nach der Ursache, worauf ihnen die Geburt Christi von den Hirten mitgeteilt wird. Der Vorgang am Weihnachts- und Dreikönigsfest ist ja auch ganz derselbe: beide Male wird das Kind in der Krippe angebetet, die Hirten werden von den Engeln, die Magier vom Stern zum Christkind hingeführt.

Am Tag der Unschuldigen Kindlein wurde in der Kirche der Ordo Rachelis gesungen im Anschluss an eine Stelle im Matthäus II, 18: Rachel plorans filios suos et noluit consolari. Rachel ist die Vertreterin der Mütter von Bethlehem; sie erhebt ihre Klage über den Kindermord; eine Trösterin sucht sie zu beruhigen und meint: numquid flendus est iste, qui regnum possedit caeleste (ist der zu beweinen, der das Himmelreich besitzt?). Dieser Klage wurde der Kindermord vorangestellt und das Ganze mit Hirten und Dreikönigen verbunden, woraus eine reiche Szenenfolge sich ergab: Verkündigung der Geburt Christi durch den Engel, Anbetung des Christkindes durch die Hirten, die Magier vor Herodes, Begegnung der Hirten und Magier, Anbetung der Magier, Aufforderung eines Engels an Joseph, nach Ägypten zu fliehen, Befehl des Herodes zum Kindermord, Ausführung des Befehls, Klage der Rachel und Trösterin, Joseph und Maria kehren mit dem Christkind zurück. Das ist der Inhalt des großen Weihnachtsspieles, das im 12. Jahrhundert bereits vorhanden war. Vorher und nachher waren auch Hirten- und Dreikönigsspiele allein üblich, wie sie noch heute im Volksbrauch haften. Das Weihnachtsspiel ist vielleicht älter als das Osterspiel, aber konnte sich niemals zur Bedeutung und zum Umfang des Passionsspieles entwickeln.

Das *Prophetenspiel* erscheint frühzeitig als Einleitung zum Weihnachtsspiel. Dem Augustin wurde seit dem 5. Jahrhundert eine Predigt zugeschrieben, worin die Juden durch die Weissagung von neun jüdischen Propheten und drei Heiden (Nebukadnezar, Virgil, Sibylle) überzeugt werden sollen, dass Jesus der verheißene Messias sei. Daraus entstand mit leichter Mühe ein Spiel, worin unter Führung des Augustin alle Propheten auftreten und ihre Weissagungen auf die Geburt Christi vortragen. Besonders wirkungsvoll war der Prophet Balaam, der auf seiner Eselin angeritten kam, vom Engel mit gezücktem Schwerte geschreckt wurde und dann seine berühmte Prophezeiung anhub: orietur stella ex Jakob!

Das Benediktbeurer Weihnachtsspiel aus dem 13. Jahrhundert ist aus der Schule hervorgegangen und legt besonderes Gewicht auf diese Einleitung. Augustinus sitzt auf einem Sessel vor der Kirche, zu seiner Rechten die Propheten, zur Linken die Juden mit dem Hohenpriester. Sibylla weist auf den Stern und singt mit ausdrucksvollen Gebärden von der reinen Jungfrau und der Geburt des Heilands. Der Chor führt singend den Aron ein mit der unter zwölf dürren Stäben allein blühenden Gerte. Dann kommt Balaam auf der Eselin. Nun beginnt ein sehr erregtes Streitgespräch zwischen Augustin und seinem Gefolge und den Juden. Dem Archisynagogus wird in der szenischen Bemerkung vorgeschrieben, er solle über die Verheißungen in große Aufregung geraten, seinen Genossen mit dem Ellenbogen anstoßen, seinen Kopf und den ganzen Körper hin und her bewegen, mit dem

Fuß auf den Boden stampfen und mit seinem Stock die Haltung und Gebärde eines Juden durchaus nachahmen. Auch der »Episcopus puerorum«, der am St. Niklastag von den Schülern gewählte Knabenbischof, der bis zum Tag der Unschuldigen Kindlein sein Amt verrichtete und die kirchlichen Bräuche nachahmte, mischt sich darein und ruft, der Wein rede aus den Juden. Nachdem die Propheten ihre Sitze wieder eingenommen haben, beginnt das eigentliche Weihnachtsspiel mit der Verkündigung des Engels an Maria und mit Marias Besuch bei Elisabeth, wofür bekannte Bibelworte zu Gebot standen. Für die Geburt des Heilands lautet die szenische Bemerkung: Maria vadat in lectum suum, quae jam de spiritu sancto concepit, et pariat filium. Der Chor singt: hodie Christus natus est! Der Stern geht auf; aus verschiedenen Weltteilen erscheinen die drei Könige und bewundern in längerer astronomischer Erörterung den Stern. Boten des Herodes erkunden von ihnen den Grund ihrer Reise und melden dem Herodes. Die Engel verkünden den Hirten auf dem Feld die Geburt Christi. Der Teufel erklärt alles für erlogen. Die Hirten folgen dem Engel und gehen anbetend zur Krippe. Heimkehrend treffen sie mit den Königen zusammen. Diese begeben sich zur Krippe, beten an und bringen ihre Gaben dar. Ein Engel erscheint ihnen im Traum und weist sie auf einen andern Heimweg, dass sie nicht wieder mit Herodes zusammentreffen. Herodes befiehlt die Kinder zu töten. Die Mütter wehklagen. Herodes wird von den Würmern gefressen, stirbt und wird von den Teufeln empfangen. Joseph und Maria gehen nach Ägypten.

Wie das Benediktbeurer Weihnachtsspiel durch seine Verse auf den Kreis der Vaganten hinweist, so ist das Tegernseer *Spiel vom Antichrist* durchaus gelehrten Ursprungs, vermutlich um 1168 in der Umgebung Friedrich Barbarossas entstanden. Nach der mittelalterlichen Weltanschauung waren die letzten Dinge wie durch ein festes Programm bestimmt. Ein fränkischer Kaiser wird sich das ganze Erdreich unterwerfen, dann aber seine Krone zu Jerusalem niederlegen, damit Gott allein herrsche. Aber der Antichrist tritt auf und betört die Menschheit, dass sie an ihn als Gottes Sohn glaubt. Vierthalb Jahre dauert sein Reich, dann wird der Antichrist gestürzt und alles bekehrt sich. Der Dichter des »ludus de Antichristo« nimmt dadurch eine besondere Stellung ein, dass er seinem Drama einen politisch-zeitgeschichtlichen Hintergrund gibt. Sein Kaiser ist kein Franzose, sondern ein Deutscher. Im ersten Teil vereinigt der Deutsche Kaiser Frankreich,

Griechenland und Jerusalem unter seinem Szepter. Griechenland und Jerusalem unterwerfen sich sofort, Frankreich erst nach Kämpfen. Als die Heidenschaft gegen Jerusalem aufsteht, naht der Kaiser auf den Hilferuf der bedrängten Christen und besiegt die Heidenschaft. Nach dem Sieg legt er Krone und Szepter auf dem Altar des Tempels zu Jerusalem nieder. Das war die Stimmung im Abendland in den Tagen Barbarossas, wo dem römischen Kaisertum deutscher Nation und dem Träger dieser Kaiserkrone der Anspruch auf die Weltmacht zuerkannt wurde. Auf dem Mainzer Reichstag zu Ostern 1189 nahm Friedrich mit allen anwesenden Fürsten voll Begeisterung das Kreuz und forderte schriftlich alle Könige der Christenheit zur Teilnahme auf: Zugleich wurden Saladin und der Sultan von Ikonium nachdrücklich angewiesen, den berechtigten Forderungen der Christenheit sofort nachzukommen, widrigenfalls diese einmütig gegen sie ziehen würde. Im zweiten Teil erscheint der Überlieferung gemäß der Antichrist, begleitet von Heuchelei und Ketzerei. Er gibt sich für den Heiland aus und sendet Botschaft nach Griechenland und Frankreich mit der Forderung um Unterwerfung. Willig leisten sie Gehorsam. Aber die Deutschen widerstehen. Erst als der Antichrist Wunder tut, Lahme heilt und Tote aufweckt, gerät der deutsche Glaube ins Wanken. Die Deutschen huldigen dem Verführer und besiegen für ihn die Heiden. Die Juden fasst der Antichrist beim Messiasglauben. Elias und Enoch erscheinen und erheben ihre warnende Stimme. Sie erleiden auf des Antichrists Befehl den Märtyrertod. Wie er sich aber die Kaiserkrone aufsetzen will, schmettert ein Blitzstrahl ihn nieder.

Mit wirklichem Geschick baute der Verfasser den von der geistlichen Tradition gebotenen Stoff auf politischem Hintergrunde auf. Vortrefflich wirkt der Gegensatz der Hauptpersonen, des Kaisers und des Antichrists. Zuerst erobert der Kaiser die Welt, um sich demütig vor Gott zu beugen; hernach gewinnt der Antichrist die Welt, büßt aber seinen Hochmut mit jähem Fall. Meisterhaft ist die Charakterzeichnung der Deutschen und Franzosen, jene unwiderstehlich im Kampf und geraden Sinnes, diese tapfer, aber eitel und übermütig. Griechenland und Jerusalem sind unselbständig, ganz und gar von der jeweiligen politischen Weltlage abhängig. Seine kaiserliche Gesinnung bewährt der Dichter in der Hauptrolle, die er dem Kaiser zuweist. Der Papst tritt nur im Gefolge der Kirche auf, ohne an der Handlung sich zu beteiligen. Der Kaiser ist Schirmherr der Kirche und der Christenheit, der Papst ist fast ganz ausgeschaltet. In religiösen Dingen ist der Verfasser objektiv. Der Streit der Religionen spielt sich im Prolog ab: Heidentum und Synagoge legen ihre Berechtigung mit Beweisgründen dar, die Kirche behauptet und verdammt nur, sie beweist nicht mehr, sondern fühlt sich in ihrem Bestand unanfechtbar sicher. Alle Wärme und Begeisterung aber, deren der Dichter fähig ist, gilt dem Kaisertum. Höchst vorteilhaft wirkt das Drama durch seine Mäßigung. Nirgends sind plumpe Mittel verwandt. Der Antichrist ist kein teuflisches Scheusal, sondern ein heuchlerischer Mensch, der seinen Vorteil geschickt wahrzunehmen weiß. Ob das Spiel aufgeführt wurde, wissen wir nicht. Jedenfalls aber ist es für die Bühnenverhältnisse eingerichtet. Wir finden bereits die verschiedenen Standörter. Auf der einen Seite ist der Platz der Kirche, davor der Kaiserthron, der Thron des Königs von Frankreich und von Deutschland. Auf der andern Seite ist der Tempel, davor die Synagoge und Jerusalem. Links und rechts befinden sich die Heidenschaft und Griechenland. Irgendwelcher besonderen Zurüstung bedurfte es nicht. Die Handlung ergab sich dadurch, dass die Personen sich zwischen den Örtern hin und her bewegten. Der Kaiser sandte seine Boten nach Frankreich und Griechenland, wozu ein paar Schritte genügten. Die Fahrt nach Jerusalem wurde angedeutet, indem der Kaiser von der Kirchenseite auf die Tempelseite hinübertrat. Die Weltherrschaft zeigt sich darin, dass der Kaiser und hernach der Antichrist alle Örter beherrschen. Für die Beurteilung der dramatischen Dichtung im 12. Jahrhundert ist der Antichrist insofern wichtig, als er beweist, dass bereits über die liturgischen Stoffe hinausgegriffen werden konnte, und dass eine Bühne außerhalb der Kirche bestand.

Der Antichrist handelte von den letzten Dingen. Das geistliche Drama des 12. Jahrhunderts beschäftigte sich aber bereits mit den vorchristlichen Ereignissen, ja mit den Anfängen der Welt. Wir besitzen zwar keine Texte, wohl aber in den Jahrbüchern der Stadt Regensburg einen Vermerk über eine am 7. Februar 1194 erfolgte Aufführung. Offenbar erachtete man dieses Ereignis für wichtig genug, um in die Stadtchronik eingetragen zu werden. Das Spiel enthielt die Erschaffung der Engel, den Sturz Lucifers, die Schöpfung und den Sündenfall, und die Propheten, worunter natürlich ihre auf Christus gedeuteten Weissagungen gemeint sind. Das lateinische Drama im 12. Jahrhundert umfasste also bereits den ganzen ungeheuren

Stoff der späteren deutschen Spiele und erstreckte sich vom Osterspiel zur Passion und weiterhin nach vorwärts und rückwärts zu Lucifer und zum Antichrist.

Im liturgischen Drama der Osterfeier gehörten Dichter und Darsteller dem Priesterstande an, der Text war rein kirchlich, der Schauplatz die Kirche. Die geistlichen Spiele nicht liturgischer Art waren nicht mehr an die Kirche gebunden, ja es erschien wegen ihres freien Inhalts eher wünschenswert, sie aus dem Kirchenraum zu entfernen und hinaus ins Freie, in Höfe, auf Plätze, in geräumige Säle, z. B. klösterliche Refektorien zu verlegen. Die Texte zeigen Einwirkung der Vagantendichtung. Als Dichter und Darsteller dürfen wir uns die Scholaren denken, ja sogar die Klosterschüler und Chorknaben wurden herangezogen. Alle diese Umstände trugen zur fortschreitenden Verweltlichung bei, die von streng geistlicher Seite nicht gern gesehen war. Der Propst Gerhoh von Reichersberg und die Äbtissin Herrad von Landsberg (1167–95) erheben gleichzeitig bewegliche Klage über die zunehmende Verwilderung. Gerhoh schrieb um 1160; er blickt auf seine Jugend zurück, sodass die von ihm erwähnten Zustände schon für die zwanziger Jahre des 12. Jahrhunderts gelten. Er bedauert, dass er solchen theatralischen Spielen im Refektorium eines Augsburger Klosters nicht nur beiwohnte, sondern sogar als Magister scholarum und doctor juvenum vorstand. Als Lehrer der Klosterschule inszenierte er Spiele, darunter einen Herodes, den Verfolger des Christkindes und Mörder der Kinder. Damit ist also ein Weihnachtsspiel gemeint. Dass diesen Aufführungen der in der liturgischen Feier zweifellos bewahrte Ernst fehlte, wird ausdrücklich hervorgehoben. Getadelt wird das Toben und Wüten des Herodes, die Verkleidung von Geistlichen in Kriegsknechte, das Auftreten des Antichrists mit einer Gesellschaft von Teufelsmasken, der Streit und Lärm im Gotteshaus. Man sah das Kind in Windeln und hörte sein Geschrei. Auch den »matronalem habitum puerperae virginis« tadelt Gerhoh. Im Prophetenspiel wurde Balaam auf einem hölzernen Esel reitend hereingezogen oder geschoben; unter der Reitdecke lief ein Knabe mit, der die Worte der Eselin sprechen musste. Derlei Dinge erregten Anstoß und beweisen den sich vollziehenden Übergang der Spiele in weltliche Hände.

III. Die mittelhochdeutsche Blütezeit

Der ritterlich-höfische Roman

Mit *Heinrich von Veldeke* beginnt der höfische Ritterroman nach französischen Vorbildern. Von Heinrich wissen wir, dass er einem ritterlichen Geschlecht angehörte, dessen Stammsitz das Dorf Spalbeke in der Nähe von Maestrich war. Er hatte Beziehungen zu den Grafen von Los und zur Abtei St. Trond. Daher vereinigen sich ritterliche und geistliche Absichten in seinen Werken. Heinrich genoss gelehrte Bildung und war vielleicht Geistlicher. Er verfasste um 1170 nach einer lateinischen Quelle das Leben des Servatius, des Schutzheiligen von Maestrich. Aber seine Kunst ist darin noch nicht auf der Höhe. Der Servaes wurde in den achtziger Jahren in einem bayerischen Gedicht von Sante Servatien Leben benützt und vermittelte somit zum ersten Mal niederländische literarische Einflüsse nach Oberdeutschland, aber er tat keine so allgemeine Wirkung, wie der Eneas und die Lieder, mit denen Heinrich die mhd. Blütezeit eröffnete, als anerkannter Begründer einer neuen, verfeinerten Kunst. Für die mhd. Literaturgeschichte ist vornehmlich die *Eneit* von Bedeutung geworden, weil sie die französischen Nachbildungen des antiken Romans, der bereits mit Lamprechts Alexander eingeführt worden war, wieder aufnahm und als klassisches Vorbild die übrigen Dichter auf die französische Romandichtung hinwies, zugleich aber die Verskunst wesentlich verfeinerte. Heinrich ward sowohl durch den Inhalt als auch durch die Form seines Romans ein Führer zu neuen literarischen Idealen, denen die Zukunft gehörte. Die neue Richtung gewann alsbald die lebhafte Teilnahme der tonangebenden höfischen Kreise. Auf Bestellung des Landgrafen Hermann von Thüringen wurden nach dem Muster der Eneit andere antike Romane übersetzt. Ludwig II., Landgraf von Thüringen hatte seine zwei Söhne Ludwig und Hermann im Jahre 1162 an den Hof des Königs Ludwig VII. von Frankreich gesandt. Hier empfing Hermann französische Bildung. Die Bekanntschaft mit der französischen Literatur bestimmte ihn dazu, verschiedene Werke nach Deutschland mitzubringen und für die deutsche Dichtung bearbeiten zu lassen. Mit Heinrichs Eneit hängen Herborts Trojanerkrieg und Albrechts von Halberstadt Ovidbearbeitung unmittelbar zusammen. Heinrichs Muttersprache ist Niederländisch, aber seine Eneit und die Lieder sind auf hochdeutsche Leser berechnet, indem der Dichter Worte, Wendungen und Reimbindungen, die nur niederländisch sind, fern hielt und seine Sprache dem mitteldeutschen Gebrauch anpasste. Die Eneit hatte seltsame Schicksale, die aber für ihre Verbreitung wichtig wurden. Um 1174, als das Gedicht zum größten Teil, etwa bis zum Vers 10930, wo Eneas den Brief der Lavinia liest, vollendet war, lieh der Dichter die Handschrift einer Gönnerin, der Gräfin Margarete von Cleve. Bei ihr fand sie ein Graf Heinrich, der sie widerrechtlich nach Thüringen mitnahm. Dies geschah, als jene Gönnerin mit dem Landgrafen Ludwig III. von Thüringen Hochzeit machte. Neun Jahre musste Heinrich sein Werk entbehren. In dieser Zeit bereiste er Deutschland und machte 1184 das berühmte Pfingstfest von Mainz mit, wo Friedrich Barbarossa seinen beiden Söhnen Heinrich und Friedrich unter großer Beteiligung deutscher und französischer Ritterschaft und mit Veranstaltung glänzender Festlichkeiten das Ritterschwert verlieh. Schon vorher weilte Heinrich am Thüringer Hof und erhielt durch den damaligen Pfalzgrafen Hermann seine Eneit zurück, die er nun rasch beendigte. So gebührt Hermann das Verdienst, die Eneit des Niederländers in seinen fürstlichen Schutz genommen und ihre Vollendung ermöglicht zu haben. Die Mainzer Tage trugen gewiss viel zur Annäherung zwischen Franzosen und Deutschen, zur Verbreitung französischer Literatur und feiner Sitte in Deutschland bei. Die Niederländer, die deutsche und französische Art verbanden, galten als die besten Vertreter höfischer Sitte. So war es nur natürlich, wenn von dort aus die neue Romandichtung ausging.

Vergil ist das Vorbild und der Erwecker der mittelalterlichen Epik. So erscheint er schon bei Ekkehard im Waltharius. Um 1160 wurde die Äneis von einem westfranzösischen Dichter zum Ritterroman umgeschaffen. Der Franzose brachte den Stoff seinen Landsleuten dadurch nahe, dass er ihn ins Gewand mittelalterlicher Anschauung und Sitte kleidete und alles Antike ausschaltete. Alles Antiquarische und Mythologische ist beiseite gelassen. Dagegen wird der äußere höfische

Prunk, Rüstung, Wohnung, Lebensführung, nach französischer Mode genau geschildert. Frei bewegt sich der Verfasser, wenn er die Schönheit seiner Helden und Heldinnen beschreibt. Aber mit den Schrecken der Höllenfahrt weiß er nichts Rechtes anzufangen. Eneas sieht nur wunderliche Dinge, wie sie den abenteuernden Rittern der übrigen Romaue in ähnlicher Weise begegnen. Was den ritterlichen Poeten vor allem andern fesselte, war der Liebesroman von Eneas und Dido. Ohne die Leidenschaftlichkeit des Originals zu erreichen, sucht er auf anderem Weg, in der Zergliederung der Liebesqual, seine Stärke. Diese Seelenmalerei kam dem Geschmack der damaligen Zeit entgegen. Und der von Vergil gegebenen Liebesgeschichte fügte der Dichter aus eigener Erfindung eine zweite bei, indem er die sechs Zeilen, die Vergil der Lavinia widmete, zu etwa 1400 erweiterte. Lavinia zwischen Eneas und Turnus, die aufkeimende Liebe zum schönen Fremdling, das Gespräch mit der Mutter, das Geständnis bilden den Hauptgegenstand des zweiten Teils. Noch ist alles ziemlich äußerlich und kindlich. Aber wir erkennen denselben Geist, der Tristan und Isolde erschuf. Die Minne, die im Rolandslied noch fehlte und im Alexander nur als vergnügliches Abenteuer vorkam, tritt jetzt in den Vordergrund und gibt dem Roman seinen eigentlichen Wert. Heinrich von Veldeke folgte seinem Vorbild sehr genau. Im Allgemeinen erzählt er breit und schleppend. Trotzdem übersteigt sein Gedicht die Vorlage an Verszahl nicht wesentlich, 13 528 deutsche Verse entsprechen 10 156 französischen. Heinrich erweitert die Gespräche und Selbstgespräche und kommt damit dem Geschmack der Zeitgenossen noch mehr entgegen, indem er gleichsam die Eigenart der Quelle unterstreicht. Um dem übermäßigen Anwachsen des Umfangs zu begegnen, kürzt er andrerseits in der Erzählung, die dadurch noch mehr von Vergil sich entfernt, die heidnische Götterwelt noch weiter zurückschiebt. Höfische und ritterliche Züge betont der deutsche Bearbeiter ebenso sehr, dass die Anpassung an die mittelalterlichen Zustände im deutschen Gedicht noch enger ist als im französischen Original. Besondere Vorzüge kommen der breiten, im Gegensatz zur wortkargen Schilderung der älteren deutschen Epen umständlichen Darstellung Heinrichs nicht zu. Die Äneis nimmt sich im deutschen Gewand nicht besser aus als im französischen. Die Bedeutung Heinrichs für die Entwicklung und für den mit seinem Gedicht anhebenden Aufschwung der mhd. Literatur liegt nur in dem glücklichen Griff seiner Stoffwahl und in der Verskunst. Heinrich wird im letzteren Punkt ähnlich zu bewerten sein wie hernach Opitz; beide ersetzten die allmählich eingerissene Verwilderung des Versbaues durch klare, als gültig anerkannte Regeln. Sie hatten das Glück, auszusprechen und zu betätigen, was in ihren Tagen zunächst notwendig war und auch von andern als notwendig erkannt wurde. Die formelhaften Wendungen der älteren Erzählungskunst wurden durch rhetorisch-stilistische Neuerungen verdrängt. Damit war der individuellen Kunst der Weg gebahnt. So verwendet z. B. Heinrich im Liebesgespräch zwischen Eneas und Lavinia die Stichomythie, d. h. die Vers um Vers wechselnde Rede und Gegenrede, wodurch die Szene lebhaft bewegt erscheint. Die verliebte Lavinia klagt über die Bitterkeit der Minne und wiederholt eindringlich den Reim »Minne« im Wechsel mit andern Worten wie »Sinne«, »inne«, »rinne«, »gewinne«, »beginne«. An Stelle der bisher üblichen freien Reime oder bloßen Anklänge setzte Heinrich die Forderung strenger, reiner Reimbindung, und zwar mit so entschiedenem Erfolg, dass alle älteren Werke, sofern sie noch gelesen wurden, sich Umarbeitungen in reine Reime gefallen lassen mussten. Der rhythmischen Verwilderung begegnete Heinrich mit Versen, deren Senkungen möglichst auf die Zahl von nur einer Silbe beschränkt waren. Damit war der Vers der mhd. Blütezeit, ein Vierhebler mit reinen Reimen und einsilbigen Senkungen, in der Hauptsache geschaffen. Natürlich finden sich bei Heinrich noch mancherlei Freiheiten; er konnte sein Ziel wohl erkennen, aber noch nicht völlig erreichen. Dazu bedurfte es noch mannigfacher Übung; das war die Aufgabe seiner Nachfolger, zu vollenden, was der Meister erstrebt hatte. Gottfried von Straßburg würdigt Heinrich von Veldeke mit den Worten:

von Veldeken Heinrîch
der sprach ûz vollen sinnen:
wie wol sanc er von minnen!
wie schône er sînen sin besneit!
– – – – – – – – –
nu hoere ich aber die besten jehen,
die, die bî sînen jâren
und sîther meister wâren,
die selben gebent im einen prîs,

er impfete daz erste rîs
in tiutscher zungen:
dâvon sît este ersprungen,
von den die bluomen kâmen,
dâ sî die spaehe ûz nâmen
der meisterlichen fünde.

(Heinrich von Veldeke sprach aus voller Kunst: wie wohl sang er von Minne, wie schön bemaß er seine Kunst! Nun höre ich aber die Besten sagen, die zu seinen Zeiten und seither Meister waren, sie alle geben ihm einen Preis, dass er das erste Reis in deutscher Zunge impfte, woraus hernach Äste entsprossten, aus denen Blüten kamen, denen sie die Kunst ihrer meisterlichen Erfindung entnahmen.)

Rudolf von Ems wiederholt in seinem »Alexander« Gottfrieds Lob, wie aus dem von Heinrich eingeimpften Zweig drei Blüten, die drei großen Meister, entsprangen und fügt noch hinzu:

von Veldeke der wîse man,
der rehte rîme alrêste began.

Er preist also die Reimkunst Veldekes und ihre Reinheit.

Zwischen 1210 und 1217 verfasste ein hessischer Kleriker, *Herbort von Fritzlar*, das Lied von Troja nach der »Estoire de Troie« des Beneeit de Seinte Maure (1165–70). Auch er dichtete im Auftrag des Landgrafen Hermann und schloss sich an Heinrich von Veldeke an. Der französische Trojaroman, 30 108 Verse lang, ist eine Einleitung zum Eneasroman. Er verfolgt dieselben Ziele, indem er die griechische Sage ins mittelalterliche Gewand kleidete und zum höfischen Ritterroman umbildete. Das Mittelalter kannte die Sage vom Trojanerkrieg in zwei lateinischen Prosafassungen, die sich als Tagebücher von Mitkämpfern geben. Der Kretenser Dictys schrieb vom griechischen, der Phrygier Dares vom trojanischen Standpunkt. Beneeit bevorzugte den Dares, weil er aufseiten des Eneas stand. Überhaupt war die mittelalterliche Auffassung den Trojanern, von denen die Franken und andere Völker abzustammen sich rühmten, mehr geneigt als den Griechen. Beneeit wollte sich bei seiner Dichtung an die Vorlagen halten, aber er erweiterte sie ums Zehnfache, stellenweise ums Hundertfache. Bei der bloßen Erwähnung der Tatsachen, die Dares berichtet, blieb der Franzose nicht stehen. Er vergegenwärtigte sich alle Einzelheiten anschaulichst, beschrieb umständlich alle Personen und führte neue ein, um die Vorgänge, namentlich die Kämpfe breit auszumalen. Gespräche und Reden sind erfunden, um die Erzählung auszudehnen. Wie der Eneasroman das Liebespaar Eneas und Lavinia schuf, so der Trojaroman die Geschichte von Troilus und Briseida, auf die Beneeit etwa 2000 Verse verwendet. Briseida ist die Tochter des Sehers Kalchas, die zur Auswechslung des gefangenen Trojaners Antenor den Griechen übergeben und so von ihrem Geliebten getrennt wurde. Herbort hat seine Vorlage gekürzt, auf 18458 Verse herabgesetzt. Er unterscheidet sich in dem Bestreben nach Kürze vorteilhaft von seinen Kunstgenossen, die die französischen Vorlagen in der Regel noch beträchtlich verlängerten. Aber Herbort war kein geschickter Kürzer, er ließ wesentliche Dinge weg und verdunkelte so den Gang der Ereignisse. Des Französischen war er nicht vollkommen mächtig, weshalb ihm wunderliche Missverständnisse mit unterliefen. Ein »cheval de Nubie« leitet er von »nubes« ab und gibt dem Roß »der wolken snelheit«; den »mestre donjon«, den Hauptturm der Burg, macht er zu einem Baumeister Donjon. Gelegentlich berichtigte er seine Vorlage: so erzählte Beneeit den Tod des Palamedes zweimal, Herbort nur einmal. Ritterlichen Sinn bekundet Herbort, wenn bei ihm Achilles den Hektor im offenen, tapfern Kampf, nicht durch Hinterlist tötet, wenn er den toten Feind nicht verhöhnt und nicht selber um die Mauern der Stadt schleift, sondern diese Tat durch einen eigens hiezu erfundenen Mann, namens Kalo, besorgen lässt. Aber solche zarten Züge werden auf der andern Seite wieder aufgewogen durch die Vorliebe fürs Grässliche, die seinen Schlachtschilderungen eine sonst unerhörte Realistik gibt. Wie Heinrich von Veldeke betont Herbort, wo nur immer möglich, das höfische Element. Im Stil zeigt sich Neigung zur Antithese, die namentlich in den Liebesszenen hervortritt, wie die Minne heiß und kalt, froh und traurig macht, Lust und Leid gewährt. Herborts Werk erweckt den Anschein, als hätte der Dichter sich beeilt, die ihm vom Landgrafen gesetzte Aufgabe so rasch und kurz als möglich zu erledigen. Das Gedicht erfreute sich keiner weiten Verbreitung. Die Bearbeitung des Trojanerkriegs ward später von andern Dichtern, so namentlich von Konrad von Würzburg mit größerem Erfolg aufgenommen. Dass man übrigens den Trojanerkrieg Herborts und die Eneit Heinrichs als zusammengehörig empfand, geht schon daraus hervor, dass die Heidelberger Handschrift (1333 in Würzburg geschrieben) Herborts Gedicht der Eneit als Einleitung voranstellt. Der Würzburger Schreiber folgte darin sicherlich älterer Gepflogenheit, wonach beide Gedichte miteinander verbunden wurden.

Dem Trojanerkrieg und der Aneis, schloss sich als dritte Bearbeitung eines antiken Schriftstellers die Verdeutschung des Ovid durch *Albrecht von Halberstadt*, der um 1210, also gleichzeitig mit Herbort, zu dichten begann, an. Da er den berühmten Landgrafen mit Stolz seinen Landesherrn nennt, so darf auch für dieses Werk Hermanns Anregung oder Auftrag angenommen werden. Aber diesmal folgt der deutsche Dichter unmittelbar der lateinischen Quelle, keiner französischen Zwischenstufe. Natürlich ist auch Albrecht bestrebt, die in den »Verwandlungen« berichteten Sagen mittelalterlichen Verhältnissen anzupassen. Die antiken Begriffe und Vorstellungen treten zurück, die höfische Minneschilderung wird in den Vordergrund gerückt. Auch die höfische Umwelt gibt zu ausführlichen Beschreibungen Anlass. Im Ganzen aber bestrebt sich Albrecht in seinem umfangreichen, über 20000 Verse langen Gedicht, der lateinischen Vorlage so genau sich anzuschließen, dass durchschnittlich auf einen Hexameter ein Verspaar kommt. Er bevorzugt deutschen Volksglauben, wo er antike Begriffe verdeutscht. An Stelle von Satyrn, Dryaden, Nymphen erscheinen »waltman«, »wicht«, »waltminne«, »waltvrouwe«, »waltveie«, »wazzerminne«, »wazzervrouwe«. Albrechts poetischer Sinn erfreut sich an der Stille des Waldes, an verborgenen Bronnen im kühlen Waldesgrunde, wo er immer anschaulicher wird als seine Vorlage. Die minnende Frau ruft die kleinen Waldvöglein, den Wald mit Laub und Gras herbei, ihr klagen zu helfen. Die Minnigliche streicht das goldene Haar zurück, sie leuchtet vor den andern Frauen, wie der Morgenstern vor allen übrigen Sternen, wenn das trübe Gewölk von hinnen weicht; unter den Gespielen lacht sie hervor, wie die Blume im Mai aus dem Grase. Albrecht vermag freilich keineswegs die stilistischen Vorzüge Ovids, dessen geistreiche Wendungen und Charakteristiken in seinem ruhigen epischen Versfluss wiederzugeben. Auch seine Phantasie bleibt weit hinter dem Vorbild zurück. Aber er bewährt sich als gebildeter Liebhaber Ovids, als ein Mann von gediegener Bildung, wobei noch besonders hervorgehoben werden darf, dass er als Kleriker dem antiken Heidentum ziemlich unbefangen gegenübersteht. Das Buch Albrechts fand keine Verbreitung, vielleicht weil es keine französische Vorlage zu rühmen hatte und weil die Darstellung den Zeitgenossen unmodern erschien. Von der ursprünglichen Fassung sind nur wenige Bruchstücke erhalten. Jörg Wickram unterzog eine Handschrift des mhd. Ovid einer freien und verkürzenden Neubearbeitung und Umschrift in die Sprache seiner Zeit. In dieser Gestalt wurde Albrechts Gedicht 1545 gedruckt.

Der Landgraf Hermann wandte seine Vorliebe für antike Stoffe auch dem Alexander zu und ließ durch einen Thüringer namens *Biterolf* im Anfang des 13. Jahrhunderts einen Alexanderroman anfertigen, vermutlich in der neuen Reimkunst Veldekes an Stelle der veralteten Dichtung Lamprechts. Von diesem Gedicht ist nichts erhalten. Wir können demnach über seine Quellen, sein Verhältnis zu den früheren und späteren Alexanderromanen und über seinen literarischen Wert gar nichts bestimmen. Dass vor Herbort und Lamprecht bereits ein deutscher Trojaroman vorhanden war, wie aus Anspielungen auf die Trojasage geschlossen wird, ist mir sehr wenig wahrscheinlich.

Die von Heinrich von Veldeke begründete neue Erzählungskunst, die von seinen Nachfolgern auf dem Gebiet des antiken Romans in Mitteldeutschland gepflegt wurde, hob sich im südwestlichen Deutschland bei den Schwaben und Alemannen auf höhere Stufe. *Hartmann von Aue* vervollkommnete die mhd. Dichtkunst, indem er sich dem hervorragendsten französischen Dichter Kristian von Troyes anschloss, und, wie er hier in der Form ein größeres Vorbild hatte als Veldeke, so auch inhaltlich mit dem Artusroman ein neues Stoffgebiet gewann. Hartmanns literarische Tätigkeit fällt ins letzte Jahrzehnt des 12. Jahrhunderts und in das erste des 13. Jahrhunderts. Er ist um 1170 geboren. Er wurde in einer Klosterschule sorgfältiger als die meisten seiner Standesgenossen erzogen. Er kennt die Bibel und die römischen Schuldichter, ist in allen ritterlichen Künsten und Wissenschaften wohl erfahren, folgt als Minnesänger und Romandichter den französischen Mustern. Er war ein Dienstmann der schwäbischen Freiherrn von Aue, deren Ahnen er im armen Heinrich verherrlicht. Sein Leben verlief ruhig, nur der Tod seines Herrn bewegte ihn so tief, dass er eine Kreuzfahrt, die von 1189 oder 1197, mitmachte. Den Ertrag dieses guten Werkes beanspruchte er nur zur Hälfte für sich, die andere Hälfte sollte dem Seelenheil des geliebten Herrn zugut kommen. Um 1210 nennt Gottfried im Tristan Hartmann noch unter den Lebenden, während Heinrich von Türlin zwischen 1215–20 in der »Krone« des bereits Verstorbenen gedenkt. Zu den lyrischen Gedichten Hartmanns, unter denen das auf den Tod des Herrn bezügliche Kreuzlied den größten Eigenwert besitzt, gehört auch das »Büchlein,« ein poetisches Sendschreiben an die Dame, das in Anlehnung an das Vorbild geistlicher Dichtung ein Gespräch zwischen Leib und Seele behandelt und auf weltliche Fragen anwendet. Leib und Seele werfen sich gegenseitig die Schuld an der Erfolglosigkeit des Frauendienstes vor. Der Leib ist des Werbens und aussichtslosen Harrens überdrüssig; da entwirft die Seele ein Bild der edlen höfischen Tugenden, die sicher zum Ziele führen müssten, und bringt schließlich den widerspenstigen Leib dazu, diese Forderungen anzuerkennen und weiter auszuharren. Aber wie bei Veldeke fällt auch bei Hartmann das Hauptgewicht auf die epischen Erzählungen. Zwei Artusromane, Erec und Iwein, und zwei Legenden, Gregorius und der arme Heinrich sind Hartmanns Meisterschöpfungen. Uns Heutigen gefällt der arme Heinrich am besten, die Zeitgenossen schätzten schon wegen des Inhalts den Iwein als Hartmanns Meisterstück. Das zeitliche Verhältnis der vier Gedichte ist nicht sicher zu bestimmen. Um 1191 wurde wahrscheinlich der Erec gedichtet, vor 1203 war der Iwein vollendet. Zwischen beide fallen Gregorius und armer Heinrich. Iwein und armer Heinrich zeigen Hartmanns Kunst auf der Höhe, Erec und Gregorius im Werden. Merkwürdig berührt der Wechsel der Stoffe, Artusroman und Legende. Vielleicht entsprach dieser Wechsel den verschiedenen Stimmungen des Dichters, der das weltliche und geistliche Ideal nebeneinander verherrlichte, aber nicht einheitlich zu verschmelzen wusste, wie Wolfram von Eschenbach. In der Einleitung zum Gregorius sagt sich Hartmann von allem Weltlichen los, im Iwein kehrt er wieder zu Frau Welt zurück. Für die literaturhistorische Würdigung empfiehlt sich, die Legenden und Artusromane getrennt zu behandeln.

Die Geschichte vom *Papst Gregorius*, »dem guoten sündaere«, kam dem Dichter aus einer französischen Vorlage zu, die er getreu übertrug. Es ist die Ödipussage des Mittelalters, worin die Macht der Buße, die die schwerste Sünde zu tilgen vermag, gepriesen wird. Gregorius entstammt dem blutschänderischen Umgang eines fürstlichen Geschwisterpaares. Der Vater stirbt bald vor Gram, die Schwester bleibt am Leben, das Kind wird in einem wasserdichten Gefäß dem Meere übergeben. Wogen und Winde führen es zu einem Kloster, dessen Abt aus einer beigefügten Tafel die Geschichte des Knaben erfährt. Gregorius wird im Kloster erzogen. Aber im Jünglingsalter brechen die ritterlichen Eigenschaften seines Stammes hervor. Umsonst sucht der Abt seinen Weltsinn zu dämpfen, indem er ihm das Geheimnis seiner Herkunft enthüllt. In diesem Erwachen der Weltlust aus der Klostereinsamkeit heraus hat Hartmann eigene Empfindungen geschildert, ein Bild seiner eigenen Erziehung gegeben. Gregor kommt auf seinen Fahrten in sein Vaterland. Er befreit die Mutter, die er nicht kennt, von unliebsamen Bewerbern und vermählt sich mit ihr. Aber bald stellt sich das Verwandtschaftsverhältnis heraus. Das fernere Leben der Schuldigen gehört nur noch der Buße, die Mutter übt werktätige Frömmigkeit, Gregorius Askese. Auf einer Meerklippe lässt er sich festschmieden und so verweilt er siebzehn Jahre. Das Wasser, das aus dem Felsen sickert, fristet sein Leben. Als der Papst gestorben war, verwies eine göttliche Stimme die Römer auf den einsamen Büßer, den die Gesandten nur mit Mühe auffanden. Da gleichzeitig der Schlüssel zu Gregors Fesseln, der vor siebzehn Jahren ins Meer versenkt worden war, im Magen eines Fisches gefunden wird, kann der Büßer dem göttlichen Ruf nicht widerstehen. Er nimmt die Papstwürde an und entsündigt seine Mutter, die auf die Kunde von dem frommen Papste nach Rom gepilgert war. Mutter und Sohn erkennen sich und beschließen mit gottseligen Werken ihr Leben. Hartmann hat den ernsten Stoff keineswegs geistlich, sondern ritterlich-höfisch erzählt, mit den Ausdrucksmitteln der Kunst, die er sich im Erec angeeignet hatte. Die um die Mitte des 12. Jahrhunderts in Frankreich verfasste, einfach erzählte Legende musste den Verhältnissen der höfischen Zeit angepasst werden, wodurch Hartmann zu freierer Bearbeitung genötigt wurde. Zu moralisierenden Betrachtungen bot sich für den deutschen Dichter im Gregorius reiche Gelegenheit. Die Vorlage, gegen 2700 Verse umfassend, ist bei Hartmann auf 4000 angewachsen. Der Gregorius ist die erste höfische Legende, worin die geistliche Dichtung in neuer Form Anteil an der Literatur gewinnt. Hartmann hatte hierin Nachfolger, von denen Rudolf von Ems der bedeutendste ist. Gerade diese geschickte Verbindung des Erbaulichen und Unterhaltenden, Geistlichen und Weltlichen fand Beifall. Herzog Wilhelm von Lüneburg ließ das Gedicht durch den Abt Arnold von Lübeck um 1212 ins Lateinische übersetzen, aber mit Beibehaltung des vierhebigen deutschen Versmaßes. Die niederdeutsche Sprache war damals zu dieser Aufgabe noch nicht literaturfähig genug.

Den *armen Heinrich* dichtete Hartmann nach einer lateinischen, uns unbekannten Quelle, vermutlich nach der Familienchronik der Herrn von Aue, deren Geschlecht der Ritter Heinrich angehört. Herr Heinrich war vor all seinem Geschlechte gepriesen und geehrt, Reichtums und fröhlichen Mutes sich erfreuend; da ward auf einmal sein hoher Mut herabgebeugt in ein gar armes Leben; denn ihn ergriff der Aussatz. Da war Heinrich nicht geduldig wie Hiob, er trauerte, dass er so viel Glück hinter sich lassen musste. Seine schwebende Freude ward zunicht, sein Honig ward zu Galle, eine schwarze Wolke deckte seiner Sonne Glanz, ein harter Donnerschlag zerschlug ihm seinen hellen Himmel. Er fuhr nach Monpelier und Salerno, um bei den berühmtesten Ärzten Heilung zu suchen. In Salerno beschied ihn ein weiser Meister, dass er nur durch das Blut einer reinen Jungfrau, die freiwillig für ihn den Tod erleide, geheilt werden könne. Da gab er alle Hoffnung auf, entschlug sich aller Güter bis auf ein kleines Gereute, wohin er vor den Menschen in ländliche Abgeschiedenheit floh. Auf dem Gereut saß ein freier Meier, den Heinrich stets wohl gehalten hatte, und der ihn nun treulich in Pflege nahm. Besonders aber sorgte die zwölfjährige Tochter liebreich für den Kranken. Heinrich gewann das Kind lieb, beschenkte es oft und nannte es scherzhaft sein kleines Gemahl. Als das Mädchen endlich die Bedingung der Genesung erfuhr, da keimte in ihrem Herzen der Entschluss, sich zu opfern. Sie ließ nicht ab zu bitten, bis Heinrich mit ihr nach Salerno fuhr. Schon lag sie entkleidet und gebunden auf dem Tisch, der Arzt strich das Messer, um ihr Herz aufzuschneiden, als Heinrich, der durch eine Türritze alles gesehen hatte, Einhalt gebot und erklärte, er könne den Tod des Mädchens nicht ertragen. So reisten sie zusammen wieder heim, aber unterwegs ward Heinrich heil und frisch durch die Gnade des Himmels, der sich seiner und des opferwilligen Kindes erbarmte. Nach glücklicher Heimkehr rieten ihm seine Freunde zur Vermählung. Da nahm er die zur Frau, die ihm Genesung wiedergab und die er schon zuvor im kindlichen Spiel sein klein Gemahl genannt hatte. Diese rührende Geschichte ist von Hartmann sehr schön erzählt; wenn irgendwo, so wird hier ein Teil der Erfindung ihm zukommen. Er verband selbständig seine Schilderungskunst mit einer gewiss schlichten Legende. Der Gegenstand ist herb, ja abstoßend. Aber, wie Uhland treffend bemerkt, »der mildeste und innigste unter den altdeutschen Dichtern hat durch seine Behandlung über das Schroffe der alten Sage ein so sanftes, gedämpftes Licht ausgegossen, dass dieses Gedicht als eines der gediegensten und anmutigsten des deutschen Mittelalters dasteht. Die jungfräuliche Retterin fasst und verfolgt ihren Vorsatz mit so innerlicher Begeisterung, dass sie in ihrem freudigen Mute den Hörer selbst über die Schrecken der grausamen Opferung hinwegsetzt und es glaublich macht, wie ihre Eltern, wie der anfangs widerstrebende Meister, wie Heinrich selbst, für den sie sich opfern will, unwiderstehlich bis zum Punkte der Entscheidung mit hingerissen werden.« Vornehmlich berührt der menschliche Zug wohltuend, dass nicht, wie in andern ähnlichen Opfersagen, das blutige Opfer vollzogen und durch ein äußerliches Wunder wieder aufgehoben werden muss, sondern dass der Wille allein genügt. Die Lösung ist also ganz und gar innerlich, Hartmanns Feingefühl meidet jeden Krankheitsbericht; ihm genügt es, die Wirkung des Unglücks auf Heinrichs inneres und äußeres Leben zu schildern. Seelenkämpfe hat das Mädchen nicht zu bestehen. Ihr Entschluss ringt keinen starken Lebenswillen nieder; im Gegenteil, sie ist ungehalten, dass sie durch die Schonung um ihren erhofften Gotteslohn kommt. Und doch fehlt dem Gedicht die Entwicklung der Charaktere keineswegs. Heinrich gelangt aus der Welthoffart zur Selbstentsagung, zur Gottergebenheit, zu treuer Minne, die das ihm zugedachte Opfer mit ehelicher Vermählung über die Standesrücksichten hinweg lohnt. Das Mädchen ist wie eine Heilige gezeichnet, die aus Mitleid zur Aufopferung des eigenen Lebens sich verzückt. Aber sie ist der Welt nicht verloren. Wenn im Anfang der Erzählung, vor der jäh hereinbrechenden Krankheit Heinrichs, sein Leben im hellsten Sonnenglanz des Mittags dalag, so vergoldet ein milder Abendschein den friedlichen Schluss. Gereift und befestigt steht er im neuen Leben, das er dankbaren Herzens mit seiner Retterin beginnt. Beide haben die Prüfung bestanden. Die Seelenerschütterung, die Heinrich vor der Tür des Arztes durchmacht, ist nicht gering anzuschlagen. Hier ist der Wendepunkt seines ganzen Lebens. Hartmann bewährt sich als feiner Seelenmaler.

Aber den glücklichsten Wurf tat er mit den *Artusromanen*, die in der deutschen Dichtung bahnbrechend und vorbildlich wurden. Die Artussage wurzelt in geschichtlichen Verhältnissen, in den Kämpfen der Briten mit den Angelsachsen. Artus war um 500 ein Vorkämpfer seines Volkes gegen die eindringenden Fremdlinge. Die Chronik des Nennius aus dem 10. Jahrhundert weiß, dass er in allen Schlachten siegreich war. In der lateinischen Chronik des Galfrid von Monmouth von 1136 rankt sich bereits reich entfaltete Sage um Artus. Er wurde in seinem fünfzehnten Jahre König, indem er ein Schwert aus einem Felsen zog, das nur der, dem die Herrschaft über Britannien zukam, gewinnen konnte. In einer ungeheuren Schlacht tötete er 6000 Sachsen und zwang die Überlebenden, Britannien zu verlassen und wieder nach Deutschland heimzukehren. Bei einem erneuten Einfall blieb Artus abermals Sieger. Auch Schottland wurde unterworfen, sodass der König die ganze Insel beherrschte. Nun begann er glänzende Eroberungszüge, die mit Unterwerfung der benachbarten Reiche von Irland, Island, den Orkaden, Norwegen, Schweden, Dänemark und Gallien, das damals unter einem von Artus in ritterlichem Zweikampf besiegten römischen Statthalter stand, endigten. Die ganze Welt war voll vom Ruhme des Königs, alle ausgezeichneten Männer wappneten sich nach Art seiner Ritter. In Glamorgan wurde ein großartiges Pfingstfest gehalten, wozu fast alle Fürsten der Erde sich versammelten. Vom Bischof Dubricius, der ihm einst die Krone Britanniens aufgesetzt hatte, wurde Artus zum Herrn über alle eroberten Länder feierlich gekrönt. Da kam Botschaft von Lucius Tiberius in Rom, der dem König Krieg ansagte. Mit einem gewaltigen Heer zog Artus nach Gallien, die Obhut über sein Reich und die Königin Ganhumara legte er in die Hände seines Neffen Modred. Artus besiegte einen Riesen. Die Schlacht mit dem Römerheer begann. Der Held Walwan (Gauvain in den französischen Gedichten) tat sich besonders hervor. Viele Römer, darunter Tiberius, kamen um, die Niederlage der Feinde war vollständig. Artus überwinterte in Gallien, um im Frühjahr nach Rom zu ziehen. Da traf schlimme Kunde aus der Heimat ein: Modred, sein Neffe, vermählte sich in ehebrecherischem Bunde mit Ganhumara und riss die Herrschaft über Britannien an sich. Als strafender Rächer erschien der König mit seinem Heere. Ganhumara floh in ein Kloster. In einer großen Schlacht trafen die Heere des Artus und Modred zusammen; fast alle Führer fanden den Tod, auch Artus wurde schwer verwundet. Da nahte ein Schiff und entführte ihn ins Feenland Avallon, von wo er nimmer zurückkehrte. So erzählt Galfrid nach *bretonischer* Sage. Bei den Bretonen, die die Artussage aus Britannien mitgebracht hatten, entwickelte sie sich viel bedeutender als in der britischen Heimat. An die Wiederkehr des Königs knüpft sich die sprichwörtliche bretonische Hoffnung, ähnlich unsrer deutschen Sage vom bergentrückten Kaiser, der in den Zeiten höchster Not wiederkehren soll. Galfrids Chronik, die Historia regum Britanniae, wurde im 12. Jahrhundert mehrmals ins Französische übersetzt. Am bedeutendsten ist die Bearbeitung des Normannen Wace (um 1155), des Kanonikus von Bayeux, der Galfrids Bericht teilweise aus der bretonischen Volkssage ergänzte. Er erwähnt zuerst die Tafelrunde, an der Artus seine Helden versammelte:

fist Artus la roonde table,
dont Breton dient mainte fable.

(Artus gründete die Tafelrunde, von der die Bretonen manche Fabel berichten.) Die Sagengeschichte des Königs Artus selbst ist nicht der Gegenstand der Romane von den Artusrittern. Der Name des Königs, seine Gattin, sein Seneschall Kei, sein Lieblingsheld Gauvain, die runde Tafel, werden überall erwähnt. Aber der Inhalt der Romane hat mit der Artussage an und für sich gar nichts zu tun. Märchen und Novellen, die auf bretonischem Boden spielen, bilden den Inhalt dieser Geschichten, in die neben andern Stoffen auch bretonische Sagen und Namen eingeflochten sind, die in der Hauptsache als Erfindung der französischen Dichter gelten dürfen. Fast überall begegnet derselbe Grundgedanke: ein Held, dessen Ideal Rittertum und Minne ist, besteht zahllose, wahllose Abenteuer, Kämpfe mit andern Rittern, die er alle besiegt, Kämpfe mit Riesen, Zwergen und Ungeheuern, Abenteuer in verzauberten Burgen, Liebesgeschichten mit schönen Damen und Feen, die er aus Verzauberung, aus der Gewalt von Nebenbuhlern befreit. Die Welt ist voll von lockenden Abenteuern, die der Held unermüdlich aufsucht. Höhere Ziele fehlen, nur die Lust am Fabulieren erfüllt diese Romane. Der Ruhm des Helden besteht darin, dass er vonseiten des Königs durch Aufnahme in den Kreis der Tafelrunde anerkannt wird. Artus ist »li buens rois de Bretaigne«, der nicht viel mehr leistet; als der Tafelrunde vorzusitzen. Er ist geschildert nach dem Muster Karls des Großen, der in den späteren Gedichten der französischen Heldensage auch nur Statistendienste versieht und einen Kreis erlesener Recken um sich versammelt. Man trifft sich am Hofe des Königs, der Pracht und Lustbarkeit liebt und zur Maienzeit Pfingstfeste feiert, der gegen fahrende Ritter milde ist. Vom Artushof heben die meisten Abenteuerfahrten an. Es ist die Pflicht der Artusritter, Abenteuer zu suchen. Durch Botschaft, die dem Hofe zukommt, werden solche Fahrten hervorgerufen, oder auch durch Erzählungen, in denen sich die Ritter von Wundermären unterhalten. Am Ende der Geschichte trifft man sich wieder bei Artus, wodurch das Abenteuer seine Anerkennung findet. Der Held des Romanes ist immer ein Ausbund aller ritterlichen Tugenden, stärker als alle andern, die er siegreich bekämpft. Am Artushof ist Gauvain der beste aller Helden; er ist gewöhnlich dem Romanhelden ebenbürtig, der Einzige, der von ihm nicht aus dem Sattel gehoben wird. Auf den Seneschall Kei ergießt sich dagegen die Spottlust; er erscheint immer als der Gegensatz der tüchtigen Ritter, vorlaut, hämisch, tadelsüchtig, großsprecherisch und dabei immer unglücklich, wenn er sich zum Zweikampf drängt. Artus und seine Gattin, Gauvain und Kei auf der einen Seite, der Held und seine Dame, um derentwillen er Abenteuer besteht, auf der andern Seite – so verläuft jeder Roman dieser Gattung nach einem vorgezeichneten Schema.

Gegen 1160 begann *Kristian von Troyes* in der Champagne seine Romane zu dichten, die sich bald größter Beliebtheit erfreuten. Er versuchte sich zuerst an einem antiken Stoff' indem er Ovids Verwandlungen in Reimpaaren bearbeitete, also ähnlich wie hernach Albrecht von Halberstadt in Deutschland. Dann folgte ein leider verlorenes Tristangedicht. Hierauf Erec, Cligés, Karrenritter (die Geschichte von der Liebe Lancelots und Guenievres, ein Seitenstück zu Artus, Ganhumara und Modred oder zu Mark, Iselt und Tristan), Löwenritter (Ivain), Perceval, der um die Mitte der siebziger Jahre Kristians dichterische Tätigkeit abschloss. Für Hartmann kommen hievon in Betracht Erec und Ivain, für Wolfram Perceval. Offenbar war Kristian darauf bedacht, immer Neues zu bieten. Die veralteten antiken Stoffe sollten zuerst durch Tristan ersetzt werden; dann folgten die Artusritter; endlich mit einem höheren Abenteuerziel der Perceval, der Gralroman.

Der erste Roman erzählt: *Erec*, ein Ritter vom Artushof nimmt ein armes Edelfräulein von wunderbarer Schönheit zum Weib. Bei einem Fest, wo die Dame des tapfersten Ritters einen Sperber erhält, gewinnt er ihr den Siegespreis und besiegt einen Ritter, der ihn zuvor beleidigt hatte. Am Hofe des Königs Artus wird das Paar ehrenvoll empfangen, die Hochzeit mit großer Pracht gefeiert. Erec begibt sich mit seiner jungen Gemahlin in sein väterliches Reich, wo er, von Liebe gefesselt, in Zurückgezogenheit und Untätigkeit die Tage hinbringt. Er wird ob dieses Verliegens verleumdet. Enide ergeht sich in Klagen über das unritterliche Gebahren ihres Gatten zu einer Stunde, wo sie meint, er schlafe und könne sie nicht hören. Doch vernimmt er ihre Worte und nötigt sie grollend, mit ihm auszureiten, ohne ein Wort zu sprechen. Nun folgen allerlei schwere Abenteuer, wobei Enide immer das ihr auferlegte Gebot des Schweigens bricht, um ihren Herrn zu retten, der die Gefahr nicht herannahen sieht. Stets wird sie nach Besiegung der Feinde aufs Neue verwarnt, um bei nächster Gelegenheit aus Liebe zum Gatten abermals ihre warnende Stimme zu erheben. Einmal befreit Erec einen Ritter aus den Händen von Riesen, wird aber verwundet und sinkt ohnmächtig bei Enide nieder. Sie hält ihn für tot und erhebt lauten Jammerruf. Der Graf von Limors kommt des Weges und bietet ihr seine Hilfe an. Er lässt den vermeintlichen Toten auf sein Schloss bringen und nimmt Enide mit. Im Saale wird Erec aufgebahrt. Der Graf will die Verlassene trösten und verspricht ihr die Ehe. Eine köstliche Mahlzeit wird aufgetischt, aber Enide weigert sich zu essen. Der Graf schlägt sie, als sie ihm nicht folgt. Vom Schrei Enidens erwacht Erec aus seinem Scheintod. Er eilt in den Saal und tötet den Grafen. Erec und Enide reiten auf einem Rosse weiter; gerührt von ihrer unwandelbaren Treue, behandelt er sie wieder zärtlicher. Noch muss Erec ein großes Abenteuer bestehen. In einem wundervollen Baumgarten, in dem ewiger Frühling herrscht und der von einer Nebelmauer umzogen ist, besiegt Erec einen Ritter. Ihn, der durch ein Gelübde gebunden war, mit jedem ankommenden fremden Ritter bis zu seiner endlichen eignen Niederlage auf Leben und Tod zu fechten, hat Erec dadurch erlöst. Der Ritter, den die Frau in den Wundergarten gefesselt und so von der Welt abgeschlossen hatte, ist dem ritterlichen Leben wieder zurückgegeben. Erec muss auf einem Horn blasen, das im Garten hängt, um den Sieg zu verkünden. Erec und Enide gelangen hierauf zu König Artus. Von dort kehrt Erec nach Festen und Turnieren wieder heim, um den durch den Tod seines Vaters erledigten Thron zu besteigen.

Ivain hat folgenden Inhalt: Am Hof des Artus erzählt Calogrenant ein ihm widerfahrenes Abenteuer. Im Walde von Broceliande in der Bretagne ist eine Wunderquelle unter einem schönen Baum; wer mit einer goldnen Schale Wasser daraus schöpft und auf einen Stein ausgießt, erregt ein furchtbares Ungewitter. Wenn dieses ausgetobt hat, naht ein Ritter in schwarzer Rüstung und kämpft mit dem Verwegenen. Calogrenant war aus dem Sattel gehoben worden. Ivain macht sich sofort auf, um das Abenteuer zu bestehen. Er verwundet den schwarzen Ritter tödlich und verfolgt ihn in seine Burg, wo er zwischen einem zuschlagenden Tor und einem herabgelassenen Fallgitter eingeschlossen wird. Die Zofe der Burgherrin, Lunete, naht ihm hilfreich und befreit ihn aus seiner üblen Gefangenschaft mittelst eines unsichtbar machenden Zauberringes. Inzwischen ist der Burgherr an der empfangenen Verwundung gestorben. Ivain sieht sein Leichenbegängnis mit an und verliebt sich in die wunderschöne Witwe, Laudine mit Namen. Ihr Anblick macht ihm sein Gefängnis teuer. Die Zofe merkt bald seinen Zustand und bemüht sich um eine Versöhnung zwischen ihrer Herrin und dem fremden Ritter. Sie macht ihrer Herrin klar, dass die Quelle eines Wächters bedürfe, und dass hiezu nur der tapferste Held geeignet sei. Zweifellos sei der Besieger des schwarzen Ritters noch tüchtiger, darum solle sie ihn zum Gemahl erwählen. Die Bedenken Laudines werden durch Lunetes Klugheit überwunden und sie nimmt Ivain, der ihren ersten Mann erschlug, zum Gatten. Artus hat unterdessen mit seinen Rittern die Quelle aufgesucht. Seine Ritter werden von dem neuen Hüter besiegt. Ivain gibt sich endlich zu erkennen, worauf Artus und sein Gefolge einige Zeit als Gäste bei ihm weilen. Damit Ivain sich nicht verliege, nimmt Artus ihn auf Turnierfahrten mit. Von seiner jungen Frau erhält er bis zu einer bestimmten Frist Urlaub, kehre er da nicht wieder, so habe er ihre Liebe verscherzt. Und Ivain versäumt den Termin. Der Zorn der Herrin wird ihm verkündigt, er stürzt fort und flieht in den Wald, wo er vor Schmerz wahnsinnig wird. Von einer vornehmen Dame und ihren Dienerinnen wird er in diesem Zustand aufgefunden, erkannt und auf ihr Schloss gebracht. Zum Danke für die Heilung befreit er die Dame von ihrem Bedränger. Aber er lässt sich nicht halten und zieht weiter. Im Walde rettet er einen Löwen, der mit einer Schlange kämpft. Der Löwe folgt ihm aus Dankbarkeit wie ein treuer Hund. Der Ritter mit dem Löwen, wie Ivain seitdem heißt, besteht noch mehrere Abenteuer, besiegt einen Riesen und befreit die Lunete vom Feuertod, zu dem sie verurteilt war, weil sie Ivain in Schutz genommen hatte. Endlich gelangt Ivain wieder zu der Quelle und schöpft Wasser. Das Unwetter bricht los, aber kein Gegner erscheint. Tief und bitter empfindet Laudine die ihr angetane Schmach. Lunete rät ihr dringend, sich nach einem neuen Verteidiger umzutun, und empfiehlt den Löwenritter als den tapfersten Helden. Er wird geholt, mit Erkennung und Versöhnung schließt die Geschichte.

Weder im Erec noch im Ivain finden wir eine Erzählung von wirklich poetischem Wert; die Abenteuer erregen unsere Teilnahme nur in geringem Grade. Aber die gewandte Darstellung, die Kristian seinen Geschichten gab, sicherten ihnen weitreichende Wirkung. Der Leitgedanke scheint beide Mal der Ausgleich zwischen den Geboten der Minne und der Ritterehre. Die Minne fesselt den Mann ans Haus, die Ehre ruft ihn hinaus zu kühnen Fahrten. Erec verliegt sich und vergisst der Ehre, Ivain vergisst über der Ehre seine Freundin, die ihn sehnsüchtig erwartet. Auch die Geschichte vom Ritter im Wundergarten aus dem Schluss des Erec gehört in diesen Gedankenkreis. Die Herrin des Gartens sucht ihren Ritter bei sich zu behalten und ihm trotzdem Gelegenheit zum Kämpfen zu bieten. Durch seinen Unsieg im Zweikampf mit Erec wird er der Welt zurückgegeben. Abgesehen von dieser Idee vermisst man aber im Erec und Ivain natürliche Leidenschaft und spannende Handlung, wogegen Launen der Damen und Grillen der Männer, überlieferte, starre Sitte der Gesellschaft die einzigen Triebfedern der ziemlich planlosen Handlung sind. Diese Romane waren auch keine Bereicherung der Dichtung, wie Perceval und Tristan, die ihren Zauber gleichermaßen im Mittelalter wie in der Gegenwart ausüben, weil sie allgemein menschlichen Gehalt und hohes Streben nach hoch gesteckten Zielen in sich tragen.

Die mhd. Literaturgeschichte hat zunächst danach zu fragen, wie Hartmann seine Aufgabe löste. Nirgends hören wir, dass er auf Bestellung eines Gönners Kristians Romane vornahm. So dürfen wir vermuten, dass es aus freier eigner Wahl geschah, aus genauer Kenntnis der französischen Literatur. Hartmann dachte gar nicht daran, irgendwie etwas am Inhalt zu ändern oder hinzuzufügen. Nur einmal erscheint in seinem Iwein eine Zutat, die Erwähnung, dass die Königin Ginover durch den Ritter Meljaganz entführt worden sei. Hier schöpft der deutsche Dichter aus der Kenntnis eines andern Gedichtes Kristians, aus dessen Karrenritter (Lancelot). Aber niemals wird seine eigene Phantasietätigkeit zur Mitwirkung angeregt. Er begnügt sich damit, das französische Werk so gefällig und klar als möglich ins Deutsche zu übertragen. Im Erec ist Hartmann redseliger und weitschweifiger als im Iwein, der sich enger an den französischen Text anschließt. Kristian braucht im Erec 6958 Verse, Hartmann 10 133, wozu noch der verlorene Anfang zu rechnen ist; der Ivain Kristians ist 6818 Verse lang, der Iwein Hartmanns 8166. Im Erec braucht also Hartmann über 3100 Verse mehr, im Iwein kommt er mit 1358 aus. Offenbar erachtete Hartmann die getreue Übertragung für eine größere Kunst, der er auf der Höhe seiner Entwicklung besser nachzukommen wusste als im Anfang. Auf Klarheit der Darstellung kam es ihm vor allem an. Danach bemessen sich seine Zusätze, der Leser sollte alles verstehen, nirgends Anstoß nehmen. Darum glättete und feilte er gelegentlich, suchte besser zu motivieren, durch psychologische Ausführungen, Sprichwörter u. dgl. den Sinn hervorzuheben und zu belehren. Im Erec huldigt er noch der Freude an der Beschreibung äußerer Dinge und verwendet auf Enidens Pferd und seine Ausstattung 500 Verse. Im Iwein ist er maßvoller. Die Schilderung Kristians ist natürlicher und ursprünglicher, frischer und anschaulicher, die Hartmanns sinniger und anmutiger, mehr ausgeglichen und überlegt. Nicht immer war das Verfahren des Übersetzers vorteilhaft. Hartmann liebt die Antithese. Hiefür bietet der Erec ein schlagendes Beispiel. Ein Vers Kristians

povre estiez, or estes riche

ergibt vierundzwanzig deutsche:

ê wârt ir arm, nû sît ir rîch:
ê enwârt ir niemen wert,
nû hât iuch got êren gewert:
ê wârt ir vil unerkant,
nû sît ir gwaltig über ein lant;
ê in swacher schouwe,
nû ein rîchiu frouwe:
ê muost ir ûz der ahte sîn,
nû ein mehtig graevîn:
ê fuorent ir wîselos,
unz iuwer saelde mich erkôs:
ê wart ir aller gnâden bar,
nû habt ir die êre gar:

ê litent ir michel arbeit,
dâ von hât iuch got geleit:
ê hetet ir ein swachez leben,
nû hât iu got wunsch gegeben:
ê muoste iu vil gewerren,
nu lobet unsern herren,
daz er iuch's hât übertragen,
und lât iuwer tumbez klagen:
ê lebtet ir ân êre,
der habent ir nû mere
dan dehein iuwer lantwîp.

Bei der Übertragung französischer Gedichte ins Deutsche entsprechen durchschnittlich zwei Verse einem französischen. Die deutschen Dichter suchten nach Reimen und wurden dabei leicht wortreicher. Um den Überschuss wieder einzubringen, musste gekürzt werden. Meist ließen sich die deutschen Dichter in den Reden und reflektierenden Teilen gehen und sind darin ausführlicher als die Vorlage. Im Tatsächlichen und Gegenständlichen, in der äußeren Handlung wurde eher gekürzt. So hält es auch Hartmann. Für ausführliche Kampfschilderungen hat er nicht viel übrig. Er unterscheidet sich gerade dadurch wesentlich von der älteren Gruppe der mhd. Epiker. Ein Vergleich mit Veldeke zeigt, dass zwischen ihm und Hartmann kein grundsätzlicher, nur ein formaler Unterschied besteht. Hartmann hat die Kunst der Darstellung, die Veldeke anstrebte, zur Vollendung gebracht. Stilistisch ist er viel gewandter. Während Veldeke die Bei- und Nebeneinanderordnung der Sätze liebt, bevorzugt Hartmann die Unterordnung. Den formelhaft gebundenen Stil, den Veldeke mit den älteren Dichtern noch großenteils gemein hat, ersetzt Hartmann durch individuellen. Wie Hartmann sich dem Vergleich mit Kristian, seinem Gewährsmann und mit Veldeke, seinem Vorgänger darstellt, so erschien er auch den Zeitgenossen. Gottfried urteilt im Tristan treffend über seinen Meister: Hartmann durchfärbt und durchziert die Märe außen und innen mit Worten und Sinnen, d. h. er gestaltet die inhaltlich unveränderte Erzählung durch die Eigenart seiner Sprache und seiner geistigen Auffassung künstlerisch um. Er »figiert mit Rede der Aventiure Meine«, d. h. er spricht den Leitgedanken der Geschichte treffend aus, er trifft in seinen Worten den Sinn. Wie lauter und rein sind seine kristallklaren Worte, die den Leser in höfisch-feiner Weise ankommen, sich ihm anschmiegen und ihn erfreuen. Man muss dem Auer Kranz und Lorbeer lassen! Und im Gegensatz hiezu der dunkle, sprunghafte, wunderliche Märenerfinder Wolfram! So dachte Gottfried und mit ihm alle, die Hartmanns Spuren folgten.

Fast noch höher preist Gottfried *Bligger von Steinach* mit seinem »Umbehang«, d. i. Teppich, Vorhang. Leider ist das Gedicht verloren. Nach Gottfrieds Urteil wäre er unmittelbar zu den Klassikern unter den Epikern zu stellen und würde in die Reihe Hartmann-Gottfried, im Gegensatz zu Wolfram gehören. Vermutlich war sein Werk eine Novellensammlung, dargestellt unter dem Bild eines bemalten oder gestickten Teppichs. Man möchte an einen Vorhang denken, auf dem etwa Ovids Verwandlungen oder Heroiden abgebildet und vom Bligger geschildert waren. Bliggers Worte waren anmutig, als ob sie von Frauen mit Gold und Seide und griechischen Borten auf dem Stickrahmen gewirkt worden wären. Er besaß »den Wunsch von Worten«, d. h. den denkbar vollkommensten Stil. Man möchte meinen, Feen hätten ihn in ihrem Wunderbronnen gesponnen. Wort und Gedanke klangen wie Harfenton zusammen. Schwungvoll und geflügelt wie der Ar schwebten sie empor. Seine Reime waren ebenso kunstreich wie natürlich, als wären sie gewachsen, nicht gesucht. Nach so überschwänglichem und zweifellos durchaus gerechtfertigtem Lob Gottfrieds haben wir mit Bliggers Umbehang ein kostbares Werk verloren.

Von *Gottfried von Straßburg* wissen wir nichts weiter, als dass er den Tristan zwischen Wolframs Parzival und Willehalm, etwa um 1210, dichtete, und dass er über der unvollendeten Arbeit starb. Nicht einmal Stand und Namen steht fest: von Straßburg kann ebenso wohl aus Straßburg, also einen Straßburger Bürger oder einen Angehörigen des Geschlechts derer von Straßburg bedeuten. Schildes Amt wie Wolfram übte er schwerlich, denn in ritterlichen Dingen ist er gleichgültig und unerfahren. Einem Geistlichen aber wären die freigeistigen Bemerkungen zum Gottesurteil nicht ziemlich. Dass er gelehrt und literarisch hoch gebildet war, dass er die französische Sprache besser verstand als alle andern mhd. Dichter, ergibt sich ohne weiteres aus seinem Tristan. Mit den höfischen Angelegenheiten weiß er sehr gut Bescheid und sein Gedicht ist natürlich für die feinsten höfischen Kreise bestimmt gewesen. Darum ist immerhin am meisten wahrscheinlich, dass er der vornehmen städtischen Gesellschaft Straßburgs angehörte, die an der französischen Bildung der ritterlich-höfischen Gesellschaft vollen Anteil nahm. Gottfried widmete sein Gedicht einem Dieterich, dessen Namen die Anfangsbuchstaben der neun vierzeiligen Strophen, mit denen das Gedicht anhebt, ergeben. Wer dieser Dieterich war, ein Gönner oder Besteller des ihm zugeeigneten Werkes, wissen wir nicht. Um Gottfrieds Eigenart richtig zu bemessen, muss man wissen, wie er persönlich den Liebesroman auffasste und empfand, wie er seine Vorlage bearbeitete, welche stilistischen Ausdrucksmittel er anwandte, von wem er seinen Stil erlernte. Seine Vorlage war der in den sechziger Jahren des 12. Jahrhunderts verfasste Tristan des *Trouvere Thomas.* Der alte Roman wirkte durch den Stoff, Thomas durch die Darstellung. Er schrieb für Liebende und legte das Hauptgewicht auf innere Vorgänge. Die alte Fabel befreite er von rohen und widerwärtigen Zügen, z. B. von dem Gericht über Tristan und Isolde, das die Königin zum Feuertod verurteilt und an die Siechen ausliefert. Thomas strebte nach empfindsamer Schilderung, nicht die äußeren Vorgänge, vielmehr die Gefühle liegen ihm am Herzen. Durch Einweben historischer Berichte in die Vorgeschichte wird die Tristansage gleichsam zum geschichtlichen Roman. Der rohe Inhalt und der spielmännisch formelhaft gebundene Stil des alten Gedichts soll überwunden und verbessert werden. Nicht immer gelang diese Absicht. Manche Widersprüche und Sprünge ergaben sich durch die Kürzungen und Veränderungen des Thomas. Dort, wo er seiner lyrischen Begabung freien Lauf lassen kann, wie z. B. im Vorspiel von Tristans Eltern Riwalin und Blancheflur, gelingen dem Dichter schöne, lebendige und anschauliche Szenen. Die Erweiterungen sind meist glücklich. Aber die Veränderungen dienen dem Ganzen eher zum Nachteil, wenn Thomas aus höfischen Erwägungen oder aus nüchtern verstandesmäßigen Gründen, um Märchenhaftes und Wunderbares zu beseitigen, von der Vorlage abweicht. Er greift nicht tief genug ins Gefüge der Handlung ein, ändert zaghaft und äußerlich, gerät in Widersprüche und schafft nur halbe Arbeit. Die Tristanfabel ist ursprünglich großartiger, schlichter, ergreifender und klarer. J. Grimm urteilte vollkommen richtig: im alten Tristangedicht »hängt die Fabel noch in festerer Fuge«, es ist »ein einfaches, klares Märchen, das man schwerlich anfangen kann, ohne es zu Ende bringen zu müssen«. Dagegen ist des Thomas Werk zwar »eines der anmutigsten Gedichte der Welt, gleichsam ein Spiegel der Lieblichkeit und herzlichen

Liebe, doch nicht ohne etwas Störendes und eine gewisse künstliche Zusammenhangslosigkeit. Was epische Gewalt und was lyrischer Zauber seien, kann man an beiden recht sehen«. »Thomas glaubte durch eine neue und etwas reichere Zusammenstellung seinen Vorgänger zu übertreffen. Was ihm das Annehmlichste schien, las er aus und konnte die Geschichte um manche Verwickelung reicher machen ohne zu bedenken, dass das Ganze hin und wieder verschoben werden würde.« Thomas schuf den klassischen höfischen Tristanroman, Gottfried übernahm ihn treulich und führte die von Thomas begonnene Arbeit im selben Geist und doch auch wieder eigenartig zur denkbar höchsten Vollendung. Gottfried wusste mehr persönliche Empfindung in den Stoff hineinzutragen als Thomas. Thomas schreibt für Liebende, war aber ohne eigene Erfahrung in Liebessachen. Als er einmal überlegt, wer von den Hauptbeteiligten, Tristan, Mark und die beiden Isolden, am meisten Liebesqual erleide, weicht er der Entscheidung aus, weil er davon nichts verstehe; das sollen die Liebenden beurteilen. Ganz anders Gottfried, dem der Roman wie ein persönliches Erlebnis erscheint, der der hohen Minne eine läuternde Kraft zuschreibt und die niedere, falsche verdammt. Wohl ist ihm selber reines Liebesglück noch nicht begegnet, doch er glaubt an die Möglichkeit des ersehnten Ideals. Er hält es für möglich, dass Frauen wie Isolde dem, der nach ihnen ernstlich suche, im Leben erscheinen könnten. Nach eigenem Bekenntnis hat Gottfried tief und innig geliebt, aber keine Erhörung gefunden. Auch er trat zur Minnegrotte, aber fand kein Ruhelager drin. Aber er weiß darum auch, dass die Liebesmär allen Sehnenden für das Leid, das die Liebe schafft, schmerzlich süßen Trost gewähren kann. Daher die Leidenschaft und Wärme in Gottfrieds Bericht, weil der Dichter den Gedanken seines Werkes innig empfand, darin lebte und webte und aus ureignem Empfinden heraus erzählt. Was Thomas geistvoll sich einbildete, hat Gottfried erlebt und mit überzeugender Wahrheit dargestellt. Man hebt mit Recht hervor, dass Thomas und Gottfried kongeniale Naturen waren, dass in ihrem Verhältnis zum Stoff, in ihrer verstandesscharfen Auffassung der Überlieferung und Abneigung gegen das Wunderbare und Märchenhafte, in ihrer vorwiegend lyrischen Begabung auffallende Übereinstimmung bestehe. Wohl kannte Gottfried auch die ältere Form der Tristansage, nämlich Eilhards Bearbeitung. So mochte er sich ein selbständiges Urteil über die alte und neue Tristansage bilden. Seine Verurteilung des alten

Romans ist nicht bloß der Polemik, die Thomas gegen seinen Vorgänger eröffnet, nachgesprochen. Obwohl er aus dieser Kenntnis keine durchgreifende Ergänzung oder Berichtigung der Vorlage sich erlaubte, war er doch darauf bedacht, einige Unebenheiten zu glätten. Bei einzelnen Gestalten bemerken wir das Bestreben, sie zu veredeln. So nimmt Gottfried an Marke tieferen Anteil als Thomas, der ihn nur als den Typus des getäuschten Gatten hinstellt, ohne unser Mitgefühl für ihn zu erwecken. Gottfried aber versenkt sich in Markes Seelenqual und findet mitunter ergreifende Worte dafür. Marke ist von edler Gesinnung und wird dort verraten, wo er liebt. Brangaene ist bei Gottfried mehr als die Zofe, nämlich die Vertraute der Isolde. Aus Zartgefühl hat Gottfried ihre Mitwirkung in mehreren Szenen, wo sie bei Thomas fehlt, eingeführt. So bei der letzten Entdeckung der Liebenden, wo Brangaene Wache steht, voll Kummer darüber, dass bei ihrer Herrin weder Furcht noch Aufpassen verfangen. Auch tritt sie bei Gottfried, der hier einmal Eilhard folgt, früher in die Erzählung ein als bei Thomas, indem sie schon beim Aufsuchen des wahren Drachentöters mitwirkt. Die wunderherrlichen Naturschilderungen, die mit dem Frühlingsfeste an Markes Hof zu Anfang der Erzählung oder mit dem Waldleben Tristans und Isoldens verknüpft sind, gehören zum besten Teil Gottfried. Andrerseits hat Gottfried die Seebilder, die Thomas bevorzugt, gekürzt oder weggelassen, weil ihm hierfür die Anschauung fehlte. Thomas hatte eine gewisse Schwäche für geschichtliche und geographische Einschaltungen und Zwischenbemerkungen. Gottfrieds künstlerische Empfindung scheint an solchen gelehrten, nüchternen Zusätzen mit Recht Anstoß genommen zu haben. Obwohl Gottfrieds Gedicht im Ganzen erheblich umfangreicher ausfiel als die Vorlage, verliert sich Gottfried doch nirgends in leere Breite. Im Gegenteil hat er die allzu langen und häufigen Wiederholungen, die ausgedehnten Klagen und noch manches andere gestrichen, also den Stoff von unwesentlichen Dingen entlastet und dafür Besseres eingesetzt. Gottfried strebt nach kurzer Bestimmtheit und folgerichtiger Klarheit, um derentwillen Umstellungen vorgenommen und Übergänge eingefügt wurden. In den Reden und Gesprächen bemüht er sich mit Erfolg um bessere Anordnung und schärfere Schlussfolgerung, als Thomas sie darbietet. Auch hier bewährt sich der Scharfsinn Gottfrieds in Zusätzen, Kürzungen, Änderungen und Umstellungen aller Art. Wo es sich endlich um die Schilderung des inneren Lebens handelt, zeigt sich Gottfrieds lyrische Begabung in vorteilhaftestem Licht. Er besitzt tiefe Seelenkunde und findet für das, was er davon künden will, glücklicheren, edleren und schwungvolleren Ausdruck als Thomas. Zwischen dem Gedicht des Thomas und Gottfried liegen etwa vierzig Jahre. Dazu kommt der Unterschied französischer und deutscher Sitte. Gottfried hat aus den Schilderungen der Vorlage Einzelheiten getilgt, die nicht mehr zeitgemäß waren, und dafür viel Neues eingeführt, was die veränderten Verhältnisse verlangten. Alles Rohe und Wilde, was Thomas aus dem alten Gedicht noch übrig gelassen hatte, ist bei Gottfried vollends verschwunden. Das höfische Leben spielt sich auf dem Hintergrund der deutschen Sitten und Gebräuche aus dem Anfang des 13. Jahrhunderts ab. Die Tristansage ist stilgemäß aus der alten Umwelt in die neue gerückt. Gottfrieds scharfes Auge ließ nichts Unpassendes stehen. Morhold z. B. verliert bei Gottfried noch mehr von seiner ursprünglichen Wildheit als bei Thomas und hat sich in einen ordentlichen Ritter verwandelt, der freilich beim Zweikampf gegen Grundregeln der Kampfvorschriften verstößt, woraus zu ersehen, dass Gottfried in ritterlichen Dingen nicht so bewandert war wie Hartmann oder Wolfram. Manche natürliche Äußerung der Vorlage unterdrückte oder milderte Gottfrieds fein ausgebildetes Schicklichkeitsgefühl. Ihm gilt »morâliteit«, d. h. höfische Anstandslehre, feine äußere Lebenshaltung für sehr wichtig. Tantris muss seine Schülerin Isolde vor allem hierin unterweisen. Gottfried hat lehrhafte Neigungen, die sich in breit ausgeführten Allegorien bemerklich machen. So ist bei Tristans Schwertleite Hochsinn und Reichtum der Kleiderstoff des jungen Ritters, Verständigkeit der Zuschneider, höfischer Sinn der Näher. Besonders reich an Auslegungen, die an theologische Vorbilder gemahnen, sind die bei der Minnegrotte erwähnten Tugenden und Fehler. Neben der persönlich gedachten Minne begegnen der Wunsch, die Mâze, die Saelde, die Ere, die Triuwe, die Staete, die Huote, die Misselinge. Bereits taucht der in der späteren Dichtung so beliebte Vergleich auf, der das Minnewerben im Bilde einer Jagd darstellt. Schon Thomas fügte zuweilen Sprichwörter ein; auch Gottfried moralisiert gern in allgemeinen Sätzen. Gottfried besaß auch klassische Bildung, die er sich in einer klösterlichen Schule gewann. Der Zwang der Schuljahre ist noch aus der Schilderung von Tristans ersten Studien zu verspüren. Aber mit wirklicher Liebe las Gottfried Ovid und Vergil, deren Gedanken er öfters seiner Schilderung einwob. In der literarischen Stelle finden sich die meisten sicher von Gottfried stammenden antik mythologischen Anspielungen und Bilder, die beweisen, welchen Grad von Wertschätzung er der Antike entgegenbrachte. Gottfrieds Gelehrsamkeit zeigt sich in der schulmäßig fortgepflanzten lateinischen Spruchweisheit, namentlich des Publilius Syrius und Ovid. Die antiken Sagen, die er zu Vergleichen heranzieht, scheint er nicht immer im Original, sondern auch in Bearbeitungen kennen gelernt zu haben, wobei Veldekes Eneit und vielleicht Bliggers Liebesgeschichten, falls der Umhang solche enthielt, vermittelten.

Gottfrieds Stil ist ebenso von deutschen wie von französischen Vorbildern bestimmt. Als Schüler und Nachahmer Hartmanns ist Gottfried leicht zu erweisen, als Nachahmer Bliggers zu vermuten; aber auch Thomas ist sein stilistisches Muster. Folgende Merkmale kennzeichnen Gottfrieds Sprache: er neigt zu geistreichen Übertreibungen der Stilmittel, er pflegt das Spiel mit Worten, Wortanklängen und Reimen, er erfreut sich an der tönenden Wirkung der Rede, er gefällt sich in der Wiederholung desselben Begriffs mit gleichbedeutenden Wörtern, desselben Gedankens mit mannigfacher Wendung; auch liebt er, gegensätzliche Worte und Gedanken nebeneinander zu stellen. Seinen Leitgedanken fasst Gottfried in die Antithese:

»ein man, ein wîp; ein wîp, ein man;
Tristan, Isolt; Isolt, Tristan.«

Durch alle diese Eigenschaften wird Gottfrieds Darstellung oft breit und wortreich, zuweilen spielerisch. Aber immer strebt er im bewussten Gegensatz zu Wolframs dunklem, überladenem, sprunghaftem Stil nach Klarheit. Und er erreicht auch sein Ziel vollkommen, indem er Thomas weit übertrifft. Gottfried ist reicher an treffenden Bildern, anschaulicher, lebendiger und eigenartiger. So hat Gottfried nach allen Seiten hin seine Aufgabe ebenso umsichtig wie feinfühlig erfasst, das Werk des Thomas von allen Schlacken befreit und seinen Goldgehalt geläutert, den französischen Tristan verdeutscht und der ganzen Arbeit den Stempel seiner eigenen dichterischen Persönlichkeit gegeben. Wilhelm Hertz, der meisterhafte Erneurer des mhd. Gedichts für unsere Zeit, urteilt: »Gottfried hat die Tristansage durch den Zauber seines Stils auf den höchsten dichterischen Ausdruck gebracht und ihr das glänzende Gepräge seiner menschlichen und künstlerischen Eigenart aufgedrückt. Das ist es, was ihn zu einem der ersten Meister unsrer mhd. Dichtung macht.« Piquet, der Gottfrieds Gedicht einer gründlichen Quellenvergleichung unterzog, kommt zum Schluss, dass Gottfrieds Ruhm aus dieser Prüfung nur noch leuchtender hervorging, dass man Gottfried keinen Nachahmer, sondern einfach einen Dichter nennen müsse. Gottfrieds Gedicht bricht in Tristans Selbstgespräch, das seiner Werbung um Isolde Weißhand vorhergeht, ab. Wir können nur ahnen, mit welch poetischer Gewalt er den ergreifenden Schluss, Tristans und Isoldens Tod, gestaltet hätte, wenn wir die gerade in diesem Teil erhaltenen Verse des Thomas, die Hertz seiner neuhochdeutschen Bearbeitung zur Ergänzung von Gottfrieds Werk anschließt, lesen.

Zum Schluss seien noch einige Stellen hervorgehoben, in denen die Eigenart der Dichtung des Thomas-Gottfried gegenüber dem ursprünglichen Tristanroman besonders deutlich sich kundgibt. Die Geschichte der Eltern Tristans, die im alten Roman nur ein kurzer, trockener Tatsachenbestand ist, wird zu einem Liebesroman voll Lust und Leid, voll Lebenswonnen und Todesnot. König Marke von Kornwall hat ein Maienfest angesagt, zu dem mit vielen andern Helden auch der bretonische Fürst Riwalin auszieht. Frühling und Frauen bieten den Rittern wonnigste Augenweide; aber die lieblichste Frauenblume war Blanscheflur, des Königs Schwester. Riwalin tut sich in den Ritterspielen vor allen hervor. Blanscheflur verliebt sich in den schönen und tapferen Gast. Bald verbindet tiefe Herzensneigung die beiden. Lenz und Liebe sind vereint. Nach Beendigung des Festes bricht ein Feind Markes über die Grenzen. Riwalin hilft dem König in der Schlacht und wird schwer verwundet. Blanscheflur ist darüber untröstlich. In Verkleidung schleicht sie zu dem Todwunden, alle magdliche Scheu überwindend. Angesichts des Todes finden sich die Liebenden in glühender Umarmung. Sie empfängt ein Kind und mit ihm den Tod. Noch einmal lebt Riwalin wider Erwarten auf. Er muss heimfahren, um gegen einen feindlichen Nachbarn, der sein Erbeland angriff, zu kämpfen. Da gesteht ihm Blanscheflur ihren Zustand, ihre drohende Schande. Riwalin tröstet sie und entführt sie aus der Gewalt des königlichen Bruders. Zu Hause lässt er die Trauung vollziehen, ehe er zur Fehde aufbricht. Riwalin bleibt im Kampfe, Blanscheflur, vom Schmerz überwältigt, gebiert einen Sohn und stirbt. In des treuen Marschall Rual Hut wächst Tristan auf. So ist das Kind in Todesnot empfangen und in Todesnot geboren. Ein ergreifend ernstes Vorspiel leitet die Geschichte von Tristan und Isolde ein, die wohl reiche und glänzende Bilder eines mit Schuld und Trug erkauften Minnelebens entrollt, aber auf todesernstem Hintergrund sich aufbaut und in Not und Tod vergeht. Ist doch der Tristan der einzige Ritterroman mit tragischem Ausgang und schon dadurch über alle Vorwürfe einer nur weltfreudigen Dichtung erhaben. – Eine andere meisterhafte Szene ist das Liebesgeständnis bei der Seefahrt von Irland nach Kornwall. Der alten Dichtung gemäß erregt der Trank plötzlich die Liebe zwischen denen, die sich bisher fremd und feindlich gegenüberstanden. Dieser Zug überhob den Dichter der Mühe, die allmählich erwachende Leidenschaft zu schildern, ja vielleicht Isoldens Hass gegen Tristan als geheime Liebe zu erweisen. Der alte Tristanroman wählte solche kindliche und doch tiefsinnige Symbole, um langen Schilderungen auszuweichen. Thomas und Gottfried behielten die äußere Überlieferung bei, aber holten nach, was vor dem Tranke oder statt des Trankes hätte stehen können. Die Kunst der Seelenmalerei setzt hier ein. Der Ausbruch der Gefühle in Isolde ist vortrefflich, die Kenntnis der Geschlechter, die dabei entwickelt wird, erstaunlich. Gervinus sagt: »Das Weib wallt zuerst über von ihrer Empfindung, sie hat volle Augen, sie lässt das Haupt auf Tristan sinken und sagt ihm ein Rätsel als halbes Bekenntnis; und der Mann, den gleiche Gefühle bestürmen, hat jetzt, seines Sieges sicher, noch die Kälte, die Umarmung zurückzuhalten, sie mit absichtlicher falscher Auslegung ihrer Worte zu quälen, sie zum vollen Geständnis zu zwingen.« – Im alten Roman führen die vom Hofe geflohenen Liebenden im wilden Walde ein hartes, entbehrungsreiches Leben, das sie gern wieder mit dem bequemen höfischen Aufenthalt vertauschen. Bei Thomas und Gottfried entfaltet sich wonnige Pracht über dieses Waldleben, das einer Idylle gleicht. Tristan und Isolde hausen in einer Grotte, die in grauer Vorzeit von Riesen erbaut worden war. Sie war schön geschmückt und hatte oben kleine Fensterlein, um das Licht einzulassen. Mächtige Bäume umgaben die Minnegrotte, ein kühler Brunnen entsprang dabei, der Wald erschallte von Vogelsang, dass Aug' und Ohr entzückt wurden. Die Liebenden ergehen sich in den blumigen Auen, lauschen dem Quell und Vogelsang und bergen sich vor der Sonnenhitze im Schatten der Bäume. Unter Harfenspiel und Gesang geht die Zeit dahin. Dazu fügt Gottfried die lang ausgesponnene allegorische Deutung der Minnegrotte.

Eine sehr charakteristische Stelle in Gottfrieds Tristan ist der berühmte literarhistorische Auslauf. Statt die mit der Schwertleite verknüpften Förmlichkeiten und Festlichkeiten zu schildern, was schon oft in andern Gedichten geschah, wendet sich Gottfried zu einem meisterhaften Überblick über die »Färber«, d.h. Epiker, und »Nachtigallen«, d.h. Lyriker seiner Zeit. Er preist Veldeke, Hartmann und Bligger und tadelt Wolfram, er erkennt nach Reinmars Tod Walther von der Vogelweide die erste Stelle unter den Liederdichtern zu. Gerade hieraus ergibt sich für uns ein klares Bild von Wolframs Eigenart. Gottfried dichtet in offenbarem Gegensatz zu ihm, aber doch auch durch ihn beeinflusst, indem der Tristan ein Gegenstück zum Parzival sein sollte. Schon der literarische Auslauf anstatt der vom Leser erwarteten Beschreibung ritterlicher Dinge ist ein Widerspruch gegen Wolfram, der darauf besonderes Gewicht legt. Statt Tristans Wundbehandlung eingehend zu beschreiben, polemisiert Gottfried gegen solche Dichter, die ihre Worte aus der Apothekerbüchse holen, im Hinblick auf Wolfram, der ausführlich über die Wunde des Anfortas berichtet. Tristan und Parzival sind biographische Romane, die das Leben ihrer Helden bis zur Geschichte ihrer Eltern zurückführen. Parzivals Erziehung im Walde steht die sorgsame ritterliche Bildung Tristans gegenüber. Hier wie dort ist ein Zweikampf mit einem starken Gegner der Anfang der Heldentaten. Aber nun weichen die Geschichten voneinander ab, Wolfram verherrlicht die eheliche Treue und das hohe Ziel Parzivals, Gottfried die listenreiche Minne. Zur Verschiedenheit des gewählten Stoffes tritt die gänzlich abweichende Quellenbehandlung. Gottfried hält sich wie Veldeke und Hartmann genau an die Vorlage. Wolfram ist ein »Wilderer der Märe«, ein Erfinder wunderlich seltsamer Geschichten. Wohl hat auch Wolfram in Kristians Perceval seine französische Quelle, der er sich, soweit sie vorlag, genau anschloss. Aber er umrahmte sie mit eigenen Erfindungen, die Gottfrieds Beifall nicht hatten. Wolfram eröffnete damit die Reihe der deutschen Artusromane, deren Inhalt von den deutschen Dichtern mehr oder weniger frei erfunden ist. Dazu kommt endlich die völlige Verschiedenheit des Stiles. Wolframs Phantasie entwarf immer gewaltige, originelle, aber oft unverständliche Bilder, wob fern liegende Dinge in Gleichnisse und schuf für fremdartige Gedanken eine neue und schwierige Sprache, während Gottfried vom echten Dichter schlichte, leicht verständliche, überall klare Sprache und Darstellung verlangte. Gottfried wandte, wie Hartmann, seine Kenntnisse geschmackvoll an, Wolfram warf sein Wissen wild, ungeordnet, stückweise hin, dass der Leser sich Glossen zum Text machen, d. h. Erläuterungen suchen musste. Wolfram gab seinen reichen Gedanken und Einfällen oft sehr unbeholfenen Ausdruck, Gottfried war auf regelmäßigen Gedankenfluss und durchsichtigen Ausdruck bedacht. So kam mit Wolfram ein Zwiespalt in die mhd. Epik, der durchs ganze Mittelalter hindurch bei seinen Nachahmern und den Schülern der andern Meister zu verfolgen ist.

Wolfram von Eschenbach stammte aus einem ritterlichen Geschlecht, das seinen Namen nach dem südöstlich von Ansbach gelegenen Städtchen Eschenbach trug. Er wurde um 1170 geboren, war mit Hartmann, Gottfried und Walther ziemlich gleichaltrig. Aus seinem Leben ist nichts weiter bekannt, als dass er mit seiner bayerisch-fränkischen Heimat beständig in Verbindung blieb, dass er zum Landgrafen Hermann, der ihm die Vorlage des Willehalm gab, Beziehung hatte, dass er auf einer Burg namens Wildenberg, die er als Munsalvaesche verewigte, die Gralszene des Parzival schrieb, und dass er in glücklicher Ehe lebte. Als Liederdichter pflegte er das Wächterlied, das er ebenso anschaulich wie dramatisch bewegt behandelte. Sein Hauptwerk ist der Parzival, dessen sechstes und siebtes Buch kurz nach 1203 in Thüringen verfasst wurde. Als Ergänzung zum Parzival wurden die beiden lyrischen Szenen von der Liebe des Schionatulander und der Sigune (in der Literaturgeschichte meistens als Titurelbruchstücke sehr unpassend bezeichnet) gedichtet. Endlich folgte die zweite große epische Dichtung von Willehalm zwischen 1217 und 1220, vor deren Vollendung Wolfram starb. In der Frauenkirche zu Eschenbach zeigte man noch bis zum 17. Jahrhundert Wolframs Grab. Der Deutsche Orden, in dessen Besitz Eschenbach im Laufe des 13. Jahrhunderts übergegangen war, ließ dem Grab besondere Pflege angedeihen, denn die Ritter verehrten Wolfram wie keinen andern Dichter, da er ihre Ideale verherrlicht hatte. Im 15. Jahrhundert machte der oberbayerische Ritter Jakob Püterich von Reicherzhausen, ein Verehrer mhd. Poesie, eine Wallfahrt zu des Dichters Grab. Seit 1861 steht in Eschenbach ein Denkmal, das der König Maximilian II. von Bayern zu Wolframs Ehren errichten ließ.

Der Parzival kann in seiner Eigenart nur auf Grund eines genauen

Vergleichs mit der französischen Quelle gewürdigt werden. Den sechzehn Büchern Wolframs (24810 Verse umfassend) entsprechen in der Wolfram am nächsten stehenden Handschrift von Kristians Perceval (Paris, français Nr. 794) 9198 Verse. Die beiden ersten und die vier letzten Bücher fehlen in der Vorlage. Bei Wolfram erscheint also die unvollendete Dichtung Kristians eingeleitet und abgeschlossen. Unter allen Umständen geschah diese planvolle Umrahmung von einem Bearbeiter und Vollender Kristians, ob dies nun Wolfram oder sein angeblicher Gewährsmann Kyot ist. Kristians Perceval ist im Gegensatz zu Erec und Ivain, die nur einige Abenteuer aus dem Leben ihrer Helden berichten, ein Erziehungsroman, der vor der Geburt Percevals beginnt und den Helden bis zum höchsten Ziel seines Strebens, bis zum Gralskönigtum, geleiten sollte. Wohl bilden, namentlich im Gauvainteil, auch hier ritterliche Abenteuer, Märchen und Novellen den Inhalt. Aber die Percevalgeschichte beansprucht höheren dichterischen Wert, weil sie besonders schöne Geschichten enthält und diese unter einer leitenden Idee zusammenfasst.

Es war zur Zeit, da die Bäume blühen, die Büsche sich belauben, die Wiesen grünen und die Vöglein süß am Morgen singen, da zog der Sohn der Witwe in den Wald – so beginnt anmutig Kristians Gedicht. Erst später hören wir den Namen des Helden: Perceval. Alles andere, seine Abstammung und das Endziel seiner Abenteuer bleibt dunkel, da der Dichter Spannung erregen wollte, um erst in einer Schlussszene, die er nicht mehr ausführen konnte, die Lösung aller Rätsel, insbesondere von Percevals Herkunft und der Bedeutung des Grals, zu geben. Der junge Held reitet frohgemut in den Sommermorgen hinein und begegnet fünf glänzend gewappneten Rittern, die er in seiner Unerfahrenheit zuerst für Teufel, dann für Engel hält. Der eine der Ritter erklärt ihm die Waffen und das Ritterwesen. Zur Mutter heimgekehrt erzählt Perceval sein Abenteuer und verlangt fort, um auch Ritter zu werden. Die Mutter kleidet ihn in bäuerische Torentracht, in der Hoffnung, er werde dadurch Spott und Hohn ernten und bald gern wieder zu ihr zurückkehren. Sie gibt ihm gute Lehren mit auf den Weg, ähnlich wie es der König im Ruodlieb getan. Die Lehren enthalten einige Novellenmotive, die aber ebenso wenig wie im Ruodlieb vom Dichter im Verlauf der Geschichte vollständig verwertet wurden. Die Mutter fällt beim Abschied des Sohnes vor Weh in Ohnmacht und stirbt, Perceval reitet unbekümmert fort. Seine erste Ausfahrt hat also schon der, die ihn über alles liebte, der Mutter Tod gebracht und den Toren mit Schuld beladen. Nach einem Abenteuer mit einer in einem Zelt schlafenden Dame, der er in allzu kindischer Ausführung eines mütterlichen Rates Ring und Kuss raubt, gelangt Perceval an den Artushof. Er will vom König den Ritterschlag erhalten. Der König ist bereit, der Seneschall Kei rät Perceval, sich dazu die Waffen des roten Ritters, der draußen vor der Stadt herausfordernd harrt, zu holen. Perceval erschießt den roten Ritter mit seinem Jagdspeer. Mit Hilfe eines Knappen zieht er dem Toten die Rüstung aus und legt sie über seine Bauerngewänder an. Bei einem alten Burgherrn findet er freundliche Aufnahme und wird von ihm in den Lehren des ritterlichen Anstands unterwiesen. Hatte sich bisher des Knaben unbändige Heldenkraft nur durch die Räte der Mutter leiten lassen, so fügte er sich jetzt den Regeln des Rittertums und der gesellschaftlichen Sitte. – Nachdem er noch eine bedrängte Königin, Blanchefleur, von ihren Bedrängern befreit und sie zur Geliebten gewonnen hatte, kam er auf eine Burg, wo er allerlei geheimnisvolle Dinge erfuhr.

Sein Gastfreund war durch Siechtum ans Lager gefesselt und konnte sich nicht einmal zu Percevals Empfang erheben. Er machte ihm ein Schwert mit Gehänge zum Geschenk. Aus einem Nebenzimmer trat ein Knappe hervor, eine weiße Lanze in der Faust. Wie er bei Perceval vorüberkam, sah dieser einen Blutstropfen von der Spitze bis zur Hand des Trägers herniederrinnen. Gern hätte Perceval gefragt, warum die Lanze blute. Aber weil sein ritterlicher Erzieher ihm voreiliges Fragen als unhöfisch verwiesen hatte, schwieg er. Alsbald kamen zwei Knappen mit goldenen Leuchtern, auf denen Kerzen brannten. Ihnen folgte eine Jungfrau mit einem Gral, von dem solche Helligkeit ausging, dass die Kerzen davor verbleichten wie die Sterne vor Sonne und Mond. Dann kam eine Jungfrau mit einem silbernen Vorschneidebrett (un tailleor d'argent). Der Gral war aus lautrem Gold mit Edelsteinen besetzt. Wie die Lanze ward er am Ruhebett des Burgherrn und Percevals vorüber in ein Nebenzimmer getragen. Nun wurde ein Mahl angerichtet. Vor Percevals Platz ward ein Tisch aufgestellt und auf dem Silberteller eine Rehkeule zerwirkt. Bei jedem Gang der Mahlzeit wurde der aufgedeckte Gral vorübergetragen und jedes Mal verschob Perceval die ihm auf der Zunge schwebende Frage. Er wollte sich am andern Morgen erkundigen. Als es Schlafenszeit geworden war, ließ sich der Burgherr in sein Gemach tragen. Für Perceval wurde im Saal ein Lager aufgeschlagen, worauf er bis zum Morgen schlief. Als er erwachte, war niemand zu seiner Bedienung da. Seine Gewänder und Waffen lagen bereit. Vergebens pochte er an die Türen der Seitengemächer, die abends offen gewesen, jetzt aber verschlossen waren. Draußen im Hofe fand er sein Ross, Schild und Speer lehnten an der Mauer, das Burgtor war offen, die Zugbrücke heruntergelassen. Aber kein Mensch war zu sehen. Perceval glaubte, die Burgleute seien in den Wald zur Jagd ausgeritten. Er wollte sie aufsuchen, um nach Gral und Lanze zu fragen. Als er die Brücke hinter sich hatte, wurde sie jählings in die Höhe gezogen, sodass das Pferd nur durch einen gewaltigen Sprung über den Graben sich retten konnte. Perceval rief zurück nach dem Brückenwart, ohne Antwort zu erhalten. Da musste er weiter, ohne die Geheimnisse der Burg ergründet zu haben. Im Walde fand er unter einer Eiche ein Mädchen, das über einen eben getöteten Ritter trauerte. Von ihm vernahm Perceval, dass er durch seine Frage nach Gral und Lanze den wunden König geheilt hätte. An dieser Stelle wird zum ersten Mal der Name des Helden genannt, der ihn seltsamerweise auf die Frage des Mädchens, wie er heiße, selber errät. Das Mädchen teilte ihm auch den Tod seiner Mutter mit. Sie sagte, sie wolle ihren Geliebten begraben, weigerte sich aber, Perceval zu begleiten, als er sie am Mörder ihres Freundes rächen wollte.

König Artus, dem Perceval schon mehrere von ihm besiegte Ritter zugesandt hatte, brach auf, um nach dem roten Ritter, wie Perceval hieß, seitdem er die Rüstung des von ihm in kindischem Zweikampf einst getöteten und beraubten Ritters trug, zu suchen. Artus lagerte an einem kalten Morgen, da Schnee gefallen war, im Walde. Perceval war am selben Morgen früh ausgeritten und sah eine Schar Wildgänse fliegen. Ein Falke stieß auf eine herab, drei Blutstropfen fielen auf den Schnee, die Perceval an die Farben seiner Geliebten erinnerten. Auf seine Lanze gestützt blieb er den Morgen über davor stehen, wie im Traume, den Blick fest auf die Tropfen im Schnee gebannt. Zum Lager des Artus drang die Kunde von dem seltsamen Ritter, der wie verzaubert dastehe. Segremor und nach ihm Kei machten sich auf, ihn anzugreifen, wurden aber schmählich aus dem Sattel geworfen. Gauvain wappnete sich nun auf Befehl des Königs, um nach dem Ritter zu sehen. Die Blutstropfen auf dem Schnee waren beinahe weggeschmolzen und dadurch war Percevals Verzückung behoben. Gauvain erfuhr Percevals Namen und geleitete freudig den von der Tafelrunde gesuchten Helden zu Artus. Man kehrte nach Carlion ans Hoflager zurück und feierte ein Fest. Da kam um die Mittagszeit ein hässliches Mädchen auf einem Maultier geritten, sie grüßte alle, nur Perceval nicht, weil er die Fragen nach Gral und Lanze unterlassen habe. Hätte er gefragt, so wäre der sieche König geheilt und sein Land befriedet worden. Dann verkündete sie Abenteuer: auf Castel Orguelleus wohnten 567 Ritter mit ihren Damen; da könne ein Kampflustiger finden, was er suche. Auf Montesclaire sei eine belagerte Jungfrau zu entsetzen; der Sieger könne das Schwert mit den wunderbaren Gurten umlegen. Drei Ritter sprangen auf, um die Abenteuer zu bestehen: Gauvain wollte zum Castel Orguelleus, Gifles nach Montesclaire, Cahadins nach dem Mont dolerous, den das Mädchen übrigens gar nicht genannt hatte. Perceval aber gelobte, keine zwei Nächte am selben Ort zu schlafen und jeden berühmten Gegner aufzusuchen, bis er vom Gral und der blutenden Lanze die Wahrheit wisse. Hier beabsichtigte Kristian offenbar den typischen Artusroman, der mit dem Ausritt vom Hof nach berühmten Abenteuern anhebt. Neben Perceval, der bisher der einzige Held der Erzählung war, treten drei weitere, deren jeweilige Geschichte in zahllosen Abenteuern verläuft: Das war entschieden zu viel des Guten. Kristian kam auch bald davon ab und beschränkte sich auf Gauvain und Perceval. Gauvain erhielt die weltlichen Abenteuer der Wunderburgen und verzauberten Damen zugewiesen, Perceval suchte nach dem Gral und ritt achtlos an allem Übrigen vorbei. Gauvain und Perceval bilden wirkungsvolle Gegensätze und sind dementsprechend von Kristian und Wolfram geschildert.

Perceval hat in Kristians Gedicht nur noch eine einzige Szene, in der die Gralsgeheimnisse einigermaßen gelüftet werden. Nach fünfjährigen Irrfahrten kam Perceval, der in dieser ganzen Zeit keine Kirche betreten und das Beten verlernt hatte, am Karfreitag zu einem Einsiedler, dem er beichtete, dass er einst auf der Gralsburg die Fragen versäumte. Als er seinen Namen nannte, sagte ihm der Einsiedler, sein liebloser Fortgang von der Mutter, die darüber gestorben sei, habe verhindert, dass er die entscheidende Frage tat; aber das Gebet der Mutter habe ihn am Leben erhalten. Und nun folgen Aufschlüsse über den siechen König, den Sohn des alten Königs, den man mit dem Gral bediene. Seit zwanzig Jahren kam der alte König nicht mehr aus dem Zimmer, seine einzige Speise war die Oblate, die man ihm im Gral brachte. Er, der Einsiedler sei, der Bruder des alten Königs, der

Oheim des siechen. Der sieche König trage eine Wunde aus einer Schlacht, wo er mit einem Wurfspeer durch beide Hüften geschossen wurde. Weil er sich oft in einem Nachen zum Angeln fahren lasse, heiße er der Fischerkönig. So weit reichen Kristians Erklärungen. Von den geheimnisvollen Dingen, die Perceval auf der Burg sah, gehören offenbar die blutende Lanze und das Schwert, das der Held zum Geschenk bekommt, zusammen und deuten auf ein ritterliches Abenteuer. Der Gral ist eine Schüssel, in der eine Oblate lag. Bei der Speisung des alten Königs bemerkt der Dichter:

tant seinte cose est li graals

(ein so heilig Ding ist der Gral). Der Einsiedler erteilte Perceval noch einige Ratschläge allgemeiner Art, zur Messe zu gehen, Priester zu ehren, Jungfrauen, Witwen und Waisen zu helfen. Er sagte ihm ein wunderkräftiges Gebet ins Ohr, das er nur in schwerer Gefahr sprechen solle. Zur Abendmahlzeit erhielt Perceval nur Kräuter und Brot zu essen und Brunnenwasser zu trinken. Zu Ostern kommunizierte er beim Einsiedler. Dann geht die Erzählung wieder zu Gauvains Abenteuern über. Der Plan Kristians für Perceval ist wohl zu erkennen. Die Jahre der glaubens- und gottlosen Irrfahrt waren vorüber, der Held sollte nach der Beichte und Sühne zum zweiten erfolgreichen Besuch auf der Gralsburg gelangen und dort vollends über die Geheimnisse aufgeklärt werden.

Da Kristian in dem fertigen Teil seines Werkes nur Andeutungen gab, wurden die Fortsetzer und Bearbeiter zu eignen Auslegungen förmlich gezwungen und haben sich dieser Aufgabe mit mehr oder weniger Geschick entledigt. Der merkwürdige Gral mit der Hostie drin regte die Einbildungskraft besonders an. Gral ist ein südfranzösisches Wort, das in Nordfrankreich und im Ausland nicht geläufig und daher unverständlich war. Kristian, der zu der Provence Beziehungen hatte, wählte das Wort aus unbekannten Gründen und verstand es im ursprünglichen Sinne eines Hauptwortes. Er spricht von einem Gral, einer Schüssel. Seine Fortsetzer und Bearbeiter, auch Wolfram, nehmen Gral als Eigennamen, da heißt es also *der* Gral. Die französischen Dichter ließen ihre Phantasie vom heiligen Gral zur Legende schweifen und hielten den Gral für eine Reliquie, für einen der im Mittelalter vielfach gezeigten Blutbehälter Christi oder für die Abendmahlschüssel. So geschah es namentlich um 1200 bei Robert von Boron in seiner Geschichte des Grals, die beschrieb, wie die Reliquie durch mancherlei Schicksale in die Hut des Fischerkönigs kam. Im 13. Jahrhundert verstand man unter der blutenden Lanze die des Longinus, der Christi Seite durchbohrte. Der Gedanke lag nahe genug, nachdem Robert im Gral Christi Blut gesehen hatte. Die späteren französischen Gralromane machen die Gralsburg vollends zu einer wahren Reliquienkammer: da finden wir Christi blutgetränkte Kleider und Leichentuch, die Dornenkrone, das Schweißtuch der Veronika mit dem Bild Christi und andres mehr. Alles das ist nicht etwa aus den Quellen Kristians entnommen, sondern von den Fortsetzern in sein Werk hineingeheimnisst worden. Von alledem weiß Wolfram nichts, sein Parzival weicht völlig von der französischen Weiterbildung der Gralsage ab und weist auf einen besonderen, eigentümlichen Zweig, der nur bei Wolfram und in den deutschen Graldichtungen vorliegt.

Folgende Züge sind Wolfram eigen und entscheiden unser Urteil über die Frage, ob der deutsche Dichter aus selbständiger Phantasie seine Vorlage ergänzte oder einer sonst unbekannten Quelle folgte. Zunächst eine vielsagende Kleinigkeit: vor dem Gral tragen zwei Frauen zwei silberne Messer, oder wie Wolfram sagt: »daz snîdende silber«. Damit übersetzt sich Wolfram Kristians »tailleor d'argent«. Tailleor = Schneidebrett (von tailler, schneiden) kam als Lehnwort Teller erst am Ende des 13. Jahrhunderts in die deutsche Sprache. Wolfram verstand das Wort nicht, merkte aber seinen Zusammenhang mit tailler und riet auf einen Gegenstand zum Schneiden, auf ein Messer. Wolfram nennt die bei Kristian unbenannte Gralsburg Munsalvaesche = Wildenberg. Er schrieb die Gralszene »hie ze Wildenberg« und verewigte also den Namen der Burg, die ihm damals, im Gegensatz zur Pracht des Gralschlosses, sehr ärmliche Herberge bot. Es entspricht durchaus Wolframs Art, derlei rein persönliche Einzelheiten seiner Erzählung einzumischen. So ungenügend seine Sprachkenntnisse auch sind, so gefällt er sich doch in allerlei eigenen Wort- und Namenbildungen aus dem Französischen. Das zur Gralsburg gehörige Land nennt er »terre de salvaesche« = Wildland, wozu noch der Wildborn (fontane la salvaesche) gehört. Wolfram gab also in origineller Weise der Gralsburg einen besonderen Namen und eine entsprechende landschaftliche Umgebung. Obwohl die Namen französisch aussehen, entstammen sie doch einer deutschen Ritterburg, wo der Dichter weilte und deren Dürftigkeit er humoristisch dem Reichtum des Grales gegenüberstellte.

Der Gral war Wolfram, wie auch andern fremden Bearbeitern des Kristian'schen Gedichtes ganz unklar. Vom Gral geht Wunderkraft aus. Er wird bei Kristian zu jedem Gang der Mahlzeit vorübergetragen. Bei Wolfram steht er vor dem König und Parzival auf dem Tisch und bleibt die ganze Zeit da:

Wie ich selber sie vernommen,
soll auch zu euch die Märe kommen:
was einer je vom Gral begehrt,
das ward ihm in die Hand gewährt,
Speise warm und Speise kalt,
ob sie frisch sei oder alt,
ob sie wild sei oder zahm.
Wer meint, daß dies zu wundersam
und ohne Beispiel wäre,
der schelte nicht die Märe.
Dem Gral entquoll ein Strom von Segen,
vom Glück der Welt ein vollster Regen.
Er galt fast all dem höchsten gleich,
wie man's erzählt vom Himmelreich.

Für diesen einzigen Punkt, der wirklich neu an Wolframs Gral ist, seine Eigenschaft als Speisenspender, verschanzt sich der Dichter hinter angebliche Überlieferung:

»man sagte mir, diz sag ouch ich
ûf iuwer ieslîches eit« –

er versichert die Wahrheit auf den Eid – der Zuhörer und Leser! Wolframs Gedankengang bei Auffassung des Grales lässt sich wohl verfolgen. Weil der Gral, der mit der Hostie das Leben des alten Königs fristete, zu jedem Gang aufs Neue erschien, so folgerte Wolfram: der Gral spendet Speise und Trank, er ist ein Wunschding. Wolframs Gral ist ein Stein; am Karfreitag bringt eine Taube vom Himmel eine Oblate, die sie auf den Stein niederlegt, um seine Wunderkraft neu zu stärken. Die Wirkung des Grals auf die Menschen ist Verjüngung und Erhaltung des Lebens. So bleibt der alte König, den Wolfram Titurel nennt, durch den Anblick des Grals am Leben, und der wunde König Anfortas kann nicht sterben, solang er den Gral erschaut. Der Vogel Phönix, der auf dem Stein zu Asche brennt und mit lichtem Gefieder zu neuem Leben aufschwebt, ist nur ein Bild und Gleichnis der Verjüngungskraft. Der Gral verkündet durch eine Inschrift, die am Rande des Steins erscheint, den göttlichen Willen. So zeigt er die Namen derer, die er zu seinem Dienst verlangt, an; er verkündet die durch die Frage mögliche Heilung des Anfortas, die Königswahl Parzivals und das Frageverbot Loherangrins. An hohen Festtagen wird der Gral durch den Saal der Burg getragen zur Freude allem Volk. Solange die Ritter wegen der blutigen Lanze traurig waren, diente der Gral zu ihrem Trost. Aber nur dem Auge der Getauften ist der Gral sichtbar. Der heidnische Feirefis erblickt ihn erst, nachdem er die Taufe empfangen. Nur von einer reinen Jungfrau lässt sich der Gral tragen. Alle diese Züge samt der Vorgeschichte des Grals, dass er von Engeln herniedergebracht und Titurel in Hut gegeben wurde, sind neu und Wolfram eigentümlich. Dass er im Gral einen Edelstein sah, erklärt sich aus der Angabe Kristians, der Gral sei mit Edelsteinen besetzt gewesen. Wolframs Phantasie beschäftigte sich gern mit edlen Steinen. Er hielt sich an das, was er aus Kristians Versen herauszulesen vermochte und bildete, wohl unter Einfluss arabischer Sagen von der Kaaba oder andern aus dem Himmel gefallenen Steinen, die Vorstellung vom Gralstein. Die Taube als Hostienbringerin ist veranlasst durch die bei Kristian erwähnte Hostie im Gral und durch die in mittelalterlichen Kirchen üblichen Hostienbehälter in Taubengestalt. Wie Robert von Boron den Gral Kristians zur Reliquie der Abendmahl- und Blutschüssel und zum Messkelch umdeutete, so schuf Wolfram ganz unabhängig und selbständig, vielleicht mit arabischem Einschlag, aber aus eigener dichterischer Erfindungskraft, die Sage vom Paradiesesstein. Der Gral war ihm ein Kleinod mit himmlischer Weihe. Wolframs angeregte Phantasie ging noch weiter. Bei Kristian war nur zu lesen, dass der Gral von einem Zimmer ins andre gebracht wurde. Wo befand er sich sonst? Wolfram antwortet: im Tempel. Und damit stellt sich ihm die Ritterschaft der Gralsburg unter völlig neuen, Kristian und allen französischen Romanen fremden Eigenschaften dar. Die Ritter sind eine wehrhafte Brüderschaft, die das Gebiet von Munsalvaesche gegen jeden Unberufenen verteidigt. Wolfram erfindet sogar einen besonderen Namen für die Ritter: Templeisen. Natürlich schwebt ihm dabei der 1119 gestiftete Orden der Tempelherrn (lat. templarii, franz. templier, mhd. tempelaere) vor. Durch Vermittlung Wolfgers von Passau, des Gönners Walthers von der Vogelweide, war 1199 der Orden von S. Marien vom Deutschen Hause zu Jerusalem bestätigt worden. Seine Balleien befanden sich in Thüringen und Österreich. Um die Mitte des 13. Jahrhunderts erhielt der Orden seine weltgeschichtliche Aufgabe, die Preußenfahrten. Der Templerorden war französisch, der Deutsche Orden dagegen deutsch. Wolfram verherrlichte in den Templeisen den in seinen Tagen aufblühenden Deutschen Ritterorden. Und darum waren seine Werke auch in diesen Kreisen besonders geschätzt. Wolframs Templeisen sind aber kein Abbild der Wirklichkeit, – sondern nur ein Sinnbild der Dichtung. Ihr Wappen ist die Taube. Der geistliche Orden bedarf natürlich einer Regel, die Wolfram dahin bestimmt, dass die zum Orden vom Gral Berufenen schon in früher Kindheit nach Munsalvaesche kommen. Knaben und Mädchen sind auf der Gralsburg. Den Rittern ist Minnedienst verboten. Weil er gegen diese Regel verstößt, wird Anfortas zur Strafe verwundet. Aber dem König am Gral ist ein eheliches Weib erlaubt. Wenn ein herrenloses Land einen Fürsten von Gottes Gnaden verlangt, darf ein Gralsritter hinausziehen, aber geheimnisvoll, indem er die Frage nach Namen und Art verbietet. Die Jungfrauen dürfen eine Werbung annehmen und werden offen fortgegeben. Mit diesen beiden Gesetzen weist Wolfram bereits auf den Schwanritter, Loherangrin, Parzivals Sohn, und auf Feirefis, Parzivals Bruder, der die schöne Gralträgerin Repanse zum Weib gewinnt.

Die blutende Lanze brachte Wolfram in unmittelbare Beziehung zum wunden König. Anfortas hatte, entgegen den Gralsgeboten, der feenschönen Orgeluse, deren Minne später Parzival stolz verschmäht, Gawan aber heiß umwirbt, ritterlich gedient. Ein Heide, der gleichfalls um Orgeluse warb, verwundete den König mit einem vergifteten Speereisen. Wohl erschlug der König seinen Gegner, den Speer aber brachte er in seinem Leibe heim. Ärztliche Kunst zog die Waffe aus der Wunde, aber unheilbar siechte der König am Gift dahin. Des Grales Anblick lässt ihn zwar nicht sterben, aber alle Heilkuren waren vergebens. Auf diese Art stellt sich also Wolfram den Gral und sein Reich vor und findet das Ziel des Kristianischen Torsos darin, dass Parzival zum zweiten Mal auf die Burg kommt, die Frage nach dem

Leiden des Königs (nicht wie bei Kristian nach der Lanze und der Bedienung durch den Gral) tut und danach König an Stelle des Anfortas wird.

Aber noch eine zweite Ergänzung war nötig: Parzivals Geschlecht, das Kristian nicht mehr genannt hatte. Hier war Wolfram in seinem rechten Fahrwasser. Während Kristian mit Eigennamen sehr sparsam ist, hat Wolfram eine kindische Freude an der Anhäufung vieler wunderlich und fremdartig klingender Eigennamen, die er von überallher aufliest, aus deutscher und französischer Literatur, aus den Völkerverzeichnissen des römischen Geographen Solinus, aus schriftlichen und mündlichen Quellen, aus persönlichen Beziehungen und Einfällen (Wildenberg-Munsalvaesche). Viele Namen hat er erfunden, z. B. den französischen Namen der Gattin Parzivals Cundwiramurs (aus conduire und amour). Es scheint mir höchst überflüssig, die harmlose Tätigkeit der Erfindung solcher Namen und Stammbäume Wolfram abzusprechen und einer französischen Quelle, die zweifellos einfacher und wahrscheinlicher verfahren wäre, zuzuschreiben. Wolframs Stammbäume tragen in ihrer gesuchten Seltsamkeit ihre eigne Marke und unterscheiden sich ganz und gar von denen, die in den späteren französischen Romanen auftauchen. Parzivals Großvater hieß nach Wolfram Gandin, er ist König von Anschouwe. Gahmuret, Parzivals Vater, führt den Panther im Wappen. In einer von Wolfram erwähnten lateinischen Chronik soll gestanden haben, dass Parzival aus dem Geschlecht der Anschouwe zur Nachfolge im Gralskönigtum erkoren war. Beim ersten Blick denkt man hier an die Huldigung eines französischen Dichters, der die mächtigen Grafen von Anjou verherrlichte, wozu Wolfram keinen Anlass hatte. Bei näherem Zusehen erheben sich allerlei Zweifel: ein Franzose hätte schwerlich von Königen von Anjou gesprochen und musste das Grafenwappen, die Lilie im blauen Feld, kennen. Wolfram leitet den Namen Gandin ausdrücklich von der Stadt Gandine in Steiermark her. Der Panther ist das Landeswappen der Steiermark, und in Niederösterreich begegnet ein Geschlecht de Anschowe (Anschau in der Pfarre Traunstein), das seit Anfang des 13. Jahrhunderts mit den Burggrafen von Steiermark verschwägert war. Wolfram ist in Steiermark wohl bekannt. Somit ist der Schluss nahe liegend, dass Wolfram die österreichischen Anschower meinte und auszeichnete, indem er sie zu Königen von Anschowe und Parzival zu ihrem Vetter machte.

Die beiden ersten Bücher seines Parzival hat Wolfram der Erzählung Kristians vorangestellt. Im Mohrenland erzeugt Gahmuret mit der Königin Belacane den Feirefis, in Spanien mit Herzeloyde den Parzival. Den Namen Feirefis hat sich Wolfram selber zurechtgemacht = vaire fiz, bunter Sohn, weil Feirefis als Sohn eines Weißen und einer Mohrin elsternfarbig, schwarz und weiß gefleckt, zur Welt kommt. Veranlasst wurde Wolfram dadurch, dass Perceval bei Kristian öfters beals fiz = schöner Sohn genannt wird. Die beiden Brüder, die Söhne Gahmurets, sind also der »schöne« und der »bunte« Sohn. Die zwei ersten Bücher dienen dazu, ihre Geburt zu schildern. Denn Wolfram will nicht wie Kristian seine Geschichte mit namenlosen, unbekannten Helden anheben. In den zwei letzten Büchern, für die Kristians Gedicht nimmer vorlag, treffen Parzival und Feirefis zusammen. Der Dichter nimmt den in der Einleitung angesponnenen Bericht wieder auf. Parzival und Feirefis messen sich zuerst im Zweikampf als ebenbürtige Helden, deren keiner dem andern weicht. Dann erst erkennen und versöhnen sie sich, nachdem ihr Heldentum sich bewährt hat. Als am Schluss durch die Gralsbotin der Fluch von Parzival genommen wird, darf er einen einzigen Gesellen mit nach Munsalvaesche nehmen. Er wählt dazu seinen noch heidnischen Bruder. Die beiden Königssöhne von Anschowe werden dadurch der höchsten Ehre teilhaftig. Parzival wird König am Gral an Stelle des Anfortas, Feirefis empfängt die Taufe, vermählt sich mit Repanse de Schoye, der Gralsträgerin, und kehrt in seine Heimat zurück. Er verbreitet das Christentum in Indien, sein Sohn ist der Priesterkönig Johannes, von dem man im Abendland seit 1144 Wunderdinge zu berichten wusste. Damals tauchte die Sage von einem König im fernen Osten auf, der dem byzantinischen Kaiser in einem lateinischen, viel gelesenen, von Wolfram im Parzival nachweislich benutzten Brief die Herrlichkeit seines Reiches beschrieb. Die bedrängte Christenheit im Morgenland gab sich ausschweifenden Hoffnungen hin, indem sie an einen unermesslich reichen und mächtigen Glaubens- und Bundesgenossen im Rücken der Feinde glaubte. Aus solchen Voraussetzungen erwuchs Wolframs Feirefis, der vom Dichter zum Ahnherrn jenes sagenhaften Priesterkönigs erkoren wurde. Mit Anknüpfung dieser Sage erhöhte Wolfram den Gral im Sinne der Ritterorden, das Gralsgebiet erweiterte sich zum christlichen Weltreich. Und gerade darin bekundet Wolfram feines künstlerisches Gefühl, dass er den Gedanken des Grals als

Sinnbild des Christentums nur andeutet, gleichsam um uns am Schlusse des Gedichtes ahnen zu lassen, welch unvergleichlich hohes Ziel der Held errang.

Wie den Ritterorden als vornehmste Pflicht Bekämpfung und Bekehrung der Heiden gesetzt ist, so auch die Hilfsbereitschaft für die bedrängte Unschuld. Auch hierzu findet Wolfram ein schönes Sinnbild in Loherangrin, Parzivals Sohn. In den französischen Romanen steht der Schwanritter in keiner Beziehung zum Gral, er ist der Ahnherr Gottfrieds von Bouillon. Wie Wolfram dazu kam, die Schwanrittersage mit der Parzivalsage zu verknüpfen, deutet er selber an, weil nämlich in beiden die Frage eine Hauptrolle spielt. Aber auch der Name des Ritters, Loherangrin – li loheren Gerin = Garin der Lothringer, und der Schauplatz der Handlung in Brabant sind von Wolfram, entgegen den französischen Gedichten, frei erfunden. Er gab der Schwanrittersage damit einen völlig neuen Hintergrund. In Frankreich wäre dies unmöglich gewesen. Garin hatte seinen fest umschriebenen Sagenkreis, aus dem kein Franzose ihn loslösen durfte. Der Schwanritter hatte ebenso seine durch die Überlieferung feststehende Kindheitsgeschichte: das Märchen von den sieben Schwänen. Nur Wolframs kühne, ungebundene Phantasie vermochte so fernhegende Sagen aus ihrer ursprünglichen Umgebung loszulösen, zu verschmelzen und in neue Zusammenhänge zu bringen. Wolfram hat also Lohengrin Namen und Art gegeben. Und seit Wolfram gibt es eine besondere deutsche Wendung der Schwanrittersage.

Wolframs Zutaten zum Parzival sind vornehmlich im neunten Buch zu erkennen, in der Einsiedlerszene. Während in allen übrigen mit Kristian übereinstimmenden Abschnitten das Verhältnis Wolframs zur Vorlage nicht anders ist als das Veldekes, Hartmanns oder Gottfrieds, beginnt hier planvolle und bedeutende Abweichung. Kristian gab in der entsprechenden Szene nur einige kurze, unvollkommene Andeutungen über den Gral und Percevals Geschlecht, Wolfram teilt hier ausführlich seine eigenen Ansichten vom Gral mit. Die Einsiedlerszene umfasst bei Kristian 182, bei Wolfram 1530 Verse. Das neunte Buch des Parzival ist der Ausgangspunkt für alle Erweiterungen und Zusätze Wolframs, von hier entwarf er seinen Plan, hier laufen alle Fäden nach vorwärts und rückwärts zusammen. Hier bei der Gralskunde treten auch die viel berufenen Quellenverweise auf. Mit großem Nachdruck hebt Wolfram hervor, dass jetzt der Zeitpunkt da sei, wo Parzival die verhohlene Mär vom Gral erfahren solle. Dann folgt die umständliche Berufung auf den wohl bekannten Meister Kyot, der zu Toledo die arabische Schrift des Heiden Flegetanis gefunden habe. Flegetanis soll den Namen des Grals aus den Sternen gelesen haben. Kyot fand außerdem eine lateinische Chronik, worin die Herren von Anschowe als Nachfolger der von Titurel stammenden Gralskönige bezeichnet waren. Also eine dreifache Quellenberufung: Kyot, der aus Flegetanis' arabischem Buch und aus der lateinischen Chronik von Anschowe schöpfte! Dass die zwei letzten Quellen eitel Flunkerei sind in der Art der Spielleute, die gern aus besonders fern liegenden Wunderquellen zu schöpfen behaupten, ist ohne weiteres klar. Man müsste sonst auch an die Sternenschrift als wirkliche Quelle der Gralsage glauben. Wolfram nennt mithin als Gewährsmann einen Kyot (franz. = Guiot), dem er zwei geheimnisvolle Vorlagen zuschreibt.

Von diesem Guiot weiß die französische Literaturgeschichte nichts und gegen sein Gralsgedicht streitet die gesamte französische Entwicklung der Gralsage. Wolfram verwickelt sich dabei noch in weitere handgreifliche Widersprüche. Guiot soll ein Provenzale, ein chanteur (also Liederdichter, nicht Epiker!) gewesen sein und französisch geschrieben haben. Wohl kennt die französische Literatur einen Guiot aus der Stadt Provins in Brie südöstlich von Paris. Der schrieb aber sicher keinen Gralroman. Wolfram glänzt hier durch seine beliebten Namenserfindungen. Vermutlich war seine Percevalhandschrift von einem Schreiber namens Guiot geschrieben. Dieser Guiot befasste sich besonders mit Herstellung von Handschriften der Kristian'schen Gedichte. Er verewigt seinen Namen z. B. am Ende der Ivainhandschrift. Wenn nun Wolfram eine Percevalhandschrift vor sich hatte, die in den Eingangsversen zweimal den Namen des Dichters, Kristian, nannte und am Schlusse Guiots Unterschrift trug, dann erklärt sich alles leicht. Wolfram ergänzte das unvollendete Gedicht auf eigne Faust, deckte aber seine Erfindungen in Spielmannsweise doppelt und dreifach mit einem angeblichen französischen Dichter namens Guiot und dessen arabischen und lateinischen Vorlagen.

Aus alledem und noch vielen weiteren hier nicht erwähnten Gründen folgern wir: Wolfram nimmt unter allen, auch den französischen Fortsetzern des Perceval eine besondere Stellung ein, weil er allein dazu befähigt war, das Gedicht Kristians in seinen unvergänglichen

Schönheiten zu wahren, zu umrahmen, zu vollenden und im Gedanken vom Gral und von seiner Ritterschaft zu vertiefen. Wolfram ist nicht bloß ein Dichter, der eine französische Vorlage in seinen ureignen, höchst persönlichen Stil umsetzt, sondern auch ein Mehrer und Bildner des ihm unvollständig überkommenen Stoffes, der die Bahn den deutschen Graldichtern des Mittelalters und der Neuzeit vorzeichnete. Die französischen Bearbeiter vermehrten Kristians Gedicht nur mit Legenden und Reliquien und spannen die Erzählung ins Uferlose und Langweilige, ohne zu einem wirklichen Abschluss zu gelangen, weil ihnen die Gestaltungskraft fehlte. Wolframs neue Gedanken sind neben dem Gralstein, der im Grunde nur des Dichters Ratlosigkeit gegenüber dem unverständlichen Wort Gral anzeigt, die Templeisen, Priester Johannes, Loherangrin. Der Name des Geschlechtes der Anschowe ist für den poetischen Wert belanglos, so originell auch Wolframs Erfindung hier wie bei Munsalvaesche ist. Aber die Sage ist dadurch nicht gefördert oder verändert worden.

Die Märe von *Schionatulander und Sigune*, die Wolfram in einem besonderen Gedicht behandelte, sehen wir vor unseren Augen aus dem Parzival herauswachsen. Bei Kristian hatte Perceval nach dem Besuch der Gralsburg eine Begegnung mit einer Jungfrau, die einen toten Ritter im Schoß hielt. Dieses Paar erscheint bei Wolfram im ganzen viermal. Die erste Begegnung fand schon bei Parzivals Ausfahrt vor seiner Ankunft am Hofe des Artus statt. Sie erkannte den Helden an seinen kindischen Reden und nannte ihn beim Namen: Parzival. Wolfram gibt dazu eine Deutung: der Name heißt Mittendurch (frz. percer – durchdringen, val – Tal, also eigentlich »Dring durchs Tal«), weil sein Fortgang der Mutter Herz entzweischnitt. Die zweite Begegnung fällt wie bei Kristian nach dem Besuch der Gralsburg. Im Gezweig einer Linde sitzt die Magd, der Tote ist einbalsamiert. Sigune teilt Parzival einiges über den Gral mit und verflucht den Helden, weil er die Frage unterließ. Die dritte Begegnung ist sehr eindrucksvoll der Szene beim Einsiedler vorangestellt, als Parzival nach fünfjähriger Irrfahrt wieder das Gebiet des Grales betritt, um zu beichten und zu büßen. Sigune ist über dem Sarg des Geliebten Klausnerin geworden. Parzival sieht zunächst mit Staunen einen Ring an der Hand der anfangs nicht erkannten Klausnerin. Er meint, Klausnerinnen sollten sich aller Liebschaft entschlagen. Sie erwidert:

der Ring, er sollt' mein Trauring sein;
er ward vordem als Brautschatz mein,
den mir ein lieber Mann verlieh,
wenn ich auch seine Minne nie
gewann nach menschlicher Begier.
Magdliche Treu gebot es mir,
daß ich sein Kleinod stets getragen,
seitdem ihn Orilus erschlagen,
und diese Treue wahrt ihm auch
mein Jammer bis zum letzten Hauch.
Gehört' ich ihm auch niemals an,
so ist er doch vor Gott mein Mann.
Denn sind Gedanken gleich den Werken,
will ich mein Herz im Glauben stärken,
daß ich sein Weib in rechter Ehe.

Nun weiß Parzival, mit wem er es zu tun hat. Er sagt ihr, dass er um sein Weib und den Gral sich sorge. Sie verweist ihn auf die Spur der Gralsbotin, die eben bei ihr gewesen und ihr die vom Gral gespendete Leibesnahrung gebracht habe. Zum vierten Mal trifft Parzival als König mit ihr zusammen. Auf der Fahrt zur Burg kommt er mit den Templeisen zur Klause. Er ist in Begleitung seiner Gattin Cundwiramur, also am Ziel seiner höchsten Wünsche. Sigune liegt tot auf den Knien über dem Sarge des Geliebten in der Klause. Da lässt der König die Mauer der Klause einbrechen und Sigune zum toten Schionatulander in den Sarg legen. So birgt ein Grab das Liebespaar. –Was hat Wolframs dichterische Gestaltungskraft aus der einen flüchtigen Begegnung der Vorlage gemacht! Wie eindrucksvoll wirkt das Zusammentreffen an den entscheidenden Wendepunkten, bei der Torenausfahrt, nach dem ersten Gralbesuch, bei der Rückkehr von der Weltfahrt des Unglaubens, nach der Königswahl und Wiedervereinigung mit der Gattin! Zugleich ist ergreifend schön die Läuterung der irdischen zur himmlischen Liebe geschildert. – In seinem lyrischen Epos in Strophen (in einer kunstvollen Abart der Gudrunstrophe) behandelt Wolfram die Vorgeschichte des Liebespaares. Die Märe von Schionatulander ist nur in zwei Bruchstücken erhalten; Wolfram scheint aber auch nicht mehr gedichtet zu haben. Was vorliegt, sieht wie eine unfertige, aber meisterhafte Skizze aus. Im ersten Stück erzählt Wolfram, wie Schionatulander und Sigune in der Hut Gahmurets und Herzeloydens, der Eltern Parzivals, aufwachsen. Zwischen den Kindern entsteht ein Liebesverhältnis, über das beide sich in einem Gespräch klar werden. Sigune ist Schionatulander hold, er soll sie aber erst unter Schildes Dach verdienen. Gahmuret zieht ins Morgenland, zu seinem letzten Kampf, in dem er den Tod findet. Schionatulander begleitet ihn auf der Fahrt. Er beginnt aus Sehnsucht nach der fernen Geliebten hinzusiechen. Gahmuret stellt ihn zur Rede und verheißt ihm, als er seine Liebe bekennt, Beistand und Fürsprache. Ein ähnliches Zwiegespräch zwischen Sigune und Herzeloyde beschließt das erste Stück. Im zweiten befinden sich die Liebenden im Wald in einem Zelt. Schionatulander ist mit Angeln beschäftigt. Ein Hund mit einem kostbaren Halsband läuft vorbei. Auf dem Seil war eine Märe geschrieben, die Buchstaben bildeten Edelsteine, die mit goldnen Nägeln auf den Strang genietet waren. Schionatulander fängt den Hund und bringt ihn Sigune ins Zelt. Sie vertieft sich sofort in die Aventüre des Brackenseils, als der Hund sich losreißt und in den Wald läuft. Sigune verlangt von »Schionatulander, er solle den Hund wieder einfangen, und erklärt, sie knüpfe ihren Besitz an diese Bedingung. Mit Schionatulanders Versprechen, nicht zu rasten, bis er das Brackenseil wiedergewonnen habe, schließt das zweite Stück.

Auf der Fahrt nach dem Brackenseil verlor Schionatulander sein Leben, sodass Sigune sich vorwerfen musste, den Geliebten um einer Laune willen in den Tod getrieben zu haben. Nicht Heldentum, sondern Minne und Frauentreue sind der Inhalt der Schionatulanderstücke. Die strophische Gliederung war für epische Schildereien nicht geschickt. Aber um so herrlicher glückten die lyrischen Teile, die Minnegespräche, die zum Schönsten gehören, was die mhd. Dichtung überhaupt bietet. Wolfram verliert sich freilich auch in dieser wundervollen Dichtung in seine Liebhabereien, in verwickelte Stammbäume und unverständliche Anspielungen aller Art. Der so gestaltungsmächtige Dichter war leider kein Meister der Beschränkung. Darum sind die großen und klaren Grundgedanken seiner Dichtung immer von überflüssigem Rankenwerk überwuchert. Wohl entwarf er einen vortrefflichen Plan zum Parzival und zum Schionatulander, der ihm fast nur beiläufig, als Ergänzung zum großen Gedicht, zukam. Aber die bunte Welt mittelalterlicher Fabeleien und ritterlicher Sitten hielt den Dichter daneben im Bann, sodass er nicht zum Verdichter einer herrlichen Sage, an deren Schöpfung er so bedeutenden Anteil hatte, werden konnte.

Wolframs *Willehalm* folgt einer Dichtung aus der französischen Heldensage, der Bataille d'Aliscans. Diese gehört zum Sagenkreise des Guillaume d'Orange, der 793 die einbrechenden Mauren unter Abdalrahman (Desramé) in der Nähe von Narbonne zwar nicht siegreich, aber doch mit dem Erfolg, dass die Feinde nach Spanien zurückkehrten, bekämpfte. Wilhelm ward einer der großen Heidenbekämpfer, die die französische Heldensage seit dem Rolandslied bevorzugte. Die Schlacht ward nach einer berühmten Gräberstätte bei Arles verlegt (Arles + campus = Aliscans). Aus dem Ende des 12. Jahrhunderts stammt die Wolfram vorliegende Fassung, die er fast ebenso frei wie den Perceval behandelte. Wilhelm war aber nicht bloß der typische Maurenbesieger, sondern auch der gewalttätige Vasall, der sich gegen den schwachen König auflehnte. Während Karl der Große das Urbild des starken Königs ist, erscheint Ludwig der Fromme als der leidenschaftliche und schwache König, der sich mit seinen großen Lehnsmannen nicht richtig zu stellen wusste. Auf Grund dieser sagengeschichtlichen Verhältnisse berichtet die Bataille d'Aliscans Folgendes: Die Heiden unter den Königen Desramé und Tiebaut sind in der Provence eingebrochen, weil Wilhelm die Arabele, die Tochter Desramés und die Gattin Tiebauts entführt und, nachdem sie in der Taufe den Namen Guiburg angenommen, geheiratet hatte. Das Gedicht führt mitten ins Getümmel des Kampfes. Wilhelm kämpft mit einer kleinen Schar gegen ungeheure Übermacht. Nächst ihm zeichnet sich sein Neffe Vivien aus, der todwund den Kampf aufgeben muss. Wilhelm findet den Sterbenden an einsamer Stelle, nimmt ihm die Beichte ab, versieht ihn mit dem heiligen Brot und hält bei dem Toten Nachtwache. Am anderen Morgen besiegt Wilhelm den König von Persien, legt seine Rüstung an und reitet in dieser Verkleidung durchs feindliche Lager. Am Tore seiner Burg von Orange wird er zunächst von Guiburg für einen Heiden gehalten, und erst eingelassen, als er seine Tapferkeit im Kampf mit einer Schar von Feinden, die mit christlichen Gefangenen und reicher Beute vorüberziehen, bewährt hatte. Nach kurzer Rast bei der treuen Gattin macht er sich nach Laon an den Hof seines Schwagers, des französischen Königs Ludwig auf, um von ihm Hilfe zu erbitten. Er schwört, nur Brot und Wasser zu nehmen und die Kleider nicht zu wechseln, niemand zu küssen, bevor er Orange entsetzt hat. Guiburg legt Männerrüstung an und verteidigt die Burg gegen ihre Landsleute. In Laon wird Wilhelm wohl erkannt, aber niemand will sich seiner annehmen. Bei einem Kaufmann findet er Gastfreundschaft. Am anderen Tag begibt sich Wilhelm in die Fürstenversammlung, tritt vor den König und hält ihm seine Not vor. Er fordert den Lohn für seine treuen Dienste um die Erhaltung der Krone. Seine Eltern, die in der Versammlung anwesend sind, versprechen Hilfe. Der König will zusagen, wird aber von seiner Frau, der Schwester Wilhelms, zurückgehalten. Da ergrimmt Wilhelm, fasst seine Schwester bei den Haaren, dass ihre Krone herabstürzt, und will sie mit seinem Schwert erschlagen. Nur das Dazwischentreten der Mutter Wilhelms rettet der Königin, die in ihre Kammer entflieht, das Leben. Ihre schöne Tochter eilt in die erregte Versammlung und versöhnt ihren wilden Oheim mit der Mutter. Der König beschließt, ein Hilfsheer auszurüsten. Jetzt tritt ein junger Held in den Vordergrund, ein sarazenischer Knecht, der bisher in der königlichen Küche übel behandelt worden war. Der Jüngling ist von ungeheurer Kraft, aber auch von unbändiger Wildheit. Wilhelm erbittet ihn vom König zum Geschenk und nimmt ihn mit ins Feld. Rainoart, wie der Junge heißt, führt als Waffe eine gewaltige Keule. Mit derben Späßen wird erzählt, wie er diese Keule, die sonst niemand aufheben kann, wiederholt vergisst, weil seine Trunksucht und Fressgier ihn um die Besinnung bringt, wie er dann in diesem Zustand allerlei Gewaltstreiche vollbringt. Trotzdem küsst ihn die Königstochter Aelis zum Abschied. Das Entsatzheer rückt nach Orange und befreit Guiburg. In der großen Entscheidungsschlacht vollbringt Rainoart Wunder von Tapferkeit. Er wird von Guiburg als ihr Bruder erkannt, der in früher Kindheit in die Sklaverei verkauft wurde. Nach dem Siege wird er getauft und zum Lohne seiner Taten mit Aelis vermählt.

Das französische Gedicht ist sehr roh. Zwar der Anfang, die Vivienepisode, ist ernste, edle Heldensage. Aber in der Rainoartgeschichte überwiegen rohe Späße. Übertreibungen, die alles Maß verlieren, machen sich bemerkbar. Das Bürgertum ist bevorzugt, wie aus der Geschichte von Wilhelms Gastfreund in Laon erhellt. Eine ältere, edlere Dichtung scheint grob und komisch umgearbeitet worden zu sein.

Wolfram dichtete den Willehalm im Auftrag des Landgrafen Hermann, der mit der Wahl eines Gedichtes aus dem Kreise der französischen Heldensage von der herrschenden Mode des Ritterromans merklich abwich. Auch formal besteht der Unterschied, dass der höfische Roman in Reimpaaren geschrieben ist, während die Chansons de Geste, die französischen Spielmannsepen, in Strophen abgefasst sind. Wolfram behielt die strophische Form ebenso wenig bei wie der Pfaffe Konrad im Rolandslied. Die deutschen Bearbeitungen sind hier wie dort in Reimpaaren. Die Umsetzung der oft sehr wortreichen, aber inhaltsarmen französischen Strophen in Reimpaare bedingt von vornherein ein freieres Verfahren des Bearbeiters, der nicht bloß übersetzen kann. Der Stoff des Willehalm kam wie das Rolandslied der Kreuzzugsstimmung entgegen und verlor sich nicht ins Märchenhafte oder Mystische. Die Gestalt des Rennewart erinnerte an deutsche Heldensagen, in denen ein junger Recke aus einer in Dumpfheit und Niedrigkeit verbrachten Jugend plötzlich zu großen Taten sich aufrafft. Aber Wolfram knüpfte seinen Rennewart noch enger an Parzival, mit dem er ihn vergleicht. Beide Mal war die Entwicklung aus ungeschlachter Torenart zum Rittertum zu schildern. Und diese Aufgabe zog den deutschen Dichter an. Der Leitgedanke im Parzival und Willehalm ist trotz der bedeutenden stofflichen und formalen Verschiedenheit verwandt. Wolfram strebte nach Ausgleich weltlich ritterlicher und geistlicher Ideale. Im Parzival spricht er den Gedanken aus, der Held müsse »des lîbes prîs und der sêle pardîs« mit Schild und Speer erjagen. Am Schluss des Parzival heißt es:

wes Leben so sich endet,
daß er Gott nicht entwendet
die Seele durch des Leibes Schuld
und er daneben doch die Huld
der Welt mit Ehren sich erhält,
der hat sein Leben wohlbestellt.

Die Templeisen sind nicht bloß Abenteurer wie die irrenden Artushelden, sondern haben ein hohes Schildesamt. Die Ritter im Willehalm sind Glaubensstreiter und dadurch wie die Templeisen auf einer höheren Stufe ritterlicher Betätigung. Auch im Willehalm fand Wolfram Charaktere, die ihm zusagten: Willehalm und die beiden jungen Helden Vivianz und Rennewart, die heldenmütige Gyburg, die liebliche Alyze. Vor allem aber musste der rohe, bürgerlich-spielmännische Stoff ritterlichen Anschauungen angepasst werden. Das gelang Wolfram sehr gut. In zwei Punkten unterscheidet er sich von der Vorlage: in der Charakterisierung Rennewarts und der Heiden. Der französische Reinoart ist ein roher Flegel und Schlagetot; man begreift nicht, wie die Königstochter ihn lieben kann. Wolframs Rennewart ist ein Edelstein, der in den Schmutz gefallen ist. Willehalm erkennt sofort den ritterlichen Kern in der rohen Schale und wendet ihm darum Teilnahme zu. Die französische Dichtung behandelt die Heiden mit tiefster Verachtung. Es ist verdienstlich, sie niederzuschlagen. Dagegen legt Wolfram feinsinnig der edlen Gyburg, die eine getaufte Heidin ist, eine Verteidigung ihrer Landsleute und früheren Glaubensgenossen in den Mund. In längerer Rede vor Beginn der Schlacht setzt sie den christlichen Heerführern auseinander, es sei Unrecht, die Heiden wie das unvernünftige Vieh zu töten. Adam, Enoch, Noe, die drei Könige aus dem Morgenland, seien doch auch Heiden gewesen. Nicht alle Heiden seien verdammt. Die ritterlichen Tugenden der Heiden werden in günstiges Licht gesetzt, die Christen benehmen sich edelmütig gegen ihre Feinde. So fügt Wolfram selbständig den Zug hinzu, dass Willehalm in der letzten Entscheidungsschlacht die aufgebahrten, von heidnischen Priestern bewachten Leichen der sarazenischen Könige durch sein eignes, daneben aufgepflanztes Banner schützt. Wolfram ist ein vorzüglicher Frauenschilderer. Dafür zeugen die Gestalten des Parzival: Herzeloyde, die treue Mutter, Cundwiramur, die treue Gattin, die feenschöne, berückende Orgeluse, die leidenschaftliche Antikonie, die naiv kindliche Obilot der Gawanepisoden. Im Willehalm fand der Dichter in Gyburg, die wie eine Helena den Streit zwischen Mauren und Franzosen erregt, oder wie Gudrun von mehreren Werbern begehrt wird, ein herrliches Beispiel heldenhafter, kluger, tatkräftiger, besonnener Weiblichkeit. Gyburg ist die ebenbürtige Genossin Willehalms in allen Lebenslagen. Und sie versteht auch zwischen Christen und Heiden zu vermitteln. Ihre Gestalt ist bei Wolfram lebendiger und bedeutender geworden als in der Vorlage. Sachlich veränderte Wolfram nur wenig, aber doch trägt die ganze Schilderung im Willehalm eigenartiges Gepräge, das mit Wolframs Darstellungskunst und Stil unlöslich zusammenhängt. Zu so freier Behandlung der Vorlage wie im Parzival war im Willehalm kein äußerer Grund vorhanden, da die französische Dichtung vollständig ist, kein ergänzungsbedürftiger Torso. Wie sorglos Wolfram übrigens mit seinen Quellenberufungen verfuhr, beweist die Tatsache, dass er an einer Stelle Kristian als den

Verfasser der Wilhelmgeste nennt! Wer solche, vom Standpunkt der französischen Literaturgeschichte unerhörte Behauptungen wagte, dem darf man auch getrost die Fabeleien von Kyots arabischen und lateinischen Vorlagen zuschreiben. Wolfram trägt kein Bedenken, seinen Lesern etwas weißzumachen. Im Willehalm fehlt der Schluss. Rennewart wird nach der Schlacht vermisst. Sein Schicksal bleibt unaufgeklärt. Daraus ist zu schließen, dass Wolfram sein Gedicht nicht beendigte. Ulrich von Türheim fügte später einen Schluss hinzu.

Wolfram hat einen andern Bildungsgrad als Veldeke, Hartmann, Gottfried. Während jene auf ihre in den kirchlichen Schulen erholte Bildung pochen und auf Bücherweisheit stolz sind – wie Hartmann im armen Heinrich sich rühmt, er sei ein so gelehrter Ritter gewesen, dass er in den Büchern las –, wendet sich Wolfram ausdrücklich gegen solches Wissen, betont also aufs schärfste den Gegensatz, in dem er zu seinen Kunstgenossen steht. Dem Buchwissen Hartmanns gegenüber behauptet Wolfram im Parzival, keinen Buchstaben zu kennen, in übertreibendem, nicht wörtlichem Verstand. Meine Aventüre, sagt er, fährt ohne Steuer der Bücher, ohne Gelehrsamkeit. Im Willehalm stellt Wolfram den Gegensatz des natürlichen Denkens und des wissenschaftlichen, ihm selber fremden Studiums der gelehrten theologischen Literatur auf. Man darf kaum aus den beiden viel besprochenen Stellen folgern, dass Wolfram weder lesen noch schreiben konnte, sondern nur, dass er mit Laienverstand, ohne gelehrte Bildung seine Aufgabe angriff. Und das bestätigt sich auch aus dem Zustand seiner Gedichte. Von deutschen Dichtern kennt Wolfram Veldeke, Hartmann, Gottfried, Walther von der Vogelweide, Neidhart. Seine Kenntnisse erstrecken sich auf astronomische Dinge, z. B. die arabischen Sternenamen, auf fabelhafte Naturgeschichten von wunderbaren Tieren und Kräutern. Er zählt einige fünfzig Edelsteine auf, weiß von den vier Paradiesesflüssen. Aus dem Geographen Solinus entnimmt er ein langes Verzeichnis von Länder- und Völkernamen. Seine Anspielungen auf theologische Dinge sind sehr oberflächlich, nicht aus Büchern, sondern aus Predigten und mündlicher Unterweisung erholt. Der französischen Sprache war Wolfram natürlich mächtig, schon weil dies zum vollkommnen Ritter gehörte. Aber er spottet selber über sein »krummes« Französisch. Trotzdem wagt er sich an französische Wort- und Namenbildungen, die teilweise richtig sind wie Munsalvaesche, teilweise falsch wie Cundwiramur, schahtelakunt – cuns de chastel,

Burggraf, sarapantratest – teste de serpent, Drachenhaupt. Französische Redensarten fügt Wolfram öfters ein, sogar ganze Verse: »bien sei venuz, beas sir«. Übrigens geschieht das auch bei Gottfried. Wenn er mit den französischen Brocken dem neusten Geschmack huldigt, so lehnt er sich andrerseits an den altertümlichen Wortschatz des Spielmannsepos an, und verwendet Ausdrücke wie recke, wigant, helt, degen, balt, ellenthaft, die die andern Romandichter meiden. Kühne Wortbildungen erlaubt er sich, wenn er im Schionatulander von einem angeseilten Hund und einem gehundeten Seil spricht. Gottfried tadelt diesen Stil mit der Bezeichnung »bickelworte«, d. h. Würfelworte; er meint damit, Wolfram schreibe keinen einheitlichen, sondern einen bunt gewürfelten Stil. Besonders zahlreich sind bei Wolfram die Umschreibungen, Bilder und Vergleiche, mit denen der Dichter verstärkt und veranschaulicht, dabei aber auch in Geschmacklosigkeiten verfällt. So vergleicht er Antikonie, die Freundin Gawans, wegen ihrer Taille mit einer Ameise oder einem Hasen am Bratspieß. Um die Süßigkeit des jungen Vivianz zu schildern, versteigt er sich zu der Übertreibung: wenn einer auch nur einen Zehen von ihm ins Meer geworfen hätte, wäre der Salzgeschmack verzuckert worden! Über seinen Tod entsteht so großer Jammer, dass drei große Karren und ein Wagen das Wasser, das aus den Augen der Ritter fiel, nicht fortgeschafft hätten. Mit Vorliebe wählt Wolfram seine Bilder aus dem Ritterwesen. Die flimmernden Sterne fasst er als Quartiermacher und Fahnentrupp der Nacht auf. Ein Geliebter heißt der Freudenschild gegen Kummer. Von froher Stimmung sagt er: die Sorge war weit weggeritten, dass sie kein Speer mehr erreicht hätte. Wolfram ist kein objektiver Erzähler, er mischt ununterbrochen persönliche, für uns reizvolle, für den Fortgang der Handlung hemmende Anspielungen ein. Dabei tritt sein schalkhafter Humor oft hervor. Wildenberg-Munsalvaesche kann auch hier als Beispiel genannt werden. Aber vieles ist so sprunghaft und dunkel, dass Gottfrieds Vorwurf, man brauche Glossen, um den Sinn zu verstehen, durchaus berechtigt ist. Wolfram kann nicht klar und logisch denken. Er lässt sich von seinen augenblicklichen Einfällen leiten, wirft einen flüchtigen Gedanken hin, zu dessen Verständnis dem Leser oft alle Voraussetzungen fehlen. So erheischt z. B. der Eingang des Parzival einen umfangreichen Kommentar, ohne dass alles aufzuklären wäre. Gesuchte Dunkelheit, sprunghafte Bilderrätsel erschweren stellenweise das Verständnis ungemein. Dazu kommt auch freie Satzfügung, die oft mehr der mündlichen Rede als dem literarischen Stil entnommen ist. Aber gerade das wollte Wolfram, um sich von den glatten, klaren, literarisch geschulten Dichtern selbständig abzuheben. Bei Wolfram ist der Stil Ausdruck seiner eigenartigen Persönlichkeit. Die Nüsse, die er uns zu knacken gibt, sind nicht taub; es verlohnt sich, den Sprüngen seiner lebhaften Einbildungskraft zu folgen. Bei seinen Schülern ist der dunkle Stil weniger erbaulich; denn ihnen mangelt die Ursprünglichkeit und Eigenart des Meisters, der nur äußerlich in seinen Wunderlichkeiten, nicht aber in seinem Geist nachgeahmt werden konnte.

Gottfried hatte Wolfram im Tristan hart angegriffen und scharf getadelt. Im Willehalm erwidert Wolfram sehr maßvoll:

ich Wolfram von Eschenbach,
swaz ich von Parzivâl gesprach,
des sîn âventiur mich wîste,
etslich man daz prîste:
ir was ouch vil, diez smaehten
und baz ir rede waehten

(was ich, Wolfram von Eschenbach, von Parzival erzählte, wie die Aventüre mich es wies, das pries mancher Mann; aber viele schmähten es und zierten ihre Rede besser, d. h. schrieben gefälliger.)

Ulrich von Zatzikhofen im Thurgau schrieb bald nach 1194 einen Lanzelet, dessen französische Vorlage ihm Hugo von Morville, einer der sieben von Richard Löwenherz dem Herzog Leopold von Österreich zu Händen des deutschen Königs gestellten Geiseln, vermittelte. Ulrich kennt bereits Hartmanns Erec, ist aber noch ganz im Ton des Spielmannsepos befangen und der neuen stilistischen und darstellerischen Feinheiten ziemlich unkundig. Der Lanzelet ist der Durchschnittstypus des Artusromans, wo ein irrender Ritter allerlei Abenteuer erlebt, die unter sich nur lose zusammenhängen. Die Vorkommnisse erwecken keine tiefere Teilnahme, sie folgen ohne Verbindung, ohne innere Bedeutung aufeinander, kein fester Plan und keine leitende Idee hält sie zusammen. Personen, an denen man im Laufe der Geschichte eine gewisse äußere Teilnahme fand, verschwinden plötzlich, ohne je wieder erwähnt zu werden. Weder die einzelne Begebenheit noch das Ganze ist zu einem befriedigenden Abschluss geführt. So bleibt allein das Vergnügen an den bunten Ereignissen, die an uns vorüberziehen, ohne uns eigentlich zu fesseln. Der Roman dient nur der Unterhaltung, keiner höheren dichterischen Absicht. Wohl sind hübsche Märchen und Sagen aufgenommen, dankbare Motive angesponnen, aber die ganze Stoffmasse erscheint wie vom Zufall durcheinander gewürfelt, nach keinem höheren Gesichtspunkt geordnet und bemeistert. Kristian von Troyes hatte aus dem Lancelot einen Liebesroman gemacht, nach dem Vorbild von Mordreds Liebe zu Guenièvre, der Gemahlin des Artus, oder nach Tristan und Isolde. Lancelot gewinnt die von ihm geliebte Frau aus der Gewalt ihres Entführers zurück. In die Entführungsgeschichte ist die Minne, wie sie die Troubadours besangen, einverwoben. Aber davon findet sich bei Ulrich und in seiner Vorlage noch nichts, der Lanzelet haftet noch völlig im Stofflichen und vertieft sich nirgends ins Seelische. Darum ist er unsrem Empfinden fremd und gleichgültig. Um den Inhalt anzudeuten, sei auf das Hauptabenteuer hingewiesen, das aber ohne die Kunst der Spannung erzählt wird. Nach dem Tod seiner Eltern wächst der junge Lanzelet auf den glückseligen Inseln bei einer Meerfei, die ihn gerettet hatte, auf. Im Alter von fünfzehn Jahren begehrt er Urlaub, um in der Welt Abenteuer zu suchen. Er forscht nach seinem Namen und seiner Abstammung. Diese dem Leser längst bekannten Dinge soll er erst erfahren, nachdem er den stolzen Iweret von Dodone besiegt hat. Lanzelet gelangt nach kurzer Meerfahrt ans Land, wird dort wie der junge Perceval von einem ritterlichen Freund im Waffenhandwerk unterwiesen und kommt nach zahlreichen andern Erlebnissen zur Burg des Iweret. Im tiefen Wald, wo ein Brunnen in ein Marmorbecken rauscht, hängt eine eherne Zimbel an einer Linde. Wenn man mit dem Hammer dreimal darauf schlägt, sprengt Iweret zum Kampf heran. Es ist dasselbe Abenteuer wie im Iwein. In dem herrlichen Hain wird Lanzelet von der schönen Iblis, Iwerets Tochter, vor dem Zweikampf gewarnt, umsonst. Er schlägt ans Becken, erwartet den starken Iweret, tötet ihn im Kampf und gewinnt sein Reich und seine Tochter. Jetzt wird dem Helden durch eine Botin aus dem Reiche der Meerfei mitgeteilt, dass er Lanzelet heiße und der Sohn des Königs Pant von Genewis und der Königin Clarine sei. Außer dieser Geschichte, die den Helden in Besitz einer Frau und eines Reiches bringt, erlebt er aber dasselbe noch mehrmals. Er gewinnt durch Kampf mit ihrem Vater die Tochter des Galagandreiz, die Nichte des

Linier, die Königin von Pluris, nachdem er hundert Ritter im Turnier an einem Tag vom Ross gestochen, endlich Elidia von Thile, die, in einen schrecklichen Drachen verwandelt, durch einen Kuss von Lanzelet erlöst wird. Mit Recht nennt der Dichter diesen Frauenritter den »wîpsaeligen Lanzelet«. Natürlich kommt Lanzelet mit Artus in Berührung. Das Lob des Ritters vom See erschallt in allen Landen. Auch Ginover, die Gemahlin des Artus, wünscht ihn zu sehen. Lanzelet ist durch seine Mutter mit Artus verwandt, dessen Neffe, Valerin vom verworrenen Tann, dem König die Ginover abforderte mit der Behauptung, sie sei ihm als Kind verlobt gewesen. Er ist bereit, seine Forderung im Kampf zu erhärten. Lanzelet du Lac erbietet sich zum Zweikampf, den er siegreich besteht. Als der beste Ritter der Tafelrunde erweist er sich noch dadurch, dass er auf den Stein der Ehre, der keinen Falschen duldete, neben die Königin sitzt. Endlich ist die Geschichte der Keuschheitsprobe eingeschaltet: die Meerfei sandte den Mantel, der nur der Keuschen passe, an den Artushof. Über zweihundert Frauen versuchen vergeblich den Mantel. Der Iblis, der Gattin Lanzelets, passt er tadellos.

Wirnt von Grafenberg, ein Landsmann Wolframs, verfasste um 1204 den Wigalois. Ein unbekannter Ritter fordert die Artushelden auf, ihm einen Wundergürtel abzugewinnen. Alle unterliegen, sogar des Königs Neffe Gawein, den der Unbekannte mit sich führt, um ihn mit seiner Nichte Florie zu vermählen. Nachdem Gawein einen Sohn gezeugt, kehrt er wieder an den Hof des Artus zurück. Da er den Wundergürtel nicht mitgenommen hat, kann er das Land der Florie nicht wiederfinden. Mit diesem Gürtel zieht Flories Sohn Wigalois auf Abenteuer aus. In seinem Wappen führt er das Glücksrad, das in einem Saal seines mütterlichen Schlosses stand. Wigalois kommt an den Hof des Artus, erwirbt dort die Ritterwürde und wird der Hut des Gawein, der seinen Sohn nicht erkennt, anvertraut. Einmal erscheint eine Maid am Hof, die einen Ritter zu einem Abenteuer fordert: er solle der Königin Larie von Korntin gegen Roas von Gloys helfen. Wigalois erbittet sich die Begleitung der Dame und die Übertragung des Abenteuers aus. Das Mädchen verschmäht ihn zunächst wegen seiner Jugend, er folgt aber trotzdem und legt Proben seiner Tapferkeit ab, die der Dame alle Achtung abnötigen. Nun wird eine Reihe von Kämpfen mit Riesen und Ungeheuern berichtet, schließlich der Sieg über Roas und die Vermählung mit Larie. Von einem im Feuer umgehenden Geist, den Wigalois erlöst, erfährt er auch seine Herkunft, dass er Gaweins Sohn ist. Er empfängt von seinem Vater gute Lehren. Wirnt sagt am Ende des Gedichts, Larie habe ihm einen Sohn geboren, li fort Gawanides benannt, dessen Aventiure in wälscher Sprache geschrieben, für seine Kunst aber zu schwer sei. Wirnt behauptet, keiner schriftlichen Quelle, sondern der mündlichen Erzählung eines Knappen zu folgen. Daher mögen sich viele Abweichungen und Freiheiten erklären. Verwandt mit Wirnts Erzählung ist die Dichtung des Renald de Beaujeu vom schönen Unbekannten (li bel inconnu, d.i. Gauvains Sohn namens Guinglain oder Guigalois, welche Form dem deutschen Dichter vorlag); doch setzt das Gedicht Wirnts einen uns nicht erhaltenen besonderen französischen Roman von Guigalois voraus, der in drei Abschnitten die Ausfahrt des jungen Helden vom Artushof, das Spuk- und Zauberwesen einer gespenstischen Burg, endlich die Hochzeit mit Larie und Besitzergreifung des vom Spuk befreiten Landes schilderte. Die an und für sich dürftige Erzählung durchflocht Wirnt mit allerlei Betrachtungen, in denen wir den Hauptwert der deutschen Bearbeitung erkennen, weil sie des Dichters eigne Anschauungen wiedergeben. Man ersieht daraus, dass Wirnt ein ruhiger, klarer, für ernste und heitre Lebensauffassung gleich befähigter Mann war. Die Lehren, die Gawein seinem Sohne erteilt, bekunden hohe Meinung vom Rittertum. Wirnt beklagt das Schwinden der alten ritterlichen Ideale, der Minnedienst sei aufgegeben, das Rittertum in Räuberei ausgeartet, die Gottesliebe verloren, die Gewalt gekrönt, die Treue schartig, die Welt durch Reichtum und Ruhmsucht verändert. Man meint, Anklänge an Walthers Sprüche zu hören. Aber wie trefflich auch der Dichter übers Rittertum denkt, seinem Stoff vermochte er davon nichts mitzuteilen. Er kann nur die Erzählung durch solche allgemeine Betrachtungen unterbrechen. Wirnt kennt aus der deutschen Literatur Veldeke, sämtliche Werke Hartmanns und die ersten sechs Bücher von Wolframs Parzival. Er hält sich anfangs ganz an Hartmann, lernt mitten in der Arbeit den Parzival kennen und gewinnt davon solchen Eindruck, dass seither Wolfram ebenso vorbildlich für seinen Stil wird, wie vorher Hartmann. Lateinische Kenntnisse bewährt er durch eine Anspielung auf Ovid. In einer längeren Einleitung spricht Wirnt über sein Verhältnis zur Dichtkunst. Er hat viel gelesen und Kenntnisse gesammelt und daraus das Ideal einer Dichtung sich gebildet, dem er aus Furcht vor einem verwöhnten und anspruchsvollen Hörerkreis nur zaghaft nacheifert. Am Ende seines Werkes stehen die ernsten Verse:

owê der iaemerlîcher geschiht,
daz diu werlt niht freuden hât!
ir hoehstez leben mit grimme stât.
daz ist ritters orden.
ich bin wol innen worden,
daz der werlde freude sinket
unde ir êre hinket.
daz prüevet in diu gîtekheit,
diu boesen muot und erge treit,
owê daz ist min herzeleit.

(Weh der jämmerlichen Geschichte, dass die Welt keine Freude hat! Ihr höchstes Leben ist mit Grimm verbunden. Das ist Ritters Orden. Ich bin wohl inne worden, dass der Welt Freude sinkt und ihre Ehre hinkt. Das bewirkt die Habgier, die bösen Mut und Argheit schafft. Weh, das ist mein Herzeleid!)

Diese Stelle gab dazu Anlass, dass Wirnt als der Held der Novelle Konrads von Würzburg von der »Welt Lohn« erscheint. Dem Ritter zeigt die Welt ein glänzendes Angesicht und eine üble, von Krankheit zerfressene Kehrseite.

Die unvollendeten Werke Gottfrieds und Wolframs regten zur Fortsetzung an. *Ulrich von Türheim*, ein Schwabe, fühlte sich von dieser Aufgabe besonders angezogen, sodass er sowohl Gottfrieds Tristan als auch Wolframs Willehalm zu Ende dichtete. Das mangelhafte Stilgefühl des Dichters zeigt sich schon darin, das er zwei so verschiedenartige Werke fortsetzte, ohne zu ahnen, dass jedes von beiden einen besondern Stil verlange. Ulrichs Name begegnet in Augsburger Urkunden aus den Jahren 1236 bis 1246. Im Auftrag des Schenken Konrad von Winterstetten machte er sich um 1240 zunächst an den Tristan. Er benutzte Eilhards Gedicht, eine französische Quelle kannte er nicht. Schon dadurch musste die Fortsetzung weit hinter Gottfrieds Tristan zurückbleiben, dass der Eilhard'schen Vorlage alle charakteristischen Eigenschaften der Dichtung des Thomas fehlten. Ulrich fasste sich so kurz als möglich; er empfand bis zu einem gewissen Grad die Ungereimtheit des Eilhard'schen Berichts mit seinen unleidlichen Wiederholungen und Unterbrechungen und suchte durch Zusammenziehung und bessere Anordnung diese Mängel zu beseitigen. Aber die Änderungen sind nur ganz äußerlich, nirgends ist das Bestreben bemerkbar, die Erzählung mit Gottfrieds Tristan in Einklang zu bringen. Da auch die Darstellung keinerlei Vorzüge aufweist, so gibt die Fortsetzung weder inhaltlich noch formal einen angemessenen Abschluss zu Gottfrieds Werk. Im Willehalm, den Ullrich nach dem Tristan schrieb, waren ihm französische Quellen zugänglich. Er erzählte die Geschichte des Rennewart nach der Bataille d'Aliscans und nach dem Moniage Rainoart, d. h. dem Gedicht vom Mönchtum des Helden, der sich am Ende seines Lebens ins Kloster zurückzog, und führte damit Wolframs Gedicht wenigstens äußerlich zum Abschluss. Stilistisch ist der Willehalm ebenso unbedeutend wie der Tristan.

Noch um 1300 erhielt der Tristan durch *Heinrich von Freiberg* in Sachsen, einen bürgerlichen Verfasser, eine sehr schöne Fortsetzung. Heinrich unternahm die Arbeit im Auftrag eines böhmischen Edlen, des Reinmund von Lichtenburg. Zwischen Ulrich und Heinrich besteht der ungeheure Unterschied, dass Letzterer sich völlig in Gottfrieds Geist und Kunst einlebte und mithin zu seiner Aufgabe vortreZich vorbereitet und geschickt war. Freilich leidet auch seine Fortsetzung am selben Übel wie die Ulrichs: das Gedicht des Thomas lag ihm nicht vor. Wohl beruft er sich auf Thomas von Britanja, der in lampartischer Zunge von den zwein süßen Jungen gesprochen habe, dem er sich anschließe. In Wirklichkeit holt er sich seinen StoV nur aus seinen beiden deutschen Vorgängern, aus Eilhard und Ulrich. Heinrich empfand wohl, dass der ihm also überlieferte StoV zu Gottfrieds Darstellung nicht passe. Er stand der Eilhard'schen Fassung ähnlich gegenüber wie einst in Frankreich Thomas dem alten Tristangedicht. Er suchte an verschiedenen Stellen Rohheiten zu mildern und die Erzählung einigermaßen in Einklang mit Gottfried zu bringen. Aber er vermochte nicht, die tiefgreifenden Widersprüche wegzuschaVen, er passte seine Fortsetzung nur in Einzelheiten, nicht im Ganzen der Gottfried'schen Wendung an. Stilistisch aber steht er Gottfried auVallend nahe. Wir Wnden dieselben Wortbildungen, Gleichnisse und Redensarten, sogar geradewegs Entlehnungen. Es gibt bei Heinrich ergreifend schöne, großartige Stellen. Dazwischen freilich stören einige Geschmacklosigkeiten, die dem verwilderten Stilgefühl seiner Zeit zur

Last fallen. Um so bewundernswerter erscheint es uns, dass Heinrich achtzig oder neunzig Jahre nach Gottfried noch so engen Anschluss fand. Zweifellos wäre er der ebenbürtige Fortsetzer geworden, wenn er noch in der feinen höWschen Zeit gelebt und die richtige Quelle, das Gedicht des Thomas, vor sich gehabt hätte.

Die Bataille d'Aliscans gehört zu einem Kreise zahlreicher anderer vom heiligen Wilhelm handelnder Dichtungen. Darum enthält sie viele Anspielungen auf die vorausliegenden Ereignisse, die von Wolfram übernommen wurden. Es lag nahe, den Willehalm einzuleiten, wie ihn Ulrich von Türheim fortgesetzt hatte. Dieser Aufgabe unterzog sich zwischen 1261 und 1269 ein aus Kärnten gebürtiger, bürgerlicher Dichter, Meister *Ulrich von dem Türlin*, für König Ottokar von Böhmen. Der Hauptinhalt ist die Entführung der Heidenkönigin Arabele, die sich taufen ließ und als Kyburg Willehalms Gattin ward. Den Abschluss bildet die Erzählung von der Schwertleite des jungen Vivianz. Ulrich von dem Türlin griff nicht auf französische Quellen zurück, wie Ulrich von Türheim bei seiner Fortsetzung. Er entnahm die Handlung mit anerkennenswertem Geschick den Anspielungen in Wolframs Gedicht. Seine Phantasie gab ihm einen klaren und einheitlichen, wohl gegliederten und wohl ausgeführten Plan ein. Ulrich versteht einfach und ansprechend zu schildern. Nur wo er sich Wolframs Stil aufzwingt, wird er unnatürlich und gekünstelt. Diese Abhängigkeit von Wolfram erstreckt sich freilich fast auf das ganze Gedicht, da Ulrich die Werke Wolframs auswendig konnte und überall im Banne des Wolfram'schen Stiles steht, neben dem die andern Vorbilder, Hartmann, Wirnt, Ulrich von Zatzikoven, der Pleier, Heinrich von dem Türlin wenig hervortreten. Ulrich schrieb in Abschnitten zu 31 Versen, indem er 15 Reimpaare durch einen Dreireim abschloss. So war also der Willehalm durch die beiden Ulriche umrahmt, eingeleitet und vollendet, teils mit Anlehnung an französische Vorlagen, teils aus eigner freier Erfindung.

Zu ausgiebigeren und umfangreicheren Bearbeitungen und Neuschöpfungen veranlassten der Parzival und die Liebesmär von Schionatulander und Sigune. An diese Werke schloss sich ein ganzer Sagenkreis an, an dem die französischen Gedichte nur geringen Anteil haben. Das meiste entstammt der ausschweifenden, mit viel unnötiger Gelehrsamkeit belasteten Einbildungs- und Erfindungskraft der deutschen Nachahmer Wolframs, die sich die freie Stellung ihres

Meisters gegenüber der Überlieferung zum Vorbild nahmen. Der Titurel und Lohengrin, die Hauptdichtungen dieser Art, hängen mit der an Wolframs Persönlichkeit selber anknüpfenden Sagenbildung unlöslich zusammen.

Zwischen 1215 und 1220 schrieb *Heinrich von Türlin,* ein gelehrter Laie bürgerlichen Standes aus St. Veit in Kärnten, die »Krone der Abenteuer«, einen weitschichtigen Gaweinroman, eine Ergänzung zum Parzival, wo Gawan der zweite Held war, dessen Geschichte nicht zu Ende geführt wurde. Heinrich ging noch weiter, indem er das Gralsabenteuer auf Gawein übertrug. Heinrich kannte den Parzival, daneben Kristians Perceval und dessen ersten ungenannten Fortsetzer, der Gauvains Abenteuer behandelte. Er benützte diese und andere unbekannte Vorlagen sehr frei und stattete die Erzählung mit vielen eignen Erfindungen aus. Der über 30000 Verse lange Roman zerfällt in zwei Hälften, deren erste eine Geschichte aus Artus' Leben, die Entführung der Ginover durch einen fremden Ritter und die Rückeroberung durch Gawein erzählt, während die zweite Gaweins Abenteuer enthält. Im ersten Teil ist also die gewöhnlich von Lancelot erzählte Geschichte auf Gawein übertragen. Der Verfasser weiß geschickt allerlei Abenteuer Gaweins einzuflechten. Die Erzählung ist klar und übersichtlich. Im zweiten Abschnitt werden Gaweins Abenteuer, teilweise mit Wiederholung der bereits vorgetragenen Geschichten, neu aufgenommen und weitergeführt. Hier gelang die Charakterisierung besser. Vielleicht hat der Dichter zwei ursprünglich selbständige Werke in der Krone miteinander verschmolzen. Gaweins Abenteuer sind so planlos wie in den französischen Romanen, ohne höheres Ziel, mit Wiederholungen zu langweiliger Breite ausgesponnen. Ein Lieblingsthema Heinrichs war die Geschichte von der Keuschheitsprobe, der sich alle Frauen am Artushof unterziehen müssen. Heinrich hatte diese Novelle für sich allein schon in der gereimten Erzählung vom »Mantel« dargestellt. Ein zauberischer Mantel wird an den Hof gebracht und den Damen angemessen. Nur der Keuschen sitzt er wie angepasst, allen andern ist er zu kurz oder zu lang. Natürlich werden die meisten Damen durch die Mantelprobe bloßgestellt. Ein französisches Fabliau du mantel mautallié diente Heinrich zur Vorlage. In der Krone nahm er die Geschichte noch einmal auf und erzählte sie zweimal. So begnügt er sich auch nicht mit einem Gralbesuch Gaweins, sondern weiß von zweien. Beide Mal erscheint die geheimnisvolle Burg, die Heinrich nicht verstand, als Zauberspuk, beide Mal liegt aber keine alte selbständige Überlieferung, sondern Gauvains Gralsuche nach Kristians Fortsetzer zugrund. Auf einer Burg trifft Gawein einen fast hundertjährigen Greis, dem in feierlicher Prozession eine Kristallschale voll Blut gebracht wird. Aus einer goldnen Röhre trinkt der Greis vom Blut, ohne dass es weniger wird. Die blutende Lanze sieht Gawein in einer Kapelle zusammen mit einem Sarg. Er möchte gern nach den Wundern fragen, versäumt aber die rechte Gelegenheit. Am andern Morgen ist alles verschwunden, Gawein findet sich allein auf freiem Feld. Zum andern Mal kommt Gawein in Begleitung des Lanzelet und Calocreant zur Gralsburg. In einem prächtigen Saal sitzt ein Greis mit zwei Jünglingen beim Schachspiel. Gawein erhält beim Mahl den Ehrenplatz zur Seite seines Wirtes. Kämmerer bringen Lichter, Spielleute und Sänger erscheinen in großer Zahl. Als Gastgeschenk bekommt Gawein ein Schwert. Gawein weist den ihm angebotenen Wein zurück, seine Gefährten trinken und verfallen alsbald in tiefen Schlaf. Vor dem letzten Gericht treten zwei Jungfrauen in den Saal, Kerzen in den Händen; dann zwei Ritter mit einem Speer, zwei Jungfrauen mit einem Teller und endlich eine wunderschöne gekrönte Jungfrau mit einem Schrein. Der Speer wird auf den Tisch gestellt, der Teller daneben; im Teller sieht man drei Blutstropfen. Im Schrein liegt ein Brot, wovon der Alte ein Drittel abbricht und isst. Da tut Gawein die Frage, worauf alles aufjubelt. Der Alte sagt, was Gawein sehe, sei der Gral; durch seine Frage habe er eine große Schar Lebender und Toter erlöst. Aber das Geheimnis des Grales dürfe keinem Sterblichen offenbart werden. Mit Tagesgrauen verschwindet der Alte und sein Gesinde mitsamt dem Gral, nur die Frauen bleiben zurück. Das Tageslicht verscheucht die Gespenster und lässt nur die Lebenden übrig. Aus diesem Bericht erkennt man, dass Heinrich einen Deutungsversuch des ihm unklaren Grales machte, angeregt durch Kristians Fortsetzer, wo Gauvain nach dem Gralbesuch am öden Meeresstrande aufwacht, während die ganze Herrlichkeit der Burg verschwunden ist. Über die Gralsburg breitet Heinrich den Nebel des Gespenstermärchens vom verwunschenen Schloss, wozu einzelne Züge bei Kristian und Wolfram Anlass gaben. Im Übrigen enthält die Krone noch Entlehnungen aus dem Wigalois und aus den Gedichten Hartmanns, den Heinrich als Lehrer höfischer Zucht und Frauenverehrung preist. Aber das hindert den Dichter nicht,

Hartmanns feines Maß zu verlassen und sich einer bedenklichen Vorliebe für schlüpfrige Szenen, die sehr ausführlich geschildert sind, hinzugeben. Formal ist die Krone durch reine Reime und gute Verskunst ausgezeichnet. Heinrich behauptet, einer bestimmten Quelle, einem Gedicht Kristians, zu folgen. In Wirklichkeit schöpft er aus verschiedenen Vorlagen, aus denen er sich mit großer Freiheit einen Gaweinroman zusammenbraut, dessen Derbheiten für die geringere höfische Bildung der Kreise, für die Heinrich schrieb, zeugen.

Um 1270 verfasste ein bayerischer Dichter namens *Albrecht* den Titurel. Er legte die Bruchstücke von Schionatulander und Sigune zugrunde, nahm sie vollständig in seine Dichtung auf, versah aber die von Wolfram gebrauchte Strophe mit Cäsurreimen. Auch die Einleitung zum Parzival umschrieb der Verfasser fast wörtlich in seinen Strophen. Er spricht von sich, als ob er Wolfram wäre, weshalb der Titurel bis auf Lachmann auch wirklich für ein Werk Wolframs gehalten wurde. Er gibt Kyot als Quelle an. Der Inhalt des Titurel ist frei erfunden. Der Grundgedanke ist, eine Geschichte des Gralkönigtums bis auf Parzival zu geben und die weiteren Schicksale des Grales nach Parzivals Königswahl zu erzählen. Das Gedicht ist voll von belanglosen Zweikämpfen, Kriegen, Turnieren, Seefahrten und dergleichen. Die Darstellung ist höchst unerquicklich durch die gesuchte Dunkelheit der Sprache, die schwierige Strophenform und die Gelehrsamkeit, die der Verfasser hineinträgt. Wolframs ritterlicher Geist ist verschwunden, dafür herrscht pfäffische Beschränktheit und gelehrter Dünkel. Der Priester steht unter allen Ständen am höchsten, dann folgt der Gelehrte, erst an dritter Stelle der Ritter. Der Dichter verdammt und schmäht die tollen Heiden und die Griechen, die das Vieh angebetet hätten. Natürlich überbietet Albrecht die Wunderlichkeiten Wolframs, seltsam klingende fremdartige Namen und fabulose naturgeschichtliche Gelehrsamkeit machen sich überall störend breit. Und doch erscheint seine Erfindungsgabe stellenweise in besserem Licht, ja Albrecht darf als ein Mehrer der deutschen Gralssage gelten, vornehmlich in zwei Abschnitten. Zuerst beim Tempelbau. Wolfram hatte nur flüchtig den Graltempel erwähnt, Albrecht führte ihn in so genauem Grund- und Aufriss vor unser Auge, dass hernach Ludwig der Bayer und Karl IV. in Ettal und Prag den Wunderbau in die Wirklichkeit versetzten. Vom Gesang der Engel geleitet kommt Titurel nach fünfzigjährigem ritterlichem Leben in eine pfadlose Wildnis. Mitten im Walde ragt ein Berg, den nur der Berufene finden kann: Montsalvatsch, der bewahrte, behaltene Berg. Wolframs Wildenberg-Munsalvaesche verwandelt sich bei Albrecht zu einem geheiligten Berg. Salvaterre, heiliges Land heißt das Gralsgebiet, das in Spanien liegt. Mit vielen Gezelten lagert Titurel mit seiner Schar auf dem Berg. In den Lüften schwebt, von Engeln getragen, der Gral. Titurel baut auf Montsalvatsch eine weite Burg, von ihr aus dient er Gott mit Speer und Schwert wider die Heiden. Der Tempel, in den der Gral sich niederlässt, ist von unsichtbarer Hand im Grundriss auf den Felsen eingezeichnet. Alles, was zum Bau nötig ist, Holz, edles Gestein, Gold und Silber findet man vor dem Gral bereit. So erhebt sich ein prächtiger Rundbau mit zweiundsiebzig Chören im Umkreis. In dreißig Jahren wird der Bau vollendet, ein Bischof weiht Tempel und Altäre; dann trägt ein Engel den Gral in die köstliche Zelle, die ihm mitten im Tempel bereitet ist. – Am Schlusse des Titurel wird der Gral ins ferne Indien entrückt. In Salvaterre mehren sich ruchlose Nachbarn, der Gral will nicht mehr in dieser unwürdigen Umgebung bleiben, er verlangt dahin, woher das Licht der wonnebringenden Sonne kommt. Mit dem Gral schiffen sich die Ritter ein und gelangen endlich ins Reich des Priesters Johannes, dem Ferafis (Feirefis) seine Reiche übergab. Der Priesterkönig zieht den Templeisen feierlich entgegen. Staunend erblicken sie alle Herrlichkeiten Indiens und wünschen nur, dass der Tempel des Grales hier wäre. Manch Gebet wird darum vor dem Gral verrichtet. Als die Sonne den Tag bringt, erhebt sich in ihrem Strahle der Tempel mit dem Berg Montsalvatsch; dem argen Volk von Salvaterre sollte das Heiligtum nicht verbleiben. In dieser neuen Heimat stirbt Titurel, der Priester Johannes überträgt sein Amt auf Parzival. Demutvollen Sinnes weigert sich dieser, lässt sich schließlich aber doch bewegen. Zehn Jahre lang führt er die Herrschaft, ihm folgt ein Sohn von Feirefis, sein Neffe. So vereinigt Albrecht am Schlusse seines Werkes das Gralskönigtum und Priesterkönigtum, mit welch Letzterem Wolfram Feirefis in lose Verbindung gebracht hatte, auf Parzival, dem er die heiligsten Würden damit zuerkennt. Der Gral aber ist ins Wunderland Indien entrückt, in ein irdisches Paradies, weil er für die Welt der Menschen zu hehr und rein war. Der Graltempel und der Zug des Grals nach Indien sind die beiden poetisch wertvollen und für die spätere Gralsdichtung wichtigen Zutaten, die die deutsche, durch Wolfram begründete Gestalt der Gralsage Albrecht verdankt.

So wenig die Ausführung und Darstellung zu loben ist, so behält doch Uhland Recht, der vom Titurel meint: »Wenn diesem Werke Gedehntheit, Manier, Nachahmerei und zugleich absichtliches Überbieten in äußerer Pracht und Gelehrsamkeit vorgeworfen wird, so ist es doch keineswegs ein totes. Es hat noch immer lebendigen Eindruck hinterlassen.« Die beiden Zusätze allein bewähren die dem Dichter innewohnende Phantasie und Gestaltungskraft, die freilich in der überladenen Gesamtdarstellung fast untergeht. Wolframs Parzival steht zwischen den beiden Anhängen wie »das Altarblatt eines trefflichen Meisters zwischen zwei Seitenflügeln geringerer Schüler«. Uhland meint diesen Vergleich vom Willehalm, er passt aber auch auf den Parzival im Verhältnis zum Titurel und Lohengrin.

Der Münchener Hofmaler und Dichter Ulrich Füetrer schrieb um 1490 ein Buch der Abenteuer, worin die Gedichte eines *Albrecht von Scharfenberg*, Merlin und Seifried de Ardemont, aufbewahrt sind. Dieser Albrecht ist wahrscheinlich derselbe wie der Verfasser des Titurel, jedenfalls folgt er ihm auf dem Fuße und darf um 1280 angesetzt werden. Füetrer schätzt ihn sehr hoch und stellt ihn neben Gottfried von Straßburg und Wolfram von Eschenbach. Die Gedichte erscheinen bei Füetrer in der Titurelstrophe. Der Merlin ist eine Ergänzung der im Titurel erzählten Gralsage, indem er auf Roberts von Boron Gralroman beruht. Merlins Geburt, die Einrichtung der Tafelrunde, Artus' Königswahl werden genau nach der französischen Quelle berichtet. Albrecht wollte mit dem Merlin eine Lücke ausfüllen, indem zum ersten Male nach den französischen Quellen die Vorgeschichte der Tafelrunde und die Sage von Artus selbst, der in den deutschen Ritterromanen immer nur als der ritterliche König im Vollbesitz seiner Macht, aber ohne alle Individualität auftritt, vorgetragen wird. Im Seifried de Ardemont ist Albrecht Erfinder eines Ritterromanes, der insofern besondere Bedeutung hat, als die deutsche Siegfriedsage, das Lied vom hürnen Seyfried, dem Helden den Namen und einen Teil seiner Abenteuer hergab. Seifried wächst in der Hut seiner Eltern auf, entfernt sich aber heimlich, um zu Artus zu ziehen. Nun folgen Drachenkämpfe, die Seifried mit Hilfe eines Zwerges besteht, hierauf der Kampf mit dem Riesen Amphigulor und die Erlösung der von ihm gefangen gehaltenen Jungfrauen und der von ihm geknechteten Zwerge. So weit folgt die Handlung dem Seifriedslied, dessen Vorhandensein im letzten Viertel des 13. Jahrhunderts durch den Seifried de Ardemont erwiesen ist. Nun lenkt die Erzählung in das bekannte Schema der Artusromane ein: Seifried führt sich durch den Zweikampf mit den Tafelrundern bei Artus ein, eine Jungfrau sagt ein Abenteuer an, zu dem sich Seifried aufmacht. Allerlei Märchenmotive sind eingeflochten, z. B. die Geschichte von der in eine Schlange verwandelten Jungfrau, die Seifried erlöst. Das Hauptabenteuer ist Seifrieds Liebe zu der schönen Mundirosa, einer Fee, mit der Seifried nur wenige Tage zusammenlebt, um sich dann ein Jahr von ihr zu trennen. Während dieser Zeit dürfe er nie die Schönheit Mundirosas vor andern preisen, sondern sie nur als heimliche Geliebte haben. Natürlich übertritt Seifried das Verbot: Mundirosa erscheint und nimmt Abschied. Seifried aber gelobt, ihr bis ans Ende der Welt nachzuforschen und wird schließlich wieder mit ihr vereinigt. Albrecht schuf sein Gedicht aus der Siegfriedsage, aus Märchen und Romanmotiven und versetzte die ganze Handlung in die übliche Umwelt des Artusromanes.

Loherangrin oder Lohengrin, wie Wolfram den Schwanritter als Parzivals Sohn benannt hatte, erscheint zuerst in einem Streitgedicht, das ein thüringischer Dichter um die Mitte des 13. Jahrhunderts verfasste, vermutlich im Zusammenhang mit dem vor dem Landgrafen Hermann spielenden Sängerwettstreit. Während der erste Teil des Sängerkriegs vom Fürstenlob handelt, ist der zweite, in besonderer Strophenform abgefasste Teil ein Rätselspiel. Wolfram von Eschenbach wird darin einem Geschöpf seiner eignen Phantasie, dem Zauberer Klingsor gegenübergestellt. In mancherlei mystischen und gelehrten Rätseln ringen beide um den Preis des Wissens. Dabei wird Wolfram veranlasst, die Geschichte von Lohengrin zu erzählen. Ganz merkwürdig sind hier die Vorstellungen vom Gralsreich, das unter Artus steht, der mit Felicia und Juno im Sibyllenberg weilt; das Gralsreich ist mit dem bergentrückten König verschmolzen. Parzival und Lohengrin erscheinen neben Gawein und Walwan (derselbe Name wie Gawein, nur in älterer Form!) als Gralsritter. Als Elsams Klageruf zum Gral dringt, sind alle Helden zur Ausfahrt bereit. Eine Inschrift am Gral nennt Lohengrin, den der Schwan im Nachen nach Antwerpen zieht. In diesem kurzen thüringischen Gedicht scheint nur eine unvollendete Skizze zu einer besonderen, Wolfram in den Mund gelegten Lohengrindichtung vorzuliegen. Dabei zeigt sich ähnliche Verwilderung der Sagen und Einmischung von Gelehrsamkeit, wie im Titurel. Zwischen 1283 und 1290 nahm ein bayerischer Dichter den Entwurf auf und führte ihn zu einem langen selbständigen Werke aus. Mit großer Weitschweifigkeit und Nüchternheit schildert er die Einzelheiten des höfischen Lebens in friedlichen und kriegerischen Vorkommnissen. Zugleich stellt er alles auf geschichtlichen Grund, indem er die Handlung in die Zeit Heinrichs I. verlegt. Dabei wird Lohengrin in die Kriege gegen Ungarn und Sarazenen verflochten. Die Quellen des Verfassers, der sich der Strophe des Rätselspieles aus dem Sängerkrieg bedient, sind Wolframs Werke, das thüringische Streitgedicht, Albrechts Titurel, für die geschichtlichen Abschnitte deutsche Chroniken. So wenig Gutes im Allgemeinen von der bayerischen Dichtung zu sagen ist, eine schöne Szene hat sie doch geschaffen: Lohengrins Abschied. Der durch Wolframs Anknüpfung der Schwanrittersage an die Gralsage gewonnene schöne Gedanke, dass die Herkunft des Ritters enthüllt wird, um dadurch seine hehre Art nur zu steigern, ist erst jetzt zu gehöriger Geltung gebracht. Vor allem Volk enthüllt Lohengrin feierlich den Adel seiner Art, hehr und glänzend steht er vor der Gattin und den Mannen in dem Augenblick, als sich ihre Gemeinschaft für immer löst. In diese hoheitsvolle Stimmung fällt herb und wehvoll der Trennungsschmerz. Das göttliche und menschliche Wesen des Schwanritters offenbart sich im Zwiespalt überirdischer Hoheit und menschlichen Leidens. Aber wie im Titurel wird dieser neue poetische Gewinn durch die weitschweifige Darstellung fast erdrückt. Dem Dichter fehlt jede Fähigkeit, das Bedeutende und Wesentliche vom Unwesentlichen zu unterscheiden, den neuen dichterischen Fund so herauszuarbeiten, dass er zu rechter Wirkung kommt.

Wie Eilhards Tristan durch Gottfrieds Gedicht abgelöst wurde, so folgte dem alten niederrheinischen Floris um 1220 das Werk eines alemannischen Dichters namens *Konrad Fleck*, der Roman von Flore und Blanscheflur. Als Gewährsmann nennt Fleck einen nicht nachweisbaren französischen Dichter namens Ruprecht von Orbent. Die erhaltenen französischen Texte stehen der Vorlage Konrads so nahe, dass wir uns danach leicht ein Bild vom Verhältnis der deutschen Dichtung zu ihrer Quelle machen können. Konrad hat durch allerlei Zusätze den Umfang verdoppelt. Die Zutaten betreffen aber meist nur Einzelheiten der Schilderei und Darstellung, insbesondere in Bezug auf das seelische Leben der Kinder. Konrads mildfreundlichem Wesen war die Märchennovelle sehr passend. Er griff seine Aufgabe im Geiste Hartmanns und Gottfrieds an. Die Vorzüge des Seelenmalers sind in den

Minneschilderungen wohl erkennbar, aber sie wirken mitunter für die Kinder altklug und nehmen der Erzählung die Einfalt. Die Zierlichkeit streift an Tändelei. Konrad stellt die Liebe der beiden Kinder ganz rein und keusch dar und verleiht der Fabel durch die Hervorhebung der unwandelbaren Treue, die vor Not und Tod nicht zurückschreckt, sittliche Bedeutung. Die Charaktere sind gut herausgearbeitet, namentlich Flores Vater, der anfangs rau und stolz, hernach milde und gütig erscheint. Besonders glücklich ist der deutsche Dichter in der Einleitung. Die französische Vorlage begann mit der Bemerkung, dass Karl der Große von Berta, der Tochter Flores und Blanscheflurs, abstamme. Dann folgte ein Prolog, wie der Dichter eines Tages nach Tisch in ein Zimmer kommt, wo junge Mädchen weilen; zwei Schwestern erzählen sich die Liebesmär von Flore und Blanscheflur. Das bekannte Motiv der zwei Gespielinnen, die sich unterhalten, ist als Rahmen der Geschichte vorangestellt. Konrad hat diese Einleitung viel schöner und lebendiger aufgefasst. Er berichtet nach Bächtolds Nacherzählung Folgendes: »Zur Zeit, da des Winters Ungemach mit Freuden zergeht, da die Blumen sprießen und die Vögel im Walde wonnig singen, sucht alles, was Leben hat, seinen Gesellen. Ritter und Frauen kommen in einem lustigen Baumgarten zusammen; Blumenschein und Vogelsang geben ihnen Trost. Unter hohen duftenden Bäumen, bei rauschenden Brunnen lagern sie sich und reden von der Minne. Zwei königliche Schwestern von holdem Angesicht sitzen beisammen. Eine von ihnen schickt sich an, die wundersame Sage von zwei Kindern, deren Leben von Minne leid- und freudlos war, zu erzählen. Der fröhliche Schall legt sich und alles horcht der Geschichte von Flore und Blanscheflur.« In dieser Umbildung ist die kleine Szene Flecks Eigentum geworden, die Vorlage bot nur die Anregung dazu. Bei der Schilderung der kindischen Minne seien folgende Züge erwähnt. Die Kinder gehen Hand in Hand zur Schule, sie erfahren bereits im Alter von fünf Jahren die Macht der Minne, sie herzen und küssen sich, lesen der Minne Bücher zusammen und lernen der Liebe Art kennen, wie sie dem Menschen wechselnd Kummer und Wonne gibt, nach Missmut Frohmut, nach Freude Trauer, wie der Liebende jetzt friert und dann flammt wie brennendes Stroh. Aus der Schule gekommen, unterhalten sie sich im Baumgarten von der Liebe wie die Alten, dichten und lesen, schreiben auf elfenbeinerne Täfelchen mit goldenen Griffeln von den Blumen, wie sie aufgingen, von den Vögeln, wie sie sangen, von der Minne und von andrem nichts. »Frau Königin« und »Süßer Amis« ist ihre Anrede. Als sie nachher getrennt werden sollen, gerät der Knabe in Verzweiflung, fällt in Ohnmacht und weiß nicht, ob es Tag oder Nacht ist; das Mädchen will sich mit seinem Griffel erstechen. Solche Kinderminne, wie sie aus dem Märchenton zum altklugen Roman überleitete, gefiel den Zeitgenossen. Wolframs Schionatulander und Sigune schließen sich Flore und Blanscheflur an. Es schien reizvoll, Kinder Minnereden halten zu lassen.

Rudolf von Ems (d.i. Hohenems bei Bregenz im Vorarlberg) ist einer der fruchtbarsten und gelehrtesten Dichter des 13. Jahrhunderts. Seine dichterische Tätigkeit fällt zwischen die Jahre 1220 und 1254. Im guten Gerhard klagt er, dass er in seiner Jugend die Leute mit trügerischen Mären betrogen habe. Und im Barlaam spielt er ebenfalls darauf an, dass er nicht mehr von Sommerzeit, von Ritterschaft und Minne singen wolle. Somit ist anzunehmen, dass verschiedene höfische Werke verloren sind. Rudolf gehört als Erzähler zur Schule Gottfrieds und Hartmanns, mit Letzerem teilt er die Vorliebe für legendarische Stoffe neben weltlichen. Das älteste erhaltene Gedicht ist der gute Gerhard, nach lateinischer Vorlage, in Form einer Rahmenerzählung. Kaiser Otto der Große hat das Erzbistum Magdeburg gestiftet und mit reichem Gut ausgestattet, dass ihm aller Preis der Welt zuteil wird. Er glaubt auch Anspruch auf himmlischen Lohn zu haben, wird aber durch eine Stimme aus der Höhe getadelt, weil ihm Demut fehle und er durch Selbstruhm seine guten Werke vernichtet habe. In Köln lebe ein schlichter Kaufmann, der gute Gerhard genannt, der habe mehr geleistet als der Kaiser. Otto macht sich sofort nach Köln auf. Erst auf wiederholte Bitten des Kaisers entschließt sich Gerhard, seine Lebensgeschichte zu berichten. Er hat als Kaufmann gefangene christliche Ritter und die Königstochter von Norwegen aus der marokkanischen Gefangenschaft losgekauft, ohne dafür Entschädigung zu nehmen. Als sein Sohn mit der Norwegerin Hochzeit machen will, kehrt deren Bräutigam, der totgeglaubte Königssohn Wilhelm von England, als gramvoller Pilger in Köln ein. Sofort heißt Gerhard seinen Sohn zurücktreten und vermählt Wilhelm mit seiner Braut. Gerhard schlägt die ihm angebotene Krone von England und ein Herzogslehen aus. Nachdem er seine Schützlinge wieder zu ihren rechtmäßigen Ehren gebracht, zieht sich Gerhard bescheiden zurück und lebt als einfacher Mann in seiner Vaterstadt. Der Roman ist erbaulich und unterhaltend zugleich. – In Barlaam und Josaphat behandelt Rudolf, ebenfalls nach lateinischer Vorlage, eine Legende, die in ihren Ursprüngen auf die Lebensgeschichte Buddhas zurückgeht. Durch griechische Vermittlung und lateinische Übersetzung war diese indische Erzählung kristianisiert worden. Barlaam ist der Sohn des indischen Königs Avenier. Als diesem ein Sohn Josaphat geboren wurde, weissagten die Sterndeuter, das Kind werde einst das väterliche Reich um ein tausendfach größeres lassen und Christo anhangen. Da lässt Avenier seinen Sohn in einen herrlichen Palast einschließen, um ihn von aller Berührung mit der Welt fern zu halten. Aber Josaphat betritt doch unter Führung eines weisen Meisters die Welt und sieht zunächst alles, was schön und wohl getan ist. Daneben aber sieht er auch das Menschenelend, Aussätzige, Blinde, die Gebrechen des Alters und die Macht des Todes. Da ist seine Ruhe dahin und er fragt seinen Meister, ob nach dem Tode ein andres Leben zu hoffen sei. Er erhält die Antwort, sein Vater hasse die Christen, weil sie auf ein zukünftiges Leben hofften. Seitdem dünkt ihm weltliche Ehre und Reichtum nichtig. In diesem Teil ist besonders deutlich die Bekehrung des Buddha, des indischen Königssohns zum Asketen, ersichtlich. Der greise Büßer Barlaam erscheint nun und übernimmt die Bekehrung Josaphats zum Christentum. Hier mischen sich morgenländische Fabeln und christliche Gedanken im Roman. Um die Nichtigkeit der Welt zu beweisen, erzählt Barlaam die Parabel vom Mann im Syrerland und andre Gleichnisse und Beispiele. Rudolf folgt seiner lateinischen Vorlage ziemlich genau, kürzt aber zuweilen am rechten Ort, mildert Rohheiten und gestaltet die Handlung bewegter. Er bewährt sich auch in diesem Werk als geschickter Erzähler. – Eine Legende von Eustachius, die verloren ist, ließ Rudolf dem Gerhard und Barlaam folgen. – Dann wandte er sich zu weltlichen Geschichten und schrieb einen großen Alexanderroman, der auf zehn Bücher berechnet war, wovon nur fünf und ein Teil des sechsten erhalten sind. Rudolf will ein wahrhaftes und erschöpfendes Bild des Königs geben, er folgt daher nicht dem durch den Pfaffen Lamprecht eingeführten französischen Alexanderroman, sondern geht auf die lateinischen Urquellen selber zurück. Er benützt die beiden lateinischen Bearbeitungen des griechischen Alexanderromans, den Julius Valerius aus dem 4. Jahrhundert und Leos historia de proeliis aus dem 10. Jahrhundert, ferner Curtius Rufus, Josephus Flavius, Methodius, Hieronymus und die Bibel. Das weitschichtige und ungleichartige Material behandelt Rudolf mit Breite, aber unfrei. Die vielerlei Quellen ließen eine einheitliche Darstellung gar nicht aufkommen. Der Wert des Gedichts liegt wiederum mehr in der formalen Glätte als im Inhalt. Zu Beginn des sechsten Buches verlässt Rudolf die Reimpaare und schaltet einen lyrischen Auslauf mit gekreuzten Reimen ein, die sich allmählich in die epischen Reimpaare zurückfinden. – Mit dem Wilhelm von Orlens kehrt Rudolf zum weltlichen Ritterroman nach französischem Vorbild zurück. Auf Grund einer unbekannten französichen Vorlage erzählt Rudolf die abenteuerliche Liebesgeschichte des Wilhelm von Orlens und der Amelie von England. Das Gedicht beginnt mit der Geschichte der Eltern Wilhelms, der nach dem Tode seines Vaters von Herzog Gottfried von Brabant erzogen wird. Am Hofe des Königs von England verliebt sich Wilhelm in dessen Tochter Amelie. Sie ist erst 7 Jahre alt und wird des Knaben Gespielin und Geliebte. Wie Flore und Blanscheflur, Schionatulander und Sigune lieben sich die Kinder. Wilhelm wird krank vor Kummer, ein Kuss von Amelie rettet den Sterbenden vor dem Tod und gewinnt ihn dem Leben zurück. Dann folgt eine lange Trennung, die mit allerlei romanhaften Abenteuern ausgefüllt ist. Einmal wird dem wunden Wilhelm nur unter der Bedingung das Leben geschenkt, dass er ungerufen nicht mehr nach England komme, den Schaftsplitter in der Wunde lasse, bis eine Königin ihn entferne, und dass er kein Wort mehr sprechen dürfe, bis Amelie das Band seiner Zunge löse. Nach wunderbaren Fügungen und Erlebnissen kehrt Wilhelm nach England zurück und wird mit seiner geliebten Amelie vermählt. Er ist König von England, Herzog von Brabant und der Normandie und Ahnherr Gottfrieds von Bouillon. Diese geschichtlichen Züge im Roman deuten auf eine nordfranzösische Vorlage, deren Hintergrund die wenn auch nur schwach durchblickende Geschichte Wilhelms des Eroberers ist. Auch in diesem Gedicht legt der Verfasser großes Gewicht auf die Form. Kunstvoll lässt er jedes der fünf Bücher mit kurzen Einleitungen beginnen, die den Namen der Hauptperson im Akrostichon voranstellen. – Das letzte große, im Auftrag König Konrads IV. zwischen 1250 und 1254 angefangene Gedicht, über dem Rudolf starb, ist die Weltchronik. Es beginnt mit der Erschaffung der Welt und bricht beim Tode Salomos ab. Das Buch ist eigentlich eine gereimte biblische Geschichte des Alten Testaments. Der Stoff ist nach den fünf Weltaltern gegliedert und mit Einschaltungen aus andern geschichtlichen Werken vermehrt. So wird z. B. dem Turmbau zu Babel ein Überblick über alle dem Dichter bekannten Völker und Länder angefügt; Rudolfs Quelle war hierbei die Imago mundi des Honorius Augustodunensis. Die Weltchronik war sehr breit angelegt, sie umfasst 36 000 Verse und wäre natürlich noch sehr lang geworden, wenn der Dichter etwa im Sinne der Kaiserchronik seine Arbeit bis auf die Gegenwart herabgeführt hätte. Es ist eine Reimbibel, die den Ungelehrten den Inhalt des Alten Testaments im Zusammenhang mitteilte, und erfreute sich daher in der Laienwelt bis zum 15. Jahrhundert großer Beliebtheit, wovon viele Handschriften und Bearbeitungen nebst Fortsetzungen Zeugnis ablegen. Einschaltungen aller Art ließen das Werk Rudolfs, das endlich auch in Prosa aufgelöst wurde, zu ungeheurem Umfang anschwellen.

Rudolf ahmte im Alexander und Wilhelm die berühmte literarhistorische Stelle aus Gottfrieds von Straßburg Tristan nach. Zu Beginn des zweiten Buches im Alexander ruft Rudolf ältere und jüngere Meister an, dass sie ihn Kunst lehren und sein Werk vollenden helfen. Voran stehen die vier großen Epiker: Veldeke, Hartmann, Wolfram, Gottfried; dann folgt die Aufzählung von 17 andern Epikern. Über die großen Meister fällt Rudolf im Anschluss an Gottfrieds Worte ein Urteil, die Übrigen werden nur hergezählt, ohne dass wir Näheres über sie erfahren. Im zweiten Buch des Wilhelm steht ein Gespräch zwischen dem Dichter und Frau Aventiure im Anschluss an Wolframs Parzival IX; auch hier gehen die vier alten Meister voran, denen abermals eine Reihe andrer Epiker folgt. Rudolf nennt im Wilhelm dieselben Namen, lässt aber einige weg und fügt andre hinzu. Zur Kenntnis der Literaturgeschichte sind die Verzeichnisse immerhin wertvoll, da sie uns einige sonst verschollene Dichternamen aufbewahren.

Konrad von Würzburg war um 1230 in Würzburg geboren, wanderte aber bald nach Straßburg aus und ging von dort nach Basel, wo er am 31. August 1287 starb. In Straßburg begann er zu dichten, das meiste aber schrieb er erst in Basel. In Straßburg und Basel gewann Konrad Beziehungen zu vornehmen Patriziern und Bürgern. Nach dem Tode Rudolfs von Ems trat Konrad als Dichter hervor. Sein Vorbild ist namentlich Gottfried von Straßburg, dem er in einigen Minneschildereien nahe kommt. Konrad besitzt großes Formtalent und ist eifrig auf die Durchbildung seines Stiles bedacht, der breit und wortreich, aber auch gewandt und glatt ist. Neben seiner großen dichterisch-formalen

Schulung besaß Konrad auch gelehrte Bildung. Er verstand Lateinisch und bearbeitete mit Vorliebe lateinische Vorlagen. Französisch eignete er sich später an, bediente sich aber bei der Übersetzung eines Dolmetschers. Theologische Kenntnisse treten in der Goldenen Schmiede und in den Legenden hervor, heraldische im Turnier von Nantes, juristische in der Klage der Kunst und im Schwanritter. Von seinen Zeit- und Standesgenossen unterscheidet sich Konrad durch sein in der höfischen Überlieferung wurzelndes Kunstideal. Ihm gilt die Kunst als eine Gottesgabe, die aus dem Herzen sprießt, die um ihrer selbst willen da ist, unbekümmert darum, wie sie andern gefällt. Den gelehrten Meistern, seinen Berufsgenossen, ist die Kunst ein erlernbarer Gegenstand, Studium, Wissenschaft, Inbegriff der sieben freien Künste. Konrad fühlt sich als Epigone. Er ist erfüllt von den Idealen der höfischen Literatur, er stellt dem verwilderten Kunstgeschmack die gute alte Zeit gegenüber, er weiß den geborenen Dichter vom bloßen Talent wohl zu unterscheiden. Aber der bürgerliche Dichter bleibt trotz seiner Vorliebe für die Vergangenheit im Zeichen der Gegenwart. Seine Art ist zuweilen nüchtern, handwerksmäßig, breit, er neigt zu Allegorien und Künsteleien, wie sie die gelehrte bürgerliche Dichtung der späteren Jahrhunderte kennzeichnen. So steht er auf der Grenze alter und neuer Kunstübung. Konrad war sehr vielseitig, er war Epiker und Lyriker, schrieb Novellen, Legenden, Allegorien, Romane. Gerade diese außergewöhnliche Vielseitigkeit bedingt auch eine gewisse Oberflächlichkeit, da der Dichter die verschiedenartigsten Gattungen und Stoffe mit derselben Leichtigkeit aufgreift, aber nirgends sich vertieft. Am besten gelangen die Novellen und die ihnen nächstverwandte Erzählung von Engelhart. Die großen Romane entbehren der Einheitlichkeit und verlieren sich in unübersichtliche Abschweifungen, unter denen der Zusammenhang verloren geht. Doch entschädigen auch da noch treffliche Einzelschilderungen. In den Liedern übertreibt Konrad die Reimkünsteleien ins Maßlose.

Konrads Gedichte zerfallen in vier wohl auch zeitlich verschiedene Gruppen. Voran stehen drei Novellen: Herzmäre, der Welt Lohn, Otte. Die Herzmäre ist die Geschichte vom Dichterherzen, das der eifersüchtige Gatte seiner Frau als köstliche Speise vorsetzt, wonach sie selber am gebrochenen Herzen stirbt und dem Geliebten im Tod nachfolgt: die Sage vom Kastellan von Coucy und der Dame von Fayel, die Konrad in schönen, von Gottfrieds Geist erfüllten Versen behandelt. Der Stoff ist französischen Ursprungs, die unmittelbare Vorlage Konrads nicht bekannt. Der Welt Lohn knüpft an die oben S. 217 zitierten Worte Wirnts von Grafenberg an. Wirnt sitzt eines Abends in seinem Gemach über Minnegeschichten. Da tritt eine wunderherrliche Dame herein, Frau Welt, seine Herrin, in deren Dienst er bisher sein Leben verbrachte. Sie will ihm nun seinen Lohn offenbaren und wendet ihm den Rücken, der voll Schlangen und Kröten hängt und mit eklem Geschwür bedeckt ist. Damit scheidet sie. Wirnt aber verschwört den Dienst dieser Frau und tut eine Kreuzfahrt. Konrad behandelt hier eine dem Mittelalter geläufige, auch mehrfach bildlich, z. B. am Basler Münsterportal, dargestellte Allegorie. Nach lateinischer Vorlage ist Otte mit dem Bart gedichtet (vgl. oben S. 66).

Die zweite Gruppe bilden die drei Legenden Silvester, Alexius, Pantaleon. Im Silvester wird der Sieg des Christentums über Heiden und Juden, im Alexius die Tugend der Keuschheit und Entsagung, im Pantaleon das Martyrium verherrlicht. Die Legenden zeichnen sich durch kurze Fassung, lebendige Darstellung und ein geringeres Maß von Gelehrsamkeit vorteilhaft aus vor andern Erzeugnissen dieser Art, z. B. vor den Legenden Rudolfs von Ems.

Die dritte Gruppe hat als Hauptwerk die Geschichte von Engelhart, vermutlich nach lateinischer Vorlage, aber in vielen Dingen Konrads eigne Erfindung. Es ist die Sage von der Freundestreue. Dietrich, ein Herzogssohn aus Brabant, und Engelhart, freier burgundischer Leute Kind, leben in engster Freundschaft am Hofe des Königs Frute von Dänemark, dessen Tochter Engeltrut mit Engelhart ein Minneverhältnis eingeht. Der neidische Vetter des Mädchens belauscht die Liebenden beim Stelldichein im Garten. Engelhart soll seine Unschuld im gerichtlichen Zweikampf erweisen. Da eilt er in seiner Not nach Brabant, wo inzwischen sein Trautgesell Dietrich die väterliche Herrschaft angetreten hat, und bittet ihn um Hilfe. Engelhart und Dietrich sehen sich so täuschend ähnlich wie zwei Wachsabdrücke desselben Siegels. Daher übernimmt Dietrich für Engelhart den Zweikampf und führt ihn, da er des Umgangs mit der Königstochter unschuldig ist, siegreich durch. Darauf tauschen die Freunde wieder ihre Rollen. Engelhart, der bei Dietrichs Frau geweilt, aber ein Schwert zwischen sich und sie gelegt hatte, kehrt nach Dänemark zurück und heiratet Engeltrut. Er findet später Gelegenheit, den Freundschaftsdienst zu vergelten. Dietrich wird vom Aussatz befallen und kann nur durch Kindesblut geheilt werden. Engelhart ist sofort bereit, seine Kinder aufzuopfern. Durch ein Wunder werden die getöteten Kinder wieder belebt. Das listig betrogene Gottesgericht erinnert an Isoldes zweideutigen Eid in Gottfrieds Tristan, die Aussatzgeschichte an Hartmanns armen Heinrich, nur dass Konrad ekelerregende Krankheitsschilderung gibt, wo Hartmann bloß andeutet. Das ästhetische Gefühl ist also bei Konrad abgestumpft, Künstelei und Manier dagegen gesteigert.

Die »Klage der Kunst« ist eine Allegorie, mit der Konrad eine hernach sehr beliebte Gattung einleitet. Auf einem anmutigen Platz im Walde, wohin Frau Wildekeit ihn führt, findet der Dichter edle Damen zu Gericht versammelt. Die Gerechtigkeit ist Richterin, die Kunst in ärmlichem Aufzug Klägerin, die Milde Angeklagte und zwölf Tugenden, Wahrheit, Ehre, Zucht usw. sind urteilende Schöffen. Die Klage der Kunst geht dahin, dass Frau Milde ihre Gaben an Unwürdige verschwende, wobei die wahre Kunst zugrunde gehe. Frau Milde sucht zu leugnen, aber die andern Tugenden zeugen wider sie. Das Urteil der Gerechtigkeit fällt zugunsten der Klägerin aus, es wendet sich gegen die Dienstmannen der Milde, die adligen Herrn, mit der ernsten Mahnung, wahre, nicht falsche und feile Kunst zu unterstützen. In dieser Allegorie bringt Konrad seine Rechtskenntnisse geschickt zur Anwendung und bekundet seine hohe Auffassung vom Wesen der Kunst. Eine geistliche Allegorie ist die »Goldene Schmiede«, ein Lobgedicht auf Maria, worin ihre Tugenden und Eigenschaften gepriesen werden. Konrad erscheint als ein Schmied, der in seiner Werkstatt arbeitet. Ein Geschmeid aus Gold und Edelsteinen will er der Himmelskaiserin mit dem Hammer seiner Zunge schmieden. Die Bilder und Gleichnisse, die die Geheimnisse der Gottesmutter andeuten und seit den ersten christlichen Jahrhunderten in den Mariendichtungen sich ausbildeten, reiht der gelehrte Verfasser zu einem funkelnden Schmuck auf. Das Gedicht fasst den mittelalterlichen Marienkult in seiner sinnigen Schönheit, aber auch in seiner Überschwänglichkeit und Geschmacklosigkeit zusammen. Zu dieser dritten Gruppe gehören auch die meisten lyrischen Gedichte Konrads. Es sind Minnelieder, Sprüche und zwei Leiche. Unter den Liedern begegnen Frühlings-, Winter- und Wächterlieder, leicht und gefällig in der Form, allgemein im Inhalt. Persönlich wirken die Gedichte nicht, nur wie Stilübungen, worin Weibesschöne und Minne, Sommerfreude und Winterleid oft mit denselben Wendungen wiederholt behandelt werden. Umso größer ist die Reimkunst, es gibt Lieder, in denen jedes Wort, ja jede Silbe reimt. Die Sprüche sind lehrhaft, geistlichen und weltlichen Inhalts; die geistlichen bewegen sich in den Bildern und Gedanken der goldenen Schmiede, die weltlichen erörtern Frauen- und Rittertugenden, Milde und Kargheit der Vornehmen, oft in der Form des Beispiels, dass aus einer Fabel eine Lehre und Nutzanwendung gezogen wird. Die Fabeln sind oft geschickt, kurz und bündig, wirkungsvoll gefasst, manchmal auch nur in Form des Vergleiches eingeflochten. Politisch ist ein Spruch auf Rudolf von Habsburg, den Reichsadler, der die kleineren Raubvögel und den böhmischen Löwen überwunden hat. Aufs Interregnum zielt der allegorische Tanzleich, dass Herr Mars und Frau Wendelmut im Lande herrschen, dass die Ritter nur an Raub und Fehde denken; Frau Venus schläft und Amor ist verjagt; der Minnesang liegt darnieder.

In der vierten und letzten Gruppe Wnden wir zwei umfangreiche Romane, den Partonopier und den Trojanerkrieg. Der Partonopier wurde 1277 vollendet. Konrad hatte eine französische Vorlage, der er sich genau anschloss, aber die er nur mit Hilfe eines Dolmetschers verstand. Es ist eine Feensage. Partonopier, auf der Jagd verirrt, Wndet am Meeresstrand ein sich selbst steuerndes Schiff, das ihn zu Meliurs feenhaftem Palaste bringt. In der Nacht naht ihm Meliur, gewährt ihm reichliche Liebesfreuden, doch mit der Bedingung, dass er sie erst nach dritthalb Jahren mit Augen sehen dürfe; bis dahin müsse er sich mit den Zusammenkünften in dunkler Nacht begnügen. Partonopier kehrt zweimal in seine Heimat zurück, wo er schließlich von seiner Mutter und einem Pfaffen beredet wird, sein Gelübde zu brechen und mit einer bereit gehaltenen Laterne Meliur zu beleuchten, um sich von ihrer menschlichen Gestalt zu vergewissern. Partonopier erblickt das schönste Weib, das er je gesehen, aber wird seines Wortbruchs wegen verbannt. Verzweifelt und den Tod suchend irrt er in der Wildnis umher, bis sich Irekel, Meliurs Schwester, seiner erbarmt. Unter ihrer Pflege lebt der Held wieder auf und gewinnt in einem Turnier, bei dem über Meliurs Hand entschieden werden soll, den Sieg und von neuem seine ihm verzeihende Geliebte. Die ganze Erzählung ist aus beliebten mittelalterlichen Roman- und Märchenmotiven gefügt und erinnert lebhaft an die Melusinensage. Konrads Neigung zur Breite, sein wortreicher Stil haben den Umfang der Vorlage ums Doppelte vermehrt. Der Trojanerkrieg ist das letzte Werk Konrads, über dem er 1287 starb.

Konrad machte etwa 40 000 Verse, ein unbekannter Fortsetzer führte die Arbeit mit weiteren 10 000 Versen zu Ende. Konrad benützte mehrere Quellen, vornehmlich des Beneeit de Ste. Maure Histoire de Troie, der Herbort von Fritzlar gefolgt war; er zog aber auch Ovids Metamorphosen und Heroiden und die Achilleis des Statius zur Ergänzung heran. Im Ausdruck und in vielen Einzelheiten ist enger Anschluss an die französische Vorlage ersichtlich. Konrads Werk gehört zu den besten mittelalterlichen Bearbeitungen der Trojanersage. Der deutsche Dichter führt die Hauptarbeit des französischen, die Verwandlung der trockenen antiken Berichte in farbenbuntes, höfisch-ritterliches Leben, selbständig und erfolgreich weiter. Über dem Gewirr der noch vermehrten Episoden, in deren Ausmalung Konrad förmlich schwelgt, geht die Übersicht und der Zusammenhang des Ganzen aber verloren. Konrad ist mehr auf Anhäufung als Sichtung des StoVes, in dem »wie im wilden Meer zahlreiche Ströme zusammenfließen«, aus. Die Verherrlichung des Rittertums und der Minne ist in einzelnen Teilen des ungeheuren Gedichtes, z. B. bei Paris und Önone, Paris und Helena, Achill und Deidamea, vortrefflich gelungen. Und das war Konrads poetische Absicht.

Zwei kleinere Gedichte laufen neben den großen Werken her. Der Schwanritter folgt einer französischen Vorlage und behandelt mit Verwertung gründlicher Rechtskenntnisse den Inhalt des Chevalier au cygne, ohne auf Wolframs Loherangrin, den Sohn Parzivals und Gralsritter, Rücksicht zu nehmen. Das Vorbild der späteren Herolds- und Wappendichtung ist das Turnier von Nantes. König Richard von England reitet mit hundert Schildgefährten auf den Plan von Nantes; er turniert mit Engländern und Deutschen gegen die um den König von Kärlingen gescharten Welschen. Das Gedicht zählt die Teilnehmer am Turnier auf, beschreibt ihre Wappen und preist Richards Milde und Tapferkeit. Als geschichtlicher Hintergrund steht die Königskrönung Richards von Cornwallis im Mai 1257 zu Aachen hinter dem Gedicht.

Konrad stand bei den Zeitgenossen und bei den späteren Geschlechtern in hohem Ansehen. Unter seinem Namen laufen mehrere Gedichte, so z. B. der derbe Schwank von der halben Birne, die als unecht zu betrachten sind.

Das Bild des Ritterromans in Deutschland weist zwei verschiedene Richtungen auf, deren eine sich mehr an Hartmann und Gottfried, die andre an Wolfram anschließt Es gibt quellentreue Romane, die einer Vorlage genau folgen und ihr Ziel in der Ausbildung einer feinen Übersetzungskunst sehen, und frei erfundene Romane, die unter Vorspiegelung einer französischen Vorlage ihren Inhalt aus den vorhandenen deutschen Romanen bunt zusammenwürfeln. Im Laufe des 13. Jahrhunderts nimmt diese zweite Richtung immer mehr zu; sie hat fast gar keine wertvollen Erzeugnisse aufzuweisen, weil die Erfinder dieser Geschichten sich endlos zu wiederholen pflegen und keinen neuen, beherrschenden Leitgedanken mit dem Stoffe verbinden. Zu den ältesten erfundenen Romanen gehört Daniel vom blühenden Tal, vom *Stricker*, einem aus Mitteldeutschland gebürtigen, in Österreich dichtenden Fahrenden zwischen 1210 und 1215 verfasst. Er beruft sich in Nachahmung der Einleitung zu Lamprechts Alexander auf Alberich von Besançon, den er als seinen französischen Gewährsmann bezeichnet. Man sieht, wie Wolframs Kyot Schule machte: man fabelte eine Vorlage und einen beliebigen Dichternamen zusammen, um damit seine eigene Erfindung zu maskieren. Der Stricker macht sehr unbefangene Anleihen aus dem Alexander- und Rolandslied, das er auch in freier Bearbeitung aus Assonanzen in reine Reime umsetzte, aus dem Lanzelet, Wigalois, aus Hartmann und Wolfram. Der Inhalt des Romanes ist Folgender: König Artus übte den Brauch, nicht zu speisen, ehe er von einer neuen Aventiure gehört hatte. Eines Tags war Kei auf Abenteuer ausgeritten und wurde von einem Ritter, Daniel vom blühenden Tal, aus dem Sattel gehoben. Nun folgt die bekannte Szene, wie alle Artusritter von dem Fremden besiegt werden, sogar Gawein, Iwein und Parzival, worauf Daniel selber in den Kreis der Tafelrunder eintritt. An die Aufnahme in die Runde schließt sich sofort das Abenteuer, eingeleitet durch die Botschaft eines Riesen, der die Aufforderung des Königs Matur von Kluse an Artus überbringt, sich und seine Ritter ihm zu unterwerfen. Natürlich wird dieses Ansinnen zurückgewiesen, und nun beginnt die Fahrt der Artusritter nach Kluse. Daniel ist an der Spitze der Helden und besteht allerlei abenteuerliche Kämpfe, unter anderm auch den des Perseus mit dem Gorgonenhaupt. Artus tötet den König Matur, seine Witwe wird dadurch versöhnt, dass sie Daniel zum Gemahl erhält. Mit Festen, Turnieren und Riesenkämpfen schließt die Erzählung.

Noch bunter ist der *Wigamur*, ebenfalls von einem Dichter, der spielmännische und höfische Motive durcheinander mischt. Das Vorbild des Lanzelet ist in diesem Roman besonders deutlich. Wigamur wird wie Lanzelet von einem Meerweib und Meerwunder erzogen, er zieht mit Bogen und Köcher wie der junge Parzival in die Welt und lernt Ritterschaft aus Anschauung und Unterricht kennen. Er befreit einen Adler von einem Geier und ist seitdem der Ritter mit dem Adler, wie Iwein der Ritter mit dem Löwen. Er gewinnt durch Zweikampf wie Erec einen Brunnen mit einer schönen Linde, die im Besitz einer Frau sind. Er wird Tafelrunder und reitet vom Artushof auf eine neue Abenteuerreihe aus, die durch eine Jungfrau auf einem weißen Maultier in der herkömmlichen Art eingeleitet sind. Er kämpft mit seinem unbekannten Vater. Natürlich erringt er sich auch eine schöne Königin als Gemahlin und ist in allen Kämpfen und Turnieren siegreich, Preis und Blume aller Ritterschaft, wie jeder Romanheld.

Zwischen 1260 und 1280 sind die drei Romane des *Pleiers*, eines Dichters aus Salzburg, verfasst, worin höfische Motive und Volkssage vermengt sind. Darstellung und Handlung sind einfach und sorgfältig, aber nirgends eigenartig und bedeutend. Der Garel vom blühenden Tal ist eine Nachahmung von Strickers Daniel. Im Garel ist die Handlung an die herkömmliche Herausforderung geknüpft, die ein riesenhafter Bote Ekunavers, des Königs von Kanadic, dem Artus überbringt. Garel ist der Neffe des Artus und macht sich auf die Spur des Riesen auf, nachdem er seinem Oheim das Aufgebot des Heerbanns geraten hatte. Nun folgen Abenteuer Garels, der bedrängte Burgherrn von ihren Feinden befreit und alle zur Heeresfolge mit Artus verpflichtet. Er gewinnt die schöne Laudamie zum Weib, nachdem er ein Meerwunder, das sie belagerte, getötet hatte. Zum Schlusse wird die große Schlacht des siegreichen Artusheeres gegen Ekunaver berichtet, wobei natürlich Garel den Ausschlag gibt. – Tandareis und Flordibel ist ein Liebesroman, der mit der Minne der beiden Kinder anhebt. Tandareis und Flordibel entfliehen vom Artushof, werden wieder eingeholt und Tandareis wird zur Strafe verurteilt, auf Abenteuer auszuziehen, die nun in gewohnter Weise bis zur glücklichen Vereinigung des Liebespaares ausgesponnen sind. Aus heimatlicher Volkssage ist das Gedicht mit wild-lieblichen Tälern und Bergseen, mit Wald- und Wasserfrauen, Zwergen und Riesen bevölkert. – Der dritte Roman heißt Meleranz nach dem Helden, einem französischen Königssohn und Neffen des Artus. Bei seiner Fahrt an den Hof seines Oheims kehrt er bei der Königin Tytomie ein und verliebt sich in sie. Bei Artus empfängt er höfische Erziehung und tritt dann seine Abenteuerfahrt an, die ihn schließlich in Tytomies Arme zurückführt.

Konrad von Stoffeln aus dem Hegau schrieb um 1280 Gauriel von Muntabel, den Ritter mit dem Bock. Der Verfasser legte ein Feenmärchen zugrunde: Gauriel ist der Geliebte einer Göttin, die er nirgends erwähnen darf, ohne ihrer Huld verlustig zu gehen. Als er einmal gegen das Verbot verstößt, wird er in hässliche Gestalt verwandelt und die Göttin verschwindet. Er begibt sich auf Abenteuer, um durch ritterliche Taten die Gunst der Geliebten wiederzugewinnen. Er besaß einen starken Bock, den er immer bei sich führte und dessen Bild er in Schild und Wappenrock aufnahm; daher hieß er der Ritter mit dem Bock. Bei der bekannten Szene, wo der Romanheld sich mit den Rittern der Tafelrunde misst, kämpfen Iwein und Gauriel miteinander; ihre beiden Tiere, der Löwe und der Bock, beteiligen sich am Streit und gehen dabei zugrunde. Durch seine Tapferkeit besiegt Gauriel alle Ritter seiner früheren Geliebten, die ihn deshalb wieder zu Gnaden aufnimmt und von seiner Hässlichkeit befreit. Erec mahnt Gauriel, er solle sich nicht verliegen, wie er es einst um Enitens willen getan. Gauriel nimmt wie Iwein von Lunete ein Jahr Urlaub zu neuen Abenteuern. Als die Zeit verstrichen ist, kehrt er gehorsam zu seiner Göttin zurück. Konrad beruft sich für seine geschmacklosen Erfindungen auf eine spanische Quelle. Am Ende des Jahrhunderts genügte offenbar die Berufung auf französische Bücher nicht mehr, wie ja auch Heinrich von Freiberg seinen Tristan nach einer lombardischen, also italienischen Vorlage des Thomas von Britannien gedichtet haben will.

Berthold von Holle, ein niederdeutscher Dichter aus dem Hildesheimischen (urkundlich 1251–70), verfasste drei Romane, die vom Artuskreis losgelöst sind und dafür geschichtliche Färbung haben. Der Inhalt ist frei erfunden, in Anlehnung an Wolfram und Hartmann. Es sind die Heldentaten und Liebeserlebnisse des Demantin, Crane und Darifant. Der Crane (d.i. Kranich) ist durch den Roman vom Grafen Rudolf (vgl. unten S. 147) beeinflusst; vermutlich kannte Berthold den Grafen Rudolf aus mündlicher Überlieferung. Crane ist der Sohn des Ungarnkönigs, er verbindet sich mit einem bayerischen und österreichischen Fürsten und gewinnt die Tochter des deutschen Kaisers zum Weib. Die Abenteuer sind ganz allgemeiner Art ohne sagenhaften

Gehalt. Kulturgeschichtlich sind Bertholds Romane insofern von Bedeutung, als sie den nüchternen norddeutschen Zweig des Ritterromans darstellen. Der Crane erfreute sich im Norden bis ins 15. Jahrhundert großer Beliebtheit.

Um 1300 verfasste ein alemannischer Dichter den unvollständig erhaltenen *Reinfried von Braunschweig* auf Grund der Sage von Heinrichs des Löwen Kreuzfahrt (1172). Reinfried wird durch einen Traum zur Fahrt ins Morgenland veranlasst. Seine Frau träumt zur selben Zeit, wie ihr Lieblingsfalke von zwei Adlern zerrissen werde. Keine Klagen und Warnungen halten Reinfried von der Reise ab. Er zerbricht einen Ring in zwei Hälften und übergibt die eine Hälfte seiner Frau; wenn er ihr die andre aus der Fremde zusende, bedeute dies seinen Tod. Im Morgenland besiegt Reinfried den König von Persien und gewinnt das Heilige Grab für die Gläubigen. Dann macht er weite Fahrten ins Morgenland zu fabelhaften Ländern und Völkern. Auf der Heimkehr wird er auf eine Insel verschlagen. Hier bricht das Gedicht ab, das zweifellos mit der wunderbaren Rückkehr Reinfrieds durch die Luft in dem Augenblick, als seine Gattin im Begriff steht, eine neue Ehe einzugehen, und mit der Erkennung durch den Ring geschlossen hätte. Der Dichter hat seiner weitschweifigen Erzählung manchen hübschen Zug eingeflochten. Er kennt, wie der Traum der Gattin Reinfrieds lehrt, das Nibelungenlied und schildert die Wirkung des Sirenengesangs mit Wendungen, die aus der Gudrun stammen: »wie süß Horand sang«; die Liebenden scheiden mit den Worten des Liedchens: »ich bin dîn, so bist du mîn«. Die Wunder des Morgenlands sind aus dem Herzog Ernst entnommen. Der Dichter, der sich in der Form an das Vorbild Konrads von Würzburg anschließt, klagt über die schlimme Zeit, gedenkt seiner Dürftigkeit und spricht von der Minne Süßigkeit wie einer, der von Rom erzählt und nie dort war.

In Böhmen dichtete *Ulrich von Eschenbach*, der am Hofe des Königs Wenzel II. (1278–1305) lebte. Zuerst verfasste er eine Alexanderdichtung von 28 000 Versen, die er um 1290 mit dem 11. Buche beendete. Er folgte einem lateinischen, um die Mitte des 12. Jahrhunderts in Frankreich entstandenen Gedichte des Gualtherus de Castillione, das, in schwierigem, antike Muster nachahmendem Stil geschrieben, auf älteren lateinischen Alexanderquellen beruht. Diese Alexandreis war ein beliebtes Schulbuch; Ulrich benutzte eine glossierte und kommentierte Ausgabe und erweiterte auf dieser Grundlage mehrfach den Inhalt der Alexandreis. Zur Vervollständigung zog er die Historia de proeliis und andre Quellen herbei. Der Vorlage gegenüber hob er namentlich die Frauengestalten hervor. Im Stil schloss er sich unselbständig an Wolfram von Eschenbach an. Gleichzeitig arbeitete er an einem Ritterroman Wilhelm von Wenden, dessen Stoff er dem Wilhelm von England des Kristian von Troyes entnahm. Die Urquelle des Romanes ist die Legende von Eustachius, der in Begleitung seiner Gattin sein Reich verlässt, um Christum zu suchen. Auf der Fahrt verliert er seine Frau und die beiden Söhne, die sie ihm gebar. Nach der Bekehrung und nach vielen Abenteuern finden sich alle glücklich wieder zusammen und Wilhelms Untertanen werden zum Christentum bekehrt. Diese Liegende ist bei Kristian mit englischer, bei Ulrich mit böhmischer Geschichte vermengt worden. Die Erlebnisse Wenzels II., insbesondere seine Vermählung mit Guta, der Tochter Rudolfs von Habsburg, sind einverwoben. Die Artusromane hatten sich offenbar am Ende des 13. Jahrhunderts überlebt. Da griffen die Dichter zur Legende, freien Erfindung und beliebigen andern Stoffen und gaben dem Ganzen durch Anknüpfung an geschichtliche Ereignisse den äußeren Anschein eines historischen Romanes.

Neben dem Roman steht frühzeitig die kurze *Novelle,* die im Laufe des 18. Jahrhunderts, namentlich seit dem Stricker, sich immer größerer Verbreitung und Beliebtheit erfreut. Zwischen 1210 und 1215 entstand am Oberrhein eine eigenartige Rittermäre eines unbekannten Verfassers: der *Moriz von Craon.* Die Quelle des deutschen Dichters war eine Erzählung, die in Frankreich an den Namen eines ritterlichen Sängers Moriz von Craon, der 1175 bis 1215 urkundlich begegnet, angeknüpft wurde und dessen Liebe zur Gräfin von Beaumont schilderte. Die Novelle ist ausgezeichnet durch einen der Wirklichkeit entsprechenden Inhalt und durch Stimmungsschilderei. Sie steht in dieser Hinsicht allein, ohne Vorbild und Nachfolge. Der deutsche Dichter ist ziemlich belesen. Das Lob des Rittertums, mit dem er anhebt, stammt aus Kristians von Troyes Cligés. Er kennt den Trojaroman des Beneeit de St. More und Gottfrieds Tristan. Er beginnt mit der Ritterschaft, die unter Griechen und Trojanern angefangen habe, dann zu den Römern und von diesen zu den Franzosen gekommen sei. Da war ein Ritter, der diente der Gräfin von Beamunt und nahm um der Minne willen viel Müh und Not auf sich. Die Gräfin ließ ihren Ritter lange schmachten, ohne ihn zu erhören. Endlich versprach sie ihm Lohn, wenn er ein Turnier zurüste, da sie noch keines gesehen. Moriz ließ ein wunderbares Schiff bauen, das über Feld fuhr wie auf dem Meer. Von Rossen gezogen, bewegte sich der wunderliche Aufzug über Land bis vor die Burg der Gräfin. Dort wurde der Anker ausgeworfen und das Turnier hob an. Der Gemahl der Gräfin ritt heraus und erstach einen Ritter, was ihn so tief bekümmerte, dass er sich nicht weiter beteiligte. Aber Moriz blieb in allen Kämpfen siegreich und durfte daher den verheißenen Lohn erhoffen. Er wurde in den Baumgarten und die Kemenate der Gräfin entboten und von einer Zofe empfangen. Da die Geliebte nicht gleich erschien, überkam ihn infolge der Anstrengung der letzten Tage der Schlaf. So traf ihn die Gräfin, die erklärte, seine Minne sei ein Wahn gewesen, und sich alsbald wieder entfernte. Der Ritter erwachte und hörte von der Zofe, was geschehen war. Da stand er auf und begab sich ins Schlafgemach, wo die Gräfin bei ihrem Gatten ruhte. Kühn drang er ein, er war vom Turnier her blutig und schrecklich anzusehen. Als der Graf aufwachte, erschrak er und hielt den Eindringling für ein Gespenst, einen Wiedergänger aus der Hölle; er glaubte, es sei der Geist des von ihm im Turnier getöteten Ritters. Entsetzt sprang er auf, stieß sein Schienbein an und blieb ohnmächtig liegen. Moriz aber legte sich zur Gräfin. Dann gab er ihr den Ring zurück, den er einst von ihr empfangen hatte, und sagte ihr den Dienst auf; sie solle sich nun um ihren wunden Mann kümmern. Sie blieb trauernd über das verscherzte Minneglück zurück. An einem Sommermorgen, als die Vögel im Walde sangen und die Rosen blühten, als Laub und Gras ergrünte und alles sich freute, ging die Gräfin, die nicht schlafen konnte, in eine Laube auf der Burgmauer, wie es sehnende Frauen, denen Leid von Liebe geschah, oft tun. Sie stützte ihre Wange auf die weiße Hand und lauschte dem Gesang der Nachtigall und beklagte ihr verfehltes Leben. Sie schließt mit dem Rate:

swer staeteclîcher minne
hin für beginne,
daz der an mînen kumber sehe
und hüete, daz ime alsame geschehe!

Der *Stricker*, dem wir schon als Romandichter begegneten, war ein fruchtbarer und vielseitiger Novellist, der zahlreiche Nachfolger fand. Unter seinen kleinen Erzählungen finden wir Schwänke, die nur der Unterhaltung dienen, und satirische oder lehrhafte Geschichten. Im Allgemeinen weiß der Stricker gewandt zu erzählen und hält sich in den Grenzen des Anstandes, der von den späteren Schwankdichtern oft aufs gröblichste verletzt wird. Als Beispiele seiner in Reimpaaren verfassten Novellen seien folgende erwähnt. Die Geschichte vom Einsiedler, dem das Fasten langweilig wird und der daher seine Beichtkinder auffordert, Wein zu bringen, aus dem er weissagen werde, was ihr Herz wünsche, verspottet die Habgier der Geistlichen und die Leichtgläubigkeit der Laien. – Aus dem Eheleben der Bauern ist die Geschichte vom Holzblock entnommen. Ein Bauer behandelt seine Frau ohne Grund schlecht. Die Gevatterin meldet dem auf dem Felde beschäftigten Mann, seine Frau sei gestorben. Ein Holzblock wird mit den Kleidern der Frau umhüllt und begraben. Der Bauer will wieder heiraten. Die Gevatterin führt ihm sein früheres, inzwischen unter guter Pflege verjüngtes und neu erblühtes Weib zu. Der Bauer schämt sich seines Benehmens und gelobt Besserung. – Die Martinsnacht führt uns in die reiche Bauernstube, wo der Meier zu Ehren des heiligen Martin sich berauscht hat. Ein Dieb ist in den Stall eingedrungen und wird von den Hunden gemeldet. Der Bauer eilt in den Stall; der Dieb wirft die Kleider von sich, macht allerlei Besprechungen und Bekreuzigungen und gibt vor, er sei der heilige Martin, der zum Dank für den ihm zu Ehren veranstalteten Weintrunk das Vieh segne. Der Bauer glaubt das und findet natürlich am andern Morgen seinen Stall leer. – Der Richter und der Teufel gehen mitsammen zu Markt: heute soll dem Teufel alles gehören, was man ihm ernstlich in die Hände wünscht. Zuerst wünscht ein Weib ihr widerspenstiges Schwein, dann eine Mutter ihr Kind zum Teufel; der nimmt's nicht, weil es nicht ernst gemeint ist. Als aber eine Witwe durch den Richter ihre Kuh eingebüßt hat und nun den Richter zum Teufel wünscht, da ruft der Teufel: Das ist ernst gemeint! und holt den Richter.

Im Pfaffen Amis vereinigte der Stricker zwölf Novellen in einer Rahmenerzählung, wie sie später im Pfaffen vom Kalenberg, Neidhart Fuchs und Till Eulenspiegel zusammengefasst wurden. Amis ist ein Pfaffe in England, der die Eifersucht seines vorgesetzten Bischofs erregt. Der Bischof prüft das Wissen des Pfaffen durch allerlei Fragen,

z. B. wie viel Wasser im Meer sei, wie viel Tage seit Adam verstrichen, welcher Ort im Mittelpunkt der Erde liege, wie weit es vom Himmel zur Erde sei u. dgl., und erhält auf die listigen Fragen ebenso findige Antworten. Zuletzt erhält Amis die Aufgabe, einen Esel lesen zu lernen. Als der Bischof nach einiger Zeit sich nach den Fortschritten des Tieres erkundigt, kann der Esel bereits umblättern, weil nämlich Amis durch eingestreuten Hafer ihn daran gewöhnt hatte, die Blätter umzuschlagen, um das Futter zu suchen. Nach dem Tode des Bischofs will Amis seine Einkünfte erhöhen und erlangt diesen Zweck auch durch allerlei lustige Streiche. Er predigt mit einer wunderbaren Reliquie, dem Haupt des heiligen Brandanus, dem er ein Münster bauen will; Brandanus habe ihm strengstens untersagt, hierfür Opfergaben anzunehmen von Frauen, deren eheliche Treue befleckt sei. Natürlich strömen darauf die Gaben in reicher Fülle, da keine in den Verdacht der Untreue kommen mag. – Dem König von Frankreich bietet sich Amis als Maler an gegen hohen Gehalt; die Bilder haben die wunderbare Eigenschaft, nur demjenigen, der aus echter Ehe geboren ist, sichtbar zu sein. Der König und der ganze Hof bewundern die leeren Wände, nur ein einfältiger Mensch gesteht, dass er überhaupt nichts sehen könne. – In Lothringen zeichnet sich Amis als Arzt aus. Zwanzig Patienten melden sich bei ihm; er fordert sie auf, zu erkunden, welcher von ihnen der Elendeste sei; mit dessen Blut werde er alle andern heilen. Aus Angst sind alle Kranken mit einem Schlage gesund. – In einer Stadt preist er die Heilkraft seiner Reliquien. Zwei Arme kommen herbei, die Amis vorher abgerichtet hat; der eine ist blind, der andre lahm; Amis heilt sie auf der Stelle. – In Konstantinopel begaunert Amis einen reichen Seidenhändler und einen Juwelier. Endlich geht Amis in ein Kloster, tut Buße und wird nach dem Tode des Abtes sein Nachfolger. Das Schwankbuch hat satirischen Charakter, indem die Geldgier der Geistlichen, der Missbrauch der Reliquien, die Leichtgläubigkeit der Laien wirksam und humoristisch vorgeführt wird.

Der Stricker verfasste auch Gedichte mit ausgesprochen lehrhafter Tendenz, die er »Beispiele« (bîspel) nannte. Eine kurze Fabel oder ein Gleichnis, z. B. die Geschichte von der Stadt- und Feldmaus, oder die vom Kater, der mit seiner Werbung hoch hinaus will und schließlich doch mit der Katze zufrieden ist, wird vorgetragen; daran wird eine umständliche lehrhafte Auseinandersetzung angehängt, die oft nur sehr gezwungen zur Fabel passt. Endlich verfasste der Stricker rein lehrhafte Gedichte, worin vom Standpunkt der österreichischen Zustände das Schwinden der alten guten Zeit, die Verwilderung des Rittertums und die Gärung in der gedrückten Bauernschaft beklagt wird. So namentlich in den Herren von Österreich und in den Gauhühnern (d.i. Bauern). Einst strebten die Herrn nach Ehren und konnten gar nicht genug davon bekommen; sie spendeten mit vollen Händen. Nun haben sie sich daran überessen und schenken kaum mehr ein graues Gewand oder einen Gürtel. Vor den Gauhühnern aber wird der Adel gewarnt, sich auf dem Lande anzubauen. Viele Burgen sind verbrannt und zerstört, die Herren mögen auf der Hut sein vor der Rache der Gauhühner. Endlich besingt er noch der Frauen Ehre. Frauenminne soll Freude haben und geben; die Frauen sind froh und erfreuen und haben davon ihren Namen.

Dieser satirischen Richtung des Strickers schließt sich die Bauernnovelle von *Wernher dem Gärtner* an, die um 1250 im Innviertel verfasst wurde. Es ist die Geschichte vom Meiersohn Helmbrecht, der in törichter Verblendung und gegen die Abmahnung seines braven Vaters über seinen Stand hinaus trachtet und Raubritter wird. Helmbrecht wird von seiner Mutter verhätschelt, trägt sein Haar nach Herrenart, kleidet sich kostbar und besitzt eine Haube mit kunstreicher Stickerei, wo Heldentaten von Troja bis auf Karl den Großen abgebildet sind. Er dünkt sich zu gut, seine Hände mit Bauernarbeit zu beschmutzen und nimmt bei einem wegelagernden Junker Dienst. Nach Jahresfrist besucht er seine Eltern und wirft im Gespräch mit niederländischen, französischen, lateinischen und böhmischen Brocken um sich; er wird trotzdem freundlich aufgenommen und reichlich bewirtet. Hier ist der Schwank vom Bauernsohn verwertet, der von der Schule heimkehrend tut, als könne er nur noch fremde Sprachen reden, bis er durch üble Erfahrung gezwungen wird, wieder seine angeborene Muttersprache zu gebrauchen. Im Gespräch zwischen dem Vater, der früher öfters als Lieferant landwirtschaftlicher Erzeugnisse auf den Burgen einkehrte, und dem Sohne rollt sich das Bild einstiger und gegenwärtiger Rittersitte auf. Der Sohn weiß nichts mehr von der alten Zucht, nichts von edler Minne, sondern nur von Saufgelagen und Raubfahrten. Am andern Tag verteilt er unter Eltern, Schwester und Gesinde Geschenke, die er von seinen Raubfahrten mitgebracht. Nach einer Woche verabschiedet er sich, um sein sauberes Gewerbe wieder aufzunehmen; er nennt dem Vater seine Spießgesellen. Der Vater warnt vor den Schergen. Helmbrecht bedauert solche Verdächtigungen, er hätte gern seine Schwester Gotelind seinem Gesellen Lämmerschlind zur Ehe gegeben. Die Hochzeit kommt auch wirklich zustande. Lämmerschlind ahmt höfische Sitte nach. Als er von seiner Braut hört, verneigt er sich gegen den Wind, der daherweht von Gotelind. Die Hochzeit wird so reich gehalten wie die von Artus und Ginover. Aber da kommen die Schergen und nehmen die ganze Gesellschaft gefangen. Neun werden gehenkt, dem Helmbrecht werden die Augen ausgestochen, die rechte Hand und ein Fuß abgehauen. Ein Knecht führt ihn ins Haus zum Vater, der ihn mit höhnenden Worten fortjagt. Schließlich wird Helmbrecht von den Bauern gefangen und an einen Baum gehängt. So haben sich alle warnenden Träume des Vaters erfüllt. – Der Helmbrecht ist eine Bauerngeschichte, aber kein Idyll, vielmehr ein Bild der rauen Wirklichkeit. Der Verfasser beobachtet das Leben gut und schont niemand. Sein Spott trifft den übermütigen Dörper, den er in Neidharts Art schildert, aber auch die üppige Nonne, den ungerechten Richter und den gesunkenen Adel. Neidharts Satire ist subjektiv, vom Standpunkt des Ritters aufgenommen: Wernher sieht aufs Ganze, überblickt einen größeren Kreis und stellt die guten und schlimmen Eigenschaften einander gegenüber. So spiegelt sich im alten Meier der tüchtige, im jungen Helmbrecht der üppige Bauernstand. Ebenso wird dem herabgekommenen Adel, der im Plündern und Saufen seinen Beruf finden möchte, die höfische Sitte und reine Fröhlichkeit der vergangenen Zeit als Spiegel vorgehalten. Poetisch wirkt der Helmbrecht dadurch, dass eine Lehre in sinnlich lebendigen anschaulichen Bildern vorgeführt wird, ohne Predigerton. Die Lehren ergeben sich dem Leser aus dem Stoff als Eindrücke und Folgerungen einer spannenden Erzählung. Die humoristisch überlegene Art des Verfassers bleibt trotz dem tragischen Ende des Helden erhalten. So verdient das kleine Werk nach allen Seiten hohes Lob. Es ist eine aus dem Leben hervorgegangene Dichtung, reich und wahr im Inhalt und glücklich in der Darstellung.

Zur Zeit des Interregnums dichtete der Steiermärker *Herrand von Wildon* einige Mären, zum Teil im Anschluss an den Stricker, dessen Fabel vom freienden Kater er wiederholte. In der getreuen Hausfrau erzählt er von einem Ritter, der ein schönes, tugendhaftes Weib hat. Im Turnier verliert der Ritter ein Auge und will also entstellt nicht mehr heimkehren. Da sticht sich die Frau mit der Schere ebenfalls ein Auge aus. Darauf gibt der Ritter seinen Vorsatz auf und hält sein Weib seither nur umso werter. – Im betrogenen Ehemann wird von Frauenlist berichtet. Die Frau täuscht ihren Gatten zweimal. Er gibt ihr den im Dunkel gefangenen Liebhaber zum Halten und findet bei seiner Rückkehr einen Esel, den sie an den Ohren festhält. Er schlägt sie und schneidet ihr die Haare ab und findet sie zu seinem Erstaunen am andern Morgen unversehrt. Eine Gevatterin hatte in der Nacht auf ihre Bitte den Platz neben dem Manne eingenommen und schweigend die Strafe erduldet. Nun überhäuft die Frau den Gatten mit Vorwürfen über seinen ungerechten Verdacht und lässt sich nur durch das Versprechen eines kostbaren Mantels aus Samt begütigen. – Im nackten Kaiser wird der Hochmut des römischen Kaisers Gorneus dadurch gedemütigt, dass ein Engel seine Stelle einnimmt, solange er im Bade weilt. Natürlich wird der wirkliche Kaiser überall mit Hohn zurückgewiesen und muss selber zusehen, wie sein Stellvertreter für ihn Gericht hält. Unter Tränen bekennt Gorneus seinen Hochmut und wird vom Engel zurechtgewiesen und wieder in seine Ehren eingesetzt. Er nimmt sich die Lehre zu Herzen und macht alles Unrecht gut, sodass niemand mehr über ihn zu klagen hat.

Die Novellen, die aus romanischen Vorlagen, aber auch aus mündlicher Überlieferung fortwährend neuen Zuwachs erfuhren, behandeln alle möglichen Stoffgebiete. Da finden wir die drei Wünsche, die einem armen Ehepaar genehmigt und durch seine Torheit vereitelt werden: die Frau wünscht sich ein neues Kleid, der zornige Mann wünscht es ihr in den Leib und muss nun den dritten und letzten Wunsch dazu verwenden, sein Weib von der Plage zu befreien. – Die »Frauenzucht« ist die Geschichte von der Zähmung der Widerspenstigen. Der »Schlegel« richtet sich gegen undankbare Kinder. Ein Vater verteilt sein Vermögen unter seine Kinder und wird herzlos von einem zum andern gewiesen. Da lässt er eine Kiste anfertigen, die einen Schatz enthalten soll. Sofort wird er von den Kindern, die auf ein neues Erbe hoffen, aufs beste bekleidet und bewirtet. Als man nach seinem Tode die Kiste öffnet, liegt ein Schlegel drin mit der Lehre, wer zu seinen Lebzeiten all sein Gut den Kindern schenkt und dadurch selber in Not gerät, dem soll man mit diesem Schlegel den Schädel einschlagen!

Ein Koboldmärchen ist die vielleicht von Heinrich von Freiberg gereimte Geschichte vom Schretel und Wasserbären. Ein Normanne mit einem zahmen Bären kehrte einmal bei einem Bauern ein, in dessen Hof allnächtlich ein Schretel Unfug trieb. Der Normanne ließ sich nicht abschrecken und nahm mit seinem Bären Nachtherberge. Um Mitternacht kam der Kobold, kaum drei Spannen lang, aber sehr stark und schlug den Bären, der ihn arg zerzauste und verjagte. Der Normanne war in den Backofen gekrochen und sah von dort aus dem Kampfe zu; erst am Morgen verließ er sein Versteck. Der Bauer freute sich, dass der Fremde mit dem Leben davongekommen war. Der Normanne zog mit seinem Bären ab. Das Schretel kam zum Bauern aufs Feld und fragte, ob die große Katze noch da sei. Freilich, erwiderte der Bauer, sie hat fünf Junge geworfen. Da rief das Schretel, es werde gewiss nie wieder auf den Hof kommen, und verschwand auf immer.

Ein mitteldeutscher Fahrender, der sich der Freudenleere nennt, erzählt einen humoristischen Schwank von einer Wiener Zechergesellschaft, die beim Weine in der Trunkenheit sich einbilden, auf einer Fahrt über Meer zu sein. Sie heben ein Reiselied zu singen an und meinen, in einen Seesturm zu geraten, als ihnen im Rausch der Kopf wirbelt und die Beine wanken. Die Nacht neigt sich zu Ende und sie sind noch nicht halbwegs. Sie halten einen der Ihrigen für tot und werfen ihn über Bord, d. h. durchs Fenster auf die Straße, dass er Arm und Bein bricht. Am Morgen erzählen sie von der stürmischen Fahrt und hoffen bald in Akkon zu landen. Die Nachbarn kommen und ernüchtern die Gesellschaft, die erst langsam merkt, was im Dusel geschah, und dem Zerschlagenen den Schaden büßen muss. Es ist ein ausgezeichneter Gedanke, die Umneblung der Sinne durch Trunkenheit mit allen ihren Entwicklungsstufen in Gestalt eines Schwankes, eines für wirklich gehaltenen Erlebnisses zu schildern. Man wird förmlich in die wachsende Verwirrung mit hineingerissen.

Wenn die Wiener Zecher vom Rausch bald bewältigt sind, so steht der Held des »*Weinschwelgs*« aufrecht da, ein trinkfester Mann, der sich behauptet. Das geistvolle Gedicht eines unbekannten Verfassers aus der zweiten Hälfte des 13. Jahrhunderts preist in 22 Absätzen die Vorzüge des Rebensaftes in Form eines Selbstgespräches. Ein Zecher, der stärkste, von dem man weiß, der nicht aus Bechern, sondern aus Kannen trinkt, will nicht weichen, solang noch Wein im Fasse ist. Er hebt die Kanne auf und trinkt und lobt das Getränk: »dô huob er ûf unde trank«, ist das immer wiederkehrende Grund- und Leitmotiv des Gedichtes. Ein Trunk nach dem andern wird beschrieben, immer größer wird das Staunen der Zuschauer. Wohl wird der Trinker auch einmal schwindlig und meint, ein in der Meerestiefe versinkendes Schiff zu sein. Aber dann ist er gleich wieder obenauf und hält sich für den Herrn der Welt. Gürtel und Kleider platzen, da legt er einen ledernen Koller und einen eisernen Panzer an, dass er nicht zerspringt. Jetzt ist er befriedigt, dass er gegen den Drang des Weines geschützt ist. Den Schlussvers bildet das Leitmotiv: »dô huob er ûf unde trank«. Der Unermüdliche und Unüberwindliche bleibt Sieger, der Dichter verabschiedet ihn in der ungeschwächten Vollkraft seiner staunenswerten Trinkfestigkeit. Viel schwächer ist das Seitenstück zum Weinschwelg, der »Weinschlund«, dessen größter Schmerz ist, dass er nicht auch im Schlafe zechen kann; denn sein Himmelreich ist Trinken und Trunkenheit. Ein guter Freund sucht ihn mit Ratschlägen zu bekehren – umsonst! Der Weinschlund erwidert ihm, er solle es ebenso machen wie er. Der Trinker ist nicht nur unverbesserlich, sondern will auch andre zur Nachahmung seines löblichen Beispiels verführen.

Die *Legenden* waren schon im 12. Jahrhundert sowohl einzeln wie als Abschnitte größerer Werke, z. B. der Kaiserchronik, beliebte Stoffe deutscher Dichter. Heinrich von Veldeke mit dem Servatius, Hartmann mit dem Gregorius hatten die Legende der höfischen Literatur zugeführt. Daher finden wir im 13. Jahrhundert geistliche Erzählungen im höfischen Stil häufig, so bei Rudolf von Ems und Konrad von Würzburg, die weltliche und geistliche Romane nebeneinander pflegten. Nur in losem Zusammenhang mit der Legende und vielmehr Roman ist der Eraclius des *Meister Otte*, um 1203 in Mitteldeutschland verfasst. Ottes Stil ist von Veldeke und Hartmann beeinflusst; seine Vorlage ist ein französischer Roman von Gautier d'Arras, den Otte anfangs ziemlich getreu, hernach freier übertrug. Otte bemüht sich um bessere Motivierung der Handlung und verleiht den Szenen realistischere Färbung. Aus seiner Gelehrsamkeit bringt er gelegentlich historische Zusätze an. Die Fabel der Dichtung ist das Leben des Heraklius, dem die Gabe zuteil geworden ist, aller Steine Kraft, aller Rosse Tugend und aller Weiber Heimlichkeit zu durchschauen. Er kommt in den Dienst des Kaisers Phokas und gibt Proben seiner Fähigkeit, indem er unter Tausenden von edlen Steinen den unscheinbarsten, unter tausend Rossen das scheinbar elendeste heraussucht und mit Stein und Roß Wunder vollbringt. Auch die dritte seiner Fähigkeiten erprobt er, indem er dem Kaiser eine Jungfrau niedern Standes als keuscheste und schönste Gattin erwählt. Als Phokas einmal auf Heerfahrt längere Zeit abwesend ist, sperrt er gegen den Rat des Heraklius seine Gattin in einen festen Turm ein. Diese übertriebene Hut reizt die Kaiserin zur Untreue. Dem Scharfblick des mit dem Kaiser heimkehrenden Heraklius bleibt der Fehltritt der Athenais nicht verborgen. Er rät dem Kaiser, der durch seine übermäßige Strenge einen Teil der Schuld trägt, sich scheiden zu lassen und Athenais mit ihrem Liebhaber zu vermählen. Durch seine glänzenden Weisheitsproben steigt des Heraklius' Ansehen so hoch, dass er nach dem Tode des Kaisers Phokas sein Nachfolger wird. In einem großen Kriege gewinnt er den Persern das von ihnen geraubte Kreuz wieder ab. Diese Begebenheit wird im Fest der Kreuzerhöhung noch heute von der Kirche gefeiert. Die Legende von der Kreuzerhöhung ist also im Eraclius mit schwankhaften und novellistischen Zügen verknüpft und dadurch sehr verweltlicht worden. Die Sage haftet an den Namen der oströmischen Kaiser Phokas (602–10) und Heraklios (610–14).

In der Nähe von Krems in Österreich dichtete *Konrad von Fussesbrunnen* um 1210 nach dem Pseudo-Matthäus die Kindheit Jesu. Er behauptet, früher auch weltliche Mären behandelt zu haben. Jedenfalls kehrt er nirgends geistlichen Kanzelton heraus, sondern erzählt gewandt und fließend in Hartmanns Stil und Metrik. Das Gedicht enthält im ersten Teil die Ereignisse von der Verkündigung des Engels bis zur Flucht nach Ägypten, im zweiten Teil acht Wunder des Jesusknaben, wie er ein zu kurz geschnittenes Holz lang zog, Wasser im Kleide hertrug, zwei Tote erweckte, Fische fing, unter Löwen weilte, Vögel aus Lehm auffliegen ließ und wie er zur Schule ging. *Konrad von Heimesfurt*, ein Alemanne, der sich selbst als armen Pfaffen bezeichnet, verfasste nach einer lateinischen Vorlage die Himmelfahrt Mariae (um 1225) und nach dem Nikodemusevangelium die Auferstehung Christi (um 1230). Seine Vorbilder waren Hartmann, Gottfried und Konrad von Fussesbrunnen. Der geistliche Ton macht sich in eingeschalteten Mahnungen bemerkbar, aber ohne die Gefälligkeit der Darstellung zu stören. Warm und schön schrieb er von Marias Tod und Himmelfahrt, kunstreich und lehrhaft von Christi Auferstehung.

Beide Dichter verwahren sich strenge gegen willkürliche und eigenmächtige Abschreiber und Bearbeiter ihrer Texte. Die Zeitverhältnisse spiegeln sich in beiden Gedichten wider: das erste gewährt Einblicke ins häusliche Leben, das zweite führt anschaulich das Rechtsverfahren vor.

Reinbot von Durne, wahrscheinlich in der Umgegend von Straubing beheimatet, schrieb um 1240 im Auftrag des Herzogs Otto von Bayern (1231–53) im Stile Wolframs von Eschenbach einen heiligen Georg, den die Rittersleute vor ihren Unternehmungen anzurufen pflegen. Wie im althochdeutschen Georgslied sind die Martern des Heiligen der Hauptgegenstand des Gedichtes. Sein Drachenkampf fehlt noch; der wurde erst in späteren Darstellungen berühmt. Reinbots Georg ist als ein Seitenstück zu Wolframs Willehalm gedacht; aber auch der Parzival, Heinrich von Veldekes und Hartmanns Werke sind dem Verfasser bekannt. Wolframs Erzählungsart ist für Reinbot musterhaft. Wie Wolfram scherzt er einmal über seine persönlichen Verhältnisse, er wendet sich an die Leser oder an die Aventiure, er prunkt mit Gelehrsamkeit und französischen Wörtern und Wendungen, er liebt Bilder und Gleichnisse, wobei er oft ins Geschmacklose verfällt. Von guter Wirkung sind einige schwungvolle und innige Gebete, die an passender Stelle eingeschaltet werden.

Von besonderer Bedeutung sind die verschiedenen *Marienleben*, die meistens auf einem zu Anfang des 13. Jahrhunderts verfassten lateinischen Reimgedicht, vita beatae virginis Mariae et Salvatoris metrica, beruhen. Das erste Buch erzählt von den Eltern der Maria, ihrer Geburt, Jugend und Vermählung mit Joseph; das zweite von Christi Verkündigung, Geburt und Kindheit; das dritte von der Taufe, von der Passion und von der Marienklage; das vierte von Christi Auferstehung und Himmelfahrt, von Marias weiterem Leben, ihrem Tod und Empfang im Himmel. Um 1270 übersetzte *Walther von Rheinau* das Marienleben fast wörtlich im Stile Konrads von Würzburg. Die Legende gewann unter seinen Händen mehr Leben und Leichtigkeit, einige Geschmacklosigkeiten sind gemildert. Gegen Ende des Jahrhunderts bearbeitete der Karthäusermönch *Bruder Philipp* das lateinische Gedicht für die Ritter des Deutschherrnordens, und zwar in wohl überlegter, verständiger und künstlerisch geschmackvoller Auswahl. Er suchte überflüssige Gelehrsamkeit auszuschalten und die Erzählung auf volkstümlicheren Ton zu stimmen. Aber er entbehrt andrerseits lyrischer Begabung und macht holperige Verse, sodass der Gesamteindruck nicht befriedigt.

Seit der Mitte des 13. Jahrhunderts kamen die *Marienlegenden* auf, die allerdings meist in späteren Handschriften des 14. Jahrhunderts überliefert sind. Ihren Gehalt fasst Goedeke in folgenden Worten zusammen: »Der eigentliche Kern dieser Legenden ist die Annahme, dass ein wenn auch noch so kleiner und geringer, der Jungfrau geleisteter Dienst, trotz aller sonstiger Fehler und Sünden, die ewige Seligkeit verschaffe. Da ist kein Dieb, kein Schlemmer, kein Räuber oder Gottesleugner, der, wenn er ein Ave regelmäßig gesprochen, ein Blümchen für die Jungfrau gebracht oder sie in Nöten anruft, nicht ihr ewiges Erbarmen zur Fürbitte beim Jesuskind anregte. Sie hütet ihre Verehrer vor des Teufels Garn, löst das bereits geschlossene Bündnis mit dem Teufel, nimmt für den Betenden Schild und Lanze und macht seinen Namen siegreich. Sie lässt sich in Gestalt der verratenen Gattin dem Teufel zuführen, der vor ihr weicht; sie legt, wenn des Sünders Schuld seine guten Taten überwiegt, die Hand auf die Schale und drückt sie nieder, obwohl die Hölle sich an die andre hängt. Sie beschwichtigt den Meersturm, wenn sie angefleht wird. Ihren Verehrern, die ihrer gedenken und kein Gnadenbild finden, vor das sie betend hinknien können, erscheint sie als Bild und redet mit ihnen. Aus Gemälde und Leinwand streckt sie den von irdischer Hand gemalten Arm schirmend hervor, wenn ihre Hilfe nötig ist. Vom Munde ihrer Anbeter pflückt sie die Ave wie Rosen und windet sie auf goldenem Reif zum Kranze. Auf den Lippen ihrer Diener lässt sie noch im Grabe Blumen wachsen, reine Lilien mit dem goldenen Ave Maria. Zu ihr ruft der Sturmverschlagene, die duldende Frau, der verzweifelnde Gottesfeind, zu ihr schaut die fromme Herzenseinfalt und die Entartung und Verwilderung empor. Und wenn eine Mutter im wilden Schmerz um den geraubten Sohn ihr das Christkind vom Arme reißt und als Geisel einschließt, bis der Sohn seiner Bande entledigt sei, neigt sie sich helfend und erbarmend dem Mutterschmerze, denn sie ist selbst Mutter und hat um den eigenen Sohn Jammer und Schwerter gelitten. Ohne jegliches Abzeichen ihrer Würde und Heiligkeit tritt sie als herrliches Weib zu dem jungen Krieger, dem sie sich durch tödlichen Kuss verlobt.« Die Marienlegenden sind die geistlichen Novellen, erbaulich und unterhaltend, weltlich und geistlich, und vor allem minniglich. So hat der Marienkult in dreifacher Gestalt als Legende, Lied und Lebensbeschreibung auf die Dichtung eingewirkt und überall schöne poetische Werke gezeitigt.

Als Gegenstück zur weltlichen Romandichtung entstand am Ende des 13. Jahrhunderts das für die Ordensritter, die Brüder vom Deutschen Haus, von einem mitteldeutschen Verfasser geschriebene, ungeheure 100 000 Verse zählende *Passional*, das großartigste Legendenwerk des Mittelalters. Es zerfällt in drei Abschnitte: der erste enthält das Leben Jesu und Marias mit einer Anzahl von Marienwundern, der zweite das Leben der Apostel und Evangelisten, der dritte das Leben der Heiligen nach der Ordnung des Kirchenjahres. Im letzten Teil ist Hauptquelle die Legenda aurea des Dominikaners und Erzbischofs Jakobus a Voragine (bei Genua), ein zwischen 1270 und 1275 verfasstes Sammelwerk. Vielleicht vom selben deutschen Dichter stammt das Buch der Väter, die vita patrum, nach einer lateinischen, dem Hieronymus beigelegten Schrift über das Leben der ersten Mönche in der Thebaischen Wüste. Obwohl aus geistlichen Anschauungen hervorgegangen, weist das Passional doch alle Vorzüge der guten mhd. Kunstepik auf. Eine Reihe von Legenden wurde dadurch volkstümlich, so unter den Mariensagen namentlich die von Theophilus, sodann die Geschichte von Christophorus, dessen Vorsatz war, dem Herrn zu dienen, den er auf dieser Welt als den Größten erkannt hätte. Er begibt sich zunächst zu einem gewaltigen König, der sich aber vor dem Teufel bekreuzigt. Christophorus geht daher zum Teufel. Als der Teufel vor einem Kreuz am Wege sich scheu in die Büsche schlägt, verlässt ihn Christophorus, um Christum zu suchen. Ein frommer Einsiedler unterweist ihn in der Demut und Christophorus lässt sich darauf am Gestade eines Flusses nieder, um die Leute, die hinüberwollen, auf seinen starken Schultern übers Wasser zu tragen. In einer trüben Nacht erscheint ein kleines Kind, dessen Last dem starken Christophorus beinahe zu schwer ward. Das Kind sagt ihm, dass es Christus sei, »dein Herr und König, für den du hier in harter Arbeit dein Leben gibst. Auf daß du wissest, daß ich alle Gewalt habe, so pflanze deinen Stab jenseits des Flusses in die Erde. Morgen wird er Blüte und Frucht tragen«. Mit diesen Worten verschwindet das Kind, und Christophorus erkennt, dass er im Dienste des mächtigsten Herrn steht, für den er zuletzt freudig den Märtyrertod stirbt.

Im 13. Jahrhundert beginnt die *Geschichtsschreibung* sich der deutschen Verse zu bedienen. Die Kaiserchronik und die Weltchroniken gaben hierzu Beispiel und Anregung. Der literarische und poetische Wert dieser Erzeugnisse ist sehr gering, sodass eine kurze Erwähnung der wichtigsten Chroniken an dieser Stelle genügt. Der Stadtschreiber *Gottfried Hagen* schrieb zwischen 1277 und 1288 die Geschichte von Köln, insbesondere den Streit der Bürgerschaft mit den Erzbischöfen Konrad und Engelbert. Hagen steht auf Seite der alten Geschlechter gegen die Erzbischöfe und Gewerke. Die aus der Gemeinde gewählten Schöffen nennt er Esel in der Löwenhaut; er sucht die vorwärts drängende Handwerkerbewegung in die gebührenden Schranken zurückzuweisen. Aber auch gegen die Erzbischöfe ist Hagen nicht immer gerecht und verschweigt ihre Verdienste, so z. B. was Konrad für den Dombau getan. Die Chronik ist in Form und Darstellung gewandt, im Tone trotz der Parteistellung des Verfassers einfach und sachlich. Eine andere Art der Geschichtschreibung vertritt der Wiener Bürger *Jans Jansen Enikel* in seinem Fürstenbuch und seiner Weltchronik, indem er neben der Weltgeschichte auch die Landesgeschichte behandelt. Das Fürstenbuch erzählt die Geschichte von Österreich und Steiermark von der Gründung Wiens bis zum Aussterben der Babenberger. Seine Darstellung gipfelt in der Verherrlichung Leopolds des Glorreichen (1198–1230) und Friedrichs des Streitbaren (1230–46). Der Verfasser stützt sich auf Urkunden, mündliche Überlieferung und eigenes Erlebnis. Die Weltchronik enthält die biblische Geschichte bis auf Simson und die deutsche Geschichte bis auf Friedrich II. in Anlehnung an die Kaiserchronik. Neben der Bibel ist der Trojanische Krieg und die Alexandersage herangezogen. Die Reimerei ist breit und roh, aber die Bücher gewinnen literarischen Wert durch die zahlreichen Novellen und Schwänke, die der Verfasser zur Unterhaltung des Lesers einfügt und die denen des Strickers zur Seite gestellt werden können. Da findet sich z. B. die Geschichte von Achilles und Deidamia. Achilles ist in Weibergewändern bei der Königstochter und preist die Macht seiner griechischen Götter. Um dieselbe zu erproben, flehen Deidamia und Achilles zum Gott, in Männer verwandelt zu werden, was natürlich bei Achilles den erwünschten Erfolg hat. Karls Recht ist die Sage von der Schlange, die sich an die Glocke hängt, um sich als Bedrängte beim obersten Richter zu melden; eine Kröte lag auf ihren Eiern. Der Kaiser verurteilt die Kröte zum Tode und schafft der Schlange ihr Recht.

Die *livländische Reimchronik* ist vorwiegend Zeitgeschichte. Der aus

Mitteldeutschland stammende Verfasser berichtet als Einleitung, wie das Christentum nach Livland kam. Im Hauptteil schildert er die Kämpfe der Ordensritter von 1250 bis 1290 aus eigener Anschauung und Berichten anderer; er trägt zusammen, was er findet, und sieht mehr auf Fülle des Stoffes als auf planmäßige Verarbeitung und Darstellung des reichen, aber ungleichen Materiales.

Die berühmteste Reimchronik des 13. Jahrhunderts ist die *Ottokars von Steiermark*, der die Geschichte Österreichs von 1246 bis 1309 sehr lebendig und ausführlich erzählt. Ottokar stand im Dienst Ottos von Lichtenstein, des Sohnes des Dichters. Sein Lehrer in der Dichtkunst war Meister Konrad von Rotenburg, der am Hofe Manfreds in Italien gelebt hatte. Ottokar ist in der deutschen Literatur sehr bewandert, besonders in Hartmanns Iwein, dem er ganze Abschnitte entnimmt. Vor der österreichischen Geschichte verfasste er eine verlorene Kaiserchronik nach lateinischer Quelle, beginnend mit den assyrischen Königen und bis auf Friedrich II. reichend. Die österreichische Chronik ist also eine Fortsetzung zur Weltchronik. Für Österreich, Steiermark und Kärnten ist die Reimchronik Ottokars eine Landes-, hie und da eine Städtegeschichte geworden. Schriftliche und mündliche Quellen zog Ottokar in großem Umfang heran. Fast alle wichtigen Annalen des Jahrhunderts sind benützt, manchmal vielleicht nicht aus unmittelbarer Lesung, sondern nach dem Auszug und Bericht anderer Gewährsleute, an die er sich um Auskunft wandte. Seine historische Urteilskraft war nicht groß, aber die Form seiner Darstellung ist sehr gut. Darum ist die literarische Bedeutung höher als die der meisten Geschichtswerke der Zeit. Ein wesentliches Mittel zur Belebung der Ereignisse sind die vielen eingestreuten Reden, deren geschichtlicher Gehalt freilich gering ist, die aber, wie bei den antiken Historikern, sehr anschaulich die Auffassung Ottokars widerspiegeln. Sie sind vom literarischen Standpunkt die wertvollsten Bestandteile, weil sie eine Fülle der Anschaulichkeit und Verlebendigung des Stoffes enthalten, die in rein erzählender Weise nicht erreicht werden konnte. In seinem Geschichtswerk bezieht sich Ottokar fast auf alle bekannteren Helden der Romane und ahmt ganze Szenen aus Gedichten nach. Konradin und Friedrich von Schwaben auf dem Richtplatz sind durch Motive aus Konrad Flecks Flore und Blanscheflur charakterisiert; die Aufzählung von Heeresteilen ist Wolframs Willehalm nachgeahmt: das Gleichnis vom Zinsgroschen stammt aus Walther von der Vogelweide;

gefallene Helden werden beklagt wie Etzels Söhne in der Rabenschlacht; Verwandte, die miteinander kämpfen sollen, erinnern an Rüdeger in der Nibelunge Not; die Königin von Arragon als Rächerin Manfreds und Konradins trägt Züge von Kriemhild. Der Verfasser verfügte also über eine Summe literarischer Vorstellungen, mit denen er seine Erzählung durchwirkt. Ottokar ist ein Geschichtschreiber mit literarischen Absichten. Hierdurch und wegen des außergewöhnlichen Reichtums des Inhalts erklärt sich die beherrschende Stellung, die seine Reimchronik unter den übrigen Erzeugnissen des Mittelalters einnahm.

Das deutsche Heldengedicht.

Die Sage von Siegfried und den Nibelungen gewann unter allen germanischen Heldensagen weitaus die größte Verbreitung: die Überlieferung reicht von Deutschland bis nach Norwegen und Island, die Denkmäler sind in der Gegenwart so zahlreich wie im Mittelalter. Die dichterischen Formen, in denen die Sage erscheint, sind sehr wechselreich. In der ältesten Zeit herrscht das *kurze stabreimende Lied*, wie es die Edda bewahrt. Im 12. und 13. Jahrhundert wird die *epische Bearbeitung* bevorzugt, in Norwegen der Prosaroman, die Saga, in Deutschland das strophische Epos, der Nibelunge Not. In der Neuzeit kommt das Drama hinzu, das schon 1557 Hans Sachs versuchte. In Norwegen dichtet Ibsen seine nordische Heerfahrt nach der Völsungasaga, in Deutschland neben vielen andern Hebbel seine Nibelungen nach dem Nibelungenlied, Wagner seinen Ring vornehmlich nach der Edda, aber mit Verwertung aller andern Quellen. Auch das Epos wird künstlich wieder belebt, in Deutschland durch Jordans Nibelunge, in England durch Morris' Sigurd the Volsung. Lied-Epos-Drama zeigt die Entwicklung des Stoffes in seinen Hauptformen und klassischen Werken. Jede Zeit hat ihren Teil zur Fortbildung des Sagenstoffes beigetragen. Große Meisterwerke sind daraus hervorgegangen. Hier haben wir uns mit der *mittleren Form, mit dem mhd. Epos* zu beschäftigen. Die Geschichte des Nibelungenliedes ist aufs engste mit allgemeinen Fragen über die Entstehung mittelalterlicher Epen überhaupt verknüpft. Noch heute harren manche verwickelte Probleme ihrer endgültigen Lösung. Das Nibelungenlied ist in zahlreichen Handschriften überliefert. Welche bietet den ursprünglichen Text? Wie ist dieser Urtext zustande gekommen? Welche Vorlagen hat der Dichter gekannt und wie hat er sie verwertet? Welche Stellung nimmt das Nibelungenlied in der alten und neuen deutschen Literatur ein? Diese Fragen sollen im Folgenden behandelt werden.

Im Urtext heißt das mhd. Epos der »Nibelunge Not«, d. h. der Untergang der Nibelungen, der Burgundenkönige an Etzels Hof. Somit ist dieses Ereignis die Hauptsache. Tatsächlich steht die Erzählung hier auf der vollen dichterischen Höhe, was keineswegs von allen Teilen des umfangreichen Gedichtes gesagt werden kann. Während der Nibelunge Not in breiter und doch spannender, wohl abgemessener Schilderung vorgeführt wird, ist die erste Hälfte des Gedichtes, wo von Siegfried berichtet wird, oft dunkel und lückenhaft. Kurze eindrucksvolle Stücke wie Kriemhildes Traum, die Werbefahrt nach Isenland um Brünnhild, der Zank der Königinnen, Siegfrieds Tod wechseln mit inhaltsleeren, breit ausgesponnenen Füllseln höfischer Schildereien. Dem Verfasser stand hier keine so treffliche zusammenhängende Vorlage zu Gebot wie im zweiten Teil. Die erste Hälfte ist offenbar ursprünglich nur als Einleitung gedacht, die allmählich zu größerem Umfang erweitert wurde. Der jüngere Text sucht schon mit der Änderung des Titels »der Nibelunge Lied« die Aufmerksamkeit des Lesers aufs Ganze zu lenken und zu gleichmäßiger Beachtung der beiden Teile aufzufordern. Wollte man aber den Leitgedanken des Dichters im Titel seines Werkes andeuten, dann müsste es den Namen Kriemhildes führen, wie es tatsächlich in einer Handschrift des 14. Jahrhunderts (D) auch geschieht, denn von Kriemhildes Liebe und Leid, von *Kriemhildes* Hochzeit und Rache wird berichtet. Alle Ereignisse beziehen sich auf Kriemhilde, deren Charakterentwicklung im Epos meisterhaft geschildert ist. Der Verfasser verfolgt durchaus nicht die Absicht, die ganze Sage von Siegfried und den Nibelungen vorzuführen, vielmehr nur die Rolle, die Kriemhilde dabei spielte. In der Nibelunge Not stand sie im Vordergrund, denn deren Inhalt war ja die Rache der Schwester, wie Bodmer treffend diesen Teil benannte. Nun galt es, Kriemhild auch in der ersten Hälfte zum Mittelpunkt der Handlung zu machen. Mit dieser Erkenntnis gewinnen wir bereits einen festen Maßstab zur Beurteilung des Dichters, wie er die Überlieferung ansah und gestaltete.

Wenn das mhd. Epos der Nibelunge Not oder Lied heißt, so verwendet es diesen Namen in seiner ursprünglichen, den nordischen Quellen allein geläufigen Bedeutung. Nibelungen heißen die burgundischen Könige, die als Abkömmlinge Gibichs auch als Gibichungen bezeichnet werden. Letztere Benennung ist in der Edda bevorzugt. Woher kommt diese Doppelheit? Vermutlich gehört der Name anfänglich nur Hagen. In den Eddaliedern begegnet die durch Stabreim gestützte Form mit anlautendem H: Hagen war ein Hnibilung, Gunther ein Gibichung. Nachdem Hagen in Gunthers Sippe übergetreten war, verwendet die Sage Nibelungen und Gibichungen gleichbedeutend, wie auch das von Gunther beherrschte Volk bald mit dem Namen der Burgunder, bald mit dem der Franken bezeichnet wird. Der Nibelunge Hort war der nach Siegfrieds Tod seinen Schwägern gehörige Schatz, er führt seinen Namen nach den letzten Besitzern, weil er bei ihrem Untergang eine bedeutende Rolle spielt. Etzel verlangte der Nibelunge Hort und lud deshalb die Nibelungen zu sich. Das mhd. Epos, das in seinem Titel und im zweiten Teil den Namen durchaus richtig anwendet, erfand aber eine märchenhafte Geschichte von den ersten Besitzern des Hortes, den Nibelungen, denen Siegfried den Hort abgenommen habe. Diese späte Neubildung hat keineswegs die alte und ursprüngliche Bezeichnung zu verdrängen vermocht. Über den unerklärten Widerspruch der verschiedenen Verwendung des Namens gleitet das Gedicht unbekümmert hinweg. Die in der Nibelungenfrage so viel erörterten Widersprüche sind meist ähnlich wie hier zu deuten, aus dem unvermittelten und unausgeglichenen Nebeneinander alter Überlieferung und junger Erfindung. Dem Nibelungennamen haftet also nichts Mythisches an; nur gelehrte Auslegung, die von der Anwendung in der ersten Hälfte des Nibelungenliedes und von falscher Etymologie ausging, hat solche Dinge hineingeheimnist.

Das Gedicht ist in 38 Aventüren eingeteilt, wovon 19 Kriemhildes Liebe und Leid, die Hochzeit mit Siegfried und Siegfrieds Tod behandeln, die übrigen 19 die Hochzeit mit Etzel und die Rache erzählen. So zerfällt das Ganze in zwei gleiche Teile. Wir hören zuerst von Kriemhild, die als die schönste Maid aller Lande zu Worms in der Pflege ihrer königlichen Brüder Gunther, Gernot und Giselher aufwächst. In diesen hohen Ehren träumt sie, wie ein schöner Falke, den sie gezogen, von zwei Adlern ergriffen wird. Ihre Mutter Ute deutet dies auf einen edlen Mann, den Briemhild früh verlieren werde. »Liebe lohnt mit Leide«, klingt ahnungsvoll in diesem Vorspiel das Grundmotiv an, das sich immer wieder, zumal an Stellen, wo man sich gern der frohen Stimmung des Augenblicks hingeben möchte, im Verlauf der Erzählung meldet. Vilmar schildert die poetische Absicht und Wirkung des Traumes mit den Worten: »so tönt wie ein leise hallender Klang aus weiter Ferne die erste Ahnung künftigen unaussprechlichen Wehs tief aus dem Herzen der zarten Jungfrau, und die Schatten dieses Traumes ziehen sich fortan hin durch den heitern Himmel ihres Lebens und ihrer Liebe; dunkler und immer dunkler schweben sie über den Frühlingstagen der süßen ersten und einzigen Liebe, dunkler und immer dunkler über den fröhlichen Spielen und glänzenden Festen der Vermählung; mit fahlem, bleichem Schimmer leuchtet die Sonne durch das unheimliche Halbdunkel, bis sie glutrot zum Untergange sich neigt und endlich mit weithin strahlender blutiger Pracht in ewige Nacht versinkt«. Die zweite Aventüre berichtet von Siegfried, eines reichen Königs Kind, der zu Santen am Rhein in der Pflege seiner Eltern, des Königs Siegmund und der Königin Sieglinde aufwächst. Der wilde Waldknabe der alten Sage musste sich zum höfischen Ritter wandeln, so wenig die Erziehung zu den allerdings nur kurz angedeuteten Jugendtaten passen will. Hagen weiß von ihm, dass er in früher Jugend den Hort der Nibelunge gewann samt dem Schwert Balmung und der Tarnkappe, dass er den Lindwurm erschlug und in dessen Blut seine Haut zu Horn badete. Siegfried vernimmt von Kriemhildes Schönheit und zieht aus, um sie zu freien. Köstlich ausgerüstet reitet er an den Wormser Hof und fordert den König Gunther zum Zweikampf um Land und Leute. Der Dichter vergisst unter dem Einfluss der alten Überlieferung einen Augenblick seine eignen Änderungen, die dem Zugeständnis an den ritterlichen Zeitgeschmack entsprangen. Im Gedanken an die Jungfrau lässt sich Siegfried begütigen und weilt ein volles Jahr am Hof, ohne Kriemhilde zu sehen. Sie aber blickt heimlich durchs Fenster, wenn er in ritterlichen Spielen sich tummelt und den Stein oder Schaft wirft. Siegfried heerfahrtet für Gunther gegen die Könige Liudeger von Sachsen und Liudegast von Dänemark; beide nimmt er gefangen. Als Kriemhilden ein Bote meldet, wie herrlich vor allen Siegfried gestritten, da erblüht ihr schönes Antlitz rosenrot; dem Boten lässt sie reichen Lohn geben. Gunther aber bereitet ein großes Fest, wobei Siegfried Kriemhilden sehen soll: denn die Könige wollen ihn festhalten. Der Dichter vergaß, dass er ursprünglich Siegfried ja nur in der Absicht des Werbers nach Worms geführt hatte. Hier wird ihm die Braut entgegengebracht. Wie aus den Wolken der rote Morgen, so geht die Minnigliche hervor; wie der Mond vor den Sternen, so leuchtet sie vor den andern Jungfrauen. Sie grüßt den Helden und geht an seiner Hand. Nie in Sommerzeit noch Maientagen gewann er solche Freude. Es ist ein Bild aus des Minnesangs Frühling, das der Dichter hier in hellsten Farben malt.

Mit der sechsten Aventüre beginnt ein neuer Abschnitt: wie Gunther um Brünnhilde wirbt. Sie wohnt fern über See auf Island. Wer sie begehrt, muss in drei Spielen ihr obsiegen, in Speerschuss, Steinwurf und Sprung. Gunther gelobt Siegfried seine Schwester, wenn er ihm Brünnhilden erwerben helfe. Mit Hagen und seinem Bruder Dankwart fahren Siegfried und Gunther den Rhein hinab in die See und kommen am zwölften Morgen nach Island, wo Brünnhilde mit ihren Jungfrauen in der Burg Isenstein haust. Die Könige reiten zur Burg. Brünnhild grüßt Siegfried vor Gunther. Die Kampfspiele heben an. Unsichtbar durch die Tarnkappe steht Siegfried bei Gunther, er übernimmt die Werke, der König die Geberde. So wird Brünnhild besiegt. Grollend ergibt sie sich in ihr Schicksal und heißt ihre Mannen Gunthern huldigen. Die Braut wird heimgeführt und zu Worms herrlich empfangen.

Am selben Tag führt Gunther Brünnhilden, Siegfried Kriemhild in die Brautkammer. Doch Brünnhild hat geweint, als sie Kriemhild bei Siegfried am Mahle sitzen sah, vorgeblich, weil ihr leid sei, dass des Königs Schwester einem Dienstmann gegeben werde; und in der Hochzeitsnacht will sie nicht Gunthers Weib werden, bevor sie nicht genau erfahre, wie es so gekommen sei. Sie erwehrt sich Gunthers. Siegfried bemerkt am andern Tag des Königs Traurigkeit, er errät den Grund und verspricht, ihm die Braut zu bändigen, was er in der Nacht mit Hilfe der Tarnkappe auch ausführt. Einen Ring und den Gürtel nimmt er Brünnhilden weg.

Bald darauf ziehen Siegfried und Kriemhild nach Santen, wo König Siegmund seinem Sohn die Krone abtritt. Nach zehn Jahren werden sie zum Sonnwendfest nach Worms entboten. Als die Königinnen beisammen sitzen und dem Ritterspiel zusehen, da erhebt sich Zank um den Vorrang ihrer Gatten. Kriemhild rühmt Siegfried, wie herrlich er vor allen Recken gehe, Brünnhild entgegnet, er sei doch nur Gunthers Eigenmann. Beim Kirchgang, den sie sonst zusammen gehen, erscheint jede mit einer besonderen Schar ihrer Jungfrauen. Brünnhild heißt Kriemhilden als Dienstweib zurückstehen: da wirft ihr Kriemhild vor, sie sei Siegfrieds Kebsweib, und geht vor der weinenden Königin ins Münster. Nach dem Gottesdienst fordert Brünnhild Beweise und erhält sie in Gestalt von Ring und Gürtel, die Siegfried seiner Frau gegeben. Umsonst schwört Siegfried im Ring der Burgunden, dass er Brünnhild nicht geminnt habe.

Hagen gelobt, Brünnhilds Tränen an Siegfried zu rächen; er sinnt auf seinen Mord. Von Kriemhild erkundet er die Stelle, an der Siegfried allein verwundbar ist, weil einst ein Lindenblatt darauf gefallen war, als er im Drachenblut badete. Unter der Vorspiegelung, er wolle den Helden im Kampf schützen, vermag er Kriemhilden, dass sie ein Kreuz aufs Gewand näht, um die Stelle kenntlich zu machen. Im Wasgenwald soll eine Jagd stattfinden. Weinend entlässt Kriemhild ihren Gatten, weil sie wieder durch mahnende Träume vor dem bevorstehenden Unheil gewarnt worden war. Ihr träumte, zwei Eber hätten ihn über die Heide gejagt und die Blumen seien von seinem Blute nass geworden: zwei Berge seien über ihm zusammengefallen. Im hellsten Glanze seines sonnigen Heldentums wird uns Siegfried noch einmal vorgeführt, wie er es allen Jägern zuvortut und einen Bären lebend fängt. Die Jäger setzen sich zum Mahl, aber die Schenken säumen. Hagen gibt vor, den Wein an einen falschen Ort beordert zu haben. Er wisse aber in der Nähe einen kühlen Brunnen. Dahin beredet er mit Siegfried einen Wettlauf. Siegfried gibt Gunther und Hagen den Vorsprung, aber erreicht doch das Ziel als Erster. Er trinkt nicht, bevor der König getrunken. Wie er sich zur Quelle neigt, fasst Hagen den Speer, den Siegfried an die Linde gelehnt, und schießt den Helden durchs Kreuzeszeichen. Siegfried springt auf, die Speerstange ragt ihm aus der Wunde, den Schild rafft er auf, da er keine andern Waffen findet, und schlägt damit den Mörder nieder. Dann aber weicht ihm Kraft und Farbe, blutend fällt er in die Blumen; die Verräter scheltend, die seine Treue so gelohnt, und doch Kriemhilden ihrem Bruder empfehlend, ringt er den Todeskampf.

In der Nacht führen sie den Toten auf seinem Schild über den Rhein und legen ihn vor Kriemhildes Kammer. So wird ihr am Morgen, als sie zum Münster gehen will, das Unheil kund. Der Leichnam wird im Münster aufgebahrt. Gunther und Hagen kommen; Gunther sagt, Räuber hätten den Helden erschlagen. Kriemhild heißt sie zur

Bahre treten, wenn sie ihre Unschuld bewähren wollten. Da blutet die Wunde vor Hagen, der Tote verklagt so seinen Mörder. Drei Tage und Nächte wacht Kriemhild bei Siegfried, den Tod erhoffend. Als Siegfried zu Grabe getragen wird, heißt Kriemhild den Sarg wieder aufbrechen, erhebt noch einmal sein schönes Haupt mit ihrer weißen Hand, küsst den Toten, und ihre lichten Augen weinen Blut. Hagen trachtet danach, dass der Nibelungenhort ins Land gebracht wird. Als Kriemhild freigebig Gold verteilt, fürchtet Hagen den Anhang, den sie damit gewinne. Er versenkt den Hort im Rhein, dass er keinen Schaden stifte.

Nun beginnt der zweite Teil. Dreizehn Jahre war Kriemhild Witwe. Als Frau Helche, des Hunnenkönigs Etzel Gemahlin stirbt, wird ihm geraten, um Kriemhild zu werben. Er schickt den Markgrafen Rüdeger mit großem Geleit. Kriemhild nimmt den Antrag an, nachdem ihr der Markgraf schwur, jedes Leid, das ihr widerfahre, zu rächen. Sie hofft Rache für Siegfrieds Tod. Sie fährt mit Rüdeger, im Geleit ihrer Jungfrauen und des Markgrafen Eckewart; den sie aus Worms mitnimmt, über Passau, wo sie ihr Oheim, der Bischof Pilgrim, wohl empfängt, nach Bechlarn, wo sie in Rüdegers gastlichem Haus einkehrt. Die Hochzeit wird in Wien gefeiert. In Etzelburg sitzt Kriemhild fortan an Frau Helches Stelle. Sie genest eines Sohnes, der Ortlieb genannt wird.

Aber in dreizehn Jahren solcher Ehe vergisst sie nicht ihres Leides. Sie sinnt allezeit auf Rache. Sie bewegt Etzel, ihre Brüder auf Sonnwend einzuladen. Gunther beredet mit seinen Mannen die durch zwei Spielleute überbrachte Botschaft. Hagen rät ab, wird aber der Furcht geziehen, sodass er zürnend zusagt, jedoch mit dem Rat, Heeresmacht mitzuführen. Rumolt der Küchenmeister rät, daheim zu bleiben bei guter Kost und schönen Frauen. Frau Ute träumt, alles Geflügel im Lande sei tot. Sie warnt vor der Fahrt, umsonst. Nun erheben sich die Könige mit großem Gefolge, sie ziehen durch Ostfranken zur Donau, zuvörderst reitet Hagen. Der Strom ist angeschwollen. Hagen geht umher, einen Fährmann zu suchen. Er findet in einem Brunnen schöne Wasserfrauen, deren Gewande er an sich nimmt. Da müssen sie ihm Rede stehen. Er erfährt, dass alle beim Hunnenkönig umkommen werden, nur der Kapellan des Königs solle heimgelangen. Sie weisen ihn zu einem Fährmann des bayerischen Markgrafen Else. Laut ruft Hagen um Überfahrt und nennt sich Amelrich, einen Mann des Markgrafen; hoch am Schwert bietet er einen Goldring als Fährlohn. Der Ferge rudert herüber. Als er einen fremden Mann, nicht den erwarteten Amelrich erkennt, schlägt er nach Hagen mit Ruder und Schalte. Hagen greift zum Schwert und schlägt dem Fergen das Haupt ab. Dann bringt er das vom Blut rauchende Schiff zu seinen Herren und fährt selber, den ganzen Tag arbeitend, das Heer über. Den Kapellan wirft er über Bord; aber er schwimmt unversehrt ans Ufer. Da sieht Hagen, dass das von den Wasserfrauen verkündete Schicksal unvermeidlich sei. Er schlägt das Schiff in Stücken und sagt den Recken ihr Schicksal, wovor manches Helden Farbe wechselt. Die Fahrt geht weiter durch Bayern. Hagen übernimmt die Nachhut und schlägt den Angriff des Markgrafen Else, der seinen Fergen rächen will, zurück.

Über Passau kommen sie auf Rüdegers Mark, wo sie den Hüter schlafend finden, dem Hagen das Schwert wegnimmt. Es ist Eckewart. Er warnt die Helden. Zu Pechlarn erfahren sie die Gastfreundschaft des milden Markgrafen und seiner Hausfrau Gotelind. Die Tochter des Hauses wird Giselhern verlobt. Gunther empfängt ein Waffengewand, Gernot ein Schwert, Hagen einen Schild. Rüdeger begleitet die Nibelungen mit fünfhundert Mannen zum Fest. Dietrich von Bern, der bei den Hunnen lebt, reitet mit seinen Amelungen den Gästen entgegen. Auch er warnt, weil die Königin noch jeden Morgen um Siegfried weine.

Kriemhild steht im Fenster und blickt nach ihren Verwandten aus, der nahen Rache sich freuend. Als die Nibelungen zu Hofe reiten, fragt jedermann nach Hagen, der den starken Siegfried schlug. Der Held ist wohl gewachsen, von breiter Brust und langen Beinen; die Haare grau gemischt, schrecklich der Blick, herrlich der Gang. Zuerst küsst Kriemhild Giselher; als Hagen sieht, dass sie im Gruß unterscheidet, bindet er sich den Helm fest. Kriemhild fragt nach dem Hort der Nibelungen; Hagen erwidert, er hab an Schild und Brünne, Helm und Schwert genug zu tragen gehabt. Als die Helden ihre Waffen nicht abgeben wollen, merkt Kriemhild, dass sie gewarnt sind; wer es getan, dem droht sie Tod. Zürnend sagt Dietrich, dass er gewarnt habe. Hagen nimmt sich Volker, den edlen Spielmann, zum Gesellen. Sie gehen über den Hof und setzen sich Kriemhildes Saal gegenüber auf eine Bank. Die Königin, durchs Fenster blickend, weint und fleht Etzels Mannen um Rache an Hagen. Die Krone auf dem Haupt, schreitet sie mit einer großen Schar die Stiege herab. Der übermütige Hagen legt über seine Beine ein lichtes Schwert, aus dessen Knopf ein grüner Jaspis scheint. Wohl erkennt Kriemhild Siegfrieds Schwert. Auch Volker zieht sein Schwert. Furchtlos sitzen die beiden Recken da und erheben sich nicht, als Kriemhild vor sie tritt. Sie wirft Hagen vor, dass er Siegfried erschlagen; da spricht Hagen laut, dass er es getan, räche es, wer da wolle! Die Hunnen verzagen und ziehen ab.

Zur Nachtruhe werden die Nibelungen in einen weiten Saal geführt. Hagen und Volker halten vor dem Hause Wache. Volker lehnt den Schild von der Hand, nimmt die Fiedel und setzt sich auf den Stein an der Türe. Seine Saiten erklingen, dass all das Haus ertost; süß und süßer lässt er sie tönen, bis alle Sorgenvollen entschlummert sind. Mitten in der Nacht glänzen Helme aus der Finsternis; es sind Gewaffnete, von Kriemhild geschickt; doch als sie die Tür so wohl behütet sehen, kehren sie wieder um, von Volker verhöhnt. Morgens erscheinen die Nibelungen gewaffnet zur Messe. Auf Etzels verwunderte Frage antwortet Hagen, es sei Sitte seiner Herren, bei Festen drei Tage gewaffnet zu gehen. Volker sticht beim Ritterspiel einen zierlich geputzten Hunnen tot vom Roß. Vor Beginn des Festmahls sucht Kriemhild nochmals vergebens Dietrichs Hilfe. Williger findet sie Blödel, Etzels Bruder. Mit tausend Mannen zieht er zur Herberge, wo Dankwart der Marschall mit den Knechten der Nibelungen speist. Nach kurzem Wortwechsel entsteht ein mörderischer Kampf zwischen den Hunnen und Burgunden. Nur Dankwart entrinnt lebendig und kommt zum Saal, wo die Herren tafeln. Eben wird Ortlieb, Etzels Sohn, zu den Oheimen getragen. Da tritt Dankwart in die Tür, mit bloßem Schwert, blutberonnen. Er verkündet den Mord in der Herberge. Hagen heißt ihn der Türe hüten, dass kein Hunne herauskomme. Dann schlägt er das Kind Ortlieb, dass sein Haupt in der Königin Schoß springt. Dem Erzieher des Knaben schlägt er das Haupt ab, und dem Spielmann Werbel, der die Einladung nach Worms gebracht hatte, die rechte Hand auf der Fiedel. So wütet er fort im Saale. Volker sperrt innen die Türe, Dankwart außen. Es entbrennt ein allgemeiner Kampf im Saal. Kriemhild ruft Dietrichs Hilfe an. Dietrich gebietet Ruhe und verlangt für sich und die Seinen freien Abzug. Gunther gewährt es. Da nimmt der Berner die Königin und den König unter seine Arme, mit ihm gehen sechshundert Recken. Auch Rüdeger mit fünfhundert räumt ungefährdet den Saal. Einem Hunnen aber, der mit Etzel entschlüpfen will, schlägt Volker das Haupt ab. Was von

Hunnen im Saal zurückblieb, wird niedergehauen. Die Toten werden die Stiege hinabgeworfen.

Kriemhild verheißt reichen Lohn dem, der Hagen töte. An Etzels Hofe lebte Hawart von Dänemark mit seinem Markgrafen Iring und dem Landgrafen Irnfried von Thüringen. Iring vermisst sich zuerst, Hagen zu bestehen, und verwundet ihn im Kampfe, aber beim zweiten Anlauf schießt Hagen einen Speer auf ihn, dass ihm die Stange vom Haupte ragt; es ist sein Tod. Ihn zu rächen, führen Hawart und Irnfried ihre Schar hinan; auch sie fallen vom Schwert, samt ihren Mannen. Stille wird es nun, das Blut fließt durch Löcher und Rinnsteine. Auf den Toten sitzend ruhen die Nibelungen aus. Nach weiteren Angriffen versuchen die Könige, Frieden zu erlangen. Kriemhild fordert die Auslieferung Hagens. Die Könige verschmähen solche Untreue. Da lässt Kriemhild die Helden alle in den Saal treiben und diesen an vier Enden anzünden. Bald brennt das ganze Haus. Das Feuer fällt auf die Recken nieder, mit den Schilden wehren sie es ab und treten die Brände in das Blut. Rauch und Hitze tut ihnen weh. Von Durst gequält trinken sie auf Hagens Anweisung das Blut aus den Wunden der Erschlagenen; es mundet ihnen jetzt besser als Wein. Am Morgen sind zu Kriemhildes Erstaunen noch sechshundert übrig.

Mit neuem Kampf beut man ihnen den Morgengruß. Die Königin lässt das Gold mit Schilden herbeitragen, den Streitern zum Solde. Markgraf Rüdeger kommt und sieht die Not auf beiden Seiten. Ihm wird vorgeworfen, dass er für Land und Leute, die er vom König Etzel habe, noch keinen Schlag in diesem Streite geschlagen. Etzel und Kriemhild flehen fußfällig um seine Hilfe. Was Rüdeger lässt oder beginnt, so tut er übel. Aber die Pflicht gebietet ihm den Kampf. Als Giselher seinen Schwäher mit seiner Schar herankommen sieht, freut er sich der vermeinten Freundeshilfe. Rüdeger aber stellt den Schild vor die Füße und sagt den Burgunden die Freundschaft auf. Schon heben sie die Schilde, da verlangt Hagen noch eines. Der Schild, den ihm Frau Gotelind gegeben, ist ihm vor der Hand zerhauen; er bittet Rüdeger um den seinen. Rüdeger gibt ihn hin, es ist die letzte Gabe, die der milde Markgraf geboten. Nun springt Rüdeger mit seinen Leuten heran; sie werden in den Saal gelassen, schrecklich klingen drin die Schwerter. Gernot sieht, wie viel seiner Helden der Markgraf erschlagen, und eilt zum Kampf. Schon hat er selbst die Todeswunde empfangen, da führt er noch auf Rüdeger den Todesstreich mit dem

Schwert, das der ihm gegeben. Tot fallen beide nieder, einer von des andern Hand. Als der Kampflärm im Saal verhallt ist, meint Kriemhild, Rüdeger wolle Sühne stiften. Da wird der Tote herausgetragen. Ungeheure Wehklage erhebt sich von Weib und Mann.

Ein Recke Dietrichs hört das laute Wehe und meldet es seinem Herren. Der König will von den Burgunden selbst erfahren, was geschehen sei, und schickt den Meister Hildebrand. Zugleich rüsten sich, ohne Dietrichs Wissen, alle seine Recken und begleiten den Meister. Hildebrand bittet um den Leichnam. Der Gote Wolfhart rät, nicht lang zu bitten. Zwischen ihm und Volker entspinnt sich ein Wortwechsel. Die erzürnten Berner greifen an. Nach wütendem Kampf, in dem alle andern umkommen, bleiben nur noch Gunther und Hagen, von den Goten Hildebrand übrig, der mit einer starken Wunde von Hagens Hand entrinnt. Blutberonnen kommt er zu seinem Herrn. Als Dietrich den Tod Rüdegers bestätigt hört, will er selbst hingehen und befiehlt dem Meister, die Recken sich waffnen zu heißen. »Wer soll zu euch gehen?«, sagt Hildebrand, »was ihr habt der Lebenden, die seht ihr bei euch stehen!« Mit Schrecken vernimmt der König den Fall der Seinen. Da sucht er selber sein Waffengewand und geht zu Gunther und Hagen und hält ihnen vor, was sie ihm Leides getan und verlangt Sühne. Da diese verweigert wird, entbrennt der Kampf. Dietrich verwundet Hagen und bewältigt ihn. Gebunden führt er ihn zur Königin. Er verlangt, sie solle den Gefangenen leben lassen. Dann kehrt er zurück und überwindet auch Gunther, den er mit dem Beding der Schonung Kriemhild überliefert. Sie aber geht zuerst in Hagens Kerker und verspricht ihm das Leben, wenn er ihr wiedergebe, was er ihr genommen. Hagen erklärt, er habe geschworen, den Hort nicht zu zeigen, solang seiner Herren einer lebe. Da lässt Kriemhild ihrem Bruder das Haupt abschlagen und trägt es vor Hagen. Dieser weiß nun allein um den Schatz; nimmer, sagt er, solle sie ihn erfahren. Aber ihr bleibt doch Siegfrieds Schwert, das er getragen, als sie ihn zuletzt sah. Das hebt sie mit den Händen und schlägt Hagen das Haupt ab. Der alte Hildebrand erträgt es nicht, dass ein Weib den kühnsten Recken erschlagen durfte. Zornig springt er zu ihr, mit schwerem Schwertstreich haut er sie zu Stücken. So liegt alle Ehre danieder; mit Jammer hat das Fest geendet, wie alle Lust zujüngst zum Leide wird.

Uhland, an dessen Worte die voranstehende Inhaltsangabe sich möglichst anschloss, schreibt vom Nibelungenlied: »wie ein leichtes

Spiel, wie ein Märchen der Liebe, das ein Troubadour zarten Frauen vorsingt, hebt die Erzählung an:

es wuchs in Burgunden ein schönes Mägdelein,
daß in allen Landen kein schönres mochte sein;
Kriemhild war sie geheißen, das wunderschöne Weib.

Aber gleich kommt die düstre Mahnung:

darum mußten der Degen viele verlieren den Leib.

Es erglänzt ein üppiges, festliches Leben. Jugendliche Ritter fahren nach blühenden Bräuten. Liebe wirbt um Gegenliebe. Aber es ist das Morgenrot vor einem Gewittertage. Dunkel wird es und dunkler. Hader und Streit erwachsen. Der schwarze Mord tritt herein, ihm nach die blutige Rache. Das schöne Mägdlein, mit der das Lied so heiter begann, von der es hieß: niemand war ihr gram – sie wird zur Furie des schrecklichen Verhängnisses. Zwei Heldengeschlechter, die Helden vom Rhein und die Helden König Etzels im Hunnenlande, führt sie zum Mordfest zusammen. Zwei Heldenwelten stehen hier sich entgegen; das eiserne Schicksal presst sie zusammen; kein Weichen, keine Rettung. Wie zwei zusammengestoßene Gestirne zerschmettern sie sich und versinken«.

Das Nibelungenlied ist in zehn vollständigen und achtzehn unvollständigen Handschriften erhalten. Die Handschriften reichen vom 13. bis zum 16. Jahrhundert, sie sind in allen möglichen Formaten auf Pergament und Papier geschrieben. Das Gedicht war also sehr beliebt, wennschon ihm die Ehre eines Frühdruckes nicht zuteil wurde, sodass es im Laufe des 16. Jahrhunderts aus der Literatur verschwand und im 18. Jahrhundert neu entdeckt werden musste. Die Handschriften bieten keinen einheitlichen Text. Mithin war die kritische Beurteilung des handschriftlichen Materials und die Herstellung des Urtextes die erste Aufgabe der Wissenschaft. Die Haupthandschriften des 13. Jahrhunderts werden als A, B und C bezeichnet; A und C wurden im 18. Jahrhundert auf dem Schloss Ho7henems bei Feldkirch in Vorarlberg gefunden, B in St. Gallen. A ist jetzt in München, C in Donaueschingen. Im Nibelungen-ABC spielt sich die ganze Frage ab, weshalb hier von den übrigen Handschriften abzusehen ist. C ist die älteste der drei

Handschriften, gehört ins erste Viertel des 13. Jahrhunderts und ist fortlaufend wie Prosa geschrieben. Die Strophenanfänge sind mit großen Buchstaben markiert. B stammt aus der Mitte des Jahrhunderts. Hier sind die Strophen abgesetzt in der Art, wie wir es noch heute in Gesangbüchern finden. A ist die jüngste, gehört ans Ende des Jahrhunderts, setzt Strophen und Zeilen ab und bezeichnet sogar die Zäsur in der Mitte der Langzeile; der Text erscheint also ähnlich wie in unsern heutigen Ausgaben. Aber das Alter der Handschrift ist keineswegs gleichbedeutend mit dem Alter des Textes. Nach dem Titel, den die letzte Zeile des Gedichtes angibt, zerfallen die Texte in zwei Klassen: »der Nibelunge Not« und »der Nibelunge Lied«; A und B gehören zur ersten, C zur zweiten Gruppe. »Der Nibelunge Not« ist der ursprünglichere Titel, den die andere Bearbeitung durch den allgemeineren »der Nibelunge Lied« ersetzte. Es ist nicht wahrscheinlich, dass »Lied« in »Not« verändert wurde. Dazu lag kein Grund vor. Wohl aber für den umgekehrten Hergang. Lachmann, der die Nibelungenforschung 1816 begründete, war freilich andrer Meinung. Ihm galt A, der kürzeste Text, für den Vertreter des Originals. Aus A ging als erweiternde Bearbeitung B hervor, aus B die dem höfischen Geschmack am meisten angepasste Wendung C. Demnach wäre das Gedicht, das etwa um 1200 entstand, im Laufe des 13. Jahrhunderts zweimal umgearbeitet worden. Was der A-Text nicht enthielt, war nicht ursprünglich, sondern spätere Veränderung oder Verderbnis. Daher stellte Lachmann seinen kritischen Text auf der Grundlage von A her. 1854 wandten sich Holtzmann und Zarncke gegen diese Ansicht, indem sie erwiesen, dass viele Lesarten und der Strophenbestand in A nicht ursprünglich seien, dass vielmehr in C das Original vorliege, das zuerst in B, hernach in A verkürzt worden sei. Sie nahmen also gerade eine umgekehrte Entwicklungsreihe an. Die Vertreter beider Richtungen bekämpften sich scharf, für und wider die Ursprünglichkeit von A wie von C wurden gewichtige Gründe vorgebracht. Der Unbefangene musste in Einzelfällen beiden Recht geben, indem einmal auf der A-Seite, das andre Mal auf der C-Seite das Ursprüngliche erwiesen schien. 1865 trat Bartsch mit neuen Untersuchungen hervor. Hatte man bisher mit drei Bearbeitungen – A, B, C – gerechnet, so unterschied Bartsch nur zwischen zweien, der Not (A und B) und dem Lied (C), die selbständig und unabhängig aus einem verlorenen älteren Original abstammten. Damit war das Rätsel gelöst, dass die echte Lesart sowohl in der Not wie im Lied vorkommen konnte. Das verlorene Original war nach Bartsch in Assonanzen und fiel zeitlich vor Heinrich von Veldeke, der den reinen Reim um 1180 in der mhd. Dichtung durchgesetzt hatte. Wie auch sonst in zahlreichen Fällen, war eine Assonanzdichtung um 1200 ungereimt, dem neuen Geschmack angepasst worden. Das Original lässt sich zwar nicht mehr herstellen, aber doch an vielen Stellen erschließen. Von den beiden erhaltenen Bearbeitungen steht B dem Original am nächsten, während C auch sachlich manches änderte. C ist die höfische, B die volkstümliche Wendung. Aber auch der Standpunkt Bartschens wurde angefochten. Zwar die Zweiteilung der Überlieferung ist ein sicheres Ergebnis der Wissenschaft geworden. Aber die Rückführung der Not und des Liedes auf einen gemeinsamen assonierenden Grundtext wurde von Paul 1876 als unbegründet zurückgewiesen, indem er zeigte, dass schon die unmittelbare Vorlage unsrer Texte in reinen Reimen ging. Pauls Beweis befriedigte nur insofern nicht ganz, weil er unerklärt ließ, warum nur zwei Bearbeitungen überliefert sind, wenn schon die ursprüngliche Fassung dem Geschmack des reinen Reims genügte. Zuletzt behandelte Braune ausführlich und gründlich die Handschriftenverhältnisse des Nibelungenliedes (1900) mit dem Ergebnis, dass der B-Text dem Original so nahe steht, dass er als sein Vertreter gelten kann. Wir haben also in der Nibelunge Not (A und B) das ursprüngliche Gedicht, in der Nibelunge Lied (C) die daraus hervorgegangene höfische Bearbeitung. Freilich bleibt immer noch der Umstand auffällig, dass der Urtext in den jüngeren, die Bearbeitung in der ältesten Handschrift erhalten ist. Die Nothandschriften sind auch durchweg vom Liedtext beeinflusst, sodass man annehmen muss, dass deren Schreiber unter dem Einfluss einer herrschenden Überlieferung standen, d. h. neben ihrer Hauptvorlage gelegentlich oder auf ganze Strecken der C-Fassung folgten. Die Urhandschrift, von der sämtliche Nottexte abstammen, kann nicht früher als 1240 geschrieben sein. Kriemhildes Reise nach Etzelburg wird genau beschrieben, die Orte Bechelarn, Medeliche, Mutaren, *Treisenmure*, Tulne, Wien werden ihrer geographischen Lage nach berührt. Die Nothandschriften bieten statt Treisenmure den Ortsnamen *Zeisenmure*. Das ist ein kleines Dörfchen östlich von Wien. Es fällt also aus der richtigen Reihe und ist auch kein würdiges Quartier für eine reisende Königin. Aber Zeisenmure war durch Neidharts Dorfgedichte zu literarischer Berühmtheit gelangt. Der Vertreter der höfischen Dorfpoesie lässt seine Geschichten dort spielen. Neidharts österreichische Dorfgedichte beginnen erst um 1230. Somit kann der Name erst nach diesem Zeitpunkt in die Nibelunge Not gekommen sein. Holz (1907) schloss aus diesen Umständen, dass in der ersten Hälfte des 13. Jahrhunderts die höfische C-Bearbeitung allgemein verbreitet war. Um 1240 griff ein Schreiber in Österreich über C hinweg aufs Original zurück: sein Werk liegt im B-Text vor. Er folgt im ganzen der Urschrift getreu, lehnt sich aber in Einzelheiten doch auch an die bisher fast ausschließlich geltende höfische Fassung an. Das Original begann z. B. mit der Strophe:

»ez wuohs in Burgonden ein vil edel magedîn«.

Der Nibelunge Not stellte die Heldin des Gedichtes in der Anfangsstrophe dem Leser vor. Dagegen begann der Nibelunge Lied allgemeiner mit der bekannten Strophe:

»uns ist in alten maeren wunders vil geseit«.

Diesen schon damals populär gewordenen Eingang haben mehrere B-Handschriften aus C übernommen. Jene Urhandschrift der uns erhaltenen B-Texte löste seit der Mitte des 13. Jahrhunderts die bisher gültige höfische Wendung ab und gewann das Übergewicht. So kam das Original wieder zur Geltung und wir besitzen das Gedicht in zweierlei Gestalt. Der A-Text, dem Lachmann so hohe Bedeutung beimaß, dass er ihn fürs Original hielt, ist von der späteren Forschung aus dieser bevorzugten Stellung abgesetzt worden. Er gilt heute als ein zwar eigenartiger, aber fehlerhafter und verkürzter Vertreter des B-Textes. Damit sind auch alle die kühnen Schlüsse, die Lachmann auf A gründete, hinfällig geworden.

Nibelunge Not und Nibelunge Lied in der uns vorliegenden Textgestalt entstanden um 1200 in Österreich. Im Parzival (420) zitiert Wolfram das Lied, das also zu dieser Zeit bereits vorhanden gewesen sein muss. Not und Lied entnahmen eine wirkungsvolle Szene aus Hartmanns Iwein, sind also erst nachher entstanden. Die Bahrprobe, wonach die Wunden des Erschlagenen zu bluten anfangen, wenn der Mörder zur Leiche tritt, verwendet der Nibelungendichter bei Siegfrieds Tod, als am andern Morgen Hagen herantritt und vor ihm die

Wunden bluten. In den Quellen des Nibelungengedichtes kam dieser Zug nicht vor. Er erscheint in der Literatur zuerst im Ivain des Kristian von Troyes, den Hartmann von Aue verdeutschte. Es heißt bei Hartmann 1355 ff.:

nu ist uns ein ding geseit
vil dicke vür die warheit:
swer den andern habe erslagen,
und wurd er zuo ime getragen;
swie lange er da vor waere wund,
er begunde bluoten anderstund.

Im Nibelungenlied klingen die Worte Hartmanns deutlich an. Der an und für sich wirkungsvolle Zug erweist sich im Nibelungenlied schon dadurch als später Einschub, dass er auf die Handlung keinen Einfluss nimmt.

Der Not und dem Lied ist die *Klage*, ein Gedicht in Reimpaaren, angehängt. Darin wird der Schmerz der an Etzels Hof Überlebenden geschildert; sie treten zu den Gefallenen heran, beklagen deren Tod und erinnern an die Vorgänge ihres Falles. So zieht der Nibelunge Not im Rückblick noch einmal an uns vorüber. Dann wird das Begräbnis und die Überbringung der Trauerbotschaft nach Bechlarn, Passau und Worms berichtet, auch hier mit immer neuen Klagen und Wiederholungen. Die Klage enthält den Verweis auf eine lateinische Nibelungendichtung, die Bischof Pilgrim von Passau (971–991) anfertigen ließ. Die Klage ist eine überflüssige Fortsetzung, ein abschwächendes Anhängsel, das aber doch dem Zeitgeschmack entsprach und als Bestandteil der Nibelungendichtung betrachtet wurde. Die Klage schwelgt im Gefühlsausdruck, sie ergänzt die herben Tatsachen der Nibelunge Not mit einem reinen Empfindungsteil, wie er den zeitgenössischen höfischen Romanen gemäß erschien. Mit Bestimmtheit dürfen wir eine ältere Nibelunge Not ohne Klage erschließen. Es erhebt sich dabei die Frage, ob derjenige, der die Klage anhängte, der Nibelunge Not auch bearbeitete? Man möchte auf den Einfluss des Klagedichters die Strophen zurückführen, die dem Bischof Pilgrim im Lied eine Rolle zuweisen, vielleicht auch das Bahrgericht und Zusätze rein höfischer Art. Der höfische Bearbeiter C hat das Band zwischen Lied und Klage noch enger geknüpft, also die Absicht des Verfassers der Klage wohl erkannt und fortgesetzt. Die der Nibelunge Not noch anhaftenden spielmännischen Züge sollten möglichst beseitigt werden, um das Gedicht dem höfischen Leserkreis recht nahe zu bringen.

Damit ist aber bereits eine Frage angerührt, die von jeher die Nibelungenforschung beschäftigte, nämlich die nach den unmittelbaren Vorstufen und Vorlagen des vorhandenen Textes. Die Beurteilung des Nibelungendichters richtet sich vornehmlich nach seinen Quellen, ob er sie frei und selbständig behandelte oder mit geringen Änderungen übernahm.

Lachmann warf zuerst die Frage nach dem Ursprung des Liedes auf und beantwortete sie auf Grund des A-Textes dahin, dass er einen eigentlichen Dichter oder Verfasser ganz ausschaltete und das Epos für eine Sammlung von zwanzig Einzelliedern erklärte. Diese zwischen 1190 und 1210 gedichteten Lieder wurden von einem Ordner gesammelt, wodurch das Epos wie von selber entstand. Lachmann glaubte, die ursprünglichen Lieder reinlich ausscheiden zu können. Er zerlegte den A-Text in den alten Liederbestand und die vom Ordner zugefügten Übergangs- und Erweiterungsstrophen. Zwei Einwände erheben sich gegen diese äußerliche Erklärung: die bereits mit der ersten Strophe in die Augen fallende Einheit der Dichtung von Kriemhildes Liebe und Leid, die nicht durch Zufall, sondern unter einer bestimmten leitenden Idee geschaffen ward, und die sachlich unmögliche Abgrenzung der Einzellieder, die zum größten Teil keinen Anfang und kein Ende, ja sogar keinen Inhalt haben. Das Vorhandensein solcher Lieder, wie sie Lachmann behauptete, ist undenkbar und wird durch die tatsächlichen Zeugnisse widerlegt. Lachmanns Nachfolger verkannten diese Schwierigkeiten nicht, sie suchten ihnen durch Annahme von Liederbüchern zu begegnen. Müllenhoff erblickte in den zehn ersten Liedern Lachmanns drei Gruppen, deren jede ein Liederbuch bildete. Ähnlich verhält es sich mit den Liedern des zweiten Teils. Das Ganze soll fertig geworden sein, indem zuerst einzelne Liederbücher entstanden, die nach und nach durch verschiedene Hände miteinander verbunden wurden. Kettner verteilte die zwanzig Lachmann'schen Lieder auf fünf Bücher, die Siegfriedsage beruhe auf zwei, die von der Nibelunge Not auf drei Büchern. Der Dichter fasste diese Bücher zum Epos zusammen. Bei den Vertretern der Liederlehre im Lachmannschen Sinn schwanken die Begriffe des Einzellieds und des Ordners oder Dichters. Bald wird dem Letzteren gar keine

Selbständigkeit zugemessen, bald steht er den Liedern mit größerer Freiheit gegenüber. Aber weder das Lied noch das Liederbuch findet in der wirklichen Überlieferung eine Stütze.

Eine andere Art von Liedern nahm W. Müller an, indem er die natürlichen Abschnitte und Abteilungen der Sage als Gegenstände abgeschlossener Einzelgesänge betrachtete. Er glaubte, die ganze Sage von Siegfried und den Nibelungen lasse sich in acht Abschnitte einteilen: Siegfrieds Geburt, Drachenkampf, Brünnhildes Erlösung, Siegfried und Kriemhild, Werbung um Brünnhild für Gunther, Zank der Königinnen und Siegfrieds Tod, Kriemhilds Hochzeit mit Etzel, der Nibelunge Not. Der Dichter des Nibelungenliedes traf aus diesem Vorrat gleichsam eine Auswahl. Müller ging von einer zusammenhängenden Sagenüberlieferung ans, die in Wirklichkeit nicht besteht, sondern erst allmählich mit dem Epos aufkam. Seine Lieder entsprechen nur teilweise den überlieferten Tatsachen. Ganz unklar bleibt ferner die Gestalt der vorauszusetzenden Vorlagen des Nibelungenliedes, das nicht unmittelbar aus derlei Liedern abgeleitet werden kann. Somit ist auch diese Form der Liederlehre unannehmbar.

Die Lachmann'sche Lehre lässt das Epos aus der Sammlung und Anreihung einzelner Lieder entstehen. Müller gewährt dem Schöpfer des Epos die Freiheit der Auswahl. Eine dritte, von Wilmanns vertretene Ansicht erklärt das Epos aus der Verschmelzung mehrerer Lieder gleichen Inhalts, aber verschiedener Darstellung. Wir haben in der Edda drei Lieder, die Sigurds Tod behandeln, und zwei Atlilieder: die Völsungasaga versucht im 13. Jahrhundert auf Grund solcher verschiedenen Vorlagen eine zusammenfassende Sagenerzählung, deren reicher Inhalt aus den nebeneinander herlaufenden Einzelliedern gewonnen ist. Ähnlich soll der Nibelungen Not, die zweite Hälfte des Liedes, aus vier epischen Darstellungen hervorgegangen sein, die Wilmanns nach dem jeweiligen Hauptthelden als Rüdegers-, Dietrichs-, Dankwarts- und Iringsdichtung bezeichnet. Der Nibelunge Not fasste diese Gedichte zusammen. Darum seien mehrere Schichten zu erkennen, indem bald diese, bald jene Quelle bevorzugt sei. Aus Widersprüchen und Ungleichheiten im Epos werden solche Vorlagen erschlossen. Denkbar wäre ein solches Verfahren wohl, aber fürs Vorhandensein der vier Gedichte über den Gegenstand der Nibelunge Not spricht kein Beweis. Mithin ist auch diese Form der Liederlehre abzulehnen, da sie kein sicheres Ergebnis gewinnt.

Bereits oben S. 25 wurde darauf hingewiesen, dass die ältesten Gedichte von Siegfried und den Nibelungen kurze stabreimende Lieder waren, wie sie in der Edda tatsächlich vorliegen. Auch wenn wir die zahlreichen nordischen Zusätze abziehen, die auf die altfränkischen Lieder des 5. und 6. Jahrhunderts nicht zurückübertragen werden dürfen, scheint doch der ursprüngliche Grundcharakter in Bezug auf Inhalt und Umfang ziemlich gut bewahrt. Wir erkennen die ursprüngliche Dreiteilung des Sagenstoffes: die Geschichte vom jungen Siegfried, Siegfried und die Nibelunge oder Siegfrieds Tod oder Siegfried und Brünnhild, wie das Einzellied den Gegenstand gerade auffasste, endlich der Nibelunge Not oder Etzel. Diese drei Lieder standen zu einander in ziemlich losem Verhältnis, sie waren alle in sich abgeschlossen. Siegfrieds Jugendtaten waren der Drachenkampf, Hortgewinn und die Erlösung der verzauberten Jungfrau, also echte Märchenmotive. Das Lied von Siegfried und den Nibelungen enthielt die Vermählung Siegfrieds mit Kriemhild, die Werbung um Brünnhild, den Zank der Königinnen, Siegfrieds Tod. Die Etzellieder erzählten, wie der Hunnenkönig seine Schwäger zu sich lud, um ihren Hort zu gewinnen, wie sie trotz Kriemhilds Warnung zu Etzel fuhren und umkamen, wie Kriemhild den Tod ihrer Brüder an Etzel rächte. Der Hergang im alten Lied vom Untergang der Nibelungen ist von der späteren deutschen Fassung noch völlig verschieden: Etzel will seine Schwäger verderben, Kriemhild will sie retten. Im Nibelungenlied ist Kriemhild die Verderberin ihrer Brüder, Etzel nur das Werkzeug ihrer Rache. Die Motive sind also verschoben: wohl übt Kriemhild immer noch Rache, aber jetzt für Siegfried, den ihre Brüder ihr erschlugen. Siegfrieds Tod blieb im alten Lied ungerächt. Man versteht es kaum, dass Kriemhild ihre Brüder trotzdem so liebt, dass sie ihren Untergang bei Etzel hindern will. Die Prüfung der sagengeschichtlichen Grundlagen, auf die hier verzichtet werden muss, klärt uns darüber auf, dass die Siegfriedsage und Nibelungensage ursprünglich gar nichts miteinander zu tun hatten. Nur langsam knüpften sich engere Bande zwischen beiden an. Der Nibelunge Not wird zur Rache der Schwester an ihren Brüdern für Siegfrieds Tod – mit dieser Formel lässt sich der Leitgedanke der neuen Wendung ausdrücken. Diese Formel ist aber auch der Keim zur Entstehung des Epos aus dem kurzen Einzellied, indem zwei selbständige Lieder seither unlöslich miteinander verbunden wurden. Zugleich ergab sich ein neues Charakterbild Kriemhildes, das im Nibelungenlied folgerichtig zur großartigsten Entfaltung gedieh. Etzel verlor dabei an Selbständigkeit, Hagen trat als Gegenspiel Kriemhildes mächtig und eindrucksvoll hervor.

Wann und wo geschah nun diese folgenreiche Verschmelzung der beiden Lieder von Siegfrieds Tod und der Nibelunge Not, oder die Verwandlung des Etzelliedes zum Kriemhildlied? Das erste Zeugnis weist nach Sachsen auf das Jahr 1131. Der Dänenkönig Magnus wollte den Herzog Knud Laward von Schleswig hinterlistig ermorden und ließ ihn durch einen sächsischen Sänger namens Siward, der ihm Verschwiegenheit hatte geloben müssen, herbeilocken. Siward hatte Mitleid mit dem Arglosen und suchte ihn zu warnen, indem er ihm mehrmals aus einem weitberühmten Gedicht den Verrat Kriemhildes an ihren Brüdern vortrug. Somit wird hier für das niedersächsische Gebiet die neue Wendung bezeugt. Ob es sich um ein kurzes Lied oder eine längere epische Dichtung handelt, ist aus der Quelle, die diesen Bericht enthält, nicht zu entnehmen. Der Sänger sang ja nicht das ganze Lied, sondern nur die den Verrat betreffenden Strophen.

Aber man kann vielleicht an eine viel frühere epische Bearbeitung in lateinischer Sprache denken auf Grund einer durch die Klage gebotenen Mitteilung. Der Bischof Pilgrim von Passau (971–991) ließ durch seinen Schreiber Konrad die Märe vom Untergang der Nibelungen aufzeichnen (vgl. unten S. 53); danach sei sie oft in deutscher Sprache gesungen worden. Wenn diese Überlieferung richtig ist, dann bestand am Ende des 10. Jahrhunderts eine Nibelungias, ähnlich dem um 930 in St. Gallen vom Mönch Ekkehard gedichteten Waltharius. Das alte deutsche Heldenlied wurde also zuerst nach dem Muster Vergils zum Epos umgebildet. Manche Anspielungen auf Verhältnisse und Personen des 10. Jahrhunderts, die im Nibelungenlied vorkommen, werden mit der Nibelungias in Verbindung gebracht. Aber alles bleibt Vermutung, da wir uns vom Umfang und Inhalt dieses lateinischen Epos keine Vorstellung machen können.

Im Laufe des 12. Jahrhunderts, seit dem Alexander- und Rolandslied, entstand unter französischem Einfluss das deutsche Spielmannsepos. In diese Zeit fällt auch die epische Bearbeitung, die wir als nächste Vorläufer des Nibelungenliedes zu erachten haben. Auf Umwegen erhalten wir davon Kenntnis, aus der norwegischen Thidrekssaga. Um die Mitte des 13. Jahrhunderts wurde in Norwegen ein umfangreicher Prosaroman auf Grund von Erzählungen niederdeutscher

Kaufleute aus Soest und Bremen verfasst. Thidrek (d. i. Dietrich von Bern) war der Hauptheld, dessen ganzer Lebenslauf durch Anreihung aller Sagen und Geschichten, in denen er vorkommt, vorgeführt wurde. Da Dietrich in der Nibelunge Not eine wichtige Rolle spielt, wurde auch diese Sage aufgenommen, wie sie damals in Westfalen umlief. Die nordische Saga steht in Stil und Darstellung weit ab vom mhd. Epos. Trotzdem ist die Übereinstimmung zwischen dem Nibelungenlied und der Thidrekssaga so auffällig, dass man unser Lied selbst für die durch niederdeutsche Vermittlung nach Norwegen verpflanzte Vorlage des Sagaschreibers gehalten hat. Andrerseits treten in der Saga so viele altertümliche Züge hervor, dass man eher auf eine ursprüngliche Fassung schließen muss. So fehlen z. B. die von Brünnhild ihrem Freier auferlegten Kampfsignale und die oben erwähnten Stellen von Pilgrim und vom Bahrgericht, die offenbar im niederdeutschen Text noch gar nicht vorhanden waren. Die Saga darf als ein Vertreter des deutschen Spielmannsgedichts von der Nibelunge Not gelten. Wir entnehmen daraus ein Bild der Quelle unsres Nibelungenliedes: ein aus der Mitte des 12. Jahrhunderts stammendes Spielmannsepos wurde im mhd. Gedicht zum ritterlichen Epos erhoben und unter diesem Gesichtspunkt umgewandelt. Unser Nibelungenlied ist also nicht unmittelbar aus kurzen Liedern hervorgegangen, sondern aus einer bereits vorhandenen epischen Bearbeitung, die als Einleitung zu der Nibelunge Not die Geschichte von Siegfrieds Tod enthielt. Dies trifft auch für die Saga zu. Während der Nibelunge Not eine reiche und wohl gegliederte epische Darstellung bot, woran nicht viel zu ändern oder zu bessern war, gab die einleitende Siegfriedsage zu zahlreichen Änderungen höfischen Geschmacks Anlass. Um das Eigentum des Verfassers des Nibelungenliedes richtig einzuschätzen, ist eine möglichst genaue Scheidung der spielmännischen und höfischen Einzelheiten nötig. Sowohl sachlich wie stilistisch lassen sich derlei Verschiedenheiten feststellen. Unserem mhd. Dichter fällt freilich mehr nur die Rolle des höfischen Bearbeiters als die des schaffenden Dichters zu. Die strophische Form des Nibelungenlieds, die für die Erzählung nicht geschickt ist, weil sie zu überflüssigen Flickversen oder ungelenkem Satzbau zwingt, stammt gewiss aus der spielmännischen Vorlage, ja an letzter Stelle aus dem kurzen Lied, der Ballade, wo sie wohl passte. Mit dem Spielmannsepos kam ein formelhaft gebundener Stil auf, den auch der ritterliche Bearbeiter größtenteils beibehielt. Manche Strophe wurde unverändert übernommen. Die formale Ausfeilung erstreckte sich nur auf besonders fühlbare Härten, und namentlich auf die Reime. Bartsch war also im Recht, wenn er eine ältere Nibelunge Not in Assonanzen annahm; über ihr Verhältnis zum erhaltenen Text urteilen wir jetzt aber anders. Das Spielmannsepos betrachten wir nur als eine Vorstufe, nicht als die unmittelbare Vorlage unsrer Texte. Das Spielmannsepos hat durch die seit langem angebahnte Vereinigung der alten Lieder von Siegfrieds Tod und der Nibelunge Not und durch die Umwandlung aus liedhafter Kürze zu epischer Breite gewiss viel mehr geleistet, als der ritterliche Verfasser das Nibelungenlieds. Aber Letzterer hat doch die Grundidee trefflich verstanden und durchgeführt: wohl behält er den alten Titel »der Nibelunge Not« bei, aber er dichtet von Kriemhilde; er hob die Einheit des Ganzen durch diese Gestalt weit mehr hervor als seine Vorgänger, denen die Siegfriedsage nur eine flüchtig abgetane Einleitung war. Wenn wir auch die höfischen Zusätze zur Siegfriedsage sachlich nicht loben werden, so ist doch anzuerkennen, dass das Nibelungenlied durch die gleichmäßige Verteilung der Erzählung in zwei an Umfang ziemlich übereinstimmende Hälften eine gewisse ästhetische Abrundung erzielte, die wahrscheinlich der Vorlage fehlte.

Schon frühzeitig wurde die Frage nach dem Verfasser des Nibelungenliedes laut. Überliefert ist nur der Name des Passauer Schreibers Konrad für die Nibelungias des 10, Jahrhunderts. A. W. Schlegel riet fürs Nibelungenlied auf Heinrich von Ofterdingen, eine durchaus mythische Persönlichkeit, die wir nur aus dem Sängerkrieg auf der Wartburg, nicht aus der Literatur selbst kennen. Heute ist die Beantwortung der Frage als völlig aussichtslos aufgegeben worden. Man muss zunächst sich darüber klar sein, welchen Verfasser oder Dichter man überhaupt sucht, wer als der Schöpfer des Epos gelten soll. Ist es der höfische Bearbeiter, dem wir die uns geläufige und vertraute Gestalt des Nibelungenliedes verdanken; ist es der Spielmann, der dessen Vorlage schuf; ist es der Dichter, der einst das Rachemotiv der alten Etzelballade veränderte und damit Siegfrieds Tod und Kriemhilds Rache unlöslich verband? Zweifellos war dieser Schritt der folgenschwerste, weil er die epische Entwicklung des kurzen Liedes bedingte. Aber der Zusammenschluss zweier ursprünglich selbständiger Lieder rief noch nicht sofort das Epos hervor. Dazu war erst die Ausbildung der epischen Darstellungskunst nötig. Somit wäre vielleicht der Spielmann als der eigentliche Schöpfer des Nibelungenliedes zu preisen, weil er den uralten Stoff in die Form des im 12. Jahrhundert aufblühenden deutschen Epos brachte. Sein höfischer Nachfolger hob das Gedicht nur auf eine höhere Stufe, führte die Umweltschilderung breiter aus, verlieh den Ereignissen höfischen Festesprunk und den Personen höfische Gewandung und Sitte. Das Nibelungenlied stieg in seiner Pflege aus den Kreisen des Volkes, dem der Spielmann gesungen hatte, zur ritterlichen Gesellschaft, aus dem mündlichen Vortrag zum Pergament, zur Lektüre. Man müsste also mindestens zwei Namen suchen, zwei Verfasser, deren jeder seinen guten Teil beitrug. Von allen Ansichten, die über den Dichter des Nibelungenliedes vertreten wurden, war nur eine einzige wissenschaftlich begründet, aber vollkommen trügerisch. Aus der Frühzeit des Minnesangs laufen unter dem Namen des von Kürenberg einige wunderschöne Strophen, die in Form und Stil mit der Nibelungenstrophe übereinstimmen, in der Reimkunst altertümlicher sind. Solang Bartschens Meinung eines assonierenden Originals für das Nibelungenlied galt, schien es sehr wohl möglich, den von Kürenberg als dessen Verfasser anzusprechen. Nach dem heutigen Stand unsres Wissens ist der Urheber des uns erhaltenen Nibelungentextes jünger als der, von dem die Strophen herrühren. Mit dem Spielmann kann Letzterer ebenso wenig in Zusammenhang gebracht werden. Die Gleichheit der strophischen Form und des Stiles bleibt bestehen. Aber daraus lässt sich nichts andres folgern, als dass diese Dinge damals Gemeingut waren. Die Ausbildung eines individuellen Stiles fällt erst in die Zeit der großen Meister des ritterlich-höfischen Romanes nach französischen Quellen. Da kein äußeres Zeugnis vorliegt, bleibt die Verfasserfrage für uns dunkel.

Ein Vergleich zwischen der Nibelunge Not und dem Atlilied, das als Vertreter der alten fränkischen Ballade gelten kann, belehrt über das Wachstum der epischen Erzählung. Die Umrisse der Handlung und die Hauptpersonen sind hier wie dort genau dieselben; aber die Darstellung ist grundverschieden. Der Inhalt der beiden Eddalieder gewährt folgende Geschichte: Nach Sigurds Tod wird Gudrun (Kriemhild) mit Atli (Etzel), dem mächtigen Hunnenkönig, vermählt. Atli wünscht den Nibelungenhort zu besitzen und lädt seine Schwäger verräterisch zum Gastmahl. Ein Bote überbringt die Einladung. Vergebens sucht Gudrun durch Runen, die sie dem Boten mitgibt, ihre Brüder zu warnen, vergeblich erzählen die Frauen unheilvolle Träume. Gunnar (Gunther) und Högni (Hagen) steigen zu Schiff, sie rudern so heftig, dass die Ruderpflöcke zerbrechen. Als sie ans Land kommen, lassen sie das Schiff dahintreiben, ohne es zu befestigen. Auf ein höhnendes Wort des Boten, der sich der gelungenen List freut, schmettert Högni ihn nieder. Dann kommen sie zur Burg. Atli schart sein Volk zum Streit und fordert den Nibelungenhort. Aber jene verweigern ihn und so erhebt sich ein harter Streit, in dem Gudrun bewaffnet an ihrer Brüder Seite ficht. Der Kampf endet so, dass alles Volk der Brüder fällt und sie beide gefangen werden. Atli verlangt, dass Gunnar das Gold ansage, wenn er sein Leben behalten wolle. Gunnar will zuerst das Herz seines Bruders Högni sehen. Als es ihm gebracht wird, da weiß Gunnar allein, wo das Gold ist, und nimmer will er es sagen. Da wird er in eine Schlangengrube geworfen und lässt darin sein Leben. Bei der Totenfeier für die Gefallenen tötet Gudrun ihre und Atlis beide Söhne; die Schädel setzt sie dem König als Becher vor, in dem Wein mit Blut gemischt ist, die Herzen der Knaben gibt sie ihm zu essen. In der Nacht ersticht sie ihn im Schlafe und verbrennt ihn mit allen seinen Mannen im Saal, den sie in Brand steckt.

Alle Einzelheiten kehren in der Nibelunge Not wieder: die Einladung, die warnenden Träume, die SchiVfahrt, Hagens Rache am Boten, Kampf und Gefangenschaft Hagens und Gunthers, die Frage nach dem Hort, der Tod der Nibelungen, nur dass in der deutschen Wendung Gunther vor Hagen umkommt, der Tod der Etzelsöhne.. Die Verschiebung des Rachemotivs veränderte den Schluss, aus dem aber der Saalbrand übrig blieb. Am Abend des ersten Kampftages lässt Kriemhild den Saal, in dem die Nibelungen sich verteidigen, anstecken. Damit endete sicherlich der Widerstand der Könige, die erschöpft und verwundet aus dem brennenden Hause in Etzels Gefangenschaft gerieten. So muss einmal die alte Nibelunge Not, das Lied von Kriemhildes Rache, berichtet haben. Wie aber ist der kurze Liedbericht zum breit ausmalenden Epos aufgeschwellt! Schon auf der Fahrt ins Hunnenland sind neue Ereignisse eingefügt: die Wasserfrauen, der Fährmann, der Kampf mit den Bayern, der Empfang bei Etzel. Die Burgunden fahren mit einem gewaltigen Heere, nicht mehr wie ursprünglich mit einer kleinen Schar von Gefolgsleuten. Entsprechend hat auch Etzel viel Kriegsvolk. Der Reiseweg der Nibelungen wird genau beschrieben.

Die Vorbereitungen zum Kampf, die Nachtwache Hagens und Volkers, die Dankwartepisode ziehen die Erzählung in die Länge. Ortlieb, Etzels Sohn, wird erschlagen, aber von Hagen. Mit der Rache der Schwester an ihren Brüdern verschob sich auch dieses Motiv, das einst Etzel betraf. Der Nibelunge Not wird zu einer ausführlichen Kampfschilderung, während die alte Ballade hier mit kurzen Andeutungen sich begnügte. Zwei Tage währt die Schlacht. Am ersten Wnden die Kämpfe im Saal, Irings, Hawarts und Irnfrieds Sturm auf Hagen statt. Noch zwanzigtausend (!) Hunnen stürmen am Abend vergeblich. Der Saalbrand macht den Abschluss. Der zweite Tag ist durch die Kämpfe mit Rüdeger und Dietrich von Bern ausgefüllt. Hier tritt der wichtigste Zusatz der deutschen Sage uns entgegen. Rüdeger, der Freiwerber um Kriemhild, ist eine Gestalt, die ursprünglich gar nichts mit den Nibelungen zu tun hat. Er stammt wohl aus der deutschen Etzelsage. Die Rüdegergestalt war überaus dankbar, um den seelischen Widerstreit eines Helden, der zwischen beiden Teilen stand, darzustellen. Ähnlich war im Waltharius Hagen geschildert, wie er seinen alten WaVenfreund Walther nicht angreifen will und endlich doch als Dienstmann König Gunthers zum Kampf schreiten muss. Roethe glaubt, dass die Ausbildung der Rüdegerszenen der Nibelungias des 10. Jahrhunderts im Anschluss an den Waltharius angehöre. Endlich Dietrich von Bern. Nur dort, wo die Dietrichsage besondere Ausbildung erfahren hatte, ist seine Verknüpfung mit der Nibelunge Not denkbar. Das natürliche Bindeglied war König Etzel, an dessen Hof der Nibelunge Not sich abspielte, an dessen Hof Dietrich lange Jahre weilte. In diese Zeit wurde der Nibelunge Not verlegt, deren überlebender Zeuge Dietrich war. Der zweite Kampftag ist also erfüllt von solchen Kämpfen, die nur aus höchster Not, gegen den Willen der Beteiligten stattWnden. Eine Fülle von neuen Motiven ist im Epos der alten Ballade zugeXossen. Aber die alten Grundlinien sind trotzdem unverrückt festgehalten, Wir kennen nur Anfang und Ende einer langen Entwicklung, das Atlilied und der Nibelunge Not. Welche Einzelheiten davon der lateinischen Dichtung des 10. Jahrhunderts, dem Spielmannsepos des 12. Jahrhunderts und endlich dem ritterlichen Gedicht um 1200 angehören, vermögen wir nicht mehr zu bestimmen. Am ehesten noch ist der Unterschied zwischen den zwei letzten Stufen durch Vergleich der Thidrekssaga und Nibelunge Not festzustellen. Aber wie weit der Spielmann als der Schöpfer der epischen Erzählung gelten kann, ist für uns nicht mehr ersichtlich. Roethe in seiner Abhandlung über Nibelungias und Waltharius (1909) weist Konrad, dem Verfasser des lateinischen Epos, den größten Anteil an der epischen Ausbildung zu. Das Spielmannsepos wäre nicht viel mehr als eine Verdeutschung davon gewesen, wie ja auch die Klage angibt, dass dem lateinischen Gedicht mehrmalige deutsche Bearbeitungen gefolgt seien.

Dem Nibelungenlied zunächst steht die *Gudrun*, wahrscheinlich in Österreich oder Bayern um 1210, zwischen dem Nibelungenlied und Wolframs Schionatulander entstanden. Die Gudrun ist formal und inhaltlich vom Nibelungenlied abhängig, ihre Strophe ist nur eine Abart der Nibelungenstrophe. Wolfram wiederum nimmt die Gudrunstrophe auf, indem er nach ihrem Vorbild die des Schionatulander modelt. Daher bestimmt sich die Zeit. Die Gudrun weist eine ähnliche Mischung von Heldensage und Spielmannsromantik auf wie das Nibelungenlied. Aber die romantischen Züge überwuchern. Wenn der Dichter des Nibelungenlieds gewagt hatte, eine Frau zum Mittelpunkt seines Epos zu machen, so folgt ihm die Gudrun, wenigstens im letzten Teil, auf dieser Spur. Wenn aber im Nibelungenlied die Ereignisse sich tragisch wenden, so strebt die Gudrun aus der Tragik der Überlieferung zum versöhnlichen Ausgang. Der Dichter will offenbar ein bewusstes Gegenstück zu Kriemhild schaffen. Bemerkenswert ist die Sage, die sich ganz und gar zwischen den Küsten und Eilanden der Nordsee abspielt. Für einen oberdeutschen Verfasser, der aus spielmännischen Vorlagen schöpfte und im Kreise ihrer Kunst heimisch war, lag gewiss die Versuchung nahe, ins Morgenland zu schweifen. Aber zu fest war der Stoff mit seiner alten Heimat verwebt, um etwaige romantische Zusätze dieser Art aufzunehmen. Der Gudrun fehlt die Geschlossenheit, die der Nibelunge Not auszeichnet; dafür ist sie reicher und vielseitiger in der Handlung und Schilderungskunst. Die Gudrun erfreute sich keineswegs der Beliebtheit des Nibelungenliedes, sie ist nur in einer einzigen Handschrift aus dem Anfang des 16. Jahrhunderts erhalten, in der Ambraser, die Kaiser Max als großen Sammelband mittelalterlicher Gedichte anfertigen ließ, wo die Gudrun unmittelbar hinter dem Nibelungenlied folgt. Der Schreiber vermerkt die Titel also: »ditz Buech heisset Kriemhild. ditz Buech heisset Klagen. ditz Buech ist von Gudrun« (die handschriftliche Unform

»Chautrum« ist als Gudrun aufzulösen). In der Namensform weist das Gedicht auf niederdeutschen Ursprung. Trotz allen Beziehungen zur hochdeutschen Literatur ist der niederdeutsche Grundton nicht vergessen. Der Inhalt des Gedichtes ist nach Uhlands Nacherzählung folgendermaßen. Er zerfällt deutlich in drei Hauptabschnitte, die auch stofflich und ihrer Herkunft nach auseinander zu halten sind.

Hagen von Irland

Sigeband, König von Irland, und seine Gemahlin, Ute von Norwegen, feiern ein prächtiges Fest. Da achtet man wenig auf des Königs jungen Sohn Hagen, der vor dem Hause steht. Plötzlich schattet es wie eine Wolke, ein ungeheurer Greif kommt geflogen und entführt das schreiende Kind. Er trägt es weithin in die Wildnis, seinen Jungen ins Nest. Der jungen Greife einer fliegt mit dem Kind von Baum zu Baum; da lässt er es fallen, und es birgt sich im Gras. Früher schon hatte der Greif drei Königstöchter geraubt, die auch sich gerettet und in einer Felsenhöhle wohnen. In ihrer Pflege wächst der Knabe kräftig heran und kommt zu Waffen, als ein Toter gewappnet ans Land treibt. Mit Pfeilen und Schwert erlegt er nun alle Greifen. Hagen ist fortan ein kühner Jäger und schafft Speise genug herbei. Endlich entdecken sie ein vorbeisegelndes Schiff, und Hagen ruft laut durch Wind und Wettergetös. Der Schiffherr nimmt sie auf. Die Schiffleute sind Feinde von Hagens Vater, doch des Jünglings Stärke fürchtend, müssen sie ihn nach Irland führen. Mit Freude wird er empfangen. Sein Vater überlässt ihm die Krone, und Hilde, die schönste der drei Jungfrauen, wird seine Gemahlin.

Hilde

Hetel, König zu Hegelingeu, will sich vermählen. Man rühmt ihm die schöne Tochter des Königs von Irland, Hilde; aber ihr Vater, der wilde Hagen, duldet keine Werbung um sie und lässt die Boten hängen, die nach ihr gesandt werden. Fünf Helden, dem König Hetel verwandt und lehnpflichtig, Wate von Stürmen, Horand und Frute von Dänemark, Morung von Nifland und Irolt von Hortland, bereiten sich, ihrem Herrn die Braut zu gewinnen. Das Hauptschiff wird herrlich ausgerüstet, und Frute führt einen Kram von kostbaren Waren aller Art mit; im Schiffsraum ist eine Schar gewappneter Recken verborgen.

In Irland angelandet, sagen sie aus, der gewaltige König Hetel habe sie von ihren Landen vertrieben; reiche Geschenke darbringend, erbitten sie des Königs Schutz. Er nimmt sie willig auf und räumt ihnen Häuser in der Stadt ein. Frute schlägt seinen Kram auf: nie ward so wohlfeil verkauft, und wer ohne Kauf etwas begehrt, dem wird es gerne gegeben. Die junge Hilde wünscht die Gäste zu sehen, von deren Freigebigkeit sie so vieles gehört; sie werden zu Hofe geladen, und ihre Gebärde, ihr glänzender Anzug erregen Verwunderung.

Auf dem Saal üben die Jünglinge sich in Kampfspielen. Wate stellte sich, als hätt' er niemals solches Fechten gesehen und gäb' er viel darum, es noch zu lernen. Aber der Schirmmeister, den Hagen herbeiruft, und dann der König selbst erproben bald ihres Lehrknaben Meisterschaft. Horand ist ein Meister des Gesanges, abends und morgens singt er vor dem Hause so herrlich, dass die Frauen und König Hagen selbst an die Zinne treten. Die Vögel in den Büschen vergessen ihre Töne, die Tiere des Waldes lassen ihre Weide stehen, das Gewürm im Grase kreucht nicht weiter, die Fische im Wasser schwimmen nicht fürder, die Glocken klingen nicht mehr so wohl wie sonst; niemand bleibt seiner Sinne mächtig; den Trauernden schwindet ihr Leid, Kranke müssen genesen. Die Königstochter bescheidet den Sänger heimlich zu sich, er singt ihr noch die schönste seiner Weisen und sagt ihr die Werbung seines Herrn. Hilde zeigt sich willig, wenn ihr Horand am Abend und am Morgen singen werde. Horand versichert, sein Herr habe täglich bei Hofe zwölf Sänger, die weit schöner singen, am schönsten aber der König selbst.

Bald hernach nehmen die Gäste Abschied vom König Hagen; ihr Herr, sagen sie, habe nach ihnen gesandt und Sühne geboten. Der König, mit Frau und Tochter, geleitet sie zu den Schiffen. Hilde, wie sie mit Horand besprochen, geht mit ihren Jungfrauen auf das Schiff, wo Frutes Kram zu schauen ist. Plötzlich werden die Anker gelöst, die Segel aufgezogen, und die Gewappneten, die verborgen lagen, springen hervor. Der zürnende König und seine Mannen werfen umsonst ihre Speere nach; sie wollen zu Schiffe nacheilen, aber die Kiele werden durchlöchert gefunden. Die Gäste fahren mit der Braut dahin und schicken ihrem Herrn Botschaft voran.

Hetel macht sich mit seinen Helden auf und empfängt Hilden am Gestade. Auf Blumen, unter seidnen Gezelten lagern sich die Jungfrauen. Aber Segel erscheinen auf dem Meere. König Hagen hat andere Schiffe ausgerüstet und fährt mit großem Heere der Tochter nach.

Eine blutige Schlacht wird am Strande gekämpft. Hetel wird von Hagen verwundet, dieser von Wate. Hilde fleht für den Vater, da wird der Streit geschieden, der wilde Hagen versöhnt sich mit der Tochter und dem Eidam, und Wate, der von einem wilden Weibe Heilkunst gelernt, heilt auf Hildens Bitte ihren Vater und die anderen Verwundeten.

Gudrun

Hetel und Hilde gewinnen zwei Kinder, einen Knaben Ortwin und eine Tochter Gudrun. Als diese in das Alter kommt, in dem Jünglinge das Schwert empfangen, ist sie schöner, als je die Mutter war, und mächtige Fürsten werben um sie. Siegfried von Morland, vergeblichen Dienstes müde, zieht drohend ab. Hartmut, Sohn des Königs Ludwig von der Normandie, sendet erst Boten nach ihr, denen sie versagt wird, dann kommt er selbst unerkannt an Hetels Hof. Er entdeckt sich Gudrunen, aber seine Schönheit hilft ihm nur so viel, dass die Jungfrau ihn wegeilen heißt, wenn er vor ihrem Vater das Leben behalten wolle. Auch Herwig von Seeland wird verschmäht, doch er sammelt seine Mannen, zieht vor Hetels Burg und dringt kämpfend ein. Gudrun sieht mit Lust und Leid, wie Herwig Feuer aus Helmen schlägt. Hetel selbst bedauert, dass ihm ein solcher Held nicht zum Freunde gegönnt war. Da wird Friede gestiftet und Gudrun dem Helden anverlobt; in einem Jahr soll er sie heimführen. Als Siegfried solches erfährt, fällt er in Herwigs Land ein; Hetel zieht dem künftigen Eidam zu Hilfe.

Während so das Land der Hegelinge von Helden entblößt ist, kommen Hartmut und Ludwig von der Normandie mit Schiffmacht angefahren, brechen die Burg und führen Gudrunen mit ihren Jungfrauen hinweg. Hilde schickt Boten an Hetel und Herwig, diese machen sogleich Frieden mit Siegfried, und er selbst hilft ihnen, die Räuber zur See verfolgen. Auf einem Werder, dem Wülpensande, halten Hartmut und Ludwig Rast mit ihrer Beute; dort werden sie von den Hegelingen erreicht. In furchtbarer Schlacht fällt Hetel von Ludwigs Schwerte. In der Nacht schiffen die Normannen mit den Jungfrauen weiter. – Die Hegelinge kehren heim; durch großen Verlust geschwächt, müssen sie die Rache verschieben, bis einst die verwaisten Kinder schwertmäßig sind. In der Normandie wird Gudrun freudig empfangen. Sie soll nun mit Hartmut die Krone tragen. Aber sie hält fest an Herwig und wendet sich ab von dem, dessen Vater den ihrigen erschlagen. Gerlind, Hartmuts Mutter, verspricht ihm, der Jungfrau Hoffart zu brechen, indes er auf neue Heerfahrten zieht. Gudruns edle Jungfrauen, die sonst Gold und Gestein in Seide wirkten, müssen Garn winden und spinnen; sie selbst, die Königstochter, muss den Ofen heizen, mit den Haaren den Staub abkehren, zuletzt in Wind und Schnee am Strande Kleider waschen. Hildeburg, auch eines Königs Tochter, mit Gudrun gefangen, teilt freiwillig mit ihr die Arbeit.

Dreizehn Jahre vergehen, da mahnt Frau Hilde die Helden an die Rache. Sie rüsten ihre Scharen und Schiffe. Nach stürmischer Fahrt erreichen sie die Küste der Normandie und landen unbemerkt an einem Walde. Herwig und Ortwin, Gudruns Bruder, machen sich auf, nach ihr zu forschen und das Land zu erkunden. Gudrun und Hildeburg waschen am Strande. Da sehen sie einen schönen Vogel herschwimmen. Es ist ein Bote von Gott, der ihnen mit menschlicher Stimme die nahe Ankunft der Freunde verkündet. Der Vogel verschwindet, und die Jungfrauen, von der Botschaft sprechend, versäumen sich im Waschen. Darüber werden sie abends von Gerlinden gescholten. Am Morgen, als sie wieder zur Arbeit sollen, ist Schnee gefallen. Umsonst bitten sie die Königin um Schuhe; barfuß müssen sie durch den Schnee zum Strande waten. Unter dem Waschen blicken sie oft sehnlich über die Flut hin. Da gewahren sie zween Männer in einer Barke. Ihrer Schmach sich schämend, entweichen sie. Aber die beiden Männer, Herwig und Ortwin, springen aus der Barke und rufen sie zurück. Vor Frost beben die schönen Wäscherinnen, kalte Märzwinde haben ihnen die Haare zerweht, weiß wie der Schnee glänzt ihre Farbe durch die nassen Hemden. Die Männer bieten ihre Mäntel dar, aber Gudrun weist es ab. Noch erkennen sie einander nicht, obgleich die Herzen sich ahnen. Ortwin fragt nach dem Fürsten des Landes und nach der Königstochter, die vor Jahren hergeführt worden. Die sei vor Jammer gestorben, antwortet Gudrun. Da brechen die Tränen aus der Männer Augen. Doch bald wird ihnen Trost und Wonne. Gudrun und Herwig erkennen, eines an des andern Hand, die goldenen Ringe, womit sie sich verlobt sind, Herwig schließt sie in seine Arme.

Dann scheiden die Männer, Hilfe verkündend, ehe morgen die Sonne scheine. Gudrun wirft die Wäsche in die Flut; nicht mehr will sie Gerlinden dienen, seit zween Könige sie geküsst und umfangen. Als sie zur Burg zurückkommt, will Gerlind sie mit Dornen züchtigen.

Gudrun aber erklärt, wenn ihr die Strafe erlassen werde, wolle sie morgen Hartmuts werden. Freudig eilt dieser herbei: Gudrun und ihre Jungfrauen werden herrlich gekleidet und bewirtet. Die alte Königin allein fürchtet Unheil, als sie Gudrunen nach dreizehn Jahren zum ersten Male lachen sieht. Reiche Miete verheißt Gudrun derjenigen ihrer Jungfrauen, die ihr den Morgen zuerst verkünden werde.

Beim Aufgange des Morgensterns steht eine Jungfrau am Fenster; mit dem ersten Tagesschein und dem Glänzen des Wassers sieht sie das GeWld von WaVen leuchten und das Meer voll Segel; eilig weckt sie Gudrunen: die Hegelinge sind in der Nacht dahergefahren, die Kleider mit Blut zu röten, die Gudrun weiß gewaschen. Wate bläst sein Horn, dass die Ecksteine fast aus der Mauer fallen. In der Schlacht, die jetzt vor der Burg beginnt, wird Ludwig von Herwig erschlagen, Hartmut gefangen mit achtzig Rittern: die andern alle kommen um. Wate erstürmt die Burg und schont auch der Kinder in der Wiege nicht, damit sie nicht zum Schaden erwachsen; Gerlinden, die sich zu Gudrunen Xüchtet, reißt er hinweg und schlägt ihr das Haupt ab; Ortrun aber, Hartmuts Schwester, die Gudrunen stets freundlich sich erwiesen, wird durch deren Fürbitte gerettet. Das Land wird verheert, die Burgen gebrochen. Nach solcher Vergeltung schiVen die Hegelinge sich wieder ein, mit Gudrunen und mit großer Beute. Hartmut und Ortrun werden gefangen mitgeführt. Frau Hilde empfängt in Freuden ihre Tochter; der lange Hass wird versöhnt durch Vermählung Ortwins mit Ortrunen und Hartmuts, dem sein Land wiedergegeben wird, mit der treuen Hildeburg; Siegfried von Morland erhält Herwigs Schwester; Herwig aber führt Gudrunen nach Seeland heim.

Die Dreiteilung der Erzählung, die sich zwanglos ergibt, trennt zunächst die Einleitung ab, die sicherlich dem Gudrundichter ausschließlich angehört. Die Robinsonade des jungen Hagen ist im Anschluss an Ulrich von Zatzikovens Lanzelet aus dem Herzog Ernst, dem Apolloniusroman, Parzival, Nibelungenlied, aus Roman- und Märchenmotiven zusammengetragen. Der Dichter besaß jedenfalls viel Erfindungsgabe, die möglicherweise auch in den späteren Abschnitten mehr, als man bisher meinte, ihr freies Spiel treibt. Der zweite Abschnitt, die *Hildesage*, zerfällt in die Geschichte der Werbung, Entführung und des Kampfes zwischen dem Entführer und Hildes Vater. Hagen ist wie der König im Spielmannsroman geschildert, er erzieht seine Tochter, dass sie die Sonne selten bescheint und der Wind kaum berührt. Dann folgt die bekannte Beratung des ehelustigen Königs. Auf der Werbefahrt sind die Rollen hübsch verteilt: Frute wirkt durch Kaufmannslist, Wate durch Waffengewalt, Horant durch allbezwingenden Gesang. Irolt und Morung sind nur Statisten ohne Bedeutung. Das Beispiel der Spielmannsdichtungen wird auch hier den Verfasser der Gudrun unterstützt haben. Aber Horant und Wate als Hetels Helfer reichen in uralte Überlieferung zurück. Nach Ausweis altenglischer Zeugnisse gehören sie schon der alten Ballade von Hildes Entführung an, die wir im Zusammenhang nur aus der offenbar stark verkürzten nordischen Sage kennen.

Wie das Nibelungenlied in seinen letzten Ursprüngen auf die Ballade von Etzel zurückwies, so steht diese Hildeballade hinter dem mhd. Gedicht. Snorri Sturluson, der Verfasser der Edda um 1222/23, erzählt nach alten Skaldenliedern ihren Inhalt also:

Ein König namens Högni hatte eine Tochter, die Hild hieß. Diese führte Hedin, der Sohn des Hjarrandi, fort, während Högni sich zur Königsversammlung begeben hatte. Als er nun erfuhr, dass sein Land verheert und seine Tochter Hild geraubt war, zog er mit seinem Heere aus, um Hedin zu verfolgen, und erhielt die Kunde, dass er gen Norden sich gewandt habe. Högni kam nach Norwegen und vernahm hier, dass Hedin über das Westmeer nach den Orkneys gesegelt sei; und als er nun dorthin zu der Insel Háey gelangte, fand er daselbst den Hedin mit seinem Volk. Hild begab sich nun zu ihrem Vater und bot ihm im Namen Hedins Vergleich an: »Willst du das aber nicht«, sagte sie, »so ist Hedin zum Kampf bereit, und keine Schonung darfst du von ihm erwarten.« Högni gab seiner Tochter eine raue Antwort, und als sie zu Hedin zurückkam, sagte sie ihm, dass ihr Vater sich auf keinen Vergleich einlassen wolle, er möge sich also zum Streite rüsten. Das taten nun beide Teile; dann gingen sie ans Land und stellten ihre Scharen in Schlachtordnung. Da rief Hedin seinen Schwiegervater Högni an und bot ihm Vergleich und vieles Gold zur Buße; Högni aber antwortete: »Zu spät botest du mir das, denn nun habe ich mein Schwert Daíinsleif aus der Scheide gezogen, das von Zwergen geschmiedet ist und jedesmal einem Manne den Tod bringt, wenn es entblößt ward; nie wird ein Hieb vergeblich mit ihm geführt, und nimmer heilt die Wunde, die es geschlagen.« Hedin antwortete: »Du rühmst dich des Schwertes, doch noch nicht des Sieges; ich nenne jedes Schwert gut, das seinem Herrn treu ist.« Darauf begannen sie die Schlacht, die der *Hjadninge Unwetter* genannt wird, und kämpften den ganzen Tag; am Abend aber begaben sie sich zu ihren Schiffen. In der Nacht ging Hild hin und erweckte durch Zauberei alle die Männer, die am Tag zuvor gefallen waren. Am nächsten Morgen gingen die Könige wieder ans Land und stritten, und mit ihnen alle, die am vorigen Tag gefüllt waren. So ward die Schlacht fortgesetzt, einen Tag nach dem andern, und alle Männer, die fielen, und die Waffen, die auf dem Schlachtfelde lagen, wurden zu Stein, nicht minder auch die Rüstungen. Sobald es aber tagte, standen alle die Toten wieder auf und kämpften, und so, heißt es in Liedern, wird es fortgehen bis zur Götterdämmerung.

Snorris Bericht zeigt zum Schluss eine mythologische Erweiterung: die Geisterschlacht. Der sagenberühmte Kampf Hagens und der Hedeninge wurde dadurch wirkungsvoll abgeschlossen. In den Hildeballaden außerhalb Islands fehlt dieser Zusatz. Ort und Umstände des Kampfes wurden verschieden aufgefasst. Die spätere dänische Sage verlegt ihn nach Hiddense (d. i. Hedins ey, Hedins Eiland), die niederländische nach dem Wülpensande, einer Insel in der Gegend der Scheldemündung. Nach den englischen Zeugnissen des 7. und 8. Jahrhunderts war die Hildesage bereits reicher entfaltet, als die nordischen Quellen vermuten lassen; sie scheint dem mittelhochdeutschen Gedicht in Einzelheiten näher zu stehen. Der Sänger der Hedeninge, Heorrenda und Wada gehörten zu Hedin wie im mittelhochdeutschen Gedicht Wate und Horant zu Hetel. Die niederländische Sage mit dem Kampf auf dem Wülpenwerd trägt das Gepräge der Wikingerzeit, der Dänen- und Normannenzüge. Hagen herrscht über Irland, wo wirklich damals nordische Reiche bestanden, Hedel (derselbe Name wie Hedin, nur mit l statt n in der Ableitungssilbe) von den Hedelingen ist in den Niederlanden gedacht, über Friesland und Ditmarschen ist er Herr. Der Kampf zwischen Hedel und Hagen ist auf den Wülpenwerd, eine Insel am westlichen Ausfluss der Schelde, verlegt. Hedel hat Hoheitsrechte über Dänemark; Frode von Dänemark, dessen Freigebigkeit bei den oberdeutschen Dichtern sprichwörtlich ist, erscheint als sein Vasall. Man wird dadurch an die Beziehungen der an den niederländischen Küsten zeitweilig ansässigen Wikinger zu ihrem Stammlande erinnert. Bei Hedel steht Wade von Stürmen. Der Gau der Sturmi lag am Zusammenfluss der Aller und Weser bei Verden.

Wade, ein gewaltiger Greis mit ellenbreitem Barte, unwiderstehlich in Kampfeswut, mit einem Heerhorn, bei dessen Schall Land und Meer ertost und die Mauern wanken, ein meisterlicher Seemann, gehört zur alten Sagenvorstellung der germanischen Küstenvölker. Ein wilder Meerriese wurde in den Niederlanden zum Gefolgsmann Hedels. Die jüngere Sage liebt es, wie das Märchen, den Königen und Helden wunderstarke Riesen als Helfer zu gesellen. Statt Herrand (Hjarrandi) tritt Horand ein, der sangesfreudige Lehnsmann Hedels, der mit seinem Lied selbst die Tiere in Wasser, Erde und Luft bezaubert.

Die Hildeballade endet mit Hagens Fall, das mhd. Epos mit Versöhnung. In der ersten Hälfte des 12. Jahrhunderts, als die Pfaffen Lamprecht und Konrad ihre Epen schufen, lautete die Erzählung noch anders. Konrad gedenkt nur flüchtig Wates als eines löwenmäßigen Kämpen; Lamprecht erwähnt den Kampf auf dem Wülpenwerder, wo Hagen, Hildes Vater, den Streichen Wates erlag. Daraus ergibt sich, dass der Kampf mit Hagens Tod endete wie in der alten Hildeballade, dass er auf dem Wülpensande stattfand, der im mhd. Gedicht für die Schlacht Hetels und Herwigs gegen die Normannen in Anspruch genommen wird. Gudruns Vater fällt auch von Ludwigs Schwert. Das mhd. Gedicht hat also den tödlichen Ausgang von Hagen auf seinen Eidam Hetel übertragen.

Prüft man die *Gudrun* auf ihren sagenhaften Gehalt, so heben sich deutlich zwei Abschnitte voneinander ab: die Entführung Gudruns durch Hartmut und Gudruns Leiden. Die *Entführungssage* ist nur eine erweiterte Fassung der Hildeballade. Die Hauptrollen sind auf Hartmut und seinen Vater Ludwig, ferner auf Hetel und Herwig verteilt. Hartmut entführt Gudrun, bei der Verfolgung Wndet Hetel den Tod. Schließlich rächt Herwig Hetels Tod an Ludwig. Auch diese Wendung ist ein beliebtes Balladenmotiv, die Hildesage ums Nebenbuhler- und Rächermotiv erweitert. Die Grundformel lautet auf ein von zwei Freiern umworbenes Mädchen. Dar Vater begünstigt den einen von ihnen, der andre entführt die Geliebte. Der verfolgende Vater erliegt seinen Streichen. Aber den Entführer selbst erreicht später die Rache. Vermutlich verbanden sich die beiden Balladen, die stoZich aufs engste verwandt sind, zu einer epischen Erzählung, wobei auf beiden Seiten Änderungen eintraten. Die ganze Geschichte spielt sich in zwei Geschlechtern ab. Die deutsche Spielmannsdichtung liebt es, eine Geschichte durch Wiederholungen fortzusetzen. Hier durfte man nur anreihen, um eine lange und inhaltreiche Erzählung zu bekommen. Der Schluss der Hildeballade wurde dabei verändert, Personen daraus auch in die Gudrungeschichte übernommen, so namentlich der alte Wate, der sich besonderer Beliebtheit erfreute. Hetel kommt in die eigentümliche Lage, das Schicksal, das er seinem Eidam Hagen bereitet hatte, nun am eignen Leibe zu erdulden. Den Dichter reizte oVenbar die Wiederholung ähnlicher Ereignisse und Umstände. Er brachte die verwandten Begebenheiten in deutlichen Gegensatz, er verstand es, die Wiederholungen durch verschiedenen Ton und immer neue Einzelheiten wechselreich zu gestalten. Er machte aus der Not eine Tugend und vermied geschickt die Gefahr der Eintönigkeit. Zweifellos geschah die epische Zusammenfassung der zwei ursprünglich getrennten und nebeneinander herlaufenden Balladen von Hilde und Gudrun mit bewusster Absicht. Da in den Tagen Lamprechts und Konrads die Hildesage noch in ihrer alten Gestalt vorlag, dürfen wir vermuten, dass die Vereinigung jedenfalls später erfolgte. Dass sie erst vom Verfasser des uns erhaltenen mhd. Gedichtes vollzogen wurde, ist nicht glaublich. Mithin ist ein älteres Spielmannsepos von Hilde-Gudrun, ohne die Einleitung von Hagens Jugend, sehr wahrscheinlich.

Gudruns Leiden und Rückführung ist ein Hauptteil im Epos. Zugrund liegt eine im Volkslied alter und neuer Zeit vorkommende Geschichte, deren Inhalt etwa so lautet: Eine Königstochter ist ihren Eltern in früher Jugend entführt worden. Sie wächst bei einer Frau heran, die sie aufs übelste behandelt und allerlei niedrige Arbeiten verrichten lässt. Eines Tages triVt sie ein Ritter über der Arbeit, wie sie am Meere Kleider wäscht. Von ihrer Schönheit entzückt, wirbt er um ihre Liebe. Das Mädchen weist ihn ab und es entwickelt sich ein Gespräch, in dessen Verlauf die Jungfrau ihre Angehöriger nennt. Daraus erkennt der Fremde, dass seine Schwester vor ihm steht. Er nimmt sie mit sich nach Haus, freudig empfängt hier die Mutter die lange Verlorene. – Es ist nicht zu bestimmen, auf welcher Stufe der Entwicklung Gudruns Leiden mit der Entführungssage verschmolz, ob die Grundsage erst bei ihrer epischen Vereinigung mit der Hildeballade diese Erweiterung erfuhr oder schon früher, solange sie noch selbständig war; ja man könnte sogar erwägen, ob nicht Gudruns Leiden wie Hagens Jugend erst dem Verfasser des mhd. Gedichtes angehört.

Der Ernst der Gudrungeschichte konnte nicht getilgt werden, der

Fall der Könige Hetel und Ludwig war nicht zu umgehen. Aber der Dichter umrahmt diese tragischen Ereignisse mit andern heiteren Bildern; die vierfache Hochzeit am Schlusse stimmt durchaus freudig. Auf den versöhnlichen Eindruck kam dem Dichter alles an, wodurch er in gewollten Gegensatz zur Überlieferung tritt.

Unter den Charakteren steht in erster Reihe Gudrun selber. Hilde in der ursprünglichen Ballade war eine Streitweberin, die die Männer zum Kampf verhetzte, Gudrun ist, und zwar ganz besonders im Epos mit seinem versöhnlichen Schluss, eine Friedenswerberin geworden. Der Dichter verleiht ihr herbe Züge und meidet geXissentlich die nahe liegende EmpWndsamkeit der stillen Dulderin oder sehnsüchtigen Braut. Gudrun ist kein schüchternes Mädchen, sondern eine sehr entschlossene und tatkräftige Jungfrau, die sich wohl ohne Klage ins Unvermeidliche zu schicken weiß, aber immer auf den Tag der Rache hoVt. Sie begegnet ihrer Peinigerin Gerlind mit schroVer Haltung, unversöhnlich, unbeugsam. Sie verschmäht die Flucht, die ihr nach der Begegnung mit Herwig und Ortwin so leicht möglich wäre. Sie will trotzig ihre Feinde zuerst demütigen. Ohne Bedenken greift sie zur List, sie beansprucht alle königlichen Ehren, nachdem sie zum Schein darein gewillt, Hartmuts Weib zu werden. Sie nimmt wohl die freundliche Ortrun in ihren Schutz, aber für Gerlind hat sie nur Hohn und überlässt sie ihrem Schicksal. Auf dem Walfeld Wndet Gudrun ihren Verlobten wieder. Humoristisch erscheint das Verhältnis zwischen Herwig und Gudrun in folgendem Zuge: Herwig wird von Ludwig so stark bedrängt, dass ihn seine Leute heraushauen müssen. Da blickt er gleich nach der Zinne hin, ob nicht etwa Gudrun seine Not sah; sie möchte es ihm sonst leicht einmal in der Ehe vorhalten.

Um Gudrun, die herbe und leidenschaftliche, gruppieren sieh ihre Freundinnen. Hildeburg fügt sich freiwillig allem Leid, das auf Gudrun fällt. Sie will ihr durch treue Ausdauer den Kummer erleichtern. Ortrun, Hartmuts Schwester, erweist sich freundlich gegen die Fremde. Daher sorgt auch Gudrun zum Schlusse echt weiblich für diese Freundinnen, indem sie ihnen Männer verschafft. Gerlind wird vom Dichter als wilde Teufelin und Wölfin geschildert, ohne jeden versöhnlichen Zug. Und doch entspringt ihre wilde Grausamkeit keineswegs der bloßen Lust am Bösen, sondern dem gekränkten Stolz. Gudrun verschmäht die Ehe mit Hartmut, sie verletzt dadurch die Normannen, mit denen sie keine verwandtschaftlichen Beziehungen eingehen will.

Der kränkenden Abweisung setzt Gerlind Gewalt entgegen. Sie glaubt, durch Zwang den Trotz brechen zu können.

Gudrun hat drei Freier; Siegfried von Morland, Hartmut von der Normandie, Herwig von Seeland. In der Gestalt Siegfrieds lebt wahrscheinlich ein dänischer Wikinger fort, der 887 im Kampf gegen die Friesen fiel. Wenn eine solche Episodenfigur historisch ist, so muss sie wohl schon im 9. Jahrhundert in die Dichtung gekommen sein. Als Anführer heidnischer Wikinger wird er dem späteren Mittelalter zum Mohren, weil man die Vorstellung von den Sarazenen auf alle Heiden übertrug. Siegfried und Herwig sind ziemlich typisch gehalten, Hartmut dagegen ist fein charakterisiert. Hartmut ist edel und großmütig, ganz anders als seine wölfische Mutter. Er begreift Gudruns Widerstand, so sehr er darunter leidet. Seine edle Gesinnung überdauert sein Unglück. Mit eigner Lebensgefahr rettet er Gudrun, als in der letzten Schlacht einer der Mannen die gefangene Jungfrau töten will. Humoristisch setzt sich am Ende Gudrun mit ihren Freiern auseinander, indem sie alle versorgt und auch den Mohrenkönig Siegfried nicht vergisst.

Unter den Männern sind der wilde Hagen und der milde Hetel Gegensätze. Hagen baut auf eigne Kraft und steht allein, Hetel verlässt sich auf den Rat seiner Getreuen. Hagen ist herrschsüchtig und eigenwillig, Hetel nachgiebig. Aber am meisten freut sich der Dichter an Wate, in dem das Reckentum persönlich wird. Er ist der Alte, hat weißes Haar und ellenbreiten Bart und ist ein grimmiger Kämpe. Im Fechtspiel mit Hagen lässt der Dichter die Meisterschaft ahnen, die Wate hernach in allen Schlachten bewährt. Ungeheuer ist seine Stärke, meilenweit hört man seinen Hornruf, vom Dröhnen seiner Schwertstreiche erzittert der Strand. Auf die Kraft und Kühnheit Wates verlassen sich die Seinen felsenfest. Schwierige Unternehmungen, wie die Werbefahrt nach Irland, erscheinen ohne seine Mitwirkung unmöglich. Furchtbar ist sein Toben in der Schlacht. Er brummt wie ein Stier, stürmt mit knirschenden Zähnen und funkelnden Augen daher. Er schont weder Frauen noch Kinder und möchte am liebsten den Feind ganz vernichten, nach dem Sieg über die Normannen ihre Burg verbrennen und die Gefangenen töten. Er ist erfindungsreich in Kriegssachen und daher der Führer bei allen Unternehmungen. Der wilde Recke ist der treueste Diener seines Herrn, den er aufgezogen hat. Er redet einfach und schlicht in Sprichwörtern. Mit höfischen Frauen weiß er nicht recht umzugehen. Mit steifer, altmodischer Pracht, die Haare mit Goldborten durchflochten, das Kleid mit einem Netz aus Gold und Edelsteinen überhängt, erscheint er bei feierlichem Anlass.

Wie das Nibelungenlied den ritterlichen Sänger in Volkers Gestalt verherrlicht, so die Gudrun in Horants Gestalt. Aber Volkers Lied singt die Recken vor dem letzten Kampf in Schlummer, Horant singt vor der Königsbraut seine allberückende Weise. Wie die Gegensätze des Heldenlieds und Minnesangs stehen Volker und Horant einander gegenüber, völlig entsprechend der verschiedenen epischen Umwelt, in der sie auftreten.

Wie schon bemerkt, ist die Überlieferung der Gudrun sehr schlecht, weil nur eine einzige, späte Handschrift zur Verfügung steht, aus der wir kaum den Wortlaut des Originals erschließen können. Über das Verhältnis des Dichters zu seinen Vorlagen sehen wir nicht klar. Dass die Einleitung dem Dichter ganz und gar inhaltlich und formal gehört, ist zweifellos. In den übrigen Teilen finden sich ebenso gewisse literarische Entlehnungen aus der Romandichtung der unmittelbar vorhergehenden Zeit, aus dem Nibelungenlied und der Klage, aus dem Parzival und Rother, als auch Stücke, die aus älteren Quellen abgeleitet werden müssen. Dieselben Fragen erheben sich wie beim Nibelungenlied: Was gehört dem Dichter, was der Quelle? Im Kleinen wiederholt sich bei der Gudrun derselbe Streit der Meinungen wie beim Nibelungenlied. Müllenhoff übertrug die Lachmann'schen Lieder und die Scheidung des Echten und Unechten auf die Gudrun: von 1705 Strophen erkannte er nur 414 als echt an; er hob eine Hilde- und Gudrundichtung heraus, die sich aus einzelnen Abschnitten zusammensetzen sollten. Wenn Müllenhoff Recht hätte, dann müssten wir in dem Verfasser der unechten, an Zahl so sehr überwiegenden Strophen den höfischen Bearbeiter eines älteren, zugleich wörtlich bewahrten Werkes annehmen. Aber nach Panzers Nachweis erstreckt sich die literarische und stilistische Arbeit gleichmäßig über alle Strophen. Die Scheidung der echten und unechten Strophen ist hinfällig und damit die ganze Müllenhoff'sche Hypothese. Wilmanns nahm auch bei der Gudrun die Verarbeitung von zwei verschiedenen Gedichten an; er glaubte, die Widersprüche so erklären zu können. Kettner schloss auf eine kürzere Gudrundichtung, vielleicht halb so lang als die vorhandene; sie sei durch Erweiterung unter dem Vorbild des Nibelungenliedes entstanden. Erschwert wird die Frage noch dadurch, dass die Gudrun 99 reine Nibelungenstrophen enthält, die auf einen weiteren Bearbeiter hinweisen. Beim Stand der Überlieferung ist eine Entscheidung unmöglich. Wir müssen uns begnügen, die Gudrun als ein Leseepos zu betrachten, das um 1210 unter Zufügung der Vorgeschichte, des Schlusses und zahlreicher Einschaltungen und Änderungen im Innern aus einem Spielmannsepos des 12. Jahrhunderts, das Hilde und Gudrun vereinigt hatte, umgedichtet wurde. Dem Dichter kommt wohl auch ein guter Teil der Charakterisierungskunst, die die Gudrun besonders auszeichnet, zu. Da die Gudrunstrophe eine Abart der Nibelungenstrophe ist, so muss die formale Gestaltung des Werkes dem Dichter eigen sein. Wie das vorausgehende Spielmannsgedicht beschaffen war, ob strophisch oder in Reimpaaren, ist nicht zu entscheiden. Dass die Gudrun viel weniger gelesen wurde als das Nibelungenlied, liegt vornehmlich daran, dass sie keine Verbindung mit Dietrich von Bern gewann. Wie die niederdeutsche Thidrekssaga alle Geschichten als Ereignisse aus Dietrichs Leben auffasst, so ist auch in Oberdeutschland Dietrich der Hauptheld. Um seine Person gruppieren sich alle übrigen Sagen, die mindestens durch erfundene Stammbäume zu diesem erkorenen Lieblingshelden Beziehung suchen. Die Gudrun blieb abseits liegen. Nur ein glücklicher Zufall brachte sie ins Heldenbuch von der Etsch und von hier aus in die Ambraser Sammelhandschrift.

Aus dem Anfang des 13. Jahrhunderts sind einige Bruchstücke eines Gedichtes von *Walther und Hildegunde* erhalten, abgefasst in der Nibelungenstrophe, die in der ersten Hälfte der letzten Langzeile variiert ist. Das erste Bruchstück gehört zum Anfang, das letzte zum Schluss des Gedichtes, dessen Inhalt nur aus dürftigen Andeutungen vermutet werden kann. Hagen verabschiedet sich von König Etzel und verteilt an seine hunnischen Freunde reiche Geschenke. Er spricht mit Walther und Hildegunde und erzählt ihnen, dass er einst ihrer Verlobung beigewohnt habe. Die letzten Strophen behandeln Walthers Heimkehr nach Langres, wo sein Vater Alpher König ist. Das Paar wird von Volker mit großem Geleit vom Wasgenwald nach Langres geführt. Metz wird vermieden, weil man vonseiten Ortwins Feindseligkeiten fürchtet. Ein Bote wird an Alpher vorausgesandt; er berichtet, dass Walther so von Etzel schied, dass es die Hunnen immer beklagen müssen, denn er erschlug manchen ihrer Verwandten. Alpher und seine Frau rüsten festlichen Empfang Walthers und Hildegundes. Zur Hochzeit ergehen Einladungen auch an Etzel und Frau Helche, wohl um sie zu versöhnen und zur Anerkennung zu bewegen. Gunther und Hagen sind bereit zu erscheinen. – Über das Verhältnis dieser mhd. Dichtung zu Ekkehards Waltharius wissen wir nichts. Es ist wohl möglich, dass das Gedicht eine freie Bearbeitung des Waltharius war. Der Dichter ergänzte Personen aus dem Nibelungenlied (Volker und Ortwin, der als Rächer seines Verwandten Camalo von Metz, den Waltharius im Kampf tötet, gedacht sein kann); er führte Andeutungen Ekkehards weiter, machte z. B. die dort ausgesprochene Absicht der Verfolgung Walthers durch die Hunnen zur Tatsache; er gab der Erzählung einen neuen Schluss, indem er die schweren, mit der Handlung des Nibelungenlieds nicht vereinbaren Verwundungen Gunthers und Walthers tilgte, und alles in hochzeitliches Wohlgefallen auflöste.

Die Sage von *Dietrich von Bern* wurde im 13. Jahrhundert in einer Anzahl von Epen behandelt, die sich formal entweder der Nibelungenstrophe in allerlei Varianten oder der Reimpaare bedienten. Nibelungenlied und Klage waren hierfür vorbildlich und ließen den Nachahmern die freie Wahl. Der Inhalt dieser Epen, die bereits wieder zum Spielmannston herabsinken, aus dem das Nibelungenlied sich erhoben hatte, ist nur zum kleinsten Teil altüberliefert, das meiste ist Erfindung der einzelnen Verfasser in Anlehnung an die Spielmannsgedichte und Ritterromane. Die uns erhaltenen Texte weisen auf ältere und einfachere Fassungen zurück, wodurch die Beurteilung der dichterischen Arbeit wesentlich erschwert ist. Die Thidrekssaga ist auch hier von Bedeutung, indem sie die Dietrichsage auf einem älteren Stande zeigt als in den mhd. Gedichten. Wie beim Nibelungenlied vertritt die Thidrekssaga mehrmals, z. B. beim Rosengarten und Eckenlied, eine ursprünglichere Wendung.

Die Dietrichsgedichte zerfallen in drei Gruppen: Dietrichs Zweikampf mit Siegfried (Rosengartenmotiv), Dietrichs Kämpfe mit Ermenrich (Rabenschlacht), Dietrichs Kämpfe mit Riesen und Zwergen. Dietrich war in die Nibelunge Not aufgenommen worden. Das Bindeglied war Etzel. Der Sage gemäß weilte Dietrich beim Hunnenkönig ;

an Etzels Hofe geschah der Nibelunge Not. Hier setzt die Dichtung ein, indem sie diese Ereignisse während Dietrichs Aufenthalt bei Etzel spielen lässt. Dietrich blieb kein unbeteiligter Zuschauer, er führte die endgültige Entscheidung herbei, indem er Gunther und Hagen überwand. So war er zum Gegner der Nibelungen geworden. Von hier aus verstehen wir, dass einem Spielmann der Einfall kommen konnte, Dietrich auch mit Siegfried kämpfen zu lassen. Nur durfte dieser Kampf nicht tragisch enden, weil die Siegfried- und Dietrichsage gleichermaßen sich dagegen sträubten. Dietrich und Siegfried mochten aber wohl ihre Kräfte messen. Dietrichs Überlegenheit war durch der Nibelunge Not von vornherein gegeben.

Das Hildebrandslied ist eine Ballade, die im Rückblick Dietrichs Geschichte, seine Flucht vor Odoakers Feindschaft und seine Rückkehr in sein angestammtes Reich aufrollt; der Hauptinhalt aber ist der Zweikampf zwischen Vater und Sohn. Das Hildebrandslied erfuhr keine epische Zerdehnung und Aufschwellung, es blieb als Ballade bis ins 15. Jahrhundert (jüngeres Hildebrandslied) erhalten. Dagegen scheint eine andere Ballade, die uns in keiner ursprünglichen Fassung vorliegt, zum Mittelpunkt der Dietrichsepik geworden zu sein: der Fall der Etzelsöhne und Diethers, des Bruders Dietrichs, durch den ungetreuen Witege in der Rabenschlacht. Auch hier ist eine Episode aus Dietrichs Kämpfen gegen Ermenrich der Mittelpunkt, um den aber freie Erfindung üppig wuchert. Ermenrich trat in der mhd. Dichtung an Stelle Odoakers, des geschichtlichen Gegners Dietrichs. Von Ermenrich gab es eine besondere Sage, Ermenrichs Tod (vgl. S. 24, Mitte). Sie ist in der Edda erhalten und in einem späten niederdeutschen Lied, das aber die Grundzüge stark verderbt hat. Die alte Ermenrichballade erzählte, wie er sein Weib und seinen Sohn, weil er sie auf Grund treuloser Verleumdung im Verdacht ehebrecherischen Umgangs hatte, tötete, und wie die Brüder seiner Frau ihre Schwester rächten. Von Anfang an erschien Ermenrich als ein wilder, unversöhnlicher Mann, der gegen sein eigen Geschlecht, gegen Weib und Sohn wütete. Noch mehr trat dieser Zug in der Harlungensage hervor. Die Harlunge waren seine Neffen, die in der Hut des treuen Ekkehart standen. Hinter Ermenrich stand ein ungetreuer Ratgeber, Sibeche, der schon in der vorigen Sage die Rolle des Verleumders gespielt hatte. Der hetzte den König gegen die Harlunge, nach deren Gold Ermenrich verlangte. Die Harlunge wurden mit Heeresmacht überwältigt, gefangen und gehängt. Ermenrich, der in seiner eignen Sage zum Typus des grausamen Tyrannen geworden war, dessen schlechte Neigungen von treulosen Räten gefördert wurden, kam mit solcher Eigenschaft in die Dietrichsage. Somit ergab sich die neue Wendung: Dietrich wird von seinem Oheim Ermenrich vertrieben, findet bei Etzel Schutz und kehrt zuletzt wieder siegreich zurück. Seit alters wurde in besonderen Liedern von zwei Ereignissen berichtet: von der Schlacht bei Raben (Ravenna), wo die Söhne Etzels umkamen, und vom Kampf zwischen Vater und Sohn. Es war leicht, diese Lieder der neuen Wendung anzupassen.

Mit Dietrich sind mehrere Helden verknüpft: von Anfang an Hildebrand. Witege gehört vermutlich zur Rabenschlacht. Ihm wurde die Rolle des treulosen Überläufers angedichtet. Alt ist Heime, der Genosse Witeges; sein Ursprung ist dunkel. Allmählich wurde die Zahl der Recken um Dietrich bis auf zwölf gesteigert. Der berühmte Name des Berners zog andere Helden an sich. Einige sind erst in den mhd. Gedichten erfunden.

Dass es schon in alter Zeit auch mythische Dietrichsagen gab, bezeugt eine Anspielung im altenglischen Walderelied des 8. Jahrhunderts, wo es heißt, dass Dietrich durch Witege aus der Gewalt von Unholden befreit wurde. Mit den mhd. Gedichten lässt sich diese Notiz in keinen näheren Zusammenhang bringen. Wir haben schwerlich in den mhd. Riesen- und Zwergenkämpfen irgendwelche alte Überlieferung anzuerkennen.

Die Entwickelung der Sage von Dietrich ist etwa so zu denken: Er tritt in die Geschichte von der Nibelunge Not ein, er zieht die Ermenrichsage an sich, unter deren Einfluss die Lieder von der Rabenschlacht und von Hildebrand umgeändert werden, er wird gegen Siegfried ausgespielt. Der Kreis seiner Helden wird erweitert, z. B. durch Dietleib. Wie Karl der Große seine Paladine, oder Artus die Tafelrunde, sammelt Dietrich alle berühmten Recken um sich. Er erscheint somit als Mittelpunkt der Heldensage. Seine Lebensgeschichte ist nach und nach zustande gekommen, man weiß von seiner Jugend, seinem Elend, seiner Rückkehr und seinem Tod zu erzählen.

Auf Dietrich von Bern griffen nun die mhd. Dichter zurück, die dem Nibelungenlied nacheifern wollten. Wenig Wertvolles ist aus diesen Bestrebungen hervorgegangen. Zu den älteren Werken gehören die *Rosengärten,* deren Vorgeschichte durch die Thidrekssaga aufgehellt wird. Diese erzählt von König Isung im Britannenwald, der elf starke Söhne und als Bannerführer den hörnernen Siegfried hatte. Davon hört Dietrich und beschließt, sich mit ihnen zu messen. Mit seinen zwölf Helden reitet er aus Bern nach dem Britannenwald, in dem Witege einen großen Riesen besiegt. Sie kommen zu Isungs Burg und fordern zum Zweikampf: die Recken Isungs und Dietrichs sollten sich einzeln gegenüberstehen. Es folgt die Schilderung der Zweikämpfe, in denen bald Dietrichs, bald Isungs Helden siegen. Endlich fechten Dietrich und Siegfried. Zwei Tage lang bleibt der Kampf unentschieden. Am dritten erbat sich Dietrich von Witege das Schwert Mimung, das allein auf Siegfrieds Hornhaut einbeißen könne. Vor dem Beginn des Kampfes verlangte Siegfried die eidliche Versicherung, dass Dietrich nicht mit Mimung kämpfen werde. Da zog Dietrich sein Schwert, stieß die Spitze in die Erde und lehnte den Griff gegen seinen Rücken und schwor, er wisse Mimungs Spitze nicht oberhalb der Erde noch seinen Griff in eines Menschen Hand. Nach wenigen Gängen biss Dietrichs Schwert durch Siegfrieds Hornhaut und brachte ihm fünf Wunden bei. Da merkte Siegfried die List und ergab sich. Die Isungssöhne im Britannenwald, der von einem Riesen bewacht ist, scheinen selber Riesen. Mithin haben wir wohl eine alte Sage von Dietrichs Riesenkämpfen, die ritterlich aufgeputzt ist. Mit den Riesen vom Britannenwald wurde von einem Spielmann Siegfried verbunden, der in ihre Gesellschaft gar nicht passt. Damit aber war dem Stoffe eine neue Wendung gegeben, die sich alsbald größter Verbreitung erfreute und immer neu variiert wurde. Um die Mitte des 13. Jahrhunderts entstand das Gedicht vom Rosengarten zu Worms im lustigen Spielmannston. Der österreichische Verfasser schrieb in der Nibelungenstrophe. Sein Werk war sehr beliebt und wurde in mitteldeutschen und alemannischen Texten bearbeitet. Kriemhild erscheint darin als die Besitzerin eines Rosengartens zu Worms, der von einem seidenen Band umhegt ist. Darin messen sich die Berner Helden mit den rheinischen; dem Sieger wird ein Kuss Kriemhildes und ein Rosenkränzlein. Der Dichter spielt mit dem Rosenbegriff: nach Rosen reiten die Berner aus, in die Rosen sprengen sie zum Speerstechen, in die Rosen waten sie mit blanken Schwertern, in den roten Rosen fechten und siegen sie, in den Rosen liegt der Gefallene, um der Rosen willen sind die Recken erschlagen, durch Rosen und Blumen eilen die fürbittenden Frauen. Dem Dichter liegt vor allem an der Schilderung der Teilnehmer am

Zwölfkampf. Mit besonderer Vorliebe behandelt er den streitbaren Mönch Ilsan, den Bruder des alten Hildebrand, der aus dem Kloster geholt wird, um an der Fahrt teilzunehmen. Er ist ein wahrer Berserker, der die Mönche, die ihm nicht zu Willen sind, an den Bärten und Ohren reißt. Den Widerstreit von Mönchtum und Reckentum, der namentlich in den französischen Heldengedichten, in den sog. »Moniages« geschildert wird, wenn alt gewordene Helden ins Kloster eintreten und bei Gelegenheit wieder zu den Waffen greifen, hebt der Dichter mit wirklicher Komik in Ilsans Gestalt hervor. Er wälzt sich ungebührlich in den Rosen, küsst die zarte Kriemhild mit seinem Stachelbart blutig, aber bekommt doch das Rosenkränzlein auf seine Platte gesetzt. Er hat gelobt, seinen lieben Klosterbrüdern, die im Stillen seine Nimmerwiederkehr erhoffen, Kränzlein mitzubringen, und drückt sie ihnen so stark auf den Kopf, dass die Dornen ihre Stirnen blutig ritzen. Der Zweikampf zwischen Siegfried und Dietrich ist natürlich auch hier die Hauptsache. Nur mit Mühe ist Dietrich zum Kampf mit dem gefürchteten Siegfried zu bewegen. Hildebrand muss List und Gewalt anwenden. Er schlägt sogar Dietrich und bezichtigt ihn der Feigheit. Da streckt Dietrich den alten Waffenmeister durch einen Schlag mit dem flachen Schwerte nieder, und beginnt den Kampf. Um ihn anzufeuern, ruft Wolfhart, Hildebrand sei an den Folgen des Schlages gestorben. Da gerät Dietrich in solche Wut, dass Siegfried nimmer standhält und zu Kriemhild flüchtet. Erst als Dietrich erfährt, Hildebrand sei am Leben, wird er bewogen, von Siegfried abzulassen.

Wenn im Rosengarten die alte Reckenweise der Zweikämpfe gewahrt ist, so rückt der bald nach 1254 verfasste *Biterolf* die Erzählung vom Streit der Berner und Wormser ganz und gar ins Licht des höfischen Ritterromans. Der Verfasser hält sich an den Stil der Klage, dichtet in Reimparen und arbeitet nach dem Vorbild der Artusromane. Von Dietleib, dem Sohne Biterolfs, gab es eine in der Thidrekssaga überlieferte Geschichte, wie er aus langem Stumpfsinn sich plötzlich zu Heldentaten ermannte. Das mhd. Gedicht weiß nichts mehr davon. Hier ist Biterolf ein König von Toledo, der heimlich sein Land verlässt und an Etzels Hof zieht, um zu erproben, ob Etzel wirklich der mächtigste Herrscher sei. Der Hunnenkönig erscheint also ganz wie Artus, zu dem alle Ritter trachten. Biterolfs Sohn Dietleib, den er als unmündiges Kind verlassen, macht sich auf, als er zu Jahren gekommen, um nach seinem verschollenen Vater zu fahnden. Er ist nicht mehr der germanische Held, der aus der Herdasche sich erhebt, sondern ein irrender Ritter wie Lanzelet oder Wigalois. Unterwegs hat Dietleib ein Abenteuer mit Gunther, Gernot und dem grimmen Hagen zu bestehen; die Walthersage ist auf ihn übertragen. In Etzels Heer zieht er gegen Polen und Preußen zu Felde, dabei kämpft er, ohne ihn zu kennen, mit seinem Vater: die Geschichte von Hildebrand und Hadubrand wiederholt sich. Rüdeger merkt, dass die beiden Kämpen einander gleichen. Er bringt die gegenseitige Erkennung zustand. Diesem aus Gemeinplätzen und Wiederholungen zusammengesetzten Roman folgt als zweiter Teil die Fahrt der hunnischen Recken nach Worms. Die Fehde ist an die durch den Überfall Gunthers, Hagens und Gernots dem jungen Dietleib widerfahrene Unbill, für die er Genugtuung will, angeknüpft, und so in den Zusammenhang des ganzen Romans gebracht. Rüdeger sagt den Burgunden die Heerfahrt an. Die Hunnen ziehen gen Worms, unter ihnen Biterolf und Dietleib; Iring, Irnfried, Hawart schließen sich an; auf dem Lechfeld stößt Dietrich mit Hildebrand, Witege und andern dazu. Die Wormser Helden werden dem Nibelungenlied entsprechend aufgezählt. Vor den Toren von Worms wird nach höfischem Brauch und genauer Kenntnis des Ritterwesens eine Reihe von Turnieren und ein ernsthafter Massenkampf ausgefochten. Brünnhild mit den Fürstinnen schaut den Kämpfen von der Burgzinne aus zu. Den Höhepunkt bildet wiederum Dietrichs und Siegfrieds Zweikampf, der unentschieden bleibt. Schließlich wird alles friedlich beigelegt. Der große Kampf der Hunnen und Burgunden im Biterolf erscheint wie eine Parodie auf die Nibelunge Not. Hier wird ein gewaltiger Aufwand umsonst vertan, dort endete alles ernst und tödlich. Der Biterolf ist so recht das Beispiel eines umfangreichen Gedichts ohne eigentlichen Inhalt, ein literarisches Erzeugnis, das sich aus den Lesefrüchten des Verfassers zusammensetzt. Das Motiv von Dietrichs und Siegfrieds Zweikampf übernahm auch der Verfasser der Rabenschlacht als Episode. Siegfried wird besiegt, übergibt sein Schwert und wird gefangen genommen.

Ein Motiv des Biterolf, Kämpfe mit dem Polenkönig Witzlan, führt ein österreichischer Dichter im Stile Wolframs in Reimpaaren weiter. Hier stehen Berner und Polen einander gegenüber. Wie im Rosengarten bedarf es großer Mühe, Dietrich zum Kampf zu bewegen.

Bereits in der ersten Hälfte des 13. Jahrhunderts gab es ein Gedicht von der *Rabenschlacht*, das Wernher der Gärtner im Helmbrecht zitiert:

von frouwen Helchen kinden,
wie die wilen vor Raben
den lip in sturme verloren haben,
dô si sluoc her Witege,
der küene und der unsitege,
und Diethern von Berne.

Es war ein längeres Spielmannsepos, dessen Inhalt aus der Tidrekssaga zu entnehmen ist. Zu Etzelburg sammelt sich ein Heer, dem vertriebenen Dietrich zu Hilfe. Etzels junge Söhne, Scharpf und Ort, wünschen sehnlichst, mitzureiten und Bern zu sehen. Nur ungern lässt sie Helche, gewarnt von bösen Träumen, ziehen. Dietrich verbürgt sich für ihren Schutz. Mit seinem jungen Bruder Diether zusammen bleiben sie unter des alten Elsan Hut in Bern zurück, während das Heer vor Raben gezogen ist. Sie reiten ihrem Führer davon, verirren sich im Nebel und geraten in die Nähe von Ermenrichs Heer. Da erblicken sie Witege, der mannlieh unter seinem Schilde hält. Alsbald reiten sie den Verräter an, obwohl sie nur leichte Sommerkleidung tragen, aber sie erliegen alle seinen Streichen. Dietrich freut sich auf der Walstatt seines Siegs, da naht Elsan mit der Trauerkunde. Zornig schlägt ihm Dietrich das Haupt ab; er sieht Witebe über die Heide reiten und erkennt, dass er die Knaben erschlug. Grimmig setzt der Berner ihm nach, Witege jagt in toller Angst dahin, bis er ans Meer kommt. Da taucht die Meerminne Waghild, seine Ahnmutter, hervor und zieht ihn in die Flut. Dietrich sendet Botschaft über das Geschehene an Etzel und Helche. Als die Königin im Blumengarten sich ergeht, laufen die herrenlosen Rosse der jungen Könige mit blutigen Sätteln in den Hof. Im ersten Schmerz flucht sie Dietrich. Aber wie sie hört, dass auch er Diether, seinen Bruder, verlor, wird sie versöhnt und spricht bei Etzel für Dietrich. Als der Berner selber nach Etzelburg kommt und sein Haupt auf Etzels Fuß neigt, richtet dieser ihn mit erneuter Huld auf: Der Bericht der Thidrekssaga unterscheidet sich von dem hier mitgeteilten deutschen namentlich dadurch, dass die jungen Könige Heerführer sind, ihr Fall also nicht so rührend wirkt wie in der Erzählung der Rabenschlacht. Die mhd. Dichtung ist nach der empfindsamen Seite erweitert.

Nicht lange nach 1282 verfasste ein Österreicher, *Heinrich der Vogler*, in ungeschickter Mischung spielmännischer und höfischer Bestandteile Dietrichs Flucht und die Rabenschlacht. Die Flucht oder, wie der Dichter sein Werk bezeichnet, das Buch von Bern, geht in Reimpaaren, die Rabenschlacht in kurzer sechszeiliger Strophe. Im Buch von Bern wird ein langer Stammbaum vorangestellt, der Dietrichs Ahnen mit Ortnit und Wolfdietrich zusammenbringt. Erst von Ermenrich ab beruht der Stammbaum auf alter Überlieferung. Dann folgt die Vertreibung Dietrichs und Kämpfe mit Ermenrich bei Mailand und Raben. Die Rabenschlacht schließt sich unmittelbar als Fortsetzung an. Vielleicht ist das Verhältnis Heinrichs zu seinen Vorlagen so zu denken, dass er das ältere Spielmannsepos von der Rabenschlacht überarbeitete, ohne dass wir imstande wären, den ursprünglichen Kern aus seinen Zutaten abzulösen. Das Buch von Bern ist eine frei erfundene Einleitung, deren Inhalt zum Teil aus der Rabenschlacht entnommen ward. Aus den Anspielungen der Rabenschlacht fabelte sich Heinrich eine Vorgeschichte zusammen, die er mit den Stammbäumen aufputzte. Man bedauert, eine zweifellos poetisch wertvolle Überlieferung, die alte Rabenschlacht, nur in so schlechter Fassung zu besitzen.

Mit der Rabenschlacht stofflich verwandt ist die um 1250 in der Gegend von Nürnberg verfasste Dichtung von *Alpharts Tod* in Nibelungenstrophen. Der Grundgedanke ist derselbe, auch hier erscheint Witege als der Mordrecke, als der Vernichter junger Helden. Diesmal steht ihm sein Geselle Heime zur Seite. Ermenrichs Heer ist im Anzug. Der junge Alphart, Hildebrands Neffe, will auf Warte reiten. Man widerrät ihm umsonst. Sogar dem Flehen seiner Braut Amelgart widersteht er. Er reitet aus Bern ab und sprengt über die Etschbrücke. Meister Hildebrand folgt ihm verkleidet, um ihn streitessatt zu machen. Er hofft, ihn leicht zu besiegen und dann heimzuschicken. Aber er wird von Alphart aus dem Sattel gehoben, muss sich zu erkennen geben und um sein Leben bitten. Alphart reitet weiter und besiegt einen feindlichen Herzog mit achtzig Mann. Nur wenige kehren in Ermenrichs Lager und melden die Niederlage. Da macht sich Witege auf; ihm folgt von fern Heime. Im Schatten einer Linde harrt Alphart neuer Gegner. Als Witege herankommt, wirft ihm Alphart seine Treulosigkeit gegen Dietrich vor. Sie rennen aufeinander los, Witege wird abgestochen. Auch im Schwertkampf wird er niedergestreckt und liegt wie tot unter seinem Schild. Heime eilt jetzt herzu, um den Streit zu schlichten. Alphart will Witege zum Pfand haben. Witege mahnt Heime geschworener Treue, wie er ihn einst vom Tode errettet. Da dringen sie zu zweit auf Alphart ein. Er bedingt sich Frieden für seinen Rücken. Als auch Heime schwer getroffen ist, brechen sie den Eid. Witege schlägt vorn, Heime hinten. Sie fliehen, als Witege ihn durchs Bein geschlagen. Auf einem Bein noch erreicht und bekämpft sie Alphart, bis er durch den Helm geschlagen wird. Das Blut rinnt ihm über die Augen. Er fällt und Witege bohrt ihm das Schwert durch den Schlitz des Harnischs. Sterbend verwünscht der Jüngling die ehrlosen Mordrecken. – Das Gedicht ist ernst und gut, es gehört zu den besten Erzeugnissen der Dietrichsdichtung, obschon keine alte Sage zugrunde liegt. Die Thidrekssaga und somit die ältere Spielmannsdichtung weiß nichts davon.

Die übrigen Gedichte zeigen Dietrich im Kampf mit Zwergen, Riesen und Drachen. Ihr Inhalt ist eine bunte Mischung aus deutscher Volkssage und Artusroman. Uhland beschreibt die volkskundlichen Motive also: »Die Abenteuer bewegen sich im wilden Lande Tirol, im finstern Walde, darin man den hellen Tag nicht spürt, wo nur enge Pfade durch tiefe Tobel, Täler und Klingen führen, zu hochragenden Burgfesten, deren Grundfels in den Lüften zu hängen scheint; wo der Verirrende ein verlorener Mann ist, der einsam Reitende sich selbst den Tod gibt. Dort, wo ein Bach vom hohen Fels hervorbricht, da springt der grimme Drache, Schaum vor dem Rachen, fort und fort auf den Gegner los und sucht ihn zu verschlingen; wieder bei eines Brunnen Flusse vor dem Gebirge, das sich hoch in die Lüfte zieht, schießen große Würmer her und hin und trachten die Helden zu verbrennen; bei der Herankunft eines solchen, der Roß und Mann zu verschlingen droht, wird ein Schall gehört, recht wie ein Donnerschlag, davon das ganze Gebirg ertost. Leicht erkennbar sind diese Ungetüme gleichbedeutend mit den siedenden, donnernden Wasserstürzen selbst. Dazwischen ertönt, ebenso donnerartig, das grässliche Schreien der Riesen; als Dietrich mit tödlichem Steinwurf einen jungen Riesen getroffen hat, stößt dieser so grimmen Schrei aus, als bräche der Himmel entzwei, und seine Genossen erheben eine Wehklage, die man vier Meilen weit über Berg und Tann vernimmt; die stärksten

Tiere fliehen aus der Wildnis, es ist, als wären die Lüfte erzürnt, der Grimm Gottes im Kommen, der Teufel herausgelassen, die Welt verloren, der Jüngste Tag angebrochen; ein starker Riese, Felsenstoß, lässt seine Stimme gleich einer Orgel erdröhnen, man hört sie über Berg und Tal, überall erschrecken die Leute, und selbst der sonst unersättliche Kämpe Wolfhart meint, die Berge seien entzwei, die Hölle aufgeweckt, alle Recken sollen flüchtig werden; auch die Riesen hausen am betäubenden Lärm eines Bergwassers, bei einer Mühle und zunächst einer tiefen Höhle; der Zusammenhang dieser fabelhaften Gestalten mit ihrer landschaftlichen Umgebung hat sich frisch und lebendig erhalten.« Die Tiroler Volkskunde in diesen Dietrichsepen ist aber kaum anders einzuschätzen als die Salzburger in den Artusromanen des Pleiers. Im einen Fall überwiegen die Bestandteile aus deutscher Volkssage, im andern die aus dem Artusroman, in beiden Fällen ist das Gedicht als Ganzes genommen frei erfunden.

Um die Mitte des 13. Jahrhunderts entstand der *Laurin* in Tirol. Laurin bedeutet der Lauernde (vgl. bayerisch: Laur, schweizerisch: Lur = Schelm). Ursprünglich war wohl »daz lûrîn« – »daz getwerg«, d. h. das tückische, schelmische, elbische Wesen; im Gedicht ist Laurin als Eigenname des Zwergkönigs verwendet. Das Epos verknüpft zwei Motive, das vom Rosengarten und das von der Jungfrau, die ein Zwerg in sein unterirdisches Reich entführt. Die Bezeichnung »Rosengarten« haftet in Tirol an Örtlichkeiten verschiedener Art. Im Hochgebirg, unter Eis- und Felstrümmern verschüttet, liegen solche Rosengärten. Wenn in abendlicher Glut das Gestein des Schlern bei Bozen rosenrot aufleuchtet, dann blühen die Rosen des Zwergkönigs. Bei Algund, unweit dem Schloss Tirol, ist eine mit Alpenblumen reich geschmückte Bergtrift, die Laurins Rosengarten heißt. Zu diesen Sagenmotiven kommen noch die Kämpfe Dietrichs aus dem Wormser Rosengarten. Aus solchen Voraussetzungen ist der Tiroler Laurin in Form der Reimpaare gedichtet. Er fängt an wie ein Artusroman, die Helden bereden Abenteuer, Hildebrand verweist auf die Dietrich noch unbekannte Aventüre in den hohlen Bergen, wo die Zwerge hausen. Natürlich verlangt Dietrich sofort dorthin. Der Rosengarten ist mit einem Seidenfaden statt der Mauer umgeben; wer den zerreißt, wird von Laurin um Hand und Fuß gepfändet. Dietrich macht sich auf, von Witege begleitet; Hildebrand, Wolfhart und Dietleib folgen nach. Sie kommen zum Garten, aus dem die Rosen duften und glänzen. Dietrich freut sich am Anblick, aber Witege will dem Hochmut Laurins ein Ende machen, zerreißt die Seidenfäden und zertritt die Rosen. Da kommt Laurin mit Speer und Schwert geritten, Waffen und Reitzeug von Gold und Edelsteinen leuchtend. Er hat einen Gürtel um, der ihm Zwölfmännerkraft verleiht. Er fordert Buße; da sie verweigert wird, hebt er Witege aus dem Sattel; er will sein Pfand, den linken Fuß und die rechte Hand nehmen. Da greift auch Dietrich zum Speer, als eben Hildebrand mit den andern nachkommt. Er rät, den Zwerg mit Schwertstreichen zu bekämpfen. Der Zwerg macht sich durch seine Tarnkappe unsichtbar und schlägt Dietrich tiefe Wunden. Jetzt versucht es Dietrich auf Hildebrands Rat mit Ringen; er entreißt dem Zwerg den Stärkegürtel und schlägt ihn dann ohne Mühe nieder. Laurin ruft Dietleib um Hilfe an, weil er sein Schwager sei. Hatte er doch seine schöne Schwester Künhild entführt und zum Weib genommen. Zwischen Dietrich und Dietleib erhebt sich ein furchtbarer Kampf, Hildebrand stiftet endlich Frieden, in den auch der Zwerg einbegriffen wird. Laurin lädt die Helden nun in seinen hohlen Berg. Vor dem Berg ist ein lustiger Plan mit einer Linde und duftreichen Obstbäumen; darauf singen Vögel aller Art und umher spielt zahmes Wild. Dann öffnen sich die Wunder des Berges. Gesang, Tanz und Ritterspiel treiben die Zwerge. Zu Tisch erscheint Künhild wie eine Königin geschmückt. Sie grüßt die Helden und ihren Bruder. Laurin aber denkt an Rache. Er will Dietleib dazu gewinnen. Der aber hält seinen Genossen die Treue. Laurin macht die Recken trunken, lässt sie fesseln und einkerkern. Dietrich erwacht aus der Betäubung. Mit Künhilds Hilfe werden sie wieder befreit. Es folgen neue Kämpfe mit Zwergen und Riesen, die zu Hilfe gerufen werden. Dietrich und seine Gesellen sind siegreich, Laurin muss die schöne Künhild freigeben und mit Dietrich Frieden machen.

Vier Gedichte in Strophen erzählen von Dietrichs Riesenkämpfen, das älteste, das schon in der Thidrekssaga begegnet, ist das Eckenlied. Es berichtet von Dietrichs Zweikampf mit dem jungen Riesenkönig Ecke im Tiroler Bergwald; die andern Gedichte sind weitläufige Abenteuerromane. Das *Eckenlied*, dessen Inhalt ich nach Uhlands Worten gebe, ist die Geschichte, wie Dietrich zu seinem Schwert Eckesachs kam. Danach ist später eine andre Geschichte vom Helm Hildegrin erfunden, den Dietrich einem Riesenpaar namens Hilde und Grin abgewonnen haben soll.

Auf Jochgrimm sitzen drei königliche Jungfrauen. Sie haben Dietrichs Lob vernommen und wünschen sehnlich, ihn zu sehen. Drei riesenhafte Brüder, Ecke, Fasold und Ebenrot, werben um die Jungfrauen. Ecke, kaum 18 Jahre alt, hat schon manchen niedergeworfen; sein größter Kummer ist, dass er nicht zu fechten hat. Ihn verdrießt, dass der Berner vor allen Helden gerühmt wird, und er gelobt, denselben gütlich oder mit Gewalt, lebend oder tot herzubringen. Zum Lohne wird ihm die Minne einer von den dreien zugesagt. Seburg, die Schönste, schenkt ihm eine herrliche Rüstung, darein sie selbst ihn wappnet. Auch ein treffliches Ross lässt sie ihm vorziehen, aber Ecken trägt kein Ross, und er braucht auch keines, vierzehn Tag' und Nächte kann er gehen ohne Müdigkeit und Hunger. Zu Fuß eilt er von dannen über das Gefild, in weiten Sprüngen, wie ein Leopard; fern aus dem Walde noch, wie eine Glocke, klingt sein Helm, wenn ihn die Äste rühren. Durch Gebirg und Wälder rennend, schreckt er das Wild auf; es flieht vor ihm oder sieht ihm staunend nach, und die Vögel verstummen. So läuft er bis nach Bern, und als er dort vernimmt, dass Dietrich ins Gebirg geritten, wieder an der Etsch hinauf in einem Tage bis Trient. Den Tag darauf findet er im Walde den Ritter Helferich mit Wunden, die man mit Händen messen kann; kein Schwert, ein Donnerstrahl scheint sie geschlagen zu haben. Drei Genossen Helferichs liegen tot. Der Wunde rät Ecken, den Berner zu scheuen, der all den Schaden getan. Ecke lässt nicht ab, Dietrichs Spuren zu verfolgen. Kaum sieht er diesen im Walde reiten, als er ihn zum Kampfe fordert. Dietrich zeigt keine Lust, mit dem zu streiten, der über die Bäume ragt. Ecke rühmt seine köstlichen Waffen, von den besten Meistern geschmiedet, Stück für Stück, um durch Hoffnung dieser Beute den Helden zu reizen. Aber Dietrich meint, es wäre töricht, sich an solchen Waffen zu versuchen. So ziehen sie lange hin, der Berner ruhig zu Ross, Ecke nebenherschreitend und inständig um Kampf flehend. Er droht, Dietrichs Zagheit überall zu verkünden, er mahnt ihn bei aller Frauen Ehre, er gibt dem Gegner alle Himmelsmächte vor. Endlich willigt der Berner ein, am Morgen zu streiten. Doch Ecke will nicht warten, er wird nur dringender. Schon ist die Sonne zur Rast, als Dietrich vom Rosse steigt. Sie kämpfen noch in der Nacht; das Feuer, das sie sich aus den Helmen schlagen, leuchtet ihnen. Das Gras wird vertilgt von ihren Tritten, der Wald versengt von ihren Schlägen. Sie schlagen sich tiefe Wunden, sie ringen und reißen sich die Wunden auf. Zuletzt unterliegt Ecke. Vergeblich bietet Dietrich Schonung und Genossenschaft, wenn jener das Schwert abgebe. Ecke trotzt und zeigt selbst die Fuge, wo sein Harnisch zu durchbohren ist. Dietrich beklagt den Tod des Jünglings, nimmt dessen Rüstung und Schwert »Eckensachs«, das er seitdem führt, und bedeckt den Toten mit grünem Laube. Dann reitet er hinweg, blutend und voll Sorge, man möchte glauben, er hab' Ecken im Schlaf erstochen. Schwere Kämpfe besteht er noch mit dessen Bruder Fasold und dem übrigen riesenhaften Geschlechte. Das Haupt Eckes führt er am Sattelbogen mit sich und bringt es den drei Königinnen, die den Jüngling in den Tod gesandt.

Das Gedicht vom Riesen *Sigenot* knüpft an die eben erwähnte Geschichte von Helm Hildegrin an. Sigenot ist ein Verwandter von Hilde und Grin. Als er Dietrich erkennt, nimmt er ihn gefangen und schleppt ihn in seine Höhle. Meister Hildebrand ist inzwischen nach Dietrich ausgeritten, findet Sigenot und wird ebenfalls zur Höhle geschleppt. Als er dort Dietrichs Schwert am Eingang hängen sieht, reißt er sich los und erschlägt den Riesen. Mit Hilfe eines Zwerges gelingt es ihm, Dietrich aus der Grube herauszuholen. Die Geschichte entbehrt nicht des Humors, wenn der alte Waffenmeister ausreiten muss, um seinen unvorsichtigen Zögling aus der Klemme zu befreien.

Im *Goldemar* berichtet ein Dichter, der sich Albrecht von Kemenaten nennt, wie der Berner, der sonst von Frauen nicht viel wissen wollte, dem Zwergkönig Goldemar ein schönes Mädchen, das dieser geraubt hatte, abgewinnt und heiratet.

Am ausführlichsten ist der Roman von *Virginal*; er wird in den verschiedenen Bearbeitungen auch als Dietrichs erste Ausfahrt oder Dietrichs Drachenkämpfe bezeichnet. Die Erzählung lehnt sich an das Schema der Abenteuerromane an. Eine jungfräuliche Zwergenkönigin namens Virginal muss einem wilden Heiden jährlich eine ihrer Jungfrauen preisgeben. Die Kunde von der Bedrängnis der Königin gelangt nach Bern, worauf Dietrich und Hildebrand sich aufmachen, ihr zu helfen. Im Walde trennen sich beide. Nun heben endlose, ziel- und zwecklose Abenteuer an, genauso wie in den Artusromanen, wo der Held auf ein bestimmtes Abenteuer auszieht und bei dieser Gelegenheit zahlreiche andere Fährlichkeiten durchmacht. Zunächst wendet sich die Erzählung zur Bekämpfung des die Virginal bedrängenden Unholds. Hildebrand schlägt ihm das Haupt ab, während Dietrich die heidnischen Streifscharen besiegt. Die befreite Jungfrau eilt voraus, um die Helden bei Virginal anzumelden. Diese aber werden im Wald in Drachen- und Riesenkämpfe verwickelt und dadurch lange ihrem eigentlichen Ziel fern gehalten. Dietrich gerät zu Mûter in Gefangenschaft des Herzog Nidger, dessen schöne Schwester sich seiner annimmt. Auf ihre Bitten wird er schließlich auch freigelassen. Aber auf der Weiterfahrt zu Virginal drohen neue Kämpfe mit Riesen und Würmern, die natürlich siegreich überstanden werden. Nachdem endlich das Land von Heiden, Riesen und Würmern gesäubert ist, gelangt Dietrich ungehindert zu Virginal und heiratet die Königin.

Das ursprüngliche Gedicht entstand auf alemannischem Boden, bald nach Konrads von Würzburg Engelhard. Es war durchaus höfisch, ohne echte Sagenkenntnis und ohne volkstümliche Darstellungsweise. Feine, etwas blumige Sprache, allerlei hübsche Einfälle und vornehme Zurückhaltung vor allen groben und äußerlichen Wirkungen erheben das Gedicht zu einem Meisterwerk der Kleinkunst. Aber das zarte Gebilde geriet bald in derbere Hände und verwilderte in den Bearbeitungen und Fortsetzungen stilistisch und inhaltlich.

Eckenlied, Sigenot, Goldemar und Virginal hängen miteinander zusammen. Sie sind in derselben Strophe verfasst und stehen sich auch inhaltlich nahe. Albrecht von Kemenaten wurde von Zupitza für den Verfasser aller vier Gedichte gehalten. Aber mit Unrecht. Nur das Bruchstück des Goldemar stammt von ihm. Das Eckenlied diente wahrscheinlich den Übrigen als Muster, woraus die Verwandtschaft der Darstellung sich erklärt.

Die verschiedenen Dietrichsepen ergaben einen ganzen biographischen Roman, eine Dietrichsage, die von der Geburt des Helden bis zu seinem Tod reicht. Dietrichs Märchentaten wurden in seine Jugend verlegt, dann folgte seine Flucht, Aufenthalt bei Etzel und Rückkehr. Von Dietrichs Tod gab es keine besonderen deutschen Gedichte.

Die Epen *von Ortnit und Wolfdietrich* sind aus einer Sage hervorgegangen, die die Thidrekssaga in älterer Gestalt bietet. Es ist die Geschichte von Hartnid dem Drachentöter, in dessen Reich ein Lindwurm erwuchs, der großen Schaden tat. Hartnid zog mit seiner glänzenden Brünne und seinem scharfen Schwert, dem Schmiedewerk kunstreicher Zwerge aus, um den Wurm zu bestehen. Seine Gattin gab ihm einen Ring mit. Da sagte Hartnid, wer ihr diesen Ring einst bringe, der habe ihn tot gesehen; der sei sein Rächer, den sie an seiner statt zum Gemahl nehmen solle. Von seinem Hunde begleitet ritt Hartnid ins Gebirge. Auf einem blumigen Anger gelüstete ihn zu schlafen. Da brach der Lindwurm durchs Dickicht. Vergebens suchte der Hund seinen Herrn zu wecken. Der Wurm nahm den Schlafenden in seinen Rachen und brachte ihn seiner Brut in die Höhle. Als der Hund allein heimkam, da wusste die Königin, dass ihr Gatte tot sei. Sie lebte in Jammer dahin. Die Großen des Reiches drangen in sie, sich aufs Neue zu vermählen. Als sie sich weigerte, nahmen sie ihr den Schlüssel zum Schatzturm, sodass sie kümmerlich ihre Tage verbrachte. Da kam einmal ein fremder Held ins Land (die Thidrekssaga nennt ihn Dietrich, die mhd. Dichtung Wolfdietrich); der hörte, wie die Königin in stiller Nacht auf der Burgmauer ihr Leid klagte. Er rief sie an und verhieß Rache für Hartnid. Er ritt in den Tann, bis er den Drachenfels erreichte. Auch er verfiel auf dem Anger in Schlaf; der Wurm kam heran, wurde aber vom Roß des Helden verscheucht. Als er erwachte, merkte er die Spuren des Kampfes. Er suchte den Wurm auf und rannte ihn mit eingelegtem Speer an. Der Schaft zersplitterte, das Schwert zersprang, der Wurm packte ihn und trug ihn in seine Höhle. Dort fand der Held Hartnids Waffen und Ring. Er erschlug das Gezücht der Drachen und kehrte in Hartnids Gewändern zu dessen Witwe, der er den Ring brachte. So fiel ihm ihre Hand und Krone zu.

Um 1225 wurde auf dieser Grundlage ein mhd. Epos in der Nibelungenstrophe verfasst, das vom König *Ortnit* handelt. Er ist König von Lamparten, d. h. der Lombardei, sein Reich erstreckt sich über Norditalien und bis nach Rom und Sizilien, etwa in dem Umfang, wie Friedrich II. in den zwanziger Jahren des 13. Jahrhunderts seine italienische Herrschaft zu befestigen strebte. Diesem Ortnit wird zunächst die Werbung um eine heidnische Königstochter angedichtet, im Stile des Rother. Er fährt ins Morgenland nach Mon Tabur, um Sidrat, die Tochter des Machorel zu gewinnen. Auf dem Taborberge war 1212 eine feste Burg erbaut worden, die 1217 von den Kreuzfahrern belagert wurde. Ortnit ist der Sohn des Zwergen Alberich, der ihm die WaVen schenkt und auf der Brautfahrt ihm zur Seite steht wie Auberon dem Huon im französischen Roman. Mit Gewalt und List erwirbt Ortnit die Heidentochter, die in der Taufe den Namen Liebgart erhält. Ihr Vater Machorel schickt aus Rache zwei Dracheneier in Ortnits Land. Hieran schließt sich die Sage von Ortnits Drachenkampf. Dem mhd. Dichter gehört also die Versetzung der Geschichte nach Italien, nach Garda am Gardasee, wo Ortnit herrscht, die Beziehung auf die Verhältnisse in den zwanziger Jahren des 13. Jahrhunderts, die EinXechtung der Zwergsage eigentümlich zu. Er hat die alte Hartnidsage in neue Umwelt gestellt und reich ausgeschmückt. Er weiß geschickt und ohne überXüssige Umschweife zu erzählen. Er erblickt seine Hauptaufgabe darin, zu der überlieferten Hartnidsage eine romanhafte Vorgeschichte zu erWnden. Diese Absicht gelang ihm vollkommen.

Aber auch die Geschichte von Hartnids Rächer erscheint im *Wolfdietrich* verändert und reich ausgeschmückt, sei es vom Ortnitdichter selbst oder seinem Fortsetzer. Jedenfalls vollzog sich die neue Einkleidung im Zusammenhang mit Ortnit. Während in der alten Sage offenbar die Rache die einzige Tat des fremden Recken ist, hat er im Wolfdietrich seine eigne ausführliche Geschichte, in der die Rache nur eine Episode ausmacht. Wie diese Wolfdietrichsage entstand, ist nicht sicher zu bestimmen. Der Wolfdietrich ist in mehreren Fassungen überliefert, die stark untereinander abweichen. Die dem Ortnit am nächsten stehende berichtet Folgendes: König Hugdietrich von Konstantinopel hatte zwei Ratgeber, den treuen Berchtung und den ungetreuen Saben. Der jüngste seiner Söhne war übermäßig stark. Saben raunte seinem Herrn zu, die Königin werde das Kind vom Teufel empfangen haben. Hugdietrich befahl Berchtung, das Kind zu töten. Zur Nacht trug Berchtung den Knaben fort. Als er den Burghügel hinabritt, weinte das Knäblein, weil es fror. Berchtung hüllte es in seinen Mantel. Er ritt abseits in den Wald. Als es hell wurde, griff der Knabe lachend nach den Panzerringen des Alten, dem es weh ums Herz ward. Er war nicht imstande, den Blutbefehl auszuführen. Er trug den Kleinen zum Rand eines Teiches; er glaubte, der Knabe werde nach den Wasserrosen greifen und ertrinken; der aber kehrte sich weg und spielte im Gras. Zur Nacht kamen Wölfe. Ihre Augen funkelten wie Lichter. Der Knabe griff danach und die Wölfe taten ihm kein Leid. Da nahm Berchtung den Knaben auf den Arm und brachte ihn zu seiner Frau, die ihn mit ihren 16 Söhnen aufzog. Die Königin grämte sich über den Raub des Kindes. Der falsche Saben schob alle Schuld auf Berchtung. Als dieser vor Gericht geladen wurde, erzählte er alles wahrheitsgetreu. Da dankte ihm Hugdietrich und verbannte Saben. Wolfdietrich aber, wie der Knabe seit dem Abenteuer mit den Wölfen hieß, blieb bei Berchtungs Söhnen und nahm zu an Stärke. Nach Jahren starb Hugdietrich und Saben kam wieder zu Gnaden. Er begann das alte Ränkespiel und hetzte die zwei älteren Königssöhne gegen ihren Bruder Wolfdietrich, dass sie ihm das Erbe verweigerten. Berchtung bot seine Mannen auf und zog gegen die falschen Königssöhne zu Feld. Es kam zur Schlacht, in der sechs Berchtungssöhne und alle seine Mannen fielen. Berchtung beschwichtigte Wolfdietrichs Klagen mit den Worten: »Lass mich und mein Weib um sie klagen. Elf Mannen hast du noch auf dieser Erde, in meiner Burg wollen wir uns der Feinde erwehren!« Lange wurden sie in Berchtungs Burg von dem Heere der Brüder belagert. Als kein Entsatz zu erhoffen war, da beschloss Wolfdietrich, in die Ferne zu ziehen und auswärts Hilfe zu suchen. Es gelang ihm, mitten durch die Feinde hindurch zu entkommen. Berchtung und seine Söhne aber mussten sich bald ergeben. Sie wurden gefesselt und mussten nachts auf der Stadtmauer Wache halten. In diesem Elend starb der alte Berchtung. Wolfdietrich aber zog von Land zu Land, gelangte schließlich nach Garda, und gewann Ortnits Weib und Reich. Nun kam er mit Heeresmacht den Berchtungssöhnen zu Hilfe. Bei Nacht legte er Pilgerkleider an und schlich sich zum Stadtgraben. Er vernahm, wie die Berchtungssöhne oben auf der Mauer ihre Not und den Tod des Vaters bejammerten. Einer aber gedachte Wolfdietrichs. Da rief der Held hinauf: »Was gebt ihr dem zum Lohne, der euch Wolfdietrich zeigt?« Sie hatten nur noch ein Brot, das gaben sie dem Pilger, der nun seinen Namen nannte. Er löste ihre Ketten und ließ sich von Berchtungs Tod erzählen. Am andern Morgen besiegte er mit seinem Heere seine Brüder und setzte die Berchtungssöhne über Land und Burgen.

Der Wolfdietrich liegt in mehreren Fassungen vor, die stark voneinander abweichen. Wolfdietrichs Ausfahrt ist ein weit ausgesponnenes Gewebe von Verzauberungen, Riesenkämpfen und andern seltsamen Abenteuern. Den Kern seiner Geschichte bildet immer sein Verhältnis zu Berchtung und dessen Söhnen und die Rache für Ortnit. Einer Wendung des Wolfdietrich (dem Text B) ist König Hugdietrichs Brautfahrt vorangestellt. Hugdietrich wirbt um Hildburg, die Tochter des Königs Walgund von Salnecke, deren Vater sie in einem Turm verschlossen hält, um sie keinem Manne geben zu müssen. Da wählt Hugdietrich die List der Verkleidung. Er gibt sich für Hildgund, des Griechenkönigs Schwester aus, die von ihrem Bruder vertrieben sei, weil sie einen ihr bestimmten heidnischen Gemahl ausgeschlagen habe. Walgund und seine Frau gewähren der vermeintlichen Maid freundliche Aufnahme. Da Hildgund vortreffliche Handarbeiten anfertigt, wird sie zu Hildburg in den Turm eingelassen, um ihr diese Künste zu lehren. Die Königstochter ist über ihre Gespielin hocherfreut. Nach Jahresfrist wird Hildgund-Hugdietrich von Berchtung wieder abgeholt. Trauernd bleibt Hildburg zurück. Sie gebiert einen Sohn. Um das Geschehene zu verheimlichen, wird das Kind an Tüchern in den Burggraben hinabgelassen, wo es ein Wolf findet und in seine Höhle trägt. Dort wird der Knabe von Walgund auf der Jagd gefunden und heimgebracht. Hugdietrich aber macht sich, diesmal unverkleidet, nach Salnecke auf, um offen zu werben. Er erhält bei so bewandten Umständen seine Braut und sein Kind, die er mit hohen Ehren heimführt. Wolfdietrich wird der Knabe genannt, weil er unter Wölfen aufgefunden wurde. Ein Novellenmotiv vom Werber in Mädchengewändern und die Aussetzungsformel, wie sie das Märchen liebt und der Name Wolfdietrich nahe legte, ist hier an Hugdietrich angeknüpft, ein Beweis für die beständige Fortentwicklung und Weiterbildung solcher Sagen in Spielmannskreisen.

Die Wolfdietrichsdichtung hat jedenfalls einige Züge aus dem König Rother entnommen: der treue Berchtung von Meran stammt von Berchter von Meran ab. Das Treuverhältnis zwischen Herrn und Dienstmannen ist hier wie dort übereinstimmend geschildert. Der treulose Sabene könnte dem bösen Sibech der Ermenrichsage nachgebildet sein. Aber auch wenn wir die Rolle von Ortnits Rächer und den treuen Berchtung als überliefert und neu erfunden ausscheiden, bleibt noch ein Rest übrig, den wir nicht ohne weiteres dem Verfasser des Wolfdietrich zuschreiben dürfen. Die Namen Hug- und Wolfdietrich, die Feindschaft der Brüder fordern besondere Erklärung. Gewiss sind die Zusätze Hug und Wolf auch so zu verstehen, dass der Dichter seinen Helden vom gotischen Dietrich, dem die Thidrekssaga das Rächeramt zuschreibt, unterscheiden wollte. Hugas oder Hugones ist ein alter Name der Franken. Möglicherweise soll Hug-Dietrich bedeuten der Franke Dietrich. Wolf-Dietrich könnte auf den Verbannten, Geächteten weisen; denn als Wölfe wurden in der alten Rechtssprache die Friedlosen bezeichnet. Mithin wäre Hug- und Wolf-Dietrich der fränkische und der geächtete Dietrich. Man denkt bei Hugdietrich an den Frankenkönig Dietrich, den ältesten Sohn des Chlodowech, der die deutschen Länder unter dem Namen Austrasien besaß und dem Reich der Thüringer ein Ende machte. Er starb 534. Sein Sohn war

Dietbert. Dietrich war kriegerisch und gewalttätig und scheute vor keinem Frevel zurück, Dietbert war tapfer, aber mild und gütig. Bei Hug- und Wolfdietrich kehrt diese Charakteristik wieder. Gegen Dietbert erhoben sich nach Dietrichs Tod seine Oheime, um ihm den Thron zu rauben. Man findet also in der Geschichte der Merowinger bei Königen mit demselben oder anklingendem Namen wie Hug- und Wolfdietrich Personen und Ereignisse, die einige Ähnlichkeit mit denen der mhd. Dichtung haben. Man müsste an Spielmannslieder denken, die diese Erinnerungen an die Merowingerzeit lange wach hielten, von denen der Verfasser des Wolfdietrichepos Kenntnis hatte. Weil Ortnits Rächer vielleicht schon früher, wie in der Thidrekssaga, Dietrich hieß, war die Anknüpfung leicht.

Wir können die Arbeitsweise des mhd. Verfassers immerhin bestimmen: er erfand dem Rächer eine eigene Geschichte, die er in Konstantinopel spielen ließ, in Ländern, die durch die Kreuzfahrten den Zeitgenossen nahe lagen. Er übertrug Motive aus dem Rother in seinen Roman, den er auf die ihm bekannte Merowingersage von König Dietrich und seinem Sohne gründete. Er arbeitete mit denselben Mitteln wie der Ortnitdichter, dessen Werk ihm vorbildlich war.

Die große Beliebtheit, deren sich der Wolfdietrich in verschiedenen Bearbeitungen erfreute, rührt aber vor allem von dem Abenteuerteile her, von den Irrfahrten, die der Held nach seinem Abschied von Berchtung erlebt. Hier sind Motive aus Artusromanen, deutschen und morgenländischen Sagen bunt durcheinander gewürfelt. Wolfdietrich findet einmal einen Löwen im Kampf mit einem Lindwurm. Er hilft dem Löwen, weil er das goldene Bild eines solchen im Schilde führt, wird aber samt dem getöteten Löwen von dem Wurm in seine Höhle geschleppt, wo dessen Junge den Löwen fressen, der Held aber die Lindwürmer erschlägt. Er schneidet den Würmern die Zungen aus und überführt hernach damit den Herzog Gerwart, der sich die Tat anmaßt, des Betrugs. Er hilft später noch einmal einem Löwen gegen eine feuerblasende Viper, die er nach schwerem Kampf tötet. Der Löwe folgt ihm fortan und steht ihm in den Kämpfen bei. Wolfdietrich erscheint hier in der Rolle des Iwein. Besonders beliebt sind die Abenteuer mit schönen Frauen. Wolfdietrich kehrt in der Burg des Heiden Belian ein, dessen schöne Tochter in Minne entbrennt und bei Nacht sich ihm anbietet. Wolfdietrich weist ihre Anträge zurück und widersteht ihren derben Liebeswerbungen. Am andern Morgen hat er mit Belian ein gefährliches Messerwerfen zu bestehen. Wolfdietrich besiegt seinen Gegner. Die schöne Marpalie rächt sich mit Zauberblendwerk, indem sie dem Fortreitenden einen See und Wald vorspiegelt. Auf sein Gebet verschwindet der Zauber und Marpalie fliegt in Krähengestalt davon. – Als Wolfdietrich einmal nachts im Walde hält, naht sich ihm auf allen vieren ein bärenhaftes Waldweib, die raue Else. Sie verlangt nach seiner Minne; als er sie zurückweist, nimmt sie ihm Schwert und Pferd und wirft einen Zauber auf ihn, dass er in der Nacht zwölf Meilen in der Irre läuft, um schließlich unter einem Baum das Ungeheuer mit seinem Liebesverlangen wieder anzutreffen. Seiner nochmaligen Weigerung begegnet sie mit stärkerem Zauber, dass er willenlos einschläft. Nun schneidet sie ihm zwei Haarlocken ab und die Nägel von den Fingern, wodurch er kraftlos wird. Anderthalb Jahre läuft er wahnsinnig in der Wildnis umher, bis sich Gott seiner erbarmt und durch einen Engel der rauen Else befiehlt, den Bann aufzuheben. Sie bringt ihn zu Schiff in ihr Land Troja, wo sie sich taufen lässt und in einen Jungbrunnen steigt, um als die schönste Frau mit Namen Sigeminne daraus hervorzugehen. Wolfdietrich vermählt sich mit Sigeminne, sie wird ihm auf der Jagd von einem wilden Manne geraubt. Wolfdietrich sucht seine Frau lange, bis er dem Räuber auf die Spur kommt, ihn samt seinen Zwergenscharen überwindet und Sigeminne zurückführt, die ihm aber bald darauf stirbt. – In einem dritten Abenteuer gelangt Wolfdietrich nach mühseliger Wanderung durch Geröll und umgestürzte Bäume ans Meer, das sich tosend an Felsen bricht. Da entsteigt ein wildes Meerweib den Fluten, nimmt ihm sein Schwert und wirft ihm vor, dass er sein Pferd in ihrem Grase weiden lasse. Sie verlangt, er solle sie heiraten. Als er darüber erschrickt, wirft sie den rauen Balg ab und steht in glänzender Schönheit vor seinen Augen. Aber Wolfdietrich hat beim Ausritt geschworen, durch kein Weib von seiner Aufgabe, der Lösung der Berchtunge, sich abhalten zu lassen. Trotz der Abweisung ist sie freundlich gesinnt und gibt ihm eine stärkende Zauberwurzel. – Diese und ähnliche Sagen überwuchern schließlich den alten Kern der Sage ebenso sehr, als es in den Gedichten von Dietrich von Bern der Fall ist. Wie in den Ritterromanen der späteren Zeit zieht eine bunte, aber zusammenhangslose und höherer Einheit entbehrende Fülle von Abenteuern am Zuhörer vorüber.

Im westlichen Deutschland, besonders in den Rheingegenden, entstand der Minnesang nach dem Vorbild der Trobadorkunst, in Form und Gehalt wesentlich anders als der ostdeutsche, der sich ans Volkslied anlehnte. Die Dreiteilung der Strophen, die reichen, reinen und kunstvoll gestellten, gekreuzten und verschränkten Reime, die Verbindung von Versen ungleicher Länge in der Strophe, die durch Ausfüllung der Senkungen geregelte Rhythmik sind die Merkmale des westdeutschen Minnesangs. In der mhd. Zeit wurde aber die natürliche deutsche Wortbetonung meistens aufrechterhalten trotz aller Künsteleien, erst im Zeitalter der Meistersinger verletzte die Silbenzählung häufig den Wortakzent. Bei den Hauptvertretern der Trobadorkunst verschwindet die Anschaulichkeit und Gegenständlichkeit der Schilderung, während das kunstvolle Gedankenspiel vorherrscht. Dadurch werden die Lieder farblos und eintönig; nur das Tagelied und das Kreuzlied hält an bestimmten Situationen fest. Sobald irgendwo Berührung mit der objektiven Lyrik sich zeigt, gewinnt die Darstellung Farbe und Leben. Zur Charakteristik der ganzen Richtung seien hier nur einige wenige Hauptvertreter hervorgehoben, die dem allgemeinen Minnesang eigene Töne einzuweben verstanden.

Heinrich von Veldeke darf auch unter den ersten Liederdichtern der neuen Art genannt werden. Seine Lieder enthalten noch manche volkstümlichen Züge: Natureingang, Frühlingsfreude und Winterleid, sprichwörtliche und formelhafte Ausdrücke, lehrhafte und realistische Wendungen. Aber im Vers- und Strophenbau und in der Auffassung der Minne ist er durchaus von französischen Vorlagen abhängig. »Der schöne Sommer geht uns an, darüber ist mancher Vogel froh, sie freuen sich um die Wette, die schöne Zeit zu empfangen. Nun muß die strenge Kälte dem lauen Winde weichen: ich sah neues Laub an der Linde!« In einer andern Strophe ist das Winterleid geschildert: »Seit die Sonne ihren lichten Schein an die Kälte verlor und die Vögel verstummt sind, ist mein Herz traurig, weil es nun Winter sein will, der uns seine Macht an den Blumen erzeigt, deren lichte Farbe man verbleicht sieht. Davon wird mir leid und nicht lieb.« Sehr hübsch setzt sich der Dichter mit Gönnern und Neidern auseinander: »Wer mir bei meiner Frau schadet, dem wünsch' ich den dürren Ast, an dem die Diebe gehängt werden; wer mir rücksichtsvoll in Treuen begegnet, dem wünsche ich das Paradies und huldige ich mit gefalteten Händen. Fragt aber jemand, wer sie sei, der möge sie daran erkennen: es ist die Wohlgetane! Begnade mich, Frau. Ich gönne dir die Sonne, so möge mir der Mond scheinen.« Heinrich tadelt die Weiber, die nur auf den äußeren Schein sehen: »Man sagt fürwahr seit Jahren, die Weiber hassen graues Haar. Es bedrückt mich und schändet die, die ihren Freund lieber dumm als weise hat. Ich hasse an Weibern schwachen Verstand, die neues Zinn für altes Gold nehmen.« In einem Selbstgespräch sucht sich eine Frau über einen dummen, d. h. unerfahrenen Liebhaber, der dörperlich, bäurisch um sie warb, zu trösten; sie wähnte, er wäre höfisch, und war ihm darum hold. In zwei Strophen ahmt Heinrich eine Trobadorkünstelei nach: das Wort »Minne« wird in jeder Zeile ausgesprochen; die Reime gehen in den Stollen und im Abgesang durch. Überhaupt findet sich bei den älteren Minnesingern engerer Anschluss an die Reimkünste der Franzosen und Provenzalen, während die jüngeren in diesem Punkt freier verfahren. Heinrich übersetzt eine Strophe Kristians von Troyes; »Tristan mußte willenlos der Königin treu sein, weil ihn mehr das Gift als die Kraft der Minne zwang. Die edle Dame soll mir Dank wissen, daß ich sie noch viel mehr liebe, obwohl ich keinen solchen Trank genoß. Wohlgetane, ohne Falsch, laß mich dein sein und sei du mein!« In der letzten Zeile knüpft Heinrich an die französische Tristanstrophe das Liedchen an: »Ich bin dein, du bist mein.«

Friedrich von Hausen aus der Rheinpfalz gehörte zur Umgebung Kaiser Friedrichs I. und seines Sohnes Heinrich. In ihrem Gefolge kam er nach Frankreich, Italien und ins Heilige Land. Bei Philomelium fand er am 6. Mai 1190 den Tod durch einen Sturz vom Pferde bei Verfolgung der Sarazenen. Das ganze Heer der Kreuzfahrer trauerte um den tapfern Ritter und Sänger. Die Bilderhandschriften zeigen ihn im zweimastigen Schiff auf der Überfahrt begriffen. Heimweh, Liebessehnsucht und Aufenthalt in der Fremde geben seinen Liedern oft besondern Ton. Freilich ist Friedrich ein so getreuer Schüler der Trobadors, Folquet von Marseille und Bernart von Ventadorn, deren Strophen er teilweise wörtlich übersetzt, dass von den wirklichen Erlebnissen nur wenig in die allgemeinen Minnedichtungen übergeht. Er schwelgt in Vergleichen und rednerischen Figuren, aber meidet das bei Veldeke so hübsch entwickelte Naturbild. Er ist zu sinnendem Nachdenken geneigt, bleibt aber auch in seinen Klagen immer männlich. In Italien dichtet er zwei Strophen an die ferne Geliebte: »Ich wähnte früher ihr fern zu sein, da ich ihr nahe war; jetzt erst (d. h. in der Ferne) hat mein Herz von der Fremde großen Kummer. Wär' ich doch am Rhein, so hörte ich vielleicht eine andre Kunde, die ich nie mehr vernahm, seit ich über die Berge fuhr.« Auf der Kreuzfahrt geraten Herz und Leib in Streit: der Leib will gerne fechten mit den Heiden, das Herz aber hat sich ein Weib erwählt. »Als ich das Kreuz nahm, hoffte ich, solcher Beschwer ledig zu werden.« Aber das Herz verlangt immer heim und kann sich doch vom Leibe nicht trennen. In einer andern Strophe tadelt er diejenigen, die Gott um die Fahrt betrügen: »Wer das Kreuz nahm und trotzdem nicht ausfährt, dem wird zuletzt die Himmelspforte verschlossen sein.« In seinen Träumen weilt er noch bei der Geliebten: »Im Traume sah ich ein schönes Weib die ganze Nacht hindurch; da erwachte ich. So ward sie mir leider genommen. Das taten mir meine Augen: der wollte ich lieber ledig sein!« Die Schönheit der Geliebten schildert der Dichter nicht nur durch Beiwörter, sondern durch Angabe besonderer Umstände. Gott selbst war ihr Werkmeister; der Kaiser wäre vom Kusse ihres roten Mundes beglückt; ihre Schönheit ward dem Dichter zum Kummer, seine Augen schadeten sich selbst, indem sie so trefflich wählten. Friedrich zeigt also die Wirkung der Schönheit, den Reiz, und belebt dadurch das Bild, das wir von der Dame gewinnen. Ein hübscher Wechselgesang deutet die Gefühle beim Abschied an: »Daß ich von ihr schied, ohne ihr alles zu sagen, bedrückt mich. Ich unterließ es um der Aufpasser willen. Gott verdamme sie!« Und die Dame singt: »Sie wähnten, mich behüten zu können; aber es nützt ihnen nichts. Sie möchten eher den Rhein in den Po verwandeln, ehe ich ihn, der mir gedient hat, aufgäbe!« In einem längeren Selbstgespräch erscheint die Dame schwankend, ob sie sich dem Freund ergeben oder versagen soll; sie wägt für und wider ab; »er sagte oft, ich sollte ihm lieb sein vor allen Frauen; daher ist er mein Leidvertreib und meine höchste Wonne; ich will ihm gewähren, was er begehrt, sollte es auch mein Leben kosten!« In einem Lied auf der Kreuzfahrt siegt beim Dichter aber doch der männlich ernste Gedanke über die Minne: »Ich habe immer den Frauen Gutes nachgesagt; aber ich beklage es, daß ich Gottes so lange vergaß; nun will ich ihn voranstellen und den Frauen erst nach ihm hold sein.«

Abseits von Hausen, aber den Provenzalen umso näher, steht Graf

Rudolf von Fenis-Neuenburg in der Schweiz (urkundlich 1158–92). Bei Fenis finden wir den seltenen Fall der treuen Übersetzung eines dreistrophigen Liedes des Peire Vidal. Auch sonst holt er sich Bilder, Vergleiche, Gedanken, Formen aus den Trobadorgedichten.

Der Rheinpfälzer *Ulrich von Gutenburg* ist darum bemerkenswert, weil er zuerst den »Leich« (d. h. das Gedicht aus mehreren ungleichmäßig gebauten Strophen), der bisher nur in der geistlichen Dichtung verwendet worden war, in den Bereich des Minnesangs zog und die Geliebte pries, die Blumen und Klee in seines Herzens Anger säte, wie Maienregen sein Gemüt erlabte. Er zieht Beispiele aus den Romanen heran, Alexander und die Königin Kandaze, Floris und Blanscheflur, Turnus und Lavinia, und will gern den Liebestod um seine Freundin erleiden: »Ich ergebe mich völlig ihrer Gnade, daß sie mir ein wonnigliches Ende gebe.« Gutenburg ist ein formbegabter Dichter.

Den Schwaben *Bernger von Horheim* erwähnen wir, weil er dasselbe Lied des Kristian von Troyes, das Veldeke übersetzte, ebenfalls verdeutschte, und weil er das erste »Lügenlied« dichtete, worin er sein Minneglück in schwungvollen Worten und Bildern besingt, um am Ende zu gestehen, das alles sei gar nicht wahr!

Heinrich von Morungen, ein Thüringer aus der Gegend von Sangerhausen, dichtete um 1200. Er ist in Form und Gedanken von den Trobadors abhängig, empfing aber auch von Ovid Anregungen; zum Volkslied hat er keine Beziehungen; sogar die Natureingänge meidet er fast ganz. Er empfindet tief, ist von glühender Sinnlichkeit erfüllt; seine Worte strömen aus voller Leidenschaft und machen den Eindruck des Erlebten, nicht des Gedachten. Morungen ist neben Walther und Wolfram der eigenartigste und bedeutendste Liederdichter. Seine anschaulichen und lebendigen Schildereien bleiben an Kühnheit und Selbständigkeit kaum hinter Wolfram zurück, sie sind in klare, leicht verständliche Sprache gefasst und vermeiden alle Dunkelheit. Der Dichter besitzt lebhafte Empfänglichkeit für die Außenwelt, offenen Sinn für die Natur, der er zahlreiche schöne Bilder und Vergleiche abgewinnt, er schwelgt im Anschauen der weiblichen Schönheit; auch der Humor ist ihm nicht fremd. Ob man bei Morungen wie bei Walther Lieder der höheren und niederen Minne unterscheiden kann, ist fraglich. Wohl aber wird im einen Liederkreis die spröde, ihre Gunst versagende, im andern die hingebende Frau besungen. Da preist er die Dame, die durch die Herzen dringt wie die Sonne durch das Glas, deren lichte Augen in sein Herz strahlten, von der er, wie der Mond von der Sonne, seinen Schein empfängt. Er will seine Minnenot seinem Sohn vererben, der ihn nach seinem Tod rächen soll: vielleicht wird der so wunderschön, dass er ihr starres Herz bricht, wenn sie ihn erblickt! In einem andern Lied vergleicht Morungen den Zauber ihrer Augen mit dem bösen Blick der Elben; ihr Blick entzündet ihn wie dürren Zunder und ihr Fernsein schwächt sein Herz wie Wasser die heiße Glut. Verflucht sei, wer zwischen sie und ihn tritt! Wie die Vöglein auf den Tag harren, so muss er auf seine Freuden warten. Reich an Bildern ist folgendes Gedicht: »Wüßte ich, ob es verschwiegen bliebe, so ließe ich euch meine Frau sehen. Wer mein Herz aufbräche, möchte sie drinnen erschauen. Sie kam durch die Augen ohne Türe hinein. Wer in einen tauben Wald riefe, bekäme Antwort. Oft genug erschallt vor ihr meine Not in Liedern, die man ihr vorsingt. Aber sie schläft oder schweigt. Ein Papagei oder Star hätten inzwischen ›Minne‹ sagen lernen. Ich habe ihr solange umsonst gedient. Ich könnte eher einen Baum ohne Axt mit einer bloßen Bitte fällen!« Er erzählt, sie halte ein kleines Singvöglein; dürfte er, gleich ihm, ihr nahe sein, so wollte er schöner als die Nachtigall singen. Ein andermal heißt es von der Nachtigall, sie schweige, wenn ihre Liebesfreude erfüllt sei; er aber folge der Schwalbe, die weder durch Lust noch Leid ihr Singen ließ. Das entschwebende Traumbild der Geliebten vergleicht er dem Bild, das ein Kind im Spiegel sieht und danach greift, bis das Glas zerbricht und seine Wonne in Ungemach sich wandelt. Minne brachte in Traumes Weise das Bild der Frau dem Schlafenden nah, dass er sie in ihrer ganzen leuchtenden Schönheit erblickte; nur der Mund war etwas verblichen, was ihm neuen Kummer schuf. Die Neider und Feinde vergleicht er einmal mit der Wolke, die ihm der Geliebten lichten Schein verhülle. Seine Grabschrift bestimmt der Dichter in folgendem Lied: »Sah' jemand die Frau im Fenster stehen? Sie, die mich des Kummers entledigt, leuchtet wie die Sonne am lichten Morgen. Ist hier einer, der seiner Sinne mächtig blieb, der gehe nach der Schönen, die mit ihrer Krone von hinnen schied, daß sie mir letzten Trost gewähre, denn Lieb und Leid bringen mich zum Grab. Man soll auf meinen Grabstein schreiben, wie lieb sie mir, wie gleichgültig ich ihr war. Wer dies liest, soll die Sünde erkennen, die sie an ihrem Freunde beging.« Im Bild von der auf- und untergehenden Sonne ist das Minneverhältnis dargestellt: »Gesegnet sei die Edle! Weh' der Hut, die sie mir raubte, daß man sie nur selten sieht, wie die Sonne, wenn sie abends untergeht. Ich muß die ganze Nacht sorgen bis zum Morgen, daß ich die viel liebe Sonne erblicke, die so wonniglich tagt, daß ich auch trübe Wolken verschmerze!« »Was nützt es, daß meine Sonne aufgegangen ist? Sie ist mir zu hoch und zu fern am Mittag und will da lange säumen. Möchte ich den lieben Abend erleben, daß sie sich mir zum Trost herniederließe!« Auch Bilder aus dem Marienkult überträgt Morungen kühnlich auf die Geliebte, und mit dem Trobador Guillem de Cabestanh ruft er aus: »Hätt' ich mich um Gott nur halbsoviel bemüht, er nähme mich vor meinem Tode zu sich!«

In einem Selbstgespräch klagt die Dame, dass der Ritter, der ihr so lange gedient habe, sie verlassen wolle, um zu »bösen« (d. h. weniger vornehmen) Weibern überzugehen. Offenbar fand der Dichter anderswo besseres Gehör. In hohen Freuden schwebt sein Herz, er fährt, als ob er fliegen könne, in Gedanken immer um sie, seit ihm trostreiche Kunde kam. Luft und Erde, Wald und Aue sollen an seiner Wonne teilhaben, da ein freudevoller Wahn ihn überkam. »Wohl der wonniglichen Märe, die in mein Ohr drang, die freudig in mein Herz klang, die mir vor lauter Liebe den Tau aus den Augen trieb. Gesegnet sei die Stunde, da das Wort aus ihrem Munde ging, das mein Herz so nah berührte, daß mein Leib vor Freuden erschrak; und ich weiß doch vor Liebe kaum, was ich reden soll!« Ein dreistrophiges Liedchen bietet drei Minnebilder: »Ich hörte auf der Heide süße Stimmen erklingen. Davon ward ich Freuden reich und Trauerns ledig. Die, nach der mein Herz sich sehnte, fand ich am Tanz, wie sie sang. Froh eilte ich hinzu. Dann fand ich sie wieder im Verborgnen mit tränennassen Wangen, da sie am Morgen eine falsche Kunde von meinem Tode erhalten hatte. Ich kniete vor ihr mit ungestilltem Sehnen. Endlich fand ich sie an der Zinne und hätte sie wohl um Minne pfänden können. Aber ihrer süßen Minne Band verblendete mich.« In einem Wechsel klagen Ritter und Dame über Scheiden und Meiden. Die Krone aller Gedichte ist aber ein vierstrophiges Lied, worin in je zwei Strophen die Liebenden in sehnsuchtsvoller Erinnerung die Wonnen einer Liebesnacht sich zurückrufen. Schon die Form ist ergreifend schön und stimmungsvoll: mit einem Wehruf hebt die Strophe an, mit dem Kehrreim: »da tagte es« endet sie. »Owê – dô tagite ez« umrahmt wie die Tagesklage in Wagners Tristan die Gedanken des Liedes. Der Ritter spricht: »Wird mir jemals wieder ihr schneeweißer Leib durch die Nacht leuchten?

Der trog mit seinem Schein meine Augen, daß ich wähnte, es sei Mondschein!« Die Dame spricht: »Wird er jemals hier den Tag abwarten können ohne Abschiedsklage?« Der Ritter: »Sie küßte mich im Schlaf unzählige Male, ihre Tränen fielen nieder. Ich tröstete sie, daß sie ihr Weinen ließ und mich umfing.« Die Dame: »Daß er sich so sehr an mir versah! Er wollte mich hüllenlos schauen. Es wundert mich, daß es ihn nie verdroß.«

Reinmar von Hagenau stammte aus dem Elsass; er wurde um 1160 geboren und wandte sich als bereits anerkannter Dichter nach Wien, wo er im Dienst Herzog Leopolds VI. den Kreuzzug von 1190 mitmachte. Er beklagte den Tod seines Gönners in einem besonderen Gedicht aus dem Jahr 1194. Reinmar verpflanzte den westdeutschen Minnesang nach Österreich und wurde der Lehrer Walthers von der Vogelweide. Gottfried von Straßburg preist ihn um 1210 als den Führer des vielstimmigen Chors der Nachtigallen und trauert über seinen kurz vorher erfolgten Tod. Reinmars Nachfolger in der Kunst war nach Gottfrieds Urteil Walther. Heinrich von Türlin in der Krone stellt Hartmann und Reinmar als die berühmtesten Frauensänger zusammen. Reinmar ist von den Trobadors abhängig, er ahmt ein Gedicht des Auboin de Sezane nach; er bringt Friedrich von Hausens Kunst zur Vollendung; aber er führt die dort gewonnenen Anregungen selbständig weiter. In Wien nahm er die Stelle eines Hofdichters ein, insofern er zur Unterhaltung der höfischen Gesellschaft seine Lieder sang. Er dichtet nicht aus Leidenschaft und tiefer Empfindung, sondern zur Erbauung seiner Zuhörer. Die Formen der Trobadorkunst beherrscht Reinmar mit vollendeter Leichtigkeit, daher ward ihm der Preis von seinen Zeitgenossen zuerkannt. Der Inhalt seiner Lieder ist durchweg unglückliche Liebe, die er mit immer neuen Wendungen, aber für unser Gefühl mit eintöniger Grundstimmung besingt. Wir vermissen an Reinmar die Anschaulichkeit und Gegenständlichkeit. Er ist nach Uhlands Urteil »ein Scholastiker der unglücklichen Liebe«, über die er mit allen rednerischen Stilmitteln sich ergeht. Er meidet fast durchweg die Berührung mit den objektiven volkstümlichen Gattungen und bleibt immer unepisch. Wo er ausnahmsweise sich derselben bedient, bewährt er dichterisches Vermögen, dass wir bedauern, ihm nur selten auf diesen Bahnen zu begegnen. Stoff und Inhalt der Gedichte ist die innere Welt, unplastisch, farblos, verschwimmend, ohne klare, scharf umrissene Bilder, in der Empfindung gemäßigt, ohne stürmische Leidenschaft. Reinmar beobachtet seine Liebesempfindungen, zergliedert sie verstandesmäßig und gewinnt hieraus den Inhalt seiner Lieder: Charakteristisch ist die Äußerung, er habe die Minne stets in bleicher Farbe gesehen. Seinen Zuhörern wurde der immer maßvolle elegische Sang am Ende doch zu viel; »ungefüge« Leute verdrehen seine Worte, wenn er abends seine schönen Gedichte vorträgt; oder sie fragen ihn, wie alt seine Dame sei, weil er ihr schon gar so lange ohne Lohn mit rührender Geduld diene. Wie er seinen Liebeskummer hegt und pflegt, zeigen folgende Verse: »Zuweilen habe ich einen Tag, wo ich vor lauter Gedanken nicht singen und lachen kann; da glaubt mancher, der mich sieht, ich sei von schwerem Kummer bedrückt. Aber ich habe im Gegenteil Freude: wenn die Dame meinen Dienst sich gefallen läßt, so ist mir so wohl zu Mute, wie dem, der reichen Minnesold gewann.« Wehmütig klingt ein andres Lied, wo der Dichter das Glück dessen preist, dem herzliche Liebe geschieht, wovon er selber nichts aus Erfahrung weiß. Wenn es tagt, so braucht Reinmar nicht darüber zu klagen, weil er keinen Abschied von der Liebsten zu nehmen hat. In einem Gedicht erzählt der Dichter von dem Minnewunder, das geschah, indem die Geliebte durch die Augen gar sanft zu seinem Herzen niederstieg, ohne sich in der Enge zu stoßen. Gewaltig suchte sie die Stätte auf, die noch kein Weib betrat. Nun soll sie wenigstens Gnade üben. In einem andern Lied ist ihm die Geliebte sein osterlicher Tag. Einmal versteigt er sich im Lob seiner Dame so hoch, dass er sie nicht *wie* die andern, sondern *über* alle andern rühmt und daher alle andern Damen matt setzt. Auf dieses Lied erwidert Walther in einer besonderen, im gleichen Ton gehaltenen Strophe, und auch Wolfram meint im Parzival, das Lob dessen, der um seiner Dame willen die andern matt setze, hinke! Reinmar ist auf seinen Liebeskummer eitel, wenn er von der Welt die Anerkennung heischt, dass niemand sein Leid so schön tragen könne wie er. Gerade dadurch wirkt sein Dichten unwahr, eingebildet. Besser gefällt uns die schalkhafte Wendung, Gott möge ihm gönnen, dass er dem Mund der Dame einen Kuss raube; wenn sie ihn darum hasse, so wolle er den Kuss schnell wieder dort hinlegen, wo er ihn nahm. Hübsch ist auch ein Botenlied, in dem die Frau aus ihrer Zurückhaltung einmal heraustritt und dem Freund Liebesgrüße sendet. Aber in der letzten Strophe wird's ihr leid und sie verbietet dem Boten, etwas von dem, was sie sagte, auszurichten. Reinmar verfasste ein Kreuzlied über das beliebte Thema, wie Leib und Seele dabei in Widerstreit geraten: »Als ich das Kreuz nahm, hütete ich meine Gedanken, wie es dem Zeichen ziemte, als ein rechter Pilger. Da hoffte ich sie so auf Gott zu lenken, daß sie niemals wieder aus seinem Dienste strebten; nun aber wollen sie ihren Willen haben und ledig sein. So gehts auch andern. Die Gedanken toben, sie wollen Gott nicht loben, sondern richten sich auf die alte Märe. Ich will's ihnen nicht ganz verbieten, sie mögen zuweilen heimkehren, aber schnell zurückkommen. Wenn sie die Freunde dort gegrüßt haben, dann sollen sie wiederkehren und hier meine Sünden büßen helfen.« Zu poetischer Anschaulichkeit erhebt sich die Totenklage um Herzog Leopold, die seiner Witwe in den Mund gelegt ist. Reinmar benützt dabei den volkstümlichen Natureingang und die Klagelieder, die auf Verstorbene gedichtet zu werden pflegten. »Sie sagen, der Sommer sei mit seiner Wonne gekommen und ich soll fröhlich sein wie früher. Nun sagt mir doch, wie? Der Tod hat mir alles genommen. Was brauch' ich wonnigliche Zeit, seit aller Freuden Herr, Leopold, in der Erde ruht? Gar viel hat die Welt an ihm verloren. Mir armen Weibe war zu wohl, wenn ich an ihn gedachte, wie all mein Glück an ihm lag. Seit ich das nicht mehr habe, geht mein übriges Leben in Sorgen hin. Meiner Wonnen Spiegel, den ich zu sommerlicher Augenweide erkoren hatte, ist dahin. Als ich von seinem Tod hörte, wallte mein Blut aus dem Herzen über die Seele. Meines Herren Tod raubte mir die Freude, daß ich sie entbehren muß. Ich soll ihn allezeit beweinen, der meines Lebens Trost gewesen. Er ist dahin, was tauge ich hier? Sei ihm gnädig, Herr Gott, denn nie kam ein tugendlicherer Gast in dein Ingesinde!«

Walther widmete seinem Lehrer zwei schöne Strophen als Nachruf. Er klagt, dass Weisheit; Jugend, Schönheit und Tüchtigkeit sich nicht vererben. Wie viel gute Kunst verdirbt mit Reinmar! Und hätte er nur das eine Lied gesungen: »Heil dir, Weib, wie rein ist dein Name«, so hätte er für das Lob der Frauen gestritten, dass alle Weiber ihm danken sollten. In der zweiten Strophe unterscheidet Walther die edle Kunst Reinmars, deren Verlust er schwer beklagt, und die Persönlichkeit des Dichters, um die es ihm nicht so leid wäre. Offenbar wurden die persönlichen Beziehungen beider Dichter durch irgend einen Umstand, vielleicht durch Eifersucht auf Erfolg, getrübt. Aber die hohe künstlerische Bewertung Reinmars vonseiten Walthers wurde dadurch nicht beeinträchtigt.

Hartmann von Aue ist lyrisch wenig begabt. Er lehnt sich an Reinmar gelegentlich an. Die mangelnde Empfindung ersetzt er durch sprichwörtliche Redensarten, die er seinen Liedern einflicht. Wie seine Epen in geistliche und weltliche Erzählungen, in Legenden und Artusromane zerfallen, behandelt er auch als Liederdichter weltliche und geistliche Minne. Die Anbetung der Geliebten, das treu schmachtende Ausharren im Dienst ist ihm nicht gelegen. Er wendet sich von der erfolglosen Minne ab. In einer Strophe weist er auf zwei entscheidende Erlebnisse hin: seine Freude ist in Trauer verwandelt durch den Tod seines Herrn und, weil die Dame, der er von Kind auf diente, ihm ihre Gnade versagte. Diese Absage schildert auch ein Zwiegespräch zwischen der Dame und einem Boten. Der Ritter lässt sagen, er wolle diesen Sommer hindurch hochgemut auf Gnade hoffen; die Dame erwidert: der Bote solle seinem Herrn alles Gute ausrichten, aber ihn bitten, seinen Dienst dorthin zu wenden, wo er Lohn erhoffen dürfe; sie werde ihm immer fremd bleiben. Darauf singt Hartmann sein Trutzlied : »Mancher fordert mich auf, mit ihm zu ritterlichen Damen zu gehen; er soll mich in Frieden lassen, ich will nicht im Dienste müde werden. Den Damen gegenüber bin ich so gesinnt: wie du mir, so ich dir! Ich kann meine Zeit besser mit ›armen Weibern‹ (d. h. Mädchen, die nicht von Stande sind) vertreiben; überall finde ich deren genug, die mich gern haben. Was nützt ein Ziel, das allzuhoch gesteckt ist? Ich habe einmal törichterweise einer Dame mein Herz zugewandt; da ward ich scheel angesehen. Das soll mir nicht mehr widerfahren!« So ist Hartmann der volle Gegensatz zum treuen Reinmar. Der Tod seines Herrn gab seinen Liedern neuen Inhalt, indem Hartmann eine Kreuzfahrt unternahm und mehrere Gedichte darüber verfasste, die zu den besten deutschen Kreuzliedern gehören. »Dem Kreuz ziemt reiner Sinn und keusche Sitte, dann mag man dabei Glück erwerben. Für den Toren, der sich sonst nicht beherrschen kann, ist das Kreuz keine geringe Fessel. Es verpflichtet zu Werken und taugt nicht bloß auf dem Gewand, wenn man's nicht im Herzen hat. Ihr Ritter, gebt Leib und Seele hin für den, der für euch Leib und Gut geopfert! Wessen Schild auf hohen Weltruhm bereit war, der ist nicht weise, wenn er ihn Gott versagt. Hier gilt es Weltruhm und Seelenheil! Die Welt lächelt mir trügerisch zu und winkt mir, ich bin ihr als ein Tor gefolgt. Ihren Buhlerkünsten lief ich nach und eilte dahin, wo niemand Treue finden kann. Hilf mir, Christ, daß ich mich dem bösen Feind durch dein Zeichen entziehe. Meines Herren Tod nahm den besten Teil meiner Freude dahin. Möge auch ihm meine Fahrt zugut kommen! Ich will sie zur Hälfte für ihn tun und hoffe, ihn vor Gott wiederzusehen.« In einem zweiten Lied nennt er alle Freuden vergänglich, bis er sich Christi Kreuzblumen erkor; die künden eine Sommerzeit von süßer Augenweide. Gott habe wohl getan, ihn aus weltlichen Sorgen zu befreien und ihm die himmlischen Freuden zu verheißen. In einer Strophe wird der Gedanke der Verbindung von Frauen- und Gottesminne erörtert: »Welche Frau ihren Freund in rechter Gesinnung auf die Kreuzfahrt schickt, die gewinnt die Hälfte des Lohnes für sich, wenn sie daheim ein keusches Leben führt. Sie bete für zwei, er fahre für zwei!« Besonders schön und gedankenreich ist das Lied auf die Gottesminne: »Ich fahre mit euren Hulden, Herrn und Freunde! Leut' und Lande lebt wohl! Niemand braucht mich nach meinem Reiseziel zu fragen: ich will's euch gern verkünden. Mich hat Gottes Minne in Treuepflicht genommen. Mancher rühmt sich seiner Minnetaten; aber wo sind die Werke? Möchte sie doch auch andre dazu bringen, daß sie ihr dienen wie ich. Mich zieht's aus meiner Heimat über Meer. Das vollbringt die Minne, Saladin und all sein Heer würden mich keinen Fuß breit aus Frankenland bringen. Ihr Minnesinger, euch mißlingt es oft: der Minnewahn schadet euch. Ich will mich meiner echten Minne rühmen, die mich ganz erfüllt und mich will. Ihr ringt um Liebe, die nichts von euch wissen will. Könntet ihr Armen doch so minnen wie ich!«

Wolfram von Eschenbach hat nur wenige lyrische Dichtungen verfasst, die aber zum Besten und Schönsten gehören, was der mhd. Minnesang überhaupt aufzuweisen hat. Seine lyrische Befähigung erweist Wolfram in seinem Liebesroman von Schionatulander und Sigune. Im Minnesang pflegt er fast ausschließlich das Tage- und Wächterlied. Von den sieben erhaltenen Gedichten sind fünf Tagelieder. Wolfram gewinnt dem Thema immer neue Seiten ab, je nach Verteilung der Rollen, indem er den Wächter ins Gespräch zieht, hier die Dame, dort den Ritter in den Vordergrund rückt. Die poetische stimmungsvolle Situation ist nach allen Seiten behandelt. Wolframs eigenartiger Stil, seine herrliche Bildersprache bewährt sich im Wächterlied vorzüglich. »Eine Frau ersah das Morgenlicht bei Wächters Sang, als sie heimlich in ihres Freundes Armen lag. Davon verlor sie viele Freude, und lichte Augen wurden naß. Sie sprach: Weh dir, Tag, Wild und

Zahm freut sich dein und sieht dich gern, nur nicht ich. Wie soll es mir ergehen? Mein Freund darf nicht länger weilen, dein Schein verscheucht ihn. Der Tag drang mit Macht durch die Fenster. Viel Schlösser schlossen sie zu: umsonst! Sorge ward ihnen kund. Die Freundin zog ihren Freund eng zu sich, von ihren Tränen wurden beider Wangen nass. So sprach sie zu ihm: wir haben zwei Herzen und einen Leib. Unsre Treue ist untrennbar. Meiner großen Liebe bin ich beraubt, wenn du nicht zu mir kommst und ich zu dir. Traurig nahm der Freund alsbald Urlaub. So kam der Tag: weinende Augen, süßer Fraue Kuß! Sie flochten in einander Mund, Brust, Arm und Bein. Kein Maler könnte dies genügend schildern. Ihr beider Liebe trug viel Kummer.« Im zweiten Lied beginnt der Wächter mit dem Tagelied: »Seine Klauen durch die Wolken sind geschlagen, er steigt auf mit großer Kraft, ich seh ihn grauen, den Tag, der dem werten Mann, den ich mit Sorge bei Nacht einließ, das Beisammensein raubt.« Die Frau heißt ihn schweigen, aber der Wächter mahnt zum Abschied: »Es ist Tag; Nacht war's, als dein Kuß und Umarmung ihn mir abgewann.« Vergebens sucht die Frau nochmals den anbrechenden Tag zu leugnen, den Tag, der ihr den Freund schon oft aus weißen Armen, aber nicht aus dem Herzen nahm. »Von den Blicken, die der Tag durch die Fenster tat, und vom Warnelied mußte sie erschrecken.« Mit heißen Küssen und engen Umarmungen scheiden die Liebenden. Im dritten Lied hören wir zwei Wächterstrophen mit dem Endruf: Wache, Ritter, wahre dich! Und der Ritter erwidert: »Noch keinem hat die Trauer solchen Freudenfund zerstört.« Auch das vierte Lied beginnt mit einem Gespräch zwischen Wächter und Dame, die den Freund am liebsten in ihren Augen bergen würde und mit dem Wunsche schließt: Gottes Friede möge ihn wieder in meinen Arm zurückführen! Sie weckt den Freund, der über die kurze Nacht jammert. Der Tag ward verflucht. So eng umarmten sie sich, dass die Strahlen von drei Sonnen nicht zwischen ihnen durchgeleuchtet hätten, Der Ritter sprach: Ich will fort; deine weibliche Güte nehme mein wahr und sei mein Schild hin und her heute und alle Tage! Wolfram flicht hier den volkstümlichen Reisesegen (vgl. unten S. 124) ein. Das letzte Lied ist an den Wächter gerichtet: »Du sangest oft Leid nach Liebe am Morgen, wenn der Morgenstern aufging. Schweig, Wächter, und sing davon nicht mehr! Wer bei liebem Weibe liegt, den Merkern unverborgen, der braucht am Morgen nicht davonzustreben, er mag den Tag erharren; man braucht ihn nicht wegen Lebensgefahr hinauszugeleiten. Ein ehelich Gemahl gewährt solche Minne!« Wolfram erscheint auch im Parzival als ein Lobredner der Ehe. So nimmt er mit dieser Wendung gleichsam Abschied vom Wächterlied, das die Wonnen verbotner Minne besang.

Die zwei andern Minnelieder sind nur wegen einiger besonderen Wendungen bemerkenswert. Da sagt Wolfram, er sei von Eulen Art, weil sein Herz die Geliebte in finstrer Nacht erblicken könne. Die Lieder vom Frauendienst gewinnen auch den verbrauchten allgemeinen Vorstellungen eigne, neue Bilder und Gedanken ab. »Blumensprießen, Laubausschlagen, Maienluft gibt den Vögeln ihren alten Ton. Ich aber kann neues Singen, wenn der Reif liegt, noch ohne deinen Lohn. Der Waldsinger Sang klang nach der ersten Sommerhälfte noch niemand in die Ohren.« Er bittet die Frau um Hilfe, um helfliches Wort, helflichen Gruß, um Lohn für seinen Dienst und Trost für seinen Kummer zu haben.

Walther von der Vogelweide stammte aus ritterlichem Geschlecht, war aber ohne Besitz und darauf angewiesen, seinen Lebensunterhalt durch Dienst zu erwerben. Seine Heimat ist unbekannt; die weitverbreitete Meinung, er sei ein Tiroler, ist nicht erwiesen. Wohl aber verdankt Walther seine Ausbildung Österreich, wo er Singen und Sagen lernte. Da er auf seinen Wanderungen immer wieder nach Wien sich zurücksehnt und nach neuen Anknüpfungen mit dem Wiener Hof sucht, so darf wohl dieser Zug nach Österreich als Heimweh gedeutet werden. Also war Walther wahrscheinlich ein Österreicher. Sein Lehrmeister war Reinmar von Hagenau, der als Hofdichter die neue Kunst vom Elsass nach Wien gebracht hatte. Walther hoffte, im Dienst der österreichischen Herzöge unterzukommen, und scheint vom Herzog Friedrich angenommen worden zu sein. So lang Friedrich lebte, war Walther sorgenfrei. Als aber der Herzog im April 1198 auf der Kreuzfahrt gestorben war, da begann für Walther ein langes, unstetes Wanderleben. Der Nachfolger Friedrichs, Leopold VII., versagte dem Dichter die von ihm gewünschte Anstellung. Da musste er zum Wanderstab greifen. Er wandte sich zunächst im Sommer 1198 an den Hof des Königs Philipp, in dessen Dienst er die berühmten Reichstöne sang, die für die im September 1198 stattfindende Krönung Philipps Stimmung machten und gegen den im Juni 1201 verhängten Bann Innocenz' III. Einsprache erhoben. Die anfängliche Hoffnung auf feste

Anstellung im Reichsdienst, auf ein Lehen, die Walthers Sprüche so zuversichtlich machte, erfüllte sich nicht. Er musste andern Dienst suchen. Wir finden Walther in Eisenach, wo er später eine Zeit lang des milden Landgrafen Hermann Ingesinde wurde. Beim ersten Besuch hatte ihm das Treiben am Landgrafenhof nicht besonders gefallen und auch hernach hatte er manche Unannehmlichkeit dort zu erfahren. Im November 1203 erscheint Walther in den Reiserechnungen des Bischofs Wolfger von Passau, seit 1204 Patriarch von Aquileja, als Empfänger von fünf Solidi zur Beschaffung eines Pelzrockes. Es fragt sich, ob diese Gabe, die dem Dichter im kleinen österreichischen Dorf Zeiselmauer gereicht wurde, auf eine vorübergehende Begegnung mit dem Bischof oder auf ein dauerndes Dienstverhältnis gedeutet werden darf. Wolfger gehörte zur staufischen Partei und war ein Gönner der Spielleute. Walther preist in einem Spruch seinen Hof als eine Zufluchtsstätte, die ihm immer Trost gewähre. Man hat schon angenommen, dass Walther in Wolfgers Gefolge eine Zeit lang in Friaul und Aquileja geweilt habe. Jedenfalls hören die politischen Sprüche für längere Zeit auf, Walther ist eine Reihe von Jahren ohne Beziehung zum Reich. Sogar ein so furchtbares Ereignis wie die Ermordung Philipps am 21. Juli 1208 wird in den Sprüchen nicht erwähnt. Außer dem Wiener Hof, den Walther bei verschiedenen Anlässen aufsuchte, lassen sich Beziehungen zum Schwiegersohn des Landgrafen Hermann, zum Markgrafen Dietrich IV. von Meißen (1195–1220), nachweisen. Zu seinen Gunsten wirkte der Dichter bei König Otto nach dessen Rückkehr aus Italien im Frühjahr 1212. Um diese Zeit wandte sich Walther wieder dem Reichsdienst zu und ging mit vielen andern Anhängern Philipps zum Welfen über, der am 4. Oktober 1209 zum Kaiser gekrönt, aber bereits am 18. November 1210 infolge seines Angriffs auf das Königreich Sizilien vom Papst Innocenz gebannt worden war. Wohl trat Walther für den Kaiser gegen die Übergriffe der Kurie ein, aber die persönliche Begeisterung, die die Philippstöne auszeichnet, fehlt in den Ottosprüchen. Gar bald machte er auch die Erfahrung, dass Otto viel versprach und wenig hielt. Als Otto 1214 bei Bouvines von Philipp von Frankreich geschlagen wurde, neigte sich seine Macht zu Ende. Walther ward Dienstmann König Friedrichs II., dem gleich bei seinem Erscheinen in Deutschland im September 1212 die meisten deutschen Fürsten zugefallen waren. Nun konnte Walther wieder für die ihm besonders zusagenden Ideale der staufischen Politik eintreten. Gleich zu Anfang zeigte sich der König freigebig. Als er im Frühling 1220 zur Krönung nach Rom aufbrach, erfüllte er zuvor den Herzenswunsch Walthers und begabte ihn mit einem wahrscheinlich bei Würzburg belegenen Lehensgut. Damit gewann der Dichter die lang ersehnte gesicherte Lebensstellung. Während Friedrich als Kaiser in Italien weilte, kümmerte sich Walther eifrig um politische Angelegenheiten. Er wurde einmal durch Übersendung eines kaiserlichen Geschenkes geehrt. Zum Reichsverweser, Erzbischof Engelbert von Köln, hatte Walther persönliche Beziehungen. Als Engelbert 1225 ermordet wurde, widmete ihm Walther einen Nachruf mit starken Verwünschungen der Mörder. Einige Sprüche Walthers beziehen sich auf den jungen König Heinrich, Friedrichs Sohn. Offenbar gehen die Bemerkungen über unerzogene Kinder, über schlechte Gesellschaft und Missregierung auf die Verhältnisse unter Heinrich. Die wichtigste Angelegenheit, die den alternden Dichter beschäftigte, war der von Friedrich bereits bei der Achener Krönung 1215 gelobte, aber immer wieder hinausgeschobene Kreuzzug, der zum Zerwürfnis mit dem Papst Honorius und endlich zur Bannung des Kaisers durch Gregor IX. im September 1227 führte. Walther mahnte immer zum Kreuzzug und verfasste ein Kreuzlied, das man als ein Zeugnis persönlicher Teilnahme an der von Friedrich 1228 endlich unternommenen Fahrt deuten kann. Dann verschwinden die Spuren späterer Ereignisse in Walthers Gedichten, dessen Tod um 1230 anzusetzen ist. Nach glaubwürdigem Zeugnis wurde er im Kreuzgang des Neumünsters zu Würzburg begraben. Da Walther in einem seiner letzten Lieder sagt, er habe vierzig Jahre von Minne gesungen, verlegt man seine poetischen Anfänge um 1180, seine Geburt um 1160. Seinen Namen »von der Vogelweide« kann Walther nach einer Ortsbezeichnung, etwa seinem Lehen oder dem seines Vaters, als Familiennamen geführt haben. Möglicherweise war es aber ein Dichtername, wie Spielleute sich Spervogel, Fälklein, Heinrich der Vogler nannten, wie der Archipoet von seinem Vagantenleben sang, dass er wie ein Vogel durch die Lüfte fliege (feror ego ut per vias aeris vaga fertur avis); da Walther einmal mit Hildegund, wie er seine Geliebte nennt, auf das Waltherlied anspielt, so mag auch an Waltharius auceps, Walther den Vogelsteller erinnert werden.

Walthers Bedeutung für die mhd. Lyrik liegt darin, dass er zwei bisher getrennte Richtungen, den lehrhaften Spruch des fahrenden

Spielmanns, die Weise Spervogels und Herigers mit der höfischen Liederkunst Reinmars vereinigte und somit einen Reichtum von Gedanken und Formen besaß, wie keiner vor und nach ihm. Den Spruch und das Lied bildete er selbständig weiter, indem er als Spruchdichter über das Persönliche und Lehrhafte zum Politischen aufstieg, was vor ihm nur die Vaganten in ihren lateinischen Gedichten und die Trobadors im Sirventes, aber ohne politischen Weit- und Tiefblick, mehr nur von beschränktem Parteistandpunkt aus ohne hohe Ziele gewagt hatten, und indem er als Liederdichter aufs volkstümliche Tanzlied zurückgriff und damit eine in Reinmars Schule unerhörte Anschaulichkeit und Gegenständlichkeit gewann. Gottfried preist im Tristan die außerordentliche musikalische Kunst Walthers, von der wir nichts mehr wissen. Seine überragende und einzigartige Stellung erhellt daraus, dass er alle vor ihm vorhandenen lyrischen Gattungen kraftvoll zusammenfasst und fortführt und auch die späteren Richtungen, selbst da, wo sie eigne, von Walther nicht gebilligte Wege einschlugen, durch sein Vorbild bestimmt. Seine Beziehung zum Volkslied rief die höfische Dorfpoesie, die Schule Neidharts ins Leben. Die schönste Anerkennung spendet Gottfried dem Lebenden, den er nach Reinmars Tod zur Bannerführerin der Nachtigallenschar erhebt; den Toten preist sein Schüler Ulrich von Singenberg, und Hugo von Trimberg prägte den viel zitierten Spruch:

her Walther von der Vogelweide,
swer des vergaeze, taete mir leide!

Die Sage vom Wartburgkrieg erhielt Walthers Namen bis auf die Meistersinger herab lebendig.

Aus Walthers Sprüchen kann sein Lebenslauf abgenommen werden; aber in der Minnelyrik darf man nicht zu viel Persönliches suchen und auf bestimmte Verhältnisse der sog. höheren und niederen Minne schließen. Die *Minnelieder* zerfallen in zwei Hauptgruppen: die erste folgt dem Vorbild Reinmars und gehört daher zu Walthers Anfängen, die zweite entfernt sich vom höfischen Vorbild und gewinnt Fühlung mit dem Volkslied. Die höfischen Lieder behandeln die gewöhnlichen Gattungen und Formen und entbehren der Anschaulichkeit, der Beziehung auf äußere Handlung, der epischen und dramatischen Form. Wir erhalten kein klares Bild von der Geliebten, nur allgemeine Werturteile. Die Darstellung ist verstandesmäßig geklügelt, hypothetische Elemente, Wünsche, Fragen, Widerrufe und Berichtigungen, Wiederholungen überwiegen. Manchmal verwendet der Dichter sogar die Strophen Reinmars. Der Stil weist dialektische Schulung auf. Walther freut sich daran, das Erlernte im Gedicht zu üben. Es fehlt die Wahrheit, die Leidenschaft, die Farbe, das Leben; die Gedichte sind geschickte, aber weder selbständige noch bedeutende Schulübungen. Ganz anders die zweite Gruppe! Walthers Poesie wird lebendig und gegenständlich, sie bekommt Farbe und Bewegung. Die Frau, die bisher nur in der Ferne erschien, zeigt er uns jetzt ganz nahe. Zur zweiten Gruppe gehören nicht nur Lieder der niedren Minne, die das Verhältnis zu einem Mädchen aus dem Volk schildern; auch die Dame tritt jetzt in viel hellere Beleuchtung als zuvor. Walther verfügt über neue Ausdrucksmittel, die er sehr wirkungsvoll und abwechslungsreich gebraucht. – Man wirft ihm vor, dass er seinen Sang so nieder wende. Er muss sich und die Geliebte verteidigen. »Die«, sagt er, »traf die Minne nie, die nur nach Gut und Schönheit minnen. Du bist schön und hast genug; was sie auch reden, ich bin dir hold und nähme dein gläsern Ringlein lieber als einer Königin Gold!« – Er reicht seinem Mädchen einen Blumenkranz, weil er kein edles Gestein spenden kann. So wird sie dem Tanz zur Zierde sein. Sie nahm mit dem Anstand der adligen Dame die Gabe entgegen, ihre Wangen wurden rot wie Rosen und Lilien. Sie neigte sich ihm dankend und Blüten rieselten vom Baum ins Gras. Da musste er vor Wonne lachen und – erwachte aus seinem schönen Wahntraum. Aber seitdem muss er allen Mädchen, die er im Tanze findet, in die Augen und unter die Hüte sehen, ob sie vielleicht dabei ist. – Unter der Linde bei der Heide war das Lager der Liebe bereitet. Blumen und Gras sieht man gebrochen und mag noch erkennen, wo ihr Haupt lag. Aber niemand als die verschwiegene Nachtigall soll wissen, was sie zusammen trieben. So erzählt das Mädchen sein Erlebnis. – Man fragt nach dem Namen der Geliebten; er antwortet: »Meines Herzens tiefe Wunde, die muß immer offen stehen, sie werde denn heil von Hildegunde.« Walther gibt der Geliebten den sagenberühmten, zum seinigen passenden Namen, sie ist seine Hildegunde. – Wunderschön weiß er den Auftritt der Frau zu schildern. Wenn die Blumen aus dem Grase dringen, als wollten sie der strahlenden Sonne entgegenlachen, am frühen Maienmorgen, und die Vöglein in ihrer besten Weise singen, dann ist ein halbes Himmelreich auf Erden. Aber noch schöner ist es, wenn eine edle Dame, wie eine Sonne unter Sternen, wohl geschmückt und wohl gekleidet, in Gesellschaft geht. Da lässt man alle Maienwunder stehen und blickt auf das schöne Weib. Wer's nicht glauben will, möge zum Maifest kommen und die Probe machen. Herr Mai, ihr könntet meinthalb März sein, eh ich meine Frau verlöre! – Mit antiker Freiheit, die an Ovid und Heinrich von Morungen erinnert, beschreibt er die Schönheit der Frau, die er hüllenlos im Bade bewundert. – Eigentliche Naturschilderungen hat Walther nicht. Aber er weiß mit wenig Zügen ein bewegtes Bild zu entwerfen, wenn auf dem Anger Blumen und Klee miteinander streiten, wer länger ist und schneller wächst. – In Zweifel versunken, will er aus dem Dienst der Dame scheiden. Aber ein kleiner Trost, ein »Tröstlein« hält ihn zurück: am Halme misst er in kindlichem Fragespiel: »sie liebt mich, sie liebt mich nicht«, und immer war das Ende gut. – Möchte ihm doch beschieden sein, mit der Minniglichen Rosen zu brechen und ihr einen Kuss abzugewinnen. – Humoristisch ist das Traumerlebnis: Als der Sommer gekommen war und die Blumen durchs Gras wonniglich entsprangen und die Vögel sangen, da kam er auf einen schönen Anger vor dem Walde, wo ein lautrer Quell entsprang und die Nachtigall sang. Im Schatten einer Linde suchte er Kühlung und entschlummerte. Ihm träumte, alle Welt wäre ihm untertan. Plötzlich erwachte er am Schrei der Krähe und ein »wunderaltes« Weib nahte sich, um den schönen Traum nichtig auszulegen. – Walther hat das erste Preislied auf Deutschland gesungen, als er nach längerem Aufenthalt in der Fremde heimkehrte und die Botschaft verkündete, dass deutsche Zucht alle fremde Sitte überrage. Deutsche Männer sind wohl gezogen, wie die Engel sind die Frauen beschaffen. Wer Tugend und reine Minne suchen will, der komme in unser Land, wo viel Wonne ist. Möge ich lang drin leben! Der Ruhm des Vaterlands ist für Walther das Lob der deutschen Frauen. So hoch gilt ihm Frauenehre. Wahrscheinlich antwortet Walther in seinem »Deutschland über alles« den Schmähgedichten der Trobadors, unter denen Peire Vidal und Peires de la Cavarana sich besonders hervortaten. Der eine schrieb, die Deutschen seien unhöfisch, tölpisch, schlecht, und man könne ihrer nicht froh werden; der andre meinte: »Das deutsche Volk wollet nicht lieben noch seinen Umgang suchen; mir ist's im Herzen beschwerlich, mit Deutschen zu kauderwelschen!« – Aber so sehr Walther zur Anschaulichkeit und sinnlichen

Frische neigt, nie wird er derb und naturalistisch. Er hat immer die feinsten höfischen Kreise im Auge und klagt darüber, dass ungefüge Töne aufkommen, die er lieber draußen bei den Bauern lassen will. Damit wendet er sich gegen Neidhart und seine Schule, mit denen er nichts gemein haben will.

Die *politischen* Sprüche sind durch kurze Fassung und treffende Bilder ausgezeichnet. Niemals verliert sich der Dichter in allgemeine Wendungen und abstrakte Erwägungen, immer prägt er seine Gedanken leicht fasslich und greifbar deutlich, dass sie unvergesslich im Gedächtnis des Hörers haften. Sein Standpunkt ist immer derselbe: für das deutsche Kaisertum, gegen das römische Papsttum. Unter drei Kaisern hat er für dieses Ideal gekämpft. Aus dem persönlichen Verhältnis zum jeweiligen Träger der Krone und aus den verschiedenen Umständen, unter denen die Kämpfe sich abspielten, ergaben sich wechselvolle Sprüche. Zu den frühesten gehören die drei Reichstöne aus den Jahren 1198 und 1201. Aus der von Walther angenommenen Situation stammt das bekannte Bild der alten Handschriften: der Dichter sitzt gedankenvoll auf einem Stein, ein Bein übers andere geschlagen, das Haupt in die Hand gestützt, und erwägt den Weltlauf. Wie sind Gottes Huld, weltliche Ehre und Gut in einen Schrein unterzubringen, ohne dass das Gut die beiden andern schädigt? In den Wirren, die durch die Kämpfe der Gegenkönige entstanden, ist Friede und Recht wund geworden. Im zweiten Spruch betrachtet der Dichter die Natur und findet überall, selbst im Tierreich, die monarchische Ordnung. Nur Deutschland weiß nicht, wem die Krone gebührt: »Setze Philipp den Waisen (d. h. die mit dem als Waise bezeichneten Edelstein geschmückte Krone) auf und laß die andern Bewerber zurücktreten.« Im dritten Spruch schaut er in die Herzen der Männer und Weiber und erkennt die Verwirrung, die der Bannfluch des Papstes über Philipp angerichtet. Ein Einsiedler klagt in seiner Klause über das Elend der Christenheit, die der Papst irreführt. Eindrucksvoll ist die Schilderung des üblen Zustandes, gewichtig die Mahnung zur Besserung. Die Sprüche taten gewiss große Wirkung auf die Gemüter und verhalfen manchem zu klarer Erkenntnis. Walther war beim Weihnachtsfest zu Magdeburg 1199 zugegen, er schildert den feierlichen Aufzug Philipps und der Königin Irene, welch hohe Zucht von allen Anwesenden geübt wurde, wie die Sachsen und Thüringer so dienten, dass es den Verständigen wohlgefiel. Er zeigt also den König im vollen

Glanz seiner anerkannten Würde. Aber bald folgen Sprüche des Tadels, Mahnung zur Freigebigkeit gegen die Fürsten, die ihre Dienste nicht umsonst leisten wollten und denen Philipps Gaben nicht genügten. Der milde Saladin und Alexander werden als Vorbilder der Freigebigkeit angerufen. Kränkend musste der Spruch wirken, der die byzantinischen Wirren, die Vertreibung und Absetzung des Kaisers Isak Angelos, des Schwiegervaters Philipps, im Jahre 1204 auf die Kargheit zurückführte: ein Braten ward zu dünn geschnitten; darum ist den Köchen zu raten, dass sie den Fürsten dickere Schnitten zuteilen, sonst geht es wie in Griechenland! Ohne Namen zu nennen, wusste Walther doch für die Zeitgenossen deutlich genug auf diese Vorkommnisse hinzuweisen. Wolfram gedenkt noch im Willehalm dieses »Bratenliedes«. – Als Otto 1212 aus Italien heimkehrte, grüßte ihn ein Spruch: »Willkommen, Herr Kaiser, des Königs Name ist euch genommen!« Und als der Papst abermals seinen Bannfluch aussandte, da hielt ihm Walther treffend entgegen: »Ihr sprachet, wer dich segne, sei gesegnet, wer dir flucht, sei verflucht! Seht zu um Gottes willen, daß Ihr der Pfaffen Ehre wahrt.« Walther lenkt den Segen und Fluch, den der Papst bei der Kaiserkrönung über Otto ausgesprochen hatte, auf das eigene Haupt des durch den Bann sich widersprechenden Innocenz zurück. Er vergleicht ihn mit Gerbert (Sylvester II.), der im Rufe eines Zaubrers stand. Er stellt den Papst uns vor, wie er sich die Hände reibt mit seinen Welschen, weil er wieder zwei deutsche Könige aufgestellt hat, dass sie das Reich zerstören und verwüsten, während die Pfaffen dabei gewinnen. Er wirft dem Papst vor, aus Eigennutz habe er die Opferstöcke für den Kreuzzug in deutschen Kirchen aufgestellt: »Großen Hort zerteilet selten Pfaffen Hand.« Dabei wird »Herr Stock« wie eine Person angeredet und getadelt. Die Personifizierung wirkte sehr anschaulich. – Von der Konstantinischen Schenkung sagt Walther, ein Engel habe damals dreimal Wehe gerufen über das Unheil, das damit der Christenheit zuteil ward. – Als Friedrich II. nach Deutschland kam, trat Walther auf seine Seite. Er hatte, wie viele andere, an Otto üble Erfahrungen gemacht. Er vergleicht Otto und Friedrich. Ottos Milde maß er an seiner Länge und verrechnete sich dabei; als er ihn nach der Ehre maß, da schrumpfte er zum Zwerg ein; aber wie er dasselbe Maß an Friedrich legte, da ward sein junger Leib groß und stark und er schoss in die Höhe. Ein Sprichwort sagte: »Diene dem bösten Manne, dann lohnt dir der Beste.« Otto ist der böseste,

Friedrich der beste. – Die Mahnung zur Kreuzfahrt ist der Gegenstand der letzten Lieder Walthers. Er ermuntert den Landgrafen Ludwig von Thüringen, der das Heer aus Deutschland heranführen sollte. Er ruft die Rache Gottes auf die Gegner Friedrichs, die ihn an der Fahrt hindern wollen, herab. In die Klagen, die der alte Dichter über die Vergänglichkeit alles Irdischen anstimmt, mischt sich der Aufruf zur Kreuzfahrt ein. Ein besonderes Lied soll die Kreuzfahrer unmittelbar anfeuern, es klingt wie ein Fahrtlied, das auf der Reise angestimmt werden konnte. Endlich schildert ein Lied die Freude, die den im Heiligen Land Angekommenen erfüllt: »Jetzt erst lebe ich würdig, seitdem mein sündig Auge das hehre Land und die Stätte, die Gott in Menschengestalt betrat, gesehen hat.« Und dann folgen Betrachtungen über die Zustände im Heiligen Land, das Christen, Juden und Heiden als ihr Erbe ansprechen und worüber Gott entscheiden möge. – So hält Walther bis in sein Alter die Ideale der großen staufischen Politik unverrückt aufrecht. – Die *lehrhaften* und *persönlichen* Sprüche sind mannigfach, wesentlich bedingt durch Walthers persönliche Stellung, während seine Vorläufer in der Spruchdichtung mehr ins Allgemeine gingen. Walther bezieht sich meist auf den Zustand in der Gesellschaft, den rechten Gebrauch des Gutes, die Pflichten der Ehre. Bald schlägt er den ruhigen objektiven Ton des Lehrdichters an, bald knüpft er auch hier an subjektive Voraussetzungen an, er spricht zur vornehmen Gesellschaft, zu jungen Knappen, zu unerwachsenen Kindern, die noch der Rute bedürfen. Er dichtet humoristisch, satirisch, elegisch, je nach Anlass und Stimmung. Das alte Bitt-, Lob- und Scheltlied findet sich auch unter Walthers Sprüchen. Am Ende seines Lebens stimmt er religiöse Töne an. In mehreren Sprüchen verteidigt er sein Ansehen gegen Neider und redet offen mit den Großen der Welt. Wiemann und Stolle sind Namen fahrender Sänger, deren Angriffe Walther derb erwidert. Gerhard Atze ist vermutlich einer jener Raufbolde, deren Anwesenheit am Landgrafenhof dem Dichter ärgerlich war. Humoristisch wendet sich Walther gegen diesen Gerhard, der ihm in Eisenach ein Pferd erschoss und sich der Entschädigung entziehen wollte durch die Behauptung, das Pferd sei verwandt mit einem andern Pferd, das ihm einst einen Finger abgebissen habe. Walther schwört mit beiden aufgehobenen Händen, dass die Pferde nicht versippt waren. – Wie er sich der Gegner erwehrt, so rühmt er die, von denen ihm Gutes widerfuhr. Reinmar bekommt nach seinem Tod einen schönen, warm empfundenen Nachruf, obwohl die persönlichen Beziehungen der beiden Dichter nicht ungetrübt gewesen waren. Aber höher als die Gegnerschaft, deren Grund wir nicht erfahren, gilt Walther Reinmars Kunst, der er ungeteilten Beifall spendet. – Das Verhältnis zu den großen Herren ist teilweise dadurch bestimmt, wie der Dichter von ihnen aufgenommen wurde. Die Milde des Herzogs Leopold erfreute alle Gehrenden wie der Regen, der die Blumen hervorlockt. Nur auf Walther fiel kein Tropfen; er musste vor dem verschlossenen Glückstor harren. Bei einer andern Gelegenheit erscheint der Wiener Hof als Kläger; seine Würde sei einst so groß gewesen, dass nur Artus' Hof mit ihm verglichen werden konnte. Jetzt aber sind Dach und Wände verfallen. Ritter und Damen sind verschwunden. Die Zeit ist trübe geworden. Sehr lebendig beschreibt Walther seine Lage nach dem Tode Herzog Friedrichs. Da verwandelten sich seine stolzen Kranichstritte in schleichenden Pfauengang, sein Haupt sank nieder bis auf die Knie. Jetzt aber, da er am Herde des Königs Philipp eine Feuerstatt fand, richtet er sich wieder auf, um stolz in Freude aufzusteigen. An König Friedrich richtet er bewegliche Klage, dass man ihn bei reicher Kunst so arm lasse. Er ist des langen Wanderlebens müde. »Milder König, bedenket meine Not, daß eure Not vergehe!« Und glücklich ruft er die Erfüllung seines Wunsches in die Welt hinaus: »Ich habe ein Lehen, der milde König hat mich beraten, daß ich Haus und Heim habe!« Nun braucht er nimmer Winterkälte und unfreundlichen Gruß solcher, die ihn ungern aufnehmen oder abweisen, zu fürchten. Auf einer seiner vielen Wanderfahrten dichtete Walther den schönen Reisesegen, der um Marias willen den Schutz Christi auf alle Wege herabfleht. – Auf Besserung der Sitten sind zahlreiche Sprüche, die über den zunehmenden Verfall klagen, bedacht. Walther geht vom Traum Nebukadnezars über die sich verschlechternden Weltreiche aus. Die Bösen gewinnen noch bösere Kinder, davon wird die Welt schlimmer. Man soll die Rute nicht sparen gegen allzu freche Jugend; sonst spotten die Jungen der Alten. Strengerer Zucht bedürfen auch die Knappen, die sonst den Saal der Ehre zierten, aber jetzt über die Frauen frevle Reden führen. Dem Tadel folgt die Lehre, wie man die Jugend bessern soll. Nicht allein mit Ruten ist das Kind zu erziehen, sondern auch mit guter Ermahnung. Oft wirke ein rechtes Wort besser als ein Schlag. Die Habgier ist eine Hauptursache der üblen Zustände auf Erden. Gottes Huld und Ehre sind das Höchste. Wer ihrer um

Geldes willen vergisst, ist blind an Sinn und Verstand. Mäßigung, Aufrichtigkeit und Treue sind die obersten Tugenden für den Tüchtigen, der in der Welt mit Ehren bestehen will. Die Selbstbeherrschung preist der Spruch: »Wer schlägt Riesen und Löwen und überwindet alle, die mit ihm kämpfen? Das tut jener, der sich selbst bezwingt und seinen Leib aus der Wildnis in den Port sicherer Zucht bringt.« – Durch die Elegien des Alters geht ein religiöser Zug, der die Mahnung, das Kreuz zu nehmen, immer wiederholt. Walther hat der Welt Lohn erkannt und sagt ihr daher auf. Er sieht die Welt unter dem Bild eines Gasthauses, das der Teufel hält und worin die Welt als Schenkmädchen lockt. Aber der Dichter hat lange genug darin gelebt, er glaubt die Rechnung beglichen und verlangt heim. »Ein Meister las, daß Traum und Spiegelbild so unstet wie der Windhauch seien. Laub und Gras, die mich zuvor erfreuten, Blumen, die rote Heide, der grüne Wald, die Linde, der Vogelsang, alles nimmt ein Ende.« »Heiliger Christ, wende mein Herz zu dir, da ich so lang mit sehenden Augen blind war.« Wundervoll ist die Elegie, nach Wilmanns »vielleicht das letzte Lied Walthers, jedenfalls eines der schönsten. Es ist, als hätte das Auge des Sängers schon einen Blick in die lichten Räume des Himmels geworfen und wendete sich nur noch einmal zum Scheidegruß zur Erde zurück. Wie ein Traum liegt die Zeit der Jugend hinter ihm; jetzt ist er erwacht und weiß sich in dem, was ihm früher so bekannt war, nicht mehr zurechtzufinden. Die Zeit ist mit harter Hand über die Erde gefahren. Der Frohsinn ist aus der Welt entwichen, feine Zucht und Sitte verloren, die Häupter der Christenheit leben im Kampf. Wohl mag der klagen, der das frühere Glück gesehen hat. Aber doch sind diese Klagen töricht, denn sie gehören der irdischen Vergänglichkeit. Ein schöneres Leben gewinnen die, welche für Christus ihr Leben hingeben«. Er ruft die Ritter die das geweihte Schwert, die lichten Helme und die festen Schilde tragen, zur Kreuzfahrt auf. »Wollte Gott, ich wäre des Sieges wert. Dann wollte ich armer Mann reichen Sold verdienen, nicht weltliche Lehen und Gold der Herren, sondern die ewige Krone.«

Als die Tiroler Walther von der Vogelweide für sich ansprachen und ihm auf dem Bozner Marktplatz das schöne Denkmal errichteten, da hielt Weinhold am 15. September 1889 die Weiherede und sagte: »Darin ist der heutige Tag gegründet, dass in Walther das ewig Menschliche und das eigentlich Deutsche unsrer Poesie leiblich vor uns tritt. Der deutsche Mann, der Ritter vom Geist und vom Schwert, Walther von der Vogelweide, soll ein Markwart sein deutscher Sprache, deutscher Sitte, deutscher Ehre!«

Mit *Neidhart von Reuental* verändert sich der Minnesang. Hatte Walther Motive aus dem Volkslied aufgenommen, so verließ Neidhart den höfischen Minnesang ganz und gar, um das Reigenlied der bäuerlichen Frühlingstänze einzuführen. Wie im altheimischen, ostdeutschen Minnesang der Kürenberggruppe herrscht die greifbare gegenständliche Szene mit besonderer Neigung zum Derben vor, das Gedankenspiel der Trobadorkunst verschwindet. Aus Neidharts Liedern kam seine Lebensgeschichte abgelesen werden, weil der Dichter die Berührung mit dem wirklichen Erlebnis sucht, nicht ängstlich meidet oder verhüllt wie die Minnesänger. Neidhart wurde um 1150 geboren; er besaß ein kleines Gut mit Namen Reuental, das im nördlichen Teil der bayerischen Oberpfalz in der ehemaligen Grafschaft Sulzbach lag. Als fröhlicher Landjunker beteiligte er sich an den Lustbarkeiten der Landleute, liebelte mit den Bauernmädchen und geriet bald in Feindschaft mit den eifersüchtigen Bauernburschen, die dem ritterlichen Nebenbuhler grollten, weil er sie bei den Dorfschönen ausstach. In den Jahren 1217–19 war Neidhart in Palästina. Froh kehrte er heim und ließ sich aufs Neue mit den Bauern ein. Ein Mädchen namens Friderun machte tieferen Eindruck auf ihn. Neidhart war ihrer Zuneigung sicher und dachte sogar an eine eheliche Verbindung. Aber Friderun war einem Meierssohne Engelmar versprochen, der in fröhlicher Gesellschaft den Ritter beleidigte, indem er einen Spiegel Frideruns, ein Geschenk Neidharts, ihr von der Seite riss. Von jetzt an war das bisher trotz mancher Neckereien gute Einvernehmen zwischen dem Junker und den Bauern gestört. Die Bauern verfolgten ihn mit Beleidigungen, traten seine Wiesen nieder und legten Feuer an sein Haus. Ein weiterer Schlag traf ihn, als der bayerische Herzog Otto II. um 1231 ihm sein Lehen entzog. Neidhart wandte sich nach Österreich, wo er beim Herzog Friedrich freundliche Aufnahme fand. Er erhielt ein Lehen bei Mölk an der Donau und wurde so freigebig ausgestattet, dass er sich behaglich in der neuen Heimat niederlassen konnte. Er hatte nur über die schweren Steuern zu klagen, die der Herzog wegen seiner fast ununterbrochenen Kriege dem Lande auferlegte. In Österreich schloss sich Neidhart der besseren Gesellschaft an, hielt aber mit den Bauern die Fühlung aufrecht. Er verkehrte jedoch nicht mehr aus rein persönlichem Gefallen mit ihnen, sondern um sie zu beobachten und ihre derben Seiten in drastischen Schilderungen vor der höfischen Gesellschaft zu verspotten. Infolge von allerlei Unglücksfällen und wegen der ewigen verwüstenden Fehden verfielen die Zustände der österreichischen Ritter und Bauern schnell. So wird Neidharts Gesang am Ende des Lebens trübe, er kündigt der Frau Welt den Dienst. Bis 1237 lassen sich zeitliche Anknüpfungspunkte in Neidharts Liedern erkennen. Dann verstummt der Dichter. Um 1250 war er tot, wie aus dem Bauernroman von Helmbrecht hervorgeht, der um diese Zeit geschrieben ist.

Neidharts Gedichte zerfallen nach Form und Inhalt in zwei Gruppen, die Sommer- und Winterlieder, die Anger- und Stubentänze. In den Sommerliedern ist fast nur von Mädchen und Frauen die Rede, von ihrer Tanzlust beim Erwachen des Frühlings, im Winterlied artet der Stubentanz in Rauferei zwischen den rohen, übermütigen und tölpelhaften Bauernburschen aus. Meistens sind die Lieder durch einen Natureingang eingeleitet, hier ein Blick auf grünes Laub und bunte Blumen, dort aufs winterliche Schneefeld und die kahlen Bäume. Die Winterlieder sind dreiteilig, d. h. sie folgen musikalisch der Trobadorkunst und sind demnach dem Geschmack höfischer Zuhörer angepasst. Die Sommerlieder werden sich den heimischen Weisen angeschlossen haben. Der Natureingang der Sommerlieder entstammt den uralten hymnischen Gesängen, mit denen der Lenz begrüßt und zu Spiel und Tanz aufgefordert ward. »Auf dem Berg und in dem Tal erhebt sich wieder der Vögel Schall, heuer wie früher grüner Klee: weiche, Winter, du tust weh.« »Der Mai ist reich, er führet sicherlich den Wald an der Hand: der ist nun des neuen Laubes voll; der Winter hat ein Ende.« »Sommer, sei hunderttausendmal gegrüßt! Welches Herz den langen Winter über betrübt war, das ist geheilt und ledig aller Not. Der Wald hat seinen Kram gegen den Mai aufgeschlagen. Ich höre, Freude bringender Same sei da feil mit vollem Maß.« »Es grünet an den Ästen, daß die Bäume zur Erde brechen möchten.« »Nun ist der kalte Winter vergangen, die Nacht ist kurz, der Tag wird lang. Eine wonnige Zeit bricht an, die aller Welt Freude gibt. Besser sangen die Vögel noch nie. Gekommen ist lichte Augenweide, man sieht der Rosen Wunder auf der Heide, die Blumen dringen durch das Gras. Wie schön betaut war die Wiese, wo mein Gesell mir einen Kranz wand!« Nun folgt eine kleine Szene, in der das tanzlustige Mädchen erscheint.

Sie verlangt hinaus mit großer Schar ins Feld, um den Reigen zu springen an des von Reuental Hand: »Soll ich's ihm nicht danken, er sagt, daß ich die Schönste sei in Bayern und in Franken!« Die Mutter warnt vergebens und will die Feiertagsgewänder vorenthalten, aber die Tochter erbricht die Truhe, schmückt sich und eilt hinaus. In einem andern Lied bereden zwei Gespielinnen den Tanz: »Den sie den von Reuental nennen und dessen Sang sie kennen wohl überall, der ist mir hold. Ich will's ihm lohnen und schmücke um seinetwillen meinen Leib. Wohlauf, man läutet zur None!« Die allbezwingende Macht des erwachenden Frühlings und der Tanzlust wird besonders drastisch geschildert, wenn sogar die alten Weiber wieder jung sein wollen: »Eine Alte sprang wie ein Kitzlein hoch empor, sie wollte Blumen bringen. Tochter, reich mir dein Gewand, ich muß zum Ritter von Reuental.« Hier sind die Rollen vertauscht, die Mutter strebt hinaus, die Tochter hält zurück. Als die Bäume, die zuvor grau und greis standen, neues Reis haben, heißt es von der Alten, die bereits mit dem Tode rang: »Sie sprang da wie ein Widder und stieß die Jungen alle nieder!« In einem andern Lied ruft die Tochter aus: »Sieh', Frau Minne, wie manchen beraubst du der Sinne!« Die Alte erwidert: »Sie hat mit ihrem goldenen Pfeil mich ins Herz geschossen und auf den Tod verwundet.« Manchmal spricht auch der Dichter persönlich erzählend, wenn z. B. dem Natureingang die Strophe sich anschließt: »Ich bin dem Maien hold; da sah ich den Reigen tanzen mein Lieb im Schatten der Linde. Die Blätter schützten sie vor dem sonnenheißen Tag.« Solche Lieder erinnern an die Walthers, der uns sein Mädchen ebenfalls gern im Tanz zeigt. Die Kreuzlieder gehören mit ihrer Liebe zu Vaterland, Heimat und Freunden zu den gemütvollsten Gedichten Neidharts. Er fühlt sich unter den welschen Rittern einsam, der Lenz blüht auf, da schweift seine Sehnsucht heim nach der Dorflinde. Er sendet einen Boten heim mit Grüßen an sein Mädchen und seine Freunde: »Du sollst ihnen sagen, wir sähen uns in wenig Tagen, läge nicht das breite Meer zwischen uns!« Und freudiger schlägt sein Herz auf der Heimfahrt: »All mein Trauern soll ein Ende haben; wir nahen uns dem Rhein. Gern sehen meine Freunde uns Pilger.«

Aus andrem Ton gehen die Winterlieder: »Kinder, bereitet die Schlitten fürs Eis, es ist kalter Winter, der uns die wonnigen Blumen raubte. Der grünen Linde Wipfel ist entlaubt, klanglos schweigt der Wald, die Heide ist fahl von Reif und die Nachtigallen sind davongeflogen. Megenwart hat eine große Stube, da wollen wir tanzen, seine Tochter wünscht es. Sagt's alle einander. Engelmar wird einen Tanz um den Schragen probieren.« Und nun werden die Mädchen aufgeboten: Kunigunde, Gisel, Jiute, Elle, Hadwig. Der Bauer Eppe reißt dem Gumpe sein Mädel aus der Hand, Meister Adelger schied den Streit mit dem Stock. Ruprecht und Eppe zanken sich; »trotz« rief Eppe, da warf ihm Ruprecht ein Ei an den Kopf, dass es über seine Glatze rann. Fridlieb und Engelmar zankten sich um Götelind, der Meier Eberhard schlichtete den Streit, sonst wären sie einander in die Haare geraten. Ein anderes Tanzlied enthält die Strophe: »Räumet Schämel und Stühle hinaus; heute wollen wir bis zur Ermüdung tanzen! Macht die Türen auf, daß der Wind die Mädchen durchs Mieder sanft anwehe! Wenn die Vortänzer schweigen, dann wollen wir einen höfischen Tanz nach der Geige treten. Horch, ich höre in der Stube tanzen; macht euch dran, junge Männer! Da gibt's eine Menge von Dorfschönen. Da sah man französisch tanzen. Zwei geigten vor, als sie schwiegen, freuten sich die Bursche. Da ward Sang erhoben, daß es durch die Fenster schallte. Adelhalm schritt zwischen zwei jungen Mädchen.« Nun wird sein Aufzug beschrieben, sein neues Wams aus vierundzwanzig Tüchern, sein zwei Hand breiter Schwertgurt. Tölpelhaft bewirbt er sich um Ava, Engelbolts Tochter, deren Leib wohl einem Grafen taugen würde. Neidhart will sie lieber selbst besitzen und missgönnt sie dem rohen Burschen. Mit den realistischen Szenen in der Bauernschenke betrat Neidhart eine Bahn, auf der ihm viele folgten. Er selber hielt sich noch in gehörigen Grenzen, seine Nachahmer gefielen sich in maßlosen, rohen Übertreibungen. Manche Gedichte wurden Neidhart unterschoben, sodass eine Hauptaufgabe der wissenschaftlichen Ausgaben eben darin bestand, die »echten« Neidharte von den späteren unechten zu unterscheiden und ein Bild des wirklichen Neidhart zu entwerfen, das der rohen Züge der späteren Zeit noch entbehrt.

In der Umgebung des leichtlebigen Königs Heinrich VII. finden wir einige schwäbische Dichter, die Neidharts Anregungen weiterführen, ohne die höfische Trobadorkunst daneben zu vernachlässigen, die sie sogar mit ganz besonderer Fertigkeit handhaben. Da ist *Burkhart von Hohenfels* am Bodensee um 1225 zu nennen, der trotz Anlehnung an große Vorbilder eigenartig bleibt. Er ist in kühnen Bildern und Wortschöpfungen Wolfram verwandt und folgt in den realistischen Liedern Neidhart. Voran steht ein in flotten Rhythmen gesetztes Tanzlied: »Wir wollen den Winter in der Stube empfangen, wohlauf, Mädchen, zum Tanz eilen! Folgt mir, wir wollen in Liebessehnen lachen, blinzeln, zwinkern. Wenn uns kein Pfeifer aufspielt, so singen wir ein Reigenlied; rafft die Schleppe, so rucken, zucken und zocken wir!« Diesem Stubentanzlied steht ein andres zur Seite: »Die süße Stadelweise«, in der Scheune gesungen. Sie endet im Kehrreim: »Freude und Freiheit ist der Welt vor Augen gelegt.« Ein heißer Sommertag, da die Luft mit Sonnenfeuer gemischt ist, bis ein erfrischender Gewitterregen auf die Erde niedergeht, wird in der ersten Strophe geschildert. In der zweiten wird erzählt, wie die Hitze die Leute aus den Stuben, der Regen aber wieder unter Dach treibt; eine Alte riet ihnen die Scheune an, da erhob sich alsbald froher Tanz: »Die süße Stadelweise minderte den Kummer, leicht und ebenmäßig traten sie den Tanz und mancher dachte an das, was ihm das Liebste war.« Auch das Gespräch zwischen zwei Gespielinnen kehrt wieder: ein Mädchen vornehmer Herkunft beneidet die Freundin, die zum Tanze darf und fasst ihre Empfindung in dem Kehrreim zusammen: »Ein Strohhut und Freiheit ist mir lieber als ein Rosenkränzlein und strenge Hut.« Die Muhme hat die lichten Festgewänder weggeschlossen, die Freundin meint, sie wolle ihr andre Kleider zuschneiden. Und das Mädchen von Stand ist bereit, einen geringen Liebhaber zu nehmen, wenn sie dafür Freiheit gewinnt statt gesellschaftlichem Zwang.

Ebenso kunstfertig wie derb ist *Gottfried von Neifen*, unter dessen Namen wirkliche Volkslieder umgehen, weil sie seiner Art nächst verwandt erschienen. »Reif und feuchter Tau bezwang die Heide, daß ihr lichter Schein jämmerlich verwandelt ist, und der Vogelsang, der so freudig schallte, schweigt; dazu klage ich über den entlaubten Wald. Aber noch härteres Herzeleid fügt die Magd, die das Wasser in Krügen vom Brunnen trägt, mir zu: nach ihr steht mein Sehnen.« Der Dichter tritt an sie heran und bricht ihren Krug entzwei, sie jammert über die Strafe, die sie dafür von ihrer Frau bekommen werde. Der Dichter redet ihr zu, ihm den Willen zu tun, und die Magd ist am Ende bereit, wenn er einen Schilling und ein neues Hemd, den Lohn, den sie von der Frau beanspruchen darf, seinerseits ihr zahlen will. Neifen wendet sich also nicht wie Neidhart zu den Bäurinnen, sondern zur unfreien Magd, er ist über alle Vorurteile des Frauendienstes erhaben. Er erzählt, wie er einmal ausritt, um eine Magd, die Garn wand, zu überwinden. Sie weist ihn ab und meint, er werde eher harten Fels als ihren spröden Sinn brechen. Aber sie schenkt den erneuten Schmeicheleien doch Gehör und am Schlusse heißt es: »Die Welt muß eher verscheiden, als wir uns scheiden, trauter Gesell!« Hier klingt die französische Pastourelle, die dann besonders beim Tanhuser fortgebildet wird, zuerst an: wie ein Ritter mit einer Dorfschönen, einer Magd oder Schäferin ein Abenteuer erlebt. Wie ein Volkslied klingt das Gedicht, wo ein Mädchen an der Kinderwiege klagt, sie dürfe diesen Sommer nicht hinaus zum Tanz unter der Linde, sondern müsse sich mit dem Kinde plagen, das sie gern der Amme überweisen möchte. Als Kehrreim ist ein kleines Wiegenliedchen benützt. Ein derber Schwank ist die Geschichte vom Büttnergesellen, der durch die Lande fährt und den schönen Meistersfrauen das Fass bindet, oder die vom Pilger, der mit der Frau seines Wirtes bei Nacht und Nebel davongeht. Beide Gedichte sind unter den Volksliedern der späteren Jahrhunderte überliefert und daher schwerlich Eigentum Gottfrieds. Aber sie stehen insofern mit Fug und Recht unter seinem Namen, als sie dem Gedankenkreis seiner Gedichte entsprechen.

Der Schenk *Ulrich von Winterstetten* erinnert in seiner Formkunst an Neifen, in seinen Dorfliedern an Neidhart und Tanhuser. Mutter und Tochter sprechen miteinander über die Lieder des Schenken, der in einem zum Gassenhauer gewordenen Spottgedicht die Alte verhöhnte; die Tochter entschuldigt ihn, er selber sei nicht der Verfasser, sondern sein Bruder. Die Tochter stimmt mit rosenrotem Munde ein Lied an, mit dem der Schenk sie bezaubert. So ist in einer hübschen, bewegten Szene der höfische Dichter mit der Wirkung seiner Schelt- und Liebeslieder uns vor Augen geführt. Ulrich stellt in einem Gespräch Ritter und Dame einander gegenüber, der Ritter versichert nachdrücklich im Kehrreim seine Treue, die Dame lässt ihn ebenso regelmäßig im Kehrreim abfahren: sie hat von seinem lockeren Leben gehört und traut ihm nicht mehr. In einem Selbstgespräch klagt ein Mädchen über den Verfall des Minnedienstes, über die zunehmende Verrohung der Männer: »Einst verlieh Minne dem Mann Gewinn; wer sie jetzt sucht, der wird verflucht und verhöhnt und man spottet: er ist ein arges Minnerlein ! Wer zuvor mit Gesang nach Ehren rang, ist nun verdrängt«. Ulrich fasst den Leitgedanken seiner Lieder oft in einen wie ein Sprichwort klingenden Kehrreim wirkungsvoll zusammen: »Es ist ein altes Wort: wo dein Herz wohnt, da liegt dein Hort«, heißt es in einem Minnelied höfischer Art, in dem die Geliebte mit ausführlichen Vergleichen als ein schöner Hort gepriesen wird.

Der *Tanhuser*, dessen Name durch die ihm später anhaftende Sage vom Venusberg lebendig blieb, gehörte wohl zu den in Bayern und Salzburg ansässigen Herrn von Tanhusen und dichtete zwischen 1228 und 1265. Von seinem lockeren Leben hören wir aus den Anspielungen seiner Gedichte. Sein Gönner war Friedrich der Streitbare von Österreich; auch an Otto II. von Bayern, seit 1246 Statthalter Österreichs, fand er einen Beschützer und feierte dessen Schwiegersohn, König Konrad IV. (gest. 1254). Der Tanhuser führte ein abenteuerliches Wanderleben, er machte den Kreuzzug von 1228 mit und beklagt humoristisch die Beschwerden und Widerwärtigkeiten der Seefahrt. In Wien war er eine Zeit lang mit Haus und Hof belehnt, aber der Wohlstand dauerte nicht lange. Nach Friedrichs Tod kam er in bedrängte Umstände, die er also bejammert: Sein Säumer trage zu leicht und sein Reitpferd zu schwer, seine Knappen seien unberitten, sein Haus habe kein Dach, seine Stube keine Tür, sein Keller sei eingefallen, seine Küche verbrannt, seine Scheune sei dem Einsturz nahe, sein Heu verstoben; ihm sei weder gebraten, noch gebacken, noch gebraut, sein Kleid sei fadenscheinig, und niemand brauche ihn um seine Vorräte zu beneiden. Mit großer Unbefangenheit gibt er zu, dass schöne Frauen, guter Wein, Leckerbissen und zweimaliges Baden in der Woche ihn um sein Gut gebracht hätten. Nun beschritt der verarmte Lebemann die abschüssige Bahn des fahrenden Sängers und ist dabei schließlich verschollen und verkommen.

Der Tanhuser pflegt mit Vorliebe den Leich, das Tanzlied mit vielen ungleichmäßig gebauten Strophen. Seine Leiche zerfallen in zwei Teile: die Einleitung enthält ein ausführliches Fürstenlob, oder eine bloße Aufzählung von Namen aus Ritterromanen, oder aus der Geographie, oder endlich ein Liebesabenteuer im Sinne der französischen Pastourellen. Im Hauptteil folgt dann das eigentliche Tanzlied, die Aufforderung an die mit Namen genannten Mädchen zum lustigen Reigen unter der Linde, wo der Fiedler aufspielt, bis die Saite reißt. Tanhuser ist erfahren und belesen und wendet seine Kenntnisse in seinen Gedichten an, er ist ausgelassen und frei in Gedanken und Anschauungen wie die Goliarden, mit denen er sich geistig mehrfach berührt, und er parodiert den höfischen Minnesang und Frauendienst, besonders auch die Fremdwörterei, die er mit komischer Übertreibung handhabt. Ein galantes Abenteuer schildert er z. B. also: »Der Winter zerging, das sehe ich an der Heide; ich kam dahin, wo mir gute Augenweide ward. Wer sah je so schöne Blumenwiesen? Da wand ich einen Kranz und brachte ihn meiner Frau. Sie gab mir den Preis, den Mai hindurch ihr ›dulz amis‹ zu sein. Ein Forst war in der Nähe, in dem die Vögel ›chantierten‹:

ein riviere ich dâ gesach,
durch den fôres ging ein bach
zetal übr ein plâniure.
ich sleich ir nâch, unz ich si vant, die schoenen crêâtiure.
bî dem fontâne saz diu klâre süeze von faitiure.

Froh sprach ich: Fraue mein, ich bin dein, du bist mein; so soll's immer sein; du bist mir werter als alle und mußt mir im Herzen wohlgefallen. Ich redete von ›amur‹, sie vergalt mir ›dulze‹. Was da geschah, daran denk ich immer gern: sie ward meine Traute und ich ihr Mann. Sie gewährte mir alles auf der ›planiure‹.« – Neben den Tanzleichen stehen die Minnelieder, in denen Tanhuser den Frauendienst dadurch verspottet, dass er die unmöglichen Bedingungen herzählt, nach deren Erfüllung die Herrin ihm ihre Huld verleihen will. Er soll rotes Grau braun machen, den Apfel des Paris, den Nordstern, Sonne und Mond herbeischaffen, den Salamander aus dem Feuer holen, die Rhone nach Nürnberg und den Rhein über die Donau leiten. Wenn der Mäuseberg wie Schnee zerschmilzt und er der Herrin ein Haus von Elfenbein erbaut, wenn er ihr aus Galiläa den Adamsberg herbeischafft, dann will sie ihm lohnen. Sie wünscht einen Baum, der in Indien steht, den Gral, den Zaubermantel, der nur keuschen Frauen passt, die Arche Noah. Dann soll er den Rhein von Koblenz ablenken, Sand aus dem See, wo die Sonne untergeht, herbeibringen, dem Mond den Schein nehmen, die Erde umgraben, wie ein Star und Adler fliegen, tausend Speere auf einmal verstechen, der Elbe ihr Fließen und der Donau ihr Rauschen nehmen, Regen und Schnee, Sommer und Klee abschaffen. In der Schilderung der körperlichen Reize der Dame schwelgt der Tanhuser, während die höfische Zucht hier strenge Zurückhaltung gebot. In den Sprüchen schildert Tanhuser seine durchs Schlemmerleben verursachte Armut; er hat offenbar selber alle Hoffnung aufgegeben, jemals wieder auf einen grünen Zweig zu kommen. Herr Unrat, Schaffenicht, Seltenreich, Mangel, Zweifel, Schade und Unbereit sind seine Baumeister, und es ist kein Wunder, wenn ein also erbautes Haus Schnee und Regen durchlässt. Tanhusers politische Gesinnung ist staufisch, aber ohne höhere Gesichtspunkte. Im Allgemeinen beurteilt er die Fürsten nach ihrer Freigebigkeit. Nur als im Jahr 1246 Friedrichs II. Gegenkönig Heinrich Raspe mit päpstlichem Gold Anhänger warb, versichert Tanhuser, lieber ohne Gut zu bleiben, als von der staufischen Krone zu scheiden. Tanhusers Gedichte sind nicht bedeutend, aber sie spiegeln den Lebensroman des vielerfahrenen Mannes, der leicht sagenhaft werden konnte.

Unter den Schweizer Minnesängern ist Berthold *Steinmar* von Klingenau (1251–93) der frischeste und urwüchsigste. Er ist ein Schüler Gottfrieds von Neifen, Ulrichs von Winterstetten und Tanhusers. Er hat Lieder der hohen und niederen Minne und ein Herbstlied verfasst. In den Liedern der hohen Minne, die Natureingang und Kehrreim haben, finden sich manche eigenartige Bilder und Wendungen. Der Gedanke an die Geliebte erhebt den Dichter wie den edlen Falken das Gefieder. Mit der Saat will er grünen, mit den Blumen blühen, mit dem Walde lauben, mit dem Maientau tauen, wenn sie ihn erhört. Wenn er sie sieht, dann wähnt er des Grales Herr zu sein. Wenn er auf Heerfahrt in kalten Nächten Wache stehen muss, dann denkt er der fernen Geliebten. Vor Minneschrecken taucht er unter wie die Ente im Bach, die von Falken gejagt wird. Und bereits parodistisch klingt der Vergleich, »wie ein Schwein in einem Sacke fährt mein Herze hin und her, wildiglicher als ein Drache strebt es von mir zu ihr gar«. In den Liedern der niederen Minne ist die Heldin eine »Dirne, die nach Kraut geht«; sie war den Winter über versperrt, jetzt aber zur Sommerszeit geht sie auf die Heide, um Blumen zum Kranze zu brechen, den sie beim Tanz tragen will. In einem andern Gedicht ist von einer »klugen Dienerin«, einer Magd, die Rede, um deren Minne Steinmar wirbt. Sie verlangt als Gegengabe Geschenke, und der Dichter wünscht sich, so reich zu werden, dass er ihr Schuhe kaufen könne, wenn sie hinter dem Pfluge hergehen und sich kalte Füße holen muss. Das Tagelied versetzt Steinmar in bäuerliche Umgebung: »Ein Knecht lag bei der Dirne bis zum Morgen, da der Hirte die Herde hinausrief. Darüber erschraken Knecht und Magd. Er musste das Stroh verlassen; ungesäumt nahm er sie noch einmal in den Arm, dass ›die Reine‹ das Heu in den hellen Tag aufwirbeln sah. Davon musste sie lachen und ihre Augen fielen zu; so süß konnte er das Bettspiel am frühen Morgen machen!« Schließlich zieht der Dichter die Freuden des nahrhaften Herbstes der unfruchtbaren Jahreszeit der Liebe vor. Das Bild der Minnesängerhandschrift zeigt ihn mit fröhlichen Gesellen schmausend, und so schildert ihn auch das Herbstlied, ein Schlemmerlied, in dem er der Minne absagt. »Da sie mir nicht lohnen will, der ich so viel gesungen, so will ich den preisen, der mir gegen Sorgen hilft, den Herbst, der des Maien Gewand von den Zweigen fallen macht. Ich weiß wohl das alte Wort: ein armes Minnerlein ist ein rechter Märtyrer. Seht, zu denen war ich gejocht, die will ich nun lassen und ins Schlemmen treten! Herbst, nimm dich meiner an, denn ich will dein Helfer sein gegen den lichten Mai; um deinetwillen meide ich sehnende Not. Da dein Sänger und Lobredner Gebewin tot ist, nimm mich dummen Laien zum Ingesind! ›Steinmar, das will ich tun, wenn ich erfinde, daß du mich zu schätzen weißt.‹ Herbst, du sollst uns mehr als zehnerlei Fische geben, Gänse, Hühner, Vögel, Schweine, Würste, Pfauen, welschen Wein. Würze alles wohl, daß eine Hitze in uns entsteht, daß vom Trunk ein Rauch wie von einer Feuersbrunst aufgehe. Schaffe, daß unser Mund wie eine Apotheke rieche. Und wenn ich durch des Weines Kraft stumm werde, so gieß mir ein, Wirt! Durch mich geht eine Straße, darauf schaffe allen Bedarf, mancherlei Speise. Soviel Wein, daß er ein Mühlrad umtriebe, gehört auf den Pfad der Straße. Meinen Schlund preise ich: mich würde eine große Gans, die ich verschlinge, nicht würgen. Herbst, Trautgesell, nimm mich zum Ingesinde! – Meine Seele ist auf eine Rippe gehüpft, um nicht im Wein zu ertrinken!«

Am reichsten ist der Liebesroman des Meister Johannes *Hadlaub*, der in einer Züricher Urkunde von 1302 als Hausbesitzer begegnet. Er hatte Beziehungen zum Geschlechte der Manesse in Zürich, die als Kunstfreunde Liederbücher sammelten. Vielleicht war Hadlaub, der uns die Kunde davon übermittelt, an diesen Sammlungen beteiligt und gewann aus dieser Beschäftigung die Anregung zu eignem Dichten. Auch bei Hadlaub unterscheiden wir Lieder der hohen und niederen Minne. Auf der einen Seite waltet Zartheit und innige Empfindung, stilles, wonniges Anschauen der Frauenschönheit, auf der andern derbe Lebenslust in Steinmars und Neidharts Art. Zwei Szenen aus seinem Liebesleben, die beinahe an Ulrich von Lichtensteins Frauendienst erinnern, sind so anschaulich geschildert, dass sie in der großen Liederhandschrift bildlich dargestellt wurden. Schon als Kind liebte er ein kleines Mädchen. Wohlmeinende Gönner brachten ihn zur Geliebten, die ihm den Rücken kehrte; da fiel er ohnmächtig nieder. Sie hoben ihn auf und legten seine Hand in die ihre. Da ward ihm besser. Sie redete freundlich zu ihm; seine Arme lagen auf ihrem Schoß, er hielt ihre Hand fest, sie aber biss ihn in die seinige, was ihm innig wohl tat. – Sie sollte ihm etwas zum Andenken schenken. Da warf sie ihm ihre Nadelbüchse hin und rasch griff der Verliebte darnach. Aber die Herren gaben die Büchse dem Jungfräulein zurück: sie solle sie dem Knaben freundlicher darbieten. Später nimmt ein edler Herr in großer Gesellschaft der Dame das Versprechen ab, dem Dichter gnädig zu sein. In der zweiten Szene naht er sich der Geliebten in Pilgertracht, als sie zur Messe geht, und hängt ihr einen Liebesbrief ans Gewand. Er erfährt nicht einmal, ob sie ihn bemerkt und gelesen, und wagt es nicht, durch einen Boten anfragen zu lassen. Einmal begegnet er ihr vor der Stadt, sie weicht ihm aus; wie sie ein Kind herzt, da eilt er hin und küsst es an derselben Stelle, wo sie es geküsst. So gibt sich der Dichter in seinen Minneliedern schüchtern, aber auch schalkhaft. Er beklagt den scheidenden Sommer besonders darum, weil die Winterkleidung die Schönheit der Frauen verhülle. Sie umwinden vor den kalten Winden Antlitz und Nacken, Rosenwangen sind verborgen, die weißen Hände versteckt. Die Schönen verziehen sich in die Stuben, dass man sie selten sieht. Wie anders, wenn sie sich im Sommer ergehen. Die schweren Kleider sind abgelegt, man sieht die weibliche Wohlgestalt; durch leichtes Linnen schimmern weiße Arme. Wenn so manch zarter Leib in lichtem Gewand durch Gras und Blumen geht, da leuchten Frauenschönheit und Maienglanz zusammen! In Österreich war die Sitte breiter, großer Hüte aufgekommen, vor denen man weder die Wangen noch die klaren Augen sehen konnte. Hadlaub wünscht, die Hüte möchten die Donau hinabschwimmen! Walthers wundervolles Lied vom Rosenbett unter der Linde ahmt Hadlaub in zwei Gedichten nach; er schmückt das Lager weiter aus, die Kissen sind von Blüten, die Polster von Bendikten, die Leilachen von Rosen. Gerade dieses Ausmalen der Einzelheiten schwächt aber die unnachahmliche, nur andeutende Anmut des Originals ab und ernüchtert uns. Recht prosaisch folgt den Minneliedern ein Gedicht von der Haussorge. Ein lediger Mann ohne Gut kann sich zur Not allein durchschlagen, ein Ehemann wird von Sorgen geplagt. Da kommen

Kindersorgen, Nahrungssorgen; die Mutter sitzt ratlos da und verlangt vom Manne Hilfe. Da gibts nichts andres als Reuental, Seufzenheim, Sorgenrain. Die Frau jammert: ach, dass ich dich nahm! Wir haben kein Holz, noch Schmalz, noch Fische, Fleisch, Pfeffer, Wein, ja nicht einmal Salz. Da ist die Freude aus; da fallen Frost und Durst dem Hunger ins Haar und schleppen ihn durchs Haus. »Mich dünkt, Haussorge tut weh, aber noch weher, wenn die Geliebte mir den Gruß versagt!«

Nun die Neidharte. Zwei Dörfer griffen ans Schwert. Rudolf zürnt, weil Kunze ihm Elle abspenstig machte; am Sonntag auf dem Wert soll ein Kampf ergehen. Sie schreien, daß man's fernhin hört. Rudolf melkt seine Kuh und lässt die Freunde trinken, um sich ihrer Hilfe zu versichern; er will Kunze so zurichten, dass ihm das Freien vergeht. Der Meier und zwei tüchtige Männer wollen vermitteln und Kunze bitten, von Elle abzustehen. Der erwidert, das könne nicht sein, weil er ihr eine Geiß und hundert Eier geschenkt und überhaupt ohne Maßen hold sei. Sie versprechen, Rudolf werde ihn entschädigen. Lasst hören, was er mir bieten will? Zwei Geißen und ein Huhn! Kunze sprach, ich will's gern tun, ich tat stets, was Biederleute rieten! – Ein Erntelied führt uns die schönen, feinen Dirnen vor Augen, die aufs Feld gehen; wer Freude haben will, der soll mitkommen: »Hätte ich ein Lieb, das hinginge, ich nähme sein in der Scheuer wahr, da würde ich leicht der Sorgen bar.« Die Mädchen sollen die Zöpfe kräuseln und Kränze aufsetzen. Wohlauf, ihr stolzen Knechte, deren Sinn auf Minne steht, euch kommt die Ernte recht! Da gibt's Märchen, die man auf dem Stroh erzählt, die den Dirnen gefallen, die kurzweilig sind! Endlich findet sich auch Steinmars herbstliches Schlemmerlied, wo aber Hadlaub die Partei der Maienlust gegen das Herbstgelag, die der Minner gegen die Schwelger ergreift. Der Herbst will sein Gesinde mit guten Trachten beraten. Der Wirt soll in der heißen Stube feisten Schweinebraten, Würste und Schafhirn auftragen, dass die Stirnen glosten, als wären sie angezündet; alles soll scharf gesalzen sein, um Durst zu wecken. Wenn der Hafen siedet und das Fett drin schwimmt, soll es über weißes Brot gegossen werden. Dann rufen alle: der Herbst ist besser als Edelstein; Heil dem Wirte, der's uns bot! Aber nun folgt die Wendung zur Sommerlust: Welt, du bist ungerecht! Während den Fressern wohl ist, trauern die Minner, dass man keine schönen Frauen mehr sieht. Und mit uns trauern die Vögel über das

Winterleid. Wir tragen gemeinsames Leid; beim Schlag der Amseln und Nachtigallen und beim Anblick der Frauen, die man nun leider nicht mehr sehen kann, war uns wohl.

Hadlaub pflegt zwei gegensätzliche Richtungen, im Grunde seines Herzens aber war er dem Minnesang zugewandt, der nach Uhlands schönem Wort »in der klaren Seele dieses Dichters noch einmal sein freundliches Licht gespiegelt«.

Durch Walther von der Vogelweide war der *Spruch* in Aufnahme gekommen, der zuvor nur den Spielleuten überlassen blieb. Den Nachfolgern Walthers lagen verschiedene Bahnen vor, der alte schwärmerische Frauendienst, die realistische Minnedichtung in Neidharts Art, endlich der von Walther für die Literatur gewonnene Spruch. Aber nur wenige waren imstande, den politischen Gedanken des Spruchs zu erfassen und fortzubilden; gewöhnlich sanken die Sprüche wieder auf die rein persönliche oder lehrhafte Stufe der Spielmannsdichtung zurück, insbesondere seit die bürgerlichen gelehrten Meister in der Spruchdichtung die Oberhand gewannen. Für die großen Gesichtspunkte der Waltherschen Spruchdichtung fehlten der späteren Zeit die Voraussetzungen: die Politik verlor an weltgeschichtlicher Bedeutung, die Dichter standen den Staatslenkern persönlich zu fern, um in ihre höheren Ziele eingeweiht zu werden. Darum wurde die Spruchdichtung partikularistisch, persönlich, kleinlich, lehrhaft. Die Zeit nach Walther hat nur einen Dichter aufzuweisen, der einigermaßen den politischen Spruch höherer Gattung pflegte: *Reinmar von Zweter*. Er war ein Pfälzer, etwa um 1200 geboren, aber bald nach Österreich verpflanzt, wo er vermutlich in den Jahren 1219–20 Walthers Schüler wurde. Am Hofe Leopolds VII. des Glorreichen übte er seine Kunst aus. Unter dessen Sohn Friedrich dem Streitbaren seit 1230 fühlte sich Reinmar nicht mehr recht wohl. Im Jahr 1234 ging er nach Prag zu König Wenzel I., bei dem er in Gunst stand. Die čechische und ultramontane Partei am böhmischen Hofe waren dem deutschen Dichter nicht gewogen und verdrängten ihn, dass er 1241 den Wanderstab ergriff und als Fahrender an mitteldeutschen Höfen, darunter bei Heinrich dem Erlauchten von Meißen und bei Erzbischof Siegfried von Mainz Zuflucht suchte. Der letzte zeitlich bestimmbare Spruch Reinmars entstand 1247, der Dichter aber lebte bis gegen 1260 und liegt zu Eßfeld in Franken, wo er vielleicht auf der Reise starb, begraben. In Reinmars Dichten lassen sich drei Perioden erkennen, die österreichische, unter Walthers Einfluss bis 1234, die böhmische bis 1241, und die mitteldeutsche, die unter der Einwirkung der lehrhaften Spruchdichter Mitteldeutschlands steht. Eine Sammlung seiner bis 1241 verfassten Sprüche, im ganzen 157, veranstaltete Reinmar selber nach stofflicher und zeitlicher Ordnung. Sie bildet den Grundstock der Überlieferung in den Handschriften, die ihr noch die später verfassten mitteldeutschen Sprüche hinzufügten. Die Gesamtzahl beläuft sich auf etwa 250. Die Sprüche gehen alle im selben Ton, dem Frauenehrenton, einer Strophe mit zwei Stollen und Abgesang. Neben den Sprüchen haben wir von Reinmar noch einen religiösen Leich. Wie die metrische, so ist auch die sprachliche Form einfach. Der Dichter meidet künstlichen Satzbau. Seinen Bildern und Worten fehlt die sinnliche Anschaulichkeit, die lehrhafte Neigung herrscht vor. Reinmars politische Dichtung setzt im selben Jahr ein, wo Walther verstummt, 1227. Kaiser Friedrich II. war wegen wiederholter Verschiebung des Kreuzzuges vom Papst Gregor IX. in Bann getan worden. Reinmar greift deshalb heftig das Kardinalskollegium an: sie seien voll Hass, Hochmut, Neid, unheilig, und hätten unheilig einen unrechten Papst gewählt; ein rechter Papst müsste uns väterlich gesinnt sein. Ein anderer Spruch redet vom Gegensatz der Armut Christi und des weltlichen Reichtums des Papstes. Die Kirche sei durch Simonie und Häresie befleckt. Der Bannspruch sei ungültig, weil »fleischlicher Zorn« ihn eingab. Die Bettelmönche und geistlichen Ritterorden werden scharf getadelt, sie dienen der weltlichen Politik des Papstes und seien daher nicht Fisch noch Mensch, sondern Halbheiten. Das Reich des Antichrists naht heran. Der Friede von San Germano 1230 machte dem Streit zwischen Kaiser und Papst ein vorläufiges Ende, das Reinmar nicht billigt. »Was Rom mit tausend Bannen überschüttet hat, kann es nicht mit ein paar Leuten widerrufen!« Am Prager Hof verfocht Reinmar die Politik Wenzels. Im Jahre 1235 wurde noch ein begeisterter Lobspruch auf Kaiser Friedrich verfasst: er ist ein Wächter der Christenheit, römischer Ehren Grundfeste, ein Haupt, dem kein Schmied eine seiner Tugend vollauf würdige Krone machen könnte. Aber 1239 erfolgte der Umschwung, als Friedrich abermals gebannt und der Ketzerei beschuldigt wurde. Das wirkte auf den frommen Reinmar, der darin die größte Sünde sah: er ruft zu Gott, dem Staufer Friedrich zu widerstehen! In einem Spruch entwirft Reinmar das Idealbild eines Königs und empfiehlt Erich von Dänemark als einen solchen Musterfürsten. Um so schärfer verurteilt er die Anmaßung der Venediger, deren Doge und Herzog Jakob Tiepolo als Kandidat für die deutsche Kaiserkrone von der Kurie erwogen wurde; Reinmar verhöhnt die Kaufmannsrepublik, die mit Geld auch Kronen zu erschachern denke. Den Zustand des Deutschen Reiches stellt Reinmar in der mitteldeutschen Periode einmal unter dem Bilde einer Schifffahrt dar: der Schiffsherr sieht die Gefahr, dass das Schiff unter die Räder einer Mühle geraten will; er ruft seine Gefährten an, zu helfen, umsonst! Die deutschen Fürsten sind so verdrossen, dass sie ihrem Steuermann nicht helfen, bis sie unter die Räder kommen. Reinmars politische Dichtung steht an Wirkung weit hinter der Walthers zurück, obwohl sie den gleichen Gegenstand, den Kampf für Kaiser und Reich gegen den Papst damit gemein hat. Starke Mittel hatte Walther angewandt, vor denen Reinmars zaghafte Art zurückschreckte. Walthers Sprüche sind von dramatischer Schlagkraft, seine Gestalten treten handelnd und redend vor unsere Augen. Reinmar ist zurückhaltend, nur selten wird er leidenschaftlich. Dann aber steht auch ihm eine erstaunliche Fülle, Kraft und Bildlichkeit der Sprache zu Gebot, dass wir bedauern müssen, diesem persönlichen Stil nur selten zu begegnen.

Unter den unpolitischen Sprüchen behandelt Reinmar, der keine Minnelieder schrieb, auch die Minne, aber nicht aus Leidenschaft und Empfindung, sondern lehrhaft. Der Unterschied von Form und Inhalt ist bezeichnend, wenn Reinmar Themen, die Walther und alle Minnesinger im Lied besangen, im Spruch erörtert. Die Minnesprüche sind mit religiösen Bildern und Vergleichen durchsetzt, aber auch in den Ritterromanen ist Reinmar belesen. Tristan litt von Weibes Minne große Not, er trank die Minne aus einem Glase: »Ich trank sie aus meiner Frauen Auge.« Ein andermal vergleicht er ein reines Weib mit dem Gral. Wer den neuen Gral erstreiten will, muss tadellos wie Parzival sein. Mehr als irdische Weiber schätzt Reinmar »Frau Ehre«, die in seinen Sprüchen immer wiederkehrt, und von der die Spruchweise den Namen Frauehrenton erhielt. Frau Ehre ist die hoch gelobte süße Herrin, die von der Treue, der Keuschheit, der Milde und Mannheit, der Demut, der Wahrheit, also von einem ganzen Hofstaat von Tugenden umgeben ist. Sie ist der Inbegriff aller Vollkommenheit, an ihr laben die Engel, die Jungfrauen, die Märtyrer und Bekenner teil. Der Ehre höchstes Ziel ist Gott selber, den an Ehren niemand erreicht. So gelangt Reinmar zu den religiösen Sprüchen, die freilich unbedeutend sind. Sie lösen keine mächtigen lyrischen Wirkungen aus, sondern begnügen sich mit allgemeinen geistlichen Gedanken und Begriffen. Das Vaterunser und Ave-Maria wird in Form von zwei Sprüchen vorgetragen. Den Maßstab der Ehre legt Reinmar aber auch an die weltliche Gegenwart und findet, dass die einst so mächtige Herrin heimatlos geworden sei und reisemüde dankbar den kleinsten Dienst entgegennehme. Der Dichter hat den Verfall der höfischen Zucht in Rohheit zu beklagen und fasst seine Vorwürfe in das Bild: »Turnieren war einst ritterlich, jetzt ist es rinderlich, mörderisch!« Nicht mehr das frohe Kampfspiel um Frauengunst, sondern schnöder Totschlag um Gewinn ist im Ritterspiel üblich geworden. In den allgemeinen Sprüchen bedient sich Reinmar wie die übrigen Fahrenden der Tierfabel, des Sprichwortes, des Rätsels, der Beispielserzählung, der Priamel. Da heißt es z. B.: »Ich hörte, ein Nagel könne ein Eisen halten, ein Eisen ein Roß, ein Roß einen Mann, der Mann eine Burg, die Burg ein Land. Alle großen Dinge heben mit kleinen an.«

Wenn wir Reinmar mit seinem großen Vorbild Walther vergleichen, so fällt vor allem die Armut der Form ins Auge. Dies erkannten auch die Nachfolger, wie Leopold Hornburg aus Rotenburg um 1320, der seinen Eindruck von Reinmars Gedichten in die Worte fasst:

Reinmâr, dîn sin der beste was,
her Walther doenet baz!

Bruder *Wernher* (1220–60), ein Fahrender, der wie Reinmar zeitweilig in Österreich unter Friedrich dem Streitbaren dichtete, ist ein Schüler Walthers von der Vogelweide und pflegt ausschließlich den lehrhaften Spruch. Er behandelt auch das politische Gebiet, indem er des Streites zwischen Friedrich II. und Gregor IX. in zwei Strophen nachdrücklich gedenkt. Er tadelt den Papst, dass er die Ketzer in der Lombardei wie junge Wölfe hausen lasse. Einigkeit mit dem Kaiser sei notwendig. Aber auch Wernher fällt von Friedrich im Jahr 1239 wegen seiner Missetat ab; die dem Kaiser zugemessene Strafe scheint dem Dichter zu hart. Wernher kritisiert das Treiben Heinrichs VII., aber er wendet sich mit warmer Begeisterung dem jüngeren Sohn des Kaisers, Konrad VI., zu. Der politische Gesichtskreis Wernhers ist enger als der Reinmars oder gar Walthers. Immerhin beschäftigt er sich mit öffentlichen Angelegenheiten. Die religiösen und moralischen Sprüche Wernhers sind gedankenreich, sie enden mit der Klage über die Nichtigkeit der Welt. Der Tod ist eine Fahrt an Gottes Hof; da soll jeder rechtzeitig an sicheres Geleit denken. Maienwonne, Sommerlust und Vogelsang vergehen vor dem Reif. So währt auch Frauenschöne und Männerkraft nur dreißig Jahre. Man soll die Reue nicht bis zuletzt aufschieben: die Tagereise geht zu Ende, der Abend naht; wer recht tut, dem geht bald ein lichter Morgen auf!

Ein wahres Zerrbild eines politischen Spruchdichters ist der Tiroler *Friedrich von Sunburg*, weil er nur um Lohn dichtet und seine ganze Politik aufs Lob freigebiger Fürsten münzt. Von Friedrich II. sagt er, er habe die Welt in die Irre geführt und leide dafür im Jenseits Schmerzen, falls die Pfaffen nicht gelogen haben. Die religiösen Ansichten des Dichters sind ganz unselbständig und kirchlich.

Der Herr von *Wengen*, ein Schweizer Sänger um 1245, zeichnet sich trotz seines ultramontanen Standpunktes, von dem aus er Friedrich II. verurteilt, durch Mäßigung aus. Er hätte wohl die Begabung zum politischen Dichter, ist aber durch seine kirchliche Frömmigkeit gebunden und unfrei.

Eine Gruppe von fahrenden Spruchdichtern bürgerlichen Standes sondert sich durch die ihnen eigne Gelehrsamkeit aus, durch den Nachdruck, den sie auf ihr Wissen legen, durch den ihnen eignen Kunstbegriff. Auch Walther, und mit ihm alle Minnesinger schätzen den Wert der Kunst, die auf höfischem Boden erwuchs, die ohne ein bestimmtes Maß von Kenntnissen undenkbar ist. Diese Kunst ist die Wissenschaft der Trobadors. Und Konrad von Würzburg hebt die angeborene, nicht erlernbare Kunst des wahren Dichters hervor. Der Sänger muss, wie die Nachtigall, natürliche Anlage besitzen. Begabung und Schulung sind die beiden unerlässlichen Grundbedingungen aller echten Kunst alter und neuer Zeit. Unter den Fahrenden des 13. Jahrhunderts kommt aber ein anderer Kunstbegriff auf, der sich auch später in der Geschichte der deutschen Literatur wiederholt findet, wonach die Kunst überhaupt erlernbar ist wie ein Handwerk, jedem, der nicht besonders ungeschickt ist, durch fleißiges Bemühen zugänglich wird. Die Kunst dieser Meister, der Vorfahren der späteren Meistersinger, setzt vor allem ein bestimmtes Maß von Wissen voraus: Kunst ist Studium, der Inbegriff der sieben Künste, unter denen die Musik ihre besondere Bedeutung behauptet. Solche Meisterkunst schaltet die angeborene künstlerische Begabung gänzlich aus, sie wird mit schwerer Mühe und großen Kosten wie unsre Schulbildung erworben und gibt dem Besitzer das Vorrecht, auf die Ungebildeten, die »künstelôsen« herabzusehen, und den Anspruch, aus der Kunst reicheren Lohn zu erwerben. Diese Meister geraten in Gegensatz zu den Spielleuten, die meist bessere Erfolge aufzuweisen haben, ohne das schwere Rüstzeug, der »Kunst« zu besitzen. Das Wissen ist oberflächlich und tot, jedenfalls völlig unkünstlerisch; aber sein Besitz macht eingebildet und unduldsam. Die Vertreter der neuen Richtung werfen sich untereinander Fehler und Verstöße vor und schreiben grobe Sprüche auf ihre Mitbewerber.

Hierher gehören die Sprüche des *Boppe* (um 1275–87), eines alemannischen Fahrenden, der theologische und naturwissenschaftliche Kenntnisse hat, erbauliche und auf Minne bezügliche Strophen verfasst, Lob-, Schelt- und Mahnlieder als gehrender Mann ertönen lässt und Frauenlob mit äußerst grober Polemik befehdet. Der fruchtbarste und vielseitigste Spruchdichter dieser Gattung ist der *Marner*, ein Schwabe, der in den Jahren 1230–67 nachweisbar ist. Er nennt Walther von der Vogelweide seinen Meister; die zeitgenössischen Dichter haben den zu Ansehen Gekommenen beneidet und befehdet, die jüngeren um seiner Kunst willen gepriesen. Der Marner schrieb Minnelieder, doch vorzugsweise Sprüche weltlichen und geistlichen Inhalts, er dichtete auch lateinisch und ahmte Walthers Vokalspiel (d. h. fünf Strophen, die auf die Vokale a e i o u gereimt sind) in einem lateinischen Gedicht nach; er machte lateinische Preislieder auf den Bischof Bruno von Olmütz und den Prälaten Heinrich von Maria Saal; er ist an Formen reicher und gewandter als Reinmar, den er mit andern Minnesängern in einer Strophe beklagt, aber entbehrt dessen ernsten männlichen Charakter. Unter seinen Minneliedern ist ein schönes Tagelied zu erwähnen: in der ersten Strophe kündet der Wächter den anbrechenden Tag, in der zweiten Strophe will die Frau den dämmernden Tag leugnen: »den kleinen Vöglein träumt auf den Ästen, des Sternen Glesten trügt«; in der dritten Strophe scheidet der Ritter bei abermaligem Wächterruf. Seine Sprüche kleidet der Marner in die Form der Tierfabel, des Lügenmärchens, des Rätsels, der Priamel. Er ist mit der deutschen Heldensage vertraut und berichtet, wie seine Zuhörer von ihm Dietrichs Flucht aus Bern, König Rother, die Geschichte von den Harlungen und dem treuen Ekkehard, Kriemhildes Verrat und andres verlangen, und weiß auch, wie Titurel Templeise am Gral erzog. Der Marner zeigt sich literarisch wohlbeschlagen und in allen Sätteln gerecht. In seinen politischen Sprüchen klagt er über den Papst und die Bischöfe sowie über die Franziskaner, die dem Heiligen Stuhle treu ergeben waren. In Walthers Ton heißt es, die Stolen des Papstes und der Bischöfe seien zu Schwertern geworden, mit denen sie nicht nach Seelen, sondern nach Golde fechten. Über die traurigen Zustände des Interregnums ist der Marner sehr verdrossen. Auf Reinmar verfasste er einen Scheltspruch, in dem er ihn der Lüge zieh, weil er Lügenmärchen dichtete. Der Vorwurf ist um so ungerechter, weil der Marner selber diese Gattung anwandte. Noch gröber ist sein Angriff auf einen Ungenannten, der mit Pfauenschritten und Menschentritten nachstelle, schmeichle und bitte, der mit der Waffe seiner Zunge manchen Herrn verwundet habe. In einem Spruch verspottet er die Art der Rheinländer mit ihrer Vorliebe fürs französische Wesen. Wahrscheinlich hatte er auf seinen Reisen am Rhein üble Erfahrungen gemacht, für die er sich rächen wollte. Seine Belesenheit benützte der Dichter, um bei seinen Vorgängern manche Anleihe zu machen, »aus ihrem Garten wie aus ihren Sprüchen Blumen aufzulesen«. Der Sachse *Rumesland* griff seinerseits den Marner scharf an: er sei ein Widder an Ungeschick und ein Rind an Zucht; er beginnt seine Polemik mit dem liebenswürdigen Rätsel: »ren ram rint, rechte râten rûch nâch meisterlîcher orden« = geruhe recht zu raten nach Meisterart! Ren Ram ist ein durchsichtiges Wortspiel mit den Silben des Namens Marner. Der *Meißner* lässt sein eignes Licht leuchten, wenn er dem Marner mangelhaftes Wissen zur Last legt: er wisse nicht, wie der Strauß seine Eier ausbrüte!

Zu den Spruchdichtern dieser Art gehören noch Gervelin, Singuf, Meister Stolle, Hermann der Damen, der Kanzeler und endlich Frauenlob. Von einem oberdeutschen Spruchdichter aus dem Ende des 13. Jahrhunderts, der sich der *»wilde Alexander«* nennt, sei nur noch eine geistliche Allegorie erwähnt, die in ein anmutiges dichterisches Bild eingekleidet ist. Anknüpfend an das Evangelium Matthäi Kap. 25 von den fünf thörigen Jungfrauen, die sich in den Auen der Weltlichkeit säumten, bis der König ihnen den hochzeitlichen Saal verschloss, entwirft der Dichter eine Geschichte aus seiner Kindheit, wie er mit andern Kindern auf die Wiese lief, um Veilchen zu pflücken, wie sie die schönsten Blumen zum Kranze wanden. Dann liefen sie aus den Tannen zu den Buchen über Stock und Stein, um Erdbeeren zu suchen, solange die Sonne schien. Da rief ein Waldwärter aus dem Gebüsch: Kinder, geht heim! Beim Erdbeersuchen hatten sie sich die Kleider befleckt und der Hirte rief warnend: Kinder, hier gibt es Schlangen! Ein Kind, das im Grase lief, schrie plötzlich laut auf vor Schrecken: Kinder, eine Schlange hat unser Pferdlein gebissen! Nun folgt die ins evangelische Gleichnis einmündende Warnung vor den in der Weltfreude verborgenen Gefahren: wohl auf, geht aus dem Walde, eilt bei Tage heim, sonst versäumt ihr euch, und eure Freude wird zur Klage!

In zwei Dichtungen des 13. Jahrhunderts, im Sängerkrieg auf der Wartburg und in Ulrich von Lichtensteins Frauendienst, spiegelt sich der Minne- und Meistersang. Der Sängerkrieg ging aus der bei den gelehrten bürgerlichen Fahrenden beliebten Art des Streit- und Rätselgedichtes hervor, der Frauendienst schildert in Romanform die Voraussetzungen, unter denen Minnelieder gedichtet wurden. Hier wie dort dürfen wir poetische Freiheit und Übertreibung abrechnen, trotzdem sind beide Gedichte kulturgeschichtlich von Bedeutung. Der *Sängerkrieg* ist in keiner reinen Textgestalt auf uns gekommen; zum ursprünglichen Kern sind allerlei Zutaten hinzugefügt worden, deren Loslösung und Unterscheidung nicht vollständig gelingt. Deutlich aber sind zwei Hauptteile zu erkennen, die sich in der strophischen Form unterscheiden, der eigentliche Sängerkrieg und der Rätselstreit zwischen Wolfram und Klinsor. Der Sängerkrieg ist vermutlich in den sechziger Jahren entstanden, wahrscheinlich zu Ehren des Grafen Hermann von Henneberg (gest. 1290), zur Verherrlichung von dessen Großvater, dem sängerfreundlichen Landgrafen Hermann von Thüringen. Die sagenhafte Annahme ist, dass an seinem Hofe zu Eisenach ein Streit über den besten Fürsten stattgefunden habe. Derlei Singturniere, wo die Dichter ihre Gönner über alle andern Herren preisen, sind auch sonst nachzuweisen. Ein norddeutscher bürgerlicher Dichter, Hermann Damen, rühmt z. B. den Markgrafen von Brandenburg (gest. 1308) mit ähnlichen Worten wie Heinrich von Ofterdingen den Fürsten von Österreich, indem er auf den Kampfplatz tritt und mit Lobgesang für den Brandenburger fechten will. Das Streitgedicht hat also Fürstenlob zum Inhalt. Heinrich von Ofterdingen, ein auch sonst genannter, aber unbekannter Dichter singt die erste Strophe im Ton des Fürsten von Thüringen; er schreitet in den Kreis und legt die Tugend des Fürsten von Österreich auf die Waage gegen alle Sänger, ob sie ihm drei Fürsten nennen könnten, die an Tugend dem Österreicher gleichkämen; wenn er unterliege, will er sich in Diebes Weise gefangen geben und dem Henker anheim fallen. Walther nimmt den Streit auf und preist den König von Frankreich höher. Der tugendhafte Schreiber, ein andrer Minnesänger, vergleicht den Landgrafen von Thüringen mit dem Adler. Heinrich von Ofterdingen fordert nun Grieswärtel und Richter und als solche Reinmar und Wolfram. Der Streit geht weiter, immer gereizter, mit dramatischer Spannung. Die Gegner werden persönlich und schleudern Beleidigungen aufeinander. Der Eisenacher Scharfrichter Stempfel soll mit dem Schwert über den Kämpfern stehen. Ein Dichter Namens Biterolf greift in den Streit ein und nennt den Grafen von Henneberg als den dritten Fürsten, der es mit dem Österreicher aufnehmen könne. Auch Reinmar und Wolfram beteiligen sich am leidenschaftlichen Kampf; Ofterdingen höhnt Wolfram. Da ergreift Walther noch einmal das Wort und fragt seinen Gegner, welcher Fürst vor allen der Sonne gleiche. Der Österreicher, antwortet Ofterdingen. Walther erwidert: Der Tag hat mehr Preis als die Sonne, das gestehen Pfaffen und weise Laien, die in der Bibel und in Chroniken bewandert sind; der Thüringer aber ist der Tag! Ofterdingen ist durch diese spitzfindige Erklärung Walthers unterlegen, er bittet aber um Aufschub des Todesurteils, um den Meister Klinsor aus Ungarn zu Hilfe zu holen, dem die Tugend des Österreichers bekannt sei. Die andern Meister verlangen seinen Tod, aber die Landgräfin legt ein gutes Wort für den Bedrängten ein: Laßt ihn fahren, wohin er will; inzwischen fließt viel Wasser bei Mainz den Rhein hinab! Damit endet der eigentliche Sängerkrieg, der ein Streitgedicht mit verteilten Rollen und kurzen erzählenden Zwischenbemerkungen darstellt. Gerade dieser Teil veranlasste spätere historische Auslegung. Der Mönch Dietrich von Apolda nahm eine kurze Inhaltsangabe des Gedichtes in seine 1289 verfasste Lebensbeschreibung des Landgrafen Ludwig auf. Im 14. und 15. Jahrhundert berichteten viele thüringische Chroniken in lateinischer und deutscher Sprache mit mannigfacher Ausschmückung vom Sängerkrieg, der im Jahr 1206 stattgefunden haben sollte.

Altes Erbgut germanischer Völker sind die Rätsellieder, die in die jeweiligen Formen der Dichtkunst gefasst, einzeln oder verbunden, im nordischen Altertum, bei den Angelsachsen, bei den Liederdichtern des deutschen Mittelalters und hernach in den Schulen der Meistersinger und im Volkslied fortwährend begegnen. Wir fanden im Traugemundslied (unten S. 125 f.) ein Beispiel spielmännisch volkstümlicher Rätselkunst. Die gelehrten Meister ersahen im Rätsellied willkommene Gelegenheit, ihr Wissen anzubringen. Ein Rätselstreit zwischen den Meistern Singuf und Rumesland ist überliefert: Singuf fordert seinen Gegner auf, drei weise Meister herbeizuholen, um das aufgegebene Rätsel vom Schlaf zu raten, das Rumesland ohne Schwierigkeit sofort allein löst. Aus solchen Voraussetzungen erwuchs das *Rätsellied*, in dem Wolfram einer Gestalt seiner eignen Dichtung, dem Zauberer Klinsor gegenübergestellt wird. Das Gedicht ist im »schwarzen Ton« abgefasst und beginnt mit der Erzählung, wie einmal ein Krämer in das am Ufer eines Gewässers aufgeschlagene Lustlager des Landgrafen Hermann von Thüringen gekommen sei. Anstatt Waren bot er Wissen feil, Rätsel, die keiner lösen könne; eher fände man eine Furt durch den tiefen Rhein; aber da sei ja ein Meister, Wolfram von Eschenbach, von dem es heiße, dass nie ein Laienmund besser gesprochen habe; der soll's versuchen. Wolfram ist sofort bereit, den Wettstreit aufzunehmen. Das erste Gleichnisrätsel Klinsors ist das vom schlafenden Kind, das der Vater, um es vor der Gefahr des Ertrinkens zu retten, mit Schlägen weckt: der Mensch, den Gott zu seiner Rettung straft. Mystisch ist das Rätsel von den an rohe Männer verheirateten Königstöchtern: die göttliche Seele im menschlichen Leib. Dichterisch schön wirkt das Rätsel vom Kreuzesbaum, dessen Wurzel zum Grund der Hölle reicht, dessen Wipfel an Gottes Thron rührt. Wolfram selber fragt nun Klinsor nach verborgener Kunde, wie Artus im Berg weilte und einen Kämpen aussandte: die Sage von Loherangrin. Der Landgraf ruft die Frauen herbei, dass sie die Mär hören. Wolfram beginnt, wie Horand vor der Königin Hilde. Ein weiteres Rätsel Wolframs ist allegorisch und stellt den Tod als einen Jäger mit dem Spürhund dar. Klinsor gesteht selber zu, dass Wolframs Wissen weit über Laienverstand gehe. Aber er hofft, dem Teufel Nasion werde er nicht gewachsen sein. Zur Nacht kommt Nasion in Wolframs Herberge und legt ihm astronomische Fragen vor, auf die Wolfram die Antwort nicht schuldig bleibt und endlich den Teufel mit dem Kreuzeszeichen verjagt. Klagend kehrt Nasion zu Klinsor zurück, er will nimmer zu Wolfram, Klinsor möge es selber versuchen, mit dem klugen Meister fertig zu werden. Damit scheint ursprünglich der Rätselstreit geendet zu haben. Das Bindeglied zwischen Fürstenlob und Rätselstreit bildet Klinsor, der wahrscheinlich vom Rätseldichter zuerst eingeführt wurde. Er passt sehr gut zu der dunkeln Gelehrsamkeit, mit der in Wolframs Weise der Verfasser prahlt. Der Rätselstreit scheint auch von Anfang an mit dem Lohengrin verknüpft gewesen zu sein. Wann und wie die Verbindung von Fürstenlob und Rätselstreit zum Sängerkrieg auf der Wartburg geschah, wo die beiden Themen so miteinander verzahnt wurden, dass sie nicht mehr auseinander gelöst werden können, entzieht sich unsrer Kenntnis.

Ulrich von Lichtenstein entstammte einem angesehenen steirischen Geschlecht. Er war um 1200 geboren und nahm an den geschichtlichen Ereignissen seines Heimatlandes Anteil, wobei er sich als klug berechnender, tatkräftiger Mann zeigte. In Urkunden erscheint er von 1227 bis 1274. Dieser mitten im Leben stehende Mann dichtete schöne, wenn auch mehr kunstvolle als wirklich empfundene Minnelieder und schrieb den Roman seines schwärmerischen Frauendienstes, worin er als abenteuernder Damenritter und sonderbarer Schwärmer erscheint. Der Minnesang ist im »Frauendienst« zur Erzählung nach dem wirklichen Leben geworden und darum kulturgeschichtlich sehr wichtig, weil uns hier Einblicke verstattet sind, die sonst fehlen. In den provenzalischen Liedersammlungen sind häufig die Lebensbeschreibungen der Trobadors, die besonderen Umstände, unter denen die Lieder gesungen wurden, verzeichnet. In Deutschland fehlen derlei Lebensabrisse gänzlich und wir müssen uns mit den gelegentlichen Anspielungen der Gedichte und mit verstreuten urkundlichen Zeugnissen begnügen, um eine meist sehr dürftige und lückenhafte Biographie der Minnesänger zu gewinnen. Einen Ersatz bietet die ausführliche Selbstbiographie Ulrichs, der uns eingehend über seinen Minneroman und dabei auch über seine sonstigen Schicksale unterrichtet. Die formgewandten Lieder und Büchlein, welch Letztere in der Art Hartmanns geschrieben sind, fügte er an Ort und Stelle ein. Meist sind es sog. Tanzweisen, Minnelieder herkömmlichen Inhalts, bei denen die Vorliebe für trochäischen Rhythmus bemerkenswert ist. Eines der schönsten beginnt mit der Strophe: »In dem Walde süße Töne singen kleine Vögelein; auf der Heide Blumen schöne blühen in des Maien Schein. Also blüht mein froher Mut mit Gedanken gen ihr' Güte, die mir reich macht mein Gemüte wie der Traum den Armen tut.« Eine in bewegten daktylischen Rhythmen gehende »ûzreise«, ein

Ausfahrtlied, ist für die zum Turnier ziehenden Ritter bestimmt. Das Tagelied ist insofern weitergebildet, als bei Ulrich aus Zartgefühl an Stelle des Wächters ein Mädchen ins Vertrauen gezogen wird und die Liebenden zum Scheiden mahnt: »Eine schöne Magd sprach: vielliebe Fraue mein, wohlauf, es tagt! Schaut zum Fenster, wie der Tag heraufkommt. Der Wächter ist von der Zinne gegangen. Euer Freund muß von hinnen, ich fürchte, er blieb schon zu lange hier«. Eine Stelle im Roman gewährt willkommenen Aufschluss über die Einführung romanischer Weisen in den deutschen Minnesang. Eine Dame schickt dem Ritter durch einen Boten eine Singweise, die im deutschen Lande noch unbekannt sei, und die er deutsch dichten soll. Der Ritter lernt die Melodie sogleich auswendig und setzt dazu einen deutschen Text, der die Würdigkeit der Frauen und die Minne preist: »Kalter Schnee müsste von der Hitze brennen, die mir im Herzen liegt.« Wir würden es dem Gedicht nicht ansehen, dass es nach einer fremden, italienischen oder französischen Weise gemacht ist. Wenn wir die Musik kennen würden, ergäbe sich wohl bei manchem deutschen Minnelied ein ähnliches Verhältnis zu einer romanischen Vorlage, wie sie hier ausdrücklich bezeugt ist.

Der Inhalt des »Frauendienstes« ist ziemlich bekannt, sodass hier wenige Andeutungen genügen werden. Das Buch beginnt mit dem Preise der Frauen, an denen alle Tugend und das Heil der Welt liegt. Schon in früher Kindheit hörte Ulrich vom Frauendienst sprechen und dachte alsbald daran, sein Leben im Frauendienst hinzubringen. Er kam als Page in die Umgebung einer vornehmen Dame, der er diente. Im Sommer brachte er ihr schöne Blumen und freute sich, wenn sie diese, wo er sie angegriffen hatte, in ihre weiße Hand nahm. Das Wasser, das sie über ihre Hände goss, trank er aus. Als er von ihr genommen wurde, schied wohl sein Leib von dannen, aber sein Herz blieb dort. Ulrich kam zum Markgrafen von Istrien, um auf Rossen reiten und über Frauen dichten zu lernen. Seine ritterliche Ausbildung vollendete er in Steiermark und wurde im Jahre 1222 bei einer großen Wiener Hoffestlichkeit, als Herzog Leopold seine Tochter verheiratete, mit dritthalbhundert andern Knappen Ritter. Beim Fest erschien auch die Dame seines Herzens, und er turnierte tapfer zu ihrer Ehre. Durch eine Verwandte, die mit der Dame bekannt war, ließ er ihr seinen Dienst und seine Liebe entbieten und sandte ihr ein Minnelied. Die Dame wollte von seinem Dienst nichts wissen und tadelte seinen übel stehenden Mund. Sofort entschloss sich Ulrich zu einer schmerzhaften Operation einer Wulstlippe. Ein Knecht der Dame musste Zeuge seines standhaften Benehmens sein und darüber berichten. Nach sechswöchigem Krankenlager war er geheilt. Die Dame gewährte ihm eine persönliche Zusammenkunft, um sich von seinem veränderten Aussehen zu überzeugen. Er aber wagte es nicht, die Angebetete anzureden, als er vor ihr stand. Das Herz war voll zum Zerspringen, aber der Mund verstummte. Das geschah ihm fünfmal des Tages! Er verwünschte seine Zunge und seinen Mund und war zum Tode betrübt. Am andern Tag gelang es ihm, seine Schüchternheit zu überwinden, aber da gebot die Dame ihm Schweigen. Bei einem Turniere zu Brixen wurde ihm der kleine Finger der rechten Hand abgestochen, dass er nur noch lose an der Hand hing. Er suchte Heilung bei einem Arzt in Bozen. Die Dame hörte von dem Unfall und bedauerte ihren Ritter, dass er um ihretwillen seinen Finger verlor. Als sie aber von der Heilung hörte, zieh sie ihn der Lüge. Rasch entschlossen ließ sich Ulrich den angeheilten Finger abhacken und sandte ihn der Herrin in kostbarer Umhüllung mit einem Büchlein (Liebesbrief) zu. Auch dadurch wurde die Herrin nicht zur Milde erweicht. Da beschloss Ulrich eine große Ritterfahrt zu ihren Ehren. In weiblichen Gewändern, als Frau Venus verkleidet, tat er die Fahrt von Mestre bei Venedig durch Oberitalien bis zur böhmischen Grenze. An alle Ritter erging die Aufforderung, mit Frau Venus einen Speer zu verstechen. Ulrich verstach auf der ganzen Fahrt dreihundert und sieben Speere. Endlich wurde ihm der Lohn in Form einer Einladung auf die Burg der Dame. Aber auch dieser Besuch ging auf wunderlichste Weise vonstatten. Ulrich und sein Knappe mussten sich als Aussätzige verkleiden, unter die Bettler mischen und die Almosen der Dame empfangen. Hier ist das Vorbild des Tristanromans deutlich, aber die geschmackloseste und widerlichste Szene wird zur Nachahmung gewählt. Am zweiten Abend harrten Ulrich und sein Knappe, der Weisung gemäß, im Burggraben, um zum Fenster emporgezogen zu werden. Die Dame empfing ihren Ritter in glänzend erleuchtetem Gemach, von Frauen umgeben. Sie begrüßte ihn, er kniete vor ihr nieder und bat sie um Erhörung. Er war entschlossen, nicht mehr zu weichen, eh' er ihre Huld gewonnen. Da sann sie auf List, um ihn wieder loszuwerden. Er sollte zum Schein noch einmal zum Fenster hinausgelassen und dann von neuem heraufgezogen werden. Natürlich fiel

Ulrich dabei jählings aus seinen Minnehoffnungen in den tiefen Burggraben und eilte mit lautem Wehgeschrei den Berg hinunter, dass sich der Wächter bekreuzigte, in der Meinung, es sei der Teufel. Der Knappe lief seinem Herrn nach und brachte ihm zum Trost ein Wangenkissen der Dame. Diese ganze Geschichte ist schwankhaft. In der Szene der Zusammenkunft mit der Dame waltet überhaupt mehr Dichtung als Wahrheit; der Erzähler lehnt sich an Minneroman und Minneschwank an. Es fehlt aber sowohl der Ernst des Tristan, der sogar das verzweifelte Auskunftsmittel der aussätzigen Gesellschaft noch einigermaßen rechtfertigt, als auch der Übermut des leichtsinnigen Schwankes. In Ulrichs Darstellung wirkt die Szene nur unerquicklich. Der standhafte Ritter ist noch immer nicht ernüchtert und dient weiter, bis die Dame ihm ein Leid antut, das er aus Zucht verschweigen will. Da gibt er den Dienst auf und singt Klagelieder. Die ganze Geschichte ist umso unerfreulicher, als wir einmal beiläufig hören, dass Ulrich verheiratet ist, auf seinen Narrenfahrten gelegentlich bei seiner Ehefrau einkehrt und sich in ihren Armen ausruht. Der Unverbesserliche beginnt nach einiger Zeit einen neuen Minnedienst mit neuer Ritterfahrt. Diesmal erscheint er als König Artus, der vom Paradiese zurückgekehrt ist, um die Tafelrunde wieder aufzurichten. Wer, ohne zu fehlen, drei Speere mit ihm versticht, soll das Recht haben, zur Tafelrunde zu sitzen. Den zweiten Dienst unterbrechen ernste Wirklichkeiten, so die Schlacht an der Leitha (1246), wo Herzog Friedrich von Österreich fiel, die große Not, die sich nach dem Fall des Herzogs in Steiermark und Österreich erhob, die über ein Jahr dauernde Gefangenschaft Ulrichs, aus der er 1248 erlöst wurde. Die Reichen pflegen des Raubes, die Jungen sind ungemut, der Frauendienst liegt darnieder; aber Ulrich singt seine Minnelieder weiter, als könnte er damit die gute alte Zeit zurückführen. Er rühmt sich am Ende seines Buches, dass er dreißig Jahre im Dienste der Minne verbracht habe. Der »Frauendienst« ist in kunstlosen Strophen zu acht Zeilen, je zu vier Hebungen mit männlich gereimten Verspaaren, abgefasst. Wie die Form, die eigentlich nur nüchterne Reimprosa darstellt, so ist auch der Inhalt ziemlich trocken und schwunglos. Ulrichs poetische Begabung ist ausschließlich lyrisch, für die epische Schilderung versagte sie völlig. Neben dem Frauendienst, der 1255 abgeschlossen wurde, dichtete Ulrich um 1257 das »Frauenbuch«, worin die Klagen aus dem Ende des ersten Werkes aufgenommen und fortgeführt werden. In einem Gespräch zwischen einem Ritter und einer Frau werden die Ursachen des Verfalls der höfischen Zucht erörtert. Der Ritter beginnt mit der Klage über das Benehmen der Frauen. Sie sitzen da wie Nonnen, das Kopftuch bis an die Augen, mit dem Schleier Mund und Wange verhüllt, ein Paternoster als Schmuck, wie wenn sie sich dem geistlichen Leben zugewandt hätten. Die Frau erwidert, dies sei nur die Folge der Verrohung der Ritter. Der Ehemann zieht am frühen Morgen auf die Jagd, kehrt spätabends heim, setzt sich zum Brettspiel und Wein und entschläft schnarchend. Wofür soll sich die Frau da noch schmücken? Der Wein ist die Minne der heutigen Ritter, er geht ihnen über Blumenpracht und Vogelsang. Und wenn ein Ritter sich dem lärmenden Treiben der rohen Genossen entziehen will, da heißt es gleich, seine Frau habe ihn besiegt, er sei nicht Herr im Hause. Nach diesen Vorwürfen schildert der Ritter das Ideal des höfischen Mannes und der Dame, wie sie früher waren. Nun tritt der Dichter selber herzu, greift ins Gespräch ein und schlichtet den Streit: die Männer sind schuld am Niedergang der edlen Sitten. Ähnlich wie Ulrich klagt auch der Stricker über den Verfall der Hofzucht. Aber bei Ulrich ist der Schmerz echter und wahrer, weil er wie kaum ein andrer den Frauendienst als eine ernste und wichtige Lebensaufgabe erwählt und betätigt hatte.

Die lehrhafte Dichtung.

Die *lehrhafte Literatur* des Mittelalters beruht auf volkstümlicher Spruchweisheit und auf schulmäßiger Wissenschaft, die aus der Bibel und den Schriften der Alten schöpfte. Anfangs besorgten die Spruchdichter die lehrhafte Richtung, bald aber machte sich das Bedürfnis nach besonderen, ausführlichen Schriften geltend, von denen das ausgehende 12. und das 13. Jahrhundert mehrere bedeutende Leistungen aufzuweisen haben. Geistliche und weltliche, gelehrte und volkstümliche Strömungen vermischen sich in solchen Erzeugnissen miteinander. Übersetzungen lateinischer Werke bieten des um 1171 nachweisbaren thüringischen Kaplan *Wernher von Elmendorf Tugendlehre* und die Verdeutschung der Distichen des *Cato.* Es gab ein Handbuch der Moralphilosophie, worin Aussprüche aus Cicero, Seneca, Juvenal, Horaz, Ovid, Lukan, Terenz, Boethius, Xenokrates zusammengestellt waren. Diese Sprüche trägt Wernher in freier Fassung gewandt vor. Er rechtfertigt die Berufung auf die heidnischen Autoren mit dem Hinweis auf Salomo, der uns die Ameise als Vorbild der Tugend empfehle; so dürften wir auch von den Heiden lernen. Wenn der Mensch nur immer in Gottes Gnade wandle, möge er sich wohl auch der Tugenden befleißigen, die bei den Heiden als ehrenhaft galten. Und nun folgt ein Unterricht über Tugenden, die namentlich für das gesellschaftliche Leben vonnöten sind. Die Mâze, die Staete, die Milde stehen obenan, also weise Selbstbeherrschung, treue Beständigkeit und Freigebigkeit, die Haupttugenden der höfischen Gesellschaft. Die spätlateinische Spruchsammlung, Disticha Catonis, hatte schon Notker in St. Gallen in deutsche Prosa übersetzt. Kurz nach Freidanks Bescheidenheit wurden zwei Drittel des lateinischen Originals in deutsche Verse gebracht. Auch diese Sprüche enthalten Winke zur Beherrschung der Leidenschaften, Ermahnungen zur Genügsamkeit, Lehren für den Umgang mit Menschen.

Selbständiger und bedeutender ist der *Winsbeke*, ein im zweiten Jahrzehnt des 13. Jahrhunderts verfasstes ritterliches Lehrgedicht, worin ein fränkischer Ritter von Windesbach seinem Sohn in 56 Strophen gute Ratschläge erteilt, wie Gurnemanz dem jungen Parzival. Das Gedicht erinnert in der Form an die Titurelstrophe Wolframs und gehört inhaltlich nach Gervinus »zu den teuersten Resten unsrer ritterlichen Poesie, weil die Lebensregeln, die darin aufgestellt sind, nicht nur dem Schönsten zur Seite gesetzt werden dürfen, was über Sittlichkeit und würdiges Leben gesagt ist, sondern auch dem Allgemeingültigsten, da sie das Gleichgültige der äußern und standesmäßigen Sitte verschmähend, den Blick auf das Ewige zu lenken trachten. Es liegt etwas ungemein Rührendes und Erhebendes zugleich in dem sanft-feierlichen Tone der Ermahnungen, die der greise Vater dem Sohne mit ins Leben gibt. Es redet der ehrwürdige Alte, der die Rechnung seines Lebens abgeschlossen hat, dessen ganze Freude und Hoffnung hinfort auf den Sohn gerichtet ist, dem er, nachdem er selbst mit Ehren seines Hauses gewaltet, die Pflege desselben vertraut, mit herzlicher Innigkeit, mit edler Bescheidenheit ihm die Erfahrungen und das Beispiel seines eigenen Lebens vorhaltend, und ohne fürder andere Sorge zu haben, als daß es seinem Erben auf Erden und im Himmel nicht missegehe, ohne einen andern Wunsch, als daß sein Name und seines Namens Ehre auch im Sohne erhalten werde. Jene höchste Religiosität spricht aus ihm, die der Welt Wandel gering achtet, ohne darum aber die irdische Laufbahn grollend zu verachten. Es ist jene schöne und seltene Frömmigkeit, die herzliche Liebe und Vertrauen auf Gott festhält, auch nachdem sie den Lauf der Welt hat kennen gelernt«. Der Winsbeke ist der erste Versuch, ethische Betrachtungen mit Betonung der besonderen Ideale des Rittertums in einem selbständigen Gedicht vorzutragen. Der Vater beginnt mit der Ermahnung, Gott zu lieben. Er kommt dann auf die Geistlichen, deren Worten man nachfolgen müsse, auch wenn ihre Werke nicht einwandfrei seien. Der Laie darf den Priester nicht hassen, weil er ihn bei den Sterbsakramenten braucht. Nun wendet sich der Vater zu den Frauen und wünscht dem Sohn ein rechtes, tüchtiges Eheweib. Auch von Minne und Frauendienst ist die Rede. Die Frauen sind der Welt Zier und Ehre, die Gott in seiner Gnade, als er sich dort Engel schuf, uns hier auf Erden zu Engeln gab. Das beste Heilmittel gegen alle Lebensnöte ist die Minne zu einem reinen Weib. Nun wendet sich der Vater zum Schildesamt und seinen Pflichten und zur höfischen Zucht, er empfiehlt Vorsicht im Gespräch und Zurückhaltung. Adlige Geburt ist an Männern und Frauen verloren, wenn die Tugend fehlt. Natürlich wird auch Mâze, Selbstbeherrschung, empfohlen, man soll nicht voreilig und unbedacht handeln und auf klugen Rat hören. Müßiges Verliegen schändet den jungen Mann. Zuletzt nennt der Vater drei Haupträte: Gottes Minne, Wahrhaftigkeit, tadellose Zucht.

Dem alten Gedicht ist eine Fortsetzung angefügt, in der Weltverneinung gepredigt wird, ganz im Gegensatz zur Ritterlehre des ursprünglichen Teils, die mit der Wolfram'schen Weltanschauung übereinstimmt. Der Sohn führt jetzt das Wort, und zwar in sehr altkluger Weise, indem er den Vater bestimmt, Hab und Gut aufzugeben und ein Spital zu erbauen, wo sie miteinander leben und das süße Himmelreich erwerben wollen. Die *Winsbekin* übersetzt das Gedicht ins Weibliche, aber auf recht schwache Weise: die Mutter preist weibliche Zucht und höfische Sitte, besonders aber die Minne, gegen die sich die Tochter lange, wie Kriemhild im Nibelungenlied, wehrt.

Von ähnlicher Anlage, und gleichfalls durch Wolframs Parzival beeinflusst sind die Strophen, in denen ein König Tirol von Schotten seinem Sohn *Fridebrant* ritterliche Lehren erteilt. Vielleicht handelt es sich um Bruchstücke aus einem erzählenden Gedicht. Im ersten Teil gibt der Vater mystische Rätsel auf, die der Sohn löst; im zweiten belehrt er ihn über die Pflichten des Königs. Er solle gegen seine Dienstleute freigebig sein, Schaden ersetzen, den sie im Dienst erlitten, Gerechtigkeit üben; denn die Träne, die ein Bekümmerter weint, klebt an des Königs Stirn, der die Hilfe versagte, wenn Gott zum Gerichte geht. Turniere soll der König zur Ehre und Ausbildung der Ritterschaft veranstalten. Die eheliche Liebe und Treue soll hochgehalten sein.

Thomasin von Zirclaria (Cerchiari in Friaul), ein Domherr und Italiener von Geburt, schrieb zwischen 1215 und 1216 ein deutsches Lehrgedicht von etwa 15 000 Versen, das er den welschen Gast, d. h. den Fremdling aus Welschland, der bei den Deutschen gute Aufnahme erhofft, nannte. Der gelehrte Verfasser war in der lateinischen und deutschen Literatur wohl bewandert und beherrschte die italienische, französische und deutsche Sprache. Seinen deutschen Versen merkt man den Ausländer nicht an. Thomasin war Dienstmann des Patriarchen Wolfger von Aquileja, des Gönners Walthers von der Vogelweide. Darum kannte er auch Walthers Papstsprüche und wandte sich von kirchlicher Seite gegen sie. Der welsche Gast ist eine umfangreiche Sittenlehre in zehn Büchern, ausgezeichnet durch weiten Blick, vorsichtiges Urteil und ernste Anschauung. Nur selten macht sich einseitige kirchliche Beurteilung bemerkbar, wenn er z. B, bedauert, dass man in Oberitalien nicht dem Beispiel des Herzogs Leopold von Österreich folge und die Ketzer verbrenne. Thomasin hatte bereits früher in italienischer oder französischer Sprache ein Buch vom höfischen Wesen geschrieben, das verloren ging, aber vermutlich in der Hauptsache im ersten Teil des welschen Gastes wiederkehrt. Hier behandelt der Dichter die höfische Zucht mit besonderer Rücksicht auf die Jugend. Die höfischen Romane betrachtet er als Bilder und Beispiele, an denen sich die Jugend schulen solle, die aber dem gereiften Alter unzulänglich seien. Den Jünglingen wird Gawein, Clies, Erec, Iwein, Artus, Karl, Alexander, Tristan, den Mädchen Andromache, Enit, Penelope, Oenone, Galjena, Blanscheflur, Lavinia, Sordamor zur Nachahmung empfohlen, dagegen wird vor Key, dem prahlerischen Marschall der Tafelrunde, und vor Helena gewarnt. Allerlei Anstandsregeln über die Haltung zu Pferde, über das Benehmen bei Tisch werden vorgetragen und Minnelehren gegeben. Aber wer zu Verstand gekommen ist, muss die unwahren Kindermärchen verlassen und ernsterer Moral sich zuwenden. Nun folgt die mit mannigfachen Beispielen aus biblischer und weltlicher Geschichte durchflochtene ausführliche Sittenlehre, die auf die Gegensätze von Staete und Unstaete aufgebaut ist. Alles Gute und Edle, alle menschlichen Tugenden entspringen aus der Beständigkeit, alles Übel, alle Untugenden aus der Unbeständigkeit und Untreue. Reichtum, Herrschaft, Macht, Ruhm, Adel, Wohlleben sind an und für sich weder gut noch schlecht, aber gefährliche Güter, die den Menschen leicht blenden und vom Pfad der Tugend weglocken können. Es sind gleichsam Stricke, an denen der Teufel die Menschen auf der Stiege, die zum Paradiese führt, abwärts zerrt. Mâze und Unmâze werden als Schwestern der Staete und Unstaete erörtert. Die Staete herrscht sonst in der ganzen Natur, die Elemente, die Tiere vollenden ihren Lauf in steter Ausdauer; aber der Mensch, der Willen und Vernunft, Einsicht und Wahl des Guten hat, ist unstet, ändert und wechselt mit jedem Tag. Nun wird die Nichtigkeit der irdischen Güter, die den Menschen zur Unbeständigkeit verleiten, aufgezeigt. Das Überhandnehmen der Untugenden wird darauf zurückgeführt, dass die Weisen und Biedern nicht mehr geehrt werden, aber die Bösen mit ihrem verführerischen Beispiel im Wert stehen. Kein Alexander fände heute einen Aristoteles. Und da wir keinen Artus mehr haben, so fehlt uns auch Erec und Iwein. Thomasins weit ausholende Weisheit ist aus der Bibel, aus christlichen, besonders aber auch aus antiken Autoren geschöpft. Dabei hat er offenen Blick für die Gegenwart, die er oft in seine Betrachtungen einbezieht. Besonders schön und eindrucksvoll ist der Aufruf an die deutsche Ritterschaft zum Kreuzzug: »Deutsche Ritterschaft, ich weiß wohl, dass dein Lob weit verbreitet ist, dass du allezeit die teuerste Ritterschaft gewesen bist, von der wir in den Büchern lesen; nun scheue nicht die Arbeit und bewähre deine Tüchtigkeit, da man uns Gewalt tut. Die Heiden haben mit Übermut unser Land in Besitz genommen. Gottes Grab soll man nicht vergessen. Wohlauf, edle Ritterschaft, dein ritterlicher Mut wird ihren Übermut nicht ertragen!« Die edlen deutschen Fürsten, die daheim schon viele Fehden ausgefochten haben, sollen nun für Gottes Sieg streiten und alle selbstsüchtigen Ziele hintan setzen. »Edler König Friedrich, du bist reich an Verstand und Mut; zeige, dass du weise bist, und erjage den Preis, der unendlich ist!« Thomasin bekämpft die Ansicht derer, die den Kreuzzug für überflüssig erachten, weil Gott, wenn er wollte, schon selber das Heilige Grab aus den Händen der Ungläubigen befreien könnte. Gott hat uns eben in der Befreiung des Heiligen Grabes eine würdige Aufgabe gesetzt, der wir uns mit ganzer Seele hingeben sollen. Den Papst als den Vertreter des

Weltfriedens und Weltchristentums verteidigt Thomasin aufs eifrigste. Und mit Recht nimmt er ihn in Schutz gegen den Vorwurf Walthers, er habe Sammlungen zur Kreuzfahrt in deutschen Landen unternommen, um sich selber zu bereichern. Thomasin ist auch bei dieser Verteidigung gegen parteiische Vorurteile maßvoll. Nur in der Ketzerfrage ist er fanatisch. Der welsche Gast war ein viel gelesenes Buch, zahlreiche Handschriften wurden bis ins 15. Jahrhundert angefertigt. Das Original war mit Bildern geschmückt, die ebenfalls zur Verbreitung des beliebten Buches beitrugen.

Aber noch viel größerer Beliebtheit erfreute sich *Freidanks Bescheidenheit*, ein vornehmlich auf Sprichwörtern beruhendes und daher überaus volkstümliches Lehrgedicht eines schwäbischen Fahrenden, der nach Thomasins welschem Gast dichtete und sein Werk 1229 nach dem Kreuzzug Friedrichs II. abschloss. Der Name scheint kein wirklicher, sondern ein literarischer zu sein. Freidank starb auf einer Reise nach Venedig und liegt zu Padua begraben. Bescheidenheit ist die Fähigkeit zu scheiden und zu schlichten, richtige Erkenntnis, Weisheit und Lebensklugheit. Seine Betrachtung beginnt mit göttlichen Dingen: »Gott dienen ohne Wank ist aller Weisheit Anfang«. Nach einigen allgemeinen religiösen Sprüchen werden dogmatische Dinge behandelt, aber kurz und leicht fasslich. Wertvoller ist, was Freidank über menschliche Dinge sagt. Alle Verhältnisse berührt er, das menschliche Leben in seinen verschiedenen Erscheinungen und Abstufungen; er spricht von Fürsten, Herrn und Knechten, von Rittern und Bauern, von Frauen und Kindern, von den Lastern des Geizes, Zornes und der Missgunst, von den Tugenden der Freundschaft, des Ruhms und der Ehre, von Alter und Jugend, Armut, Krankheit und Sorgen, von Trunkenbolden, Wucherern und Spielern. Freidanks Weltanschauung ist konservativ-aristokratisch: Gott schuf drei Stände, Bauern, Ritter und Pfaffen; den vierten, den wuchertreibenden Handelsstand, der durch Geld Macht gewinnt, schuf der Teufel. Freidank sagt selber, dass er sein Buch »berichtet« habe. Die Gedanken sind fast durchweg nicht sein Eigentum, wohl aber die überaus glückliche, sprichwörtliche Form, die Fassung. Freidanks Quellen waren für die religiösen Sprüche Bibel und geistliche Literatur, für allgemeine Lebensweisheit antike Autoren; endlich schöpfte er auch die zeitgenössische deutsche Literatur aus. Man vergleiche z.B. die oben angeführten Worte mit ihrem Vorbild: timor domini, principium sapientiae, das bei Thomasin lautet: »der rehte wistuom ist got dienen z'aller vrist«, um die eindrucksvolle Kraft der Freidank'schen Fassung zu erkennen. Und darin liegt die Bedeutung des Buches, das um seiner glücklichen Form willen volkstümlich wurde, als ob lauter altbewährte Sprüche und geflügelte Worte drin gesammelt wären. So kurz und bündig wusste der Dichter seine Gedanken zu gestalten. Zwei Abschnitte sind bemerkenswert, in denen Freidank seine Erfahrungen in Rom und Akkon mitteilt. Alle Schätze fließen nach Rom, dem unersättlichen, nie auszufüllenden Loch. Römische Synode und ihr Gebot ist der Pfaffen und Laien Spott; der Bann ist wohlfeil geworden. Der römische Hof verlangt nicht mehr, als dass alle Welt in Wirren stehe; er kümmert sich nicht darum, wer die Schafe schiert, wenn ihm nur die Wolle wird. Es sind oft dieselben Gedanken, die in der lateinischen Vagantendichtung und bei Walther begegnen, eine scharfe, parteiische Kritik der römischen Politik. Eigene Erlebnisse und Gedanken enthält der Abschnitt über Akkon, wo alle Ideale der frommen Kreuzfahrer an der bösen Wirklichkeit zu Schanden werden. Akkon verschlingt Silber, Gold, Rosse und Gewänder und überhaupt alles, was einer leisten kann. Seuchen herrschen dort, und wenn tausend täglich stürben, hörte man doch keine Klage. Christen und Heiden leben bunt durcheinander. Dem Deutschen bekommt Speise, Luft, Land und Leute nicht gut, und mancher findet im Friedhof seinen Wirt. Ein Heer von Hunderttausenden ist schneller verkauft, als anderswo zehn Ochsen. Das Kreuz gab man doch zur Erlösung von Sünden; aber nun wird der kreuzfahrende Kaiser in Bann getan; wie soll man seine Seele bewahren? Allerdings tadelt Freidank am Kaiser sein heimliches Raunen mit dem Sultan. Es ist ein wunderlich Ding! Wo fuhr jemals ein Kaiser im Bann und ohne ein Heer von Fürsten übers Meer? Was kann ein Kaiser schaffen, wenn Pfaffen und Heiden wider ihn streiten? Da würde Salomos Weisheit zu Schanden. In diesem Tone geht es fort mit eindringlichen Klagen und Mahnungen. Es ist wohl verständlich, dass Freidanks Sprüche um ihrer trefflichen Form willen ein Volksbuch wurden, das noch Sebastian Brant 1508 bearbeitete und zum Druck beförderte. Bis ans Ende des 16. Jahrhunderts wurde Brants Ausgabe mehrmals aufgelegt.

In Österreich verfasste *Konrad von Haslau* um 1270 ein Gedicht, *»Der Jüngling«*, eine höfische Sitten- und Anstandslehre, worin von der äußeren Haltung des angehenden Ritters, von der Haartracht, dem

Tischdienst und Benehmen bei der Mahlzeit, von den Unarten beim Reiten, vom Verhalten gegen Frauen, Ritter und Geistliche gehandelt wird. Über die Erziehung stellt Konrad richtige Grundsätze auf; indem er vor Verwöhnung der Kinder, vor allzu großer Strenge, vor unzeitigen und unmäßigen Strafen warnt. Der Dichter, der über gewandten Ausdruck verfügt, wendet sich als Strafprediger gegen einzelne jugendliche Unsitten, die er anschaulich zu schildern weiß. – Durch scharfe Beobachtung und anschauliche Wiedergabe sind 15 satirische Gedichte eines unbekannten niederösterreichischen Ritters ausgezeichnet, die unter dem Namen einer darin gelegentlich erwähnten Persönlichkeit als *Seifried Helbling* zitiert werden. Der erste, zwischen 1282 und 1291 gedichtete Teil enthält heftige persönliche Satiren, der zweite, zwischen 1291 und 1299 entstandene Teil ist im Anschluss an ein viel gelesenes lateinisches Werk, den sog. Lucidarius, in Gesprächsform gehalten: ein Ritter und sein Knappe sprechen über die österreichischen Zustände. Das Gedicht steht unter dem Einfluss Thomasins von Zirclaria und Konrads von Haslau, auch Wolfram, Walther, der Stricker, Wernher der Gärtner sind benützt. Im ersten Teil wird über fremde Einflüsse in Österreich, über böhmische, ungarische, welsche, besonders aber schwäbische Sitten geklagt. Der Verfasser war anfangs ein Gegner Rudolfs von Habsburg, weil er schwäbische Art nach Österreich mitbrachte; er gewöhnte sich aber mit der Zeit an die energische kaiserliche Macht. Im zweiten Teil wird der Österreicher, wie er sein soll, geschildert, wobei sich manche kulturgeschichtlich wertvolle Ausblicke ergeben. Der Verfasser spricht über Ritter, Frauen, Geistliche, Herzöge und über die Stände. Das Gerichtswesen war in schlimmen Verfall geraten, weil die alten, vom Herzog einst selber gehaltenen Landgerichte durch die Nachgerichte der Gutsherrn verdrängt waren. Der Herzog hatte unentgeltlich Recht gesprochen, die Gerichtspächter nahmen Bezahlung; dadurch wurde das Urteil getrübt und manchmal ungerecht. Gegenstand berechtigter Angriffe ist das Raubrittertum, das durch die Lehnsherrn begünstigt wurde, weil die Dienstleute als Raubritter sich ihren Lebensunterhalt verschafften. Somit steht der arme, ehrliche Ritter zwischen den großen Herrn und den räuberischen Dienstleuten inmitten und kann sich nur schwer behaupten. Daraus entspringen die Klagen des patriotischen österreichischen Dichters. Schließlich kommt der Dichter auf das Alter und die Vorbereitung zum Tod zu sprechen und richtet ein inniges Gebet an die Dreifaltigkeit und die heilige Jungfrau, zugleich mit Ermahnungen an die jungen Edelknechte, denen das Bild des wahren Ritters ohne Tadel vorgehalten und zur Nachahmung empfohlen wird.

Hugo von Trimberg, ein Bamberger Schulmeister, ist der Verfasser des viel gelesenen *Renner*. Den Namen deutet die Überschrift einer Handschrift: Renner ist dies Buch genannt, denn es soll rennen durch die Land; Hugo selber vergleicht an einigen Stellen sein Werk einem vorwärts rennenden Rosse und sich mit einem Reiter, mit dem sein Ross durchgeht. Damit ist die planlose Weitschweifigkeit des umfangreichen, gegen 25000 Verse enthaltenden Buches bezeichnet. Hugo erzählt, dass er sich seine Kenntnisse aus der Lektüre von 200 Handschriften römischer und spätlateinischer Autoren erworben, dass er vor dem Renner vier lateinische und acht deutsche Büchlein verfasst habe. Ein Registrum multorum auctorum, ein Verzeichnis alt- und mittellateinischer Schriftsteller in Versen vom Jahr 1280 ist erhalten. Ein 1266 verfasstes deutsches Gedicht »Der Sammler« wurde im Renner in größerem Umfang wieder aufgenommen. In vorgerücktem Alter von etwa 65 Jahren machte Hugo sich an das Hauptwerk seines Lebens, das er in schweren Nahrungssorgen und von körperlichen Mühen bedrängt, von 1296 bis 1300 zu Ende brachte und bis 1313 mit Zusätzen und Nachträgen versah. Hugos Überzeugung ist, dass die christliche Weisheit am höchsten stehe und alles andre Wissen dagegen nichtig sei. Die Heilige Schrift ist die Kaiserin aller Künste, und tief beklagenswert ist es, wenn die Lehren hoher Meister, die die Seele fruchtbar machen, vernachlässigt werden. Die eine Weisheit, die zum Himmel führt, erkennt der Verfasser als die Aufgabe seines Lebens und seines Buches. Aber dieser an und für sich schöne und große Gedanke gibt dem Gedicht keine klare und feste Gestalt; der Dichter erfasst nur die negative, satirische Seite der Lehre, er empfiehlt den Glauben dadurch, dass er die Sünden tadelt. So wird sein ganzes Buch eine ungeheure Predigt über Bibeltexte. Poetischen Gehalt bekommt es durch die vielen lebendig erzählten Beispiele, Gleichnisse, Märchen und Geschichten, Sprüche, Fabeln, Schwänke, durch die unzähligen Abschweifungen, mit denen der Text durchwirkt ist. Also nicht die Idee, sondern das Beiwerk ist für den Leser anziehend. Der Renner hebt mit einem Gleichnis an: Einst kam der Dichter auf eine blumenreiche, von hohen Bergen umgebene Heide. Ein Birnbaum stand auf grünem Rain, unter ihm schönes Gras, dabei ein Dornstrauch, eine Lache und ein Quell. Viele Birnen wurden vor der Zeit gebrochen; ein Windstoß schüttelte die übrigen Birnen herab; einige fielen in den Quell, andre in die Lache, andre auf den Dorn, andre aufs Gras. Die Heide ist die Welt, die Berge sind die Mühen und Sorgen. Der Baum ist das Urelternpaar Adam und Eva, die Birnen die Menschen, die in den Dornstrauch der Hoffart, in die Lache der Schlemmerei, in den Quell der Habsucht oder auch aufs Gras der Reue fallen. Mit diesem Bild ist der Leitgedanke des Gedichtes gegeben, das von den Hoffärtigen, Habgierigen, Schlemmern und Reumütigen berichten will. Die andern Todsünden, Unkeuschheit, Zorn, Neid und Trägheit, werden aus den drei ersten abgeleitet. Dann sollte der tugendhafte Wandel vorgeführt werden. Aber der alte Dichter kann seinen Renner nicht meistern, der läuft seinen eignen Weg. Hugo kommt vom Hundertsten ins Tausendste, wiederholt sich und verwirrt sich, aber widerspricht sich nie. Der Druck von 1549 charakterisiert das Buch, wie es schließlich aussah: »ein schön und nützlich Buch, darinnen angezeigt wird einem Jeglichen, welcher Würde, Wesens oder Standes er sei, daraus er sein Leben zu bessern und seinem Amt nach Gebühr desselben auszuwarten und nachzukommen zu erlernen hat, mit viel schönen Sprüchen aus der Heiligen Schrift, alter Philosophen und Poeten weisen Reden, auch feinen Gleichnissen und Beispielen gezieret.« Der Renner ermangelt der Klarheit des Aufbaus, aber er besitzt dafür Buntheit des Inhalts und wirkt dadurch auf die Leser. Hugo mischt persönliche Erlebnisse in seinen Bericht, z. B, wie er einmal im Dorfe den Bauern auf ihre Fragen erklärt, warum die Unfreien als Nachkommen Chams dienen müssen, oder was Halbritter seien, nämlich Männer von halbedler Herkunft; dies Letztere wird durch den Verweis auf das Maultier erläutert, das von einem Esel und einem Ross abstammt. In seinem Urteil über Rom ist Hugo von Freidank abhängig, den er ausschreibt, wennschon es kaum größere Gegensätze gibt, als die bündige Spruchform des schwäbischen Fahrenden und den breiten Predigtstil des Bamberger Schulmeisters. Von den Ritterromanen spricht Hugo im Gegensatz zu Thomasin mit ziemlicher Geringschätzung; es sei sündhaft, solche Lügen zu verbreiten. Was soll man sagen, wenn die Weiber mehr über die Wunden der alten Recken klagen als über die unsres Heilands! Weltlich Lob, Wein und Weib verderben manchen jungen Leib. Bei der Verachtung ritterlich-höfischer Dichtung und Art ist das bekannte Lob auf Walther von der Vogelweide merkwürdig. Hugo hatte eben nur für den Spruchdichter Verständnis. Wie wenig das ästhetische Urteil daran beteiligt ist, zeigt die Äußerung, dass der Marner allen andern vorrenne! Für die Kulturgeschichte bietet der Renner viel Wertvolles. Er enthält wichtige Bemerkungen über die damaligen deutschen Mundarten und ihre Aussprache. Am Schlusse seiner langen Strafpredigt verwendet Hugo wieder ein Gleichnis, indem er auf Bileams Eselin zu sprechen kommt: »Da der Prophet Bileam unrechten Weg einschlug, strafte ihn seine Eselin; nun laßt mich Gottes Esel sein, wenn ich euch strafe und nicht selber gar weise bin; wenn eine stolze Nachtigall im Walde süßen Schall hat, so ist doch ein Esel viel nützlicher als sie.« Der Renner ist bürgerlich gelehrt und gehört daher mehr der Folgezeit an. Für seine Beliebtheit zeugen die zahlreichen Handschriften und der Druck vom Jahr 1549 zu Frankfurt a. M. Die Ausgabe des 16. Jahrhunderts wurde aber verkürzt und mit protestantischen Änderungen versehen.

Ein Schweizer Dichter verfasste in der zweiten Hälfte des 13. Jahrhunderts, wahrscheinlich in Konstanz, *»Der Minne Lehre«*, eine anmutige Allegorie, die an der Spitze zahlreicher andrer Minneallegorien des 14. Jahrhunderts steht. Der Dichter hat beschlossen, sich von der Minne loszusagen. Im Traum wird er ins Reich der Frau Minne entführt und erblickt dort Amor und seine göttliche Mutter. Er wird zunächst wegen seiner Absage getadelt und hernach in einer längeren allegorischen Auseinandersetzung über das Wesen der Liebe unterrichtet. Er verspricht Gehorsam; denn bereits minnt er eine schöne Frau. Der Dichter teilt nun die Liebesgrüße und Liebesbriefe mit, die sie einander senden, bis ihm die Geliebte zuerst eine Zusammenkunft am sonntäglich stillen Sommernachmittag im Garten gewährt und später ihn auch zur Nacht in ihre Kammer einlässt. In lateinischen Sprüchen prunkt der Verfasser mit seiner Gelehrsamkeit. Er liebt Reim- und Wortspiele und folgt im Allgemeinen noch den Gesetzen der höfischen Dichtung, wenn er auch schon öfters zur Silbenzählung neigt. Die Liebesgeschichte ist anmutig erzählt, wennschon die Allegorie bereits zu breit ausgefallen ist.

Heinzelin von Konstanz gehörte als Küchenmeister zum Hofstaat des als Minnesänger bekannten Grafen Albert von Heigerloh (gest. 1298), bei dem die Kunst freundliche und liebevolle Pflege fand. Er verfasste zwei kleinere Streitgespräche. Im einen wird das alte Thema der Vagantendichtung aufgenommen: zwei Frauen streiten darüber, wem der Vorzug in Liebessachen gebühre, dem Ritter oder dem Pfaffen. Beide beschließen, wie Phyllis und Flora, die Sache vor den Hof der Minne zu bringen, und der Dichter wünscht, es möchte ihm vergönnt sein, die Entscheidung zu hören. Damit bricht das Gedicht ab. Im zweiten Gedicht streiten zwei Nonnen, wem der Vorzug gebühre, Johannes dem Täufer oder dem Evangelisten. Der Zwist wird geschlichtet, indem die beiden Johannes ihren Verehrerinnen im Traum erscheinen und jeder voll Bescheidenheit den Preis dem andern einräumen will. Da bitten die Nonnen vor der Meisterin einander um Verzeihung und das Volk staunt über das Wunder. Den Stoff zu diesem strophischen Gedicht entnahm Heinzelin einer Geschichte, die er bei Cäsarius von Heisterbach fand.

Die Prosa.

Noch ist die Prosa als literarisches Kunstmittel nicht entdeckt. Zum Begriff des Gedichtes gehört die Versform. Daher wird die Prosa in der mittelhochdeutschen Zeit äußerst sparsam verwendet und dient mehr praktischen als künstlerischen Zwecken. Wie in der früheren Zeit steht die geistliche Prosa obenan. Um die Mitte des 13. Jahrhunderts nahm die geistliche Beredsamkeit durch die seit 1220 verbreiteten Bettelmönchsorden der Dominikaner und Franziskaner neuen Aufschwung. Während die ältere deutsche Predigt sich mit der Übertragung lateinischer Vorlagen begnügt, wird die Predigt der Mönche aus den Bettelorden eigenartiger und volkstümlicher. Um die Mitte des Jahrhunderts tritt ein gewaltiger Volksprediger hervor, dessen Predigten in deutscher Fassung, wahrscheinlich von Zuhörern nachgeschrieben, erhalten sind: *Berthold von Regensburg.* Vor und neben ihm wirkten andre. Da ist der Ketzerspürer *Konrad von Marburg,* dem das Volk, bis es ihn im Jahre 1234 in zorniger Aufwallung erschlug, überall in Scharen zuströmte, sodass er oft im Freien predigen musste. Von seinen jedenfalls wirkungsvollen Reden ist nichts erhalten. *David von Augsburg* war 1230–40 Novizenmeister in einem Kloster zu Regensburg; hier wurde er der Lehrer Bertholds, mit dem er predigend durch die Lande zog. Er starb 1271 oder 72. Seine Predigten sind nicht erhalten, wohl aber zwei deutsch geschriebene Abhandlungen, ein Traktat von den sieben Vorregeln der Tugend und ein Spiegel der Tugend. Daraus ist seine Weltanschauung und sein Stil zu ersehen. Er ist mit Ausnahme seiner zeitweiligen inquisitorischen Tätigkeit milden Sinnes und steht unter dem Einfluss der älteren Mystik. Die Vereinigung der Seele mit Gott ist auch sein höchstes Ziel. Aber er will nichts von Verzückung und träumerischer Entrückung wissen, weil Traumgesichte und Wahrsagungen oft erlogen seien. Er verlangt praktische Moral, Demut und Nächstenliebe, die ihm höher gilt als alle innere Erleuchtung. Die Nachfolge Christi trägt ihren Lohn in sich selber, weil sie den Menschen veredelt und erhebt. Davids Stil ist rednerisch ausgebildet, aber nicht eigentlich volkstümlich, in der Wahl der Worte und im Bau der Sätze oft von lateinischen Vorbildern beeinflusst, aber doch auch freierer Ausdrucksweise zustrebend. Man merkt das Ringen nach Selbständigkeit, nach Deutschheit. *Berthold* hat sie erreicht. Er trat in Regensburg in den Franziskanerorden und predigte seit 1250 in Bayern, Elsass, Österreich, Mähren und Schlesien bis zu seinem 1272 in Regensburg erfolgten Tod, wo er im Minoritenkloster begraben liegt. Er hatte ungeheuren Zulauf; Tausende strömten ihm zu; oft war die Kirche zu klein, er musste auf Außenkanzeln, unter hoch gelegenen Bäumen auf Wiesen und Feldern und auf freien Plätzen predigen. So groß war seine Beliebtheit, dass man ihm die Gabe der Weissagung und wundertätige Kraft beilegte, dass sein Aufenthalt an dem oder jenem Ort und sein Tod zu Regensburg ein Ereignis schien, das in den gegen solche Dinge sonst so spröden Chroniken aufgezeichnet werden musste, dass noch Frauenlob lange nach seinem Tode ihn in einem Gedicht verherrlichte, dass die Folgezeit ihn mit dem heiligen Antonius von Padua verglich und dass überhaupt seine Predigten nachgeschrieben, gesammelt und ins Lateinische übersetzt wurden. Die Wirkung seiner Predigten war kaum geringer als die der Sprüche Walthers von der Vogelweide. Berthold war ein gewaltiger Bußprediger. Leidenschaftlich bekämpft er das höfische Leben und seine Begleiterscheinungen, das Turnier, den Tanz, den Kleideraufwand und die Genüsse der Tafel, den Frauendienst, den Minnesang, die Spielleute, also die schöne Weltfreude der ritterlichen Gesellschaft. Höfische Damen legten den Schmuck ab, kleideten sich einfach wie Nonnen und mieden den Tanz; was bisher ihre Freude war, galt als Sünde. Die Macht seines Wortes wusste Berthold durch epische und dramatische Bestandteile zu steigern. Er erläuterte seine Lehren durch Geschichten, er belebte seine Rede, indem er den Angegriffenen Einwürfe machen ließ und diese dann widerlegte. So ward er anschaulich und lebendig. Er verlor sich nie ins Allgemeine, sondern hielt sich ans Greifbare und Verständliche. Die zehn Gebote verglich er mit zehn Pfennigen, die wir Gott schuldig seien, die Sünden mit Mördern, die uns nachstellen, die Äußerungen der Sünden mit Mordäxten. Himmel und Erde bezeichnet er als das Alte und Neue Testament, als die zwei Lehrbücher der Laien, die darin lesen lernen sollten. Sein Stil war mit formelhaften Wendungen und Wiederholungen ausgestattet, die ans Volksepos erinnern. Er kannte das Volk, zu dem er sprach, und wusste sich in seine Gedankenwelt und Redeweise zu versetzen. Seine Warnungen vor Habsucht, Bereicherung und Geldgier beziehen sich auf das aufblühende Bürgertum, dem er nicht minder ein Strafprediger ist als dem Rittertum. Berthold erhebt die Stellung des Priesters und der Kirche über alles in der Welt: wenn ein Priester vorüberginge, wo Maria und alle himmlischen Heerscharen säßen, so stünden diese vor ihm auf. Der Papst steht über dem Kaiser, der Reich und Gericht von der Kirche geliehen hat. Die kaiserliche Macht war im Interregnum zurückgegangen; es ist kein Wunder, wenn der Geistliche im Papsttum die höhere Gewalt sieht und diesen Gedanken in seinen Predigten vertritt.

Sehr schön charakterisiert Pfeiffer die beiden Franziskaner also: »Wenn, nach dem Ausdruck eines Chronisten, Bertholds Wort wie eine Fackel in Deutschland leuchtete, und gleich einem Schwert in die Herzen der Zuhörer drang, so kann man Davids Rede einer ruhigen Flamme vergleichen, die in mildem Glanze strahlt, und deren stille, tiefe Glut das Herz und Gemüt des Lesers belebt, erwärmt und zu Liebe entzündet.«

Aus dem Schulunterricht ging ein andres Prosawerk des 13. Jahrhunderts hervor, das vermutlich im letzten Jahrzehnt des 12. Jahrhunderts von Heinrich dem Löwen in Braunschweig veranlasst wurde. Es ist eine Enzyklopädie weltlicher und geistlicher Wissenschaft, der *Lucidarius*, der Erleuchter, wie es in der gereimten Vorrede genannt wird. Glaubenslehre und Weltkunde sind in die Form eines Gespräches zwischen Meister und Schüler gekleidet. Das erste Buch zeigt, wie die Welt eingeteilt und beschaffen ist, das zweite berichtet vom Menschen, das dritte, wie die Christenheit geistlich geordnet ist. Die Geographie des Lucidarius beruht namentlich auf der Imago mundi des Honorius (um 1152), einem beliebten Schulbuch, dessen Inhalt in deutscher Prosa den Laien vermittelt werden soll. Da hören wir vom Paradies, das im Osten von hohen Bergen umschlossen liegt. Adams und Evas Nachkommen werden bis auf die Söhne Noahs aufgezählt: von Sem stammen die Freien, von Japhet die Ritter, von Cham die Knechte. Von der Welt, die rundum vom Wendelmeer umflossen ist, wird nur der dritte Teil bewohnt und zerfällt in Asien, Europa, Afrika. Bei Asien werden die Flüsse des Paradieses besprochen. In der Nähe der immergrünen Insel lägen Goldberge; das Gold werde von Drachen und Greifen bewacht. In Indien gebe es Bäume, die bis an den Himmel reichen, kleine Menschen, die mit den Kranichen, große, die mit den Greifen kämpfen. Dort leben auch Menschen mit Hundsköpfen, Plattfüßen, Menschen mit Augen auf der Schulter und Mund und Nase auf der Brust. Schlangen und Würmer sind groß wie die Hirsche. Alles, was in den Schriften der Alten von wunderbaren Menschen und Tieren, Quellen und Kräutern zu finden war, Naturwunder wie Blutregen, Froschregen, Erdbeben, Himmelszeichen u. dgl. kehrt im Lucidarius wieder. Das Werk erfreute sich großer und dauernder Beliebtheit, es wurde in zahlreichen, mit Zusätzen und Änderungen versehenen Handschriften und seit 1479 auch in Drucken verbreitet. Als Lucidarius, Aurea gemma, Elucidarius, seit dem Druck von 1655 als kleine Cosmographia ist diese echt mittelalterliche Welt- und Menschenkunde betitelt und gelesen worden. Literarischen Wert beansprucht das Buch nicht.

Zwischen 1224 und 30 wagte der ostfälische Ritter und Schöffe *Eyke von Repechouwe* (im Anhaltischen) eine für seine Zeit unerhörte Tat. Er schrieb das in den sächsischen Landen geltende Recht lateinisch nieder; Graf Hoyer von Falkenstein veranlasste den Verfasser zu einer deutschen Redaktion, worüber er in der gereimten mitteldeutschen Vorrede Auskunft gibt. Er bezeichnete das Buch als den Spiegel der Sachsen, weil er abspiegeln will das Recht, das von alters her unsre guten Vorfahren auf uns gebracht haben. Eyke veranstaltete vielleicht eine mitteldeutsche und niederdeutsche Ausgabe seines Werkes, das einen beispiellosen Erfolg hatte. In der Hauptsache zeichnet Eyke das sächsische Landrecht auf, er greift aber auch gelegentlich auf reichsrechtliches Gebiet hinüber und flicht seine eigne Auffassung ein. Der Sachsenspiegel wurde in den Handschriften durch Bilder und Glossen erläutert und rief in Deutschland eine ganze Rechtsliratur hervor. In Süddeutschland entstand um 1260 der Spiegel der deutschen Leute, eine Aufzeichnung des gemeinen Landrechts; hieran knüpfte der Schwabenspiegel an. Dem Landrecht folgten in der zweiten Hälfte des 13. Jahrhunderts auch einige Stadtrechte in deutscher Sprache. Die Urkunden, die bisher lateinisch waren, wurden mehr und mehr in deutscher Sprache abgefasst. Konrad IV. stellte 1240 eine kaiserliche Urkunde auf Deutsch aus. In Süddeutschland sind die deutschen Urkunden zahlreicher als in Mittel- und Norddeutschland.

Die deutsche *Geschichtsschreibung* in Prosa ging von Niederdeutschland aus. Zwischen 1237 und 1251 ward auf niederdeutschem Boden die erste prosaische Weltchronik geschrieben. Der Verfasser, ein Geistlicher, will wirkliche Geschichte, kein bloßes Unterhaltungsbuch im Geiste der Kaiserchronik geben. Er schöpft aus älteren lateinischen Geschichtsquellen. Zuerst wird ausführlich das Altertum behandelt, dann die deutsche Reichsgeschichte. Unter jedem einzelnen Kaiser sind die wichtigsten Ereignisse zusammengestellt mit vorzüglicher Berücksichtigung der norddeutschen Länder, namentlich in den letzten Abschnitten, wo der Verfasser sich der von ihm erlebten Zeit nähert. Die sächsische Weltchronik nennt in der gereimten Vorrede einen van Repegouwe; schwerlich ist der Verfasser des berühmten Rechtsbuches auch der der Weltchronik, aber mittelbar hat er daran Teil, indem er den Gedanken, wie das Recht so auch die Geschichte auf Deutsch zu behandeln, förderte. Die Chronik fand rasch Verbreitung, selbst in Süddeutschland, trotz ihrer niederdeutschen Lokalfärbung. In Bayern wurde sie mit Fortsetzungen versehen, die bis zum Jahr 1454 reichen.

Einige *Arzneibücher* dienen wie die Rechtsbücher dem praktischen Bedürfnis. Im 13. Jahrhundert fand eine vor 1250 entstandene mitteldeutsche Übersetzung einer lateinischen Schrift des Meisters Bartholomäus, die in zahlreichen Bearbeitungen und Auszügen bis zum 15. Jahrhundert vorliegt, weitere Verbreitung.

Fürs 13. Jahrhundert ist eine Übersetzung des französischen Prosaromans von *Lancelot*, also ein Denkmal der schönen Literatur, eine völlig vereinzelte Erscheinung. Sie liegt nicht mehr in der Urschrift vor, sondern muss aus späteren Bearbeitungen erschlossen werden, sodass auch kein Urteil über ihren literarischen Wert möglich ist.

IV. Das 14. und 15. Jahrhundert

Die Literatur des 14. und 15. Jahrhunderts ist bürgerlich volkstümlich und steht daher im Gegensatz zur ritterlich-höfischen und geistlichen der früheren Jahrhunderte. Die ständische Beschränktheit der alten Zeit hatte das nur erst im Anfang seiner Entwicklung befindliche Bürgertum gänzlich ausgeschlossen. Nun übernahmen gerade die Städte die Führung der deutschen Geschichte und Kultur, während das Rittertum mit dem Aufhören der Romfahrten und Kreuzzüge und mit dem Aufkommen der Heere zu Fuß, vollends mit Einführung der Feuerwaffen seine Bedeutung verlor. Das deutsche Bürgertum vermochte sich nicht sofort eine eigne Dichtung als Ausdruck seines innersten Wesens zu schaffen, aber es wollte teilhaben an der bisher gepflegten Dichtkunst. Roman und Lyrik knüpfen unmittelbar an die Schöpfungen der ritterlich-höfischen Zeit an, deren Stoffe und Formen weitergeführt werden. Die höfische Dichtung war ein Erzeugnis der Hofkultur und fügte sich schlecht in die neue Zeit. Vor allem fehlte den bürgerlichen Dichtern, die nicht mehr an Höfen und auf Ritterburgen, sondern in den Städten sangen und sagten, das Formgefühl. Die feine Sprache und Verskunst verfiel vollständig. Die bürgerliche Dichtung sah nur auf den Stoff, auf den Inhalt. Ehe sie aus sich selber heraus Stoffe gewann, bemächtigte sie sich der vorhandenen Überlieferung, die bis ins 16. Jahrhundert festgehalten wurde. Abschriften der Gedichte des 12. und 13. Jahrhunderts, Umarbeitungen und Nachahmungen bekunden die lebhafte Teilnahme, die man nach wie vor dem Inhalt der ritterlichen Poesie entgegenbrachte. Nur langsam entwickelt sich daneben Neues und Eignes. Erst der Humanismus und die Reformation schufen eine selbständige bürgerliche Literatur aus neuen Quellen und mit neuen Formen. Der vorhergehenden Dichtung fehlt ein beherrschender Mittelpunkt und ein hohes Ziel. Auch vermissen wir große und bedeutende Persönlichkeiten. Immerhin sind unter den zahlreichen Literaten der bürgerlichen Zeit manche Charakterköpfe zu erkennen. Das Gepräge der bürgerlichen Dichtung ist lehrhaft. Schon in der höfischen Zeit gab es lehrhafte Werke und neben dem rein ästhetischen Minnelied diente der Spruch der Belehrung. Der Sinn der neuen Zeit ist dem Nützlichen und Wirklichen zugewandt, das Phantastische und Künstlerische tritt dagegen zurück.

Unsre Aufgabe besteht darin, das Fortleben der alten Dichtung zu schildern, wobei auf deren Umbildung und Nachbildung besonderes Gewicht zu legen ist. Zugleich sind die aus der Masse hervorragenden Schöpfungen zu beachten. Auf dem Gebiete des Romans ist das durch Heinrich Wittenweiler geschaffene *komische Epos* zu rühmen, in der Lyrik ist das *Volkslied* eine wahrhafte Bereicherung der deutschen Dichtung, deren Kunstwert sehr hoch einzuschätzen ist. Selbständig und neu entfalten sich das *deutsche Drama*, als Gesamtwerk groß und bedeutungsvoll, wennschon ohne individuell ausgezeichnete Dramatiker entstanden, und die *Prosa* der Mystiker sowie der Anfänge des *prosaischen Romans*, der schließlich den Versroman gänzlich verdrängen sollte.

Erzählende Dichtung.

Der *Ritterroman* lebte in Neudichtungen und Bearbeitungen alter Werke fort. Lehrreich sind die Schicksale von Wolframs Parzival. Im Auftrag eines Herrn Ulrich von Rappoltstein verfertigten in Straßburg Claus Wisse und Philipp Colin, Letzterer seines Zeichens ein Goldschmied, in den Jahren 1331–36 einen Parzival von 36000 Versen. Die Absicht dieser literarischen Unternehmung war, das Gedicht Wolframs zu ergänzen. Dazu wurden die sonst in Deutschland unbekannten Fortsetzungen zu Kristians Perceval, die eines Ungenannten, ferner die des Wauchier und Manessier herangezogen, obwohl sie sachlich mit dem Inhalt des Parzival unverträglich sind. Das ganze unförmliche Gedicht wurde zwischen das 14. und 15. Buch Wolframs eingeschoben, wodurch die Widersprüche noch unleidlicher erschienen. Die beiden Straßburger waren der französischen Sprache gar nicht mächtig und bedienten sich der Hilfe eines Juden namens Samson Pine, der ihnen Zeile für Zeile verdeutschte, während sie für die

Versform sorgten. Der Stil ist sehr gewöhnlich, die Metrik verwahrlost, poetische Begabung fehlt den Bearbeitern vollständig. Es ist schlechteste Handwerksware. In roher Weise wird Wolframs Gedicht mit unmöglichen Zusätzen belastet, ohne dass ein Versuch gemacht worden wäre, die verschiedenartigen Stoffmassen innerlich miteinander zu verarbeiten. Gedankenlose Anhäufung von Romanstoffen, die den Zeitgenossen tot und unverständlich waren, ist das Gepräge dieses späten Rittergedichtes.

Wenn der Parzival des Claus Wisse und Philipp Colin das Bestreben bekundet, die alten Romane durch Abschrift zu erhalten und durch neue Abschnitte aus dem Französischen zu vermehren, so finden wir andrerseits auch Beispiele selbständiger Romandichtung in der Art des Wilhelm von Wenden oder Reinfried von Braunschweig (vgl. oben S. 240). Historische Namen der Hauptpersonen geben der Erzählung den Anschein der Wirklichkeit, aber der Inhalt ist aus Märchen, Novellen und Romanen äußerlich zusammengetragen.

Friedrich von Schwaben ist ein solcher Roman aus der ersten Hälfte des 14. Jahrhunderts. Herzog Heinrich von Schwaben hat drei Söhne, Heinrich, Ruprecht und Friedrich. Der jüngste ist Friedrich, der eines Tags auf der Jagd einen Hirsch verfolgt, der ihn bei einbrechender Nacht zu einer Burg mitten im Walde verlockt. Dort verschwindet das Tier. Friedrich tritt ein, findet einen schönen Saal und einen wohl besetzten Tisch, aber keinen Menschen. Er läßt sich's wohl sein und legt sich schlafen. In dunkler Nacht naht sich ihm ungesehen ein Weib und klagt seine Not. Es ist Angelburg, eine Königstochter, die durch den Hass ihrer Stiefmutter verflucht ist, mit zweien ihrer Jungfrauen bei Tag als Hirsche im Wald umherzulaufen; bei Nacht erhalten sie ihre menschliche Gestalt und das Haus im Walde. Ein Fürstensohn kann sie erlösen, der innerhalb eines Jahres dreißig Nächte bei ihr zubringt, ohne sie zu sehen und sie zu minnen. Nimmt er ihr die Ehre, dann muss sie ewig Hirschin bleiben; gelingt es ihm, sie zu sehen, dann werden die drei Mädchen in weiße Tauben verwandelt und fliegen zum klarsten Brunnen der Welt, wo sie nur unter besonderen Umständen erlöst werden können. Friedrich ist natürlich bereit, die Aufgaben zu vollbringen und sich dadurch die schöne Angelburg zu gewinnen. Er kehrt nach zwei Nächten zu seinen Brüdern zurück und besucht seine heimliche Geliebte – wiederholt. Die Brüder merken sein verändertes Wesen, ein Zauberer erkennt, dass Friedrich minnesiech ist. Sein Geheimnis wird entdeckt und Friedrich bewogen, bei der nächsten Zusammenkunft ein Feuerzeug mitzunehmen, um Angelburg einmal zu sehen. Alles geschieht wie in der Geschichte von Partonopier und Meliur (vgl. Mitte S. 235), deren Vorbild der Verfasser folgt. Angelburg erscheint bei Licht als eine sonnengleiche Jungfrau, sie klagt, dass sie nun als Taube trostlos den lichten Brunnen aufsuchen müsse. Sie weissagt Friedrich, welche Kämpfe er zu bestehen haben werde. Von Angelburg und ihren Genossinnen erhält er drei Ringe, einen gegen Gift, einen gegen Feuer, einen, um seine Stärke zu verdreifachen.

Nun hebt der zweite Teil, die Abenteuerfahrt an, bei der sich nach einer Handschrift der Held den Namen Wieland beilegt. Friedrich reitet mit Gefolge aus, um den lichten Brunnen zu suchen. Er schickt seine Leute heim, als ihm die Zehrung ausgeht. Zunächst befreit er eine Fürstin Osann von Prafant von ihrem Bedränger, einem norwegischen Fürsten. Sie bietet ihrem Retter Hand und Habe, er weist sie ab und folgt seinem Gelübde. Hier ist Lohengrin und Elsa von Brabant Vorbild des Dichters. Das nächste Abenteuer führt ihn zu einer Zwergkönigin in den Berg, wo er lange festgehalten wird, bis es ihm gelingt, zu fliehen. Das dritte Abenteuer hat er beim König Turneas (der Name ist aus Turnus und Eneas gefügt), dem er zehn Jahre dient, und dafür einen Hirsch jagen darf. Der Hirsch verwandelt sich in die Jungfrau Pragnet von Persoloni, die ihm ein Kraut schenkt, das unsichtbar macht und den Weg zum Brunnen weist. Dort werden die drei Tauben geflogen kommen, ihre Federgewänder ablegen und in menschlicher Gestalt baden; er solle die Kleider nicht herausgeben, bis ihm eine von den dreien die Ehe verspreche. Alles ereignet sich in der angegebenen Weise; Friedrich und Angelburg erkennen sich, die drei Ringe sind die Wahrzeichen. Sie ziehen alle in Angelburgs mütterliches Erbland, die lichte Aue, und damit könnte das Märchen zu Ende sein. Es schließen sich aber noch Kämpfe an, in denen Friedrich die Kraft der drei Ringe erprobt. Am Ende gibt es viele Hochzeiten, indem Friedrich die Jungfrauen der Angelburg mit seinen Brüdern und die zum Feste erschienenen Königstöchter Osann von Prafant und Pragnet von Persoloni mit seinen Neffen vermählt. Der Inhalt des zweiten Teils erinnert an die Schwanmädchensage im Eddalied vom Schmied Wieland. Der Raub der Gewänder der Wasserfrauen oder Feen ist übrigens ein sehr verbreitetes Märchenmotiv. Im Allgemeinen ist der Roman von Friedrich von Schwaben klar und übersichtlich aufgebaut, leidet aber unter Wiederholungen und überflüssigen Einschüben, die mit der Hauptsache nur lose zusammenhängen. Der Verfasser ist in der Romanliteratur des 13. Jahrhunderts wohl beschlagen und schließt sich den oben erwähnten Erzeugnissen vollkommen an.

Eine ähnliche Sage erzählte in Form einer Novelle ohne jede überflüssige Zutat um 1310 der Ritter *Egenolf von Staufenberg* in der Ortenau; er verknüpfte sie mit einem Angehörigen derer von Staufenberg, mit Peter Diemringer. Egenolfs Vorbild sind die Werke Konrads von Würzburg, denen er sich in Stil und Darstellung genau anschließt. Am Pfingsttagmorgen findet der Ritter Petermann Diemringer beim Ausritt aus seiner Burg auf einem Stein eine wunderschöne Jungfrau, die er begrüßt. Sie dankt ihm freundlich und sagt ihm, sie habe auf ihn gewartet: »Ich liebe dich, seit du je ein Pferd überschrittest; und überall im Kampf und Streit, in Weg und auf Straßen hab ich dich heimlich gepflegt und gehütet mit meiner freien Hand, daß dir kein Leid geschah.« Der Ritter aber erwidert, sein Wille sei, bei ihr zu weilen bis zum Tode. Die Jungfrau sagt, dies sei wohl möglich; aber er dürfe kein ehelich Weib nehmen, sonst müsse er am dritten Tage sterben. Dann überreicht sie ihm einen schönen Ring; wenn er sie herbeiwünsche, werde sie immer sofort bei ihm sein. Peter reitet heim in seine Burg und erprobt alsbald die Wahrheit der Abmachung. Wo immer er sie herbeiwünscht, hat er sein schönes Weib zu seiner Freude bei sich. Sie stattet ihn mit Gut und Geld aus, dass er fröhlich in der Welt leben kann. Aber seine Brüder wollen ihn verheiraten; er weigert es mit aller Kraft. Bei der Königswahl in Frankfurt zeichnet er sich in Ritterschaft so sehr aus, dass der König ihm seine eigne Muhme aus Kärnten zur Ehe anträgt. Peter gerät in schweren Kummer und schlägt das Anerbieten aus; wie alle Fürsten den Grund wissen wollen, gesteht er, dass er schon eine Frau habe. Ein Bischof mischt sich drein, erfährt die Geschichte, dass sich die Frau vor niemand sehen lasse, und redet so lang auf den armen Ritter ein, bis er seine Geliebte selber für eine Teufelin hält und in die aufgedrungene Ehe einwilligt. Die Hochzeit soll in der Ortenau gehalten werden. Als Peter seine Geliebte wieder zu sich wünscht, wirft sie ihm vor, dass er sein Wort gebrochen habe; nun habe er sein junges Leben verloren, »und zum Zeichen will ich dir folgendes geben: wenn du meinen Fuß erblicken wirst und ihn alle andern sehen, Frauen und Männer, auf deiner

Hochzeit, dann sollst du nicht säumen, sondern beichten und dich zum Tode bereiten«. Beim Hochzeitsmahl sieht man plötzlich einen wunderschönen Menschenfuß durch die Decke gestoßen bis ans Knie, weiß wie Elfenbein. Der Ritter erblasst, heißt alle Lustbarkeit schweigen, nimmt Abschied von seiner Braut und legt sich zum Sterben. Die junge Frau aber geht ins Kloster und betet für seine Seele. Man kann Egenolfs anmutiges Gedicht wohl die Undine des 14. Jahrhunderts nennen. Im Jahre 1483 wurde es in Straßburg gedruckt und im Jahre 1588 durch Fischart erneuert.

Für die Epigonenzeit ist die Sammeltätigkeit charakteristisch. Im 14. Jahrhundert vereinigte ein mittelfränkischer Dichter in einem großen Epos alle ihm bekannten Gedichte über Karl den Großen. Die Gedichte stehen unvermittelt hintereinander etwa so wie in der norwegischen Karlamagnussaga, wo durch Aufreihung verschiedener chansons de geste eine histoire poétique Karls des Großen hergestellt wird. Der Verfasser des *Karlmeinet* (d.i. Charlemagne) benützte niederländische und hochdeutsche Gedichte für seine Sammlung. Er beginnt mit der Jugend Karls, wie dieser in Spanien die Tochter des Königs Galafers, die schöne Galia zum Weib gewinnt. Der zweite Teil von Morant und Galia berichtet von dem ungerechten Verdacht, in den Morant, der Bannerführer Karls, durch die Beschuldigung eines unerlaubten Verhältnisses mit Galia gerät. Hierauf folgt ein Abschnitt über Karls Kriege und einige Ortssagen, z.B. die vom Liebeszauber, der durch einen Ring den Kaiser zuerst an eine Frau, dann an einen Teich von Achen fesselt. Der Karlmeinet hat in diesem Teil keine ältere Vorlage aufgenommen, sondern unmittelbar aus lateinischen Quellen und mündlicher Überlieferung geschöpft. Karl und Elegast ist das nächste Gedicht, das den Kaiser in die Gesellschaft eines von ihm ungerechterweise verbannten und dem Räuberleben ergebenen Ritters bringt. Hieran schließt sich die Roncevalschlacht nach dem Rolandslied des Pfaffen Konrad, aber nicht mehr in der ursprünglichen Fassung, sondern nach einer Umarbeitung aus dem Ausgang des 12. oder Anfang des 13. Jahrhunderts. Der Schluss, Kaiser Karls Tod, ist nach Geschichtsquellen gedichtet. Somit erblickte der Verfasser seine Aufgabe darin, die vorhandenen, ihm bekannten Karlsdichtungen zu einer einheitlichen Erzählung zu vereinigen; wo er Lücken sah, half er mit eigener Zudichtung aus, so namentlich im Übergangsteil von Karls Kriegen und im Schlussabschnitt von Karls Tod. Die verschiedenartigen Stoffmassen sind aber nicht organisch miteinander verbunden, das Ganze ist nur eine Kompilation, keine selbständige poetische Schöpfung.

Eine ähnliche Arbeit, wie sie hier für die Karlssage getan wurde, unternahm für die Artussage der bayerische Wappenmaler *Ulrich Füetrer* aus Landshut, der um 1490 im Auftrag des Herzogs Albrecht IV. ein Buch der Abenteuer der Ritter von der Tafelrunde in der Titurelstrophe schrieb. Das riesige Werk verfolgte den Zweck, die beliebtesten Ritterromane ihrem Hauptinhalt nach in kurzer Fassung wiederzugeben. Voran steht eine Erzählung des Argonautenzuges und Trojanerkrieges. Dann reiht er am Faden des Titurel Albrechts von Scharfenberg Merlin, Wolframs Parzival, Heinrichs von Türlin Krone der Abenteuer und den Lohengrin an; hierauf folgen der Wigalois nach der 1472 veranstalteten Prosabearbeitung von Wirnts Gedicht, Albrechts Seifried de Ardemont, der Meleranz vom Pleier und einige andere Gedichte. Auch den Lanzelet bearbeitete er strophisch, nachdem er ihn vorher auf Grund einer älteren deutschen Fassung in Prosa geschrieben hatte. Füetrers Stil ist namentlich von Wolfram und Albrecht abhängig, soweit er sich nicht der jeweiligen Vorlage anschließt. Als Kunstmittel eigner Zutat schaltet er Gespräche mit allegorischen Gestalten, mit Frau Minne und Frau Abenteuer ein. Für die alten Dichter hegt Füetrer wirkliche Verehrung und schätzt sein eignes Können im Vergleich zu ihnen gering und ungenügend.

Eine eigentümliche Erscheinung ist *Jakob Püterich von Reichertshausen* (1400–69), ein Mann, der von Liebe zur alten Literatur erfüllt war, Bücher sammelte und biographische Forschungen trieb. Im Jahr 1462 verfasste er für die Erzherzogin Mathilde von Österreich den »Ehrenbrief« in 148 Titurelstrophen. Das Sendschreiben beginnt mit dem Lobe der Fürstin, geht auf die Aufzählung der turnierfähigen bayerischen Adelsgeschlechter über und gibt zuletzt ein Verzeichnis der im Besitz des Verfassers und der Erzherzogin befindlichen Ritterbücher. Im Anfang huldigt der Dichter der Fürstin im Tone höfischer Galanterie und erklärt, er sehe sie lieber als alle Blumenauen, der Wind, der von ihrem Land herwehe, erfreue ihn; aber er bleibt auch demütig, hält sich für unwürdig, ihr die Schuhriemen zu lösen und würde gern ihr Stubenheizer sein. Freilich muss er zugeben, ein Mann von sechzig Jahren solle Amorschaft vermeiden; und seine Ehefrau ist derselben Meinung, wenn sie zu ihm spricht: Lapp, dir soll's nun genug sein, lass einen Jungen werben. Er besitzt in Summa 164 Bücher, Rittergedichte und Legenden und macht eine lange Reihe davon namhaft; vierzig Jahre hat er an seiner Bücherei gesammelt, in Brabant und Ungarn und den dazwischen liegenden Ländern hat er nachgefragt, durch Kauf, Geschenk, Abschrift, Entleihen, Raub hat er sie an sich gebracht, doch mehr die alten, die neuen achtet er nicht! Und wie er alte Bücher aufsucht, so auch die Gräber der Dichter. In manchen Kirchen hat er dem Grabe Wolframs von Eschenbach nachgeforscht, bis er es endlich im Markt Eschenbach in unsrer Frauen Münster, mit Wappenschild und Inschrift aufgefunden. Zwanzig Meilen weit ist er dorthin geritten, um die Begräbnisstätte des teuern Dichters zu sehen und durch andächtiges Gebet ihm zu Gottes Reich behilflich zu sein. Uhland charakterisiert Püterichs Streben mit den Worten: »Er erscheint als ein irrender Geist aus der untergegangenen Ritterwelt. Er sucht ängstlich und rastlos nach den alten Liederbüchern, wie nach vergrabenen Schätzen, und er wandelt um die Gräber der Dichter, deren Stätte die neue Zeit vergessen hat. Seine altväterischen Liebeserklärungen haben etwas Geisterhaftes und kein blühender Kranz aus dem schönen Garten ist ihm mehr beschieden.«

Und doch sind diese antiquarischen Bestrebungen für uns von großer Bedeutung, da sie wertvolle Werke der Vergangenheit vor dem Untergang bewahrten. Kaiser *Maximilian* (1459 bis 1519), der letzte Ritter, suchte die ritterliche Poesie, wenn auch mit allerlei allegorischen Zutaten versetzt, in seinen Romanen vom Teuerdank und Weißkunig noch einmal zum Leben zu wecken. Wichtiger sind seine Bemühungen um Erhaltung alter Gedichte. Hans Ried, Zöllner am Eisack bei Bozen, schrieb in seinem Auftrag 1504 bis 1515 die Ambraser Handschrift, die zwar namentlich für die deutsche Heldensage eine Hauptquelle ist – enthält sie doch allein den Gudruntext –, aber mit dem Moriz von Craon, mit Hartmanns Erec und Iwein, Wolframs Schionatulander und Heinrichs vom Türlin Mantel auch den Ritterroman gebührend berücksichtigt. Frühdrucke erlebten Parzival und Titurel im Jahr 1477; sonst fristete der Ritterroman nur in Prosaauflösungen ein längeres Leben bis ins 16. Jahrhundert hinein.

Die *Heldensage* und Spielmannsdichtung erfreute sich im 14. und 15. Jahrhundert großer Beliebtheit, wie die zahlreichen Handschriften und Bearbeitungen beweisen, die gerade aus diesem Gebiete vorhanden sind. Die alten Gedichte wurden fleißig abgeschrieben und sprachlich, metrisch, sowie auch teilweise inhaltlich den veränderten Zeitverhältnissen angepasst. Daher ist die Herstellung einer kritischen Ausgabe eines aus dem 13. Jahrhundert stammenden, aber nur in Handschriften des 14.–16. Jahrhunderts überlieferten Gedichtes immer sehr schwierig, weil wir mit den willkürlichen Änderungen der Bearbeiter zu rechnen haben, denen weniger daran lag, das alte Gedicht treulich zu erhalten, als vielmehr dem neuen Geschmack anzupassen. Besonders die Gedichte von Ortnit und Wolfdietrich, der Rosengarten und Laurin wurden sehr frei bearbeitet. Aber auch das Nibelungenlied blieb von derlei Änderungen nicht verschont, obwohl die Verwilderung und Zerrüttung des Inhalts hier nicht so weit geht, wie in den andern Gedichten. Die einzige Bilderhandschrift des Nibelungenliedes aus dem 15. Jahrhundert hat zwei bemerkenswerte Zusätze. Dietrich warnt die Burgunden mit dem Hinweis, der von Etzel ihnen überlassene Saal sei durch drei mit Schwefel und Kohle gefüllte Rohre bedroht; diese Rohre sollten angezündet werden, wenn die Recken zu Tisch sitzen. Damit ist das Feuerrohr in der Nibelunge Not eingeführt. Im Spielmannston ist Kriemhildes Tod erzählt. Hildebrand hat die Königin mitten durch den Leib gehauen. Das Schwert war so scharf, dass sie es gar nicht spürte. Da zog Hildebrand ein Ringlein vom Finger und warf es ihr zu Füßen, dass sie es aufhebe. Sie neigte sich nach dem Golde und dabei fiel ihr Leib auseinander! Eine andre Wiener Handschrift aus dem 15. Jahrhundert, die aus einem B- und C-Text gemischt ist, hat das mhd. Gedicht durchweg in Sprache und Vers der Zeit umgesetzt. Dem Haupttitel: »Der Nibelunger Liet« folgen die Unterabteilungen: Siegfrieds Hochzeit mit Kriemhild, Etzels Hochzeit mit Kriemhild. Wir haben in dieser Handschrift den ersten Versuch einer Übertragung ins Frühneuhochdeutsche. Die Wiener Handschrift wäre zum Neudruck im 15. oder 16. Jahrhundert vortrefflich geeignet gewesen, weil sie dem Verständnis der Zeitgenossen viel näher lag als die übrigen Handschriften, die den mhd. Sprachstand treuer wahrten; aber sie blieb auf einen kleinen Leserkreis beschränkt, sodass dieser erste Versuch der Erneuerung keine weitere Wirkung tat, Wieder eine andre Handschrift des Nibelungenlieds aus dem Anfang des 15. Jahrhunderts, von der wir leider nur das Inhaltsverzeichnis besitzen, nahm das Lied vom hürnen Seyfried in den Zusammenhang der Erzählung auf, indem Seyfrieds Jugend den Aventiuren des Nibelungenliedes vorangestellt wurde, während

Kriemhilds Entführung durch einen Drachen und ihre Befreiung durch Seyfried die von Gunther geplante Fahrt nach Isenland unterbrach. Mau erkennt aus diesem Beispiel das Streben nach roher und äußerlicher Anhäufung von Stoff, unbekümmert um die dadurch entstehenden Widersprüche und ohne Rücksicht auf die ästhetische Gesamtwirkung.

Am Vorbild des Nibelungenliedes war im 13. Jahrhundert die deutsche Heldendichtung erwachsen. Unter den Spielleuten waren die Lieder vom jungen Siegfried lebendig geblieben. Im alten Siegfriedslied, dessen Inhalt wir aus der norwegischen Thidrekssaga des 13. Jahrhunderts kennen, war erzählt, wie bei einem Schmied im Walde ein starker, unbändiger Knabe erwuchs, der von Vater und Mutter nichts wusste, wie er in der Lehre das Eisen zerbrach und den Amboss in die Erde schlug. Da sann der Meister, wie er den Lehrling loswürde. Im Wald bei einer Linde lag ein wilder Drache, dorthin sandte der Schmied Jung-Siegfried in der Hoffnung, der Wurm werde ihn verschlingen. Siegfried aber tötete den Wurm und verbrannte ihn. Von dem Drachenfett, mit dem er seinen Leib einrieb, ward er überall hart wie Horn und hieß seitdem der hürnen Siegfried. Er zog in die weite Welt und gewann die schöne Brünnhild, deren Burg er erbrach. So etwa berichtete das Spielmannslied. In der ersten Hälfte des 14. Jahrhunderts entstand, vermutlich im Rheinland, das Epos vom hürnen Siegfried, das den bereits wieder verwildernden Geschmack der deutschen Heldensage aufweist. Unter dem Einfluss der Georgslegende, weil Georg wie Siegfried ein Drachentöter war, gewann die Geschichte von der erlösten Jungfrau eine neue Wendung: ein wilder Drache hatte eine Königstochter auf einen Felsen entführt. Siegfried wurde von einem Zwerg dorthin gewiesen, kämpfte mit Riesen und Würmern und befreite die gefangene Jungfrau, der das Gedicht vom hürnen Siegfried den Namen Kriemhildes gibt. Der hürnen Siegfried hängt inhaltlich nur lose mit dem Nibelungenlied zusammen, er läuft eigentlich nur nebenher. Aber der Gedanke einer epischen Bearbeitung des alten Spielmannsliedes ist natürlich unter der Einwirkung des Nibelungenliedes, dem der hürnen Seyfried als Einleitung und Erweiterung diente, entstanden.

Wir kennen den hürnen Siegfried nur aus Drucken von etwa 1530 bis 1611. Um 1680 wurde das Gedicht in den Prosaroman vom gehörnten Siegfried umgewandelt. Als Volksbuch erhielt er sich so bis auf die

Gegenwart. Das Nibelungenlied musste wieder entdeckt werden, der hürnen Siegfried erfreute sich ununterbrochener Überlieferung, weil er den Vorzug hatte, im 16. Jahrhundert gedruckt zu werden. Nibelungenlied-hürnen Siegfried-gehörnter Siegfried sind lehrreiche Beispiele für die Wandlungen, die das Epos im wechselnden Zeitgeschmack durchlaufen musste. Natürlich ist der hürnen Siegfried im 16. Jahrhundert nicht in seiner ursprünglichen Gestalt gedruckt, sondern nach Inhalt und Sprachform den Zeitumständen angepasst worden.

Zu den Spätlingen der Heldendichtung, vielleicht auch erst im 14. Jahrhundert verfasst, gehören die zwei kurzen Erzählungen vom *Wunderer* und vom *Meerwunder*. Während sich Dietrich bei Etzel aufhält, kommt einmal flüchtig eine schöne Jungfrau in die Burg, wo der König mit seinen Mannen Hof hält, und fleht um Schutz gegen einen wilden Jäger, den Wunderer, der sie verfolgt, um sie zu fressen. Etzel und Rüdeger lehnen ab, den Kampf mit dem Unhold aufzunehmen; Dietrich aber ist bereit, sie zu schützen. Draußen ertönt des wilden Jägers Horn, die Hunde laufen schnobernd in den Saal, und seine Stimme heischt donnernd Einlass. Dietrich tritt ihm entgegen. Zwar hat ihm sein Meister verboten, Riesenkämpfe zu wagen, solang er jung ist; aber in diesem Fall wird er wohl zustimmen. Nach langer Arbeit gelingt es Dietrich, den Wunderer zu töten; aber er hat selber viele Wunden davongetragen. Die Jungfrau dankt ihm, nennt ihren Namen, Saelde, und dass sie eine mit Wundergaben ausgestattete Königstochter sei. Dann verschwindet sie plötzlich vor aller Augen, denn auch diese Gabe war ihr zuteil geworden. Die zugrund liegende Sage ist die vom wilden Jäger, der hinter den Moosweiblein herjagt. Wie die übrigen Riesenkämpfe Dietrichs mag auch dieser aus der Tiroler Volkssage erwachsen sein.

Das Meerwunder berichtet von einer Königin, die sich am Meeresstrande ergeht und von einem Meerungeheuer überfallen wird. Sie gebiert darauf einen schrecklichen wilden Sohn, der wie ein Bär schwarz behaart ist und alle Mädchen schändet und auffrisst. Zuletzt sind König und Königin nicht mehr sicher vor ihm und müssen auf ein festes Schloss fliehen. Der Unhold wird getötet. Jetzt erst gesteht die Königin ihrem Gemahl, wie sie den Sohn empfing. Sie wird vom König bewogen, wieder am Meer zu wandeln, um das Ungeheuer anzulocken. Es erscheint und wird, vom König und seinem Sohn überwältigt, von der Königin erstochen. Vielleicht verbirgt sich im Meerwunder eine Erinnerung an die merowingische Stammsage. Meroveus, der Stammvater der Merowinger, war ja von einem Meerungeheuer erzeugt worden.

Im Hildebrandston, in der Strophe der Heldendichtung, geht ein Spielmannsgedicht vom Zwerg Antelan, der sich unsichtbar machen kann und große Stärke besitzt, den gepriesenen Artushelden gegenübertritt und Parzival besiegt. Hier mischen sich also ganz offenkundig Artusroman und deutsche Heldensage.

Das 15. Jahrhundert liebte die Form des kurzen Liedes. Uralte Balladen tauchen in erneuter und arg zerrütteter Gestalt jetzt wieder auf, umfangreiche Epen werden zu kurzen Gedichten zusammengezogen. So haben wir das *Hildebrandslied* im 15. und 16. Jahrhundert handschriftlich und in Drucken verbreitet. Es beginnt mit den Worten: »Ich will zu Land ausreiten, sprach Meister Hildebrand, der mich die Wege wiese, gen Bern wohl in die Land.« Auf der Heide begegnet ihm der junge Alebrand und rennt ihn an. Der Junge spricht: »Was suchst du im Land? Du führst lautern und klaren Harnisch wie eines Königs Kind.« Der Alte lacht und sagt, ihm sei im ganzen Leben Ausreise bestimmt und darüber sei er ergraut. Der Junge will seinen Harnisch und grünen Schild haben und ihn gefangen nehmen. Der Alte hofft, sich wohl zu wehren. Sie lassen von den Worten und greifen zu den Schwertern. Der Junge führt einen listigen Fechterschlag; der Alte ruft, den habe ihn ein Weib gelehrt. Er erwischt den jungen Helden in der Mitte, wo er am schwächsten war, und wirft ihn nieder ins grüne Gras. »Nun sag mir, du viel Junger, ich will dein Beichtvater sein, bist du ein Wölfing, so sollst du wohl genesen. Wer sich an alten Kesseln reibt, der wird schmutzig!« Der Junge nennt Hildebrand seinen Vater und Uote seine Mutter. Darauf folgt ein freudiges Erkennen. Der Junge führt den Vater ins Haus der Mutter: »Was führt er auf dem Helme? ein golden Kränzelein. Was führt er an der Seite? den lieben Vater sein.« Er setzt ihn oben an den Tisch. Die Mutter erachtet diese Ehrung eines Gefangenen, für den sie den alten Recken ansieht, als unbillig. Aber der Junge heißt sie schweigen und sagt ihr, wen er ins Haus gebracht. Darob herrscht allseitige Freude. Die ernste Tragik der althochdeutschen Ballade ist gänzlich geschwunden. Alles ist ins Heitre gewandt, wofür der kecke, lustige Spielmannston sich vortrefflich eignet. Und doch erinnern noch manche Einzelheiten der Rede und Gegenrede an die alte Ballade, die sich in mündlicher Überlieferung lebendig erhielt, bis sie in veränderter Gestalt im 15. Jahrhundert wieder erschien. Das Lied muss nach Ausweis der norwegischen Thidrekssaga bereits im 13. Jahrhundert die heitere Wendung genommen haben.

Noch viel mehr zerrüttet ist das Lied von *König Ermenrichs Tod*, das in einem niederdeutschen Druck von etwa 1560 erhalten blieb. Dietrich mit seinen zwölf Gesellen, worunter der junge Blödelin von Frankreich besonders hervorragt, reitet nach Friesach, der Burg des Königs von »Armentrike« (d. i. Ermenrich). Am Wege sehen sie einen Galgen stehen, der für sie bestimmt ist. Der Pförtner meldet die Ankunft der Fremden dem König, der sie eintreten heißt, um ihnen die Waffen abzunehmen und sie zu binden. Hand in Hand gehen die Recken vor den König. Dietrich fragt, was der Galgen bedeute. Er zieht sein Schwert und schlägt Ermenrich das Haupt ab. Alle Mannen Ermenrichs werden getötet, der junge Blödelin schlägt allein vierthalbhundert. Wohlbehalten gehen Dietrich und seine Gesellen aus dem Kampfe hervor. Das Gedicht zeigt noch manche Ähnlichkeiten mit dem Eddalied von Sörli und Hamdi, die den Tod ihrer Schwester Swanhild an Jörmunrek rächen. Der Hauptunterschied beruht auf der Übertragung der Tat an Dietrich, auf der Vereinigung der Ermenrich- und Dietrichsage, die ursprünglich gar nichts miteinander zu tun hatten.

Das Gedicht von *Herzog Ernst* wurde im 14. Jahrhundert in ein strophisches Bänkelsängerlied verwandelt, wovon in einer Dresdener Handschrift eine verkürzte Fassung zu 55 Strophen und ein Nürnberger Druck von 1530 zu 89 Strophen vorliegt.

Lehrreich für die Wertschätzung der Heldensage sind die großen Sammelhandschriften des 15. Jahrhunderts. Da ist eine Straßburger Handschrift, die von Diebolt von Hagenau herrührt, und eine Vorrede, Ortnit und Wolfdietrich, Rosengarten und Laurin, endlich den Sigenot enthält. Ortnit und Wolfdietrich gehören inhaltlich zusammen, Rosengarten und Laurin wurden miteinander verbunden, weil beide von einem Rosengarten erzählen. Gegen 1480 kam eine ganz ähnliche Handschrift zu Straßburg in den Druck als *Heldenbuch* und erlebte von 1491 bis 1590 fünf mit schönen Holzschnitten ausgestattete Nachdrucke. Auf diesem viel gelesenen und benützten Heldenbuch beruht in der Hauptsache die Kenntnis, die das 16. Jahrhundert von deutscher Heldensage besaß. Für Hans Sachs z. B. war das Heldenbuch eine wichtige Quelle. In seinem Drama vom hürnen Seyfried verband er den aus dem Heldenbuch bekannten Rosengarten mit dem Seyfriedslied. In einer Dresdener Handschrift liegt das Heldenbuch des aus Münerstadt in Franken gebürtigen Kaspar von der Roen vor, das Ostern 1472 vollendet wurde. Kaspar schrieb den Rosengerten und Laurin, Sigenot und Ecke und Wunderer; von andrer Hand stammen Ortnit und Wolfdietrich, Virginal, Hildebrand, Meerwunder. Alle Gedichte dieser reichhaltigen Handschrift sind strophisch, im Hildebrandston oder in der 13-zeiligen Berner Weise, die auch als Herzog-Ernst-Ton bezeichnet wird. In Einzeldrucken erschienen neben dem bereits erwähnten Hürnen Seyfried Sigenot (1490), Laurin (1500), Ecke (1491), Hildebrandslied und Ermenrichs Tod. Die Einzeldrucke waren häufig mit Bildern geschmückt, sodass wir daraus wohl die Wertschätzung entnehmen können, die das 16. Jahrhundert noch der deutschen Heldensage zuteil werden ließ.

Die kleine Erzählung, Novelle und Schwank, die im 13. Jahrhundert mit dem Stricker, Konrad von Würzburg, Herrand von Wildon und vielen andern in der Literatur sich eingebürgert hatte, fand im 14. und 15. Jahrhundert lebhafte Fortsetzung und Erweiterung. Aber sie versank auch immer mehr in Frivolität und Rohheit. Ihr gewöhnlicher Inhalt sind Liebesabenteuer, mutwillig, leichtfertig bis zur Unsittlichkeit. Solange gewandte und witzige Darstellung vorherrscht, sind die Novellen eine schätzenswerte Ergänzung zum weitschichtigen Roman. Und das war zur Zeit der höfischen Dichtung der Fall. Wo aber die Geschichten im Schmutz und Unrat versinken und wo Grobianus in ihnen das Wort führt, sind sie unerfreulich. Die Schwänke berühren sich vielfach mit den Fastnachtspielen und geben ein Bild vom Ton der Unterhaltung in bürgerlichen Kreisen. Von den zahlreichen Versnovellen, deren Verfasser nur selten sich nennen, können hier nur wenige Beispiele erwähnt werden. Um die Mitte des 14. Jahrhunderts lebte in Augsburg der Stadtschreiber *Hermann Fressant*, der eine Novelle nach französischer Vorlage schrieb, wie ein junger Kaufmann neben seiner Frau zwei Geliebte hält, deren Treue er auf die Probe stellt. Als er sich vor einer Reise verabschiedet, entlassen ihn die Freundinnen mit großer Trauer und bitten, dass er ihnen von der Messe zu Ypern Kleider als Geschenk mitbringe. Als er seine Frau nach ihren Wünschen fragt, gibt sie ihm einen Heller mit der Weisung, dafür Witz einzukaufen. In Ypern belehrt ihn ein alter Mann für den

Heller, was er tun solle. Er kehrt dem Rate gemäß in ärmlicher Kleidung heim und gibt vor, beraubt und mittellos zu sein, worauf die Freundinnen ihn hinausjagen, die Frau aber ihn liebreich aufnimmt und bereit ist, mit ihrer Hände Arbeit ihn zu erhalten. So erkennt der Mann, wo die wahre Treue wohnt, und wendet seiner Frau allein seine Liebe zu.

Die *»Rittertreue«* eines unbekannten Verfassers berichtet das Märchen vom dankbaren Toten. Ein junger Ritter, der zum Turnier fährt, löst in der Herberge einen dort verstorbenen Ritter aus, den der Wirt, weil die Zeche unbezahlt geblieben, auf den Mist geworfen, und begräbt ihn ehrlich. Auf der Weiterfahrt trifft er mit einem andern Ritter zusammen, von dem er ein Pferd erhandelt, nicht gegen Geld, sondern gegen Zusicherung der Hälfte des ihm etwa zufallenden Turnierpreises. Der Preis aber ist die Königstochter, die er zum Gemahl gewinnt. Am Tage nach der Verheiratung tritt ihm jener Ritter entgegen und beansprucht sein ausbedungenes Teil. Traurig willigt der junge Ehemann ein, da enthüllt sich der Fremde als der ausgelöste Tote und entsagt, als Engel zum Himmel schwebend, seinem irdischen Teil. Er wollte den Freund nur erproben und fand seine Treue bewährt.

Mit Vorliebe werden Liebessachen behandelt. Der *Zwingäuer*, ein sonst nicht näher bekannter Dichter, schrieb vom unerfahrenen Mönch, der von einer Frau das Minnespiel lernen will, aber von ihr misshandelt wird, weil er sich ungeschickt anstellt. Der dumme Mönch glaubt, er trage ein Kind. Ein Knecht erbietet sich, das Kind abzutreiben, und prügelt ihn im Walde tüchtig durch. Ein Hase springt auf und läuft davon. Der Mönch meint, das sei sein Kind gewesen!

Das *Gänslein* ist die Geschichte eines andern dummen Mönches, der im Kloster in voller Unkenntnis der Welt aufwuchs und von seinem Abt auf die Güter mitgenommen wird. Sie übernachten bei einem Bauern, der Frau und Tochter hat. Auf die Frage des Mönches, was das für Geschöpfe seien, antwortet der Abt: Gänse! Dabei erzählt er der Bauernfamilie von der Unerfahrenheit des jungen Mönches. Die Tochter schleicht sich nachts zum Bett des Mönchleins und verlangt Aufnahme, weil es kalt sei. Sie gibt dem Mönch Unterricht und findet einen sehr gelehrigen Schüler. Sie schärft ihm aber Verschwiegenheit ein, weil der Abt sie sonst töten werde. Im Kloster verlangt der Mönch nach seiner Rückkehr Gänse. Der Abt wird aufmerksam, lässt den Mönch beichten und erfährt so den Sachverhalt. Er legt aber nur geringe Buße auf, weil er sich selber den größern Teil der Schuld beimisst.

Frauentreue erzählt von einem Ritter, der seinen Knappen bewegt, die Tugend seiner Frau zu versuchen. Ungern willigt der Knappe ein und wird abgewiesen. Der Mann dringt weiter in den Knappen, seine Bewerbung fortzusetzen. Die Frau gibt endlich nach und bescheidet ihn auf Sonntagabend. Der Knappe meldet seinen Erfolg dem Herrn, der nun an Stelle des Knappen sich einstellt, von der Frau und ihren starken Mägden in der dunkeln Kammer zu Boden geworfen und übel zerbläut wird, bis sich der Irrtum aufklärt.

Des *alten Weibes List* beruht auf einem ähnlichen Gedanken. Eine alte Kupplerin ködert den Würzburger Dompropst Heinrich von Rotenstein mit einer schönen Bürgerin. Beim verabredeten Stelldichein wird der Propst am Erscheinen verhindert. Die Kupplerin lockt rasch entschlossen einen stattlichen Bürger von der Straße ins Haus, wo die Bürgerin des Buhlen harrt. Als sie im Ankömmling ihren Mann erkennt, fällt sie ihm in die Haare und wirft ihm seine Untreue vor. Sie stellt sich, als habe sie ihn prüfen wollen. Der Mann muss schließlich um Verzeihung bitten.

Der *Kaufringer*, ein aus Augsburg stammender fahrender Spruchdichter verfasste um die Wende des 14.–15. Jahrhunderts einige recht derbe unanständige Schwänke, meist Buhlschaften ehebrecherischer Pfaffen; er weiß aber klar, fließend und spannend zu erzählen. Frauenlist bezeichnet er selber als sein Lieblingsthema. Dazwischen setzte er auch Erbauliches, z. B. eine Predigt Bertholds von Regensburg, in Reime.

In niederdeutschen Drucken des 15. Jahrhunderts und in hochdeutschen Bearbeitungen des 16. Jahrhunderts liegt das Klostermärchen vom *Bruder Rausch* vor. Ein Teufel nimmt den sittlichen Verfall eines Klosters wahr und verdingt sich als Knecht, um die Mönche noch mehr zu verführen. Als Küchenmeister schafft er ihnen auch am Fasttag köstliche Speise; ihren sinnlichen Gelüsten kommt er mit schönen Weibern entgegen, Als Parteiungen unter den Brüdern aufkommen, hetzt und schürt Rausch und versieht die Mönche mit Knüppeln. Abt und Prior begegnen sich um Mitternacht im Chore; nun entsteht eine Prügelei, die Rausch noch dadurch steigert, dass er eine Bank unter die im Finstern Streitenden wirft. Am andern Tag hinken die Mönche mit zerschlagenen Gliedern umher. Ein Bauer, dem

Rausch seine Kuh stahl, belauscht in der Nacht eine Versammlung böser Geister, die Lucifer melden, was für Schandtaten sie vollbracht. Darunter ist auch Rausch, der sich seiner Klostertaten rühmt. Der Bauer erzählt dem Abt, was er vernommen. Da beschwört der Abt Rausch, bannt ihn in Pferdegestalt und weist ihm eine ferne Burg zum Wohnsitz an, wo er bleiben muss, so lange Himmel und Erde bestehen. Die Klostermär ist mit glücklichem Humor erzählt, freilich reicht der alte Schwank nicht im Entferntesten an die prächtige Erneuerung heran, die Wilhelm Hertz in seinem Bruder Rausch der alten Sage zuteil werden ließ.

Ein Schwank vom *Meier Betz* schildert in launiger Weise eine Bauernhochzeit von der Verlobung bis zur Prügelei beim Hochzeitstanze. Zunächst wird das Liebespaar eingeführt; wir hören von der Versammlung der Sippschaft des Bräutigams im Hause der Braut, von der Trauung durch den alten Nodung vor dem Ringe der Sippen, von der Heimsteuer der Braut und der Gegengabe des Bräutigams, von der sofort anschließenden Hochzeitsfeier und Brautnacht, vom Kirchgang am andern Tag, vom Hochzeitsmahl, von der Beschenkung des Brautpaares durch die Gäste, vom Tanz, von der Rauferei und Wiederherstellung des Friedens. Der schwankartige Charakter des Gedichtes zeigt sich in der Brautnachtszene, wo der Bräutigam sich tölpelhaft benimmt, während die Braut bedenkliche Erfahrung bewährt, bei der Schilderung des Mahles, wobei durch die Fressgier und Derbheit der schmausenden Bauern Tischzuchtregeln parodiert werden, endlich in der großen Prügelei. Man erkennt in der Auffassung der Tanz- und Raufszenen Nachwirkungen Neidharts. Das Gedicht von der Bauernhochzeit ist in einer kürzeren älteren und in einer längeren jüngeren Bearbeitung überliefert. Aus der längeren erwuchs in der ersten Hälfte des 15. Jahrhunderts, vor 1453, ein komisches Epos eines Schweizer Dichters, *Heinrich von Wittenweilers* »Ring«. Der Name ist nicht glücklich gewählt, es soll bedeuten den Ring, in dem ein edler Stein liegt, oder ein Buch, das Bescheid gibt über alles, was im Ring um uns, im Weltlauf sich zuträgt. Kein Mensch kann aus dem Titel den Inhalt erraten. Im Ring vereinigen sich zwei Strömungen, die in der Literatur des 15. Jahrhunderts vorherrschen: die Lust an derben Zoten und unflätigen Possen und die Neigung zu trockener, breit ausgesponnener Lehrhaftigkeit. Die Absicht des Dichters geht dahin, Scherz und Ernst zu mischen, die Lehren nicht abstrakt vorzutragen, sondern einer lustigen Bauerngeschichte einzuverweben, damit sie dem Leser desto sanfter eingehen und ihn bekehren. Wittenweiler gliedert sein Werk in drei Abschnitte: der erste soll in höfischem Wesen, Stechen und Turnieren unterweisen; der zweite soll zeigen, wie sich der Mann im Leben zu verhalten hat; der dritte beschäftigt sich mit der Kriegskunst. Im ersten Teil ist die Unterweisung ironisch, indem das ritterliche Wesen nur in der Überhebung der Bauerntölpel dargestellt wird; der zweite Teil enthält unter anderem ein förmliches Ehezuchtbüchlein; der dritte ist wiederum grotesk satirisch, indem die Kriegskunst zum Kampf zweier Bauerndörfer aufgeboten wird. Die eben erwähnte Geschichte von der Bauernhochzeit ist im Ring mit voller Freiheit behandelt, greller aufgemalt und sehr erweitert. Die literarische Vorlage wird kräftig ausgenutzt und oft wörtlich übernommen; aber auf der andern Seite ist so viel Neues und Eignes hinzugekommen, dass Wittenweiler seine Selbständigkeit doch vollauf behauptet. Die Geschichte verläuft folgendermaßen: im Dorfe Lappenhausen wohnt ein junger Bauer Bertschi Triefnas, der wie der Meiersohn Helmbrecht gern den Junker spielt. Er liebt Metzli Rürenzump, eine schmutzige, krumme Dirne mit Kropf und Höcker. An einem Sonntag reitet Junker Bertschi mit elf Gesellen zum Turnier auf den Plan. Im Wappen führt er zwei Mistgabeln, als Helm einen gestrickten Maulkorb, das Lodenwams ist mit Heu und Stroh ausgestopft, die Ackergäule sind mit Säcken bedeckt. Ofenkrücken dienen als Speere, Wannen als Schilde. Herr Neidhart ist Lehrmeister der bäuerlichen Ritter, die zum Schalle eines Spielmanns aufeinander losdreschen. Als sie sich gegen Neidhart wenden, werden sie von ihm übel zugerichtet. Bertschi räumt zu Ehren seiner Frau einige Male den Sattel. Die ganze Szene endet mit einer großen Schlägerei, bei der Neidhart eine eiserne, mit Stroh umwundene Keule auf die Bauernschädel niedersausen lässt. Die zerschlagenen Recken kehren halb tot von ihrem ritterlichen Spiel nach Hause. Haben wir im ersten Teil den ritterlichen Bertschi kennen gelernt, so tritt er uns im zweiten Teil als der Minnende entgegen. Er dient weiter um Metzli und bringt ihr ein nächtliches Ständchen. Er dichtet Lieder und lässt Liebesbriefe schreiben. Ein solcher Brief wird an einem Stein durchs Fenster der Dirne geworfen und trifft sie blutig. Da sie den Brief nicht lesen kann, geht sie zum Bader, der ihren blutigen Kopf verbindet, ihr den Brief vorliest, ihre Minne genießt und eine Antwort an Bertschi verfasst. Er will schon für das Zustandekommen der Ehe sorgen, wenn es Zeit ist. Nun folgt nach dem Vorbild von Meier Betz die Hochzeit, die der Dichter zu einer lehrhaften Erörterung über das Thema benützt, ob einem Mann gezieme, ein ehelich Weib zu nehmen. Da werden umständlich und teilweise durchaus ernsthaft allerlei Lebensregeln vorgetragen. Mit der Schilderung der Hochzeit kehrt der Dichter aber wieder vollständig zum komischen Epos zurück. Die Formalitäten der Vollziehung der Ehe, die Hochzeitsgeschenke, das Mahl werden viel umständlicher und anschaulicher beschrieben als in der Vorlage. Die Unmäßigkeit der fressenden und schlemmenden Bauern ist ähnlich wie auf den Bildern des 15. Jahrhunderts uns vor Augen geführt. Ein Spielmann passt das Lied von Ecken Ausfahrt den Verhältnissen an, indem er lustig parodierend beginnt: »Es saßen Helden in einem Saal, die aßen wunders überall.« Die übersatten Gäste fordern immer noch mehr und stimmen das Schlemmerlied an: »Trag her den Wein, die Fische wollen geschwemmet sein.« Ans Mahl schließt sich der Tanz, den Bertschi mit dem Lied eröffnet: »Das schaffet all die Minn, die Minn, daß wir leben ohne Sinn; das schaffet all der Wein, der Wein, daß wir müssen fröhlich sein.« Der Tanz wird immer wilder, die Röcke fliegen, die erhitzten Burschen geraten aneinander. Um die Mädchen erheben sich Händel, die zuerst mit den Fäusten, dann aber mit Spießen ausgefochten werden. Die Sturmglocke wird geläutet, die Nissinger werden aus Lappenhausen hinausgejagt. Nun folgt der dritte Teil, der Krieg zwischen den zwei verfeindeten Dörfern. Ein Schwert und ein blutiger Handschuh werden zur Ansage der Fehde von den Lappenhausern den Nissingern übersandt. Dann werben die beiden Parteien Bundesgenossen. Die Nissinger suchen bei den Schweizern, ihren nächsten Nachbarn, Hilfe, die Lappenhauser wenden sich vergeblich an die besten Städte der Welt, an Rom, Venedig, Barcelona, Neapel, Florenz, Konstantinopel (das also noch nicht von den Türken erobert ist, wodurch die Zeit des Gedichtes vor 1453 bestimmt wird), Paris, Konstanz, Köln, Basel, Zürich. Da werden andre Hilfstruppen aufgeboten: die Hexen vom Heuberg reiten auf ihren Geißen nach Lappenhausen, die Zwerge unter Laurin auf Rehen nach Nissingen; die Riesen mit ihren Eisenstangen eilen in sieben Schritten nach Lappenhausen, die Recken Dietrich und Hildebrand, Dietleib und Wolfdietrich nach Nissingen. Auch Artusritter wie Galwan, Lanzelot, Tristan gesellen sich dazu. Bei der Lappenhauser Linde erhebt sich die gewaltige Schlacht, bis zur Vesperzeit dauert der Kampf, man watet im Blut bis an die Knie, Pulverdampf verdunkelt den Tag. Bertschi Triefnas ist auf einen Heuschober geflohen. Die Nissinger finden ihn dort und belagern ihn vier Tage lang nach allen Regeln der Kunst. Sie wollen ihn aushungern, ziehen sich aber zurück, als sie sehen, dass Bertschi Heu frisst. Bertschi kehrt noch einmal ins Dorf zurück, das nur noch ein rauchender Trümmerhaufen ist. Männer, Weiber, Kinder sind erschlagen, auch Metzli, seine junge Frau. Jammernd über das von ihm verschuldete Unheil verlässt er die Heimat und wird Einsiedler im Schwarzwald. Der Schluss mutet nach Baechtolds Urteil wie eine ins Bäurische übersetzte Nibelunge Not an. Die bisher festgehaltene Komik wandelt sich zum Ernst. Die Mischung von Ernst und Scherz ist ja überhaupt die Eigentümlichkeit des Rings, der als ein ganz besonderer Zweig der Neidhartschen Richtung zu verstehen ist und auch an den Helmbrecht erinnert. Die Gestaltungskraft des ritterlichen Verfassers ist bedeutend, seine Erfindung komischer Situationen unerschöpflich. Er parodiert übrigens nicht nur die Überhebung der Bauerntölpel, sondern auch die Heldensage und den Ritterroman und die höfische Liederdichtung, Tanzlied, Tagelied, Minnelied, Liebesbrief und die Allegorie. Auch scheint er auf zeitgeschichtliche Ereignisse anzuspielen mit satirischen Bemerkungen, die uns heute nicht mehr verständlich sind. Die Darstellungskunst ist natürlich verwildert, sowohl die Metrik wie Reim und Sprache.

Neidhart als Bauernfeind war eine typische Gestalt geworden, wie sein Auftreten im »Ring« beweist. Das 14. und 15. Jahrhundert schob ihm eine Unzahl von Liedern unter, roh im Inhalt und in der Form, und dichtete ihm Abenteuer an, zu Schaden und Schanden der Bauern, die er schwankweise verhöhnt und mit deren Mädchen und Weibern er schmutzige Liebesgeschichten erlebt. »Unechte Neidharte« gibt es, die unter seinem Namen umlaufen, aber nachweislich von Hans Hesselloher oder Oswald von Wolkenstein verfasst sind. Am Ende des 15. Jahrhunderts wurde er als *Neidhart Fuchs* Held eines besonderen Schwankbuches, dessen Verfasser glaubte, Neidhart habe im 14. Jahrhundert in Österreich unter Herzog Otto dem Fröhlichen (gest. 1339) gelebt. Der Name Neidhart Fuchs beruht auf einer Verwechslung mit einer geschichtlichen Persönlichkeit, einem Neidhart Fuchs aus dem fränkischen Geschlecht derer von Fuchs, der 1499 als Feldhauptmann des Herzogs Albrecht von Sachsen vor Groningen fiel.

Das Neidhartbuch besteht aus 36 Liedern und liedförmig erzählten Schwänken, die, mit Holzschnitten versehen, einen fortlaufenden Liebesroman ergeben, eine der Wirklichkeit freilich wenig entsprechende Lebensgeschichte des Ritters. Von diesen Liedern und Schwänken sind nur drei echt, alle andern rühren von späteren Verfassern her und sind Neidhart unterschoben. Der Urheber des Volksbuches hat fast nichts Eigenes hinzugetan, sondern nur eine ihm vorliegende Liedersammlung abgeschrieben und mit einigen Reimpaaren, in denen er auf das Vorbild des Pfaffen vom Kalenberg hinweist, beschlossen. Vielleicht war er ein Buchhändler, der mit dieser Ausgabe ziemlich großen Erfolg hatte. Der Inhalt des Romanes ist nach einem allgemeinen biographischen Schema angelegt. Im ersten Lied flieht Neidhart infolge eines Liebesabenteuers aus seinem Vaterlande Meißen. Verbannt und mittellos beschließt er, seine Talente als Dichter und Spaßmacher zu verwerten und erregt in Nürnberg durch possenhaftes Gebahren einen Auflauf und die Aufmerksamkeit des Herzogs, der ihn mit sich nimmt und gut bewirtet. Die übrigen Vorgänge, die mit dem Veilchen beginnen, spielen in Niederösterreich. Am Ende der Erzählung erscheint Neidhart als alter Mann.

Der *Pfaffe vom Kalenberg*, den Philipp Frankfürter aus Wien in einem Schwankbuch, das in den siebziger Jahren des 15. Jahrhunderts zuerst gedruckt wurde, in die deutsche Literatur einführte, war wohl eine geschichtliche Persönlichkeit, die unter dem Herzog Otto dem Fröhlichen von Österreich lebte und an deren Namen sich allerlei Possen knüpften. So entstand schließlich eine ganze Sammlung lustiger Geschichten über ihn, wie es im 13. Jahrhundert beim Pfaffen Amis und um 1500 beim Eulenspiegel der Fall war. Der Pfaffe führt sich mit einer alten, aus dem Morgenland stammenden Novelle ein. Er bringt als Student dem Herzog einen großen Fisch zum Geschenk, der Türhüter verlangt die Hälfte des Lohnes für sich, der Student bittet sich eine Tracht Prügel aus, die natürlich auch dem habgierigen Pförtner aufgemessen wird. Der Herzog ist über diesen Schwank sehr belustigt und gern bereit, dem Studenten weiterzuhelfen, indem er ihm die erledigte Pfarrei des Kalenbergs zuweist. Nun treibt der neue Pfarrer mit den Bauern seine Schnurren. Das Kirchendach soll gedeckt werden; die Bauern wählen den kleinen Chor als die leichtere und billigere Arbeit und überlassen dem Pfarrer das Langschiff. Der aber ist zufrieden, dass er im gedeckten Chor vor Wind und Wetter sicher steht und überlässt es den Bauern, durch die Bedachung des Schiffes für sich selber zu sorgen. Tagelöhner, die den Pfarrer um die Arbeitszeit prellen wollen, werden vom schlauen Kalenberger überlistet, dass sie um denselben Lohn viel mehr arbeiten müssen. Er weiß geschickt seinen kahnicht gewordenen Wein an die Gemeinde zu verkaufen und in jeder Hinsicht für seinen Vorteil zu sorgen. Mit dem Bischof treibt er die ärgsten und frivolsten Possen. Das geistliche Leben erscheint hier im schlimmsten Lichte. Aber auch vor Herzog und Herzogin spielt der Pfarrer seine Narrenrolle und wird eben als Hofnarr betrachtet und geduldet. Als die Herzogin einmal im Pfarrhause weilt, heizt er mit den hölzernen Heiligenbildern den Stubenofen und sagt, ein Traumgesicht habe ihm verkündigt, die milde Herzogin werde die Bilder erneuern lassen. Eine Abordnung der Bauern will zum Herzog. Der in der Burg anwesende Pfarrer empfängt sie und sagt, der Herzog sei gerade im Schwitzbad und werde ihnen dort Gehör geben; sie sollten sich nur inzwischen ausziehen. Als er die Tür zum anstoßenden Gemach öffnet, stehen die nackten Bauern nicht vor dem badenden Herzog, sondern vor einer tafelnden Gesellschaft, die sich über den groben Spaß unbändig freut. Mit allen seinen Einfällen verschafft sich der schlaue Pfaffe Opfer vonseiten der Bauern und Geschenke vonseiten der Fürsten.

Hans der Büheler, ein im Dienste des Erzbischofs von Köln stehender Dichter verfasste 1412 eine gereimte Übersetzung der Rahmenerzählung von den sieben weisen Meistern unter dem Titel: »Leben des Diocletian«. Damit erscheint die umrahmte Novellensammlung in der deutschen Literatur, wo sie sich schnell einbürgerte. Ihr Ursprung liegt in der indischen Erzählungskunst; die unmittelbaren Vorlagen der deutschen Dichtungen sind lateinisch. Der Rahmen von Diocletians Leben ist die Geschichte von Potiphars Frau. Diocletianus, der Sohn des römischen Kaisers, ist von sieben weisen Meistern erzogen worden. Nach Vollendung seiner Erziehung wird er an den Hof seines Vaters zurückgebracht, wo ihm durch Sternenorakel das Sprechen bis zu einer bestimmten Frist verboten ist. Die Stiefmutter entbrennt in Liebe zu ihrem stummen Stiefsohn und macht ihm unkeusche Anträge, die er zurückweist. Aus Rache verklagt sie ihn beim Kaiser, er habe nach ihrer Ehre getrachtet. Diocletian, der sich nicht rechtfertigen darf, wird zum Tode verurteilt und zur Hinrichtung geführt. Nun setzen die Novellen ein. Seine Lehrer versuchen nacheinander durch Erzählung von Frauenlist die Hinrichtung hinauszuschieben, was ihnen auch gelingt. Die Kaiserin stellt jeder Geschichte eine andre gegenüber, durch die der Eindruck der vorhergehenden aufgehoben wird. So wird die Hinrichtung durch die verschiedenen Erzählungen siebenmal hinausgeschoben. Mit dem siebten Tage ist das Gebot des Schweigens für den Prinzen abgelaufen, der jetzt seinen Vater über alles Geschehene aufklären kann. Natürlich wird die schuldige Kaiserin der Strafe überliefert und der Sohn befreit.

Wenn der Kalenberger als Beispiel einer Schwanksammlung gelten darf, so sind die sieben weisen Meister ein Novellenkranz. Beide Gattungen kamen dem Geschmack der Zeit entgegen.

Die *geistliche* Epik besteht in der Legendendichtung, die sich anfangs noch höfischen Vorbildern des 13. Jahrhunderts anschließt. Um die Mitte des 14. Jahrhunderts schrieb ein Straßburger Dichter, *Kunz Kistner*, die Jakobsbrüder, ein Gedicht, das zwischen Novelle und Legende inmitten steht. Ein bayerischer Grafensohn und ein Schwabe aus Heigerloh werden auf der Wallfahrt zum heiligen Jakob von Compostella in Spanien Freunde und bewähren einander opfermutige Treue. Der Schwabe erkrankt am Aussatz und kann nur durch das Blut eines Kindes geheilt werden. Der Graf bringt sofort das Opfer und bestreicht seinen Freund mit dem Blute seines getöteten Kindes. Da geschieht ein Wunder: der heilige Jakob macht das Kind wieder lebendig. Das Gedicht, wennschon in mancher Beziehung formlos und roh, zeigt doch den Einfluss Konrads von Würzburg, dessen Freundschaftssage von Engelhart und Dietrich nachgeahmt ist. Aus dem Anfang des 14. Jahrhunderts stammt die anmutige Legende vom *zwölfjährigen Mönchlein*. Ein Knabe ist schon mit sechs Jahren ins Kloster gegeben worden, wo er weitere sechs Jahre verbringt. Beim Herannahen der Weihnachtszeit erzählt der Abt von der Geburt des Heilands. Der Knabe kennt nur noch einen Wunsch, Maria und das Christkind zu sehen. Er betet fleißig und schmückt seine Zelle. Unter Blumen und Lichtern erwartet er den heiligen Abend. Plötzlich erscheint das Christkind, spielt mit dem Knaben und betritt die Zelle. In der nächtlichen Kirchenandacht ist das Mönchlein unaufmerksam und wird vom Abt gestraft. In der Zelle harrt das Christkind des Knaben und empfängt ihn mit den Worten: Du sollst noch heute bei mir in meiner Freude sein! Der Abt wird durch einen Brief, den das Christkind zurücklässt, von allem unterrichtet, er lässt die Messe lesen, und während das Mönchlein die Hostie erhält, kommt Gott im Sonnenschein durch das Gewölbe des Chores und führt die Seele des Kindes unter dem Gesang der Engel mit sich. Auch in dieser zarten Legende ist der Einfluss der Erzählungskunst Konrads von Würzburg ersichtlich.

Das Passional fand in der ersten Hälfte des 14. Jahrhunderts Nachahmung im *Buch der Märtyrer*, auf schwäbisch-fränkischem Gebiet für eine Gräfin von Rosenberg ebenfalls nach der Legenda aurea gedichtet, aber mit geringerer Kunst als das Passional. Mit Vorliebe wurde die Geschichte heiliger Frauen behandelt. Ein Schwabe aus dem Hegau, *Hugo von Langenstein*, schrieb 1293 auf Bitten einer bejahrten Dominikanerin die 11 Martern der heiligen Martina nach lateinischer Quelle, aber mit mancherlei gelehrten Zutaten, mit großer Breite und starkem Hang zu allegorischen Spielereien. Gräfin *Jolande* von Vianden starb als Priorin des Luxemburgischen Klosters Mariental 1283; bald darauf erzählte ein Prediger Hermann ihren Lebenslauf. Das Leben der heiligen Elisabeth, Landgräfin von Thüringen, beschrieb in lateinischer Sprache Dietrich von Apolda. Um 1297 verfasste ein hessischer Dichter eine Übertragung in deutsche Reime, wobei er auf die Zeit Hermanns von Thüringen mit ihren Sängerfesten zurückblickt. Nach 1421 verfasste Johannes Rothe im Anschluss an seine thüringische Chronik eine andre Bearbeitung vom Leben der hl. Elisabeth, weniger ausführlich als der Hesse, sehr trocken und mangelhaft disponiert. Ein alemannischer Dichter des 14. Jahrhunderts schrieb der *maget krône*, ein Leben der Jungfrau Maria, dem die Legenden der heiligen Barbara, Dorothea, Margareta, Ursula, Agnes, Lucia, Cäcilia, Christiana, Anastasia, Juliana angeschlossen sind. Die Einleitung ist eine Verdeutschung des Salve regina, worauf einige Paraphrasen aus dem Hohenliede mit Anwendung auf Maria und die minnende Seele folgen. Der Titel des Werkes wird damit begründet, dass Maria die Krone über alle Frauen, jene heiligen Frauen aber die Märtyrerkrone tragen.

Aus der Deutschordensdichtung sind Heinrich Hesler und Tilo von Kulm zu erwähnen. *Hesler* war von Geburt Westfale, aber im Ordensland wohnhaft, weshalb er sich auch der mitteldeutschen Literatursprache bediente. Zwischen 1295 und 1310 entstanden seine zwei umfangreichen Werke, das Evangelium Nicodemi und die Apokalypse. Er folgt den lateinischen Vorlagen genau, fügt aber allerlei legendarisch-theologische und selbständige Zusätze und Betrachtungen ein, die eine bemerkenswerte Bildung und Belesenheit zeigen. Er erzählt, dass er einmal wegen ungeschickter Übertragung einer Stelle aus der Offenbarung »auf den Mund geschlagen« worden sei, also die Kritik seiner Leser erfuhr, und darum seine Arbeit unterbrach, später aber mit Verbesserung der angefochtenen Stelle wieder aufnahm. Als Hohepriester und Heerführer, streitend für das Heiligtum ihres Volkes gegen die Heiden, wurden die Ordensbrüder in den Satzungen und Bullen mit den Makkabäern verglichen. Daher wurde etwa um 1330 ein *deutsches Makkabäerbuch* von einem Ordensritter verfasst, worin der an und für sich spröde Stoff trocken und ermüdend erzählt ist. – *Tilo*, Domherr des Bistums Samland von 1352–53, vollendete 1331 zu Ehren Gottes, der Jungfrau und der Brüder vom Deutschen Hause nach lateinischer Vorlage sein Buch von den sieben Siegeln. Anhebend mit der Schöpfung, dem Sturze Lucifers und dem Sündenfall schildert der Dichter den Streit zwischen Milde und Gerechtigkeit. Die Barmherzigkeit siegt und damit geht die Dichtung auf Maria und Christi Geburt über. In sieben Abschnitten wird die Heilsgeschichte von Christi Geburt bis zum Jüngsten Gericht vorgetragen, mit allerlei moralischen Betrachtungen über die menschliche Unvollkommenheit durchflochten. Im Preis der Gottheit klingt das Ganze aus. In den Anschauungen des Hohenliedes und nach ritterlichem Brauch vollzieht sich die Vermählung der Jungfrau mit dem »König aus Oberland«. Das Verhältnis zwischen Maria und Christus wird in Wendungen ritterlicher Minne geschildert. Das Wort »Gral« als Inbegriff des Höchsten begegnet öfters. Auch die Heldensage wird mit einem eigentümlichen Beispiel herangezogen: trotz aller Tapferkeit hätte Dietrich von Bern doch keinesfalls wie Christus sein Leben für einen seiner Freunde dahingegeben! So ist das Leben und Leiden des Heilands von Tilo stellenweise in ritterlich-höfische Umwelt gerückt worden und kann daher mit dem Heliand, der an das Heldenzeitalter anknüpft, verglichen werden.

Alles in allem bietet die geistliche Epik des 14. und 15. Jahrhunderts wenig Eigenartiges und Selbständiges. Wirklich hervorragende Gedichte mit neuem Gehalt oder in neuer Darstellung sind nicht vorhanden. Das Zeitalter der Epigonen verleugnet sich auch hier nicht. Erst die Reformation wies der geistlichen Poesie neue Wege und Ziele.

Die *geschichtliche* Dichtung fährt auf dem bereits im 13. Jahrhundert eingeschlagenen Weg von der Weltchronik zur Landeschronik fort. Der Deutsche Orden hat die wertvollsten Erzeugnisse aufzuweisen. Der Ordenskaplan *Nikolaus von Jeroschin*, der sich zuerst mit der Geschichte eines preußischen Märtyrers, des heiligen Adalbert von Prag versucht hatte, wobei er mit dem höfischen Stil noch nicht vertraut war, schrieb um 1340 die Chronik von Preußenland, die sich der livländischen Reimchronik von 1290 anschloss. Als Vorlage diente die lateinische Chronik seines Zeitgenossen, des Ordensbruders Peter von Dusburg, Chronicon terrae Prussiae. Jeroschins Verdeutschung hatte viel mehr Erfolg und Wirkung als das Original. Nach Strauch hat er die lateinische Chronik zur nationalen Dichtung erhoben und den historischen Wert durch eigne Zutat erhöht. »Aus einem, von alttestamentlichem Geiste getragenen, kirchlich einseitigen, ja fanatischen Erbauungsbuch, das wohl den Heiligen Krieg, nicht aber die Geschichte des Deutschordens in erster Linie darstellen wollte, dazu die einzelnen Begebenheiten nur lose, oft unchronologisch aneinander reihte, hat Jeroschin bei aller aufrichtigen Frömmigkeit, die ihm innewohnt, ein sorgfältig komponiertes Kulturbild voll Weltfreude und Lebenswärme geschaffen, in dem die Kreuz- und Kriegsfahrten zur Heldensage geworden sind, einzelne Szenen und Episoden sich wie Novellen lesen, die inbrünstig-schwärmerischen Partien an die Mariendichtung gemahnen.« Die Zusätze bestehen in Anekdoten und Charakterschilderungen, Beschreibungen, Volksglauben, Sitten und Gebräuchen der Ordensländer, Sprichwörtern und Ähnlichem. Jeroschin ist ein gewandter Erzähler, der lebendig, anschaulich, humoristisch zu schildern weiß, auch psychologisch zu begründen und poetisch auszumalen versteht. In sprachlicher und metrischer Hinsicht verdient sein Werk ebenfalls Lob. Über seine Verskunst äußert er sich selber an einer Stelle des Gedichtes. Er hält darauf, zwischen zwei Hebungen immer eine Senkung zu setzen und demnach den Vers silbenzählend, jedoch ohne Verletzung der natürlichen Wortbetonung zu bauen. Die Reime sind oft gehäuft: vier, fünf, sechs gleiche Reime kommen öfters vor. Die Chronik ist in reinem Mitteldeutsch geschrieben. Wenn Jeroschin auch seiner Sprache »hofeliche sitten« abspricht, so überragt er doch in Bezug auf sorgfältige und feine Form die meisten seiner Zeitgenossen.

Wigand von Marburg, ein Ordensherold, beschrieb die Kriege der

Ritterschaft in den Jahren 1311–94, die Glanzzeit des Ordens unter den Hochmeistern Luther von Braunschweig und Dietrich von Altenburg. Darum geht die Chronik völlig in der Freude an Waffentaten auf. In der Form steht Wigands Werk weit hinter dem Jeroschins zurück.

Von großer Bedeutung sind im 14., 15. und 16. Jahrhundert die gereimten Zeitungen, die *historischen Volkslieder*, die unmittelbar aus den Ereignissen und Zuständen hervorgingen oder sich auf solche beziehen und auf Wirkung in weiteren Kreisen des Volkes bestimmt waren. Gewiss gab es von jeher derlei Gedichte, aus denen durch dichterische Auffassung und epische Erweiterung die Heldensagen sich einst entwickeln konnten. Aber erst seit dem 14. Jahrhundert erscheinen die historischen Volkslieder für jedes erheblichere Zeitereignis herkömmlich. Die zahllosen Fehden der Städte, Ritter und Fürsten, die inneren Streitigkeiten der Bürgerschaften gaben genug Anlass zu solchen Liedern, die zum Teil frisch und anschaulich, meist jedoch nüchtern, prosaisch und schwunglos sind. In Zeiten der bloßen mündlichen Überlieferung gingen derlei Gedichte bald zugrunde, weshalb aus früheren Perioden wenig erhalten ist. Bei Zunahme der handschriftlichen Aufzeichnung und Verbreitung, und vollends seit Erfindung des Buchdrucks wurden sie in großer Zahl aufbewahrt und gelangten dadurch zu unserer Kenntnis. Die erste Blüte dieser Gattung von Gedichten entfaltete sich in der Schweiz. Hier war auch eine höhere Idee, die Befreiung der Eidgenossen von der österreichischen Zwingherrschaft, vorwaltend. Meist sind es Schlachtlieder, die vom Untergang der Ritterwelt, vom Sieg der Bürger und Bauern berichten. Trotzdem ist der dichterische Wert in der Regel gering und der geschichtliche durch parteiische Entstellung stark beeinträchtigt. Die historischen Volkslieder sind Gelegenheitsgedichte, die uns Einblicke in die politischen Strömungen eröffnen. Die Verfasser und Verbreiter der Lieder haben wir in den Kreisen der Spielleute, Meistersinger, aber auch der Teilnehmer an den Ereignissen, also der Krieger und Bürger zu denken. Oft ist der Name des Verfassers genannt. Von Schweizer Liedern ist z. B, das auf die Schlacht von Sempach (1386) zu nennen, wo der österreichische Adel unter Herzog Leopold dem Bauernheer der Waldstädte erlag. Das alte Sempachlied vergegenwärtigt den Krieg mit zwei Bildern: als Beichtfahrt der niederländischen (d. h. im Gegensatz zum Gebirgsvolk) Herrn zum Pfaffen in der Schweiz, der mit Halmbarten den Segen gibt; dann unter dem Vergleich des Kampfes zwischen dem Löwen (von Habsburg) und Stier (der Waldstädte). Das Volkslied liebt solche heraldischen Abzeichen, mit denen mancher Scherz getrieben werden kann. Erst im großen Sempacherlied von 1531, das einem Luzerner Bürger Halbsuter zugeschrieben wird, der vielleicht wirklich auch am Kampfe teilnahm, wird die Geschichte von Winkelried erzählt. Ein andres berühmtes Schweizerlied ist das vom Tell, das um die Mitte des 15. Jahrhunderts bereits vorhanden war. Im 15. Jahrhundert veranlasste der Burgunder- und Schwabenkrieg viele Lieder. Veit Weber aus Freiburg im Breisgau war der Sänger des Burgunderkrieges. Im Schwabenkrieg verrohte das Lied ersichtlich, weil damals die wüsten Beschimpfungen zwischen Landsknechten und Schweizern aufkamen, die seither nicht mehr aufhörten und den Hass zwischen den so eng verwandten Schwaben und Schweizern begründeten. Wie der Freiheitskampf der Schweizer in Liedern zur Darstellung kam, so auch im Jahre 1500 derjenige der Dithmarschen, die sich am 17. Februar 1500 in der Schlacht bei Hemmingstedt gegen ihre fürstlichen und ritterlichen Bedrücker siegreich behaupteten. Auch hier ist der Grundgedanke in die Worte des Führers zusammengedrängt, der seinen Leuten zuruft, die Zwingburg zu brechen:

> wat hendeken gebuwet haen,
> dat können wol hendeken tobreken!

Was unsre Hände bauten, das können unsre Hände auch zerbrechen.

Die Wirkung der Lieder auf die Chroniken ist in zwiefacher Hinsicht zu verspüren, indem einige Chronisten die Lieder als Quellen aufnahmen, wie z. B. der Freiburger Johann Lenz in seiner Chronik vom Schwabenkrieg, oder ihren Bericht nach dem Vorbild der Lieder in strophische Form kleideten. Johann Lenz aus Freiburg im Üchtland schrieb eine Chronik sofort nach dem Krieg im Jahr 1500. Sie ist sehr umfangreich und in allegorische Form eingekleidet. Der Dichter ergeht sich bei vielstimmigem Vogelkonzert im Walde; da tritt ihm aus einer Höhle ein Einsiedler entgegen, der sechzig Jahre nichts mehr von der Welt hörte, aber seltsame Zeichen am Himmel beobachtete, woraus er schwere Zeiten erschloss. Und nun gibt der Dichter in neun Büchern und 12 000 Versen von den Ereignissen Kunde. Die eingestreuten Schlachtlieder beleben die endlose Reimerei, die als Geschichtsquelle durch die genaue Angabe von Einzelheiten wichtig ist.

Der Stadtsekretär *Christian Wierstraat* beschrieb die Belagerung von Neuß durch Karl den Kühnen im Jahre 1474. Seine Chronik ist insofern eine Ausnahme, als sie sich durch geschickte Darstellung und gute Form auszeichnet und damit literarischen Wert besitzt. Wierstraat legt großes Gewicht auf *künstliche* Versbehandlung und Strophenbau. Er verwendet neun verschiedene Strophen und allerlei Reimverschlingungen und führt dadurch gleichsam den Reichtum des Liedes in die Chronik ein.

Michel Beheim, einer der fruchtbarsten Dichter der Zeit (1416–74), der ein unstetes Wanderleben führte und je nach Umständen als Weber, als Sänger, als Soldat sich durchschlug, verfasste strophische Reimchroniken, die aber nach Inhalt und Darstellung sehr formlos sind: geschmacklose, rohe Prosa in Strophen eingezwängt, arm an Gedanken. Das Buch von den Wienern erzählt den Aufstand der Wiener gegen Friedrich III. im Jahr 1462. Er befand sich bei der Besatzung der Hofburg, die durch Erzherzog Albrecht und den Bürgermeister Holzer belagert wurde. Beheim ist auf die Wiener, die »Schälke und Lasterbälge«, schlecht zu sprechen, weshalb er sich auch deren Hass zuzog und nach Erscheinen seines Buches 1464 die Stadt verlassen musste. Was Beheim in den Tagen der Belagerung durchmachte, wird ausführlich berichtet, er nennt viele Namen der Edelknaben, Zeug- und Büchsenmeister, Trompeter, Köche und Kellner, bis herab zu Barbieren und Boten, verliert sich also völlig ins Einzelne, wobei allerdings für die Kulturgeschichte und Wiener Stadtgeschichte manche wertvolle Mitteilung einfließt. Die Strophe bezeichnet er als »Wiener Angstweis« und verwandte sie bald wieder in der Geschichte des Pfalzgrafen Friedrich, in dessen Dienst er trat. Beheim folgte der lateinischen Chronik des Kaplans Matthias von Kemnat, die ein höfisches und schmeichlerisches Werk ist. Die Pfälzische Chronik entstand 1469–72. Friedrich von der Pfalz war ein Gegner des Kaisers Friedrich III. Beheim richtete sich eben nach seinen Dienstverhältnissen und lobte den Herrn, dessen Brot er aß. Er war nicht aus Überzeugung, sondern nur zur Fristung seines Lebens »Dichter«, weshalb man keine höheren Ansprüche irgendwelcher Art an ihn stellen darf.

In der Liederdichtung lassen sich zwei Strömungen erkennen: die eine setzt die Bestrebungen der mhd. Zeit fort, die andere ist volkstümlich. Die Kunstdichtung ergeht sich noch in den schwierigen Strophenformen der Vergangenheit, ist mit literarischer Schulweisheit belastet und meist schwunglos und prosaisch, das Volkslied ist in Wort und Weise einfach, unverkünstelt und daher dichterisch wertvoll. In der Kunstpoesie wird sowohl die eigentliche Liederdichtung, also das Minnelied, wie auch der Spruch gepflegt. Die Vertreter der Kunstdichtung schließen sich jener Gruppe bürgerlicher Sänger an, die wir Mitte S. 354 als die Vorläufer der Meistersinger charakterisierten. Die im 13. Jahrhundert gewöhnliche formale und inhaltliche Trennung von Lied und Spruch besteht nicht mehr. So überwiegen die lehrhaften Lieder in kunstreichen Strophen, wie sie später die Meistersingerschulen mit besonderem Eifer pflegten. Sprache und Versmaß werden nicht mehr so sorgfältig behandelt wie früher. Die Silbenzählung mit Verletzung der natürlichen Wortbetonung nimmt zu, je kunstreicher die Strophe gebaut ist. Die schwierigen Strophenformen können nur auf Kosten der Betonung bewältigt werden. Die Mundart gewinnt auch im Lied bald den Sieg über die literarische Ausdrucksweise der mhd. Blütezeit. Die Kunstdichtung erstarrt also in äußerem Formalismus, weil sie die Voraussetzungen, unter denen sie einst in der ritterlich-höfischen Zeit ins Leben gerufen ward, verloren hat und nur durch Tradition aufrechterhalten bleibt. Es fehlt an neuen Ideen, die sich auch neue Formen geschaffen hätten. Das ersichtliche Streben nach Realismus und Gelehrsamkeit verträgt sich schlecht mit den überkommenen dichterischen Formen.

Die Erhaltung der ritterlich-höfischen Liederdichtung verdanken wir nur der Teilnahme, die das 14. und 15. Jahrhundert der Lyrik entgegenbrachte. Die großen Handschriften, welche die Minnesänger enthalten, fallen fast durchweg in diese Zeit. Wir haben uns die Überlieferung der Lieder in drei Stufen zu denken, von denen nur die letzte auf uns gelangte. Zunächst wurden die Gedichte, die zu einer bestimmten Gelegenheit entstanden waren, wie z. B. Walthers politische Sprüche, auf lose Blätter geschrieben und so verbreitet. Neben der schriftlichen Überlieferung spielt sicher auch die mündliche eine große Rolle: beliebte Lieder wurden auswendig gelernt und von den

Fahrenden gesungen. Dabei erfuhren die Texte gewiss schon manche Änderung und Abweichung vom ursprünglichen Wortlaut. Die zweite Stufe der Überlieferung sind die *Liederbücher*. Die Dichter selber, z. B. Ulrich von Lichtenstein in seinem Frauendienst, oder Reinmar von Zweter in seiner Sammlung von 1241, aber weit mehr die Liebhaber der Poesie oder die Spielleute, die jene Lieder singen sollten, sammelten die einzelnen Gedichte eines Verfassers und ordneten sie nach Tönen. So dürfen wir uns Sammelhefte der beliebtesten Lyriker im 13. Jahrhundert vorstellen, die freilich weder vollständig noch zuverlässig waren. Wenn z. B. Walther ein Lied in einem Tone Reinmars gedichtet hatte, mochte sich der Walthersche Text leicht in eine Sammlung Reinmarscher Töne verlieren. Daher finden wir manche Gedichte, die in verschiedenen Handschriften verschiedenen Verfassern zugeteilt sind. Die Kritik steht hier vor der Aufgabe, das Eigentum aus stilistischen oder andern Gründen festzustellen und die fraglichen Strophen ihrem wirklichen Urheber zuzuweisen. Von solchen Liederbüchern ist keins auf uns gelangt. Die dritte Stufe der Überlieferung sind die großen *Sammelhandschriften*, die aus den Liederbüchern hervorgingen und eine Anzahl von Dichtern, immer nach Tönen geordnet, aufnahmen. Die wichtigsten und ältesten Sammelhandschriften sind die alte Heidelberger Hs. (A) aus dem Ende des 13. Jahrhunderts, die große Heidelberger Hs. (C), früher in Paris befindlich und als die Manessische bekannt, aus dem 14. Jahrhundert und die Stuttgarter Hs. (B) ebenfalls aus dem 14. Jahrhundert. B und C sind mit Bildern geschmückt und weisen auf eine gemeinsame ältere Bildervorlage zurück. Gerade über das Zustandekommen dieser großen Sammlungen, vielleicht der Vorlage von BC, sind wir durch den Minnesänger Hadlaub genau unterrichtet: »Wo fände man im Reiche draußen so viel Lieder in Büchern wie hier in Zürich? Man erprobt da oft Meistersang. Der Manesse bemühte sich eifrig um Liederbücher; ihm mögen die Sänger danken. Sein Sohn, der Küster, betrieb es auch: deshalb haben die Herren viel edlen Sang zusammengebracht«. Mit den Manessen sind gemeint Rüdeger (1252–1304) und sein Sohn Johannes, der Custos des Domschatzes (Chorherr von 1273–97). Diese Züricher Patrizier haben eifrig Liederbücher gesammelt und danach Sammelhandschriften anfertigen lassen. Damit war eine Bewegung eingeleitet, der wir die Erhaltung des Liederschatzes der Minnesängerzeit verdanken. Von späteren großen Handschriften sei hier noch die Jenaer aus dem 14. Jahrhundert erwähnt, die auch Singweisen verzeichnet, und die Kohnarer aus dem 15. Jahrhundert. In den jüngeren Handschriften treten die alten Dichter in den Hintergrund, die zeitgenössischen werden bevorzugt. Manches meistersingerliche Lied ist einem berühmten Namen der Vorzeit unterschoben. Man sieht vor Augen, wie Minnesang und Meistersang ineinander übergehen und sich vermischen, und man begreift, dass die Kenntnis der alten Lieder den Schreibern der Handschriften lebendig blieb. Freilich verstanden sie die alten Lieder nicht mehr vollständig, sie änderten den Text und passten die Gedichte so gut als möglich den neuen Verhältnissen an.

Zwei ritterliche Minnesinger, Graf Hugo von Montfort im Vorarlberg und Oswald von Wolkenstein in Tirol, schließen sich an ihre höfischen Vorläufer an, aber stehen doch auch völlig unter dem Einfluss ihrer Zeit, sodass ihre Lieder von ihren Vorbildern wesentlich verschieden sind.

Hugo von Montfort ist 1357 geboren. Er erwarb sich eine gewisse literarische Bildung und weiß daher vom klassischen Altertum, von Ritterromanen und einiges aus den Werken zeitgenössischer Dichter. Er begab sich mit romantischen Gedanken als minnewerbender Ritter 1371 an den Wiener Hof, verheiratete sich aber 1373 mit einer reichen Erbin Margarete von Pfannberg. Nach dem Tode seines Vaters 1378 kam er zu hohem Ansehen unter dem Adel und bei den österreichischen Herzögen. Wichtige Ämter wurden ihm übertragen, in den Kämpfen der Habsburger gegen die Schweizer (1385–88) und im Appenzeller Bauernaufstand (1405–06) spielte er eine hervorragende Rolle. Seine Hausmacht wusste er durch Klugheit und Umsicht ansehnlich zu stärken. 1388 wurde er österreichischer Landvogt über Thurgau, Aargau und den Schwarzwald, 1413 Landeshauptmann in Steiermark. Seine erste Frau starb 1392; er vermählte sich noch zweimal – 1395 und 1402. Die letzten Jahre seines Lebens brachten ihm viel Ehren, aber auch viel Not und Sorge. Er starb 1423. Hugos dichterische Tätigkeit ist nicht frei entfaltet. Zwiefache Verlegenheit lastet auf ihm. Er ist zwar für die ritterliche Minne begeistert, aber Zweifel plagen ihn, er möchte sich damit versündigen. Er ruft in einem Gedicht seinen Schutzengel an, ihn vor Sünden zu bewahren, und erzählt von Traumesstimmen und irdischen Räten, die ihn vor dem Dichten warnten. Ein zweiter Einwurf, den sich der Sänger macht, ist das Misstrauen in seine Kunst. Er gesteht, er sei der Silbenzahl nicht mächtig und möge sich leicht in den Reimen vergessen haben. Hugo beherrscht die Form nur wenig; daher meidet er kunstvolle Strophen und bewegt sich am liebsten in Reimpaaren. Musikalisch war er gar nicht. Die Vertonung seiner Lieder überließ er seinem Knappen Burk Mangold. Seine Dichtungen zerfallen in Lieder, Briefe und Reden, Die Briefe, meist in vierzeiligen Strophen, sind Liebesgrüße. In den Briefen finden sich die herkömmlichen Klagen, Wünsche und Hoffnungen, manche Blume aus dem alten Minnelied, Nachklänge des verhallenden Minnesangs. Die Lieder sind Tanz- oder Tagelieder, daneben drei moralisierende, in denen sich die lehrhafte Zeit bemerkbar macht. Das Tagelied erscheint einmal als Monolog ohne Andeutung von Wechselreden oder andern Geschehnissen. Hugo erwähnt nur Anfang und Ende der Liebesnacht, den Abend und die einbrechende Nacht, wo die Reine ihn erfreut, und die Morgenglocke, den Hornruf des Wächters, die Morgensterne, die vor dem Tag sich erheben. Das Tage- oder Wächterlied ist hier in ein unpersönliches Stimmungsbild verwandelt, in Töne und Farben. Die eigentlichen Wächterlieder sind geistlich gewendet. In einem Liede mischen sich geistliche und weltliche Gedanken. Der Wächter soll um Gottes willen alle edlen Frauen wecken, um sie vor böser Verleumder Zunge zu bewahren; zugleich aber mahnt er den Dichter, keine Tanzlieder mehr zu singen; dagegen beruft sich dieser auf die Macht der Minne, die sogar David, Salomo und Samson bezwungen habe. Ein rein geistliches Tagelied schließt mit einem Gebet, ist also zum förmlichen Morgengebet geworden. Eine allegorische Rede beginnt Hugo mit dem Geständnis, wie er in seiner Jugend die schönen Frauen gern geschaut und geminnt habe. Erst mit 34 Jahren habe er an Gott gedacht und die Vergänglichkeit des Irdischen erkannt. Er geht in einen Wald, um von der trügerischen Welt zu scheiden. In der Wildnis kommt ihm eine mächtige Heldengestalt entgegen: Parzival! Der will hören, wie es in der Welt draußen stehe. Nun klagt der Dichter über kirchliche und weltliche Schäden, über das Schisma, die Doppelwahl der Päpste und über den Ämterkauf der Priester. Aber auch die Ritterschaft treibt Wucher, dessen man sich früher geschämt hätte. Im besseren Teil der Geistlichen sucht der Dichter das Heil der Welt, ohne sie würde der Teufel siegreich.

Oswald von Wolkenstein entstammte einem ritterlichen Tiroler Geschlecht, das im südlichen Eisacktal ansässig war. Um 1367 wurde er geboren. Schon in früher Jugend las er Helden- und Rittermären und sehnte sich nach Abenteuern. Sein Leben verlief auch wie ein Roman. Mit zehn Jahren verließ er die Heimat, wahrscheinlich im Dienste eines deutschen Herren, und machte die Preußenfahrt Herzog Albrechts III. von Österreich im Jahr 1377 mit. Nach dem kläglichen Ende dieser Fahrt blieb er acht Jahre in Preußen. Dann folgten große Reisen und Kriegsfahrten im Osten und Norden von Europa, im Schwarzen und Mittelländischen Meer und den angrenzenden Ländern Asiens und Afrikas. Oswald diente als Reitknecht, Pferdeknecht, Koch, Ruderknecht und eignete sich zehn Sprachen an. Nach dem Tode seines Vaters kehrte er im Jahr 1400 in die Heimat zurück. Sein Leben gestaltete sich nach wie vor abenteuerlich. Er war auf vielen Kriegsfahrten außer Landes. In der Heimat selber machte ihm seine Liebe zu Sabina Jäger Kummer und Not. Als Gefolgsmann Kaiser Sigmunds, den er nach Savoyen, Paris und aufs Konstanzer Konzil begleitete, geriet er mit seinem Landesherrn, dem Herzog Friedrich, in Fehde, als die Reichsacht über diesen verhängt wurde. Der Tiroler Adel und mit ihm Oswald von Wolkenstein kämpften gegen Friedrich. Im Jahr 1417 verheiratete sich Oswald mit Margarete von Schwangau und blieb seitdem dauernd in Tirol. Auf dem Hauenstein gründete er sich seinen Hausstand. Er hatte sich viel mit der Verwaltung seiner Güter abzugeben, um seinen Kindern Besitz und Erbe zu wahren. 1445 starb er. Dieses Leben, so reich an Wechselfällen, spiegelt sich in Oswalds Gedichten. Während die ritterliche Lyrik der höfischen Zeit ängstlich persönliche Anspielungen meidet, so wurzelt Oswalds Dichtung in der Wirklichkeit. Dem Inhalte nach zerfallen Oswalds Gedichte in zwei Gruppen, die im 13. Jahrhundert als Lieder und Sprache auch in der Form sich unterschieden hätten; in der ersten Gruppe behandelt er seine Erlebnisse und legt seine Betrachtungen nieder, in der zweiten Gruppe besingt er die Minne. Die biographischen Gedichte erinnern oft an den Tanhäuser, der ebenso mit fremden Ländernamen aufwarten kann. Freilich sind die Fahrten Oswalds viel weiter ausgedehnt und nicht bloß auf die Reise ins Heilige Land beschränkt. Humoristisch gehalten ist das Gedicht vom Hauenstein, wo der Dichter vom waldigen Kofel auf hohen Berg und tiefes Tal blickt, wo des Wildbachs Tosen und der Kinder Geschrei sein Ohr bedrängt, wo nur schmutzige Knechte, Rinder und Böcke und Geißen seine Gesellschaft bilden; und dieser trüben Gegenwart stellt sich das Erinnerungsbild der frohen, freien Weltfahrt gegenüber, deren ungebundene Freuden mit der Alltagssorge vertauscht sind. Im hohen Alter besingt Oswald die Jungfrau Maria und ist von ernsten Todesgedanken erfüllt. Die Minnelieder sind reich an wechselvollen Bildern und Stimmungen. Da finden wir die Frühlingslieder, die Oswald sehr hübsch auf seine Umgebung und augenblickliche Stimmung zu beziehen weiß: »Zergangen ist meines Herzens Weh, seitdem der Schnee von der Seiser Alpe fließt, so hörte ich den Mosmaier sagen; der Erde Dünste sind erwacht, darum mehren sich die Wasserfälle, die von Kastelruth in den Eisack stürzen. Das will mir wohl behagen. Ich höre die Vöglein groß und klein in meinem Wald um Hauenstein, wie sie in hohen und tiefen Noten musizieren«. Den Liedern an Sabina Jäger, die treulose Geliebte, steht ein Liederkreis gegenüber, der Margarete von Schwangau, des Dichters Ehegemahl, besingt. Hier ist alles innig und zart. Mit den Liebesliedern an die Braut und Gattin bietet Oswald etwas Eigenes und Neues, das man bei den Dichtern des 13. Jahrhunderts vergeblich suchen würde. Da finden wir ein hübsches Zwiegespräch zwischen »Gretlein« und »Öselein«, wie sich die Gatten kosend anreden. Bei Oswalds ausgesprochener Neigung zum Gegenständlichen ist ihm das Tage- und Wächterlied geläufig. Eine Gruppe von Liedern »niedrer Minne« erinnert an Neidharts Schule. Da wird ein übermütiges Minneabenteuer mit einer jungfrischen Jäterin (Grasmagd) oder mit der Graserin, die durch kühlen Tau mit weißen bloßen zarten Füßlein in grüner Aue sich ergeht, geschildert. Hirt und Hirtin führt uns der Dichter im Wechselgespräch vor: »Treib her, treib überher, du trautes Bärbelein, ruck her mit deinen Schäflein zu mir, komm schier«! Sie erwidert zunächst schnippisch ablehnend: »Ich merk, ich merk dich wohl, aber ich tu's wahrlich nicht. Deine Waide die taugt nicht, meine Waide steht in grüner Pflicht«. Am Ende lässt sie sich doch bewegen, zu kommen. Eine originelle Parodie des Wächterliedes gibt Oswald in der verliebten Magd, bei der Kunz, der Knecht, schläft. Die Rolle der Weckerin aus Minneträumen übernimmt die Hausfrau, die zur Arbeit aufruft: »Steh auf, liebes Gretel, zieh die Rüben aus, heiz ein, setz Fleisch zu und Kraut; schnell! – Frau, ich mag nicht; noch ist der Tag fern; wann darf ich einmal genug schlafen? Bleib noch, trauter Künzel, geh nicht fort, dein Kosen ist mir wahrlich lieb«. Die Frau schilt laut und lauter, die Magd antwortet:

»Frau, euer Schelten nützt nichts. Ich mag nicht spinnen noch fegen; ich bleibe beim Künzel, der gehört mir; er gibt mir Freuden viel, darnach steht meine Begierde«! Trink- und Tanzlieder finden wir auch bei Oswald und er preist die Fastnacht neben dem Mai, »denn Fastnacht und des Maien Pfad, die pfeifen aus demselben Sack«. Seine Maienlieder begnügen sich nicht am Preis der lichten Tage und bunten Blumen, schwelgen vielmehr in derben und handgreiflichen Genüssen. Jauchzerbildungen, die den Jodlern der Hirten und den Vogelstimmen nachgebildet sind, klingen lustig in den Text. Seine vielseitigen Sprachkenntnisse verwertet Oswald in einem scherzhaften Liebesbrief an seine Gattin, in den er, mit jeweiliger Verdeutschung, romanische, italienische, ungarische, alavische, lateinische, flämische Brocken einflicht. Im vollen Gegensatz zu Hugo von Montfort ist Oswald reich an Tönen. Alles in allem erscheint er als der eigenartigste und bedeutendste Dichter des 14. und 15. Jahrhunderts, weil er die Eindrücke des Lebens in sich aufzunehmen und anschaulich wiederzugeben weiß. Die verschiedenartigen Einflüsse, die in seinen Dichtungen durcheinander laufen, verbinden sich in einer selbständigen Persönlichkeit, die eignes zu schaffen vermag.

An der Spitze der Meistersinger steht *Heinrich von Meißen* mit dem Beinamen *Frauenlob.* Sein Leben und Wirken fällt zwar noch größtenteils ins 13. Jahrhundert, aber die von ihm vertretene Dichtweise eröffnet die meistersingerliche Kunst der folgenden Jahrhunderte. Heinrich wurde um 1250 in Meißen geboren; seine Schulbildung empfing er vielleicht auf der dortigen Domschule. Er war bürgerlicher Herkunft und gewann seinen Unterhalt als fahrender Sänger in vieler Fürsten Sold. Im Jahre 1278 befand er sich im Heere König Rudolfs auf dem Marchfeld. Zuletzt finden wir ihn im Jahre 1311 beim Ritterfest Waldemars von Brandenburg in Rostock. Dann scheint er sich zu dauerndem Aufenthalt nach Mainz gewandt zu haben, wo er im November 1318 starb. Im 16. Jahrhundert erzählt Albrecht von Straßburg in seiner Chronik, er sei im Kreuzgang der Domkirche von Frauen zu Grabe getragen worden, weil er in seinen Liedern ihr Lob gesungen. Frauenlob heißt er schwerlich wegen seiner Minnelieder, sondern wegen seines Leichs auf Unsre Frau (d. h. Maria) und wegen seines Streites mit Regenbogen über den Vorzug der Benennung Frau vor Weib. Die große Heidelberger Liederhandschrift aus dem 14. Jahrhundert zeigt sein Bild, wie er mit aufgehobenem Finger und gesenktem Stab über einer Schar von neun Männern mit Blas- und Saiteninstrumenten thront. Vermutlich deutet das Bild auf den Meister im Kreise seiner Schüler. Die spätere Sage der Meistersinger nennt zwölf Stifter der Kunst, darunter Frauenlob, Regenbogen und Heinrich von Mügeln. Von älteren Dichtern werden als Meistersinger angesprochen Konrad von Würzburg, der Marner, Reinmar von Zweter, der Kanzler, diese mit Recht, weil viele ihrer Lieder und Sprüche meistersingerlich anmuten; dagegen werden Walther von der Vogelweide und Wolfram von Eschenbach nur um ihres berühmten Namens willen in die Gesellschaft gezogen. Zwölf Meister sind typisch. Schon Horand sagt zu Hilde, sein Herr habe an seinem Hofe zwölf Sänger. Und der Schwabe Rumsland beschließt das Loblied auf einen freigebigen Herrn mit der Wendung, dass zwölf Meistersinger seine Tugend nicht vollauf zu besingen vermöchten. Aus solchen Voraussetzungen erwuchsen die Fabeln von der Stiftung des Meistergesangs. Heinrich von Meißen verfasste drei Leiche, viele Sprüche und einige Minnelieder. Alle Gedichte sind schwülstig und wimmeln von gelehrten Anspielungen; sie verraten große Selbstüberhebung. Der schwerfällig prunkende, überladene Stil kam aber dem Geschmack der Zeit entgegen. Seine drei Leiche gehen auf Maria, auf das Kreuz und auf die Minne; hier erreicht die Geschraubtheit des Ausdrucks und die Formverkünstelung ihren Höhepunkt. Die Sprüche, die geistliche und weltliche Dinge behandeln, zeigen Heinrich im vorteilhaftesten Licht, soweit sie allgemein gehalten sind. Wo persönliche Beziehungen hereinspielen, sind sie weniger erquicklich. Das große Streitgedicht über Weib und Frau stellt Heinrich gegen Regenbogen und Rumsland. Im Gegensatz zu Walthers Entscheidung: »Weib muß immer der Weiber höchster Name sein«, zieht Heinrich das Wort Frau vor. Im Verlauf des Streites wirft er auch einen Blick auf die alten Dichter, auf Reinmar, Wolfram und Walther, und versteigt sich zur Behauptung, seine Kunst gehe aus des Kessels Grunde, jene hätten nur den Abschaum gegeben, er sei ihr Meister und ein wahrer Koch der Künste. Regenbogen schilt ihn darum einen Narren und tritt für die großen Vorgänger ein: »Deine Kunst ist eine Nessel im Vergleich mit veilchenreicher Meisterschaft. Sitz ab von der Künste Sessel, auf dem jene saßen«. Heinrich ahmt seine so gering bewerteten Vorgänger übrigens unbedenklich nach: dem Walther'schen Spruch »Ich saß auf einem Steine« schreibt er nach: »Ich saß auf grüner Aue und dachte an mancherlei Dinge, wie ich die Welt behielte und doch Gott nicht verlöre«. Auf Konrad von Würzburg verfasste Heinrich einen sehr schwülstigen Nachruf. In den Minneliedern überrascht manche hübsche Wendung, wenn er z.B. meint, dem rosenroten Mund der Geliebten zieme besser ein lilienweißes Ja als ein kummerblaues Nein. Wem die Minne am Morgen lacht, dem wird leicht ihr Rückschlag; die Rose ihrer Lust hat scharfen Dorn; der Liebe ist Leid angeboren; solche Frucht trägt ihr Korn. Aber die Gelehrsamkeit verführt den Dichter auch hier zu Geschmacklosigkeiten, wenn er den Physiologus heranzieht: die Frau ist wie der Panther, der durch seinen süßen Geruch die Tiere an sich lockt; sie macht's ihm wie das Feuer dem Vogel Phönix, der sich verbrennt; er singt in seiner Todesnot wie der sterbende Schwan; käme doch aus ihrem Munde ein belebendes Wort, wie vom Löwen, der seine tot geborenen Jungen durch Schreien erweckt! Die Verwendung der Gelehrsamkeit zu poetischen Bildern und Vergleichen erinnert oft an Wolfram; aber den Schülern fehlt des Meisters plastische Anschauungskraft und glückliche Kürze des Ausdrucks, die unnachahmliche Genialität der großen Persönlichkeit. Was beim Meister grotesk wirkt, wird beim Schüler und Nachahmer langweilig und geschmacklos. Denn jetzt waltet nicht mehr der eigenartige Einfall, sondern die verstandesmäßig mühsame Manier, die aus Büchern aufgelesen und erklügelt ist. Viele Töne Frauenlobs lebten unter den Meistersingern fort und wurden fleißig nachgedichtet; manche wurden aber unter seinem Namen von späteren verfasst und ihm unterschoben, sodass auch hier die Kritik Echtes und Unechtes unterscheiden muss. Wegen seiner geistlichen Sprüche und Leiche galt Heinrich bei den Meistersingern gar als Doktor der Theologie und Domherr.

Ein Zeitgenosse Frauenlobs und einzig sicher durch seinen literarischen Verkehr mit Frauenlob bezeugt ist *Regenbogen*, nach der Überlieferung der Meistersinger Barthel mit Vornamen und seines Handwerks ein Schmied. Sein Leben fristete er aber jedenfalls nicht als Handwerker, sondern als fahrender Sänger. Er überlebte Frauenlob und widmete ihm ein Klagegedicht. Ein reicheres, aber kaum der Wirklichkeit entsprechendes Bild seines Lebens gewähren die unechten und unterschobenen Strophen. Die Meistersinger schrieben ihm viele Töne zu, den blauen, den grauen, den güldenen Ton, die lange Weise, die Torenweise. Regenbogen ist nicht so gelehrt, dunkel und schwülstig wie Frauenlob. Seine echten Lieder zeigen ihn als einen bürgerlichen Dichter ohne viel Bedeutung, ärmlich in Sprache, Reimen und Gedanken. In seinen Kampfstrophen ist er grob. Seine Sprüche weisen schon vollkommen die Art des Meistersanges.

Heinrich von Mügeln (bei Pirna in Sachsen), ein bürgerlicher Fahrender, stand im Dienste Karls IV. und verlebte die längste Zeit seines Lebens in Prag. Auch am Hofe Herzog Rudolfs von Österreich (1358–65) scheint er sich aufgehalten zu haben. Nach dessen Tod genoss er die Gunst Hertnits von Petau, des Marschalls von Steyr. Heinrich von Mügeln starb nach 1369. Er schrieb weltliche und geistliche, mit dem üblichen Wissenskram gezierte Lieder und Fabeln und wurde von den Meistersingern wegen des gelehrten Prunkes und der künstlichen Form als einer ihrer Gründer verehrt. In seinen Minneliedern findet sich noch ein Nachklang aus des Minnesangs Frühling, das Falkenlied. Die Frau spricht: »Mein Falk ist mir entflogen weit in fremde Lande; ich fürchte, eine fremde Hand hält ihn, den ich so lange erzog, fest. Ich habe ihm der Treue Fessel gar zu locker gelassen: darum brennt Reue mein Herz wie die Nessel.« Sie hofft, der Falke werde im Winter zurückkehren. »Ach hätte ich doch einen Blaufuß statt des Falken, der nicht so schnell wäre und auf meines Herzens Balken bliebe. Was hilft mich der Fisch im Meeresgrund und der Vogel in der Luft, wie edel er sei!« Der lehrhaften Literatur gehört sein Hauptwerk an: Der Mägde Kranz, worin unter dem Bild von zwölf Jungfrauen die Wissenschaften vor den Kaiser treten, damit er ihren Rang bestimme; der Theologie wird natürlich der erste Platz eingeräumt.

Muskatblüt ist der literarische Name eines in der ersten Hälfte des 15. Jahrhunderts lebenden, aus Nordbayern stammenden Dichters. Seine Gedichte sind mit allen Merkmalen meisterlicher Kunst behaftet, sie zeichnen sich durch sehr reiche, verkünstelte Strophen aus und haben mannigfaltigen, aber unbedeutenden Inhalt. Muskatblüt verfasste geistliche Gedichte, Marienlieder, voll scholastischer Gelehrsamkeit, mit allegorischen und mystischen Wendungen durchwoben, ferner Minnelieder, meist trocken und langweilig, nur stellenweise durch Naturbilder belebt, endlich moralisch-satirische Gedichte, die wegen ihrer Beziehung auf die Zeitgeschichte, auf das Konstanzer Konzil und die hussitische Bewegung wichtig sind. Gegen Huß ist er strenggläubig; er wünscht, dass auch seine Anhänger, die ungebratenen Gänse (Wortspiel: Huß-Gans) gebraten werden möchten. Humoristisch sucht er den Schäden der Zeit mit einem Lügenmärchen beizukommen, wenn er die Zustände der Welt als ganz vortrefflich schildert, aber mit den Worten schließt: O Muskatblüt, wie sehr hast du gelogen!

Der *Meistersang*, wie er in den Singschulen des 16. Jahrhunderts eingerichtet war, ist uns genau bekannt. Über Ursprung und Ausbreitung des Meistersangs sind wir dagegen nur sehr unvollkommen unterrichtet. Das Wort Meistersinger kommt am Ende des 13. Jahrhunderts auf und bedeutet den Sänger und Dichter eines meisterhaften Liedes. Im 15. Jahrhundert ist der Meistersinger ein Dichter, der seine Kunst zunft- und schulmäßig ausübt. Im 16. Jahrhundert eröffnet sich uns ein Einblick in die Tabulaturen und Versammlungen der Singschulen. Hier hebe ich nur das Wenige heraus, was uns über die Entstehung des Meistergesangs bezeugt ist. Wir haben gesehen, dass Minnesang und Sprachdichtung in der zweiten Hälfte des 13. Jahrhunderts mehr und mehr zu Betrachtung und Lehre sich neigten, dass die strenge Gemessenheit der Form mehr galt als der schöne natürliche Rhythmus der Sprache. Die eben besprochenen Sangesmeister stehen in unmittelbarem Zusammenhang mit den Liederdichtern der höfischen Zeit und übernahmen von ihnen die Gesetze des Strophenbaus und der Reimkunst, die sich durch ihre Vermittlung in den späteren Schulen fortpflanzten. Somit liegt der Sage von den ritterlichen Begründern des Meistersangs ein richtiger Gedanke zugrund. Schon das 13. Jahrhundert kannte Wettsingen und Streitgedicht, wie der Sängerkrieg auf der Wartburg und der Streit zwischen Frauenlob und Regenbogen beweisen. Solche Sängerwettkämpfe sind die Vorbilder der späteren Zusammenkünfte der Meister zum Preissingen. Das Bild der Heidelberger Handschrift zeigt Frauenlob im Kreise seiner Schüler. Es ist wahrscheinlich, dass Mainz als ursprünglicher Sitz schulmäßiger Unterweisung dadurch bezeugt wird. In einem späteren Meisterlied heißt es:

so viel ich hab bericht darvon
durch das lesen bekommen,
hat die kunst schon
in Mainz der statt sein anfang genommen
durch einen thumherrn prächtig,
so fast schöne lieder gedicht.
desgleich wohnt drin ein hufschmied auch,

so Regenbogen geheißen;
den rechten brauch
in dem meistergsang tät er weisen.

Regenbogen soll ein Schmied gewesen sein, Michel Beheim war ein Weber. Die Teilnahme der Handwerker ist also sicher. Aber die älteren Meistersinger waren Berufsdichter, die ihr Handwerk an den Nagel hängten und an Höfen und in Städten durch Gesang ihren Unterhalt verdienten. Sie waren keineswegs ausschließlich Handwerker. Somit unterschied sich die alte Mainzer Singschule jedenfalls von den späteren Schulen. Das Wesentliche der späteren Kunstübung besteht darin, dass die Meistersinger nicht mehr freizügige Fahrende, sondern sesshafte Bürger und Handwerker sind, dass sie ihre Kunst aus Liebhaberei treiben, dass sie eine nach dem Vorbild der Zunft geregelte Ausbildung durchzumachen haben. Wie dem Meister der Gesell und Lehrling vorhergeht, so muss der Meistersinger zuerst Schulfreund, Schüler, Singer und Dichter gewesen sein und vor der versammelten Zunft nach Ablegung seiner Probestücke freigesprochen werden. Die fahrenden älteren Meistersinger vermittelten also den Stoff und die Form des höfischen Minnesangs und der Spruchdichtung, die sesshaften städtischen Meistersinger regelten die Dichtkunst handwerkerlich und zünftlerisch. Bei dieser Entwicklung überwog der reine Formalismus immer mehr, der poetische Duft verschwand. Die handwerkerlichen Meister hatten so viel mit Silbenzählen und Reimschmieden zu tun und mit dem ihrer geistigen Bildung gar nicht angemessenen Inhalt sich zu plagen, dass dabei der Stil und die Rhythmik, die wahre künstlerische Form des Gedichts völlig zu kurz kam. Uhland schildert das Verhältnis zwischen Minnesang und Meistersang mit den schönen Worten: »Diesen inneren Zusammenhang hebt es nicht auf, dass wir, was sich früher lebendig entwickelte, nun im Zustande der Erstarrung finden. Wenn der Winterfrost dem Strauch die Blätter abstreift und wir an den dürren Ästen und Zweigen wenig Gefallen haben, so waren doch diese nicht weniger vorhanden, als noch das rauschende Grün sie verhüllte.« Wann jener wichtige Übergang vom fahrenden zum sesshaften handwerkerlichen Meistersinger sich vollzog, ist nicht festzustellen. Die Angaben der Stiftungsurkunden der Schulen des 16. Jahrhunderts sind nicht zuverlässig. Auf eine Vorstufe der eigentlichen Singschule weist vielleicht der Stiftungsbrief der Singschule von Freiburg i. B. vom Jahr 1513 hin, worin von einer Singerbruderschaft die Rede ist. Brüderschaften und Zünfte gaben den Singschulen ihre Verfassung und Satzung. Für Augsburg wird eine Singschule zuerst in einem 1499 verfassten historischen Volkslied bezeugt:

Augsburg hat ain weisen rat,
das prüft man an ir kecken tat
mit singen, dichten und klaffen;
si hand gemacht ain singschul
und setzen oben auf den stul
wer übel redt von pfaffen.

Die Einrichtung scheint damals noch etwas Neues gewesen zu sein. Vermutlich sind die meisten Singschulen, deren Blüte ins 16. Jahrhundert fällt, im Laufe des 15. Jahrhunderts entstanden.

Während die Kunstlyrik zum Meistersang erstarrt, eröffnet sich ein neuer Quickborn wahrster und schönster Poesie im *Volkslied*, das vom 14.–16. Jahrhundert seine höchste Blütezeit erlebt. Als Unterströmung ist es auch in der ahd. und mhd. Zeit vorhanden, aber sein Dasein ist nur mittelbar zu spüren in Nachklängen der Vagantenlieder, bei Walther und Neidhart. Jetzt tritt es unmittelbar hervor, doppelt erfreulich bei der Öde und Dürre der übrigen Dichtung. Das Volkslied unterscheidet sich vom Kunstlied durch die einfachen Ausdrucksmittel, die formelhaften Worte und Wendungen, die allgemein menschlichen Gefühle und die innige Verbindung von Wort und Weise. Die ständische und gelehrte Gebundenheit der ritterlichen und meisterlichen Gedichte fehlt dem Volkslied. Daher ist seine Wirkung viel größer, alle Volksgenossen nehmen daran teil, und noch heute üben die meisten damals entstandenen Lieder über die Jahrhunderte weg ihren Zauber auf die Hörer aus. Was Goethe in seiner Anzeige von des Knaben Wunderhorn sagt, gilt auch von den Liedern der alten Zeit: »Das wahre dichterische Genie, wo es auftritt, ist in sich vollendet; mag ihm Unvollkommenheit der Sprache, der äußeren Technik, oder sonst was will, entgegenstehen, es besitzt die höhere innere Form, der doch am Ende alles zu Gebote steht«. Die Verfasser und Träger des Volksliedes haben wir in den Kreisen der Spielleute zu suchen; neben ihnen singen Leute aus dem Volke selbst, der Schreiber, der Reiter, der Landsknecht, der Jäger, wie sich die Verfasser in der Schlussstrophe oft bezeichnen. Die Persönlichkeit des Dichters, sein Stand und sein Erlebnis treten naiv hervor. Aber er bleibt ungenannt und erhebt keinen Anspruch auf sein Eigentum, das er dem Volk darbietet. Die Lieder dringen ins Volk, werden verbreitet, verändert, verkürzt oder erweitert, zersungen, nach Belieben umgebildet. Das Gedicht, das der einzelne in glücklicher Stunde erfand und sang, wird Gemeingut. Die Eigenart des Volksliedes beruht in der Fähigkeit des Schauens, in der Verdichtung der aufgenommenen Eindrücke zu wenigen anschaulichen Bildern, die trotz ihrer oft nur andeutenden Skizzierung im Hörer tiefe Empfindungen auslösen und ihn das Gehörte miterleben lassen, in der Kunst des Verschweigens und der Anregung mitschaffender Phantasie. Der Eingang führt ohne Umschweif zum Gegenstand des Liedes: »Ich hört ein Sichlein rauschen«, »Ich weiß ein feins brauns Mägdlein«, »Ich stund an einem Morgen«, »Was wöll wir aber heben an«, »Wohl auf, ihr lieben Gesellen«, »Nun will ich aber heben an von dem Tanhauser singen«, »Es ist nicht lang, dass es geschah, dass man den Lindenschmid reiten sah.« So begann schon in der stabreimenden Zeit das alte Hildebrandslied: »Ich hörte sagen, daß Hildebrand und Hadubrand sich kampfbereit begegneten.« Am Schluss nennt sich, wie bereits gesagt, öfters der Dichter, aber nur typisch, nicht individuell. Sehr schön sind auch die Eingänge, die Ort und Landschaft vorführen, als ob der Dichter uns unmittelbar mit der Hand darauf hinweisen würde: »Es steht eine Lind' in jenem Tal«, »Es liegt eine Stadt in Österreich«, »Dort oben auf dem Berge, da steht ein hohes Haus«, »Dort unten in jenem Holze liegt eine Mühle stolz.« Sprechend und sinnig sind die Bilder wie das Rosenkränzlein der Jungfrau oder der Rosengarten der Minne und, wie in Kriemhilds Traum, der Geliebte als Falke. Nicht zu vergessen sind die Naturbilder, von denen Uhland sagt: »Blättert man nur im Verzeichnis der Liederanfänge, so grünt und blüht es allenthalb. Sommer und Winter, Wald und Wiese, Blätter und Blumen, Vögel und Waldtiere, Wind und Wasser, Sonne, Mond und Morgenstern erscheinen bald als wesentliche Bestandteile der Lieder, bald wenigstens im Hintergrund oder als Rahmen und Randverzierung. Anfänglich mag ein Naturbild an der Spitze des Liedes, weniger Schmuck als Bedürfnis, der unentbehrliche Halt gewesen sein, woran der nachfolgende Hauptgedanke sich lehnte; die schönsten unserer Volkslieder sind freilich diejenigen, worin die Gedanken und Gefühle sich mit den Naturbildern innig verschmelzen.« Der Inhalt der Volkslieder ist unbeschränkt reich. Zwei Hauptgruppen heben sich heraus: *Geschichte und Märe*, der kurze epische Bericht, das historische Lied und die Ballade, und *Liebe und Leben*, das lyrische Lied, dessen Inhalt sich mit Minnesang und Spruchdichtung der höfischen Zeit deckt.

Von den geschichtlichen Volksliedern wurde bereits oben S. 407 gesprochen. Neben den großen, ein ganzes Volk betreffenden Ereignissen, die sich meist in Schlachtberichte zusammendrängen, leben auch einzelne Personen und ihre Schicksale im Liede fort. Da wird von der schönen Baderstochter Agnes Bernauer und ihrem Tod (1435) gesungen, vom sächsischen Prinzenraub durch Kunz von Kaufungen (1455), von Raubrittern und Wegelagerern wie Lindenschmid, Raumensattel, Epple von Geilingen. Aus der Heldensage leben die zwei Grundballaden der Dietrichsage, das Hildebrandslied und Ermenrichs Tod im Volksliede fort. An Minnesänger sind Sagen angeknüpft, an Reinmar von Brennenberg, Heinrich von Morungen, Gottfried von Neifen und den Tanhäuser. Am Brennberger haftet die Herzmäre: sein Herz wird der Geliebten als Speise vorgesetzt. Der edle Moringer ist sieben Jahre auf Wallfahrt beim heiligen Thomas und gibt sein Weib in die Hut des jungen Herrn von Neifen, der das ihm geschenkte Vertrauen nicht rechtfertigt, weil er selber die Frau ehelichen will. Ein Engel verkündet dem Gatten, was in der Heimat vorgeht und führt ihn im Traume heim. Der edle Moringer kommt auf seine Burg und setzt sich auf eine Bank und singt ein »Hoflied«, zwei echte Strophen Walthers von der Vogelweide. Dann lässt er einen goldenen Ring in den Becher sinken und sendet den Schenken zur Braut, die im Pilger ihren Gatten erkennt. Zerknirscht bietet der von Neifen sein Haupt dar, aber humoristisch schließt das Lied mit des Moringers Worten:

Herr von Neifen, es sol nit sein,
vergeßt ein teil der euern schwär,
und habent euch die tochter mein
und laßent mir die alte braut!

Besonders schön ist das Tanhäuserlied, das uns mitten hineinversetzt in die Wonnen des Venusbergs. Ein Gespräch zwischen Tanhäuser und Venus nimmt den größten Teil des Liedes ein: auf der einen Seite drängendes Liebeswerben und schmeichelndes Kosen, auf der andern verzweifeltes Losringen bis zum Ausruf: »Frau Venus, edle Fraue zart, ihr seid ein Teufelinne« und »Maria, Mutter, reine Maid, nun hilf mir von den Weiben«. Dann folgt in kurzem Bericht die Romfahrt; auch hier ein Gespräch, Tanhäusers inbrünstiges Flehen um Erlösung, des Papstes strenger Bescheid: »So wenig das Stäblein in meiner Hand grünen mag, kommst du zu Gottes Huld!« In vier Strophen wird die Geschichte zu Ende geführt: Tanhäuser kehrt in den Berg zurück und wird von Venus freudig aufgenommen; der Stab treibt Blätter, der Papst sendet Boten in alle Lande, um Tanhäuser zu suchen; der aber weilt auf alle Ewigkeit im Berg. Bemerkenswert, wie in den Balladen der urdeutschen Zeit, ist das Überwiegen des Zwiegesprächs, während die Erzählung auf wenige erläuternde und verbindende Worte beschränkt bleibt. Die antike Sage von Hero und Leander, vielleicht durch ein mhd. Kunstgedicht vermittelt, ging ins Volkslied über und lässt sich in dieser Gestalt bis zum Anfang des 15. Jahrhunderts zurückverfolgen. Am bekanntesten ist die niederdeutsche Fassung von den zwei Königskindern:

et wasen twei Kunigeskinner,
de hadden enander so leef,
se kunden bisammen nich komen:
dat water was vel to deef.

Nun in zwei kurzen Strophen das Aufleuchten und Erlöschen der Kerze. Mit schmerzenden Augen blickt die Königstochter am Morgen auf die See, vergeblich redet die Mutter dagegen, sie geht an die rauschende See, mit goldner Krone und demantenem Ring geschmückt. Der Fischer zieht den Toten aus der Flut, da nimmt sie ihn in die Arme und springt in die Wellen. – Als Beispiel der unheimlichen Ballade mag die vom Ulinger dienen, der als ein Blaubart Jungfrauen entführt, um sie zu töten. Eine weiße Taube warnt das Mädchen. Da bittet sie ihren Entführer, drei Schreie tun zu dürfen.

Das solle dir erlaubet sein,
du bist so ferr in tiefem Tal,
daß dich kein Mensch nicht hören mag!

Da schreit sie zu Jesu, zu Maria und zu ihrem Bruder. Der hört ihre Stimme und reitet alsbald in den finstern Tann, wo er gerade noch recht kommt, um die Schwester zu retten und den Ulinger aufzuhängen.

Noch viel schöner und stimmungsvoller wirken die Liebeslieder, die mit bewundernswerter Kunst mehr ahnen und erraten lassen als mitteilen.

Dort hoch auf jenem Berge
da geht ein Mühlenrad,
das mahlet nichts denn Liebe
die Nacht bis an den Tag.

Die Mühle ist zerbrochen,
die Liebe hat ein End;
so gsegen dich Gott, meins Feinslieb,
jetzt fahr ich ins Elend!

Ohne Übergang, scharf und hart stehen die Gegensätze einander gegenüber, wir ahnen nur das tief schmerzliche Erlebnis. Der Bursche blickt hinauf zum Berge, wo sein Lieb wohnt, wo die Mühle Tag und Nacht sein Glück mahlt wie jene Goldmühle des Märchens. Aber mit einem Schlage ist alles Hoffen vernichtet und zerstört, das Mädchen ist tot oder treulos, der Bursche wirft einen letzten Blick auf die einst so liebe Stätte und fährt ins Elend.

Ich hört ein Sichlein rauschen,
wohl rauschen durch das Korn;
ich hört ein feine Magd klagen,
sie het ihr Lieb verlorn.

La rauschen, Lieb, la rauschen!
Ich acht nit wie es geh;
ich hab mir ein Buhlen erworben
in Veiel und grünem Klee.

Hast du ein Buhlen erworben
in Veiel und grünem Klee,

so steh ich hie alleine,
tut meinem Herzen weh.

Die zwei Schnitterinnen mähen im gleichmäßigen Takt, der Dichter belauscht sie. Es ist also Erntezeit, Hochsommer, der Herbst ist nahe; aber die Gedanken schweifen zur Frühlingszeit zurück, wo die eine ihren Buhlen in Veilchen und Klee erwarb; noch freut sie sich seiner Minne. Die andre aber trauert, sie steht allein.

Das Winterleid ist wie in den Tagen des Minnesangs der Tod der Liebesfreuden, zumal wenn der Schnee zu früh kam. So klagt ein Lied:

Es ist ein Schnee gefallen,
und es ist doch nit Zeit;
man wirft mich mit dem Ballen,
der Weg ist mir verschneit.

Mein Haus hat keinen Giebel,
es ist mir worden alt,
zerbrochen sind die Riegel,
mein Stüblein ist mir kalt.

Ach Lieb, laß dichs erbarmen,
daß ich so elend bin,
und schleuß mich in dein Arme:
so fährt der Winter hin.

Wunderhübsch ist das Blumenhaus. Der Dichter träumt im Garten der Liebsten, dass ein Schnee über ihn gefallen sei:

Und da ich nun erwachte,
und es war aber nicht:
es waren die roten Röselein,
die blühten über mich.

Da bricht er einen Kranz und schickt ihn der Liebsten zum Tanz. Er baut ein Häuslein von Petersilien und roten Lilien. Und als das Haus fertig ist, beschert ihm Gott ein Mädel von achtzehn Jahren zum Weib.

Die Walther'schen Töne und Gedanken, die hier anklingen, sind noch deutlicher in der humoristischen Wendung, wie der Dichter unter einem Rautenstrauch entschlummert und einen wunderlichen Traum hat, dass eine wunderschöne Maid zu seinen Füßen stünde:

und da ich nun erwachet,
da stund ein altes graues Weib
vor meinem Bett und lachet!

Packend in seiner Schlichtheit ist das Lied vom Reiter, der aus Verzweiflung über treulose Liebe den Tod sucht:

Gut Hänslein ließ sein Rößlein beschlagen,
es soll ihn den hohen Berg auf tragen.
Wie hoher Berg, wie tiefe Tal!
Es ist schad, daß Hänslein sterben soll.
Und stirb ich dann, so bin ich tot,
so begräbt man mich unter die Röslein rot.
So begräbt man mich an dieselben Statt,
da mir mein Buhl die Treu aufgab.

Der Liebverlassene erscheint in einem zweistrophigen Lied als armes klagendes Käuzlein:

ich armes Käuzlein kleine,
wo soll ich fliegen aus
bei der Nacht so gar alleine?
Bringt mir gar manchen Graus.

Der Ast ist mir entwichen,
darauf ich ruhen soll,
die Läublein sind all verblichen,
mein Herz ist Trauerns voll.

Die Nachtigall ist von jeher die Vertraute der heimlichen Liebe:

Es steht eine Lind in jenem Tal,
ist oben breit und unten schmal.

Ist oben breit und unten schmal,
darauf da sitzt Frau Nachtigall.

Sie soll Bote sein und zur Liebsten fliegen. Frau Nachtigall schwingt ihr Gefieder und fliegt vor eines Goldschmieds Haus, wo sie ein goldnes Ringlein holt. Und dann fliegt sie vor eines Bürgers Haus, wo ein brauns Mägdlein zum Fenster herauslugt. Dem bringt sie das Ringlein und empfängt dafür Kranichsfedern, die sein stolzer Leib tragen soll. In diesem Lied sind zwei Vorstellungen vermischt: die vertraute Nachtigall und der Liebesbote, dessen Rolle die Nachtigall übernahm.

Zartsinnig und tief empfunden ist das Abschiedslied des Handwerksburschen: »Insbruck, ich muß dich lassen.« Seine Freude ist ihm genommen, da er in die Fremde muss. Sein Leid muß er tragen und will's nur seinem liebsten Buhlen klagen. Nur die Hoffnung auf einstige frohe Rückkehr tröstet ihn etwas

mein Trost ob allen Weiben,
dein tu ich ewig bleiben,
stet, treu, der Ehren frumm.
Nun muss dich Gott bewahren,
in aller Tugend sparen,
bis dass ich wiederkumm.

Das Tage- und Wächterlied findet im Volkslied zahlreiche Vertreter mit mancher hübschen neuen Wendung. In einem Tagelied wird der Held bei seinem Weggang verwundet, die Frau verbindet mit ihrem goldenen Schleier die Wunden. Der sterbende Ritter gibt ihr ein Ringlein, sie aber tötet sich mit einem Messer, um ihn nicht zu überleben. Das Tagelied ist zur Tragödie geworden.

Neben den ergreifend schönen Liedern von Liebeslust und Liebesleid laufen aber auch derbere und fröhlichere. Da sind die Schlemmer- und Zecherlieder, wie einst bei den Vaganten, vom liebsten Buhlen, der mit Reifen gebunden ist, ein hölzern Röcklein an hat und beim Wirt im Keller liegt. Die Krone dieser Lieder ist das bis heute lebendig erhaltene »Wo soll ich mich hinkehren, ich armes Brüderlein«! Aus ihm spricht die ganze Sorglosigkeit des freien Burschen: »Hätt ich das Kaisertum, dazu den Zoll am Rhein und wär Venedig mein, so wär es alles verloren, es müßt verschlemmet sein«. Keine größere Freude ist auf Erden als gut Leben, unbesorgt um die Mittel:

ich nimm mir ein Ebenbild
bei manchem Tierlein wild,
das springt auf grüner Heide,
Gott b'hüt ihm sein Gefild!

Will der Wirt nicht borgen, so wird Rock und Wamms verpfändet:

Steck an die schweinen Braten
darzu die Hühner jung;
darauf mag uns geraten
ein frischer, freier Trunk.

Würfel und Karten sind sein Wappen, dazu sechs hübsche zarte Fräulein, auf jeglicher Seite drei:

ruck her, du schönes Weib!
du erfreust mirs Herz im Leib,
wohl in dem Rosengarten
dem Schlemmer sein Zeit vertreib!

Hieran schließt sich das Lob des Burschenlebens, der Schreiber und Studenten, der fahrenden Schüler:

ich weiß ein frisch Geschlechte,
das sind die Burschenknechte,
ihr Orden steht also:
sie leben ohne Sorgen
den Abend und den Morgen,
sie sind gar stetig froh.
  Du freies Burschenleben,
  ich lob dich für den Gral.
  Gott hat dir Macht gegeben
  Trauern zu widerstreben,
  frisch wesen überall!

Die »Neidharte« mit der Verspottung grober Bauernart begegnen auch im Volkslied. Zur Kirmes im Herbst hebt sich Saufen und Fressen zu Halben und Ganzen, aus Kandeln und Krügen. Ein grober Bauer macht sich auf, einen andern zu schelten wegen des Apfels, den ihm Käterlein bot. Unter der Linde wird zum Tanz gepfiffen. Da kommt der grobe Gesell und stört den Tanz, den Käterlein führte. Die Passauer Schwerter werden gezückt und es entsteht ein groß Getümmel. Der Dorfherr eilt herzu und springt über die Bänke, tritt eine Kuh und ein Kalb und vierzig Lämmer zu Tod. »So schieden sie den Streit, wie sie's am besten konnten.« Auf diese Weise geht es im alten Ton weiter. Neidharts Gestalt und Lieder lebten ja im Volksbuch fort und wirkten von dort aus aufs Volkslied.

Das Grasliedlein erzählt Minneabenteuer mit einer hübschen Mähderin. Ein Ritter findet auf seiner Wiese ein Mädchen, welches Gras schneidet, Er will sie daher um das »allerbeste, das die Jungfrau hatte«, pfänden; sie erwehrt sich seiner mit einem Rosenzweig, der zerbricht, und der Ritter wirft sie ins Gras. Die Geschichte, die im Volkslied mit Vorliebe auf Jägerburschen übertragen ist, erinnert an Neifens und Tanhäusers Lieder, die Begegnungen mit ländlichen Mädchen berichten, wie die französischen Pastourellen.

Das Rätsellied und Streitgedicht ist mehrfach belegt. Wasser und Wein streiten miteinander:

nun hört ihr Herren allgemein
wohl von dem Wasser und dem Wein,
ein jeglichs will das beste sein,
keins will das andre leiden.

Uralt ist der Streit zwischen Sommer und Winter oder ihren Vertretern, dem wintergrünen Buchsbaum und der frühlingshaften Fahlweide. Eine Reihe ansprechender Bilder zieht dabei an uns vorüber. Vom Buchs kommt der Kranz, den das Mädchen beim Tanze trägt, der Becher, aus dem ihr rotes Mündlein trinkt, von der Fahlweide der Sattel, auf dem der gute Gesell durch den Wald reitet, die Pfeife, die er im Felde bläst. Seinen letzten Trumpf spielt der »Felbinger« mit den Worten aus:

ich steh dort mitten in der Mahd
und halt ob einem Brünnlein kalt,
daraus zwei Herzlieb trinken.

Das Kranzsingen ist ein Gesellschaftslied. Der Sänger tritt auf und sagt, er komme aus fremden Landen, wo die Jungfrauen einen Blumenkranz wanden. Den trägt man zum Abendtanz und lässt die Gesellen darum singen, bis einer das Kränzlein gewinnt. Daran schließt sich das Streitgedicht oder die Rätselfrage, woran sich alle beteiligen, bis dem Sieger zuletzt der Kranz bleibt.

Das Volkslied des 14. und 15. Jahrhunderts zeigt deutliche Nachwirkungen der ritterlich-höfischen Dichtung, zwar nicht in der Form, wohl aber im Inhalt. Dadurch erhielt es ein ganz neues Gepräge. Die Verfasser der Volkslieder hatten gewiss zu den Meistersingern und den Schreibern der Liederhandschriften enge Beziehung, daher ist die Bekanntschaft mit der ritterlichen Lieder- und Spruchdichtung nicht verwunderlich. Die Lyrik des 13. Jahrhunderts lebt also schulmäßig und volkstümlich fort. Die schulmäßige Fortbildung war unpoetisch, weil sie zu sehr auf die äußere Form sah und darin erstarrte, die volkstümliche dagegen streifte alles Ständische und Gelehrte ab, wählte einfache Weisen und Worte und traf mit feinem Gefühl eine Auslese des Schönsten und Besten, das mit den bereits vorhandenen älteren Volksliedern zu einer neuen künstlerischen Einheit organisch verschmolz.

Auch das *Handwerk* hatte seine Poesie, die in allerlei Sprüchen beim Gruß, bei der Gesellentaufe, bei der Wanderfahrt angewandt wurden. Anhangsweise seien hier zwei Beispiele erwähnt, die zwar erst später aufgezeichnet sind, aber im 14. und 15. Jahrhundert gewiss schon ähnlich gebraucht wurden. Die Jäger haben Sprüche, an denen sie sich durch Frage und Antwort bei der Begegnung erkennen. Da lautet die Frage:

> Weidmann, lieber Weidmann hübsch und fein,
> was gehet hochwacht vor dem edlen Hirsch
> von den Feldern gen Holze ein?

Die Antwort lautet:

> Das kann ich dir wohl sagen:
> der helle Morgenstern, der Schatten und der Atem sein
> gehet vor dem edlen Hirsch von Feldern gen Holze ein.

Wenn der Handwerksgesell, dem sprechende Namen wie Silbernagel, Triffseisen, Springinsfeld beigelegt werden, auf die Wanderschaft geht, da gibt ihm der Altgesell Lehren mit, die von der Poesie des Wanderns erfüllt sind und den Gesellen zum Helden eines Märchens machen. Er schnürt sein Bündel, nimmt mit der Brüderschaft und seinen Freunden den Abschiedstrunk und wandert zum Tor hinaus. Da soll er drei Federn aufnehmen und in die Höhe blasen: die eine wird fliegen über die Stadtmauer zurück, die andere übers Wasser, die dritte gerade hinaus; der soll er folgen. Mancherlei Stimmen schlagen spottend, warnend, mahnend an sein Ohr. Auf dürrem Baum sitzen drei Raben; denen soll er vorbeiziehen und denken, ihr sollt mir keine Botschaft sagen. Am Ende des Dorfes klappert die Mühle: Kehr um, kehr um! Weiter draußen werden drei alte Frauen sitzen und sagen: Jung Gesell, weich von dem Walde, die Winde wehen sauer und kalt; er aber soll weitergehen und sagen: Im grünen Wald, da singen die Vöglein Jung und Alt, ich will mich mit ihnen lustig erweisen. Vor dem dichten Wald wird ein Reiter im roten Samtmantel geritten kommen und ihm denselben zum Tausch gegen den Rock bieten. Der Wald aber wird finster und ungeheuer werden und kein Weg daraus; die Vöglein werden singen und die Bäume gehen die Winke, die Wanke, die Klinke, die Klanke, mit Brasseln und Brausen. Da wird es sein, als wollte alles über den Haufen fallen, und du wirst gedenken: wär ich daheim bei der Mutter geblieben! Hinter dem Wald liegt eine schöne Wiese mit einem Birnbaum drauf, da mag er von den Früchten einige herabschütteln. Dann geht es über den Berg zu einem Brunnen. In der Nähe der Stadt erhebt sich der Galgen. Du sollst dich nicht darum freuen noch traurig sein, dass dort einer hanget, sondern dich freuen, dass du auf eine Stadt kommst; raste eine Weile, lege ein gut Paar Schuhe an und geh hinein. Der Torwart wird dich anrufen, den frage nach Meister und Herberge.

In der *geistlichen* Liederdichtung laufen ähnlich wie in der weltlichen kunstmäßige und volkstümliche Richtungen nebeneinander her. Die Meistersinger verfassten geistliche Lieder in kunstreichen strophischen Gesätzen. Eine besonders gekünstelte Dichtung sind die Marienlieder des Bruder *Hans vom Niederrhein* um 1360. Sein Werk gliedert sich in eine Einleitung und sechs Gesänge, wovon fünf in der Titurelstrophe gehen, die Einleitung und das sechste Buch in einer noch künstlicheren Strophe abgefasst sind. Die 15 Strophen der Einleitung ergeben mit ihren Anfangsworten als Akrostichon den englischen Gruß: Ave Maria; mit den deutschen wechseln englische, französische und lateinische Verse ab. Der erste Gesang schildert die Abstammung der Maria, wobei die biblische Geschichte im Auszug mitgeteilt ist; der zweite erörtert die Wunderkraft des Ave Maria; dann folgt das Leben der Maria von der Verkündigung bis zur Verklärung. Auch in den je 100 Strophen umfassenden sechs Büchern setzt der Dichter seine Akrostichonspielerei fort, indem die 83 Anfangsbuchstaben der Strophen die einzelnen Buchstaben des englischen Grußes ergeben. Bonaventura mit seiner »Laus beatae virginis Mariae« war hierfür Vorbild. Trotz dieser wunderlichen Künstelei ist das Gedicht voll Begeisterung und lyrischer Glut, ausgezeichnet durch wahre Empfindung und bilderreiche Sprache. Ein zweiter bedeutender geistlicher Kunstdichter der Zeit ist der *Mönch von Salzburg*, Hermann mit Namen, der unter der Regierung des Erzbischofs Pilgrim von Salzburg (1365–96) lebte. Er war offenbar Hofdichter des Erzbischofs, auf dessen Befehl er für Verschönerung des Gottesdienstes durch kunstvolle Sequenzen und Hymnen sorgte; daneben dichtete er zur geselligen Unterhaltung des Hofes auch sehr weltliche Trink- und Liebeslieder. Die geistlichen Lieder sind teilweise Nachbildungen lateinischer Vorlagen, teilweise aber auch selbständige Dichtungen. Es sind meist inbrünstige Marienlieder mit mystischen Spielereien. Da bringt er der reinen Maid Maria ein goldenes Ringlein dar, mit sechserlei Gestein durchleuchtet, worunter der Name »Jhesus« gemeint ist. Er schenkt ihr das Ringlein zum neuen Jahr. Sechs Strophen entsprechen je zwei Monaten und suchen eine meist recht erzwungene Beziehung auf Maria. Vom Januar–Februar z. B. heißt es; »in Perlen weiß ist nun die Zeit gestaltet, Schnee hat Gewalt; Reif machet alle Früchte greis und alt: diese verjünge Maria bald!« Das goldene A-B-C ist ein Leich mit 24 Strophen, die mit ihren Anfangsbuchstaben das Alphabet darstellen; dabei sind die 24 ersten Worte der Anfangsstrophe ebenfalls alphabetisch und werden der Reihe nach als Anfangsworte der folgenden Strophen verwendet. Lieder auf die sieben Tageszeiten, die Dreifaltigkeit, auf alle Heiligen und auf Adam und Eva sind noch zu erwähnen.

Weit erfreulicher ist das volkstümliche geistliche Lied, das in zwei Gruppen zerfällt: die sog. *Leise* und die *Contrafacta*. Leis ist eine Abkürzung aus Kyrie eleison, dem Kehrreim des lateinischen gregorianischen Chorals, der bereits im 8. Jahrhundert auch vom Volk gesungen wurde. Außerhalb der Kirche bildete sich frühzeitig ein deutscher Choral heraus, dem wir schon im Petrusleich der ahd. Zeit begegneten. Der älteste schon fürs 13. Jahrhundert durch Bertholds von Regensburg Predigt bezeugte Leis ist der Pfingstchoral:

nu biten wir den heiligen geist
umb den rechten glouben allermeist,
daz er uns behüete an unserm ende,
sô wir heim suln varn ûz disem ellende. kyrieleis!

Alt sind die einfachen Weihnachts- und Osterleise: »Gelobt seist du Jesus Christ, daß du Mensch geboren bist von einer Jungfrau, das ist wahr: des freuet sich der Engel Schar«, und »Christ ist erstanden«.

Zu Christi Himmelfahrt gehört der Leis:

Christ fur gen himel;
was sant er uns wider?
er sendet uns den heiligen geist
zu trost der armen christenheit.
kyrie eleison!

Dann haben wir eine Anzahl von Marienrüfen, von denen einer anhebt:

und unser lieben Frauen
der traumet ir ein Traum:
wie unter irem Herzen
gewachsen wär ein Baum,
kyrie eleison!
und wie der Baum ein Schatten gab
wol über alle Land:
her Jesus Christ der Heiland,
also ist er genant.
Kyrie eleison!

Als Beispiel der Wallfahrtschoräle führe ich den alten Kreuzfahrerleis an:

in gotes namen vare wir,
siner genâden gere wir.
nu helfe uns diu gotes kraft
und daz heilige grap,
dâ got selber inne lac.

In der Schlacht auf dem Marchfeld bei Wien 1278 sang das deutsche Heer:

sanct Mari, muoter und meit,
al unsriu nôt si dir gekleit!

Im Jahr 1348 wütete die Pest. Da traten die Geißlerbrüderschaften hervor, die umherzogen und deutsche Bußlieder sangen:

nu ist die betevart so her,
Christ reit selber gen Jerusalem,
er fuort ein krüze an siner hand.
nu helf uns der heiland!

Von größerer Bedeutung sind die *Contrafacta*, die Umbildungen weltlicher Lieder zu geistlichen, die sowohl in der katholischen wie später in der protestantischen Kirche üblich waren. Den nächsten Anlass zur Umwandlung gab wohl die Absicht, bekannte und beliebte Volksweisen für die Kirche zu gewinnen oder da zu benutzen, wo weltliche Texte nicht schicklich erschienen. Dadurch wurde der geistliche Gesang bereichert und zugleich der geistliche Inhalt dem Volke leichter zugänglich gemacht. Oft ist die Anpassung nur sehr äußerlich, oft aber auch gelang die Umdichtung, dass ein wertvoller geistlicher Text entstand, der sogar den weltlichen verdrängte. Da heißt es z. B.

den liebsten herren, den ich han,
der ist mit lieb gebunden.

Darüber steht in der Handschrift:

den liebsten bulen, den ich han, contrafactum!

Der Schweizer *Heinrich von Laufenberg* (1434 Chorherr in Zofingen, später Dekan des Freiburger Domkapitels, seit 1445 im Johanniterkloster zu Straßburg) ist der glücklichste Umdichter. Das Urbild zu seinem Heimwehgedicht ist noch nicht aufgefunden.

Ich wölt, daß ich doheime wär
und aller welte trost enbär.
Ich mein doheim in himelrich,
do ich got schowet eweglich.

Die Himmelslinde ist dem oben S. 428 mitgeteilten Lied nachgebildet:

es stot ein lind in himelrich,
do blüjend alle este,
do schriend alle engel glich,
dass Jesus si der Beste.

Heinrich singt wie Hugo von Montfort und Oswald von Wolkenstein Wächter- und Tagelieder der höfischen Zeit nach: »es taget minnegliche«, »ein Lehrer ruft viel laut aus hohen Sinnen«; er verdeutscht lateinische Hymnen wie »veni redemtor«, »salve regina«, »ave maris stella«, »puer natus«, wobei lateinische und deutsche Ausdrücke und Verszeilen sich vermischen. Aber auch freie eigene Dichtungen hat er aufzuweisen, wo er Weltentsagung und Vereinigung mit Gott besingt und einem schwärmerischen Jesus- und Marienkult huldigt. Heinrich steht in einigen Gedichten unter dem Einfluss des Mönches von Salzburg. – Wie es eine Himmelslinde und einen geistlichen Weingarten gab, so kennt das geistliche Volkslied auch einen geistlichen Maien:

ich weiss mir einen meien
in diser heilgen zît,
den meien, den ich meine,
der êwge fröide gît.

Nun wird der Mai auf Gott gedeutet. Christi Wunden sind rote Blüten. Nicht immer fügt sich das alte Volkslied der Umbildung willig und zwanglos; dann entstehen erzwungene Vergleiche.

Es wollt ein Jäger jagen,
er jagt vom Himmelstron;
was begegnet ihm auf dem Wege?
Maria die Jungfrau schon.

Der Jäger ist Gott, sein Begleiter Gabriel, der auf einem Hörnlein den Gruß an Maria bläst! Auch im folgenden Lied ist nur die Eingangsstrophe volkstümlich, woran die Verkündigung sehr äußerlich angeschlossen wird:

es flog ein kleins Waldvögelein
aus Himmels Throne,
es flog zu einer Jungfrau ein,
einer Maged frone;

es ist mit ihm geflogen
ein schöner Jüngeling,
er sprach: seid unbetrogen,
zart Jungfrau, merkend diese Ding!

An Maria werden vollständige Minnelieder gerichtet, die aus den Kreisen der Mystiker hervorgingen.

Ein Jungfrau schön und auserwählt,
von Küniges Stamm geboren,
die mir allzeit so wol gefällt,
ich hab mirs auserkoren.

Das ist Maria, die Kaiserein,
die mir tut wol gefallen,
bracht uns drei Rosen also fein,
so gar mit reichem Schalle.

Spielerisch klingen die Verse:

wir wellen uns bauen ein Häuselein
und unsrer Seel ein Klösterlein,
Jesus Christ soll der Meister sein,
Maria Jungfrau die Schafferein.

Im Anschluss an die Osterspiele ist das Magdalenenlied gedichtet, wie die drei Frauen zum Grabe gehen und erfahren, dass Christus auferstanden ist.

Sehr beliebt, unzählige Mal zitiert, ist das Judaslied:

o du armer Judas, was hast du getan,
daß du deinen Herrn also verraten hast!

Wundervoll ist das angeblich von Tauler verfasste Lied:

es kommt ein Schiff; geladen
bis an seinn höchsten Bord;
es trägt Gotts Sohn voll Gnaden,
des Vaters ewigs Wort.

Das Schiff geht still im Triebe,
es trägt ein teure Last;
der Segel ist die Liebe,
der heilge Geist der Mast.

Das geistliche Tagelied pflegte besonders der aus Nassauen stammende Graf Peter von Arberg, der 1356 eine viel gesungene »große Tageweise« verfasste, die aber fast nichts mit dem Inhalt des weltlichen Liedes mehr zu tun hat. Mehr ist dies bei einem andern Gedicht Peters der Fall, wo er sich als Wächter einführt, der den Menschen mit Hornschall aus dem Sündenschlaf erwecken will. »Es war am Morgen, da der hochgelobte Herr auf seines Todes Pein zu seufzen und sorgen begann: ach Sünder, dass du nicht eine kleine Weile wachen magst!« »Mein Warten und Singen nützt dir wenig. Wenn dich erst mein Hornstoß weckt, kommt meine Warnung zu spät. Wach auf, es ist Zeit. Gott vergibt dir deine Sünde; komm, er empfängt dich alsbald!«

Einige Klosterlieder suchen sich in die Gefühlswelt der Nonnen zu versenken. Hier waltet mystische Schwärmerei, indem der einsam im schönen Klostergarten sich ergehenden Nonne ein Jüngling, Jesus, der »Blümelmacher« erscheint; dort sehnt sich die Nonne aus der klösterlichen Haft hinaus zur Welt der Minnefreuden :

Gott geb ihm ein verdorben Jahr,
der mich macht zu einer Nunnen
und mir den schwarzen Mantel gab,
den weißen Rock darunten!

Die *lehrhafte Literatur* im 14. und 15. Jahrhundert kleidet sich mit Vorliebe ins Gewand der Fabel oder Allegorie. Einer der besten Fabeldichter ist *Ulrich Boner* (urkundlich 1324–94). Er stammte aus einem Berner Geschlecht und war Dominikaner. Er verdeutschte 100 Fabeln in einem um 1350 abgeschlossenen Buch, das er »Edelstein« nannte, da es einen Schatz von Klugheitsregeln enthalte und guten Sinn erzeuge, wie der Dorn die Rose. Er ist der Meinung, dass eine Fabel besser wirke als ein belehrendes Wort ohne solche Einkleidung. Die Fabeln sind aus lateinischen Quellen entnommen, 22 aus Avian, 53 aus einer Versbearbeitung des sog. Anonymus Neveleti, andre aus zerstreuten Vorlagen, z. B. den Gesta Romanorum, der Disciplina clericalis, der Scala caeli, die im Mittelalter im Unterricht und zur Unterhaltung viel gelesen wurden. Die meisten Fabeln sind allbekannt: Wolf und Lamm am Bache, Der Hund und sein Schatten im Wasser, Stadtmaus und Feldmaus, Fuchs und Rabe, Der sterbende Löwe, Löwe und Maus, Ameise und Grille, Frosch und Ochse, Der Löwe des Androkles, Der Esel in der Löwenhaut usw. Eine der besten Geschichten aus noch nicht nachgewiesener Quelle ist die vom Fieber und Floh, die sich bei der Begegnung ihr Leid klagen. Beide haben eine schlechte Nacht hinter sich. Der Floh war auf dem Lager einer vornehmen Äbtissin gewesen, die ihn alsbald entdeckte und durch ihre Kammerfrau vertreiben ließ. Das Fieber war im Hause einer armen Waschfrau gewesen, die es durch einen heißen Brei und harte Arbeit am Waschzuber vertrieb. Fieber und Floh verabreden, in der nächsten Nacht die Plätze zu tauschen, Kaum spürt die Äbtissin das Fieber, so lässt sie sich in warme Decken einhüllen, ihre Glieder einreiben und mit auserlesenen Gerichten laben. Das Fieber wird also vorzüglich verpflegt und verharrt wochenlang auf der guten Stelle. Aber auch der Floh findet bei der Wäscherin seine Rechnung. Die Frau streckt sich abends todmüde auf ihren Strohsack, schläft fest ein und merkt den Floh gar nicht, der ungestört seine Nahrung suchen kann. So sind beide mit dem Tausch sehr zufrieden. – Schwankartig ist die Geschichte vom jungen Pfaffen, der mit seinem Gesang eine Frau zu Tränen rührt. Er ist stolz auf diesen Erfolg und erfährt von der Frau, sie sei durch seine Stimme an ihren Esel erinnert worden, den ihr die Wölfe zerrissen, und darum sei ihr weh ums Herz gewesen. Die Auswahl des Stoffes, Anordnung und Darstellung ist Boners Eigentum. Er sucht zwischen den einzelnen Fabeln einen fortlaufenden Zusammenhang herzustellen, indem er ähnliche Stoffe, ähnliche Nutzanwendung oder auch Gegensätze aneinander reiht. Er erzählt einfach, schlicht, in der treuherzigen Altberner Mundart und sichert dadurch den Fabeln volkstümliche Wirkung. Die angehängte Lehre ist kurz gehalten, freundlich, ohne Beziehung auf bestimmte Zeitverhältnisse, sondern ganz allgemein, was der Verbreitung und unverwüstlichen Fortdauer des Edelstein sehr zustatten kam. In der Nutzanwendung wird vor allem die Lüge und der eitle Schein bekämpft, dagegen das Streben nach Erkenntnis empfohlen. Boners Fabelwerk wurde bereits 1461 in Bamberg unter den ersten deutschen Büchern gedruckt; 1757 erschien es unter dem Titel »Fabeln aus den Zeiten der Minnesinger« in Zürich durch Breitinger als eine der ersten Neuausgaben der altdeutschen Dichtung, und Lessing widmete diesen Fabeln eine gründliche Abhandlung.

Aus der moralisierenden Auslegung der *Schachspielfiguren* ging eine weit verbreitete allegorische Umrahmung und Zusammenfassung von Fabeln, Beispielen und Erzählungen hervor. Zu Ende des 13. Jahrhunderts schrieb ein lombardischer Dominikaner, Jacobus de Cessolis, ein aus Predigten erwachsenes Erbauungsbuch in lateinischer Prosa, das die einzelnen Schachfiguren auf die gesellschaftlichen Stände, Berufsarten und Pflichten deutete. Im ersten Buch war vom Ursprung des Schachspiels die Rede, im zweiten Buch wurden die Hauptfiguren (König und Königin, Springer und Läufer, Türme), im dritten die Bauern behandelt, das vierte Buch beschrieb die Einrichtung des Brettes und den Gang der einzelnen Figuren. Aus der Bibel, den Kirchenschriftstellern und antiken Autoren wurden die Beispiele herangezogen und Betrachtungen daran angeknüpft. So werden z. B. bei König und Königin die tugend- und lasterhaften Herrscher des griechischen und römischen Altertums vorgeführt und beurteilt. *Konrad von Ammenhusen*, ein Schweizer Mönch und Leutpriester zu Stein am Rhein, brachte im Jahr 1337 das lateinische Buch in deutsche Reime, wobei der Umfang auf 20000 Verse erweitert wurde. Konrad folgte seiner Vorlage gewissenhaft und schrieb Abschnitt für Abschnitt in holperige Verse und schwerfällige Sprache um. Wie gering sein Erzählertalent ist, beweist ein Vergleich mit den Stücken, die auch bei Boner vorkommen, z. B. die Fabel vom Vater, Sohn und Esel. Seiner Unfähigkeit ist sich der Verfasser wohl bewusst, er jammert geradewegs darüber. Im Anfang erlaubt er sich nur schüchterne Zusätze, aber im Verlauf der Arbeit wächst sein Mut: die aus reicher, aber äußerlicher Belesenheit erholten Einschaltungen und Abschweifungen mehren sich und überwuchern schließlich die Vorlage dermaßen, dass die deutsche Reimerei ein unordentliches und unübersichtliches Sammelsurium von Lehren und Anekdoten wurde. Im zweiten Buch kommt er von den Hauptfiguren auf die Landvögte, auf Geistliche und Ritter, auf allgemeine Habgier und politische Verhältnisse zu sprechen. Am wichtigsten ist das dritte Buch, das von den Bauern handelt, unter denen Konrad Landleute und Handwerker seiner Zeit und Umgebung darstellt. Der Volkspriester verlangt Erleichterung der Bauern, Verpflichtung der Ritter zur Zahlung des Zehnten und tritt für die Ehre des Handwerkerstandes ein. Hier gewinnt das Schachzabelbuch kulturgeschichtlichen Wert, zugleich aber geht die Form vollends in die Brüche, weil die Abschweifungen und Zutaten den Rahmen sprengen. Beim ersten Bauern erwähnt Cessolis die Gottesfurcht, die sich in gewissenhafter Leistung des Zehnten äußere. Konrad benützt die Erwähnung des Zehnten zu einer 500 Verse langen Abhandlung nach dem kanonischen Recht; er reiht daran eine erbauliche Geschichte, wie der Weinberg eines pünktlichen Steuerzahlers zweimal getragen habe. Die kurze Erwähnung der Feiertagsruhe veranlasst Konrad zu einer langen Abhandlung über kirchliche Feiertage und deren Missbrauch. Der fünfte Bauer ist nach Cessolis der Arzt oder Apotheker, dessen Tugenden, vorab die Keuschheit, die durch die Stellung der Figur vor der Königin angedeutet sei, erörtert und durch Beispiele belegt werden. Konrad knüpft entsprechende Lehren der Bibel von den zehn Geboten bis auf König Hiskia an. Cessolis gibt Verhaltungsmaßregeln für Apotheker und Wundärzte, Konrad ergeht sich über Kurpfuscherei, beruft sich auf Hippokrates und die berühmtesten Ärzte des Mittelalters, deren Werke genannt werden, und warnt die Christen, sich von jüdischen Ärzten behandeln zu lassen, weil dies nach dem kanonischen Recht sündhaft sei. Was bei Cessolis zwei Quartseiten beansprucht, ist bei Konrad auf den Umfang von

1000 Versen gebracht. Konrads Buch wurde 1507 durch Jakob Mennel zu Konstanz im Auszug bearbeitet, wobei die Belehrungen und Erzählungen wegblieben.

Auf alemannischem Gebiet entstand zwischen 1415 und 1418 ein satirisches Gedicht, *»Des Teufels Netz«*, mit allegorischer Umrahmung und lehrhaftem Inhalt. Ein Einsiedler und der Teufel reden miteinander. Der Teufel und seine Gehilfen, die sieben Todsünden, die Junker Hoffart, Geiz, Neid, Fraß, Zorn, Unkeuschheit und Mord haben ein Netz aufgespannt, um die Menschen darin zu fangen. Der Einsiedler rühmt das Reich Christi auf Erden, der Teufel hält ihm seine weit größere Macht entgegen. Er sucht zuerst die Pfaffen zu erwischen, worauf die Laien ganz von selber nachfolgen. Beim Konzil will er anfangen, Glaubenszwietracht säen und die Kirchenbesserung hintertreiben. Gemeint ist das Konstanzer Konzil, wie die Anspielung auf den Tod Hussens beweist. Nun wird der geistliche Stand bis herab zum Waldbruder durchgenommen, darauf der weltliche in allen Abstufungen vom Kaiser bis zum Stubenheizer und Küchenjungen. Die Aufzählung aller Gewerbe, die dem Teufel verfallen sind, bildet den Hauptteil des Gedichtes, das hier vielfach aus Konrads Schachzabelbuch entlehnt. Besonders deutlich ist die Übereinstimmung in den Abschnitten vom Sattler, Kürschner und Müller. Die Einkleidung ist insofern ungeschickt, als der Einsiedler sich darauf beschränkt, mit immer gleichen Fragen die einzelnen Stände der Reihe nach anzugeben, worauf der Teufel sie abkanzelt und beweist, dass sie ihm angehören. Dabei gerät er aber leicht in den lehrhaften Ton des Sittenpredigers, der für den Teufel nicht passt. Die Aufzählung der einzelnen Stände und ihrer Sünden erinnert an die Teufelsszenen der Osterspiele, wie überhaupt die Dialogführung dem Drama entspricht. Zuletzt wird Christus eingeführt, zählt seine Getreuen auf und der Teufel kehrt in die Hölle zurück, Der Verfasser, dessen Weltanschauung trostlos und feindselig ist, schreibt rohe Verse und rohe Sprache, die aber manche derb volkstümliche Wendung enthält.

Seit der Minnegrotte in Gottfrieds Tristan und seit dem Gedicht des unbekannten Konstanzers von der Minne Lehren (vgl. Mitte S. 374) erfreuen sich die Minneallegorien besonderer Beliebtheit. Sie treten uns in mehrfacher Gestalt entgegen. In der zweiten Hälfte des 14. Jahrhunderts dichtete *Eberhard Cersne* aus Minden »der Minne Regel« nach dem Tractatus de amore des Kaplans Andreas, der in der zweiten Hälfte des 12. Jahrhunderts am Hofe der Gräfin Marie von Champagne eine Abhandlung über die Liebe mit seltsamer Vermischung theologisch-scholastischer und ritterlich-höfischer Weisheit geschrieben hatte. Eberhard erzählt, wie er zu einem herrlichen Garten kam, der von einer aus Edelsteinen erbauten und mit Gold gedeckten Mauer umgeben war. Schöne Frauen bewachen die Türme. Eine von ihnen, Frau Trost, geleitet den Dichter in den Garten hinein vor den Thron der Frau Minne, die ihn die zehn Gebote der Liebe lehrt. Daran schließen sich allerlei Fragen und Antworten über die Minne. Der Dichter wird verpflichtet, die Regeln der Minne am Hof des Königs Sydrus ritterlich zu erwerben, worauf die Königin sie bestätigt. In den beschreibenden Abschnitten prunkt der Verfasser mit übel angebrachter Gelehrsamkeit, wenn er z. B. den Vogelsang zum Ausgangspunkt einer schulmeisterlichen Abhandlung über theoretische Musik macht. Unter den weisen Meistern, die mit Aristoteles beginnen, und wunderliche Namen wie Simplicius, Alanus, Tantalides führen, erscheinen auch Wolfram von Eschenbach, Horand, Frauenlob, Neidhart. In den Teilen, die sich mit der eigentlichen Minnelehre beschäftigen, folgt der Dichter dem lateinischen Vorbild genau, in den allegorischen, beschreibenden und erzählenden Abschnitten verfährt er mit großer Freiheit und Selbständigkeit. Die Sprache des Gedichtes ist ein niederdeutsch gefärbtes Hochdeutsch. Die Reime sind gekreuzt (a b a b). Von Eberhard Cersne sind einige Lieder erhalten, die poetisches Talent bewähren und durch volkstümliche Anklänge ansprechend wirken.

Ein unbekannter Dichter des 14. Jahrhunderts greift ein neues Bild für das Reich der Frau Venus auf: *Der Minne Kloster*. Im Verborgenen liegt ein Kloster, in dem Männer und Frauen wohnen. Der Dichter wird von einer Frau dahin geleitet und über alles, was er sieht, belehrt. Er lernt die Klosterämter und Klosterregeln kennen. Fremde Ritter dringen ein und beginnen mit denen des Klosters ein Turnier, wobei die Letzteren den Sieg behalten. Dem Gedicht fehlt es an Anschaulichkeit, das Bild ist nicht streng durchgeführt. Die Schilderung verflüchtigt sich ins Allgemeine.

Die bedeutendste Minneallegorie ist die in der Titurelstrophe abgefasste »Jagd« des bayrischen Ritters *Hadamar von Laber* um 1340. Der Minnejäger reitet morgens aus, seinem Herzen folgend, das ihn auf die Spur eines edlen Wildes bringen soll. Außer dem Herzen hat der Jäger eine Meute zur Begleitung, die Hunde Glück, Lust, Liebe, Freude, Wille, Wonne, Trost, Stäte, Treue, Harre. Bei einem erfahrenen Weidmann, der ihm begegnet, erholt sich der Jäger Rat. Das Herz stöbert die Spur eines hohen preiswerten Wildes auf, rennt ihm nach und wird verwundet. Wölfe (die Aufpasser und Merker) tauchen auf. Der Jäger ist von seinen Hunden verlassen und muss zu Fuß gehen, weil sein Ross ein Hufeisen verlor. Da begegnet ihm ein zweiter Weidmann, mit dem sich ein langes Gespräch entspinnt, während Wille, Stäte und Treue mit dem wunden Herzen zusammen das Wild verfolgen, das der Jäger endlich mit Wonne und Freude erreicht. Er ist vom Anblick des Wildes ganz bezaubert und getraut sich nicht, den Hund Ende loszulassen. Da kommen wieder die Wölfe, scheuchen die Hunde, und das Wild benutzt die Verwirrung, um zu entfliehen. Der Jäger muss mit dem tief verwundeten Herzen von der Fährte weichen. Er bespricht sich noch mit einem dritten und vierten Weidmann und beklagt sein Missgeschick, dass er vor der Zeit grau werden müsse. Nur eine schwache Hoffnung tröstet ihn, dass er vielleicht mit Harre das hohe Wild erjagen möge, wenn er darüber auch zum Greisen wird. Die Allegorie ist geschickt und folgerichtig durchgeführt, wennschon der Faden der Erzählung sich oft unter Liebesklagen, Betrachtungen und Sprüchen der Lebensklugheit verliert. Auch diesen rein lehrhaften Absätzen eignet poetischer Wert. Die »Jagd« erfreute sich bei den Zeitgenossen großer Beliebtheit und wurde häufig nachgeahmt. Man stellte den Verfasser Wolfram zur Seite, da mancher Einfall an ihn erinnerte. Hadamar baut die schwierige Titurelstrophe mit Geschick und Leichtigkeit und verleiht mit der klangvollen Weise seinem Werk eine gewisse feierliche Würde.

Ein elsässischer Dichter aus der zweiten Hälfte des 14. Jahrhunderts, Meister *Altswert*, legte seinen Minneallegorien den Gedanken einer Fahrt ins Reich der Frau Venus zugrunde. Die Anlage solcher Gedichte besteht darin, dass der Dichter auf einem Gange zur Frühlingszeit in einer anmutigen Wildnis sich verliert, wo er in der Gestalt von schönen Frauen allerlei allegorischen Wesen begegnet und dann, mit nützlicher Lehre und Erkenntnis bereichert, heimkehrt. Altswert hat die Fahrt zum Venusberg in zwei Gedichten, im »Kittel« und im »Schatz der Tugenden« behandelt. Das erste Gedicht ist noch außerdem als Traumerlebnis eingekleidet. Im Halbschlaf hört der Dichter eine Stimme, die ihn ins Land der Venus ruft. Er zieht mit seinem

Knecht aus gen Schottland, um dort das unbekannte Land zu suchen. Humoristisch ist die Schilderung der Reise durch Wald und Gebirge, indem der Herr immer sein hohes Ziel im Auge behält, der Knecht aber Not und Hunger leidet. Endlich vernimmt der Dichter wieder die geheimnisvolle Stimme und betritt das Gelobte Land, wo ihm eine wunderschöne, nur mit einem Seidenkittel bekleidete Maid entgegenkommt. Sie führt ihn zu Frau Venus und fünf Königinnen, Frau Ehre, Stäte, Treue, Liebe, Maße. Da muss er die neue, falsche und rohe Liebe des Elsasses beschreiben und erhält dafür Aufschluss über die wahre Minne und ihre Jünger. Beim Hahnkraht fährt der Dichter aus seinem Traum empor. Im »Schatz der Tugenden« ist die Einkleidung sagenmäßiger und anschaulicher. Wieder ergeht sich der Dichter im süßen Maientau und verirrt sich im Wald. Von einem Vöglein geleitet, kommt er zu einem Zwerg, der ihn in den hohlen Berg führt, wo Edelsteine und goldenes Gewölbe statt der Sonne leuchten. Der Zwerg sagt ihm, dass der Berg einst Frau Venus allein gehört habe, jetzt aber auch von Frau Ehre bewohnt sei. Diesen zwei hohen Kaiserinnen dienen zehn gekrönte Jungfrauen, die Tugenden. In einem paradiesischen Garten, wo Blüte und Frucht zugleich an den Bäumen hängen, tanzen und kosen Liebespaare. In einem Gezelt bei einem Brunnen sitzen die allegorischen Frauen im Ring und klagen über die böse Zeit; jede der Damen vermisst gerade das, was ihrem Wesen entspricht. Die Welt ist also tugendlos. Der Dichter wird vorgeführt und befragt, ob er in Deutschland jemand wisse, der ohne Schand und Gebrechen lebe. Er bejaht und nennt seine Geliebte, sie habe alle zwölf Tugenden, wenn sie auch hart gegen ihn sei. Frau Venus freut sich der Rede, denn sie haben das Mädchen miteinander von Jugend auf erzogen. Sie wollen auch ihr Thron und Krone geben. Eine Jungfrau bringt eine Krone mit zwölf Zacken, mit zwölferlei Gestein durchlegt. Jede der Tugenden hat eine der Zacken gemacht; wird ihr Gebot verletzt, so fällt die Zacke heraus. Der Dichter bestaunt den Glanz der Krone und verspricht, seiner Geliebten auszurichten, wie es sich damit verhalte. Er wird vom Zwerg wieder hinausgeführt und zurechtgewiesen. Er überbringt den Schatz seiner Geliebten, die gelobt, ihn in Ehren zu tragen. Altswerts Gedicht ist durch den klaren Grundgedanken ausgezeichnet, der alle Einzelheiten zur Einheit verbindet: die Krönung der Geliebten durch die vereinigten Eigenschaften der Liebe und Ehre. Zugleich ist die märchenhafte Einkleidung folgerichtig und anmutig durchgeführt.

Hermann von Sachsenheim, ein schwäbischer Ritter, schrieb im Jahr 1453 die »Möhrin«, eine Venusfahrt, ausgestattet mit Zügen Wolfram'scher Epik und deutscher Volkssage. Aus der novellistischen Darstellung Altswerts ist ein Abenteuerroman geworden. Der sommerliche Spaziergang führt den Dichter zu einem blausamtnen Zelt, vor dem ein Zwerg und der treue Eckhart seiner harren. Er wird alsbald gefesselt und durch die Luft zum Venusberg geführt. Die Reise geht übers Meer zu einer paradiesischen Insel. Auf einem Wiesenplan ist alles für Aug und Ohr ergötzlich: kostbare Zelte, Vogelsang, Blumen und Früchte, Posaunen, Pfeifen, Saitenspiel und Gesang von Frauen und Mädchen. Der Ankömmling wird von Schergen in den Stock gelegt. Nun erscheint die Gestalt, nach der das Gedicht seinen Namen hat, die Möhrin Brinhilt. Der Dichter hält sie für die Königin Saba, wird aber belehrt, dass sie keine Krone trage; sie ist gekommen, ihn vor Gericht zu laden, weil er in Minnesachen untreu gewesen sei. Der Ritter wird die Nacht hindurch scharf bewacht. Am Morgen zieht hinter einer blutroten Fahne und bei dreimaligem Glockenschall ein merkwürdiger Tross ein: voran ein Mann mit der Mordaxt, der Scharfrichter, dann Pfeifer auf Kamelen und Trompeter auf Panthern. Der Ritter wird auf ein hinkendes Maultier gesetzt und vor Venus geführt, während der Zug das Lied anstimmt: »In Venus' Namen fahren wir«. Auf einem Feld ist ein Zelt aufgeschlagen, wo der Zwerg und Eckhart harren. Frau Venus selber sitzt beim Einzug auf einem Elefanten und ist von einer großen und glänzenden Ritterschar umgeben. Sie geht ins Zelt, wohin auch der König Tanhäuser, ihr Gemahl, mit Krone und Zepter, in Begleitung von zwölf Rittern mit grauen Bärten kommt. Drei Pfaffen tragen ihm den Alkoran voraus. Die Möhrin kommt auf einem Einhorn geritten. Nun beginnt das Gericht mit der Klage der Möhrin, der Ritter habe in seinem zwanzigsten Jahre einer Dame Treue geschworen, aber im Alter von dreißig Jahren falsche Tücke geübt. Er habe mehrere Freundinnen zugleich gehabt und deren Farbe getragen, die er immer im Mantelsack bei sich führte. Kam er zu einem Tanz, wo eine der Freundinnen war, so befahl er dem Knecht, die betreffende Farbe herauszuholen: »Bring her die Farb, der Aff ist hier, dem sie gehört!« Selbst die Klöster habe er mit seinen Bewerbungen nicht verschont und in den Städten habe er es arg getrieben. Eckhart ist des Ritters Fürsprecher. König Tanhäuser will zum Essen, daher wird die Sache vertagt. Am andern Morgen sind die zwölf Schöffen geteilter Ansicht, der Ritter will das Obergericht der Frau Abenteuer anrufen. Frau Venus befiehlt, die Fahrt zu rüsten. Inzwischen wird der Ritter in Eckharts Zelte wohl bewirtet, Der Marschalk und der Hofmeister nehmen am Mahle teil und fragen den Ritter nach den gegenwärtigen Sitten in Deutschland. Der gewünschte Bericht wird mit großem Freimut erstattet, der Dichter wendet sich strafend und spottend gegen Geistliche und Laien von den obersten Stufen an bis herunter zum Volk. Das ist der satirische Abschnitt des Gedichtes. Die Geschichte geht weiter zu einem großen Turnier auf einer mit Blüten bestreuten Bahn, der Ritter ist auf seinem lahmen Maultier anwesend. König Tanhäuser fliegt beim ersten Stich aus dem Sattel und verdient sich den Kranz der Frau Schand. Dem Turnier folgt ein Tanz. Hermann wird in einem Augenblick, da die Möhrin abwesend ist, von Eckhart und vom Marschall zu Venus geführt; diese ist gnädig und schenkt ihm die Freiheit mit dem Beding, dass er sich in einer der vier Hauptstädte, die ihr gehören, in Köln, Straßburg, Basel oder Konstanz stelle. Hierauf wird der Ritter auf dieselbe zauberische Weise, wie er herkam, durch die Luft heimgeführt. Hermanns Erzählung beruht auf der Sage vom Venusberg und Tanhäuser. Er denkt sich das Zauberreich der Göttin auf einer Insel, wohl in Cypern, wohin auch andere Quellen des 14. Jahrhunderts den Venusberg verlegen. Der Aufwand an Fabelwerk ist schwerfällig. Die Möhrin stammt von der Mohrenkönigin Belacane in Wolframs Parzival ab. Ihren Namen hat sie aus dem Nibelungenlied. Mit Recht sagt Uhland, dass die Möhrin allen romantischen Duft ihres Urbildes verlor. Großen Fleiß verwendet der Dichter auf die weitläufigen Formalitäten des Prozesses und auf die prunkvollen Aufzüge. Ungeschickt ist die Fabel insofern, als für das Verbrechen der Flatterhaftigkeit in Liebessachen Frau Venus eigentlich gar nicht zuständig ist und weil andrerseits der treue Eckhart als Fürsprech der Untreue ebenso wenig geeignet erscheint. Ihre wahre Natur offenbart Venus hernach selber als Patronin der Städte, die in Minnesachen nicht den besten Ruf genossen. Hermann hat also die Sagen in ihrer Bedeutung gar nicht richtig erfasst. Sie dienen ihm nur zum bunten Aufputz seiner Erzählung, die aber mit Humor und Anschaulichkeit durchgeführt ist. Altswerts »Schatz der Tugenden« ergab wohl die Anregung für Hermanns Roman. Die Vorlage verdient im Aufbau der Handlung den Vorzug, in der Ausführung der Einzelheiten ist dagegen Hermann überlegen.

Die *geistlichen* Minneallegorien beruhen auf der mystischen Vorstellung von der Brautschaft der Seele mit Gott. Nach einem lateinischen Traktat wurde am Ende des 13. Jahrhunderts von einem Alemannen das *Buch von der Tochter Syon* gedichtet. Das wohl entworfene und geschickt durchgeführte Gedicht ist die Geschichte von der Fahrt der minnenden Seele zu Gott. Als Tochter Syon, Speculatio genannt, wird die Seele eingeführt. Vom Verlangen nach ihrem himmlischen Bräutigam ergriffen, fragt sie ihre Gespielinnen, die Töchter Jerusalems, um Rat. Cogitatio weiß keinen Rat, Fides, Spes und Sapientia eröffnen trostreichere Aussicht. Caritas, die Minne, ist bereit, sie zum Anblick des Geliebten zu geleiten, bittet sich aber zur Gefährtin die Oratio, die in der Pilgerflasche die Tränen der Reue, die Briefe der heiligen Fürbitte, das Brot der Engel, in der Hand das Kreuz als Stab, um die Hüften den Gürtel der Geduld und Keuschheit, die Werke der Barmherzigkeit als Speise im Sacke mit sich führt. Die Minne rühmt sich der großen Dinge, die sie vollbracht, und wie sie die Herzen in Gott aufgehen lässt, bis der Geist von Leib und Seele entrückt und mit Gott vereinigt werde. So fahren sie über aller Engel Schar. Die Tochter und die Minne treten vor den König, der sie anlacht. Die Minne verfährt nach ihrer alten Sitte, spannt ihren Bogen und schießt den König auf dem Thron, dass er der Tochter von Syon minniglich in den Arm fällt. Der Pfeil durchbohrt beide und zwingt sie so ineinander, dass fürder keine Beschwer, kein Mangel, weder Durst noch Hunger, weder Schwert noch Tod sie scheiden mochten. Er spricht: Gemahl, ich lasse dich nimmermehr und nehme dich zu rechter Ehe.

Ein Gedicht des 14. Jahrhunderts verfällt in tändelnde Gleichnisse. Christus ist Spielmann und geigt der neben ihm sitzenden Seele so süß, wie ein fahrender Mann, der von einem Herren eine Gabe haben will und ihm Gewand und Gut abnimmt, dass er selber Mangel leidet. So klagt die Seele, sie habe ihm alles für sein süßes Geigen gegeben, den Schleier, der sie beim Tanze stolz gemacht, den Mantel und den Rock, sodass die Leute darüber spotteten; aber ihr sei nach der himmlischen Liebe gach gewesen, und wenn sie den Geigenton gehört, habe sie freudig den Reigen gesprungen und weltliche Lust hinter sich gelassen. Ihre Minne bezwingt Christus, er hält sie küssend umfangen. Dann wieder wird Christus als Trommler geschildert, der die Seele zum Reigen lockt, und, als sie folgt, ihr den Kranz reicht. Solche

Erzeugnisse der Mystik sind unerfreulich, die Gottesminne entartet zu süßlicher Spielerei.

Nikolaus Vintler, Rat und Amtmann des Herzogs Leopold von Österreich, erwarb 1385 das herrlich an der Talfermündung gelegene Schloss Runkelstein bei Bozen, ließ es mit Bildern aus Gottfrieds Tristan, aus Pleiers Garel und aus deutscher Heldensage schmücken und mit einer reichen Bücherei ausstatten. Hier schrieb *Hans Vintler*, der 1407 als Pfleger des Gerichtes Stein auf dem Ritten urkundlich erscheint, im Jahr 1411 seine »Blumen der Tugend« nach der italienischen »fiori di virtu«, die Tomaso Leoni um 1320 gedichtet hatte. Das Gedicht behandelt die Tugenden und die ihnen gegenüberstehenden Laster, also Liebe und Hass, Freude und Trauer, Friedfertigkeit und Zorn, Barmherzigkeit und Grausamkeit, Freigebigkeit und Geiz usw. Zuerst kommt die Begriffsbestimmung, dann Betrachtungen, endlich erläuternde Beispiele und Erzählungen. Vintlers deutsche Bearbeitung ist eine nahe Übersetzung des Originals, aber besonders gegen den Schluss fügt der deutsche Dichter aus gereifter, eigner Welterfahrung allerlei wertvolle Betrachtungen an, die seinem Werke selbständige Bedeutung verleihen. Die Zutaten mehren sich in den »Ammaestramenti de filosofi«, die den Fiori als Anhang beigegeben sind. Die Betrachtungen und erläuternden Geschichten, die ganze Anlage der Quelle, boten überall die Möglichkeit zu Erweiterungen. Vintler bediente sich dabei mit Vorliebe der Anekdotensammlung des Valerius Maximus in der Verdeutschung Heinrichs von Mügeln. Er wirft satirische Ausblicke auf die Zeitverhältnisse und seine nächste Umgebung. Er ergeht sich freimütig über die Macht des Geldes, des »Pfennings«, den er wegen seiner Übermacht zur Rede stellt: »Was doch der Pfenning Wunders tut! Er sitzt im Fürstenrat, die Weisen müssen ihm weichen, er kauft Kirchen und Kapläne und schadet den Frauen an ihrer Ehre. Hätte einer alle Weisheit Davids und Salomos und die Stärke Samsons, so hälfe alles nichts ohne Geld. Hat er aber Geld, so ist er lieb, er sei Räuber oder Dieb.« Hauptgegenstände der moralischen Kritik Vintlers sind die Hoffart der oberen Stände und der Frauen und der herrschende Aberglaube. Obwohl selber dem Tiroler Adel angehörig, spricht er sich doch vorurteilslos gegen seine Standesgenossen aus. Er wendet sich gegen den Geiz, die Habsucht und

Undankbarkeit der großen Herren, er zählt auf der andern Seite die Tugenden und Vorzüge auf, die ein wahrer Adliger haben soll. Die Herren, die ihres Berufes nicht eingedenk sind, sollte man aus dem Adel stoßen und zu den bösen, falschen Wichten rechnen. Er vergleicht die Herren, die der Waffenpflicht vergessen, mit der Fledermaus. Sollen sie das Land beschützen und Ehre im Kampf erwerben, so wollen sie Mäuse sein und zu Hause bleiben; sollen sie aber Steuern zahlen, dann geben sie sich als Vögel aus, d. h. sie nehmen eine Zwitterstellung je nach ihrem Vorteil ein. Die zugrunde liegende Fabel behandelt mit derselben Nutzanwendung der Teichner: zu einer Kriegsfahrt fordern die Vögel die Mitwirkung der Fledermaus, die aber unter dem Vorwand, sie sei gar kein Vogel, sondern eine Maus, den Dienst verweigert. Als die Mäuse aus demselben Grunde zu ihr senden, beruft sie sich auf ihre Flügel und zählt sich zu den Vögeln. Vintler meint, solche Edelleute sollte man zu den Eulen, nicht zu den Falken zählen. Der sittliche Adel allein macht edel. Bitter tadelt er den äußeren Prunk, den solche Unwürdigen mit ihren Wappen auf Kirchen, Messkleidern, Kelchen und Ahnengräbern treiben. Den Frauen wird Putzsucht und modische Tracht vorgeworfen. Er geißelt besonders die Damen, die an Perlen und Spangen es einer Fürstin gleichtun, und dabei nicht so viel in der Küche haben, um einen Hahn füttern zu können. Von großem Wert zur Kenntnis der Volkskunde ist der Abschnitt über den Aberglauben, über Teufelbannen, Schatzgraben, Wahrsagen aus Vogelschrei, aus Träumen, aus Feuerflammen, aus den Linien der Hand und aus Losbüchern. Frau Bertha mit der langen Nase, der Glaube an Unglückstage, an guten oder bösen Tierangang, die Abgötterei mit Bildern, die Zaubersprüche und Beschwörungen, Wunderkuren und Verzückungen werden mit mannigfaltigen Einzelheiten vorgeführt. Seine fortgeschrittene Bildung bewährt der Verfasser in seinen Bemerkungen über Hexenfahrten und die vermeinten Künste alter Weiber. Vintlers Buch fand Anklang unter den Zeitgenossen und wurde 1486 in Augsburg gedruckt.

Aus den lateinischen Spruchsammlungen des Mittelalters wurde das *Gespräch zwischen Salomon und Markolf* im 14. Jahrhundert von einem mittelfränkischen Mönch zuerst verdeutscht. Das Streitgespräch, das von den salomonischen Weisheitssprüchen seinen Ausgang nahm, stammt aus demselben Sagenkreis wie die Spielmannsgedichte von Salomo und Morolf. Der Weisheit Salomos wurde die listige Verschlagenheit einer komisch gehaltenen Figur, des Markolf, gegenübergestellt, der jede weise Bemerkung des Königs in einem sich entspinnenden Wortstreit mit einer derben, plumpen, mit Vorliebe unflätigen Gegenrede abtrumpft, sodass Salomo ihn nicht zu überwinden vermag. An das Gespräch schließen sich Schwänke an, wo stets der Tölpel seine Überlegenheit zeigt. Salomo befiehlt, man solle ihn hängen, gestattet ihm jedoch, sich selber den Baum auszusuchen, der ihm gefällt. Da Markolf keinen solchen findet, entgeht er auch hier der Strafe und Salomo muss sich für besiegt erkennen. Der deutsche Bearbeiter suchte die unflätigsten Partien zu entfernen, behielt aber den grobkomischen Charakter des Originales bei und versah ihn mit einigen selbstständigen Zutaten, deren wichtigste der Auszug eines älteren Gedichtes von der Entführung der Frau Salomos ist (vgl. unten S. 119 f.).

Eine neu aufkommende Gattung war die *Reimrede*, die sich mit einfachen vierhebigen Reimpaaren dem kunstvolleren Spruch, mit dem sie sich inhaltlich deckt, zur Seite stellt. Die Reimrede wird für Fabel, Allegorie, Rätsel, Lehre, für Gelegenheitsdichtungen aller Art gebraucht. Dem berufsmäßigen Spielmann und Meistersinger gesellt sich der Reimsprecher, der an Höfen und in den Städten wie der Sänger mit seiner Dichtkunst seinen Lebensunterhalt verdiente. Die Reimrede erfordert keine formale und musikalische Begabung. Meistersang und Reimrede wurden oft von denselben Dichtern nebeneinander gepflegt, wie im 16. Jahrhundert besonders aus dem Beispiel des Hans Sachs zu ersehen ist.

Als *»König vom Odenwald«* bezeichnet sich ein ostfränkischer Spielmann aus der ersten Hälfte des 14. Jahrhunderts, dessen Reimreden nicht von hohen Dingen handeln, der sich vielmehr in bewusstem Gegensatz zur Minnedichtung mit sehr prosaischen Gegenständen beschäftigt. Er besingt die Vorzüge des Huhns und der Gans, des vielverwendbaren Strohs im Gegensatz zur Seide, er preist die nützliche Kuh und das Schaf. Dann schwingt sich seine Muse zum Preis des Badens und Bartscherens auf und er berichtet so sachkundig von Koch- und Küchenwesen, dass Edward Schroeder ihm das älteste deutsche Kochbuch, das »buoch von guoter spîse« zuschreiben möchte und überhaupt der Meinung ist, der »König« sei seines Zeichens ein Koch gewesen. Die Reimreden suchen sich also Stoffe aus, die der poetischen Behandlung durchaus widerstreben. Der König hat außerdem nur zwei Fabeln und zwei moralische Sprüche aufzuweisen, bleibt aber auch da ein nüchterner Gesell.

Mit der österreichischen Lehrdichtung des 13. Jahrhunderts hängt *Heinrich der Teichner* (1350–77) zusammen, von dem mehr als 700 Reimreden (etwa 70000 Verse) erhalten sind. Er ist ein entschiedener Vertreter des Bürgertums, dessen Vorzüge vor dem Rittertum er hervorhebt. Seine Reimsprüche sind unterhaltend, von gelehrtem Beiwerk nicht zu sehr beschwert; wegen ihres gediegenen moralischen Gehalts erfreuten sie sich großer Beliebtheit. Die Sprüche sind gern in die Form von Frage und Antwort gekleidet: jemand stellt eine Frage, die der Dichter beantwortet; am Schluss nennt er sich mit den ständigen Worten: »also sprach der Teichner«. Der Teichner ist von ernster Lebensanschauung. Wo er Geschichten, Gleichnisse oder Fabelbeispiele einfügt, geschieht es nicht zur Unterhaltung, sondern zur Belehrung. Mit seiner Stoffwahl und seinen Vergleichen ist der Dichter nicht immer glücklich, aber er hat auch vieles Gelungene aufzuweisen und seine sprachliche Darstellung ist gewandt. Des Teichners Streben ist auf sittliche Vervollkommnung, auf frommen, gottgefälligen Lebenswandel gerichtet. Und diesen Maßstab legt er auch an seine Umgebung. An Hof- und Ritterleben verzweifelt der Teichner völlig. Früher war der Hof eine Schule der Zucht und Tugend; das ist nun dahin. Das üppige Leben der Hofleute steht im Gegensatz zur guten alten Ritterschaft, das Turnieren ist nicht viel besser als der Wirthausbesuch. Gegen die Preußenfahrten, die der Ritterschaft des 14. Jahrhunderts die Kreuzzüge ersetzten, eifert er, weil die Rittersleute darüber ihre nächsten Pflichten vergäßen und Witwen und Waisen schutzlos zurückließen. Es ist nicht gut, wenn einer ausfährt und schlechtes Gericht zu Hause lässt. Den Frauendienst verspottet er mit der Erzählung, wie ein Ritter im harten Dienst seiner Dame umherfuhr, während seine verlassene Frau sich mit einem Mönche schadlos hielt. An andrer Stelle singt er, wie ein Liebespaar die Nacht beisammen liegt und morgens nichts zu essen hat; im Minnegespräch meint die Dame, ihr roter Mund müsse dem Freund jede Stunde versüßen; er aber denkt an seine versetzten Notpfänder; über diesen schmerzlichen und prosaischen Gedanken helfen alle Süßigkeiten nicht hinweg.

Peter Suchenwirt, ein Freund und Kunstgenosse des Teichners ist dagegen ein begeisterter Freund des Rittertums, ohne über die Schattenseiten der Gegenwart sich zu täuschen. Suchenwirt war ein fahrender Dichter, der an Fürstenhöfen weilte. Seine Gedichte sind geschichtlichen, lehrhaften und geistlichen Inhalts. Er wählte sich noch ein besonderes Gebiet, das der Heroldsdichtung aus. Die meisten und längsten seiner Gedichte sind Ehrenreden auf verstorbene Fürsten und Herren, deren Inhalt in der Klage um den Toten, in der Aufzählung seiner Großtaten und in der Beschreibung seines Wappens besteht. Er selber bezeichnet einmal Dichter seinesgleichen als die »knappen von den wappen«, die »von den wappen tichtens pflegen«. Die Ehrenreden fangen immer in geblümten Worten an. Neben den fürstlichen Nachrufen findet sich auch ein begeistertes Lob auf den Teichner, dessen edlen und reinen Charakter Suchenwirt rühmt. Bekannt ist die Reimrede auf die Preußenfahrt Herzog Albrechts III. im Jahr 1377, die Suchenwirt im Alter von zwanzig Jahren mitmachte und genau beschreibt. Über Breslau, Thorn, Marienburg ging die Fahrt nach Königsberg; überall wurde auf Kosten des Ordens wacker gezecht. Endlich zog das Heer ins Land der heidnischen Preußen. Wald, Sumpf und Regen hemmten den Vormarsch des schwerfälligen Ritterheeres, das nach wenigen Wochen todmüde wieder nach Königsberg zurückkehrte und sich hier abermals bewirten ließ. Ein Feldzug ohne große Ereignisse musste den Stoff zu einem Preisgedicht hergeben. Gerade diese von Suchenwirt beschriebene Preußenfahrt rechtfertigt durchaus die ablehnende Haltung des Teichners gegen solche schlecht vorbereitete und durchgeführte Unternehmungen, bei denen gar kein Erfolg herauskam. In einem Brief bespricht Suchenwirt den Lauf der schnöden Welt, wie Ehre, Zucht, Scham, Wahrheit, Treue, Stäte, Gerechtigkeit und Milde krank, hinkend und lahm geworden; wie gute Ritter an den Höfen vor den Türen stehen, während Schmeichler den Zugang finden; wie Freund den Freund verlasse; wie Ritter Simonie und Wucher treiben; wie der Ritterstand gute und schlechte Mitglieder aufnehme und dulde und daher einem Manne gleiche, der den unreinen Bock mit dem edlen Lamme zugleich zur Weihe in die Kirche trage; wie falsch Zeugnis und Meineid überhand nehmen und edle Väter sich noch im Grabe ihres Namens schämen müssen, den sie auf unedle Söhne vererbt haben. Suchenwirt liebt die allegorische Einkleidung. So verbringt er einmal eine Nacht bei einem Waldklausner, der einst der Erzieher eines jungen Herren war, aber mit seinen guten Lehren durch einen neuen, schlechten Ratgeber verdrängt wurde. In der Maienzeit findet er auf wonniger Blumenaue beim klaren Brunnen Frau Minne, Frau Stäte, Frau Gerechtigkeit und hört ihre Klagen über den Weltlauf. Mit Frau Minne und Frau Ehre sitzt er in einem herrlichen Zelt zu Tisch und ist Zeuge ihres Gespräches mit der schönen Frau Aventiure. In den Räten des Aristoteles an Alexander hält er den Fürsten ihre Pflichten vor. Auch die Jagd benützt er im Anschluss an Hadamar von Laber zu einer in ihrer Kürze aber kaum verständlichen Minneallegorie. Der Pfenning erscheint in der Gestalt eines alten, weit gereisten und überall bekannten Mannes, der den fahrenden Dichtern begegnet und ihnen die reichen Städte und Fürstensitze nennt. Unter den geistlichen Sprüchen Suchenwirts ist der auf die sieben Freuden Marias und das Jüngste Gericht zu erwähnen. Reimkünste versuchte er in einem Gedicht »equivocum«, wo stets die gleichen Silben miteinander reimen (sog. rührender Reim), aber mit verschiedener Bedeutung, z. B.:

heiliger geist, sterkch mein gemuet,
mich hat mein torheit vil gemuet,
davon ich trag der sünden last,
ich bitt dich, daz du mich nicht last.

Lustig und launig ist die Red' von hübscher Lüg', wo Lügen aneinander gereiht werden, wie z. B. dass man im Winter Rosen bricht, dass Blumen auf dem Eise wachsen, dass die Donau verbrannt ist.

Hans Schnepperer, genannt *Rosenplüt*, gehört zu Nürnbergs bedeutendsten und vielseitigsten Dichtern, in der Fülle der Reimreden Hans Sachs ähnlich. Er war in den ersten Jahren des 14. Jahrhunderts geboren, wurde Gelbgießer und seit 1444 Büchsenmeister der Stadt; als solcher nahm er an mehreren kriegerischen Unternehmungen teil. Um 1460 scheint er den städtischen Dienst und das Handwerk aufgegeben zu haben, um sich als Wappendichter sein Brot zu verdienen. Vielleicht kehrte er später nach Nürnberg zurück und starb als Dominikaner. Rosenplüts Kunst wurzelt tief im Nürnberger Boden. Alle dort beliebten Dichtungsarten von der gereimten Zote bis zum Lehrgedicht übte er, nur der Meistersang fehlt, weil er zu seiner Zeit in Nürnberg noch nicht vorhanden war. Seine poetische Schulung war gering, aber er war mit dem Volksspruch und Volksbrauch vertraut und schöpfte hieraus die Anregungen zum Dichten. Rosenplüt besaß ein helles Auge und offnes Ohr für seine Umgebung, die er, freilich ohne Wahl und Geschmack, zu dichterischen Bildern gestaltete. Mit unbefangener Sinnlichkeit durchtränkte er seine Gedanken und seine Sprache mit Nürnberger Volkswitz. Sein Lobspruch auf seine Vaterstadt ist zwar nur eine trockene Aufzählung, aber voll Stolz für die städtischen Einrichtungen. Rosenplüts Gedichte zerfallen in zwei Hauptgruppen, in die volkstümliche Gelegenheitspoesie mit viel Schmutz und Zoten: Fastnachtspiel, Priamel, Weingrüße, kleinere Gedichte, und in die literarisch anspruchsvolleren Gattungen, die komische und ernste Erzählung, das politische Gedicht, die Wappen- und Lobrede, den moralischen und geistlichen Lehrspruch. Im Priamel, das er aus dem Volksbrauch zur literarischen Gattung erhob, zeichnete er sich besonders aus. Priameln sind kleine Gedichte, die eine Reihe von Vordersätzen über sehr verschiedene Gegenstände mit einem zusammenfassenden Nachsatz abschließen, in dem ein gemeinsamer Zug der in den Vordersätzen erwähnten Dinge hervorgehoben wird. Rosenplüt baut seine Priameln zu 8–14 Versen und spitzt sie epigrammatisch zu. So lautet z. B. eine Priamel:

welcher man hat ein taschen gros und weit,
do selten pfenning innen leit,
und häfen und krüg hat, die rinnen,
und faul maid hat, die ungern spinnen,
und ein tochter hat, die do gern leugt,
und ein son hat, der all arbeit fleucht,
und unterm gesind ein heimlichen hausdieb,
und ein frauen hat, die ihn nit hat lieb,
die ein andern heimlich zu ihr lat:
der man hat gar ein bösen hausrat!

Sein Lieblingsthema sind die einzelnen Stände und Berufe. Hübsch sind die Weingrüße, von denen einer lautet: »Nun gesegn dich Gott, du lieber Eidgesell; mit rechter Lieb und Treu ich nach dir stell, bis daß wir wieder zusammenkommen; dein Name der heißt der Kützelgaumen. Du bist meiner Zungen eine süße Naschung, du bist meiner Kehle eine reine Waschung; du bist meinem Herzen ein edles

Zufließen und bist meinen Gliedern ein heilsam Begießen, und schmeckest mir baß denn alle die Brunnen, die aus den Felsen je sein gerunnen; denn ich keine Ente je gern sah. Behüt dich Gott vor St. Urbans Plag (Podagra) und beschirm mich auch vor dem Strauchen, wenn ich die Stiege hinauf soll tauchen, daß ich auf meinen Füßen bleib und fröhlich heimgeh zu meinem Weib und alles das wisse, was sie mich frag. Nun behüt dich Gott vor Niederlag, du seist hinnen oder da außen. Gesegn dich Gott, und bleib nicht lang außen.« Hübsch klingt sein Neujahrsgruß: »Klopf an, klopf an, der Himmel hat sich aufgetan«. Im Volkston geht ein Fastnachtslied, das die Freuden der Jahreszeit am Nürnberger Kalender mustert. In den politischen Reimpaargedichten ist der Grundgedanke, dass Deutschlands Heil nicht auf dem verkommenen Raubadel, sondern auf Bürger und Bauer beruhe. Wir haben von Rosenplüt ein Türkenlied, Hussitensprüche und Gedichte über die Verteidigung der Nürnberger Festungswerke gegen Markgraf Albrecht Achilles (1449–50). Für die Erzählung hat Rosenplüt weniger Begabung, ihm fehlt die epische Ruhe. Er hat einige ältere Schwänke ziemlich roh und plump bearbeitet. Unter den ernsten Gedichten finden sich Rügen der Stände und Klage über die verkommene Welt, Lob des Handwerks, Anweisung zur Beichte für die sieben Wochentage und Preis der Jungfrau Maria. Im ernsten Gedicht befleißigt sich Rosenplüt der geblümten Rede und geschmacklosen Übertreibung. Marias Wangen sind ein Rubinenfeld in frisch gefallenem Schnee; der Flegel seiner Zunge vermag nicht das Lob der himmlischen Adlerin auszudreschen und der Stummel seiner Zunge ist so kurz, dass er im Tümpel ihrer Ehre kaum nass wird. Im Topfe des Herzens soll man christliche Feste kochen, im Troge des Herzens die sieben Künste kneten. Das Herz wallt auf vor Freude wie der Hafen am Feuer. Die Reue ist ein Schöpfkübel, der das Höllenloch ausschöpft; der Reuige soll seine Seele in die Schwemme reiten. Das Häslein der Sinne weidet in dem Samen der Rhetorik. Gottes Gnadensichel mäht alle Sünde. Maria ist ein Zaun, der uns von der Hölle scheidet.

Hans Folz war Barbier, aus Worms gebürtig, aber seit 1479 in Nürnberg ansässig, wohin er den Meistersang verpflanzte und in Aufnahme brachte. Er verfasste Meisterlieder, Sprüche und Fastnachtspiele. Seine Meisterlieder gehen in Tönen älterer Meister. Seine Sprüche, in Reimpaaren mit Silbenzählung, gleichen oft den Fastnachtspielen, sofern sie erzählend beginnen, aber bald in Gesprächsform übergehen. Auch Folz behandelt vorwiegend Gegenstände aus dem täglichen Leben und Schwänke mit besonderer Neigung zu Zoten. Er dichtet Sprüche über die Wildbäder, über Spezereien, über allerlei Hausrat, über die Pest. Er spottet über Quacksalber, Spieler, Trinker, Liebhaber. Sein Gedicht von der Kollation Maximilians in Nürnberg 1491 enthält eine Beschreibung der beim Besuch des Kaisers stattgehabten Festlichkeiten. Geistliche Sprüche sind die von der Buße Adams und Evas, der Beichtspiegel und das Kampfgespräch mit den Juden über die Vorzüge des Christentums. Als Spruchdichter steht er hinter Rosenplüt zurück, dagegen ist er als Verfasser von Fastnachtspielen fruchtbarer. Der Meistersang hat Folzens ganzes Dichten beeinflusst, Rosenplüt ist daher auch natürlicher und volkstümlicher als Folz, dessen Gesichtskreis beschränkter ist und der die schmutzige Seite der Volksdichtung zum Überdruss und Ekel heraushebt.

Das Drama

Das 12. Jahrhundert war die Blütezeit des geistlichen Dramas in den Händen der Vaganten. Im 13. Jahrhundert wurden die Dramen ins Deutsche übersetzt oder auch frei bearbeitet. Ins 14. und 15. Jahrhundert fällt die Blütezeit des geistlichen Schauspieles. Bereits die Benediktbeurer Passion hatte im Magdalenenspiel und in der Marienklage deutsche Verse neben den lateinischen:

Mihi confer, venditor, species emendas
pro multa pecunia tibi jam reddenda!
si quid habes insuper odoramentorum:
nam volo perungere corpus hoc decorum.

Krâmer, gib die varwe mir,
diu mîn wengel roete,
dâ mit ich die jungen man
ân ir dank der minnenliebe noete.

Das Trierer Osterspiel, in einer Handschrift des 14. Jahrhunderts in niederrheinischer Mundart erhalten, geht auf ein mhd. Original aus dem 13. Jahrhundert zurück. Das Stück ist vollkommen ernst. Der ganze lateinische Text ist Vers für Vers in deutsche Reimpaare übersetzt. Der lateinische Text wurde gesungen, der deutsche gesprochen. So lauten die Worte am Grab:

tune angeli cantant: quem quaeritis, o tremulae mulieres,
in hoc tumulo plorantes?
et primus angelus dicit rithmum:
wenen sucht ir drij frauwen
myd jamer und myd ruwen
also frue inn dyessem grabe
an dyssem osterlychen dage?
Mariae simul cantant antiphonam: Jesum Nazarenum
crucifizum quaerimus.
tertia Maria dicit rithmum:
wyr suechen Jesum unseren troest,
der uns van sunden hayt erloest!

Nebeneinander liegt hier die geistliche Oper und das deutsche gesprochene Drama. Der deutsche Text enthält keine Erweiterung, nur Übertragung. Die Aufführung muss sehr schleppend und ermüdend gewesen sein. Aber das Volk verstand auch, was vorging. Und dies war wohl die nächste Absicht der Verdeutschung.

Sehr merkwürdig und vereinzelt ist das Osterspiel aus dem Schweizer Kloster Muri, das in die erste Hälfte des 13. Jahrhunderts zu setzen ist und in feinem höfischen Stile geht. Nirgends finden sich lateinische gesungene Stellen. Die Oper ist völlig verbannt, ein reines deutsches Sprechdrama liegt vor. Das Spiel von Muri ist umfangreich, indem es sämtliche Szenen, das Wächter- und das Marienspiel enthält. Die lückenhafte Handschrift ist bei der Ausgabe in Unordnung geraten. Der Text selber ist wohl geordnet herzustellen. Die Handlung wird eröffnet durch ein Gespräch zwischen Pilatus und den Wächtern, die zur Hut des Grabes verpflichtet werden. Die Juden begleiten die Wächter ans Grab und ermahnen sie zur Wachsamkeit. Pilatus hält eine Ansprache ans Volk und fordert zur Gerichtssitzung am nächsten Tage auf. Die Auferstehung und die Höllenfahrt Christi fehlen in der Handschrift. Pilatus besendet durch einen Knecht die Wächter, die über die Vorgänge Meldung erstatten. Die Juden sind bestürzt und empfehlen, den Wächtern ein Schweigegeld zu geben. Das Marienspiel wird durch eine kleine Szene zwischen Pilatus und dem Krämer eingeleitet, der gegen eine Steuer Erlaubnis bekommt, seinen Kram aufzuschlagen. Er preist seine Waren an. Die Marien erscheinen und das Weitere geht nach der Regel vor sich. Man erkennt hier schon selbständige Zutaten, z. B. bei der Verhandlung zwischen dem Krämer und Pilatus. Aber sie halten sich in mäßigen Grenzen und meiden grelle Übertreibungen, die sich in den volkstümlichen Szenen der späteren Stücke hervordrängen. Das Gespräch zwischen dem Engel und den Marien lautet hier folgendermaßen:

ir guotiu wîp, wen suochent ir
(daz sulent ir bescheiden mir)
alsus fruo in disem grabe?
mit soliher ungehabe
gânt ir vor mîn: enzaget niht,
want iuh von mir niht geschiht!
ir sulent haben iuwer bet.

Jesum von Nazaret,
den die Juden viengen
und an daz kriuze hiengen!
des ist hiute der dritte tag,
daz er in tôdes banden lag,
want er den tôt verschulte nie:
den suochen wie gemeine hie,
als ich dir gezellet hân.

Die alten kurzen Reden und Gegenreden sind sehr breit geworden. Der Stil verfällt ins Epische, weil damals noch kein deutsches Drama als Vorbild vorlag. Ähnlich ist das St. Galler Spiel von der Kindheit Jesu, das gegen Ende des 13. Jahrhunderts entstand. Es ist ein Weihnachtsspiel, das mit dem Prophetenvorspiel beginnt und mit der Heimkehr aus Ägypten endet. Es verhält sich zu den Weihnachtsspielen wie das von Muri zu den andern Osterspielen. Auch hier fällt der epische Stil auf. Die Umgangsformen sind höfisch: Herodes ist ein deutscher König, von Herzögen umgeben. Empfang, Begrüßung und Abschied der drei Weisen aus dem Morgenland sind dargestellt wie in den ritterlichen Dichtungen. Maria sagt zu Gabriel wie eine Dame: hie mit gib ich urloup dir!

Der Einfluss der Kunstformen des 13. Jahrhunderts ist im Spiel von den zehn klugen und törichten Jungfrauen, das in Thüringen im Anfang des 14. Jahrhunderts gedichtet wurde, noch ersichtlich. Die ursprünglichen lateinischen Texte stehen mit ihren Anfängen vor den ersten Worten der einzelnen Reden verzeichnet, die deutschen Reimpaare und Strophen sind vollständig ausgeschrieben. Das Gleichnis erfreute sich im Mittelalter besonderer Verbreitung, wofür zahlreiche Bilder an Kirchenportalen zeugen. Das Drama ist eine mächtige Mahnpredigt über die Notwendigkeit der guten Werke und der Buße. Christus, seine Mutter und die Engel treten auf. Durch einen Boten werden die Jungfrauen ermahnt, sich ungesäumt zum großen Gastmahl bereitzuhalten. Weh dem, der die Bereitschaft zu lange aufschiebt! Die klugen füllen ihre Lampen mit Öl, die törichten gehen zu Tanz und Spiel. Sie entfernen sich, wie die szenische Anweisung sagt, tanzend und in großer Freude. Wir finden sie wieder bei ihrem Gelage, wonach sie einschlafen. Nur eine erwacht und wird von Furcht über ihr Versäumnis ergriffen. Die klugen können mit ihrem Öle nicht aushelfen und schicken die törichten zum Krämer. Da erscheint Christus als Bräutigam und führt die klugen mit sich. Maria setzt ihnen Kronen aufs Haupt und sie singen: »Heilig ist unser Gott«. Jetzt nahen die törichten und bitten um Einlass. Der Herr erwidert: »Ich kenne euch nicht.« Sie werfen sich nieder und rufen zu Maria um Fürsprache. Maria bittet für sie, vergebens! Christus ist unerbittlich. Auf der andern Seite erscheint Luzifer und macht seine Rechte geltend. Nochmals legt sich Maria ins Mittel, wird aber zum zweiten Male abgewiesen. Luzifer schlingt eine Kette um die fünf Mädchen, die sich nun in langen, ergreifenden Klagen an die Zuschauer wenden. Dabei gebraucht der Dichter sehr wirkungsvoll eine Strophe, wie sie im Nibelungenlied und im Waltherlied begegnet:

Maria, gotis muter, bist du ein loserin,
so kum ouch uns zu gute, wan wi gevangen sin!
du werde gotis muter dorch unse missetat,
nu kum vil schire, reine vrouwe gute, der tufel uns gevangin hat.

Mit den von allen gesungenen Worten: »Drum sind wir ewig verloren« schließt das Spiel, das insofern unter den übrigen geistlichen Dramen eine besondere Stellung einnimmt, als es über den Oster- und Weihnachtskreis hinausgreift und ein frühes Beispiel der im 16. Jahrhundert so beliebten Bearbeitung der Parabelstoffe ist. Über die Wirkung, die solche Spiele auf die Zeitgenossen ausübten, erfahren wir durch eine Erfurter Chronik Näheres: Im Jahre 1322 wurde das Stück zu Eisenach von Klerikern und Schülern vor dem Landgrafen Friedrich dem Freidigen aufgeführt. Über die Erfolglosigkeit der Fürbitte der Maria regte sich der fürstliche Zuhörer dermaßen auf, dass er aufstand und von dannen ging mit den Worten: Was ist das für ein christlicher Glaube, wenn ein Sünder durch die Bitten der Gottesmutter und aller Heiligen keine Vergebung finden kann! Nach fünf Tagen wurde er vom Schlage getroffen und starb nach einem Siechtum von 3 ½ Jahren.

Die volksmäßige Umbildung und Fortbildung des geistlichen Dramas geschah im 14. und 15. Jahrhundert durch Einschaltung komischer Szenen im Oster- und Weihnachtsspiel. Von hier aus ergab sich ganz von selber die Zurückdrängung des liturgischen Elementes durch die realistische Darstellung des bürgerlichen Lebens. Alle Vorgänge wurden in die nächste Umgebung und Gegenwart hineingezogen in derselben Weise, wie die Bildnerei und Malerei die heiligen Geschichten in deutsches Gewand hüllte. Im Osterspiel boten sich vier Anknüpfungspunkte für derb realistische Possen: die Ritter, die Teufel, der Krämer, der Wettlauf der Apostel zum Grabe. Auch die Juden wurden gelegentlich verspottet, indem man ihre Gesänge aus einem die hebräische Sprache nachahmenden Kauderwelsch zusammensetzte. Diese komischen Szenen stammen von bürgerlichen Dichtern, in deren Hände das Schauspiel und seine Aufführung allmählich übergegangen war. Den Grabwächtern dienten die ritterlichen Schnapphähne und Wegelagerer, unter denen die Städte so viel zu leiden hatten, zum Vorbild. Sie führen gewaltige Namen wie Schürdenbrand, Wagendrusel, Wagsring, Hauschild, Boas von Thamar, Sampson und sind durchweg feige Prahlhänse, die mit sträflichem Leichtsinn die Wache verschlafen. Pilatus ist ein deutscher Lehnsfürst, der Gericht hält. Er führt sich im Innsbrucker Spiel mit den Worten ein:

ich bin Pilatus genant,
eyn konig in der Juden lant,
und wil hie ein gerichte sitzen,
daz alle Juden müeßen switzen.

Die Teufelsmasken waren schrecklich anzusehen. Sie kamen aus dem Höllenrachen hervor und trieben unter allerlei Schalksstreichen ihr Wesen. Der Ersatz, den Luzifer für die durch Christus ihm entrissenen Seelen sich durch seine Unterteufel besorgte, rief satirische Szenen hervor, worin die verschiedenen Stände wegen ihres Lebenswandels der Hölle überwiesen wurden. Hier warf der Dichter schadenfrohe Seitenblicke auf seine lieben Mitbürger, die er dem Bösen überantwortete. Die Krämerszenen hatten schon im 13. Jahrhundert Neigung zur Verweltlichung gezeigt, wenn Maria Magdalena im Benediktbeurer Passionsspiel sich Schminke kaufte oder wenn der Krämer im Spiel von Muri mit Pilatus über den Marktzoll verhandelte. In den späteren Stücken wurde aber eine förmliche Jahrmarktszene erfunden, zu der die drei Marien mit ihren ernsten Gesängen schlecht passen. Der Wettlauf der Apostel gab Anlass zu der gemütlichen Schilderung, mit der das Volk im Mittelalter die Gestalten des Evangeliums sich traulich nahe brachte. Vor derber Charakterzeichnung scheuten sich die Verfasser nicht im Geringsten, das konnten die Jünger schon ertragen, ohne in ihrer sonstigen Würde allzu sehr Schaden zu nehmen.

Das Wächter- und Teufelsspiel ist im niederdeutschen Osterspiel des Zisterzienser-Bruders Peter Kalf am besten gelungen. Peter Kalf saß als Verwalter auf dem bei Wismar gelegenen Hofe Redentin, der zum Kloster Doberan gehörte. Hier schrieb er am 20. November 1464 das Spiel nieder, das als *Redentiner Osterspiel* in der Literaturgeschichte bekannt ist. Das Wächterspiel umrahmt die Niederfahrt Christi zur Hölle in der Weise, dass die Auferstehung und Niederfahrt sich vollzieht, solange die Wächter eingeschlafen sind. Die Altväter in der Hölle bemerken einen weithin leuchtenden Schein, der sie in große Freude versetzt. Luzifer aber gerät in Angst und versammelt seine Teufel vor der Hölle. Keiner weiß Rat; in ihrer Mutlosigkeit verschließen die Teufel die Hölle. Aber Christus betritt die Vorhölle und Michael führt die erlösten Seelen hinaus. Nun wendet sich die Handlung wieder zu den Wächtern. Bemerkenswert für den Dichter ist die tiefernste Empfindung und weihevolle Stimmung in den Christusszenen und der echt niederdeutsche Humor der Wächter- und Teufelsszenen, die mit vielen eigenen und meist sehr glücklichen Zügen ausgestattet sind. Wie überall suchen sich die Ritter beim Aufzug in Prahlerei zu überbieten. In die Szene am Grab verflicht der Dichter sehr geschickt noch eine besondere Turmwächterszene. Die Ritter beauftragen den Wächter eines nahe gelegenen Turmes, ihre Verpflichtung zu übernehmen und schlafen ein. Der lustige Nacht- und Turmwächter treibt mit den Rittern sein Spiel. Er singt: »Wachet, kühne Ritter, zwischen Hiddensee und Moen seh ich zwei in einem Korbe auf der wilden See heranfahren. Seid auf der Hut.« Aber einer der Ritter antwortet: »Weck uns, wenn sie bei Poel sind; dann will ich mich zur Wehr stellen.« Der Scherz liegt hier in der Verlegung der Vorgänge auf niederdeutschen Boden, an die Wismarer Küste. Hiddensee und Moen sind zwei Inseln der Ostsee, die vom Wismarer Turm nicht sichtbar sind. Poel ist nur durch einen schmalen Meeresarm von der Redentiner Mark getrennt. Der Sinn ist also, dass der Wächter in weiter Ferne ein Fahrzeug sichtet, der Ritter aber meint, es sei Zeit zum Wecken, wenn der Feind in nächster Nähe bei Poel erscheine. Um Mitternacht erhebt der Türmer abermals seine Stimme, er hört die Hunde unruhig werden und bellen. Aber der Ritter muss »seinen Augen Futter geben«, sollte er auch daran verderben. So vollzieht sich die Auferstehung unbemerkt in aller Stille. Der Morgenstern geht auf, der Türmer bläst sein Horn und singt: »Es taut auf der Au, stolzer Ritter, breche deine Ruh. Läge ein Ritter in Herzliebs Arme, so könnte ich nicht klagen, wenn sie am Morgen im Neste länger blieben. Ihr aber liegt in Sorgen! Steht auf, es ist schon Morgen.« Von neuem stößt er ins Horn: »Wacht auf, wollt ihr den ganzen Tag schlafen? Die Sonne wird euch auf den Hintern scheinen. Unsre Bürgermägde haben ihren Schweinen bereits Brei gemacht. Ich kann euch mit dem Horn nicht pfeifen, ich muß wohl die Glocke auf dem Turme läuten.« Endlich gelingt es diesem Horngetön, Morgenlied und Glockenklang, die Ritter zu wecken, die nun merken, dass Christus nicht mehr im Grabe ist.

Die Teufelsszene ist ein Nachspiel, wie Luzifer die leere Hölle wieder bevölkert. Er ist von Christus gefesselt worden und wird von den Teufeln vor die Hölle herausgeschleppt und auf ein Fass gesetzt. In Lübeck war soeben großes Sterben (im Jahr 1464 wütete die Pest in den Ostseestädten), da wird es auch Material für die Hölle geben. Die ausgesandten Teufel kehren bald mit ihrer Beute zurück; sie empfangen dafür Belohnungen, während ihre Opfer mit schweren Strafen belegt werden. Es treten auf ein Bäcker, Schuster, Schneider, Krüger, Weber, Metzger, Höker und Räuber, deren Sünden vorgetragen, geprüft und gerichtet werden. Der Bäcker hat seine Kunden mit hohlem Brot betrogen, der Schuster hat Schafsleder für Kordovan verkauft, der Krüger sein Bier mit Wasser verdünnt und schlecht eingeschenkt, der Krämer falsch Gewicht und Maß gebraucht. Der Teufel Funkeldune ist beim Suchen hinter einem Zaune eingeschlafen; obschon er seinen Eifer versichert und wie ein Backofen dampft, erfährt er, dass er Lohn und Ehre verschlafen hat, und wird, weil er mit leeren Händen kommt, vom Hofe Luzifers verbannt. Noch fehlt Satanas. Endlich naht er triumphierend mit einem Pfaffen, den er beim Messelesen ergriff und mit Mühe hergebracht hat. Der Pfaffe hört mit Seelenruhe sein langes Sündenregister. Luzifer empfindet seine Nähe unangenehm wegen der geweihten Sachen, die er an sich trägt. Der Pfaffe dreht den Spieß um, rückt dem Luzifer energisch zu Leibe und bedroht den Satanas mit dem Fluche, dass er am ganzen Leibe zittert. Endlich geht er ab, indem er dem Teufel die Aussicht eröffnet, dass Christus noch einmal kommen und die ganze Hölle zerstören werde. Luzifer ergeht sich in lauten Klagen über die gefahrdrohende Zukunft und lässt sich endlich in die Hölle zurücktragen, damit die neu gewonnenen Seelen ihm nicht genommen werden. Mit dem Chorlied: »drech weg den olden fornicatorem« verschwindet der Teufelszug im Höllenrachen.

Die Krämerszenen zeigen in den verschiedenen Osterspielen immer größere Neigung, sich auszudehnen. Zuerst verhandelt der Kaufmann allein mit den Frauen. Dann gesellt sich ein Knecht Rubin zu ihm, der sich bald breit macht. Weiter begegnet die Frau des Krämers und der Unterknecht Puster- oder Lasterbalk. Der Krämer verwandelt sich zum Quacksalber, der ganz Europa und Asien bereist hat, mit lateinischen Brocken um sich wirft und seine Salben für alle möglichen Krankheiten anpreist. Vielleicht bestand ein besonderes weltliches Arztspiel, das mit der Krämerszene verknüpft wurde. Der Hergang ist folgender: Der Quacksalber begrüßt die Zuhörer und verkündet, er brauche einen Knecht. Rubin bietet seine Dienste gegen hohen Lohn an; er kann lügen, trügen und Weiber verführen. Nachdem beide handelseins sind, macht Rubin den Ausschreier für seinen Meister »Ypocras«, der sich auf Wunderkuren versteht: er vermag jeden zu heilen, der eine Wunde in seinem Mantel empfing, er macht Blinde sprechen, Stumme essen, und versteht sich auf Arznei wie der Esel aufs Saitenspiel. Nun verlangt er zur Hilfe einen Unterknecht, der sich in der Gestalt des Lasterbalk sofort einstellt. Es ist Rubins alter Bekannter und Diebsgesell. Auf ernstliches Mahnen des Herrn zeigt Rubin die Salben vor, die alte Weiber verjüngen und gefallene Mädchen wiederherstellen. Aus seltsamen Gewürzen braut er vor den Augen der Zuschauer eine Salbe. Die drei Marien treten auf mit ihrer Klage: »heu quantus est noster dolor«, was Rubin zu der geistreichen Frage veranlasst: »Was Heu, was saget ihr von Heu?« Nach langem Feilschen kaufen sie bei Meister Ypocras um teueres Geld eine Wundersalbe und ziehen ab. Jetzt erscheint die Frau des Arztes und wirft ihrem Manne vor, er habe viel zu billig verkauft und sie dadurch um die versprochenen neuen Kleider gebracht. Der Mann nimmt solche Einmischung ins Geschäft krumm und verabreicht ihr eine Tracht Prügel; dann begibt er sich nach so viel Ärger und Arbeit zur Ruhe. Diese Gelegenheit nimmt der Knecht wahr, um der Frau vorzuschlagen, mit ihm durchzubrennen. Damit ist der mit derben und unanständigen Witzen gewürzte Schwank zu Ende und das Spiel schreitet zu den ernsten Szenen in gewohnter Weise weiter.

Der Apostelwettlauf geht im Wiener Osterspiel also vor sich: Johannes und Petrus wetten um eine Kuh und ein Pferd, wer schneller laufen könne. Petrus hadert mit Gott, dass er ihn krumm geschaffen, ein Bein kürzer als das andere. Er stürzt nieder und zerschindet sich das Knie. »Weh, daß ich verschlafen habe! Wäre ich heute früh aufgestanden und langsam zum Grabe gegangen, so hätte ich meinen Herrn gesehen.« Johannes fordert ihn auf, mit zu rutschen und zu hinken, so gut es geht. Petrus bittet vergeblich, Johannes solle auf ihn warten. Im Sterzinger Osterspiel ist noch eine kleine Trinkszene eingefügt. Petrus verlangt die Labeflasche, die Johannes ihm reicht: »Füll deinen weiten Schlund, so wirst du vielleicht gesund.« Über die tiefen Züge seines Gesellen beunruhigt, mahnt er ihn, aufzuhören und noch etwas in der Flasche übrig zu lassen: »Du verstehst die langen Züge; laß mir auch was in der Flaschen, womit ich meine Gurgel mag waschen.« Petrus fühlt sich gestärkt und setzt den Lauf zum Grabe fort. Der Streit wird noch fortgesetzt, indem Petrus die Zuhörer vor seinem Gesellen, der wie ein Rabe stehle, warnt. Johannes erwidert mit dem bekannten Märchen von der gestohlenen Leber, die Petrus, der seinen Herrn dreimal verriet, aus dem Osterlamm genommen habe.

Wie das Osterspiel so wurde auch das Weihnachtsspiel dem Anschauungsvermögen des Volkes durch gemütlich humoristische Ausmalung der Vorgänge angepasst. Ein hessisches Spiel aus dem Ende des 15. Jahrhunderts schildert, wie Maria und Joseph vergeblich in Herbergen Unterkunft suchen und überall rau abgewiesen werden, sodass ihnen schließlich nur noch das Gemeindehaus (d.h. Armenspital) zur Unterkunft bleibt. Nach der Geburt Christi kommt das Kindelwiegen mit einem Wiegenliedchen. Maria spricht: »Joseph, lieber Vetter mein, hilf mir wiegen das Kindelein, daß Gott dein Lohner möge sein im Himmelreich«; und Joseph erwidert: »Gerne, liebe Muhme mein, helf ich dir wiegen das Kindelein, daß Gott mein Lohner möge sein im Himmelreich.« Er fordert den Knecht auf, an seiner Fröhlichkeit sich zu beteiligen und sie tanzen um die Wiege und singen »in dulci jubilo«. Bei der Verkündigung der Engel ist eine kleine Szene zwischen dem Hirten und seinem Knecht Ziegenbart eingeschaltet. Der Hirte erwacht, der Knecht will weiterschlafen und erklärt alles für einen Traum. Endlich gehen die Hirten aber doch zur Krippe, beten zum Kind und tragen gleich ihre Wünsche vor: »Gegrüßet seist du, Kindlein, und auch Maria, die Mutter dein, die aller Welt Trösterin ist, gegrüßet seist du, Jesus Christ. Ich will dich auch sehr bitten, daß du an der Bergleite die Weide wachsen lässest, daß wir nicht so weit zu treiben brauchen; laß uns nahe der Kuhweide bleiben. Ich will dich auch bitten, laß uns Zwiebeln und Knoblauch, Rüben und Kraut wachsen zu guter Kost, Bohnen, Erbsen, Schlehen und Linsen und laß uns weidlich leben.« Joseph klagt über ihre Armut, dass sie nichts zu essen im Hause haben. Maria sucht ihn zu trösten, verlangt aber Windeln. Joseph bietet ein Paar alte Hosen dar, legt das Kind in die Wiege und singt: »suße, liebe ninne«! Maria wünscht, dass eine der Hausmägde das Kind beruhige. Joseph ruft nach Hille und Gute, sie sollen des Kindes warten, wird aber übel angelassen. Die Mägde versetzen ihm sogar eine schallende Ohrfeige. Erst als er sich aufs Bitten verlegt, werden sie gefügiger. Aber nun geraten sie untereinander selbst sich in die Haare, dass Joseph die Schlägerei schlichten muss. Endlich tanzt sogar der Hauswirt, der anfangs so schroff ablehnend war, und das ganze Hausgesinde fröhlich um die Wiege. Mit der Aufforderung des Engels zur Flucht nach Ägypten schließt das hessische Spiel.

Das deutsche *Passionsspiel* entwickelt sich ebenso aus seiner lateinischen Grundlage, die wir in der Benediktbeurer Passion kennen lernten, wie das Oster- und Weihnachtsspiel. Die alte geistliche Oper mit liturgischem Text und pantomimischem Spiel wird allmählich zum umfangreichen Schauspiel mit deutschem Text; die liturgischen lateinischen Sätze wirken darin nur noch wie musikalische Einlagen, sind aber in Wirklichkeit das Grundgerüst des Dramas. Im 14. Jahrhundert wurde die Passion in Mitteldeutschland weitergebildet, wovon die Frankfurter Dirigierrolle des Baldemar von Peterweil um 1350 und der Wiener, Mastrichter und St. Galler Text Kunde geben. Die Pergamentrolle Baldemars ist ein Regiebuch, das sämtliche Spielweisungen sowie die Anfangsworte der lateinischen Gesänge und der deutschen Texte enthält. Sie wurde vom Spielleiter bei mehreren Aufführungen benützt. Der Abstand von der alten lateinischen Oper ist bereits sehr groß. Der Text ist durchweg in Reimpaaren verdeutscht, die Einzelperson hebt sich von der Masse ab, der dramatische Dialog begleitet den größeren Teil der Handlung, die allerdings noch ungleichmäßig ausgearbeitet ist. Die Dirigierrolle beansprucht bereits eine Aufführungszeit von zwei Tagen. Die Handlung reicht von der Taufe Jesu mit Hineinziehung der Schicksale des Johannes bis zur Himmelfahrt, nach einheitlichem Plane und mit guter dramatischer Steigerung. Der Taufe folgt die Versuchung, die Berufung der Jünger und eine Anzahl von Wundern. Hierauf ist das Magdalenenspiel eingeschaltet, dem sich die Auferweckung des Lazarus anschließt. Nun beginnt die eigentliche Passion vom Einzug in Jerusalem bis zur Grablegung. Der zweite Tag enthält die Auferstehung und Himmelfahrt, in der Hauptsache also den Text der Osterspiele. Durch die ganze Passion ziehen sich Streitgespräche zwischen der Kirche, die von Augustinus geführt ist, und der Synagoge. Das Prophetenspiel der Weihnachtsfeier gab dazu Anlass. Das Wiener Spiel greift in der Einleitung weiter zurück bis in die Anfänge des Weltdramas, zum Sturze Luzifers und Sündenfall, wie im Regensburger Spiel von 1194. Das Drama der Dirigierrolle ist ernst und würdig gehalten. Der lateinische Gesang behauptet sich noch selbständig gegenüber dem deutschen Text. Aber der Weg zum wortreichen und bewegten Volksschauspiel des 15. Jahrhunderts ist bereits eingeschlagen.

Die großartigen, drei und mehr Tage dauernden Spiele des 15. Jahrhunderts hängen mit dem Aufblühen der Städte, ihrem Wohlstand und Kunstsinn zusammen. Ein Tiroler, Frankfurter (1493), Friedberger, Alsfelder und Heidelberger Text bezeugen diese Stufe. Sie haben das ältere Werk der Dirigierrolle meist wörtlich aufgenommen, aber viele Szenen sehr erweitert und manche ganz neu hinzugefügt. Das Verhältnis der Passionstexte untereinander ist überhaupt so zu denken, dass wir eigentlich nur ein einziges Stück haben, das sich in vielen Abschriften und Bearbeitungen mit allerei Änderungen, Zusätzen und Kürzungen wie ein der freien Willkür des Spielleiters preisgegebenes Bühnenmanuskript verbreitete. Darum stimmen die verschiedenen Passionen stellenweise wörtlich überein, während sie andrerseits auch weit auseinander gehen. Allzu große dichterische Freiheit war durch den Stoff ausgeschlossen. Nur in der Auswahl und Ausführung der Einzelheiten war dem jeweiligen Bearbeiter Spielraum vergönnt. Der Schaulust wurden weitgehende Zugeständnisse gemacht. Wo im älteren Spiel eine Handlung unter Absingung des Chores vor sich ging, finden wir jetzt ausgedehnte Auftritte. Mit Vorliebe wurden Schauerszenen dargestellt. Die Geißelung Jesu und Kreuzigung bot hierfür willkommenen Anlass. Bei der Geißelung sind vier Menschen beschäftigt, die, von den Juden angefeuert, mit Schlägen und Spottreden wetteifern. Im Alsfelder Spiel wirken bei der Kreuzigung elf Personen mit, die mit stumpfen Nägeln und Gliederrecken die Qualen des Heilands vermehren. Wie in der zeitgenössischen Malerei so wurden auch auf der Bühne die Leidensszenen bis aufs kleinste vorgeführt. Und jeder Vorgang wird mit umständlichen Reden begleitet. Als Beispiel fürs Anwachsen einzelner Szenen diene die Auferweckung des Lazarus. Im Benediktbeurer Spiel singt Jesus: Lazarus, amicus noster dormit, eamus et a somno resuscitemus eum, worauf Maria Magdalena und Martha antworten: Domine, si fuisses hic, frater noster non fuisset mortuus. Der Klerus singt dann: videus dominus flentes sorores Lazari, ad monumentum lacrimatus est coram Judeis et clamabat, worauf Jesus den Text aufnimmt: Lazare, veni foras! und der Klerus schließt: et prodiit. Die Szene bewegt sich vollkommen in ritualen Sätzen, womit Dialog und Handlung bestritten werden. Das Johannesevangelium bietet erheblich mehr Text, den die Passion des 14. Jahrhunderts aufnahm und allein schon dadurch die Szene erweiterte. Natürlich kommen auch die deutschen Reimpaare zu den lateinischen Sätzen. Im 15. Jahrhundert wird die Szene mit großer Umständlichkeit behandelt. Lazarus spricht selber von seiner schweren Krankheit, dass er nur vom Heiland Heilung erwarte. Der Bote wird abgefertigt und erklärt seine Bereitwilligkeit. Lazarus merkt sein Ende herannahen und spricht dies aus. Die Schwestern ergehen sich in Klagereden, die Nachbarn werden zur Beerdigung gerufen. So war der evangelische Bericht zu einer Szene von 140 Versen angewachsen, ohne eine wesentliche Zutat oder Änderung zu erfahren. – Die Alsfelder Passion bevorzugt die Teufel und lässt sie überall auftreten, wo es gilt, jemand zu einer bösen Tat zu verführen. Voran steht eine Versammlung der Teufel, die beschließen, unter den Juden gegen Jesus zu wirken. Dann erst beginnt das eigentliche Spiel mit der Taufe Christi. Beim Tod des Täufers hat der Teufel die Hand im Spiel, indem er der Herodias den Wunsch nach dem Haupte des Johannes eingibt. Als altes Weib verkleidet macht sich Satan an Herodias heran, fragt sie nach ihrem Kummer und rät ihr den Weg zur Rache. Herodias erklärt dem König, sie werde nie wieder gut sein, als bis der ungezogene Prediger beiseit geschafft sei. Auf Befehl des Herodes wird Johannes in den Kerker geworfen. Dann wird ein fröhliches köstliches Mahl angerichtet. Die Tochter tanzt und erhält dafür das verhängnisvolle Versprechen. Während Mutter und Tochter miteinander reden, schleicht Satan in seiner Verkleidung herzu und flüstert ihnen ins Ohr, sie sollen um das Haupt des Johannes bitten. Die Mutter greift leidenschaftlich den Gedanken auf, die Tochter geht bereitwillig darauf ein und tut mit höfischen Worten die Bitte an den König, der nach kurzem Bedenken einwilligt. Die Schergen stürmen in den Kerker und vollziehen unter Schmähreden und Beschimpfungen die Enthauptung. Die Tochter nimmt das blutige Haupt in Empfang und dreht sich damit tanzend und jubelnd im Kreise. Satan aber wirft die Verkleidung von sich, richtet sich in seiner wahren Teufelsgestalt auf und frohlockt über den Sieg der Hölle. Alle Personen, die Christus widerstreben, werden fortgesetzt von den Teufeln aufgestachelt, Sie verfehlen nie, die Seelen der von ihnen Verführten einzuholen. Sogar auf Christi Seele ist Satanas aus. Er erklettert das Kreuz und nimmt auf dem linken Balken Platz, der Engel aber sitzt auf dem rechten Balken. Beim Tode des Herrn lässt der Engel seine Seele in Gestalt einer weißen Taube gen Himmel flattern, während der Teufel vom Kreuze vertrieben wird. Manchmal übten die Teufel auch polizeiliche Aufsicht, indem sie lärmende oder unruhige Zuschauer, die das Spiel störten, in die Hölle schleppten und durchprügelten.

Ein Passionsspiel von mehrtägiger Dauer bedurfte größerer Zurüstung und vieler Darsteller, die aus den Kreisen der Bürger, insbesondere der Brüderschaften, hervorgingen. Das Osterspiel und Weihnachtsspiel waren einfach inszeniert, Grab oder Krippe stand im Mittelpunkt der Szene. Den verschiedenen Personen waren zur Seite ihre Plätze gewiesen, z. B. ein Thronsitz für Herodes, ein Hüttchen für die Hirten, eine Bank oder Bude für den Krämer. Damit kam die Passion nicht mehr aus. Das Spiel wurde ins Freie verlegt, auf Vorhöfe oder Kirchplätze, die sich dadurch eigneten, dass etwa mit dem Kirchenportal der ernste Hintergrund, der Eingang ins Paradies oder in den Himmel, anschaulich gemacht werden konnte. Aber im 15. Jahrhundert war die Szenerie und die Anzahl der Schauspieler so umfangreich geworden, dass man geräumige Marktplätze wählen musste, um Bühne und Zuschauer unterzubringen. Aus den Spielweisungen und den Plänen, die zur Alsfelder, Donaueschinger, Luzerner Passion vorliegen, gewinnen wir ein klares Bild von der Inszenierung der Spiele, die vorzüglich ihren Zweck erfüllte. Bühne und Zuschauer befanden sich auf einem freien Platz, dessen größerer Teil von der Szene eingenommen war. Den Zuschauern war der übrige Raum um den Schauplatz herum und die Fenster der umliegenden Häuser zugewiesen. Die Bühne war ein längliches Viereck, dessen eine Schmalseite an ein Haus sich anlehnte. Das Haus bildete den Hintergrund, wo der Thron Gottvaters stand. Ein Vorbau oder Erker im ersten Stock stellte den Himmel dar, der durch eine Leiter mit der Bühne zu ebner Erde verbunden war. Auf dieser Leiter stiegen die Himmelsbewohner auf und nieder. Die unmittelbar vor dem Thron sich erstreckende freie Hinterbühne diente zu einer Reihe von Szenen, z. B. zur Taufe Jesu. Die Taube schwebte vom Himmel hernieder. Auf der Hinterbühne wurden später die Kreuze aufgestellt, daneben das Heilige Grab. Hier spielten sich die ersten und letzten Szenen aus dem Leben des Erlösers ab. Der mittlere Teil der Bühne war von zwei Häuserreihen eingerahmt, sodass er wie eine breite Straße wirkte. Die Häuser bildeten die Standplätze der Juden, des Pilatus, des Herodes, der Maria Magdalena und Martha, des Hausvaters, bei dem Jesus das Abendmahl einnahm. Der Tempel und Jerusalem waren besonders hervorgehoben. Die Dekorationen standen von Anfang an auf der Bühne, wie auch die

Darsteller von Anfang an der Vorstellung beiwohnten. Die Häuser waren durch niedrige Umzäunungen mit einem Eingang zur Straße angedeutet. Die Bewohner saßen darin auf niedrigen Bänken, solange sie nicht beschäftigt waren. Die Häuser mussten ohne Wände und Bedachung und niedrig sein, um nicht den Einblick auf die Mittel- und Hinterbühne zu verdecken. Mit dem Einzug in Jerusalem geriet Christus mitten unter seine Feinde. Die ganze Einrichtung der Bühne, die Verwendung der verschiedenen Teile war nicht nur sehr praktisch, sondern in manchen Punkten symbolisch stilisiert, wie im eben erwähnten Fall. Auf der vor der Stadt gelegenen Vorderbühne gähnte der Höllenrachen, der Aufenthalt der Teufel. Die Insassen der Hölle waren wahrscheinlich durch etwas höhere Umzäunung den Blicken der Zuschauer gewöhnlich entzogen. Auf der andern Seite der Vorderbühne lag der Ölberg und der Garten Gethsemane. Die Schauplätze wurden in der Art ins Spiel gezogen, dass der Darsteller sich zu ihnen hinbegab. Die Insassen der Häuser traten dann auf die Straße heraus und eröffneten zwanglos das Gespräch. Die eigentliche Handlung spielte sich immer auf dem freien Bühnenraum im Hinter-, Mittel- oder Vordergrund ab. Die Häuser markierten nur den einzelnen Schauplatz. Der Lebenslauf Christi wurde auf dieser Bühne wirklich anschaulich. Der Einzug in Jerusalem und hernach der Leidensweg von der Gefangennahme im Garten über die Häuser des Hohenpriesters und Pilatus bis zur Kreuzigung im Hintergrunde ergaben treffliche Bilder, die sich zwanglos und natürlich aus der Einrichtung und Aufstellung der Örter entwickelten. Versatzstücke, die nur zu bestimmten Szenen gebraucht wurden, konnten ohne Schwierigkeit aufgestellt und entfernt werden. Dazu gehörten neben den Kreuzen das Grab, der Brunnen, an dem Christus mit der Samariterin spricht, sofern hierzu nicht der Marktbrunnen den nächsten und einfachsten Schauplatz bot, der Tisch zum Abendmahl und einige andre Dinge, wie erhöhte Sitze und Stühle für die Bergpredigt und Dornenkrönung oder der Gerichtsstuhl des Pilatus. Mit einfachsten Mitteln ist das Passionsspiel auf die denkbar beste Weise inszeniert worden, weil die Bühne unter Berücksichtigung der gegebenen Raumverhältnisse ganz und gar aus den Bedürfnissen des Spieles sich entwickelte. Dabei war diese Inszenierung nicht starr, sondern den besonderen Verhältnissen immer anzupassen. Man hatte eine Spieleinrichtung gefunden, die, leicht beweglich und überall verwendbar, alle Anforderungen befriedigte und bis zu einem gewissen Grad in ihrer schlichten Einfalt auch künstlerische Wirkungen hervorrufen konnte.

Aus des Stadtschreibers Cysat (1545–1604) Aufzeichnungen aus Luzern erhalten wir einen Einblick in die Vorbereitung und Inszenierung solcher großen Aufführungen. Gewöhnlich nahm eine Brüderschaft die Sache in die Hand und ernannte mit dem Rate zusammen den Ausschuss, die Spielleitung. Die Rollen wurden an Bewerber verteilt. Man unterschied Haupt- und Nebenrollen und Statisten. Der Inhalt der Rolle war auf lange Papierstreifen ausgeschrieben. Die Anmeldungen erfolgten aus allen Ständen sehr zahlreich. Die Zuweisung geschah nach dem Rang und der persönlichen Tauglichkeit der Gesuchsteller. Da bittet ein Ratsherr um eine Teufelsrolle, die ihm in Ansehen seiner Person bewilligt wird. Einem andern Bewerber wird der Bescheid, er sei zu klein und spreche nicht gut. Von den Teufeln heißt es, sie sollen starke Personen sein und auch starke Stimmen haben. Nach der Erledigung der Rollenbesetzung erfolgen die Proben unter Aufsicht der Spielleiter. Sie werden zuerst in kleineren Abschnitten, später im Ganzen abgehalten. Endlich kommen die Hauptproben im Kostüm. Adam soll nach der Luzerner Vorschrift langes Haar, nicht grau noch schwarz, und einen kurzen Bart tragen. Eva erscheint als junges Weib mit offenen Haaren. Maria züchtig und demütiger Gebärden; das Gewand ist ein weiß Unterkleid oder einer Klosterfrauen Rock, darüber ein Schein; weiße Strümpfe und Schuhe. In der Passion trägt sie einen weißen Tuchstreifen auf dem Haupt, der, zu beiden Seiten bis auf die Knie herabfallend, das Haar bedeckt. Das Gefolge soll sich in seiner Kleidung nach dem Herren richten. Der Philosoph hat eine Brille auf der Nase. Die Schlange geht im Anfang aufrecht; nach dem Sündenfall kriecht sie auf allen vieren der Hölle zu. Die Toten treten bei der Auferstehung in weißen Linnengewändern auf, mit Gebeinen bemalt, einen Totenschädel auf dem Haupt, einen Bademantel unterm Arm durch über die Achsel geschlagen, ein Totenbein in der Hand. Die Kleider der Juden sind mit den Bildern von Sonne, Mond und Sternen und mit hebräischen Buchstaben besetzt. Auf die Kostümierung wurde also viel Sorgfalt verwendet. Am Tage der Aufführung erschien nach Anhörung der Messe das gesamte Personal in feierlichem Aufzug auf dem Schauplatz. Die Ratsverordneten und der Proklamator geboten Stille und ermahnten Spieler und Zuschauer zu ruhigem, züchtigem Betragen. Nach dem Schluss der Vorstellung begab man sich abermals zur Kirche, wo die Abdankung stattfand. So hielt auch das aus der Liturgie losgelöste Spiel doch immer noch den Zusammenhang mit der Kirche fest. Die Vorstellung war eine gottesdienstliche Feier. Über die Ausstattung bemerkt Cysat, dass der zwischen den zwei Erkern eines Hauses angebrachte Balkon, der den Himmel darstellte, mit Kirchenparamenten geziert und mit einem Vorhang versehen war. Am Himmel hing die Sonne, die sich bei Christi Tode verfinsterte, d. h. statt ihrer goldenen vorderen Seite die blutrote hintere hervorkehrte. Die Hölle war durch eine große bemalte, vorhangartige Leinwand, die eine Fratze mit aufgesperrtem Rachen darstellte, zugänglich. Die Ein- und Ausfahrt zur Hölle geschah, wie auf den mittelalterlichen Bildern, durch den grässlichen Höllenrachen. Über die Größe der einzelnen Szenerien erfahren wir, dass der Tempel 30 Schuh lang und 9 breit war. Das Weihnachtshüttlein war ein Strohdach auf vier Pfosten. Das Paradies war 24 Schuh lang, mit grünen Tännchen umsteckt, Gebüsch im Innern, der Baum der Erkenntnis in der Mitte. Bei der Erschaffung des ersten Menschen liegt Adam in einer Grube verborgen, die mit Gezweig überdeckt ist. Gott-Vater steht davor und bildet an einem Lehmklotz herum, lässt ihn fallen und zieht den lebendigen Adam aus der Grube heraus. Beim bethlehemitischen Kindermord liegen in den Wiegen hölzerne, mit Blut gefüllte Puppen, die von den Soldaten aufgespießt werden. Wenn Christus am Ölberg Blut schwitzt, so wird er von jemandem, der in der Nähe unsichtbar steht, aus einer Spritze im Gesicht und an den Händen rot gefärbt. Beim Tode des Erlösers fliegt aus einer Höhlung des Kreuzes als Sinnbild seiner Seele eine weiße Taube auf; zu gleicher Zeit ziehen Engel und Teufel den beiden Schächern die Seelen aus dem Leibe in Gestalt einer Puppe und eines schwarzen Eichhorns. Die Seele des erhängten Judas ist ein gerupfter, lebender Hahn. Musik und Gesang waren mit den Spielen verbunden. Cysat nennt drei Chöre: die Engel, die Juden und die allgemeine Kantorei, welche die erzählenden liturgischen Stellen vorzutragen hatte. Beim Einzug in Jerusalem sangen die Jünger, bei der Niederfahrt zur Hölle die Altväter und Teufel. Die Judenchöre bestanden aus sinnlosen Wortgebilden, die sich aus griechischen, lateinischen und hebräischen Brocken zusammensetzten. Im geistlichen Drama drängte alles zur Massenentfaltung. Drei- bis vierhundert Personen beteiligten sich an den mehrtägigen Spielen des 15. Jahrhunderts. Natürlich wuchsen auch die

Kosten, die teilweise den Mitspielern selber zur Last fielen, indem die einzelnen Rollen gegen einen bestimmten Preis ausgeliefert wurden. Auch hiefür finden sich bei Cysat wertvolle Mitteilungen, die zwar, wie alles andre, auf Luzern und auf das letzte Viertel des 16. Jahrhunderts sich beziehen, aber in der Hauptsache auch für die Aufführungen das 15. Jahrhunderts gelten. Die Bühneneinrichtung und der ganze Aufwand war ja derselbe.

Neben dem Passionsspiel mit seiner festen Bühne gab es *Prozessionsspiele*, namentlich am Fronleichnamsfest, das 1264 eingesetzt worden war. Die Fronleichnamspiele umfassten einen noch größeren Zeitraum als die Passionsspiele. Eines aus Eger reicht von der Erschaffung der Engel bis zur Auferstehung, ein anderes aus Künzelsau in Schwaben bis zum Jüngsten Gericht. Aber Text und Darstellung waren in diesen Spielen wesentlich anders. Den auftretenden Personen waren nur kurze Sprüche in den Mund gelegt, die Darstellung war oft nur pantomimisch. Die Spiele fügten sich der Fronleichnamsprozession ein. Einzelgruppen zu Wagen und zu Fuß übernahmen die verschiedenen Szenen. An bestimmten Stellen machte der Zug halt, das Spiel begann gleichzeitig in allen Gruppen. So konnte man als Zuschauer sich aufstellen und die verschiedenen Szenen an sich vorüberziehen lassen. Die Texte der Einzelszenen konnten hernach zu einem zusammenhängenden Spiele vereinigt werden, das aber auf anderen Voraussetzungen beruht als das übrige geistliche Drama. Aus Zerbst (1507) und Freiburg i. B. (1516) erfahren wir einiges über die Art und Weise solcher Aufführungen, die unseren heutigen Festzügen glichen. Die einzelnen Zünfte teilten sich in die Szenen aus der geistlichen Weltgeschichte. Die Bäcker gaben den Kindermord: Herodes zu Pferd, Knechte mit Kindern auf Spießen, schwarz gekleidete Frauen, weinend und händeringend. Die Böttcher stellten den Einzug in Jerusalem dar: die Juden warfen Palmen und sangen: »Dies ist Jesus, der Prophet von Nazaret.« Eine Wagengruppe zeigte den leidenden Jesus auf einem Stuhle sitzend, zwei Männer drückten die Dornenkrone auf sein Haupt. In Freiburg eröffneten die Maler den Zug: da war der Teufel zu sehen mit dem Adamsbaum, Adam und Eva, der Engel mit dem Schwert. Durch kurze erläuternde Sprüche konnte zu diesem Bild der Sündenfall und die Vertreibung aus dem Paradies gespielt werden. Überhaupt dürfen wir uns das Fronleichnamsspiel als ein lebendes Bilderbuch mit erklärendem Text denken.

Aus dem umfassenden Kreis der Passionen zweigten sich kleinere Spiele ab, worunter die *Marienklagen* besonders verbreitet sind. Auch Mariä Himmelfahrt wurde szenisch dargestellt. Unter den Marienklagen ist die von Bordesholm in Holstein aus dem Jahre 1475 wichtig, weil sie genaue Anweisungen über Inszenierung und Spielweise enthält. Am Karfreitag wurde der Kirchenchor durch einen Vorhang abgeschlossen, vor dem eine Bühne aufgeschlagen war, die halbkreisförmig sich in den Kirchenraum erweiterte. Zu Beginn des Spieles zogen der Regisseur und die fünf Darsteller unter Psalmengesang auf die Bühne. Jesus trägt ein Kreuz, das er auf der Bühne mit einem Kruzifixus vertauscht; diesen Kruzifixus hält er während des ganzen Spiels vor sich, nur beim Sprechen steht er frei. Mithin sind eigentlich zwei Christusfiguren auf der Bühne, der wirkliche und der bildliche Darsteller, der den Vorgang der Kreuzigung symbolisiert, den Maria nach dem Tode mit dem Lendentuch verhüllt. Christus steht in der Mitte, zu seiner Rechten die Jungfrau Maria und Magdalena, zu seiner Linken Johannes und seine Mutter. Die jeweilig sprechende Person tritt in die Mitte. Die Gebärden, z. B. das Händeschlagen und Umsinken der Maria, sind streng stilisiert, langsam und genau abgemessen; die Bewegungen sollen in den Pausen des Gesanges gemacht werden. Die Aufführung dieser geistlichen deutschen Oper in der Kirche beanspruchte eine Dauer von 2½ Stunden. Hier war das Drama wieder völlig in seinen ursprünglichen kirchlichen liturgischen Rahmen zurückgetreten. Der deutsche Text wurde teils gesprochen, teils gesungen.

Wie um 1300 das Spiel von den zehn Jungfrauen das Gebiet der großen christlichen Heilsgeschichte verließ, um ein einzelnes Ereignis herauszugreifen, so verfolgen im 15. Jahrhundert die Spiele von Theophilus und von der Päpstin Jutte ein ähnliches Ziel. *Theophilus* entstand auf niederdeutschem Boden. Der Aufbau der Handlung ist sehr einfach, mehr episch als dramatisch. Der von seinem Bischof zurückgesetzte Priester verschreibt sich förmlich dem Teufel und schwört allen Gottesdienst und Glauben ab; nur von Maria will er nicht lassen. Der Dichter hat leider versäumt, durch Schilderung des weltlichen Treibens des abgefallenen Priesters uns dessen Fall anschaulich zu machen. Er führt ihn sofort nach dem Teufelsbund zu einer Bußpredigt, durch deren Anhörung Theophilus von tiefer Reue ergriffen wird und zu Maria ruft. Die heilige Jungfrau bewegt ihren göttlichen Sohn durch ihre Fürbitte zur Milde und entreißt dem Teufel den Vertrag, den sie dem schlafenden Sünder auf sein Herz legt. Die späteren Bearbeitungen des Dramas haben wenigstens eine etwas lebendigere Szene vorangestellt: die Bischofswahl im Kapitel, dessen einzelne Mitglieder humoristisch charakterisiert sind, und den Streit des Theophilus mit dem neu gewählten Herrn. Sie geben also eine dramatische Einleitung zu der mehr episch gehaltenen Theophiluslegende.

Entschieden besser gelang das Spiel von der *Päpstin Jutte*, das der thüringische Messpfaffe Dietrich Schernberg um 1480 verfasste. Den Hauptreiz bildet freilich das Teufelsspiel, während die Geschichte der Jutte sehr äußerlich dargestellt ist. Luzifer ruft zu Beginn sein höllisches Gesinde zuhauf:

wolher, wolher, wolher,
alles teufelisches heer,
aus bächen und aus brüchich,
aus wiesen und aus rörich,
nu kommt her aus holze und aus felden,
eher denn ich euch beginn zu schelden,
alle meine liebe hellekind,
die mit mir in der helle sind,
Krentzelin und Fedderwisch,
dazu Notir, ein teufel frisch,
Astrot und Spiegelglanz,
und machet mir ein lobetanz!

Unter dem Vorsänger Unversün tanzen die Teufel um Luzifer:

Lucifer in deim throne	rimo rimo rimo!
warstu ein engel schone	rimo rimo rimo!
nu bistu ein teufel gräulich	rimo rimo rimo!

Sogar des Teufels Großmutter springt in den Reigen und lässt ihre rostige Kehle erklingen. Sie meint am Ende hochbefriedigt: ach das ist gewesen ein süßer Ton! Nun wird die Aufgabe der Verführung der Jungfrau Jutte gestellt. Satanas und Spiegelglanz machen sich an das Mädchen und schüren ihre hochmütigen Gedanken. Jutte in Begleitung ihres Buhlen, eines Klerikers, begibt sich nach Paris. Sie ist wie ein Mann gekleidet und nennt sich Johann von England. Mit wenigen Versen wird das Studium zu Paris und die Doktorpromotion erledigt, dann die Reise nach Rom und die Ernennung zu Kardinälen, endlich nach dem Tode des Papstes Basilius die Wahl der Jutte zur Nachfolge auf dem Stuhle Petri. Jetzt aber folgt der Umschwung. Der Teufel Unversün, den die Päpstin aus dem Sohne eines Senators austreiben will, offenbart, dass der Papst ein Weib und schwanger sei. Der Heiland will die Sünderin bestrafen, aber lässt sich durch Marias Fürbitte zur Barmherzigkeit bewegen. Wenn Jutte freiwillig vor aller Welt die Schande auf sich nimmt, dann soll ihr Gnade widerfahren. Bei der Geburt des Kindes stirbt Jutte, die Teufel holen ihre Seele, aber der Heiland lässt sie auf erneute Bitte Marias durch den Engel Michael aus der Hölle befreien und zur himmlischen Freude führen. Wie das Zehnjungfrauenspiel behandeln Theophilus und Jutte den Gedanken von Reue und Sühne; die fünf törichten Jungfrauen bereuten zu spät, wurden in ihren Sünden abgerufen und verfielen daher trotz Marias Fürsprache der Verdammnis, Theophilus und Jutte bereuten noch rechtzeitig und konnten daher trotz ihrer schweren Sünde begnadigt werden.

Von legendarischen Stoffen wurden im 14. Jahrhundert Dorothea und Katharina, im 15. Jahrhundert die Auffindung des Kreuzes durch die Kaiserin Helena und das Leben des heiligen Georg dramatisch verwertet, ohne besondere Vorzüge.

Einen freilich sehr schwachen Anklang an den Ludus de Antichristo aus dem 13. Jahrhundert (vgl. unten S. 156) zeigt ein kurzes deutsches Antichristspiel insofern, als eine politische Anspielung darin vorkommt, die auf das Jahr 1350 hinweist. Der Kaiser will dem Antichrist folgen, wenn ihm dieser seinen Vater beschwört. Das geschieht und es erscheint der König von Böhmen. Als Lohn für seine Gefolgschaft sollen dem Kaiser Jerusalem, Ungerland und das Königreich Salern zufallen. – Im Juni 1350 kam Cola Rienzi an den Hof Karls IV. in Prag, um ihn zu einem Römerzug aufzufordern. Große Pläne lebten damals in der Seele des Tribunen. Es war ein Augenblick, von dem man in poetischer Sprache wohl sagen konnte, der Antichrist habe dem Kaiser die Herrlichkeiten der Welt, die Königreiche von Salerno, Ungarn und Jerusalem angeboten. Rienzi erschien als ein solcher Verführer, auf dessen Vorschläge Karl IV. freilich nicht einging. Irgendwelchen höheren Schwung nahm das deutsche Spiel durch diese politische Beziehung nicht.

Das geistliche Drama des Mittelalters hat wohl einige ergreifend schöne Szenen aus der evangelischen Geschichte wie lebende Bilder mit liturgischem Texte gestaltet. In den realistischen Zusätzen bewährt sich guter Humor und lebendige Anschaulichkeit. Aber ein wirkliches Drama kam nicht zustande. Es fehlt die künstlerische Verdichtung des Stoffes, sein Aufbau und Ausbau zu dramatischer Wirkung. Nicht das Ganze, nur das Einzelne ist anschaulich und lebendig. In katholischen Ländern lebt das geistliche Drama noch bis heute, vornehmlich in den Spielen von Oberammergau. In den protestantischen Ländern wurde das geistliche Drama durch Oratorium und Passionsmusik abgelöst. Damit kehrte das Drama zu streng liturgischer Form und zum Gesang zurück. Aber alles theatralische Schaugepräng sowohl des Spiels wie der Szene verschwand:

Im *weltlichen Drama* tritt das Lustspiel neben das ernste geistliche Schauspiel. Seine Absicht geht auf Unterhaltung, nicht auf Erbauung oder Erhebung. Das weltliche Drama ist mit wenigen Ausnahmen in Texten des 15. Jahrhunderts überliefert. In diese Zeit fällt Anfang und Aufschwung dieser Gattung. Zu einem wirklichen Lustspiel mit dramatischer Handlung und Charakterisierung erhob sich die Dichtung des Mittelalters nicht. Wir unterscheiden zwei Richtungen: auf der einen Seite dramatisierte Erzählungen und Schwänke, auf der andern Seite Aufzüge von Masken mit dürftiger Handlung, Fastnachtspiele im eigentlichen Sinn. Die erste Gruppe entstand in Süddeutschland, in Österreich, Tirol und Schwaben, die zweite in Nürnberg.

Schon das geistliche Drama hatte zu legendarischen Stoffen gegriffen. Ein weiterer Schritt führte zu weltlichen Geschichten, die in Gesprächsform dargestellt wurden. Da gibt es Dramen aus deutscher Heldensage, wie das Spiel vom Berner und Wunderer, dem wilden Jäger, der mit seinen Hunden einer Jungfrau nachsetzt, die der Berner beschützt, indem er den Zweikampf mit dem Unhold aufnimmt und ihn tötet. Im Reckenspiel ist die Sage vom Rosengarten dramatisiert, der Zweikampf zwischen Dietrich und dem hürnen Seifried. Aus der Artussage ist die Geschichte von der Keuschheitsprobe behandelt. Artus hat sieben Fürsten mit ihren Weibern an seinen Hof geladen. Seine Schwester, die Königin von Zypern, sendet durch ihre Jungfrau das Horn, das jeder, der ein untreues Weib hat, verschüttet. Der König von Spanien, mit seinem jungen Weibe, gewinnt den Preis, weil er allein aus dem Horn zu trinken vermag. Eine andre Wendung geht auf die Frauen, die einen Mantel anprobieren müssen, der nur der Reinen genau passt. Hier versucht auch die Närrin ihr Glück. Siegerin ist wiederum die junge Königin von Spanien. Das Aristotelesspiel enthält den Schwank, wie der Weise, der Laune einer schönen Dame folgend, ihr als Reittier dient. Der Narr, dem die Närrin dasselbe zumutet, weigert sich.

Das Urteil des Paris und das Urteil Salomos begegnen in Nürnberger Stücken aus der zweiten Hälfte des 15. Jahrhunderts. Diese Spiele sind in einem silbenreichen und überladenen Versmaß geschrieben, das fast wie gereimte und rhythmische Prosa klingt und jedenfalls das übliche Schema des vierhebigen Knittelverses weit überschreitet. Bemerkenswert um des Inhalts willen ist ein Sterzinger Spiel vom toten König. Drei Söhne sollen das Erbe des Vaters antreten, zwei davon stammen von Kebsweibern; aber der Vater hat zwischen dem echten Sohn und den unehelichen keinen Unterschied gemacht, alle drei wie eheliche Kinder gehalten, sodass nach seinem Tod eine Probe angestellt werden muss, wer der würdige Erbe sei. Der Kaiser befiehlt, die Söhne sollen auf die Leiche des Vaters mit Pfeilen schießen. Zwei Söhne befolgen ohne Zögern den Befehl, der Jüngste aber bringts nicht übers Herz, weil er den Vater zu lieb hatte. Er wird als der echte Sohn erkannt und vom Kaiser mit dem Lande des Toten belehnt.

Besonderer Beliebtheit erfreute sich das *Neidhartspiel*, das in einer noch ins 14. Jahrhundert zurückreichenden kurzen Fassung aus Österreich vorliegt. Der Grundgedanke ist ein Maienspiel: wer das erste Veilchen fand und seiner Dame brachte, gewann sie zur Maienbuhle. Das alte Spiel umfasst nur 58 Verse. Der Proklamator eröffnet das Stück, in dem nur Neidhart und die Herzogin Sprechrollen haben, mit einem Hinweis auf den Inhalt. Neidhart hat das Veilchen gefunden, bedeckt es mit seinem Hut und führt die Herzogin herbei, damit sie es pflücke. Mit lautem Jubelschall ziehen sie zur Stelle. Aber wie die Herzogin das Blümlein brechen will, ist es verschwunden. Sie glaubt sich verhöhnt. Neidhart weiß, dass die Bauern ihm diesen Streich gespielt, und schwört, sich zu rächen. Aus diesem kurzen Spiel gingen später sehr rohe und grobe Bearbeitungen hervor, die die Handlung ins Gemeine zogen und mit Schwänken aus dem Buch von Neidhart Fuchs ergänzten. Ein Bauer legt eine unflätige übel riechende Spende unter den Hut, wodurch die Beleidigung der Herzogin noch viel ärger wird. Bauerntänze und Rittertänze wechseln miteinander ab. Die Ritter führen gezierte Reden, die Bauern gebrauchen derbe Worte und Wendungen. Die Rache Neidharts wird breit ausgeführt. In Verkleidungen als Schwertfeger und Mönch geht der Ritter unter die Bauern, um ihnen möglichst viel Schaden anzutun. Sogar ein Teufelsspiel ist eingeschoben. Luzifer sendet seine Teufel aus, damit sie die Hoffärtigkeit unter den Bauern schüren und die Hölle mit ihren Seelen füllen. Englmar raubt, den alten Liedern gemäß, der Friderun den Spiegel, woraus eine große Prügelei sich entwickelt. Das große Neidhartspiel ist auf 2000 Verse angewachsen, verlangt etwa 100 Darsteller und einen bedeutenden szenischen Aufwand. Das Veilchenspiel ist zu einem überaus derben dramatisierten Schwank angeschwollen, der als Drama etwa dasselbe Ziel verfolgt wie Wittenweilers Ring als Roman, aber ohne dessen Komik zu erreichen. Das große Neidhartspiel wurde endlich wieder zum kleinen Neidhartspiel, einer Nürnberger Fastnachtsposse, zusammengestrichen.

In der zur Quacksalberszene erweiterten Krämerszene bot das geistliche Drama ein weltliches Stück, das nur aus dem ernsten Zusammenhang und von den drei Marien losgelöst zu werden brauchte, um zu einer groben Posse rein weltlichen Inhalts sich zu entwickeln. Der Arzt mit seinem Knecht tritt auf, preist seine Mittel und macht seine Rosskuren an den dummen Bauern, die ihm Glauben schenken.

Streitgespräche konnten ohne viel Umstände in dramatische Form umgesetzt werden. Das aus Dialogen bestehende Volksbuch von Salomon und Markolf richtete Hans Folz zum Spiel her. Das Rätsellied von Traugemund (vgl. unten S. 125) erscheint als Spiel. Ebenso der Wettstreit zwischen Sommer und Winter. An die Herbstlieder der mhd. Lyrik gemahnt das Spiel von Mai und Herbst, die mit ihrem Gefolge auftreten und gegeneinander sprechen. Dem Mai stehen Rosenblatt, Wiesenduft, Frauenlust, Liljenbusch, Frauenlob, Sommerwonne zur Seite, den Herbst begleiten Schlauch, Schlemprian, Trunkenbold, Füller, Lerdenbecher. Letzterer charakterisiert sich mit den Worten: »Ich heiß Ritter Lernbecher, der Vogelsang ist mir gleichgültig, daß den der Mai so sehr lobt. Aber mein Gemüt nur nach Wein tobt.« Seine Wünsche fasst er in die Worte: »Würste an der Glut gebraten, Brot mit Salz und Schmalz, das mir fließet in den Hals zu Tal, das nehm ich für den Gesang der Nachtigall.«

Selten werden die Spiele zu ernster Mahnung benützt. Das Tanhäuserlied enthielt im ersten Teil ein längeres Gespräch zwischen Venus und ihrem Ritter. Danach ist ein Spiel gedichtet: »Der Tanhäuser gibt ein gut Lehr«, ein Gespräch zwischen Tanhäuser und Frau Welt, der er schließlich den Dienst aufsagt: »Welt, ich künd dir Gottes Bann. Dein Nam auf Sünde gespitzt ist. Von dir mußt du mich lan, ja hilft dir nicht dein falscher List.«

Zwei Spiele richten sich schwanksweise gegen die alten Weiber, vor denen sogar dem Teufel graut. Vor der Hölle liegt das Wirtshaus des Pinkenpank. Der Hirt, der das höllische Vieh hütet, trinkt bei Pinkenpank und preist seinen Wein. Drei alte Weiber tanzen zur Schenke. Wie sie zahlen sollen, prügeln sie den Wirt. Sie rühmen sich, auch ihrer Männer Herr zu sein. Nun treiben sie gar das Höllenvieh weg. Hirt und Wirt schlagen Lärm und rufen Luzifer herbei, der mit seinen Teufeln den Weibern die Beute wieder abjagen will. Die Vetteln schlagen aber sogar den Teufel in die Flucht. Ein andres Spiel schildert, wie auf Anstiften Luzifers ein altes Weib durch Klatscherei ehelichen Unfrieden stiftet. Was der Teufel lange Zeit vergeblich versucht, bringt das Weib in kurzer Frist fertig. Die Ehegatten versöhnen sich wieder. Da der Teufel die Alte darüber zur Rede stellt, treibt sie ihn mit Hilfe von drei andern Weibern fort.

Die Gerichtsszene ist in den Spielen sehr beliebt. Der *Tanaweschel* ist eine Seuche, die für 1414 in Augsburger und Nürnberger Chroniken bezeugt wird. Wahrscheinlich war es eine starke Grippe, die viele Opfer forderte. Diese Krankheit wird nun persönlich gedacht und vom Landmarschall vor Gericht geladen. Der Ritter verklagt den Tanaweschel als den Räuber seines schönen Weibes, der Kaufmann als den Störer seines Handels, die Nonne als den Störer des Gottesdienstes durch Husten, Räuspern und Spuken. Der Tanaweschel wird zum Tode verurteilt und dem Henker überantwortet, dass er ihm den Kopf abschlage.

Zu den besten Stücken zählt der Eheprozess von *Rumpolt und Mareth.* Rumpolt ist von Mareth wegen nicht erfüllten Eheversprechens verklagt. Der Angeklagte erscheint mit dem Zitationsbrief. Notar und Advokaten machen auf Lateinisch ihre Bemerkungen, der Richter weist sie, ebenfalls auf Lateinisch, zur Ruhe und fragt den Angeklagten, wer ihn geladen. In seiner Ratlosigkeit, weil er die lateinischen Reden nicht versteht, verlangt er einen Anwalt, mit dem er rasch handelseinig wird. Der Pedell ruft die Gegenpartei herein. Wiederum ein kurzes lateinisches Gespräch zwischen Richter und Notar. Auch Mareth bittet um einen Anwalt. Nun beginnt die Verhandlung. Der Anwalt der Klägerin trägt die Sache vor. Der Richter fragt den Angeklagten, ob er sich schuldig bekenne und Sühne leisten wolle, indem er Mareth zur Frau nehme. Rumpolt leugnet seinen Verkehr mit Mareth und weigert sich, zum Zorn von Mareths Mutter. Beide Parteien zanken sich heftig und werden vom Pedell beschwichtigt. Auf die wiederholte Frage des Richters leugnet Rumpolt abermals. Zeugen werden aufgerufen, die Mutter Mareths und eine Freundin. Die Mutter wird von Rumpolts Anwalt als parteiische Zeugin verworfen. Beim Verhör der Freundin verschnappt sich Rumpolt. Der klägerische Anwalt triumphiert: jam ipse confitetur! Der gegnerische Anwalt wendet ein: ex hoc verum non sequetur! Der Richter meint: vere est suspectus! Der Tatbestand wird zu Protokoll gegeben. Rumpolts Vater macht einen Bestechungsversuch, um seinen Sohn von der Dirne freizubekommen. Das Urteil lautet: Rumpolt hat verloren, Mareth gewonnen. Um einen Vergleich zu erzielen, werden Rumpolt und Mareth miteinander verheiratet. Der Verfasser dieses Stückes verfügt über genaue juristische Kenntnisse und versteht sehr lebendig zu charakterisieren. Der Richter sieht in würdiger Ruhe dem Streit der Parteien zu, die Anwälte reden sich ernstlich in Hitze, der Notar macht brummige Bemerkungen, wie man alles das Geschwätz niederschreiben könne. Rumpolt ist von groben Sitten, der Vater ein plumper Bauer, der mit seinem Geld das Recht beugen möchte; Mareths Mutter ist beschränkt und dumm, sucht einige lateinische Brocken aufzuschnappen und zu deuten, die Freundin sagt trotz ihrer angeblichen Keuschheit über höchst bedenkliche Dinge aus. Alle Figuren sind mit treffsicherer Komik erfasst und gestaltet. Von öder Gemeinheit ist das Stück frei.

Aus der Schweiz stammt das Spiel vom *klugen Knecht* aus dem Ende des 15. Jahrhunderts, in dem ein Ansatz zum wirklichen Lustspiel zu bemerken ist. Das Spiel ist in Akte geteilt, die Motive sind einheitlich und zusammenhängend durchgeführt, die Darstellung ist von glücklichem Humor erfüllt. Es ist derselbe Stoff, aus dem die französische Farce vom Meister Pathelin (1486) und Reuchlins lateinische Komödie Henno (1497) hervorgingen. Der Bauer Rüdi, dem sein geiziges Weib kein Geld gibt, erfährt von seinem Knecht das Versteck, worin jene acht Gulden aufbewahrt. Ein Zigeuner weissagt, Rüdi werde ein gewaltiger Ammann werden, wenn er bessere Kleider trage. Rüdi schickt den Knecht mit den acht Gulden zur Stadt, um Hosentuch einzukaufen. Der Knecht führt den Auftrag aus, behält aber Tuch und Geld für sich und belügt seinen Herrn mit einer Ausrede. Rüdi geht zur Stadt und erfährt vom Kaufmann den Betrug. Nun folgt die Gerichtsszene. Der Knecht nimmt sich einen Anwalt, der ihm rät, sich dumm zu stellen und auf alle Fragen mit »weih« zu antworten. Die Richter bringen aus dem scheinbar blödsinnigen Gesellen nichts heraus und sprechen ihn frei. Der Bauer müsse den Schaden tragen, weil er einem Schwachsinnigen vertraut habe. Als der Anwalt sein Honorar verlangt, da sagt sein Schützling auch nur »weih« und läuft davon. So sind alle vom klugen Knecht überlistet. Der Stoff dieses Stückes ist zum Lustspiel sehr gut geeignet, wie die klassischen Beispiele des Pathelin und Henno, die übrigens mit dem klugen Knecht nicht unmittelbar zusammenhängen; zur Genüge beweisen. Der Schweizer Dichter steht nicht auf der Höhe seiner Aufgabe. In der Charakterzeichnung ist ihm der Verfasser von Rumpolt und Mareth über.

Die bisher besprochenen Stücke sind den Nürnberger Fastnachtspielen von Rosenplüt und Folz weit überlegen. Sie haben den Vorzug gemütlichen Humors und naiver Freude am Komischen, sie meiden die gemeine Zote. Die Verse stehen der mhd. Art näher und sind nicht so roh wie die Nürnberger. Nach Inhalt und Ausführung ist diese Gruppe der weltlichen Stücke nahe verwandt mit Hans Sachs, der sich über seine beiden Nürnberger Vorgänger weit erhob.

Das *Fastnachtspiel* ist eine Gelegenheitsdichtung, die aus den Maskeraden und Umzügen sich herausbildete. Die jungen Bursche durcheilten in Vermummung die Straßen, die älteren Leute waren zu Hause oder in der Zechstube beim Umtrunk versammelt. Die Masken begehrten Einlass in die Stuben und trugen zur Unterhaltung ihre Sprüche oder kleinen Schwänke vor. In Nürnberg war das Schembartlaufen besonders üblich. Schembart bedeutet bärtige Maske; später wurde der Ausdruck nicht mehr verstanden und zu Schönbart umgedeutet. Die niederdeutsche Bezeichnung der Maskenzüge ist: Schodüvel lopen, d.h. in schreckender Teufelslarve umherlaufen. Zum Schembartlaufe gehörte die auf einem Schlitten gezogene »Hölle«, irgend ein Schaustück, das, wie die Wägen unsrer Karnevalszüge, satirische Bedeutung haben konnte. Im Nürnberger Schembartbuche zeigt die Hölle das Bild eines Menschenfressers, der Narren verschlingt. Die Figuren des Wagens waren gewöhnlich nicht lebende Personen, sondern ausgestopfte Puppen, die zum Schlusse verbrannt wurden. Das Wirtshaus, der Tanzboden, die ausgelassene Faschingslaune, von der Spieler und Zuschauer erfüllt sind, bilden den Hintergrund der Fastnachtspiele, die oft nur aus diesen Verhältnissen heraus verständlich und entschuldbar sind. Der Verlauf der Stücke ist so zu denken, dass eine kleine Gesellschaft Vermummter unter einem Anführer, dem Ein- und Ausschreier, sich zusammentat. Der Führer trat in die Stube, die von den Masken aufgesucht wurde, und forderte in althergebrachten Formeln Ruhe. Zuweilen setzte er den Inhalt der geplanten Vorstellung in kurzen Worten auseinander. Dann sagten die Personen ihr Sprüchlein der Reihe nach auf und traten ab. Zum Schluss sprach der Ausschreier die Abschiedsreime, die um Vergebung baten, falls man »zu grob gesponnen« habe. Pfeifer und Spielleute begleiteten oft den Zug, sodass am Ende zum Tanze gepfiffen werden konnte. Zuletzt wurde den Spielern ein Abschiedstrunk, der Johannissegen, geschenkt, worauf sie sich in ein andres Haus begaben, um das Stück zu wiederholen. Bei den einfachsten Formen des Spieles sind den Masken nur Sprüche in den Mund gelegt, mit denen sie sich vorstellen und charakterisieren. Da treten Leute auf, die erklären, warum sie blau gekleidet seien. Zwölf Pfaffenknechte rühmen sich ihrer Faulheit. Narren ziehen auf und erzählen ihre Minneabenteuer. Pilger erscheinen und berichten, warum sie auf der Bußfahrt sind. Bauern ziehen in die Stadt und prahlen mit ihren Fähigkeiten in Trunk und Liebe. Die Maskenspiele sind eigentlich nur lebende Bilder, wie sie das Mittel alter liebte und mit erläuternden Spruchbändern versah. Solche Narrenbilder fasste schließlich Sebastian Brant in seinem Narrenschiff zusammen, das im Grunde nichts andres als ein großer Faschingszug aller menschlichen Torheiten ist. Die Masken können aber auch durch eine kleine Handlung umrahmt werden, sodass ihre Sprüche einen Dialog, keinen bloßen Monolog bilden.

Die Gerichtsszene erfreut sich besonderer Beliebtheit, und zwar in Gestalt eines Preis- oder Schöffengerichtes. Eine Frau bietet z. B. dem ärgsten Liebesnarren einen Apfel zum Preise, zu dessen Gewinn die Spieler ihre Taten aufzählen. Im Schöffengericht wird irgendeine Klage vorgebracht, gewöhnlich über eheliche Untreue. Der Richter hält bei den Schöffen eine Umfrage und fällt danach das Urteil, das entweder in lächerlichen Strafen oder in Vergleichsvorschlägen besteht oder auch zur allgemeinen Versöhnung eine Sauferei auf Kosten der Parteien beantragt. Den Inhalt der Verhandlung bilden geschlechtliche Dinge, die mit unglaublicher Offenheit erörtert werden. Auch auf das Gebiet unappetitlicher Körperverrichtungen erstrecken sich die Äußerungen der Spieler. Nur selten ist der Schmutz wenigstens originell und humoristisch, wie z. B, in dem Falle eines auf der Straße liegenden außergewöhnlich großen menschlichen Auswurfs. Eine Schar von Bauern und drei Ärzte umstehen staunend das Ding; die Ärzte geben ihr Gutachten ab, wie diesem Menschen wohl geschehen sein möge, als das »Kunter« von ihm ging. Die Bauern sind in den Fastnachtspielen bös mitgenommen. Sie erscheinen als rohe, schmutzige Gesellen, angetan mit groben Stiefeln, Mützen, Peitschen, Schaufeln und Mistgabeln und heißen Heinz Mist, Fritz Weinschlund, Jeckel Schmutzindiegelten, Hans Kot in der Kotgaß, Rübenschlund von Sauferei, Heinz Molkenfraß, Nasenstank, Nasentropf, Mückenfist, Kerbenfeger, Heinz von Schalkhausen unter dem Kuhzagel. Die Verachtung des Städters gegen den Bauern zeigt sich in solcher Charakterzeichnung, die übrigens bei Neidhart und bei Wittenweiler ebenso ungünstig ist. Zote und Satire sind das Lieblingsthema der bürgerlichen Dichtung überhaupt und des Fastnachtspieles insbesondere. Unter den Spielen befinden sich einige, deren Inhalt darauf hinweist, dass sie als derbe Polterabendscherze verwandt wurden. So die Geschichte vom Mönch Berchtold, in dessen Namen der große Prediger des 13. Jahrhunderts nachlebt. Ein Bauer will seine Tochter Hilla dem Hans Schlauch geben. Der Mönch »credenzt« sie zuvor, damit Hans Schlauch ja nicht betrogen werde. Die Hochzeitsgeschenke bestehen in einem alten Pflug, alten Hut und zerrissenen Strohsack, sowie einer kranken Kuh. Der Mönch gibt zum Schluss aller dieser Zeremonien die Brautleute zusammen. Die Spielleute pfeifen zum Tanze auf. In einem anderen solchen Stück werben hintereinander ein Bauer, Pfaffe, Mesner, Mönch, Schmied, Wagner, Metzger, Schuster, Schneider, Kürschner um ein Mädchen, das dem letzten und besten Freiwerber, dem Schreiber, sich ergibt.

Bei so bewandten Umständen ist es begreiflich, dass Ratsverordnungen wiederholt gegen die Fastnachtspiele gerichtet wurden. In den Jahren 1468 und 69 verbot der Nürnberger Rat die leichtfertigen, üppigen, unkeuschen Spiele und Reime, die in Häusern oder sonst wo tags und nachts aufgeführt werden. Er nennt sie sündlich, ärgerlich, schändlich und die Darstellung vor ehrbaren Leuten, zumal vor Frauen und Jungfrauen unziemlich. Wie wenig das Verbot nützte, beweist seine Wiederholung im nächsten Jahre am 9. Januar 1469, kurz vor Beginn des Faschings. Als im Jahr 1476 die Tuchheftergesellen um Erlaubnis zur Aufführung eines Spieles baten, wurde sie zwar erteilt, aber mit der Bedingung, die Leiter und Träger der wichtigsten Rollen anzugeben und keine Unzucht zu treiben. Diese Erlasse gingen gegen die Zuchtlosigkeit. Auch die Satire konnte Anstoß erregen. Aus späterer Zeit liegt hiefür ein Zeugnis vor: die große Puppe auf dem Höllenschlitten des Jahres 1539 wies deutlich auf den streitbaren Stadtpfarrer Osiander, sodass der Rat den alten Brauch überhaupt aufhob, um solchen Ärgernissen vorzubeugen.

Die bereits unten S. 455 und 457 erwähnten Spruchdichter Hans Rosenplüt und Hans Folz sind die Hauptvertreter der Fastnachtspiele. *Rosenplüts* Stücke umfassen ein weites Gebiet. Im Artusspiel um 1440 will der König bei einem Turnier ein kostbares Pferd verschenken, das mit perlenbestickter Decke und diamantbesteppten Stirnschmuck ausgestattet ist. Die Königin setzt als zweiten Preis ein Halsband von Edelsteinen aus. Der dritte Preis ist ein Schwert. Dem Faulsten wird ein jähriger Esel zugesprochen. Das Stück ist also ein Preisgericht, das aber nur die Aufzählung der Preise und die Einladung zur Bewerbung enthält. Bedeutender ist das Spiel vom Großtürken, das zur Satire auf das Deutsche Reich und zum Lobe Nürnbergs verfasst ist. Der Dichter stellt sich auf türkischen Standpunkt: In der Türkei herrschen nicht die Übelstände, unter denen Deutschland und die Christenheit leiden. Der Sultan ist im Geleit Nürnbergs nach Deutschland gekommen und lässt sich über die argen Missbräuche berichten. Die Räte des Kaisers und Papstes streiten sich mit den türkischen herum. Endlich dankt der Großtürke den Nürnbergern für das sichere Geleit und verheißt ihnen bei etwaigem Gegenbesuch gute Aufnahme in der Türkei. – Ein andres Spiel wendet sich gegen den Adel. Es ist ein Notruf der armen Bürger an Kaiser und Papst um Frieden. Ein Ritter klagt beim Papst im Namen der Armen über die streitsüchtige Geistlichkeit. Der Papst ruft den Bischof zur Verantwortung. Dieser rechtfertigt sich mit dem Hinweis auf die weltlichen Fürsten, denen er es gleichtun müsse, um seine Stellung zu wahren. Da wendet sich der Papst durch einen Kardinal an den Kaiser und bittet um Abstellung der Übel. Ein Fürst wird als besonderer Friedensstörer bezeichnet. Er beruft sich darauf, dass er seine Mannen beschützen müsse; der Friede mache die Städter zu üppig. Da stimmt auch der durch den Ritter vertretene niedere Adel bei:

»Sollt es allweg Fried bleiben, die Bauern würden den Adel vertreiben.« Die Bitterkeit der Satire liegt darin, dass der Ritter, der im Namen der Bedrängten die Sache führte, in dem Augenblick ihr Gegner wird, wo er sich selbst bedroht fühlt. Daher haftet auch auf ihm die Anklage, die im Namen der Armen der Narr zum Schluss erhebt. – An die politischen Stücke reihen sich einige kleine Handlungen, die mit mäßigem dramatischem Geschick aufgebaut sind. Die Ehefrau hat ihren Mann im Verdacht, dass er »in fremden Scheuren gedroschen« habe. Er leugnet ab und wird von einem Boten abgerufen. Eine Kupplerin naht in seiner Abwesenheit der Frau, die aber auf die Mahnung ihrer Magd standhaft bleibt und ihren heimkehrenden Hauswirt mit Freuden empfängt. Der Ehemann ist zwar etwas misstrauisch, lässt sich aber beruhigen. Die Szenen sind lose aneinander gereiht, die Moral ist sehr äußerlich, weil die Frau nur durch zufällige Umstände, nicht aus innerer Überzeugung vor dem Fehltritt bewahrt bleibt. – Die Geschichte vom Edelmann und Bauern behandelt ebenfalls das Kapitel ehelicher Treue. Ein Edelmann vertraut einem Bauern, der noch nie gelogen hat, einen Bock an. Die Frau des Edelmanns macht sich anheischig, dem Bauern den Bock abzugewinnen und ihn zum Lügen zu bringen. Dann folgt eine Zwischenszene, die über die Zeit hinwegtäuschen soll: Der Edelmann befragt drei Männer nach ihrer Meinung über den Ausgang der Sache. In der letzten Szene sind Edelmann, Frau und Bauer beisammen. Die Frau hat den Bock wirklich gewonnen; aber sie wird ihres Sieges nicht froh, denn der Bauer lügt auch diesmal nicht, wie sie hoffte, sondern verrät, dass sie ihre Ehre dafür geopfert. – Einige Gerichtsszenen beschäftigen sich mit Klagen von Frauen, denen die Männer »das Nachtfutter austragen«. Die Schöffen sagen ihre Meinung dazu. Vor dem geistlichen Gericht des Bamberger Bischofs erscheinen drei Ehepaare mit gleicher Klage. Die Männer rechtfertigen sich: Dem ersten ist sein Weib zu jung, dem zweiten zu kränklich, der dritte ist zu schüchtern, während die Frau über Gebühr erfahren ist. Sie erhalten die Mahnung, heimzukehren und sich zu vertragen. – Ein junger Mann begehrt vom Gericht Auskunft, wann er heiraten soll, und erhält darauf derben Bescheid. – Statt der Gerichtsszene verwendet Rosenplüt zur Abwechslung einmal einen Schulaktus. Ein junger Magister will wissen, warum man die Frauen liebe, und bekommt verschiedene Antworten: wegen Reichtums, vornehmer Geburt, schöner Kleider, angenehmen Wesens, schöner Gestalt. – Die

Narren- oder Maskenaufzüge sind bei Rosenplüt sehr öde, indem die einzelnen Personen ohne Rücksicht auf die andern ihre Sprüche hersagen. Bauern rühmen sich, wie sie mit Weibern zu scherzen verstehen; Männer klagen über eheliches Missgeschick; neun Bauern sagen, warum sie dies oder das einem andern vorzögen, z. B. Wein dem Wasser,. Honig der Wagenschmiere, Schlaf der Arbeit; Büßer im Harnisch oder Büßer im Pilgergewand erzählen ihre Buhlereien.

Hans Folz ist als dramatischer Dichter höher zu bewerten. Seine Masken- und Narrenaufzüge sind lebendiger und natürlicher. Da fällt Frau Venus ein Urteil über Liebesnarren; der Gedanke ist hernach von Hans Sachs im Hofgesind der Frau Venus aufgegriffen worden. Allein schon die Gestalt der Venus bringt Zusammenhang in die Sprüche. Die Darstellung ist aber auch viel belebter als in den Stücken andrer Verfasser. Die Rede wird mit kurzen Fragen und Ausrufen unterbrochen, der Monolog durch dialogische Einwürfe. Folz macht keine langen Umschweife, er lässt seine Spieler wie zufällig ins Haus kommen und entwickelt zwanglos den dramatischen Vorgang. Die Gerichtsszenen sind zwar nicht minder abgeschmackt und zotig als bei Rosenplüt, aber die gefällten Urteile sind kürzer, wenden die Sache zum Besten und enden mit fröhlicher Zecherei. Damit erreicht Folz höhere komische Wirkung als Rosenplüt. Die Bauerntölpel sind mit Neidhart'schem Humor erfasst und geschildert. Folz besitzt gesunden Mutterwitz und schlagfertige Zunge. Darum wählte er sich das Streitgespräch zwischen Salomo und Morolf zum Fastnachtspiel. Die besten Leistungen sind seine Szenen aus dem Volksleben, die gut geschaut und flott geschildert sind. Stichreim beim Personenwechsel, Zankszenen mit Flüchen und Scheltreden entwickeln das dramatische Gespräch, während die andern ihren Figuren nur Sprüche in den Mund legen. Da lässt er einen Pilger ins Wirtshaus eintreten und sein Unheil laut beklagen. Er ist ausgeraubt worden. Ein Bauer fällt ihm ins Wort, es sei ihm recht geschehen. Daraus entspinnt sich ein Wortwechsel, in dem der Bauer dem Pilger alle seine Schandtaten vorhält. Die eheliche Zankszene wird anmutig belebt, indem die Schwiegereltern und Nachbarn daran teilnehmen. – Eine kleine Handelszene wird durch zwei Bauern vorgestellt: der eine verkauft dem andern einen Hasen. Der Käufer bezahlt, der Verkäufer dreht jeden Pfennig um und prüft seine Echtheit und Gültigkeit. – Die soziale Frage der Zeit streift Folz in einem Gespräch zwischen einem Krämer und einem Bauern.

Der Bauer beneidet den Krämer und möchte gern auch so leicht Geld verdienen wie jener, statt mit saurer Arbeit sich zu plagen. Es ist eine Satire auf den Bauern, der sein gutes festes Eigentum drangibt und aus seinem Stande hinausdrängt. – Gegen Ende des 15. Jahrhunderts war der Hass des Handwerks gegen den jüdischen Wucher sehr groß, bis 1498 ein kaiserlicher Erlass die Juden aus Nürnberg verbannte. Folz wendet sich in drei Stücken mit besonderer Schärfe gegen die Juden. Im einen greift er auf den alten, schon im Ludus de Antichristo behandelten Streit zwischen Kirche und Synagoge zurück, neben denen er einen Doktor und Rabbi das Wort führen lässt. Im andern lässt nach der Silvesterlegende Kaiser Konstantin das Christentum gegen die Anfechtungen des Judentums verteidigen. Im dritten stellen die Juden einen falschen Messias auf. Sibylla entlarvt ihn als Betrüger. Der Fürst lässt das Urteil über ihn sprechen. Es werden schimpfliche Strafen gefordert. Endlich wird der Messias mit vier Rabbinern unter eine Sau gebunden und hinausgejagt. In allen Stücken reden die Juden wie im geistlichen Drama ein hebräisches Kauderwelsch. Folzens Stücke gewähren einen Einblick in die Stimmung des Volkes vor Ausbruch der Judenhetzen.

Aus Lübeck erhalten wir wertvolle Nachrichten über weltliche Spiele, die von 1430–1515 aufgeführt wurden. Die Pflege dieser Spiele lag in den Händen der patrizischen Zirkelgesellschaft, in deren Büchern Eintragungen darüber gemacht wurden, sodass uns eine Anzahl von Titeln, freilich ohne die dazugehörigen Texte bekannt wird. Die Schaffner der Gesellschaft wählten jedes Jahr einen Ausschuss von vier Männern, von denen zwei für ein passendes Stück, zwei für die Inszenierung zu sorgen hatten. Im Jahr 1499 wurde bestimmt, dass die zwölf jüngsten Mitglieder verpflichtet seien, an der Aufführung mitzuwirken und mit den zugewiesenen Rollen sich zufrieden zu geben. Die Zeit der Vorstellungen währte vom Fastnachtsonntag bis Dienstag. Die Bühne bestand, wie im Fronleichnamsdrama, in einem fahrbaren hölzernen Gerüst. Zum Jahre 1458 wird vermerkt, dass dieser Bühnenwagen, der die Burg genannt wurde, an der Beckergruben Ecke mit sämtlichen Insassen, 16 Frauen und 8 Männern umgefallen sei. Das Lübecker Fastnachtspiel ist also anders eingerichtet als das Nürnberger. Der Inhalt der Stücke, soweit die bloßen Titel verständlich sind, umfasste beide Richtungen: dramatisierte Geschichten und Fastnachtspiele. Nur weniges stimmt mit den sonst bekannten Stücken überein, sodass wir uns überhaupt das in den großen und kleinen Städten gepflegte weltliche Schauspiel viel reichhaltiger denken dürfen, als aus den erhaltenen Texten ersichtlich ist. Da finden wir das Urteil Salomonis und Paris mit den drei Göttinnen, wie in den oben S. 480 erwähnten Nürnberger Spielen. – Von Sagenstoffen sind hervorzuheben: Jason mit dem Goldenen Vlies, das trojanische Pferd, Alexander, der in die Hände der Könige von Mohrenland fiel, die sein Bildnis hatten malen lassen, woran sie ihn erkannten, Alexanders Zug zum Paradies, König Karl und Elbegast, Artus, Amicus und Amelius. Auf eine Novelle weist der Eintrag: »Wie ein Kaiser sein Gemahl versuchen ließ, ob sie ihm auch treu wäre, und befand sie ehrenfest«; auf Schwänke deuten die Spiele vom Vater und Sohn, die es keinem recht machen konnten, ob der eine oder der andre auf dem Esel ritt oder ob sie ihn vor sich hertrieben; vom alten Weib und den Teufeln, die sich um einen vergrabenen Schatz stritten, wobei das alte Weib siegreich war, die Teufel schlug und verbrannte; vom Mohrenkönig, den sie wollten weiß waschen. Märchenhaft scheinen Titel wie der von den drei Rekken, die eine Jungfrau aus der Hölle gewannen, oder vom Jüngling, der ein Mädchen küsste (wohl um sie aus Verzauberung zu erlösen). Fabeln und Tiersagen sind der vom Throne gestoßene Löwe und der Wolf, dem einer ein Weib geben wollte. Von 1480 an werden die Titel lehrhaft und allegorisch und sind oft in die Form des Sprichwortes gekleidet. Bürgerliche und menschliche Tugenden wie Wohltun, Treue, Wahrheit, Zucht, Rechtschaffenheit, Dankbarkeit, Liebe, Glaube, Eintracht, Friede, Mäßigung, Weisheit des Alters, Vorsicht werden empfohlen, Selbstsucht, Habsucht, Betrug, Wucher, Frevel, Gewalttätigkeit, Undankbarkeit, Prachtliebe getadelt. Ein Spiel handelt von der Wahrheit, wie sie in der Welt allerwege verstoßen und abgetan, aber am Ende doch noch hoch erhoben und geehrt wurde. Das Spiel von der Habsucht führt als Titel das Sprichwort: »Jedermann in seinen Sack« (d. h. für seine Tasche), das von der Gewalttätigkeit: »Wo Gewalt ist, da ist's aus mit dem Recht.« Ein Titel lautet: »Die Liebe gewinnt alle Ding, da widersprach der Pfenning.« Weitere Titelsprüche sind: »Das Glück ist unstet und wandelbar«, »Wo Friede ist, da ist Gott dabei«, »Wo Friede, Liebe und Eintracht ist, da ist eine Stadt wohl verwahrt«, und entsagungsvoll klingt der letzte Eintrag vom Jahr 1515: »Die Liebe wird überall gesucht und nirgends gefunden.«

Der Lübecker Spielplan ist, trotzdem die Stücke zu Fastnacht aufgeführt wurden, sehr reich und vorwiegend ernsthaft. Er unterscheidet sich vom Nürnberger vorteilhaft durch das Fehlen der Zote. Stücke von Rosenplüt und Folz scheinen nicht in den Norden gedrungen zu sein.

Die Prosa

Für die deutsche Prosa haben die Mystiker das Größte geleistet, indem sie bedeutende Gedanken in edler Form darboten. Wahre Poesie und Gedankentiefe ist in den mystischen Schriften zu finden. Der Inhalt der Mystik ist die Vereinigung der Seele mit Gott, die Minne, die Gott, den Urgrund alles Wesens, und die menschliche Seele verbindet. Bereits in zahlreichen Gedichten des 11. und 12. Jahrhunderts trat uns dieser Gedanke entgegen, mit Vorliebe an das Hohe Lied angeknüpft, das als die Brautschaft der Seele mit Gott gedeutet wurde. Aber die poetische und philosophische Ausbildung dieser Lehre fällt erst ins 13. und 14. Jahrhundert. Die religiöse Verzückung steht in Zusammenhang mit den von den Niederlanden über ganz Deutschland sich ausbreitenden Vereinen frommer Frauen, die sich Beginen nannten. Ihr Streben war auf die Beförderung eines reinen und wahrhaft christlichen Lebens gerichtet, sie entsagten der Welt und suchten Gott in der Niedrigkeit. Es waren Laiengemeinschaften, die wohl klösterliche Zucht beobachteten, aber ihre Mitglieder nicht für alle Zeit banden, sondern ihnen den Austritt gestatteten. Die Beginen können aus dem Orden austreten und heiraten, unterscheiden sich also sehr wesentlich von den Nonnen. Sie unterwerfen sich nicht ein für alle Mal einem Klostergesetz, das unverbrüchlich ihr ganzes künftiges Leben regelt, sondern sie vertiefen sich täglich aufs Neue in die ewige Heilswahrheit, die sie sich gleichsam immer wieder erwerben oder bestätigen. Daraus erwächst ein gesteigertes Gefühlsleben, eine Verinnerlichung und Versenkung, die höher ist als alle Klosterregel. Das empfängliche Gemüt der frommen Frauen trachtet nach unmittelbarer Vereinigung mit Gott. Am schönsten äußert sich dieses Gefühl in der Schrift der *Mechthild von Magdeburg* (gest. um 1277) »vom fließenden Licht der Gottheit«, die Heinrich von Nördlingen um 1344 für seine Freundin Margareta Ebner ins Hochdeutsche übersetzte; die niederdeutsche Urschrift ging verloren. Die Herzensergießungen lesen sich wie ein hohes Lied der Liebe. »Frau Minne, du hast mich gejagt, gefangen, gebunden und so tief verwundet, daß ich nimmer werde gesund.« Mechthild weiß, dass ihre Minne den allmächtigen Gott bezwungen hat. Im Sehnen nach dem Herrn kleidet sie sich mit den Kleidern der Demut, der Keuschheit und aller Tugenden und geht in den Wald, wo die Nachtigallen von der Vereinigung mit Gott Tag und Nacht singen. Aber der Bräutigam zögert. Da spricht sie mit den Boten der Sinne: »Ihr wisset nicht, was ich meine; laßt mich allein, ich will ein wenig vom ungemischten Wein trinken.« Die Sinne bieten ihr zur Kühlung die Tränen der Maria Magdalena, die Keuschheit der Mägde und das Blut der Märtyrer; aber sie verschmäht diese Labung. Auch die Weisheit der Apostel und die Minne der Engel tut ihr kein Genügen. Nun weisen die Sinne sie zum Jesuskind auf dem Schoß der Jungfrau. Sie aber erwidert: »Das ist eine kindische Liebe: ich bin eine vollerwachsene Braut und will zu meinem Traut.« Da suchen die Sinne sie zu schrecken mit dem Strahlenglanz der Gottheit, vor dem sie erblinden müsse. Sie aber antwortet: »Der Fisch kann im Wasser nicht ertrinken, der Vogel in der Luft nicht versinken, das Gold im Feuer nicht verderben. Gott hat allen Kreaturen gegeben, daß sie ihrer Natur pflegen. Wie könnte ich meiner Natur widerstehen?« So harrt sie des Seelenbräutigams. In einer andern Vision weilt sie in der Kirche bei der Messe und beim Chorgesang, als arme Dirne weit vom Altar, aber an ihrem Gewande steht das Lied: »Ich stürbe gern von Minne.« Das Lamm auf dem Altar mit seinen unvergesslich süßen Augen neigt sich voll sehnsüchtigen Erbarmens zu ihr.

Was sich hier in verzückte Bilder kleidet, wird von den Mystikern des 14. Jahrhunderts zur Lehre entwickelt. Die großen Prediger des 13. Jahrhunderts, Berthold von Regensburg und David von Augsburg, waren Franziskaner, die Mystiker sind Dominikaner. Die mystische Bewegung gelangt bei Meister Eckhart nach der Seite des Erkennens, bei Heinrich Seuse nach der Seite des Gefühls, bei Johannes Tauler nach der Seite der praktischen Ethik zum Ausdruck. Der Schöpfer des Systems, das sein gelehrtes Rüstzeug von der Scholastik übernahm und in möglichster Einstimmung mit der Kirche sich zu halten hatte, ist *Meister Eckhart.* Er war um 1260 in Hochheim bei Gotha geboren und trat frühzeitig in den Dominikanerorden ein. Am Ende des 13. Jahrhunderts war er Prior in Erfurt, studierte dann in Paris, wurde 1304 Provinzialprior in Sachsen, kam 1314 als Theologieprofessor nach

Straßburg und zog später nach Köln, wo er 1327 starb. Ein Jahr vor seinem Tode war ein geistliches Gericht eingesetzt worden, um seine Schriften auf etwaigen ketzerischen Inhalt zu prüfen. 1329 erfolgte die päpstliche Entscheidung, die einen Teil der Lehre als ketzerisch verdammte. Die Mystik trug ja in weite Kreise das Bedürfnis, ohne Vermittlung von Kirche und Priester in unmittelbares Verhältnis zu Gott zu gelangen und selbständiges, die kirchlichen Grenzen überschreitendes Denken auf religiösem Gebiet anzuregen. Nach Eckhart ist Gott das absolute Sein und die Möglichkeit des Seins, das Werden. In der göttlichen Wesenheit ist alles Sein und Seinkönnen beschlossen. Gott schwebt in sich selber in düsterer Stillheit. Aber dieser Gottheit entfließt, wie der Blume der Duft, der Sonne der Schein, das einfältige Bild ihrer selbst, die Person Gottes. Und auch diese Person verlangt nach ihrem Bild, das sich in Christus darstellt. Der Heilige Geist ist der Gemeinwille beider, die Minne des Vaters und des Sohnes. Christus, das Bild Gottes, ist die höchste Form der Idee, zu der sich alle andern Geschöpfe wie abgeleitete Formen verhalten. Auch die Materie ruht in der göttlichen Wesenheit; sie ist die Grundlage für alle Formen der Dinge. So ist die Welt eigentlich nur der ausgestaltete Gedanke Gottes und geht ungeteilt in Gott auf; aber durch die Schöpfung entwickeln sich die Dinge zu eignem, individuellem Wesen. Christus ist das Ziel, dem alle Geschöpfe gleich werden sollen. Die einzelnen Lebewesen zeigen eine stufenweise Abschwächung des Göttlichen in ihrer Natur. Allem Irdischen haftet der Stoff und damit die Sünde an. Der Seele des Menschen ist das Bild Gottes eingeprägt; dieses soll nun die Sonderheit des Menschen, alles Sinnliche »überformen«. Wenn im Andrängen des Stofflichen der Mensch seinem göttlichen Urbild sich entfremdet, so kehrt er durch Versenkung und Verinnerlichung zu Gott zurück. Das ist die mystische Vereinigung, das höchste Ziel der Erkenntnis. Der Mensch wird selber wieder Gott, wenn er die Erscheinungswelt, die ihm Trennung von Gott in der Vielheit der Gestalten vorspiegelt, verneint. Durch das Herabsteigen in den innersten Seelengrund, durch das Zurückziehen aus der Zerstreuung der Außenwelt in die Einheit des Geistes kehren wir zum Urquell zurück. »Wir sollen die Augen unsrer Vernunft in uns kehren und sollen ansehen die Edelkeit unsres geistlichen Wesens, wie wir gebildet sind nach der heiligen Dreifaltigkeit, wozu wir geschaffen sind: dass wir dazu geschaffen sind, dass wir von Gnaden vereinigt mögen werden mit dem ungeschaffenen Geist Gottes.« Ein solcher Mensch, der Gott in seiner Seele erkannt hat, steht über Kirchensatzung und Kirchenglaube. Gerade in diesem letzten Schluss lag die Gefahr der Ketzerei, weil der Laie sich mündig geworden fühlte und der Glaubenskrücken entbehren konnte. In einem tiefsinnig schönen Gespräche mit einem »armen Menschen«, der aber ein König ist, da »er alle Kreatur ließ und Gott im lautren Herzen fand« und nun ewiglich in Ruh und Freude lebt, erkennt Eckhart die Macht des Laien an, der ganz aus sich selber heraus zur Vereinigung mit Gott gelangte. Ein schöner Zug bei Eckhart ist es, dass er der werktätigen Nächstenliebe den Vorzug über die Verzückung zugestand. Wenn einer in Verzückung wäre und er hätte einem Siechen ein Süpplein zu bringen, so sei es besser, von der Verzückung zu lassen und – der Liebespflicht nachzukommen. Eckharts Lehre, die er so gut als möglich dogmatisch zu verankern suchte, nähert sich pantheistischen Vorstellungen. Die Literaturgeschichte hat zu rühmen, dass der Meister seine neuen und schwierigen philosophischen Gedanken in klare und verhältnismäßig leicht verständliche Worte und Sätze zu fassen vermochte. Nach ihrem philosophischen Gehalt hat Eckhart die Mystik nicht nur geschaffen, sondern auch vollendet; seine Schüler fußen durchaus auf seinen Gedanken und Beweisen. Aber sie ergänzen ihn, indem sie zugleich andre Seiten der Mystik zur Geltung bringen.

Heinrich Seuse (geb. zwischen 1295 und 1300) verbrachte den größten Teil seines Lebens im Dominikanerkloster zu Konstanz, später in Ulm, wo er 1366 starb. Er ist der Dichter unter den Mystikern. Sein Leben wurde von einer Schweizer Nonne, Elsbeth Stagel, mit der er in regem persönlichen und schriftlichen Verkehr stand, beschrieben. Diese von Seuse selber durchgesehene Schrift ist die älteste deutsche Biographie … Schwärmerische Gottesminne erfüllt das Leben und Wirken Seuses, der im Vergleich zu Mechthild, der minnenden Frau, den minnenden Mann darstellt. Neben seinem Schwelgen in weltfernen Gesichten besitzt er aber doch scharfen Blick für die Wirklichkeit. Seine romantische Gottesminne beginnt mit der Erweckung zur Gnade. Er sieht als Jüngling den Himmel offen und darin die göttliche Weisheit (d. i. Christus), der seitdem all sein Sinnen gilt. Wenn er zu Tisch geht, ladet er den himmlischen Freund an seine Seite und bietet ihm von jedem Gericht an. Zu Neujahr erbittet er sich von seinem Lieb, der himmlischen Weisheit, nach Landesbrauch ein Kränzlein; er kniet vor ihrem Bild und grüßt ihre Schönheit mit dem Liede: »Ach du bist doch mein fröhlicher Ostertag, meines Herzens Sommerwonne, meine liebe Stunde; du bist das Lieb, das mein junges Herz allein minnet und meinet und alles zeitlich Lieb um deinetwillen hat verschmäht. Des laß, Herzenstraut, mich genießen und laß mich heut einen Kranz von dir erwerben.« In der ersten Mainacht errichten die jungen Bursche ihrem Schatze einen Maibaum. Da setzt er einen geistlichen Maibaum, wie es keinen schöneren gibt, den wonniglichen Ast des heiligen Kreuzes; statt der Rosen bietet er herzliche Minne, statt der Veilchen demütiges Neigen, statt der Lilien lauteres Umfangen, statt der bunten Wiesenblumen geistliches Küssen, statt Vogelsang unergründliches Loben der Seele. Aber in der Mitte seines Rosengartens erhebt sich, wie Görres sagt, sein Kalvarienberg. Seinen Leib kreuzigt er mit schwerster Pein, Christi Passion buchstäblich mitleidend, sich geißelnd und mit spitzen Nägeln peinigend. Wer einen hohen Preis erringen will, muss tapfer streiten. Er denkt an den Ritter, der im Turnier Wunden und Schmerzen duldet, um ein Ringlein zu gewinnen. Wie viel mehr muss da der geistliche Ritter um den so viel höheren Lohn leiden! Er erblickt die ewige Weisheit in mannigfaltigen Gestalten, sie leuchtet wie der Morgenstern und scheint wie die spielende Sonne. Jetzt wähnt er eine schöne Jungfrau vor sich zu haben, da findet er einen stolzen Junker. Bald erscheint sie wie eine weise Meisterin, bald wie eine schöne Minnerin. Und sie neigt sich ihm liebreich und spricht zu ihm: Gib mir dein Herz! Oft gerät er in überschwängliche Empfindung, dass er in Wonne vergehen und ertrinken möchte. Wenn er in der Messe das »sursum corda« singt, stellt er sich vor alle Kreaturen, die Gott in den vier Elementen je erschuf, um sie anzufeuern, wie ein Vorsänger seine Gesellen reizt, dass alle Wesen ihre Herzen zu Gott erheben und einstimmen: sursum corda! Auf der wirklichen Welt ruht sein Blick scharf und klar. Seine Erlebnisse sind mit außerordentlicher Deutlichkeit geschildert, so besonders die Begegnung mit einem Mörder im tiefen Wald, auf engem Pfad am Rheinufer. Der Mörder will Beichte ablegen und berichtet alle seine Totschläge und Morde, besonders wie er einmal einen Priester im Walde erstach und in den Rhein warf. Seuse fühlt ein Grauen und glaubt sich demselben Schicksal verfallen. Mit spannender Lebendigkeit und Anschaulichkeit ist der ganze Vorgang erzählt. Ebenso ausführlich ist die Geschichte von dem bösen Weib, dessen er sich liebevoll annahm, und das ihn arglistig der Vaterschaft ihres Kindes bezichtigte; er musste viel ausstehen, bis seine Unschuld erwiesen und seine Ehre wiederhergestellt war. Seuse nimmt immer auf Eckharts Lehre Bezug; der Meister war ihm nach seinem Tode erschienen und hatte ihn belehrt, wie seine Seele nun vergottet sei. In seinem Buch der Wahrheit verteidigt Seuse Eckharts Lehre. Die Geschichte seines inneren Lebens enthüllt sich am schönsten in den Briefen, die er an seine geistlichen Kinder, vornehmlich an Elsbeth Stagel richtete.

Elsbeth Stagel beschrieb auch das Leben von etlichen dreißig Klosterfrauen zu Töß aus den Jahren 1250–1350 auf Grund älterer schriftlicher und mündlicher Berichte sowie nach eignen Wahrnehmungen. Das Buch führt in die schwärmerische Phantastik der heiligen Frauen ein, die, versenkt in Christi Leiden, unter Kasteiung und Verzückung die Vereinigung mit dem himmlischen Bräutigam erwarteten und auch erlebten.

Die Mystik ist das krankhaft zarte Gebilde des geistlichen Minnedienstes mitten in einer rauen Zeit. Sie weist aber nicht bloß auf die Vergangenheit, sondern auch auf die zukünftige Reformation, indem sie dazu beitrug, die Geister zur Selbständigkeit zu erziehen. Und sie strebt nicht nur über diese Welt hinaus, sondern sieht die Dinge, wie sie sind, klar und scharf, wie Seuse, und wendet sich werktätig zur Welt, wie der letzte der drei Meister, Tauler. *Johannes Tauler* wurde um 1300 geboren und starb 1361. Er war Predigermönch zu Straßburg, zeitweilig auch in Basel und Köln. Er gewinnt der Mystik die praktische Seite ab: »Ihr sollt nicht fragen nach großen hohen Künsten; geht einfältiglich in euern Grund inwendig und lernet euch selber erkennen.« Wenn Eckhart über den geheimnisvollen göttlichen Urgrund nachdenkt und Seuse in minniglicher Verzückung schwärmt, so sucht Tauler den Weg zu Gott in der Welt. Er wendet sich gegen asketische Übertreibung, er verlangt strenge Selbstzucht, aber nicht Selbstvernichtung. Er vergleicht die Seele mit der Weinrebe, die der Winzer beschneiden und vom wilden Holze befreien muss. So sollen die Menschen alle Unordnung und alle Gebresten mit scharfem Messer entfernen, aber nicht ins gute Holz schneiden. Mit Eckharts oben angeführtem Satz berührt sich Taulers Ausspruch, dass ein Leben voll schlichter Arbeit und Pflichterfüllung Gott wohlgefälliger sei als ein Schwelgen in Verzückung. Er kennt einen der allerhöchsten Gottesfreunde, der alle seine Tage als Ackermann verbrachte: »es ist nirgends so ein klein Werklein noch Künstlein noch so schnöd, es komme alles von Gott, und es ist sonderlich Gnad«. Sehr wichtig ist seine Predigt vom Buchstaben und Geiste: Ich sage euch, dass ich hab gesehen den allerheiligsten Menschen, den ich je sah inwendig und auswendig, der nie mehr denn fünf Predigten alle seine Tage hatte gehört. Lasset das gemeine Volk laufen und hören, dass sie nicht verzweifeln noch in Unglauben fallen. Aber wisset, alle, die Gottes wollen sein, die kehren sich zu ihnen selber und in sich selber«. Wer sich wahrhaft in Gott versenkt, dem fallen alle äußeren Mittel ab, die Heiligenbilder, die Gebete, das Wissen und die Übungen. Taulers Gedanken sind einfacher und fasslicher als die Eckharts und Seuses, daher auch seine Predigten, von denen wir eine um 1357 in Köln entstandene Sammlung besitzen.

Die Schrift eines ungenannten Priesters vom Deutschherrnhaus in Frankfurt, die Luther 1516 unter dem Titel der deutschen Theologie herausgab, fasst die mystische Lehre in schöner, einfacher Sprache kurz zusammen. Sie enthält sich aller Übertreibungen, ohne Eckharts Standpunkt aufzugeben. Sie lehrt, dass man zur »Vergottung«, d.h. zur inneren Vereinigung mit Gott dadurch gelange, dass man das Gute nicht um Lohn, sondern um des Guten willen tue. Das Gute aber ist Gott, dem man auf diesem Weg nahe kommt.

Neben den großen Dominikanern steht der Laie *Rulmann Merswin*, ein wohlhabender Straßburger Kaufmann (1308–82), der sich von der Welt abwandte und ein beschauliches Leben führte; 1371 gründete er für den Johanniterorden ein Haus und beschloss seine Tage in dieser Stiftung. Nach seinem Tode fand sich seine Schrift »Von den vier Jahren seines anfangenden Lebens«, worin er erzählt, wie er durch Entsagung und Verzückung zu Gott gelangte, und sein Buch »Von den neun Felsen«. Die neun Felsen sind die neun Stufen, auf denen die Seele zur Höhe der Gottesfreunde aufsteigt, Das Buch beginnt mit einer Betrachtung über die Verderbnisse der menschlichen Stände. Dann wird der Weg über neun Felsenterrassen empor zu Gott beschrieben. Die Stufe, die der Einzelne einnimmt, bemisst sich nach dem Grade seiner sittlichen Reinheit. So schön der Gedanke an und für sich ist, so wenig entspricht die Ausführung. Es fehlt dem Verfasser an poetischer Begabung und feinerem Formgefühl, um seine Ideen zu gestalten. Merswin hat in anderen Schriften das Phantasiebild eines geheimnisvollen Gottesfreundes vom Oberland geschaffen, der, ein frommer Laie, wie Merswin selber, von göttlichen Offenbarungen erleuchtet einen Bund gleich gesinnter Genossen gründet und ein geistiger Führer seiner Zeit wird. Diese Gottesfreunde, denen sich Vertreter aller Stände anschließen können, sind eine Gemeinde unter sich, worin das Laientum sogar über das Priestertum erhoben wird. Dem großen unbekannten Gottesfreund, der kein Geistlicher ist, schenken sogar Priester Gehör und er tritt mit seinen Vorschlägen zur kirchlichen Besserung an den Papst heran. Merswin behauptet, der große Unbekannte habe mit ihm selber beständig verkehrt; einen gewaltigen Prediger, worunter Tauler gemeint ist, habe er durch seine Unterweisung zur Erleuchtung geführt. So hat Merswin in der Gestalt des Gottesfreundes und seiner unwiderstehlichen Macht über die Geister die religiöse Selbstverherrlichung und Unabhängigkeit des Laientums, wie sie ihm als Ideal vorschwebte, dichterisch verklärt. Vielleicht haben die im 14. Jahrhundert in Oberdeutschland verbreiteten Waldensergemeinden zu diesem Phantasiebild Anregung gegeben. In der Organisation der Brüder vom gemeinsamen Leben, die sich im 15. Jahrhundert von den Niederlanden her über ganz Deutschland verzweigten, bewährte sich die werktätige Ethik der Mystik am nachhaltigsten. Aber literarische Schöpfungen von Bedeutung kamen im 15. Jahrhundert nicht mehr zustande.

Die geistliche Prosa deckt sich inhaltlich mit der geistlichen Dichtung der früheren Jahrhunderte. Was man bisher in Reimen gehört und gelesen hatte, verlangte man jetzt in Prosa. Da waren zunächst die Legenden, die teils aus alten deutschen Reimdichtungen in Prosa aufgelöst, teils auch unmittelbar aus dem Lateinischen übersetzt wurden. Vor allem aber wird die Verdeutschung der Bibel als eine wichtige Aufgabe erkannt. Wulfila hatte einst den Goten das Alte und Neue Testament übertragen. In der althochdeutschen Zeit wurde die Bibel stückweise, besonders das Neue Testament in Prosa übersetzt. In der mhd. Zeit bevorzugte man die freie Versbehandlung. Die Weltchronik des Rudolf von Ems enthielt das Alte Testament. Aber diese poetischen Wiedergaben entsprachen dem Bedürfnis der Laien nicht mehr, die vielmehr eine vollständige und getreue Übersetzung verlangten. In Böhmen entstand im 14. Jahrhundert eine Verdeutschung des Neuen Testaments, die in waldensischen Kreisen benutzt wurde. Sie ist in Handschriften von Tepl (codex Teplensis) und Freiberg erhalten. Zwischen 1389 und 1400 wurde die prächtigste deutsche Bibelhandschrift mit Bildern für König Wenzel von Böhmen angefertigt. Die erste gedruckte Gesamtausgabe der Bibel erschien bei Johann Mentel in Straßburg 1466; in einer vierten, 1473 veranstalteten Auflage wurde der deutsche Text durchgesehen und verbessert. Bis 1518 erlebte dieser Erstdruck der Bibel dreizehn hochdeutsche Auflagen und zwei niederdeutsche Bearbeitungen. So besaßen die Laien lange vor Luther bereits eine vollständige Bibel; aber seine Arbeit wurde dadurch keineswegs erleichtert: denn er musste einerseits auf die Grundtexte zurückgehen, während die bisherigen deutschen Bibeln der lateinischen Vulgata folgten, und andrerseits einen wahrhaft deutschen Stil und Ausdruck schaffen. Die deutsche Bibel vor Luther war ungelenk und haftete so sehr am Wort, dass sie oft nur bei Kenntnis der Vulgata verständlich ist. Für die Literaturgeschichte hat die alte deutsche Bibel daher keine Bedeutung, während die Luthers die Grundlage der neudeutschen Prosaschriftstellerei wurde.

Die *Allegorie* zeigt sich in verschiedenen geistlichen Prosaschriften, die mehr oder weniger mit der Mystik zusammenhängen. *Otto von Passau*, ein Franziskaner, schrieb in dem Buch von den vierundzwanzig Alten oder dem goldenen Thron eine christliche Sittenlehre, die sich auf Aussprüche der Bibel und der Kirchenväter gründet. Die Einkleidung entstammt der Offenbarung Johannis, wo der Apostel Gott auf seinem Thron erschaut, um den vierundzwanzig Alte in weißen Gewändern herumstehen. Diese geben nun in Glaubenslehren Anweisung dazu, wie sich die minnende Seele einen goldenen Thron im Himmel gewinnen soll. *Johannes Nider* († 1483), ein Dominikanerprior in Basel, ließ die Altväter mit goldenen Harfen das Lob Gottes singen. Meister *Ingolt*, ein elsässischer Dominikaner, griff um 1432 den Gedanken Konrads von Ammenhausen wieder auf, nur in erweiterter Gestalt. Im »goldenen Spiel« knüpft er nicht nur ans Schachspiel, sondern auch an andre beliebte Spiele seiner Zeit moralisierende und satirische Auslegungen auf die verschiedenen menschlichen Stände. Der gelehrte Verfasser hat außer dem Schachspiel auf diese Weise Brett-, Würfel-, Kartenspiel, Tanz, Schießen und Saitenspiel ausgelegt. Das Buch ist eine Sammlung von einzelnen Abhandlungen mit der moralisierenden Symbolik, wie sie die mittelalterlichen Prediger, zumal die der Bettelorden, gern übten. Epische Szenen in Gesprächsform führen das Buch Belial und der Ackermann aus Böhmen (1399) vor. Das *Belial*buch behandelt nach lateinischer Vorlage den Kampf zwischen Christus und dem Teufel in Form eines Rechtsstreites. Belial ist Sachwalter der Hölle, der wegen Einbruchs Christi Klage erhebt. *Johann* von Saaz führt im »*Ackermann*« bewegliche Klage des Witwers, dem der Tod seine Gattin entriss. Er hält ein Zwiegespräch mit dem Tod, der ihn zur Ergebung mahnt. Große, lebendige Beredsamkeit und wechselreicher Ausdruck kennzeichnen die Schrift, deren Stil der späteren deutschen humanistischen Prosa bereits näher steht als die meisten andern Prosaschriften.

Die Prosa eroberte im 14. und 15. Jahrhundert weite Gebiete, die ihr bisher verschlossen gewesen waren. Mit der seit Ende des 13. Jahrhunderts zunehmenden Verdeutschung der *Urkunden* mehrten sich auch in der Nachfolge des Sachsenspiegels deutsche *Rechtsaufzeichnungen* von Stadt und Land.

Die *Geschichtsschreibung* wurde deutsch. Im 12. und 13. Jahrhundert war sie lateinisch gewesen oder in Reimchroniken geübt worden. Jetzt beginnt deutsche Geschichtsprosa entweder durch Auflösung alter Reimwerke wie Kaiser- und Weltchronik in Prosadarstellung oder auch durch selbständige Schriften in ungebundener Sprache. In St. Gallen war die Klostergeschichte vom 9. bis 13. Jahrhundert von Ratpert, Eckehard IV. und seinen Nachfolgern bis auf Conradus de Fabaria lateinisch gewesen und hatte dann mit dem geistigen Niedergang des altberühmten Gotteshauses überhaupt aufgehört. Im Jahr 1335 nahm ein St. Galler Bürger, *Christian Kuchimeister*, den Faden wieder auf und schrieb in deutscher Sprache über die Zeit von 1228–1329, also gerade ein Jahrhundert. Im Vordergrund steht natürlich die Klostergeschichte, wofür wertvolles Material vorhanden war. Der Verfasser berichtet vom Verfall des Klosters und hebt auch den Zusammenhang mit der allgemeinen Reichsgeschichte hervor. Die jüngsten Ereignisse erzählt Kuchimeister aus eigener Erfahrung. Seine Darstellung ist schlicht, anschaulich und unbefangen. Die »nüwen Casus«, wie das Werk als Fortsetzung der alten »Casus sancti Galli« hieß, sind historisch zuverlässig. *Fritsche Closener* schrieb die Chronik von Straßburg bis 1362. Der geschichtliche Teil ist unselbständig; wertvoll sind dagegen die Nachrichten über verschiedene Straßburger Merkwürdigkeiten wie Seuchen, Fahrten der Geißlerbrüder, Bürgerzwiste und Bauten. *Jakob Twinger* von Königshofen verfasste eine Straßburger Chronik in drei Fassungen, deren letzte bis 1415 reicht. Er wollte für die klugen Laien schreiben, weil diese von alten und neuen Ereignissen ebenso gern lesen wie die gelehrten Pfaffen. Er entnahm vieles wörtlich seinen Vorgängern, wie ja überhaupt die Geschichtsschreibung der damaligen Zeit im Abschreiben und Übersetzen älterer lateinischer Vorlagen bestand. Das Werk zerfällt in sechs Abschnitte: der erste handelt von den verflossenen Weltaltern, also von der Urgeschichte; der zweite und dritte von den Kaisern und Päpsten. In diesem Teil gibt Twinger gar nichts Eigenes. Der vierte und fünfte Abschnitt behandelt die Straßburger Geschichte im engeren Sinn, die weltlichen Ereignisse und die Bischofsgeschichte. Das sechste Kapitel enthält ein Sachverzeichnis. Wohl ist Twingers Werk inhaltlich eine bloße Kompilation, aber neu ist die Einteilung und die Trennung von profaner und kirchlicher Geschichte. Und weil es zum ersten Mal in übersichtlicher Weise eine deutsch geschriebene Universalgeschichte enthielt, ward es sehr günstig aufgenommen und in Laienkreisen viel gelesen. Von weiteren Städtechroniken sei hier noch die des *Tilmann Elhem* von Wolfhagen über Limburg erwähnt, die bis 1398 reicht. Der Verfasser geht auf allerlei Vorkommnisse aus dem Volksleben ein, er berichtet von Trachten und Volksliedern, die in bestimmten Jahren Mode waren.

Neben die Stadt- und Klosterchronik tritt die Landesgeschichte, z. B. in *Johannes Rothes* Thüringer Chronik (1421 vollendet). Sie geht von universalgeschichtlicher Grundlage aus und nimmt erst allmählich auf die engere Landesgeschichte Rücksicht. Viel Sagenhaftes ist aufgenommen. Rothe weiß geschickt zu erzählen und hat gesundes Urteil. Gelehrte Sagenerfindung und Geschichtsfabelei wuchert in Stammes- und Landesgeschichten wie in einer schwäbischen Chronik des *Thomas Lirer* von Rankweil, die bis zur Mitte des 14. Jahrhunderts reicht, in einer österreichischen des *Gregor Hagen* (bis 1398), in der bayerischen des *Ulrich Füetrer* (1478–81 verfasst), in des *Eulogius Kiburger* († 1506) gelehrter Abhandlung vom Herkommen der Schwyzer, die auf Grund der Etymologie Suicia = Suecia von den Schweden abgeleitet werden.

Die *Reisebeschreibungen* des Venetianers Marca Polo, der 1271–95 Asien bis zum Stillen Ozean kennen lernte, und des Engländers John Mandeville, der 1322–55 in Palästina und Syrien reiste und wunderbare Fabeln erzählte, wurden mehrmals ins Deutsche übertragen. Die Pilger, die im 14. und 15. Jahrhundert das Heilige Land besuchten, hinterließen häufig Reisebeschreibungen, worin sie ihre Erlebnisse schilderten. Dabei fällt das Hauptgewicht auf berühmte Reliquien und heilige Stätten. Der Münchner Bürger *Johannes Schiltberger* war 1395–1427 als Gefangener im Morgenland und schrieb seine Erlebnisse nieder.

Von den *naturwissenschaftlichen Schriften* ist das Buch der Natur des Regensburger Geistlichen *Konrad von Megenberg* (1349–50) zu nennen, eine freie, teils gekürzte, teils erweiterte Übersetzung des Liber de naturis des Dominikaners Thomas von Cantimpré (zwischen 1233 und 1248 verfasst). Manche volkstümliche, abergläubische Ansicht hat Konrad mit dem durch die Vorlage überlieferten Stoffe verknüpft, dazwischen hinein kulturgeschichtlich lehrreiche Abschweifungen und moralische Ermahnungen eingeflochten. Konrad darf das Verdienst in Anspruch nehmen, dem Volke zuerst wirkliche naturwissenschaftliche Kenntnisse vermittelt zu haben. Das Buch handelt vom Menschen, von den Himmeln und Planeten, von den Säugetieren, von den Vögeln, von den Meerwundern, von den Fischen, von den Schlangen, von den Bäumen, von den Kräutern, von den Edelsteinen, von den Metallen, von den Wunderquellen, von den Wundermenschen. Die Naturerkenntnis überwindet ersichtlich die alten Fabeleien, die nur noch im Hintergrund stehen. Das Buch ist in leicht verständlicher Sprache geschrieben und fand großen Beifall, wie die zahlreichen Handschriften, Drucke Bearbeitungen und Auszüge beweisen.

Der *Prosaroman* besteht im 15. Jahrhundert nur in Übersetzung fremdsprachlicher Vorlagen oder in Prosaauflösung alter Reimdichtungen, er ist also inhaltlich unselbständig. Frankreich war auch auf diesem Gebiet vorangegangen, indem seit dem 13. Jahrhundert die Prosaerzählung das Reimgedicht ablöste. Anfangs war der Prosaroman höfisch, erst allmählich verbreitete er sich in den mittleren und unteren Schichten der Bevölkerung, nachdem durch die Erfindung der Druckkunst diese poetischen Erzeugnisse weiteren Kreisen zugänglich gemacht werden konnten. Anfangs waren die gedruckten Bücher immer noch kostbar, bald aber wurden billigere Ausgaben hergestellt und schließlich fristete der Roman als »Volksbuch« sein Dasein in den untersten Schichten, nachdem die bürgerliche und höfische Gesellschaft der Gattung überdrüssig geworden war und neue literarische Richtungen pflegte. Fürstliche Damen riefen den Prosaroman ins Leben. Sie waren selber schriftstellerisch tätig oder erteilten Auftrag zur Übersetzung. So übertrug die Gräfin Elisabeth von Nassau-Saarbrück die französischen Romane von Loher und Maller (1407) und Hug Schapler (1437) ins Deutsche. Eleonore, die Gemahlin des Herzogs Siegmund von Vorderösterreich (1448–80), übersetzte aus einer französischen Handschrift den Roman von Pontus und Sidonia. Diese Werke wurden gedruckt und bis in die zweite Hälfte des 18. Jahrhunderts aufgelegt. Besonderes Verdienst um die deutsche Literatur erwarb sich die Pfalzgräfin Mathilde, zuerst die Gemahlin des Grafen Ludwig von Württemberg († 1450), hierauf mit Erzherzog Albrecht von Österreich († 1463} vermählt. Seit ihrer Witwenschaft unterhielt sie in Rottenburg am Neckar einen geistig angeregten und anregenden Verkehr mit literarisch gebildeten Männern der alten und neuen Zeit. Ihr hatte Hermann von Sachsenheim die »Möhrin« gewidmet und vielleicht den darin geschilderten Hof der Frau Venus (vgl. oben S. 447) nach Mathildens Umgebung gezeichnet; Püterich von Reicherzhausen eignete ihr seinen »Ehrenbrief« (vgl. unten S. 387) zu. Wenn diese alten Herrn der Dichtung des Mittelalters zugewandt waren, so huldigten Niclas von Wyle, Antonius von Pfore und Heinrich Stainhöwel der neuen Zeit, indem sie über die Brücke des Lateinischen zur italienischen Renaissanceliteratur den Weg fanden. Diese italienische Renaissance fällt nicht mehr in den Rahmen dieses Buches, das nur von den mittelalterlichen Dichtungen erzählen will.

Unter den aus dem *Französischen* übersetzten Romanen gewann die *Melusine*, die der Berner Schultheiß Thüring von Ringoltingen 1456 einer französischen Dichtung des Couldrette entnahm, die größte Verbreitung. Melusine ist eine Wasserfee, deren Sage Jehan d'Arras an das Haus Lusignan anknüpfte und zwischen 1387 und 94 in französischer Prosa niederschrieb. Bald folgte die Versbearbeitung Couldrettes, aus der Thüring schöpfte. Die Kapiteleinteilung ist in der deutschen Prosa neu geordnet, Kürzungen, Auslassungen, Missverständnisse, freie Handhabung des Gesprächs unterscheiden den deutschen Roman von der Vorlage. Schon die Umsetzung der Verse in Prosa bedingte freiere Stellung des deutschen Übersetzers, während Prosavorlagen getreu übertragen werden konnten. – Der württembergische Landvogt zu Mömpelgart, Marquart vom Stein, verdeutschte das Livre pour l'enseignement de ses filles, das der französische Ritter von Latour-Landry 1372 zur Belehrung seiner drei Töchter verfasst hatte. In 128 Kapiteln sind allerlei Begebenheiten zur Warnung und Unterweisung vorgetragen. Das Buch, das 1493 mit ausgezeichneten Holzschnitten geschmückt im Druck erschien, ist eine lehrhafte Novellensammlung; es nennt sich einen Spiegel der Tugend und Ehrbarkeit, enthält aber manche recht anstößige Geschichten.

Aus *lateinischen* Vorlagen stammen Verdeutschungen des Trojanerkriegs, der Geschichte Alexanders des Großen, der Gesta Romanorum, der sieben weisen Meister, des Barlaam und Tundalus, des Salomo und Markolf. Es sind dieselben Werke, die schon in mittelhochdeutschen Reimdichtungen behandelt wurden, aber unmittelbar und ohne Kenntnis der älteren Gedichte aus den lateinischen Vorlagen geschöpft. Merkwürdigerweise ging auch der Herzog Ernst aus einer lateinischen Vorlage, die im 13. Jahrhundert aus dem deutschen Spielmannsgedicht geflossen war, in den deutschen Roman über, der zu einem beliebten Volksbuch wurde. Der Hofkaplan Antonius von Pforr (1455–77) übersetzte das indische Fabelbuch Pantschatantra, das großen Erfolg hatte. Die Fabelsammlung gelangte vom Indischen ins Persische, vom Persischen ins Arabische, vom Arabischen ins Hebräische und von hier aus noch im 13. Jahrhundert durch Johannes von Capua ins Lateinische. Der lateinische Übersetzer, der steif und unfrei der hebräischen Vorlage sich anschloss, nannte sein Buch Directorium humanae vitae; Antonius betitelte sein Werk als das Buch der Beispiele der alten Weisen. Die deutsche Übersetzung ist stilistisch sehr gut.

Von *mittelhochdeutschen Gedichten* wurden zum Prosaroman umgeformt im Jahr 1472 Wirnts von Grafenberg Wigalois, zuerst gedruckt 1493; Eilharts Tristan, zuerst gedruckt 1483; des Johann von Würzburg Wilhelm von Österreich 1481. Eine Prosaauflösung von Flecks Flore und Blanscheflur findet sich handschriftlich aus dem Jahr 1475, gedruckt wurde sie nicht. Auch Wolframs Willehalm mit Ulrichs von dem Türlin Einleitung und Ulrichs von Türheim Fortsetzung und Schluss wurde vom Zürcher Kaplan Georg Hochmut im selben Jahr in Prosa aufgelöst, kam aber nicht zum Druck. Ein Lancelotroman, der schon im 13. Jahrhundert aus dem Französischen übersetzt worden war (vgl. unten S. 379), wurde von Ulrich Füeterer, ehe er ihn in strophischer Form behandelte, ausgezogen und wiederum in Prosa neu bearbeitet. Püterich weiß in seinem 1462 verfassten Ehrenbrief fünf Lancelotbände im Besitz der Erzherzogin Mathilde, vermutlich Prosabearbeitungen des französischen Lancelotromanes.

Um 1500 entstand das Buch von *Till Eulenspiegel,* zuerst niederdeutsch, gegen 1510 zu Straßburg ins Hochdeutsche, und von dort ins Niederrheinische, Niederländische und Englische übersetzt. Der niederdeutsche Urdruck, vermutlich aus Braunschweig, ist nicht erhalten. Die hochdeutsche Ausgabe wurde mit Holzschnitten geschmückt. Der älteste Druck ist auch hier nicht auf uns gekommen, sondern zwei davon abstammende Nachdrucke von 1515 und 1519. Der Verfasser des Buches, mit dem die niederdeutsche Literatur Anteil an der Weltliteratur sich errang, war ein Braunschweiger, der Held ein Bauernsohn des braunschweigischen Landes, der im 14. Jahrhundert lebte. Er soll zu Kneitlingen am Elm geboren sein und liegt zu Mölln in Lauenburg begraben. Er war ein durchtriebener Schelm, der seine Meister und Lehrherrn immer wieder in Ärger und Schaden brachte, indem er die ihm erteilten Aufträge absichtlich falsch verstand. So häuften sich auf seinen Namen allerlei Schwänke, die im Kreise der unzünftigen, dem Bauernstande angehörigen Handwerksburschen umgingen. Bald kamen andre Geschichten hinzu, die Eulenspiegel in den Dienst großer Herrn, der Geistlichen, Gelehrten und Ärzte versetzten. Es bildete sich nach und nach ein ganzer Roman, der nur von ordnender Hand zu einer Lebensgeschichte des Schalksnarren zusammengefasst zu werden brauchte. Und diese Arbeit vollbrachte der Urheber des niederdeutschen Volksbuches. Im Eulenspiegel verkörpert sich die niedersächsische Bauernart in ihrer Mischung aus Schwerfälligkeit und Pfiffigkeit, wogegen alle andern den Kürzern ziehen. War bisher der Bauer verachtet und verspottet, so zeigte er in der Gestalt des Eulenspiegel einmal auch seine Überlegenheit. Die Schwänke sind teilweise derb und unflätig, oft aber auch witzig und humorvoll. Noch heute lebt das Wort »Eulenspiegelei« in der Bedeutung eines lustigen Streiches. Der ursprüngliche Sinn des Namens ist freilich sehr unflätig und verleugnet die bäurische Herkunft nicht, wo alles »grob gesponnen« war, wie in den Nürnberger Fastnachtspielen. Mit dem Eulenspiegel löst das prosaische Schwankbuch die bisher üblichen gereimten ab. Die Pfaffen Amis und Kalenberger sind die Vorläufer des Eulenspiegels, der im 16. Jahrhundert eine reiche Gefolgschaft aufzuweisen hat. Vergeblich suchte Fischart mit einem gereimten Eulenspiegel die alte Form des Reimschwankes wiederherzustellen. Die ungebundene Rede hatte sich bei Gelehrten und Laien durchgesetzt. Damit war die Literatur um ein neues Ausdrucksmittel von großer Bedeutung für die Zukunft bereichert.

Literaturnachweise

Die althochdeutsche Literaturgeschichte ist in folgenden Werken dargestellt: J. Kelle, Geschichte der deutschen Literatur von der ältesten Zeit bis zur Mitte des 11. Jahrhunderts, Berlin 1892; R. Kögel, Geschichte der deutschen Literatur bis zum Ausgang des Mittelalters: Band I, 1 die stabreimende Dichtung und die gotische Prosa, Straßburg 1894; Band I, 2 die endreimende Dichtung und die Prosa der althochdeutschen Zeit, Straßburg 1897; R. Kögel und W. Bruckner, althoch- und altniederdeutsche Literatur, in Pauls Grundriss der germanischen Philologie, 2. Auflage, Straßburg 1901. Die gesamte altdeutsche Literatur von der Urzeit bis zum 17. Jahrhundert behandelt F. Vogt, Geschichte der deutschen Literatur von den ältesten Zeiten bis zur Gegenwart von F. Vogt und M. Koch, Band I, 3. Auflage, Leipzig und Wien 1910.

Zur anschaulichen Kenntnis der altdeutschen Handschriften dient der Bilderatlas zur Geschichte der deutschen Nationalliteratur von G. Könnecke, 2. Aufl., Marburg 1895; ferner M. Enneccerus, die ältesten deutschen Sprachdenkmäler in Lichtdrucken, Frankfurt a. M. 1897; E. Petzet und O. Glauning, deutsche Schrifttafeln des 9.–16. Jahrhunderts aus den Handschriften der Kgl. Hof- und Staatsbibliothek in München, München 1910 ff. Gutes und reiches Anschauungsmaterial enthält auch die Literaturgeschichte von Vogt und J. Nadler, Literaturgeschichte der deutschen Stämme und Landschaften, Band I, Regensburg 1912.

S. 9 Zur urdeutschen Dichtung bringt Kögels Literaturgeschichte die meisten und wichtigsten Zeugnisse im 1. Band.

S. 11 Über die Stabreimdichtung E. Sievers, Altgermanische Metrik, Halle 1893; Sievers, Altgermanische Metrik, in der 2. Aufl. von Pauls Grundriss, durchgesehen von F. Kauffmann und H. Gering 1905.

S. 19 Für die kleineren althochdeutschen Gedichte sind die beiden Hauptausgaben die Denkmäler deutscher Poesie und Prosa ans dem 8.–12. Jahrhundert von K. Müllenhoff und W. Scherer, 3. Ausgabe von E. Steinmeyer, Band I Texte, Band II Anmerkungen, Berlin 1892; und W. Braune, Althochdeutsches Lesebuch, 7. Aufl., Halle a. S. 1911. Im Folgenden zitiert als MSD. und BL. Zur Einführung in die ahd. Sprache und Literatur dient das ahd. Lesebuch für Anfänger von J. Mansion, Heidelberg 1912.

S. 19 Die Merseburger Zaubersprüche bei MSD. Nr. 4 und bei BL. Nr. 31. Zur christlichen Herkunft der Sprüche E. Schroeder in der Zeitschrift für deutsches Altertum Band 52, S. 169; R. M. Meyer, ebd. S. 390 ff.

S. 21 Das Hildebrandslied bei MSD. Nr. 2 und BL. Nr. 28; hier auch Verzeichnis der wichtigsten Schriften und ausführlicher Kommentar.

S. 24 Das Hamdirlied ist in der Eddaübertragung von Genzmer und Heusler (in Niedners Thule Band I, Jena 1912) zu finden.

S. 26 Über die lateinische Literatur unter Karl dem Großen A. Ebert, Allgemeine Geschichte der Literatur des Mittelalters im Abendlande, 2 Bände, Leipzig 1880. Über das Schulwesen F. A. Specht, Geschichte des Unterrichtswesens in Deutschland bis zur Mitte des 13. Jahrhunderts, Stuttgart 1885. Über Karls des Großen Einfluß auf die deutsche geistliche Literatur Scherer, Vorträge und Aufsätze, Berlin 1874, S. 71 ff.

S. 27 Die gotische Bibel des Wulfila, die vornehmlich in der Prachthandschrift des codex argenteus erhalten ist, der im 5.–6. Jahrhundert mit Silber- und Goldbuchstaben auf purpurgefärbtes Pergament von ostgotischen Schreibern in Italien aufgezeichnet wurde, liegt in neuester und bester Ausgabe von W. Streitberg (Band I Text, Band II gotisch-griechisch-deutsches Wörterbuch), Heidelberg 1908–10, vor. In der Einleitung ist die weitere Literatur verzeichnet.

S. 28 Die althochdeutschen Glossen sind von E. Steinmeyer und E. Sievers in vier Bänden, Berlin 1879–98, herausgegeben.

S. 28 Die kleineren Prosadenkmäler finden sich bei MSD. und BL.

S. 29 Die Werke des rheinfränkischen Übersetzers bei G. A. Hench, the Monsee fragments, Straßburg 1891, und G. A. Hench, Der althochdeutsche Isidor, Straßburg 1893.

S. 29 Die althochdeutsche Tatianübersetzung ist von E. Sievers, 2. Auflage, Paderborn 1892, herausgegeben. Hierzu Fr. Köhler, Zur Frage der Entstehungsgeschichte der ahd. Tatianübersetzung, Leipzig 1911.

S. 30 Heliand, hg. von E. Sievers, Halle 1878; Genesis von W. Braune, Heidelberg 1894. Gesamtausgaben der altsächsischen Bibeldichtung von Piper, Stuttgart 1897 und Behaghel, 2. Auflage, Halle 1910. In den Einleitungen der Ausgaben und in den Anmerkungen bei BL. ist die Literatur verzeichnet.

S. 35 Wessobrunner Gebet und Hymne bei MSD. Nr. 1 und BL. Nr. 29.

S. 36 Muspilli bei MSD. Nr. 3 und BL. Nr. 30.

S. 38 Otfrieds Evangelienbuch, hg. von J. Kelle, Regensburg 1856–81, 3 Bände; P. Piper, Paderborn 1878–84, 2 Bände; O. Erdmann, Halle 1882. Die weitere Literatur bei BL. S. 192 ff.

S. 46 Christus und die Samariterin MSD. Nr. 10; BL. Nr. 34.

S. 46 138. Psalm MSD. Nr. 13; BL. Nr. 38.

S. 47 Ratperts Galluslied MSD. Nr. 12.

S. 47 Georgslied MSD. Nr. 17; BL. Nr. 35.

S. 48 Petruslied MSD. Nr. 9; BL. Nr. 33.

S. 48 J. Grimm und J. A. Schmeller, Lateinische Gedichte des 10. und 11. Jahrhunderts. Göttingen 1838.

S. 48 Waltharius, hg. von R. Peiper, Berlin 1873; A. Holder, Stuttgart 1874; H. Althof (mit Kommentar), Leipzig 1899–1905, 2 Bände; K. Strecker, Berlin 1907. Übersetznng von Althof, Leipzig 1902. Über die mit Ekkehards Gedicht verknüpften Fragen unterrichtet der Aufsatz von Strecker in den Neuen Jahrbüchern für klassisches Altertum, Geschichte und deutsche Literatur Band 3, S. 573 ff. und 629.

S. 54 Über Nibelungias und Waltharius G. Roethe in den Sitzungsberichten der Berliner Akademie der Wissenschaften 1909, S. 649 ff.; F. Vogt, Volksepos und Nibelungias, in der Festschrift zur Jahrhundertfeier der Universität Breslau, hg. von Siebs, Breslau 1911, S. 484 ff.

S. 54 Ruodlieb, hg. von F. Seiler, Halle 1882; verdeutscht von Heyne, Leipzig 1897; L. Laistner, Anzeiger für deutsches Altertum Band 9, S. 70 ff.; Zeitschrift für deutsches Altertum Band 29, S. 1 ff. Burdach, Verhandlungen der Dresdener Philologenversammlnng vom Jahr 1897.

S. 59 Tiersage: J. Grimm, Reinhart Fuchs, Berlin 1834; L. Sudre, les sources du roman de Renard, Paris 1892; Ecbasis captivi, hg. von E. Voigt, Straßburg 1874. F. Zarncke, Berichte der sächsischen Gesellschaft der Wissenschaften Band 42 (1890), S. 109 ff.

S. 62 Hrotsviths Werke, hg. von K. A. Barack, Nürnberg 1858; P. v. Winterfeld, Berlin 1902. Über Hrotsviths literarische Bedeutung und Stellung P. v. Winterfeld im Archiv für das Studium der neueren Sprachen Band 114, S. 25 ff. und 293 ff.

S. 63 Über die Tropen Wilhelm Meyer, Fragmenta burana, Berlin 1901.

S. 64 Über die Spielleute Wilhelm Hertz, Spielmannsbuch 3. Auflage, Stuttgart und Berlin 1905.

S. 65 Historische Lieder und Sagen, Schwänke, Novellen und Märchen verzeichnet Kögels Geschichte der ahd. Literatur in Pauls Grundriss § 114–121 und Geschichte der deutschen Literatur I, 2, S. 220 ff.

S. 67 Die Modi bei MSD. Nr. 19–25.

S. 68 Über das Tanzlied E. Schroeder, Die Tänzer von Kölbigk, in der Zeitschrift für Kirchengeschichte Band 17 (1896), S. 151 ff.

S. 69 De Heinrico MSD. Nr. 18; BL. Nr. 39.

S. 70 Kleriker und Nonne Kögel, Geschichte der deutschen Literatur I, 2, S. 136 ff.

S. 71 Notker der Deutsche, Schriften, hg. von H. Hattemer, Denkmale des Mittelalters Band 2 und 3, St. Gallen 1844–49; P. Piper, Freiburg 1882–83. Weitere Literatur bei Kelle, Geschichte der deutschen Literatur bis zur Mitte des 11. Jahrhunderts, Berlin 1892, S. 232 ff., 393 ff.; BL. S. 177 f.

S. 75 Die frühmittelhochdeutsche Zeit ist behandelt von J. Kelle, Geschichte der deutschen Literatur 2. Band, Berlin 1896; W. Scherer, Geschichte der deutschen Dichtung im 11. und 12. Jahrhundert, Straßburg 1875.

S. 77 St. Gallisches Memento mori MSD. Nr. 30; BL. Nr. 32.

S. 78 Ezzolied MSD. Nr. 31; BL. Nr. 43.

S. 79 Summa theologiae MSD. Nr. 34; A. Waag, kleinere deutsche Gedichte des 11. und 12. Jahrhunderts, Halle 1890, Nr. 2.

S. 80 Hartmanns Rede vom Glauben, hg. von F. v. d. Leyen, Breslau 1897.

S. 81 Heinrich von Melk, hg. von R. Heinzel, Berlin 1867; J. Kelle, Literaturgeschichte II, 84 f.

S. 83 Vom Recht und Hochzeit, hg. von A. Waag, kleinere deutsche Gedichte Nr. 8 und 9; C. v. Kraus in den Sitzungsberichten der Wiener Akademie der Wissenschaften Band 123, Wien 1891.

S. 84 Vaterunser und Siebenzahl bei MSD. Nr. 43 und 44.

S. 84 Arnolds Gedicht von der Siebenzahl bei Diemer, Deutsche Gedichte des 11. und 12. Jahrhunderts, Wien 1849, S. 331 ff.

S. 84 Werners Gedicht von den vier Rädern, hg. von W. Grimm, Göttinnen 1839; K. Köhn, Berlin 1891.

S. 85 Merigarto MSD. Nr. 32; BL. Nr. 31.

S. 85 Physiologus, hg. von Karajan, Deutsche Sprachdenkmale des 12. Jahrhunderts, Wien 1846, S. 71; F. Lauchert, Geschichte des Physiologus, Straßburg 1889.

S. 86 Lob Salomos MSD. Nr. 35; Waag Nr. 3.

S. 86 Drei Jünglinge im Feuerofen MSD. Nr. 36; Waag Nr. 4.

S. 87 Judith MSD. Nr. 37; Waag Nr. 4.

S. 87 Wiener Genesis und Exodus, hg. von H. Hoffmann, Fundgruben für Geschichte deutscher Sprache und Literatur, Band 2 (Breslau 1837), S. 9 ff.; Genesis und Exodus nach der Milstätter Handschrift, hg. von Diemer, Wien 1862; A. Weller, Die frühmittelhochdeutsche Genesis nach Quellen, Übersetzungsart, Stil und Syntax, Göttingen 1912.

S. 89 Vorauer Genesis und Exodus, hg. von J. Diemer, Deutsche Gedichte des 11. und 12. Jahrhunderts, S. 3 ff.; Kelle, Literaturgeschichte II, 110 ff.

S. 89 Avas Gedichte, hg. von P. Piper in der Zeitschrift für deutsche Philologie Band 19, S. 129 ff., 275 f.

S. 90 Wernhers Marienlieder, hg. von H. Hoffmann, Fundgruben II, 145 ff. und von J. Feifalik, driu liet von der maget, Wien 1860; J. W. Bruinier, Kritische Studien zu Wernhers Marienliedern, Greifswald 1890.

S. 91 Marienlieder in MSD. Nr. 38–42; A. Salzer, Die Sinnbilder und Beiworte Mariens, Programm von Seitenstetten 1889–93.

S. 92 Die Crescentialegende in den Ausgaben der Kaiserchronik.

S. 93 Visio St. Pauli bei C. v. Kraus, Deutsche Gedichte des 12. Jahrhunderts, Halle 1894, Nr. 9.

S. 93 Visio Tnugdali lateinisch und altdeutsch, hg. von A. Wagner, Erlangen 1882; C. v. Kraus, Gedichte Nr. 11.

S. 93 Brandanus, ein lateinisches und drei deutsche Gedichte, hg. von C. Schroeder, Erlangen 1871.

S. 94 Pilatus, hg. von Weinhold in der Zeitschrift für deutsche Philologie Band 8, S. 253 ff. Zur Legende Creizenach, Beiträge zur Geschichte der deutschen Sprache und Literatur I, 89 ff.

S. 95 Annolied, hg. von M. Rödiger in den Monumenta Germaniae, deutsche Chroniken I, 2 (1895).

S. 97 Über die Prosa F. Vogt, Geschichte der mhd. Literatur in Pauls Grundriß § 13. Willirams Hohes Lied, hg. von Seemüller in den Quellen und Forschungen 28 (1878). Das Hohe Lied, übersetzt von Williram, erklärt von Rilindis und Herrat, Äbtissinnen zu Hohenburg im Elsaß, hg. von J. Haupt, Wien 1864.

S. 98 Lamprechts Alexander, hg. von K. Kinzel, Halle 1884.

S. 101 Rolandslied des Pfaffen Konrad, hg. von K. Bartsch, Leipzig 1874; Teske, Zeitschrift für deutsches Altertum, Band 50, S. 382 ff. Über das Verhältnis zur französischen Vorlage W. Golther, Das Rolandslied des Pfaffen Konrad, München 1887.

S. 105 Kaiserchronik, hg. von E. Schroeder in den Monumenta Germaniae. Deutsche Chroniken I, 1 (1892).

S. 107 König Rother, hg. von K. v. Bahder, Halle 1884. J. Wiegand, Stilistische Untersuchungen zu König Rother, Breslau 1904.

S. 111 Herzog Ernst, hg. von K. Bartsch, Wien 1869; L. Jordan, Quellen und Komposition vom Herzog Ernst, in Herrigs Archiv für das Studium der neueren Sprachen Band 112, S. 328 ff.

S. 114 Oswald, hg. von G. Baesecke, Breslau 1907; H. W. Keim, Das Spielmannsepos vom heiligen Oswald, Bonn 1912.

S. 117 Orendel, hg. von A. Berger, Bonn 1888.

S. 119 Salman und Morolf, hg. von F. Vogt, Halle 1880.

S. 122 Des Minnesangs Frühling mit Bezeichnung der Abweichungen von Lachmann und Haupt und unter Beifügung ihrer Anmerkungen neu bearbeitet von Friedrich Vogt, Leipzig 1911; kritische Ausgabe aller Liederdichter vor Walther von der Vogelweide. Eine Auswahl aus der ganzen Zeit des Minnesangs bieten K. Bartsch, Deutsche Liederdichter des 12.–14. Jahrhunderts, 4. Aufl., besorgt von W. Golther. Berlin 1901; Fr. Pfaff, Der Minnesang des 12.–14. Jahrhunderts, Stuttgart 1892. Gesamtausgabe aller Minnesinger von v. der Hagen in vier Bänden, Leipzig 1838. Die S. 130 f. erwähnten namenlosen Lieder in MF. Nr. 1.

S. 124 Die Segenssprüche bei MSD. Nr. 47.

S. 125 Das Traugemundslied bei MSD. Nr. 48.

S. 126 Die Spruchdichtung MF. Nr. 6 (Spervogel).

S. 128 Carmina burana, hg. von J. A. Schmeller, Stuttgart 1847; Wilhelm Meyer, Fragmenta burana, Göttingen 1901; Golias, Studentenlieder des Mittelalters aus dem Lateinischen von L. Laistner, Stuttgart 1879.

S. 132 Die Trobadorkunst behandelt Eduard Wechßler, das Kulturproblem des Minnesangs I, Minnesang und Christentum, Halle 1909; F. Diez, Die Poesie der Troubadours, 2. Aufl. von K. Bartsch, Leipzig 1883; F. Diez, Leben und Werke der Troubadours, 2. Aufl. von K. Bartach, Leipzig 1882; A. Stimming, provenzalische Literatur, in Grübers Grundriß der romanischen Philologie II.

S. 137 A. E. Schönbach, Die Anfänge des deutschen Minnesangs, Graz 1898. Der Kürenberg und die andern Minnesinger der Frühzeit in MF. Nr. 2–5, 7. Über die Lieder Dietmars von Eist A. Romain in den Beiträgen zur Geschichte der deutschen Sprache und Literatur, Band 37, S. 349 ff.

S. 142 Reinhart Fuchs von Heinrich dem Gleißner, hg. von J. Grimm, Berlin 1834; K. Reissenberger, 2. Aufl., Halle 1908.

S. 143 Floris, hg. von E. Steinmeyer, Zeitschrift für deutsches Altertum Band 21, S. 307 ff.; Bartsch, Germania Band 26, S. 64 f. Über die Sagenkreise von Flore und Blancheflur Herzog, Germania Band 29, S. 137 ff.; Joachim Becker, Floire et Blancheflor, Paris 1906. Vgl. auch zu S. 227.

S. 144 W. Golther, Tristan und Isolde in den Dichtungen des Mittelalters und der neuen Zeit, Leipzig 1907.

S. 147 Eilhard von Oberg, hg. von F. Lichtenstein, Straßburg 1878; E. Gierach, Die Sprache von Eilhards Tristan, Prag 1908.

S. 147 Graf Rudolf, hg. von W. Grimm, 2. Aufl. Göttingen 1844; Joh. Bethmann, Untersuchungen über das mhd. Gedicht vom Grafen Rudolf, Berlin 1904.

S. 149 W. Creizenach, Geschichte des neueren Dramas Band 1, Halle 1893; L. Wirth, Die Oster- und Passionsspiele, Halle 1889; K. Lange, Die lateinischen Osterfeiern, München 1887; G. Milchsack, Die Oster- und Passionsspiele, Wolfenbüttel 1880; G. Cohen, Geschichte der Inszenierung im geistlichen Schauspiele des Mittelalters in Frankreich, deutsch von C. Bauer, Leipzig 1907. Eine Auswahl mit Erläuterungen bei R. Froning, Das Drama des Mittelalters (in Kürschners Deutscher Nationalliteratur Band 14).

S. 153 Die Benediktbeurer Passion in den Carmina burana.

S. 154 K. Weinhold, Weihnachtsspiele aus Süddeutschland und Schlesien, Graz 1853; W. Köppen, Beiträge zur Geschichte der deutschen Weihnachtsspiele, Paderborn 1893; H. Anz, Die lateinischen Magierspiele, Leipzig 1905; die Prophetenspiele bei M. Sepet, les prophètes du Christ, Paris 1878.

S. 155 Das Benediktbeurer Weihnachtsspiel in den Carmina burana.

S. 156 G. von Zezschwitz, Das mittelalterliche Drama vom Ende des römischen Kaisertums, Leipzig 1880; deutsche Übersetzung von Zezschwitz, Leipzig 1878 und J. Wedde, Hamburg 1878.

S. 161 Heinrich von Veldeke, hg. von Behaghel, Heilbronn 1882; C. v. Kraus, Heinrich von Veldeke und die deutsche mhd. Dichtersprache, Halle 1899; Friedrich Wilhelm, Sanct Servatius oder wie das erste Reis in deutscher Zunge geimpft wurde, München 1910. über den französischen Roman vgl. die Ausgabe des Eneas von J. Salverda de Grave, Halle 1891.

S. 165 Herbort von Fritzlar, hg. von K. Frommann, Quedlinburg 1837; W. Reuß, Die dichterische Persönlichkeit Herborts von Fritzlar, Gießen 1896; W. Greif, Die mittelalterlichen Bearbeitungen der Trojanersage, Marburg 1888.

S. 167 Albrecht von Halberstadt, hg. von K. Bartsch, Quedlinburg 1861; O. Runge, Die Metamorphosenverdeutschung Albrechts von Halberstadt, Berlin 1908; Edward Schroeder, Der deutsche Ovid von

1210, in der Zeitschrift für deutsches Altertum Band 51, S. 174ff.; ebd. Band 52, S. 360ff.

S. 168 Hartmann von Aue, hg. von F. Bech, 3. Aufl., Leipzig 1893; A. Schönbach, Über Hartmann von Aue, Graz 1894; F. Piquet, Étude sur Hartmann d'Aue, Paris 1898.

S. 169 Hartmanns Büchlein, hg. von M. Haupt, 2. Aufl., Leipzig 1881; C. von Kraus, Das sog. zweite Büchlein, Halle 1898.

S. 169 Gregorius, hg. von H. Paul, 2. Aufl., Halle 1900; Arnoldi Lubecensis Gregorius peccator, hg. von G. v. Buchwald, Kiel 1886.

S. 171 Der arme Heinrich, hg. von M. Haupt, 2. Aufl., Leipzig 1881; von Wackernagel und W. Toischer, Basel 1885; von H. Paul, 2. Aufl. Halle 1893.

S. 172 Über die Artussage vgl. die Einleitungen Wendelin Foersters zu seinen Ausgaben der Werke Kristians von Troyes; Erec, hg. von W. Foerster, Halle 1890; 2. Aufl. 1909; Ivain, hg. von W. Foerster, Halle 1887; 3. Auflage, Halle 1906.

S. 178 Hartmanns Erec, hg. von M. Haupt, 2. Aufl., Leipzig 1871; Iwein, hg. von Benecke und Lachmann, 4. Aufl., Berlin 1877; E. Henrici, Halle 1891. Verhältnis zur Vorlage: O. Reck, Verhältnis des Hartmann'schen Erec zur französischen Vorlage, Greifswald 1897; B. Gaster, Vergleich des Hartmann'schen Iwein mit dem Löwenritter Crestiens, Greifswald 1896.

S. 180 H. Roetteken, Die epische Kunst Heinrichs von Veldeke und Hartmanns von Aue, Halle 1887.

S. 181 Bligger von Steinach bei Piper, Höfische Epik 1, 352ff. (in Kürschners deutscher Nationalliteratur); R. M. Meyer in der Zeitschrift für deutsches Altertum Band 39, S. 305ff:

S. 181 Gottfried von Straßburg, hg. von E. v. Groote, Berlin 1821; v. d. Hagen, Breslau 1823; Maßmann, Leipzig 1849; Bechstein, 3. Aufl. Leipzig 1890; Golther in Kürschners deutscher Nationalliteratur 1888; kritische Ausgabe von K. Marold, 1. Band Text, Leipzig 1906; Tristan und Isolde von Gottfried von Straßburg, neu bearbeitet von Wilhelm Hertz, 6. Aufl. besorgt von W. Golther, Stuttgart 1911. Über Gottfrieds Tristan und seine Vorlage F. Piquet, l'originalité de Gottfried de Strasbourg, Lille 1905; Golther, Die Sage von Tristan und Isolde, Leipzig 1907, S. 165ff.

S. 190 Wolfram von Eschenbach, hg. von K. Lachmann, 5. Aufl., Berlin 1891; A. Leitzmann, Halle 1902–06; Piper in Kürschners Nationalliteratur 1893; Parzival und Titurel, hg. von K. Bartsch, 2. Aufl., Leipzig 1877; mit Kommentar, hg. von E. Martin, Halle 1903. Neuhochdeutsche Übersetzungen von San Marte, Simrock, Bötticher, Pannier; die beste, mit reichen Anmerkungen versehene Neubearbeitung stammt von Wilhelm Hertz, 5. Aufl., besorgt von G. Rosenhagen, Stuttgart 1911; Bibliographie zu Wolfram von Eschenbach von Friedrich Panzer, München 1897.

S. 191 Kristians Perceval wird in kritischer Ausgabe von G. Baist seit langen Jahren vorbereitet. Bisher waren wir auf die ungenügende Ausgabe Potvins im Perceval le Gallois, Mons 1866, angewiesen; seit 1909 liegt ein Abdruck der Pariser Haupthandschrift, deren Text der Vorlage Wolframs am nächsten steht, durch G. Baist vor. Über Wolframs Selbstständigkeit und Verhältnis zur Vorlage W. Golther, Die Gralssage bei Wolfram von Eschenbach, Rostock 1910.

S. 204 Schionatulander und Sigune, von den Herausgebern sehr unpassend als Titurel bezeichnet, findet sich in allen Parzivalausgaben, die zu S. 190 angeführt worden sind.

S. 207 Willehalm findet sich in den zu S. 190 angeführten Gesamtausgaben. Über das Verhältnis zur französischen Vorlage San Marte, Wolframs Wilhelm und sein Verhältnis zu den altfranzösischen Dichtungen gleichen Inhaltes, Quedlinburg 1871; H. Saltzmann, Wolframs Willehalm und seine Quelle, Pillau 1883; Bernhardt in der Zeitschrift für deutsche Philologie Band 32, S. 36 ff. und Band 34, S. 542 f.

S. 213 Ulrich von Zatzikhofen, hg. von K. A. Hahn, Frankfurt 1845; J. Bächtold, Der Lanzelet des Ulrich von Zatzikhofen, Frauenfeld, 1870; P. Schütze, Das volkstümliche Element im Stile des Ulrich von Zatzikhofen, Greifswald 1883.

S. 215 Wirnt v. Grafenberg, hg. von G. F. Benecke, Berlin 1819; F. Pfeiffer, Leipzig 1847. über die Vorlage F. Saran in den Beiträgen zur Geschichte der deutschen Sprache und Literatur Band 21, S. 253 ff. und Band 22, S. 151 f.

S. 217 Ulrich von Türheims Tristan, hg. in den Gottfriedausgaben von Groote, v. d. Hagen und Maßmann; zur Vorlage Golther, Tristan und Isolde, Leipzig 1907, S. 87 ff . Willehalm, Inhaltsangabe von O. Kohl in der Zeitschrift für deutsche Philologie Band 13, S. 129 ff. und S. 277 f.

S. 218 Heinrich von Freiberg, hg. von R. Bechstein, Leipzig 1877, A. Bernt, Halle 1906. Über die Vorlage Golther, Tristan und Isolde, Leipzig 1907, S. 89 ff.

S. 219 Ulrich von dem Türlin, hg. von S. Singer, Prag 1893; H. Suchier, über die Quelle Ulrichs von dem Türlin, Paderborn 1873.

S. 220 Heinrich von Türlin, hg. von G. H. F. Scholl, Stuttgart 1852. K. Reißenberger, zur Krone Heinrich von Türlins, Graz 1879; S. Singer in der Allgemeinen deutschen Biographie Band 39, S. 20 f.

S. 222 Albrechts Titurel, hg. von K. A. Hahn, Quedlinburg und Leipzig 1842; F. Zarncke, Der Graltempel, Leipzig 1876; C. Borchling, Der jüngere Titurel und sein Verhältnis zu Wolfram, Göttingen 1896.

S. 224 F. Panzer, Merlin und Seifrid de Ardemont von Albrecht von Scharfenberg, Tübingen 1902.

S. 225 Lohengrin, hg. von H. Rückert, Quedlinburg und Leipzig 1858; dazu E. Elster in den Beiträgen zur Geschichte der deutschen Sprache und Literatur Band 10, S. 81 ff; Panzer, Lohengrinstudien, Halle 1894.

S. 226 Konrad Fleck, Flore und Blanscheflur, hg. von E. Sommer, Quedlinburg und Leipzig 1846; W. Golther in Kürschners deutscher Nationalliteratur 1888; L. Ernst, Floire und Blantscheflur, eine Studie zur vergleichenden Literaturwissenschaft, Straßburg 1912.

S. 228 Rudolf von Ems: Der gute Gerhard, hg. von M. Haupt, Leipzig 1840; Barlaam und Josaphat, hg. von F. Pfeiffer, Leipzig 1843; Wilhelm von Orleans, hg. von V. Junk, Berlin 1905; Alexander und Weltchronik sind noch nicht vollständig herausgegeben, werden aber bald in den »Deutschen Texten des Mittelalters«, hg. von der Berliner Akademie der Wissenschaften, erscheinen. Über die Quellen zum Alexander A. Ausfeld, Donaueschingen 1884, und O. Zingerle, Breslau 1884; Über die Quellen zum Rudolf von Ems V. Zeidler, Berlin 1894; F. Krüger, Rudolf von Ems als Nachahmer Gottfrieds von Straßburg, Lübeck 1896.

S. 231 Konrad von Würzburg, W. Golther in der allgemeinen deutschen Biographie Band 44, S. 356 ff. H. Laudan, die Chronologie der Werke des Konrad von Würzburg, Göttingen 1906; E. Schroeder, Studien zu Konrad von Würzburg, in den Nachrichten der Kgl. Gesellschaft der Wissenschaften zu Göttingen 1911. Ausgabe der Werke 1. Novellen: Hermäre bei H. Lambel, Erzählungen und Schwänke, 2. Aufl., Leipzig 1883; der Welt Lohn, hg. von F. Roth, Frankfurt a. M. 1843; Otte mit dem Bart bei Lambel a.a.O.; 2. Legenden: Silvester, hg, von W. Grimm, Göttingen 1841; Alexius, hg. von R. Henczynski, Berlin 1898; Pantaleon, hg. von M. Haupt in der Zeitschrift für deutsches Altertum Bd. 6, S. 193 ff. G. Janson, Studien über die Legendendichtungen des Konrad von Würzburg, Marburg 1902; 3. Romane: Engelhart, hg. von M. Haupt, 2. Aufl., Leipzig 1890; P. Gereke, Halle 1912; Klage der Kunst, hg. von E. Joseph, Straßburg 1885; Goldene Schmiede, hg. von W. Grimm, Berlin 1840; Lieder und Sprüche, hg. von K. Bartsch im Partonopier; 4. Partonopier, Turnei von Nantheiz, Lieder und Sprüche, hg. von K. Bartsch, Wien 1874; Trojanerkrieg, hg. von A. Keller, Stuttgart 1858; dazu der die Lesarten der Handschriften enthaltende Band von Bartsch, Tübingen 1877. Der Schwanritter, hg. von F. Roth, Frankfurt 1861; Müllenhoff, Berlin 1864; Der Schwank von der halben Birne, hg. von G. A. Wolf, Erlangen 1893.

S. 237 Daniel vom blühenden Tal, hg. von G. Rosenhagen, Breslau 1893.

S. 238 Wigamur, hg. von v. d. Hagen und Büsching in den Deutschen Gedichten des Mittelalters, Band I, Berlin 1808; dazu G. Sarrazin, Wigamur, eine literarhistorische Untersuchung, Straßburg 1879 und F. Khull in der Zeitschrift für deutsches Altertum Band 24, S. 97 ff.

S. 238 Pleiers Garel, hg. von M. Walz, Freiburg 1892; Tandareis von F. Khull, Graz 1886; Meleranz von K. Bartsch, Stuttgart 1861.

S. 239 Konrads von Stoffeln Gauriel, hg. von F. Khull, Graz 1885.

S. 239 Berthold von Holle, hg. von K. Bartsch, Nürnberg 1858; Demantin, hg. von Bartsch, Tübingen 1876.

S. 240 Reinfried von Braunschweig, hg. von K. Bartsch, Tübingen 1871.

S. 240 Ulrich von Eschenbach, hg. von W. Toischer, Alexander, Tübingen 1889; Wilhelm von Wenden, Prag 1876.

S. 241 Moriz von Craon, hg. von E. Schroeder in den »zwei altdeutschen Rittermären«, Berlin 1894.

S. 243 Kleinere Gedichte von dem Stricker, hg. von K. Hahn, Quedlinburg 1839.

S. 243 Der Pfaffe Amis, hg. von Lambel in den Erzählungen und Schwänken des 13. Jahrhunderts«, 2. Aufl., Leipzig 1883.

S. 244 Die Herren von Östreich und die Gauhühner bei H. Meyer-Benfey, Mittelhochdeutsche Übungsstücke, Halle 1909, S. 63 ff.; L. Jensen, Über den Stricker als Bispeldichter, Marburg 1885.

S. 245 Meier Helmbrecht, hg. von Keinz, 2. Aufl. Leipzig 1887; von F. Panzer, Halle 1901.

S. 246 K. F. Kummer, poetische Erzählungen des Herrand von Wildonie, Wien 1880.

S. 247 Die umfangreichste Sammlung mittelalterlicher Novellen und Schwänke bei von der Hagen, Gesamtabenteuer, 100 altdeutsche Erzählungen, Stuttgart und Tübingen 1850.

S. 247 J. W. Wiggers, Heinrich von Freiberg als Verfasser des Schwankes vom Schrätel und vom Wasserbären, Rostock 1887.

S. 248 Wiener Meerfahrt vom Freudenleeren bei Lambel, Erzählungen und Schwänke des 13. Jahrhunderts, 2. Aufl. Leipzig 1883, Nr. 5; dazu Uhl und E. Schroeder in der Zeitschrift für deutsches Altertum Band 41, S. 291 ff.

S. 248 Der Weinschwelg, hg. von K. Lucae, Halle 1886; Der Weinschlund, hg. von F. Pfeiffer in der Zeitschrift für deutsches Altertum Band 7, S. 405 ff.

S. 249 Eraclius von Meister Otte, hg. von H. Gräf, Straßburg 1883.

S. 250 Die Kindheit Jesu von Konrad von Fussesbrunnen, hg. von K. Kochendörffer, Straßburg 1881.

S. 250 Konrad von Heimesfurt, Unsrer Frauen Hinfahrt, hg. von F. Pfeiffer in der Zeitschrift für deutsches Altertum Bd. 8, S. 156 ff.; die Urstende bei K. Hahn, Gedichte des 12. u. 13. Jahrhunderts, Quedlinburg 1840.

S. 251 Reinbot von Durne, hg. von C. v. Kraus, Heidelberg 1907.

S. 251 Walter von Rheinau, Marienleben, hg. von A. v. Keller, Tübingen 1855.

S. 251 Bruder Philipps Marienleben, hg. von H. Rückert, Quedlinburg 1853.

S. 252 Marienlegenden, hg. von F. Pfeiffer, Stuttgart 1846; 2. Aufl. 1863; einige Legenden bei v. d. Hagen, Gesamtabenteuer Nr. 72–90. Vgl. Goedeke im Grundriß zur Geschichte der deutschen Dichtung I, 2. Aufl., S. 230 f.

S. 253 Das Passional, hg. von F. Köpke, Quedlinburg 1852; E. Tiedemann, Passional und Legenda aurea, Berlin 1909.

S. 254 Gottfried Hagens Kölner Chronik, hg. von H. Cardauns, Chroniken deutscher Städte, Band 12, Leipzig 1875.

S. 254 Jansen Enikels Werke, hg. von Ph. Strauch in den Monumenta Germaniae, deutsche Chroniken Band 3, 1900.

S. 254 Livländische Reimchronik, hg. von L. Meyer, Paderborn 1874.

S. 255 Ottokars Reimchronik, hg. von J. Seemüller in den Monumenta Germaniae, deutsche Chroniken Band 5, 1893.

S. 256 Eine reichhaltige, aber unkritische und nicht immer zuverlässige Bibliographie des Nibelungenlieds und der darüber vorhandenen Forschungen gibt Th. Abeling, Das Nibelungenlied und seine Literatur, Leipzig 1907; dazu ein Nachtrag Leipzig 1909. Zur Einführung in die Hauptfragen dienen die Schriften von Hermann Fischer, Die Forschungen über das Nibelungenlied seit Karl Lachmann, Leipzig 1874; R. v. Muth, Einleitung in das Nibelungenlied, Paderborn 1877; 2. Aufl. besorgt von J. W. Nagl, Paderborn 1907; F. Zarncke in der Einleitung zu seiner Ausgabe des Nibelungenlieds, 6. Aufl., Leipzig 1887; G. Holz, der Sagenkreis der Nibelunge, Leipzig 1907; Simrocks Übersetzung des Nibelungenlieds, hg. von G. Holz, Leipzig und Wien 1909, in der Einleitung und den Anmerkungen; F. v. d. Leyen, die deutschen Heldensagen, München 1912.

S. 267 Die Handschriften sind in den Ausgaben aufgezählt und beschrieben. Das Nibelungenlied nach der Handschrift A in phototypischer Nachbildung nebst Proben der Handschriften B und C von L. Laistner, München 1886; Proben aller Handschriften bei G. Könnecke im Bilderatlas zur Geschichte der deutschen Nationalliteratur, 2. Aufl., Marburg 1895. Ausgaben nach A: Der Nibelunge Not mit der Klage, hg. von K. Lachmann, Berlin 1826; 5. Aufl., Berlin 1878. Nach B: Der Nibelunge Not, hg. von K. Bartsch, Leipzig 1870–80 ; P. Piper, Die Nibelungen, Berlin und Stuttgart 1889 (in Kürschners deutscher Nationalliteratur). Nach C: das Nibelungenlied, hg. von A. Holtzmann, Stuttgart 1857; das Nibelungenlied, hg. von F. Zarncke, Leipzig 1856; 6. Aufl., Leipzig 1887.

S. 268 A. Holtzmann, Untersuchungen über das Nibelungenlied, Stuttgart 1854; F. Zarncke, Zur Nibelungenfrage, Leipzig 1854. Die hieran anschließende Literatur bei Zarncke in der Einleitung zu seiner Ausgabe von 1887, S. XLVI ff.

S. 268 K. Bartsch, Untersuchungen über das Nibelungenlied, Wien 1865.

S. 269 H. Paul, Zur Nibelungenfrage, Halle 1876 (erschienen in den Beiträgen zur Geschichte der deutschen Sprache und Literatur); W. Braune, die Handschriftenverhältnisse des Nibelungenliedes, Halle 1900 (ebenfalls in den Beiträgen erschienen).

S. 271 Die Klage ist von Lachmann in seine Nibelungenausgabe aufgenommen. Besondere Ausgaben von K. Bartsch, Leipzig 1875 (nach B); von Edzardi, Hannover 1875 nach B und C.

S. 272 K. Lachmann, über die ursprüngliche Gestalt des Gedichts von der Nibelungen Not, Berlin 1816; Lachmann, zu den Nibelungen und zur Klage, Anmerkungen, Berlin 1836.

S. 272 K. Müllenhoff, zur Geschichte der Nibelunge Not, Braunschweig 1855.

S. 272 E. Kettner, Die österreichische Nibelungendichtung, Berlin 1897.

S. 273 W. Müller, über die Lieder von den Nibelungen, Göttingen 1845.

S. 273 W. Wilmanns, Beiträge zur Erklärung und Geschichte des Nibelungenliedes, Halle 1877.

S. 274 Die Eddalieder sind jetzt am besten in der Übertragang von F. Genzmer mit den Einleitungen und Anmerkungen von A. Heusler, Jena 1912, zu lesen.

S. 275 Über das Verhältnis des Thidrekssaga zum Nibelungenlied sind R. C. Boers Untersuchungen über den Ursprung und die Entwicklung der Nibelungensage, 3 Bände, Halle 1906/08, zu vergleichen.

S. 278 K. Vollmöller, Kürenberg und die Nibelungen, Stuttgart 1874.

S. 281 Gudrun, hg. von Martin, Halle 1872; 2. Auf. 1902; (mit Erläuterungen); von Bartsch, 4. Aufl., Halle 1880; von Symons, Halle 1883; von Piper, Berlin und Stuttgart 1895 (in Kürschners deutscher Nationalliteratur). Über Sage und Dichtung F. Panzer, Hilde Gudrun, Halle

1901; R. C. Boer, Untersuchungen über die Hildesage in der Zeitschrift für deutsche Philologie Band 40, S. 1 ff.

S. 293 K. Müllenhoff, Kudrun, die echten Teile des Gedichtes, Kiel 1845; W. Wilmanns, Die Entwicklung der Kudrundichtung, Halle 1873.

S. 293 Über das Verhältnis zwischen Nibelungenlied und Gudrun, E. Kettner in der Zeitschrift für deutsche Philologie Band 23, S. 145 ff.

S. 294 Die Grazer und Wiener Bruchstücke des mhd. Walthergedichtes sind am bequemsten mit den übrigen Denkmälern zusammen bei W. Eckerth, Das Waltherlied, Halle 1909, zu finden.

S. 295 Über die Ermenrich- und Dietrichsage O. L. Jiriczek, Deutsche Heldensagen Band 1, Straßburg 1898; F. v. d. Leyen, Die deutschen Heldensagen, München 1912.

S. 297 Der Rosengarten, hg. von G. Holz, Halle 1893; zur Sage R. C. Boer, Die Dichtungen vom Kampf im Rosengarten, im Arkiv för nordisk filologi, Band 24, S. 104 ff., 260 ff.

S. 299 Biterolf, hg. von O. Jänicke im Deutschen Heldenbuch Band 1, Berlin 1866; dazu Schönbach in den Sitzungsberichten der Wiener Akademie der Wissenschaften Band 136, Wien 1897; W. Rauff, Untersuchungen zu Biterolf, Berlin 1907.

S. 300 Rabenschlacht, hg. von E. Martin im Deutschen Heldenbuch Band 2, Berlin 1866; E. Peters, Heinrich der Vogler, Berlin 1890.

S. 302 Alpharts Tod, hg. von E. Martin im Deutschen Heldenbuch Band 2; E. Kettner, Untersuchungen über Alpharts Tod, Mühlhausen 1891; O. L. Jiriczek in den Beiträgen zur Geschichte der deutschen Sprache und Literatur Band 16, S. 115 ff.

S. 304 Laurin, hg. von K. Müllenhoff im Deutschen Heldenbuch Band 1, Berlin 1866; G. Holz, Halle 1897.

S. 305 Eckenlied, hg. von J. Zupitza im Deutschen Heldenbuch Band 5, Berlin 1870; Zur Eckensage F. Vogt in der Zeitschrift für deutsche Philologie Band 25, S. 1 ff.; O. Freiberg in den Beiträgen zur Geschichte der deutschen Sprache und Literatur Band 29, S. 1 ff.; R. C. Boer, ebenda Band 32, S. 155 ff.; H. Laßbiegler, Beiträge zur Geschichte der Eckendichtung, Bonn 1907.

S. 307 Sigenot und Goldemar, hg. von J. Zupitza im Deutschen Heldenbuch Band 5.

S. 307 Virginal, hg. von J. Zupitza im Deutschen Heldenbuch Band 5; dazu C. v. Kraus in der Zeitschrift für deutsches Altertum Band 50, S. 1 ff.; Lunzer, ebenda Band 53, S. 1 ff.

S. 308 Ortnit und Wolfdietriche, hg. von A. Amelang und O. Jänicke im Deutschen Heldenbuch Band 3 und 4, Berlin 1871 und 73; dazu C. Voretzsch, Epische Studien Band 1, Halle 1901, S. 254 ff.; F. v. d.

Leyen, Die deutschen Heldensagen, München 1912, S. 224 ff.; Hermann Schneider, Die Gedichte und die Sage von Wolfdietrich, München 1913.

S. 315 Die Lieder Heinrichs von Veldeke in Minnesangs Frühling (MF.), hg. von F. Vogt, Leipzig 1911, Nr. 10.

S. 316 Friedrich von Hausen in MF. Nr. 9.

S. 318 Rudolf von Fenis in MF. Nr. 12.

S. 318 Ulrich von Gutenburg in MF. Nr. 11.

S. 318 Bernger von Horheim in MF. Nr. 15.

S. 318 Heinrich von Morungen in MF. Nr. 18.

S. 321 Reinmar von Hagenau in MF. Nr. 20.

S. 324 Hartmann von Aue in MF. Nr. 21.

S. 325 Wolfram von Eschenbach in den zu S. 190 angeführten Gesamtausgaben seiner Werke.

S. 327 Walther von der Vogelweide: Ausgaben von K. Lachmann, Berlin 1827; 7. Aufl. besorgt von C. v. Kraus, Berlin 1907; Wackernagel und Rieger, Gießen 1862; Pfeiffer, Leipzig 1864; 6. Aufl. von Bartsch, Leipzig 1880 (mit erläuternden Anmerkungen für Laien); W. Wilmanns, Halle 1869, 2. Aufl , Halle 1883, mit wissenschaftlichem Kommentar; Wilmanns, Testausgabe, Halle 1886; 2. Aufl. 1905 Simrock, Bonn 1870; Pfaff, Berlin und Stuttgart 1895 (in Kürschners deutscher Nationalliteratur); H. Paul, Halle 1881; 4. Aufl. 1911. – Glossar zu den Gedichten Walthers von Hornig, Quedlinburg 1844. – Biographien: Uhland, Tübingen 1822 (wieder abgedruckt in Uhlands Schriften); M. Rieger, Gießen 1863; W. Wilmanns, Bonn 1882; A. E. Schönbach, Dresden 1890; 3. Aufl. Berlin 1910; K. Burdach, Leipzig 1900; R. Wustmann, Straßburg 1912. – Bibliographie: W. Leo, die gesamte Literatur Walthers von der Vogelweide, Wien 1880; die späteren Schriften sind in den Einleitungen der neuesten Ausgaben und Biographien verzeichnet.

S. 338 Neidhart von Reuental: Ausgaben von M. Haupt, Leipzig 1858; F. Keinz, Leipzig 1889; 2. Aufl. 1910 (hier die weitere Literatur verzeichnet); Albert Bielschowsky, Geschichte der deutschen Dorfpoesie im 13. Jahrhundert I (Leben und Dichten Neidharts), Berlin 1890; R. Brill, Die Schule Neidharts, eine Stiluntersuchung, Berlin 1908.

S. 341 Burkhart von Hohenfels: Ausgabe bei v. d. Hagen, Minnesinger Band 1, S. 201 ff.; dazu M. Sydow, Burkhart von Hohenfels, Berlin 1901.

S. 342 Gottfried von Neifen, hg. von M. Haupt, Leipzig 1851; G. Knod, Gottfried von Neifen, Tübingen 1877; W. Uhl, Unechtes bei Neifen, Göttingen 1888.

S. 343 Ulrich von Winterstetten, hg. von J. Minor, Wien 1882.

S. 344 Tanhuser, hg. von v. d. Hagen in den Minnesingern Band 2, S. 81 ff.; A. Oehlke, Zu Tannhäusers Leben und Dichten, Königsberg 1890; J. Siebert, Tannhäuser, Inhalt und Form seiner Gedichte, Berlin 1894.

S. 346 Steinmar, hg. von K. Bartsch, Die Schweizer Minnesänger, Frauenfeld 1886, Nr. 19. R. Meissner, Berthold Steinmar von Klingnau und seine Lieder, Paderborn 1886.

S. 347 Hadlaub bei K. Bartsch, Die Schweizer Minnesänger Nr. 27; J. A. Schleicher, über Meister Johannes Hadlaubs Leben und Gedichte, Leipzig 1889.

S. 350 Reinmar von Zweter, hg. von G. Roethe, Leipzig 1887.

S. 353 Bruder Wernher, hg. von v. d. Hagen, Minnesinger Band 2, S. 227 ff. H. Doerks, Bruder Wernher, Treptow a. R. 1889; A. Schönbach, Die Sprüche des Bruder Wernher, in den Sitzungsberichten der Wiener Akademie der Wissenschaften Band 148 und 150.

S. 354 Friedrich von Sunburg, hg. von O. Zingerle, Innsbruck 1878.

S. 354 Herr von Wengen, hg. von Bartsch in den Schweizer Minnesängern Nr. 7.

S. 355 Meister Boppe, hg. von v. d. Hagen, Minnesinger Band 2, S. 377 ff. G. Tolle, Der Spruchdichter Boppe, sein Leben und seine Werke, Göttingen 1887; G. Tolle, Der Spruchdichter Boppe, Versuch einer kritischen Ausgabe, Sondershausen 1894.

S. 355 Der Marner, hg. von Ph. Strauch, Straßburg 1876.

S. 356 Rumesland, hg. von v. d. Hagen, Minnesinger Band 2, S. 367 ff. F. Panzer, Meister Rumzlants Leben und Dichten, Leipzig 1893.

S. 356 Der Meissner bei v. d. Hagen, Minnesinger Band 3, S. 100.

S. 356 Der wilde Alexander bei v. d. Hagen, Minnesinger Band 2, S. 364 ff. A. Wallner in den Beiträgen zur Geschichte der deutschen Sprache und Literatur Band 34, S. 184 ff.

S. 357 Der Wartburgkrieg, hg. von Simrock, Stuttgart 1868; A. Strack, Zur Geschichte des Gedichtes vom Wartburgkriege, Berlin 1883; E. Oldenburg, Zum Wartburgkrieg, Schwerin 1892; P. Riesenfeld, Heinrich von Ofterdingen in der deutschen Literatur, Berlin 1912.

S. 360 Ulrich von Lichtenstein, hg. von K. Lachmann (Frauendienst und Frauenbuch) Berlin 1841; Frauendienst, hg. von R. Bechstein, Leipzig 1887; R. Becker, Wahrheit und Dichtung in Ulrich von Lichtensteins Frauendienst, Halle 1888; W. Brecht, Ulrich von Lichtenstein als Lyriker, in der Zeitschrift für deutsches Altertum Band 49, S. 1 ff.

S. 364 Wernher von Elmendorf, hg. von Hoffmann von Fallersleben in der Zeitschrift für deutsches Altertum Band 4, S. 284ff.; A. Schönbach,

Die Quelle Wernhers von Elmendorf, in der Zeitschrift für deutsches Altertum Band 34, S. 55 ff.

S. 364 Der deutsche Cato, Geschichte der deutschen Übersetzungen der im Mittelalter unter dem Namen Cato bekannten Distichen von F. Zarncke, Leipzig 1852.

S. 365 König Tirol, Winsbeke und Winsbekin, hg. von A. Leitzmann, Halle 1888; H. Denicke, Die mittelalterlichen Lehrgedichte Winsbeke und Winsbekin in kulturgeschichtlicher Beleuchtung, Rixdorf 1900

S. 367 Thomasin von Zirclare, Welscher Gast, hg. von H. Rückert, Quedlinbnrg 1852; A. Schönbach, Die Anfänge des Minnesangs, Graz 1898 (über die Beziehungen Walthers und Thomasins); A. v. Öchelhäuser, Der Bilderkreis zum Welschen Gast, Heidelberg 1890.

S. 369 Freidank, hg. von W. Grimm, Göttingen 1834; 2. Aufl. 1860; von H. E. Bezzenberger, Halle 1872; H. Paul in den Sitzungsberichten der Münchener Akademie der Wissenschaften 1899, S. 167 ff.

S. 370 Konrads von Haslau Jüngling, hg. von M. Haupt in der Zeitschrift für deutsches Altertum Band 8, S. 550 ff.

S. 371 Seifried Helbling, hg. von J. Seemüller, Halle 1886.

S. 372 Der Renner des Hugo von Trimberg, hg. von G. Ehrismann, Tübingen 1908; Ältere Ausgabe nach der Erlanger Handschrift, Bamberg 1833–36; F. Ranke, Sprache und Stil im Welschen Gast des Thomasin von Circlaria, Berlin 1908.

S. 374 Der Minne Lehre, hg. von F. Pfeiffer in seiner Ausgabe des Heinzelin von Konstanz, Leipzig 1852; dass Heinzelin die Minnelehre nicht verfasst hat, erweist F. Höhne, Die Gedichte des Heinzelin von Konstanz und die Minnelehre, Leipzig 1894.

S. 374 Heinzelin von Konstanz vgl. die vorhergehende Anmerkung.

S. 375 David von Augsburg, hg. von F. Pfeiffer in den deutschen Mystikern I, Leipzig 1845.

S. 376 Berthold von Regensburg, hg. von F. Pfeiffer und J. Strobl, Wien 1862–80; A. Schönbach, Studien zur Geschichte der altdeutschen Predigt, 7. Stück: über Leben, Bildung und Persönlichkeit Bertholds von Regensburg, Wien 1906.

S. 377 Lucidarius: K. Schorbach, Studien über das deutsche Volksbuch Lucidarius, Straßburg 1894.

S. 378 Sachsenspiegel, hg. von C. G. Homeyer, 3 Bände, Berlin 1835–44; 1. Band 3. Aufl., Berlin 1861; J. Weiske und R. Hildebrand, Leipzig 1882, 6. Aufl.; Die Dresdener Bilderhandschrift des Sachsenspiegels hg. von K. v. Amira, Band 1, Leipzig 1902; G. Roethe, Die Reimvorreden des Sachsenspiegels, in den Abhandlungen der Göttinger Gesellschaft der Wissenschaften, neue Folge, Band 2 Nr. 8, Berlin 1899;

Der Spiegel der deutschen Leute, hg. von J. Ficker, Innsbruck 1859; Der Schwabenspiegel, hg. von W. Wackernagel, Zürich 1840; von J. v. Laßberg, Tübingen 1840; Über die ganze deutsche Rechtsliteratur K. v. Amira im Abschnitt »Recht« in Pauls Grundriß der germanischen Philologie.

S. 379 Die sächsische Weltchronik, hg. von L. Weiland in den Monumenta Germaniae, Hannover 1876.

S. 379 Über das Arzneibuch J. Haupt in den Sitzungsberichten der Wiener Akademie der Wissenschaften Band 71, S. 451 ff.

S. 379 A. Peter, Die deutschen Prosaromane von Lanzelot, in der Germania Band 28, S. 141 ff.

S. 382 Der Parzival von Claus Wisse und Philipp Colin, hg. von K. Schorbach, Straßburg 1888.

S. 383 Friedrich von Schwaben, hg. von M. H. Jellinek in den Deutschen Texten des Mittelalters, hg. von der Preußischen Akademie der Wissenschaften, Band 1, Berlin 1904; L. Voß, Überlieferung und Verfasserschaft des Friedrich von Schwaben, Münster 1895; H. Woite, Märchenmotive im Friedrich von Schwaben, Kiel 1910; C. Pschmadt, die Quellen des Friedrich von Schwaben, in der Zeitschrift für deutsches Altertum Band 53, S. 309 ff.

S. 385 Peter Diemringer, hg. von E. Schroeder in den »zwei altdeutschen Rittermären«, Berlin. 1894.

S. 386 Karlmeinet, hg. von A. v. Keller, Stuttgart 1858; K. Bartsch, Über Karlmeinet, Nürnberg 1861.

S. 387 Ulrich Füetrer, im Auszug hg. von F. F. Hofstätter in den Altdeutschen Gedichten aus der Zeit der Tafelrunde, Wien 1811; Merlin und Seifried von Ardemont, hg. von F. Panzer, Stuttgart 1902; P. Hamburger, Untersuchungen über Füetrers Dichtung, Straßburg 1882.

S. 387 Püterich von Reichertshausen: A. Götte, Der Ehrenbrief des Püterich von Reichertshausen, Straßburg 1899.

S. 388 Über die Ambraser, jetzt Wiener Handschrift und ihren Schreiber v. d. Hagen, Heldenbuch I, Berlin 1855, S. 121; Pfeiffers Germania Band 9, S. 381 ff.

S. 389 Die Handschriften des Nibelungenlieds bei Zarncke in seiner Ausgabe 6. Aufl. 1887, Einleitung.

S. 389 Das Lied vom hürnen Seyfried und das Volksbuch vom gehörnten Siegfried, hg. von W. Golther, 2. Aufl., Halle 1911; Eine neue Auffassung vom sagengeschichtlichen Inhalt des Liedes vertritt F. Panzer in seinen Stadien zur germanischen Sagengeschichte II Sigfrid, München 1912.

S. 391 Der Wunderer und das Meerwunder stehen im Dresdener Heldenbuch, gedruckt in v. d. Hagens und Büschings Deutschen Gedichten des Mittelalters II, Berlin 1820 ; eine andere Fassung des Wunderers in v. d. Hagens Heldenbuch, Leipzig 1855, II, S. 531 ff.; K. Müllenhoff, Die merowingische Stammsage, in der Zeitschrift für deutsches Altertum Band 6, S. 430 ff

S. 392 Antelan, hg. von W. Scherer in der Zeitschrift für deutsches Altertum Bd. 15, S. 140 ff.

S. 392 Hildebrandslied, hg. von E. Steinmeyer in Müllenhoff Scherers Denkmälern deutscher Poesie und Prosa, Band II, Berlin 1892, S. 26 ff.

S. 393 Ermenrichs Tod, hg. von B. Goedeke, Hannover 1851; Neudruck bei Th. Abeling, Das Nibelungenlied und seine Literatur, Supplement, Leipzig 1909, S. 57 ff.

S. 393 R. Hügel, Das Lied von Herzog Ernst, in den Beiträgen zur Geschichte der deutschen Sprache und Literatur Band 4, S. 476 ff.

S. 393 Neudruck des Straßburger Heldenbuches von A. v. Keller, Stuttgart 1867.

S. 394 Das Dresdener Heldenbuch, hg. in v. d. Hagens und Büschings Deutschen Gedichten des Mittelalters II, Berlin 1820.

S. 394 Die Novellen und Schwänke bei v. d. Hagen, Gesamtabenteuer, Stuttgart 1850; A. v. Keller, Erzählungen aus altdeutschen Handschriften, Stuttgart 1854.

S. 396 Kaufringer, hg. von K. Euling, Tübingen 1889; K. Euling, Studien über Heinrich Kaufringer, Breslau 1900.

S. 396 Bruder Rausch, hg. von H. Anz im Jahrbuch des Vereins für niederdeutsche Sprachforschung Band 24 (1899), S. 76 ff.; R. Priebsch, Die Grundfabel und Entwicklungsgeschichte der Dichtung vom Bruder Rausch, Prag 1908.

S. 397 Das Gedicht von der Bauernhochzeit, hg. von J. v. Laßberg im Liedersaal III, S. 399 ff (St. Gallen 1825) und im Liederbuch der Klara Hätzlerin, hg. von C. Haltaus, Quedlinburg 1840, S. 259 ff.; dazu E. Wießner, Das Gedicht von der Bauernhochzeit und Heinrich Wittenwylers Ring, in der Zeitschrift für deutsches Altertum Band 50, S. 225 ff.

S. 397 Wittenweilers Ring, hg. von L. Bechstein, Stuttgart 1851; dazu J. Bächtold, Geschichte der deutschen Literatur in der Schweiz, Frauenfeld 1892, S. 182 ff. ; E. Bleisch, Zum Ring Heinrichs von Wittenweiler, Halle 1892.

S. 400 Neidhart Fuchs, hg. von Bobertag im »Narrenbuch«, Berlin und Stuttgart 1884 (in Kürschners Deutscher Nationalliteratur); R. Brill, Die Schule Neidharts, Berlin 1908.

S. 401 Der Pfaffe vom Kalenberg, hg. von Bobertag a. a. O.; von V. Dollmayr, Halle 1907.

S. 402 Leben des Diocletian von Hans dem Büheler, hg. von A. v. Keller, Quedlinburg und Leipzig 1841; J. Schmitz, Die ältesten Fassungen des deutschen Romans von den sieben weisen Meistern, Greifswald 1904.

S. 403 Kunz Kistner, hg. von K. Euling, Breslau 1899.

S. 403 Das Mönchlein, hg. von Th. Kirchhofer, Schaffhausen 1866; J. Bächtold, Geschichte der deutschen Literatur in der Schweiz, Frauenfeld 1892, S. 139 f.

S. 404 Buch der Märtyrer: J. Haupt, Über das mitteldeutsche Buch der Märtyrer, in den Sitzungsberichten der Wiener Akademie der Wissenschaften Band 70 (1872).

S. 404 Martina von Hugo von Langenstein, hg. von A. v. Keller, Stuttgart 1856.

S. 404 Bruder Hermanns Leben der Gräfin Jolande von Vianden, hg. von John Meier, Breslau 1887.

S. 404 Die heilige Elisabeth des hessischen Dichters, hg. von M. Rieger, Stuttgart 1868; über J. Rothes heilige Elisabeth A. Witzschel in der Zeitschrift des Vereins für thüringische Geschichte Band 7, S. 359 ff.

S. 404 Der maget krône, hg. von J. Zingerle in den Sitzungsberichten der Wiener Akademie Band 47 (1864).

S. 404 Ph. Strauch, Die Deutschordensliteratur des Mittelalters, Halle 1910; W. Ziesemer, Geistiges Leben im deutschen Orden, Jahrbuch des Vereins für niederdeutsche Sprachforschung Band 37 (1911), S. 129 ff.

S. 404 Hesler, Evangelium Nicodemi, hg. von K. Helm, Tübingen 1902; Heslers Apokalypse, hg. von K. Helm, Berlin 1907, in den Deutschen Texten des Mittelalters, hg. von der Akademie der Wissenschaften.

S. 405 Makkabäerbuch, hg. von K. Helm, Tübingen 1904.

S. 405 Tilo von Kulm, hg. von K. Kochendörffer, Berlin 1907, in den Deutschen Texten des Mittelalters; G. Reißmann, Tilos Gedicht von den sieben Siegeln, Berlin 1910.

S. 406 Nikolaus von Jeroschin, hg. von F. Pfeiffer, Stuttgart 1854; von E. Strehlke in den Scriptores rerum Prussicarum, Leipzig 1861; W. Ziesemer, Nikolaus von Jeroschin und seine Quelle, Berlin 1907.

S. 406 Wigand von Marburg, hg. in den Scriptores rerum Prussicarum Band 2, S. 429 ff., Leipzig 1863.

S. 407 R. von Liliencron, Die historischen Volkslieder der Deutschen vom 13. bis 16. Jahrhundert; 4 Bände, Leipzig 1865–69; Schweizerische Volkslieder, hg. von L. Tobler, Frauenfeld 1882–84.

S. 408 Der Schwabenkrieg, besungen von einem Zeitgenossen Joh. Lenz, hg. von H. v. Dießbach, Zürich 1849; Bächtold, Geschichte der deutschen Literatur in der Schweiz, Frauenfeld 1892, S. 200.

S. 409 Wierstraats Reimchronik von Neuß, hg. von E. v. Groote, Köln 1855; von U. v. Nörrenberg in den Chroniken deutscher Städte Band 20, S. 481 ff.

S. 409 Michel Beheim: Buch von den Wienern, hg. von Th. G. v. Karajan, Wien 1843; Historische Lieder, hg. von Karajan, Wien 1849; H. Gille, Die historischen und politischen Gedichte M. Beheims, Berlin 1910.

S. 411 Die alte Heidelberger Handschrift (A), hg. von F. Pfeiffer, Stuttgart 1844; Die große Heidelberger Handschrift (C, die sog. Manessische), hg, von F. Pfaff, Heidelberg 1909; Die Miniaturen der Manessischen Liederhandschrift, hg. von F. X. Kraus, Straßburg 1887; Die Wappen, Helmzierden und Standarten der großen Heidelberger Handschrift, hg. von K. Zangemeister, Görlitz 1892; F. Vogt, Die Heimat der großen Heidelberger Handschrift, in den Beiträgen zur Geschichte der deutschen Sprache und Literatur Bd. 33, S. 373 ff.; Die Weingartner, jetzt Stuttgarter Handschrift (B), hg. von F. Pfeiffer, Stuttgart 1843; Die Jenaer Handschrift in Lichtdruck, hg. von K. K. Müller, Jena 1896; Die Jenaer Handschrift, hg. von G. Holz, F. Saran, E. Bernoulli, Leipzig 1901, 2 Bände; Die Meisterlieder der Kolmarer Handschrift, hg. von K. Bartsch, Stuttgart 1862.

S. 412 Hugo von Montfort, hg. von K. Bartsch, Tübingen 1880; von J. E. Wackernell, Innsbruck 1881; dazu Wackernell in der Zeitschrift für deutsches Altertum Band 50, S. 346 ff.

S. 413 Oswald von Wolkenstein, hg. von B. Weber, Innsbruck 1847; von J. Schatz und O. Koller, Wien 1902 (Denkmäler der Tonkunst in Österreich IX, 1); von J. Schatz, 2. Aufl., Göttingen 1904; J. Beyrich, Untersuchungen über den Stil Oswalds v. Wolkenstein, Leipzig 1910.

S. 416 Heinrich von Meißen, Frauenlob, hg. von L. Ettmüller, Quedlinburg 1843.

S. 418 Regenbogen, hg. in v. d. Hagens Minnesingern Nr. 126; dazu G. Roethe in der Allgemeinen deutschen Biographie Band 27, S. 547 ff.

S. 419 Heinrich von Mügeln: Fabeln und Lieder, hg. von W. Müller, Göttingen 1847; K. J. Schröer, Die Dichtungen Heinrichs von Mügeln nach den Handschriften besprochen, in den Sitzungsberichten der Wiener Akademie Band 60 (1867), S. 451 ff.; Heinrichs von Mügeln der meide kranz von W. Jahr, Leipzig 1909.

S. 419 Muskatblüt, hg. von E. v. Groote, Köln 1852; A. Veltmann, Die politischen Gedichte Muskatblüts, Bonn 1902.

S. 420 Meistersang: J. Grimm, über den altdeutschen Meistergesang, Göttingen 1811; Uhland, Schriften Band 4, S. 284 ff. Weitere Literatur bei Wackernagel-Martin, Geschichte der deutschen Literatur I (1879), § 74.

S. 422 Volkslied: L. Uhland, Alte hoch- und niederdeutsche Volkslieder, Stuttgart 1844–46; Uhland, Schriften zur Geschichte und Sage Band 3 und 4, Stuttgart 1866 und 1869; R. v. Liliencron, Deutsches Leben im Volkslied um 1530, Berlin und Stuttgart 1884 (in Kürschners Deutscher Nationalliteratur); F. M. Böhme, Altdeutsches Liederbuch, Leipzig 1877; L. Erk, Deutscher Liederhort, neu bearbeitet und fortgesetzt von F. M. Böhme, 3 Bände, Leipzig 1893–94; O. Schell, Das deutsche Volkslied, Leipzig 1908; J. W. Bruinier, Das deutsche Volkslied, 3. Aufl., Leipzig 1908; Bibliographie des Volksliedes von John Meier in Pauls Grundriß der germanischen Philologie, 2. Aufl.

S. 430 Handwerksgrüße und Sprüche: F. Frisius, Zeremoniell der vornehmsten Künstler und Handwerker, Leipzig 1708; Oskar Schade, Vom deutschen Handwerksleben in Brauch, Spruch und Lied, Weimar 1856; Th. Ebner, Der Geschichte des deutschen Handwerks in der »Walhalla«, hg. von Ulrich Schmid, Band III (1907), S. 79 ff.; P. Lembke, Studien zur deutschen Weidmannssprache, in der Zeitschrift für deutschen Unterricht Band 12 (1898), S. 233 ff.; R. Dürnwirth, Jagdschreie und Weidsprüche, ebd. Band 17 (1903), S. 465 ff.

S. 433 Hans vom Niederrhein, hg. von R. Minzloff, Hannover 1863; J. Franck in der Zeitschrift für deutsches Altertum Band 24, S. 373 ff.

S. 434 Der Mönch von Salzburg, hg. von Wackernagel im Deutschen Kirchenlied Band 2, S. 409 ff.; F. A. Mayer und H. Rietsch, Die Mondsee-Wiener Liederhandschrift und der Mönch von Salzburg, Berlin 1896.

S. 434 Die geistlichen Lieder, hg. von Ph. Wackernagel, Das deutsche Kirchenlied von den ältesten Zeiten bis zu Anfang des 17. Jahrhunderts, Leipzig 1864–77, 5 Bände; H. Hoffmann von Fallersleben, Geschichte des deutschen Kirchenliedes bis auf Luthers Zeit, Hannover 1854, 3. Aufl., 1861; W. Bäumker, Das katholische deutsche Kirchenlied in seinen Singweisen von den frühesten Zeiten bis gegen Ende des 17. Jahrhunderts, Freiburg 1883–86, 2 Bände.

S. 437 Heinrich von Laufenberg bei Wackernagel, Das deutsche Kirchenlied Band 2, S. 528 ff. ; E. R. Müller, Heinrich von Laufenberg, Berlin 1889; A. Schumann in der Allgem. deutschen Biographie Band 19, S. 810 ff.

S. 439 Peter von Arberg bei Wackernagel, Das deutsche Kirchenlied Band 2, Nr. 496–500; A. Reifferscheidt in der Zeitschrift für deutsches Altertum Band 9, S. 187 ff.

S. 440 Ulrich Boner, hg. von F. Pfeiffer, Leipzig 1844; J. Bächtold, Geschichte der deutschen Literatur in der Schweiz, Frauenfeld 1892, S. 172 ff.; Ch. Waas, Die Quellen der Beispiele Boners, Gießen 1897.

S. 441 Konrad von Ammenhusen, hg. von F. Vetter, Frauenfeld 1892; J. Bächtold, Geschichte der deutschen Literatur in der Schweiz, S. 177 ff.

S. 443 Des Teufels Netz, hg. von A. Barack, Stuttgart 1863; J. Maurer, Über das Lehrgedicht des Teufels Netz, Feldkirch 1889.

S. 443 Eberhard Cersne, hg. von F. X. Wöber, Wien 1861; E. Bachmann, Studien über E. Cersne, Berlin 1895.

S. 444 Minnekloster, hg. in Laßbergs Liedersaal Band 2, Nr. 124; G. Richter, Beiträge zur Interpretation und Textkonstruktion des mhd. Gedichtes Kloster der Minne, Berlin 1895. Über weitere Minneallegorien K. Matthaei, Das weltliche Klösterlein und die deutsche Minneallegorie, Marburg 1907.

S. 444 Hadamar von Laber, hg. von J. A. Schmeller, Stuttgart 1850 (darin auch drei andre Allegorien: Des Minners Klage, Der Minnenden Zwist und Versöhnung, Der Minne Falkner); Hadamars Jagd, hg. von K. Stejskal, Wien 1880; E. Bethke, über den Stil Hadamars von Laber, Berlin 1892.

S. 445 Meister Altswert, hg. von Holland und Keller, Stuttgart 1850; Karl Meyer, Meister Altswert, Göttingen 1889.

S. 447 Hermann von Sachsenheim, hg. von E. Martin, Tübingen 1878.

S. 449 Tochter Syon, hg. von O. Schade, Berlin 1849; übersetzt von K. Simrock, Bonn 1851.

S. 449 Christus und die Seele, hg. in Mones Anzeiger für die Kunde der deutschen Vorzeit Band 8 (1839), S. 334 ff.

S. 450 Vintlers Blumen der Tugend, hg. von J. V. Zingerle, Innsbruck 1884. Zum Leben und Wirken Vintlers Zingerle in der Allgemeinen deutschen Biographie Band 40, S. 5 ff.

S. 451 Salomo und Markolf, hg. in v. d. Hagens und Büschings Deutschen Gedichten des Mittelalters Band I, Berlin 1809; W. Schaumberg in den Beiträgen zur Geschichte der deutschen Sprache und Literatur Band 2, S. 1 ff.

S. 452 Die Gedichte des Königs vom Odenwald, hg. von Edward Schroeder, Darmstadt 1900 (aus dem Archiv für hessische Geschichte und Altertumskunde N. F. III, 1 ff.).

S. 453 Heinrich der Teichner, hg. von Th. v. Karajan in den Denkschriften der Wiener Akademie der Wissenschaften VI, 85 ff., Wien 1855; dazu J. Seemüller in der Allgemeinen deutschen Biographie Band 37, S. 544 ff.

S. 454 Suchenwirt, hg. von A. Primisser, Wien 1827; J. Seemüller, Chronologie der Gedichte Suchenwirts, in der Zeitschrift für deutsches Altertum Band 41 (1897), S. 193 ff.

S. 455 Rosenplüt: eine Gesamtausgabe seiner Werke fehlt. Seine historischen Gedichte bei Liliencron, Volkslieder Nr. 61, 68, 93, 109–110; die Fastnachtspiele bei Keller, Fastnachtspiele ans dem 15. Jahrhundert, Band 3, Stuttgart, 1852; die Erzählungen bei Keller, Erzählungen aus altdeutschen Handschriften, Stuttgart 1854; der Lobspruch auf Nürnberg, hg. von Lochner, Nürnberg 1854; die Priameln bei K. Euling, das Priamel bis Hans Rosenplüt, Breslau 1905. Zu Rosenplüts Leben und Wirken G. Roethe in der Allgemeinen deutschen Biographie Band 29, S. 222 f.; J. Demme, Studien zu Hans Rosenplüt, München 1906.

S. 457 Hans Folz, hg. von A. v. Keller in den Fastnachtspielen Band 3, S. 1195 ff.; G. W. K. Lochner im Archiv für Literaturgeschichte Band 3, S. 324 ff.

S. 458 Literatur über das geistliche Drama oben zu S. 149 und 154; dazu R. Heinzel, Abhandlungen zum altdeutschen Drama in den Sitzungsberichten der Wiener Akademie der Wissenschaften Band 134 (1896) ; R. Heinzel, Beschreibung des geistlichen Schauspiels im deutschen Mittelalter, Hamburg und Leipzig 1898; J. J. Wackernell, Altdeutsche Passionsspiele in Tirol, Graz 1897.

S. 458 Das Trierer Spiel bei Froning, Drama des Mittelalters I, 46 ff.

S. 459 Das Spiel von Muri bei Froning, Drama des Mittelalters I, 225 ff.; J. Bächtold, Schweizer Schauspiele des 16. Jahrhunderts I, 275 ff., Zürich 1890.

S. 460 St. Galler Weihnachtspiel bei F. J. Mone, Schauspiele des Mittelalters I, 72 ff., Karlsruhe 1846; E. Wolter, Das St. Galler Spiel vom Leben Jesu, Breslau 1912.

S. 461 Das Spiel von den zehn Jungfrauen, hg. von O. Beckers, Breslau 1905.

S. 462 Die realistischen und komischen Szenen bei Froning, Drama des Mittelalters I, 60 ff.

S. 463 Das Redentiner Osterspiel, hg. von C. Schröder, Norden 1893.

S. 467 Über die volkstümlichen Szenen der Weihnachtspiele, K. Weinhold, Weihnachtspiele und Lieder aus Süddeutschland, Graz 1853; F. Vogt, Die schlesischen Weihnachtspiele, Leipzig 1901; Froning, Drama des Mittelalters III, 902 ff.

S. 468 Baldemars Dirigierrolle bei Froning, Drama des Mittelalters II, 340 ff.

S. 469 Der Tiroler Text, hg. von Wackernell, Graz 1897; der Frankfurter von Froning, Drama 11, 375 ff.; der Friedberger, auszugsweise in der Zeitschrift für deutsches Altertum Band 7, S. 545 ff.; der Alsfelder bei Froning, Drama II, 562 ff. und III, 1 ff.; der Heidelberger von G. Milchsack, Tübingen 1881; E. W. Zimmermann, Das Alsfelder Passionsspiel und die Wetterauer Spielgruppe, Göttingen 1909.

S. 471 Der Alsfelder und Donaueschinger Plan bei Froning, Drama I, 276; I, 267 und II, 860; der Donaueschinger auch in Könneckes Bilderatlas S. 89; der Luzerner bei F. Vogt, Geschichte der deutschen Literatur, 3. Aufl., Leipzig und Wien 1910, S. 268.

S. 473 Cysats Aufzeichnungen über die Luzerner Spiele bei J. Bächtold, Geschichte der deutschen Literatur in der Schweiz, Frauenfeld 1892, S. 260 ff.

S. 475 Fronleichnamspiel von Eger, hg. von G. Milchsack, Tübingen 1882; Über das Künzelsauer Spiel T. Mansholt, Marbnrg 1892.

S. 475 Das Wagenspiel von Zerbst in der Zeitschrift für deutsches Altertum Band 2, S. 278 ff.; das Wagenspiel von Freiburg in der Zeitschrift der Freiburger historischen Gesellschaft 1872, S. 1 ff.

S. 476 Die Bordesholmer Marienklage, hg. von G. Kühl im Jahrbuch des Vereins für niederdeutsche Sprachforschung, Band 24 (1899), S. 1 ff.

S. 476 Theophilus, hg. von R. Petsch, Heidelberg 1908.

S. 477 Dietrich Schernbergs Spiel von Frau Jutten, hg. von Edward Schroeder, Bonn 1911.

S. 478 Antichristspiel bei Keller, Fastnachtspiele Nr. 68; dazu V. Michels, Studien über die ältesten deutschen Fastnachtspiele, Straßburg 1896, S. 80 ff.

S. 479 Das weltliche Drama, hg. von A. v. Keller, Fastnachtspiele ans dem 15. Jahrhundert, Stuttgart 1853, 3 Bände; dazu Nachlese, Stuttgart 1858; Sterzinger Spiele, hg. von O. Zingerle, Wien 1886, 2 Bände; Mittelniederdeutsche Fastnachtspiele, hg. von W. Seelmann, Norden 1885; L. Lier, Studien zur Geschichte des Nürnberger Fastnachtspieles, Leipzig 1889; V. Michels, Studien über die ältesten deutschen Fastnachtspiele, Straßburg 1896.

S. 480 Neidhartspiel: K. Gusinde, Neidhart mit dem Veilchen, Breslau 1899.

S. 482 Rumpolt und Mareth: dazu Michels, Studien, S. 67 ff.

S. 483 Der kluge Knecht: dazu Bächtold, Geschichte der deutschen Literatur in der Schweiz, S. 210 f.

S. 487 Über Rosenplüts und Folzens Anteil an den Fastnachtspielen V. Michel, Studien über die ältesten deutschen Fastnachtspiele, Straßburg 1896.

S. 490 Über die Lübecker Fastnachtspiele C. Wehrmann im Jahrbuch des Vereins für niederdeutsche Sprachforschung, Band 1 (1880), S. 1 ff.; C. Walther, ebd. S. 6 ff. und Jahrbuch Band 27 (1901), 1 ff.

S. 493 Offenbarung der Schwester Mechthild von Magdeburg oder das fließende Licht der Gottheit, hg. von P. Gall Morel, Regensburg 1869.

S. 493 Mystiker: W. Preger, Geschichte der deutschen Mystik im Mittelalter, Leipzig 1874–93; F. Pfeiffer, Deutsche Mystiker des Mittelalters, 2 Bände, Leipzig 1845–57 (Neudruck Göttingen 1906/07).

S. 494 Meister Eckhart, hg. von F. Pfeiffer im 2. Band der deutschen Mystiker; F. Jostes, Meister Eckhart und seine Jünger, Freiburg 1895; M. Pahncke, Untersuchungen zu den deutschen Schriften Meister Eckharts, Halle 1905; H. Büttner, Meister Eckharts Schriften und Predigten aus dem Mhd. übersetzt, Jena 1909; Ph. Strauch, Meister Eckharts Buch der göttlichen Tröstung und von dem edlen Menschen, Bonn 1910.

S. 495 Heinrich Seuses Leben und Schriften, hg. von M. Diepenbrock, Regensburg 1829; Die deutschen Schriften des H. S., hg. von F. H. Seuse-Denifle, Band I, München 1880; hg. von K. Biehlmeyer, Stuttgart 1907.

S. 497 Elsbeth Stagel: J. Bächtold, Geschichte der deutschen Literatur in der Schweiz, Frauenfeld 1892, S. 213 ff.

S. 497 J. Tauler, hg. von J. Hamberger, Frankfurt 1864; von F. Vetter, Berlin 1910 (in den Deutschen Texten des Mittelalters).

S. 498 Merswin: Buch von den neun Felsen, hg. von K. Schmidt, Leipzig 1859; des Gottesfreundes im Oberland Buch von den zwei Mannen, hg. von F. Lauchert, Bonn 1896; über die Gottesfreundfrage Ph. Strauch in Herzogs Realenzyklopädie, 3. Aufl., Band 17 (1905), S. 203 ff.; K. Rieder, Der Gottesfreund vom Oberland, eine Erfindung des Straßburger Johanniterbruders Nikolas von Löwen, Innsbruck 1905.

S. 498 Theologia deutsch, hg. von F. Pfeiffer, Stuttgart 1851 und 1855; von H. Mandel, Leipzig 1908.

S. 499 W. Walther, Die deutsche Bibelübersetzung des Mittelalters, Braunschweig 1889–92, 3 Bände; F. Jostes, Historisches Jahrbuch der Görresgesellschaft Band 15 (1894), S. 771 ff.; Band 18 (1897), S. 133 ff. Einen Neudruck der Straßburger Bibel von 1466 gab W. Kurrelmeyer in der Bibliothek des Stuttgarter literarischen Vereins 1904–10.

S. 500 Über Otto von Passau Ph. Strauch in der Allgemeinen deutschen Biographie Band 24, S. 741 ff.

S. 500 Johannes Nider, ebd. Band 24, S. 743.

S. 500 Das goldene Spiel von Meister Ingolt, hg. von E. Schroeder, Straßburg 1882.

S. 501 Buch Belial: W. Wackernagel, Die altdeutschen Handschriften der Basler Universitätsbibliothek, Basel 1836, S. 62 ff.

S. 501 Der Ackermann aus Böhmen, hg. von J. Knieschek, Prag 1877.

S. 501 Für die Geschichtsprosa O. Lorenz, Deutschlands Geschichtsquellen im Mittelalter seit der Mitte des 13. Jahrhunderts, 3. Aufl., Berlin 1887.

S. 502 Die Übersetzungen Marco Polos und Mandevilles bei Goedeke, Grundriß zur Geschichte der deutschen Dichtung Band 1 (1884), S. 376 ff.; Die Palästinafahrten bei Röhricht und Meisner, deutsche Pilgerreisen nach dem Heiligen Lande, Berlin 1880; Johann Schiltbergers Reise, hg. von V. Langmantel, Tübingen 1886.

S. 502 Konrad von Megenbergs Buch der Natur, hg. von F. Pfeiffer, Stuttgart 1861; H. Schulz, Greifswald 1897.

S. 503 Prosaroman: H. Mielke, Geschichte des deutschen Romanes, Leipzig 1904; W. Scherer, Die Anfänge des deutschen Prosaromanes, Straßburg 1877; Die alten Drucke bei Goedeke, Grundriß I (1884), § 96–97.

S. 504 Ph. Strauch, Pfalzgräfin Mechthild in ihren literarischen Beziehungen, Tübingen 1883.

S. 506 Till Eulenspiegel: Abdruck der Ausgabe von 1515 von H. Knust, Halle 1884; Faksimileausgabe mit Geleitwort von Edward Schroeder, Leipzig 1911.

Namen- und Sachverzeichnis

Nachwort

Wolfgang Golther wurde am 25. 5. 1863 in Stuttgart als Sohn des Juristen und Staatsmannes (Karl) Ludwig Golther (1823–1876) geboren. In München studierte er seit 1883 Germanistik, wurde dort 1886 promoviert und 1888 schließlich Privatdozent. 1895 erhielt er einen Ruf an die Universität Rostock als ordentlicher Professor der deutschen Philologie, wo er lebenslang wirkte. 1909/10 war er Rektor und seit 1907 gleichzeitig auch Direktor der Universitätsbibliothek. Er führte den Ehrentitel Geheimer Hofrat. Am 14. 12. 1945 verstarb er in Rostock. Die Universität Rostock besitzt eine Ölgemälde von ihm.

Golther hat ein reichhaltiges literarhistorisches Werk hinterlassen[1]. Seine Forschungsschwerpunkte waren Mythologie, vergleichende Sagen- und Motivforschung sowie mittelalterliche deutsche Literaturgeschichte. Das *Handbuch der Germanischen Mythologie*, schon 1895 erschienen, steht noch heute im Interesse eines breiten Leserkreises[2]. 1907 legte er *Tristan und Isolde in den Dichtungen des Mittelalters und der neueren Zeit* vor, 1911: *Zur deutschen Sage und Dichtung*, 1925: *Parzival und der Gral in der Dichtung des Mittelalters und der Neuzeit.*

Sein Interesse an einer Gesamtdarstellung der deutschen mittelalterlichen Literaturgeschichte begann schon 1891 mit einer *Geschichte der altdeutschen Literatur* in der damals berühmten Reihe von ›Kürschners Deutsche Nationallitteratur‹. 1905 verfasste er eine *Altnordische Literaturgeschichte.* Schließlich entstand 1912 die hier vorgelegte *Deutsche Dichtung im Mittelalter 800–1500* (2. Aufl. 1922) als vollkommen neu konzipierte Darstellung.

1 Das vollständige Werkverzeichnis findet sich im Deutschen Seminar II der Universität München.

2 Neuerdings im Marixverlag Wiesbaden 2004 neu aufgelegt.

Daneben machte er sich einen Namen als Herausgeber von mittelalterlichen Dichtungen; 1889: *Tristan und Isolde und Flore und Blancheflur* und *Das Lied vom Hürnen Seyfried*; 1892: *Der Nibelunge Not* in Auswahl (6. Aufl. 1922); 1901: *Bartsch, Deutsche Liederdichter* (4. Aufl.).

Große Bedeutung erlangte Golther auch als Wagner-Forscher. Er war Mitbegründer der Wagnerphilologie und trat mit zahlreichen Publikationen hervor. So gab er 1904 Wagners Briefwechsel mit Mathilde Wesendonk heraus (Volksausgabe 1915) und veröffentlichte im selben Jahr die Studie *Richard Wagner als Dichter*. 1914 erschien: *Richard Wagners Gesammelte Schriften und Dichtungen* und 1914: *Richard Wagner, Zehn Lieder aus den Jahren 1838–1858*.

Golthers Literaturgeschichte ist eine Rarität. Seinerzeit gab es kaum eine vergleichbare kompakte Darstellung, und heute ist eine Literaturgeschichte über den Zeitraum 800–1500 von *einem* Autor nicht mehr zu verfassen[3]. Sie entstand damals mit der besonderen Absicht, »den Laien zu den Schätzen des altdeutschen Schrifttums heranzuführen und dem Studierenden eine bequeme und willkommene Übersicht und Zusammenfassung zu bieten« (Vorwort, S. VIII). Im Folgenden sollen in aktualisierender Absicht einige Höhepunkte ›altdeutscher‹ Literatur, das heißt Texte aus dem hochdeutschen Sprachraum (althochdeutsch/mittelhochdeutsch) und dem niederdeutschen Sprachraum (altniederdeutsch/mittelniederdeutsch) kurz genannt und moderne, meist zweisprachige Textausgaben zum Selbststudium angeführt werden[4].

Mittelalterliche Literatur ist durchgängig und besonders deutlich zu Beginn der altdeutschen Literaturperiode[5] um 800 *geistliche* Literatur, die im Dienste der Christianisierung steht und in den Klöstern

3 Siehe Vorwort zur dreibändigen Geschichte der deutschen Literatur im Mittelalter v. J. Bumke, Th. Cramer und D. Kartschoke. München 1990, S. 7. – Die letzte schrieb Max Wehrli: Geschichte der Literatur vom frühen Mittelalter bis zum Ende des 16. Jahrhunderts. Stuttgart: Reclam 1980.

4 2 Sammelausgaben: (1) Deutsche Dichtung des Mittelalters. [Originaltext und Übersetzung] Hrsg. von Michael Curschmann und Ingeborg Glier. 3 Bände. München: Hanser 1980, 1981. (2) Die deutsche Literatur. Texte und Zeugnisse. Mittelalter [Originaltext und Worterklärungen, zuweilen auch Übersetzungen]. 2 Teilbände. Hrsg. v. Helmut de Boor. München: Beck 1965.

5 Althochdeutsche Literatur. Mit Proben aus dem Niederdeutschen. Ausgewählte Text mit Übertragungen und Anmerkungen. Hrsg., übers. u. m. Anm. versehen v. Horst Dieter Schlosser. Frankfurt/M: S. Fischer 1980 (FTB 6036).

betrieben wird. Sie ist vornehmlich Übersetzung aus dem Lateinischen: Kirchliche Gebrauchsprosa (Taufgelöbnis, Vaterunser, Glaubensbekenntnis, Beichtformel) und Bibelübersetzung. Am Anfang aber stehen in großer Zahl Glossen und Vocabularien: Übersetzungshilfen, die am Rand, zwischen den Zeilen (Interlinearversionen) oder in den fremdsprachigen = lateinischen Text integriert erscheinen. Das älteste lateinisch-deutsche Glossar ist der ABROGANS, benannt nach dem ersten Wort, das mit althochdeutsch ›heomodi‹ übersetzt wird und ›demütig‹ bedeutet. Daneben gibt es einige Zeugnisse *weltlicher* Dichtung: Zauber- und Segenssprüche, Helden- und Fürstenpreis (Hildebrandslied, Ludwigslied), Sprichwörter, Liebesgrüße, Spott- und Schreiberverse sowie Rechtstexte.

Herausragend aber unter den althochdeutschen Texten sind 2 ›Evangelienharmonien‹ (Zusammenfassung aus den 4 Evangelien). Einmal der ›althochdeutsche Tatian‹, verfasst um 830 in Fulda; sehr umfangreich und sprachlich sehr einheitlich (ostfränkisch). Er wurde deshalb seit dem 19. Jahrhundert zum klassischen althochdeutschen Text und Grundlage der Grammatiken. Zum anderen ist es der ›Liber Evangeliorum‹ (Evangelienbuch) des Mönchs Otfrid von Weißenburg, zwischen 863 und 871 südrheinfränkisch geschrieben – ein meisterhaftes Werk: sprachmächtig, gelehrt, phantasiereich.[6] Otfrid unternimmt zudem eine folgenreiche Großtat: er führt den Endreim in die deutsche Dichtung ein, die vorher freilich in nur wenigen Texten (›Hildebrandslied‹) formal vom germanischen Stabreim bestimmt war. Ein drittes großes Werk jener Zeit ist der ›Heliand‹ (Heiland), ebenfalls eine Evangelienharmonie, eine grandiose Leben-Jesu-Erzählung, entstanden um 840 im niederdeutschen Sprachraum, verfasst von einem Anonymus in altsächsischer Kunstsprache[7]. Der ›Heliand‹ bedient sich noch des germanischen Stabreims, wie er besonders in der altenglischen Dichtung (›Beowulf‹[8]) und in der altisländischen Dichtung (›Edda‹[9]) weit verbreitet war.

6 Otfrid von Weißenburg: Evangelienbuch. Auswahl. Althochdeutsch/Neuhochdeutsch. Hrsg., übers. u. komment. v. Gisela Vollmann-Profe. Stuttgart: 1987.

7 Übers.: Wilhelm Stapel: Der Heliand. München 1953. – Auswahl bei Schlosser (s. Anm. 5).

8 Beowulf. Ein altenglisches Heldenepos. Hrsg. u. übers. v. M. Lehnert. Stuttgart: Reclam (RUB 18303).

9 Die Edda. Götterlieder, Heldenlieder und Spruchweisheiten der Germanen.

Insgesamt bietet die erste Periode altdeutscher Dichtung (800–1000) ein völlig heterogenes Bild – von tastenden Versuchen zur Findung der deutschen Sprache bis hin zu Schaffung in sich geschlossener großer Werke.

In der zweiten Periode altdeutscher Literatur von 1000–1150 (sprachlich: Frühmittelhochdeutsch)[10] ist zunächst eine große Gelehrten- und Schriftstellerpersönlichkeit des Klosters St. Gallen zu nennen: Notker III. von St. Gallen (um 950–1022), auch Labeo wegen seiner großen Lippen oder Teutonikus wegen seiner deutschen Schriften genannt. Notkers Bedeutung liegt darin, dass er einmal antike Schulautoren übersetzte (u. a. Martianus Capella und Boethius), zum andern Texte aus den ›septem artes liberales‹, poetische Schullektüre, patristische Theologie und Bibeltexte. Seine deutschen Übersetzungen waren nicht Selbstzweck, sondern hermeneutisches Mittel, um den lateinischen Ausgangstext zu verstehen.

Charakteristisch aber für die 2. Periode ist das stringente Vorherrschen geistlicher Literatur. Es kommt zum Ausdruck in kirchlicher Prosaliteratur, die weniger auf elementare Unterweisung der Laien zielt, sondern auf Vertiefung des Heilswissens besonders für Kleriker. Dazu gehören: Credo, Beichte, Gebet; Predigt und Bibelübersetzung. In dieser dominiert der Psalter und später das Hohe Lied (Willirams ›Paraphrase des Hohen Liedes‹ und das ›St. Trudperter Hohe Lied‹).

Auch Naturkunde wird in den Zusammenhang geistlicher Deutung gestellt. Der ›Physiologus‹ (der Naturkundige), überkommen aus der griechischen Spätantike, deutet Tiere allegorisch-heilsgeschichtlich[11]. So bringt die Löwin ihre Jungen tot zur Welt. Nach drei Tagen kommt der Vater und weckt sie durch sein Gebrüll zum Leben. Das ›bedeutet‹, dass Christus 3 Tage tot im Grabe ruhte, bis ihn die Stimme des

Nach der Ausgabe v. Karl Simrock vollst. bearb. m. Kurzkomm. u. Reg. v. Manfred Stange. Wiesbaden: Marix 2004.

10 Frühmittelhochdeutsche Literatur. Mittelhochdeutsch/Neuhochdeutsch. Auswahl. Übers., Komm. v. Gisela Vollmann-Profe. Stuttgart: Reclam 1996 (RUB 9438)

11 Der Physiologus. Übertragen und erläutert von Otto Seel. Zürich 1960 u. ö. [Übers u. Komm. d. griech. Vorlage, 4. Jh. n. Chr.]. – Aus dem ›älteren Physiologus‹ (spätes 11. Jh.) u. dem ›jüngeren Physiologus‹ (frühes 12. Jh.): über den Löwen. Text u. Übers. :de Boor 1, S. 554 f. (s. Anm. 4).

Vaters zur Auferstehung weckte. Der ›ältere Physiologus‹ (etwa 1070) und der ›jüngere Physiologus‹ (etwa 1120) gehen auf eine lat. Vorlage zurück.

Ein starkes Aufblühen geistlichen Schrifttums setzt seit der 2. Hälfte des 11. Jahrhunderts mit den reformerischen Bestrebungen von Clyny ein, die nach Deutschland auf das Kloster Hirsau übergreifen und von dort aus große Wirksamkeit entfalten. »Die asketischen Ideale des Mönchstums werden auch dem Laien als erstrebenswerte Lebensform gepredigt, und vor dem drohenden *memento mori* und den ewigen Entscheidungen des letzten Gerichtes wird ihm die Nichtigkeit alles Irdischen klargemacht, er wird zu einem Leben der Weltabkehr und Diesseitsverneinung aufgerufen« (de Boor).

In 2 Regionen – am unteren Rhein mit Köln und in Österreich mit Donauland, Kärnten und der Steiermark – entfaltet sich die neue geistliche Literatur. Es entstehen bedeutende Sammelhandschriften, deren wichtigste die ›Vorauer Handschrift‹ ist. – Von den Werken sind vor allem das ›Ezzolied‹[12] (1063) zu nennen, ein Hymnus auf Gottes Heils- und Erlösungswirken. Eine scharfe Bußpredigt stellt das ›memento mori‹[13] (1070) dar: Aufruf zur Weltabsage und Entsagung. Sprachkräftig wird in ›Himmel und Hölle‹ (1070/80) der scharfe Dualismus dieser ewigen Orte geschildert. Die ›Bamberger Beichte‹ (1070/80) ist ein Zeugnis intensiver Selbsterforschung mit deutlichem Herauskehren der einzelnen menschlichen Sünden. In der ›Altdeutsche(n)‹ oder ›Wiener Genesis‹[14] (1060–80), einer Bibeldichtung in Reimpaarversen, konzentriert sich das Interesse des Dichters abermals auf Sünde, Reue, Beichte und Buße. Herausragend ist das ›Annolied‹[15] (1080/85), ebenfalls in Reimpaarversen geschrieben, mit dem hohen Lobpreis auf den Heiligen Anno (gest. 1075), Ezbischof und Gründer des Klosters Siegburg. Eingeleitet wird die Art Heiligenvita mit einem doppelten Kursus der Weltgeschichte, in deren Heilsgeschichte Anno glanzvoll eingebettet ist.

12 Text u. Übers. bei Curschmann/Glier I, S. 80–91 (s. Anm. 4) und de Boor 1, S. 3–9 (s. Anm. 4)

13 Text u. Übers. bei de Boor 1, S. 518–523 (s. Anm. 4)

14 Text u. Übers. (Auszüge: Luzifers Sturz und Schöpfung, V. 1–462): Vollman-Profe, S. 6–33 (s. Anm. 10) und de Boor 1 (V. 1–445), S. 33–41 (s. Anm. 4)

15 Das Annolied. Mittelhochdeutsch und Neuhochdeutsch. Hrsg., übers. u. komment. v. Eberhard Nellman. Stuttgart: Reclam 1975 (RUB 1416 [3])

In die 2. Phase der Geistlichendichtung im Gefolge clunyazensischer Reform gehören 4 Werke (Anfang des 12. Jahrhunderts) der Frau Ava, der ersten mit Namen bekannten deutschen Dichterin: ›Johannes‹, das ›Leben Jesu‹[16], eine ›Antichrist‹-Dichtung und ›Das Jüngste Gericht‹[17]. Alttestamentarische Stoffe behandeln 3 kleinere Dichtungen aus der ›Vorauer Sammelhandschrift‹: ›Das Lob Salomons‹, Die drei Jünglinge im Feuerofen‹[18] und ›Die Ältere Judith‹[19]. Eine besondere Gattung bildet sich mit der gereimten ›Sündenklage‹ heraus. »Hier zuerst spricht das Ich sich aus, klagt über seine eigene Sündhaftigkeit, wendet sich an Gott mit der Bitte um Gnade für sich als Einzelwesen [...] Die poetische Gattung der Sündenklage wird die erste Ich-Dichtung in deutscher Zunge« (de Boor). Die ›Millstätter Sündenklage‹[20] (1130) ist vollständig überliefert (864 Verse), der ›Rheinauer Paulus‹ (1120) nur fragmentarisch.

In der clyniazensischen Spätzeit (de Boor) enstehen einige Werke der Zahlenmystik: Das ›Gedicht von der Siebenzahl‹ , die ›Auslegung des Vaterunser‹ und vor allem des Priester Arnolds ›Loblied auf den heiligen Geist‹. Es entstehen auch asketische Bußpredigten. Einmal ist es der ›Arme Hartmann‹ mit seiner umfangreichen ›Rede vom Glauben‹[21] (1140–60), der weniger an seiner Sündhaftigkeit leidet, sondern letztlich eher einen optimistischen Zug gläubiger Zuversicht ausstrahlt. Zum andern ist es Heinrichs von Melk berühmtes Gedicht ›Von des todes gehugde‹ / Erinnerung an den Tod[22] (1160/70), eine scharfe Abrechnung mit der in Nichtigkeiten und Sünde lebenden Welt. Einzig das asketische Leben als Klausner lässt er als irdische Lebensform gelten. Damit steht er fest in der Tradition der ›De contemp-

16 Daraus Text u. Anm. von ›Descensus‹ und ›Visitatio sepulchri‹: de Boor 1, S. 106–110 (s. Anm. 4)

17 Text u. Übers.: Vollmann-Profe, S. 34–57 (s. Anm. 10).

18 Text u. Übers.: Curschmann/Glier, I, S. 176–183 (s. Anm. 4)

19 Text u. Übers.: Vollmann-Profe, S. 58–67 (s. Anm. 10)

20 Text u. Übers. (Auswahl: Gebet zu Gott Vater = V. 1–315): Vollmann-Profe, S. 83–103 (s. Anm. 10). – Text u. Anm. (V. 1–276): de Boor 1, S. 594–598 (s. Anm. 4).

21 Text u. Anm. (Auszug = Christi Geburt u. Theophilus): de Boor 1, S. 65–69 u. 460 f. (s. Anm. 4).

22 Heinrich von Melk: Von des todes gehugde. Mahnrede über den Tod. Mittelhochdeutsch/Neuhochdeutsch. Übers., komment. u. Einf. v. T. Bein, T. Ehlert, P. Konietzko u. a. Stuttgart: Reclam 1994 (RUB 8907).

tu mundi‹- und ›Memento mori‹-Literatur des 11., 12. u. 13. Jahrhunderts.

Das ›St. Trudperter Hohe Lied‹[23] (1160) ist ein exegetisches Werk von hoher Sprachkraft, das an eine breite Tradition der Hohe-Lied-Auslegung anknüpft und in unmittelbarer Nachfolge von Willirams von Ebersberg Hohelied-Übersetzung und Paraphrase (1050) steht. Ehrismann nannte es das »erste Buch der deutschen Mystik«.

Ihren Ausklang nimmt die frühmittelhochdeutsche geistliche Dichtung mit Mariendichtung: ›Vorauer Marienlied‹[24] (1120/30), ›Melker Marienlied‹[25] (1140–60), ›Arnsteiner Mariengebet‹ (1150/1160), ›Mariensequenz von Muri‹[26] (1180/90). Das epische ›Marienleben des Priesters Wernher‹[27] (1172) schließlich steht wirkungsreich am Anfang der zahlreichen Marienleben des 13. u. 14. Jahrhunderts.

Die vorhöfischen Epik steht unter dem Stichwort ›Gott und der Welt gefallen‹. Die Welt, geschichtliche Ereignisse wollen erfahren werden. Die ›Kaiserchronik‹[28] (1147) ist das erste deutsche Geschichtswerk in Form von Kaiserbiographien. In ›Lamprechts Alexander‹[29] (1150) werden die Taten Alexanders des Großen geschildert. Das ›Rolandslied‹[30] (1170) greift eine Episode aus Karls spanischen Krieg heraus (Vernichtung der fränkischen Nachhut in den Pyrenäen 778).

Eine besondere Gruppierung bilden die so genannten ›Spielmannsepen‹, die der diesseitigen Welt in ihrer ganzen Fülle und Buntheit

23 Text u. Übers. (Auszug = V. 1–140): Vollmann-Profe, S. 186–197 (s. Anm. 10). – Textausg. mit Übers. u. Komm.: Das St. Trudperter Hohe Lied. Hrsg. Friedrich Ohly, Nicole Klein. Frankfurt/M: Deutscher Klassiker Verlag 1998.

24 Text u. Übers.: Vollmann-Profe S. 68–75 (s. Anm. 10) sowie de Boor 1, S. 404–406 (s. Anm. 4)

25 Text u. Übers.: Vollmann-Profe S. 76–83 (s. Anm. 10) sowie de Boor 1, S. 406–408 (s. Anm. 4)

26 Text u. Übers.: Max Wehrli, Deutsche Lyrik des Mittelalters, ^{2}1962, S. 16–23. – Text u. Anm.: de Boor 1, S. 408–410 (s. Anm. 4)

27 Text u. Anm. (Auszüge): de Boor 1, S. 70–73 (Verkündigung); S. 243–246 (Der Kindermord); S. 440–442 (Marias Geburt und Tempelgang) – (s. Anm. 4) Text: C. Wesle, Priester Wernhers Maria. 2. Aufl. H. Fromm, Tübingen 1969.

28 Text u. Übers. (Auszüge: ›Lucretia‹, ›Lothar III u. Konrad III): Vollmann-Profe, S. 104–134 u. 134–153 (s. Anm. 10).

29 Text u. Anm. (Auszüge): de Boor 1, S. 934–937 u. 1043–1045 (s. Anm. 4).

30 Das Rolandslied des Pfaffen Konrad. Mittelhochdeutsch/Neuhochdeutsch. Übers., komment. u. hrsg. v. Dieter Kartschoke. Stuttgart: Reclam 1993 (RUB 2745).

sich verpflichtet fühlen. Im ›König Rother‹[31] (1160) steht eine Brautwerbung im Mittelpunkt. Das Epos ›Herzog Ernst‹[32] (1180) verbindet 2 heterogene Stoffteile: die geschichtliche Tradition von Herzog Ernst von Schwaben und die orientalische Abenteuerkette von Sindbad dem Seefahrer. In zahlreichen Bearbeitungen des 13., 14. u. 15. Jahrhunderts lebt der Stoff literarisch weiter.

Gleichsam paukenschlagähnlich wird die hochhöfische Zeit (1170–1250) der mittelalterlichen deutschen Literatur, einer ersten dichterischen Glanzeit, eröffnet mit der intensiven Hinwendung und Schilderung der Freude am Diesseitigen, am Glanz des höfisch-ritterlichen Lebens. Waren vom 8. bis 12. Jahrhundert Klöster und Bischofssitze die Schreiborte, sind es jetzt mehr und mehr die Kanzleien der weltlichen und geistlichen Landesherren . Dazu tritt die Tatsache, dass sich die höfische Dichtersprache als eine von regionalen Einflüssen nahezu freie Schriftsprache, eine Art ›Hochsprache‹, repräsentiert. Schließlich tritt als ein wesensbestimmendes Element die starke Einwirkung/Rezeption französischer Literatur (beonders die Werke des Chréstien de Troyes sowie die nordfranzösische und die provencalische Lyrik) auf die deutsche[33] in zeitlich sehr geringem Abstand hinzu. Besonders in der Epik und Lyrik kommen diese neuen Veränderungen am deutlichsten zum Ausdruck.

Aber auch in dieser Epoche der auf hohem Niveau stehenden dichterischen Kunstwerke bleibt der Autor zunächst so gut wie verborgen. Von den Großen wie Walther von der Vogelweide, Hartmann von Aue, Gottfried von Straßburg und Wolfram von Eschenbach wissen wir biographisch sehr wenig.

Unter den Vertretern der frühhöfischen Epik sei lediglich Heinrich von Veldecke (um 1140–ca. 1190) angeführt. Sein episches Hauptwerk, der ›Eineit‹[34] (um 1181), erzählt einen antiken Stoff (Vergils Äneis),

31 König Rother. Text u. neuhochdeutsche Übersetzung v. Peter K. Stein. Hrsg. v. Ingrid Benwitz u. a. Stuttgart: Reclam (RUB 18047).

32 Herzog Ernst. Ein mittelalterliches Abenteuerbuch. Mittelhochdeutsche/Neuhochdeutsch. Hrsg., Übers. u. Komm. v. B. Sowinski. Stuttgart: Reclam (RUB 8352).

33 Dazu Joachim Bumke: Die romanisch-deutschen Literaturbeziehungen im Mittelalter. Heidelberg 1967.

34 Heinrich von Veldeke: Eneasroman. Mittelhochdeutsch/Neuhochdeutsch. Übers., Komm. u. Nachw. v. Dieter Kartschoke. Stuttgart: Reclam (RUB 8303).

rezipiert durch eine französische Vorlage, wandelt den Gehalt aber ins Ritterlich-Höfische um.

Hartmann von Aue (Schaffensperiode: 1180–nach 1200) führte die Gattung des Artusromans ins Deutsche ein mit dem ›Erec‹[35] (1180), einer freien Nachdichtung von Chréstiens ›Erec et Eneide‹ (1160/70) und dem ›Iwein‹ (um 1200) eng orientiert an Chréstiens ›Yvain‹ (1179/80). Beide Versromane zeigen einen doppelten Handlungskursus, in dessen Verlauf die Hauptfigur nach Schuldigwerden an der Geliebten erst in einer zweiten, breit ausgeführten Aventiurenkette nach Bestehen schwerer Prüfungen die gesicherte Reintegration in die Gesellschaft erwirkt und persönliches Glück erlangt.

Im ›Gregorius‹[36] (1187/89) wird die Geschichte vom ›guten Sünder‹ als Papstlegende dargestellt. Quelle ist ›La vie du pape Grégoire‹ (Mitte d. 12. Jh.). Gregorius begeht Inzest mit seiner Mutter, büßt 17 Jahre die Todsünde, festgeschmiedet an einem Felsen, bis er schließlich zum Papst gewählt wird. – Mit dem ›Armen Heinrich‹[37] (1195) verfasst Hartmann von Aue ein ganz neuartiges Werk, in dem die Wunderheilung des unrettbar kranken Herrn Heinrich von Aue durch das Opfer einer Maierstochter dargestellt wird.

Die Gattung des Artusromans wird begierig aufgegriffen. Ulrich von Zatzikhoven verfasst den ›Lanzelet‹ (nach 1210), der Wirnt von Grafenberg seinen ›Wigalois‹ (um 1210), Heinrich von dem Türlin ›Die Krone‹ (1220/30), der Stricker seinen ›Daniel vom blühenden Tal‹ (um 1240). Der deutsche ›Prosa-Lanzelot‹[38] (Entstehung unklar), eng angelehnt an den französischen ›Lancelot en prose‹ (1. Hälfte d. 13. Jh.) ist eine Gesamtgeschichte des höfischen Rittertums.

35 Hartmann von Aue: Erec. Mittelhochdeutsch/Neuhochdeutsch. Text u. Übertr. v. Thomas Cramer Frankfurt/M.: Fischer 1983 (FTB 6485).

36 Hartmann von Aue: Gregorius der gute Sünder. Mittelhochdeutsch/Neuhochdeutsch nach d. Ausg. v. F. Neumann. Übers.: Burkhard Kippenberg. Nachw. v. Hugo Kuhn. Stuttgart: Reclam 1963 (RUB 1787).

37 Hartmann von Aue: Der arme Heinrich. Mittelhochdeutscher Text u. Übertr. Auf d. Grundlage d. Textes v. Helmut de Boor durchges., übertr., m. Anm. u. e. Nachw. v. Hermann Henne. Frankfurt/M: Fischer (FTB 6488).

38 Lancelot und Ginover. Prosalanzelot I–II [Mittelhochdeutsch/Neuhochdeutsch]. Hrsg. v. Hans-Hugo Steinhoff. 2 Bde. Frankfurt/M: Deutscher Klassiker Verlag 1995 – Lancelot und der Gral. Prosalanzelot III–IV [Mittelhochdeutsch/Neuhochdeutsch]. Hrsg. v. Hans- Hugo Steinhoff. 2 Bde. Frankfurt/M: Deutscher Klassiker Verlag 2003.

Das Hauptwerk eines der größten Dichters des deutschen Mittelalters, der ›Parzival‹ (1200–1210) des Wolfram von Eschenbach (1170–1220), ist ebenfalls in zweisprachigen Ausgaben greifbar[39]. Hauptquelle war die ›Geschichte vom Gral‹ (›Le conte du Graal‹) des Chrétien des Troyes (1180/90). Aber im Unterschied zu Chréstien ist nicht mehr die Artus-Gesellschaft der zentrale Bezugspunkt, sondern es tritt noch die religiöse Gesellschaft des Gralskreises als Kontrapunkt und übergeordneter Lebenskreis hinzu. Wolframs umfangreiches Epos ist so reich wie keines sonst überliefert: in über 80 Handschriften.

Als Gegenspieler zu Wolfram hat man Gottfried von Straßburg (gest. um 1210) gesehen als »der neue soziale Typus des Stadtbürgers« (de Boor). Sein ›Tristan‹[40] (1200/20), 19 548 Verse, ist Fragment geblieben (Schluß fehlt). Französische Vorlage für Gottfried war der ›Tristan‹ des Thomas von Britannien (nach 1170). Bedeutsam u. a. ist Gottfrieds Anwendung der Allegorese aus der Bibelexegese auf Weltliches, so auf die Architektur der Minne-Grotte.

Zu den großen höfischen Romanen gehört zweifellos das ›Nibelungenlied‹[41] (um 1200). Es ist der einzige Heldenroman der staufischen Zeit und zugleich auf höchstem sprach- und formkünstlerischem Niveau geschaffen. Seine Ursprünge liegen in der germanischen Frühzeit. Unmittelbare Vorstufen des Nibelungenliedes in Form einzelner Lieder muss es gegeben haben, greifbar aber sind sie nicht. Ist der

39 Wolfram von Eschenbach: Parzival. Mittelhochdeutsch/Neuhochdeutsch. Übers. u. Nachw. v. Wolfgang Spiewok. Stuttgart: Reclam 1981 2 Bände (RUB 3681 u. 3682). – Versübersetzungen legten Wolfgang Mohr (1977) und Dieter Kühn (1986; revid. 1994 in Nellmanns Ausg. i. d. Bibl. dt. Klassiker) vor. – P. Knecht verfasste eine weitere Prosaübers. (1993; wieder in Schiroks Nachdruck der Parzival-Ausgabe Lachmanns 1998).

40 Gottfried von Straßburg: Tristan. Mittelhochdeutsch/Neuhochdeutsch. Nach d. Text von Friedrich Ranke neu hrsg., ins Neuhochdeutsche übers., m. e. Stellenkomm. u. e. Nachw. v. Rüdiger Krohn. Stuttgart: Reclam 1981. Bände 1–3 (RUB 4471 [6]; 4472 [6], 4473 [6]9. – Fortsetzungen zu Gottfrieds Tristan (Ulrich von Türheim und Heinrich von Freiberg) druckt ebd. Krohn, Bd. 3, S.575–590 ab. – Tristan und Isolde des Gottfried von Straßburg. Hrsg., übertr. u. m. e. Einf. v. Dieter Kühn. Darmstadt: Wiss. Buchgesellschaft 2003.

41 Das Nibelungenlied. Hrsg. u. übertr. v. Helmut de Boor. 4. Aufl. Köln: Parkland 2003. – Das Nibelungenlied. Nach dem Text v. Karl Bartsch und Helmut de Boor. Übers., Komm. v. S. Grosse. Stuttgart: Reclam (RUB 50644). – Das Nibelungenlied 1 und 2. Mittelhochdeutscher Text mit Übertragung v. Helmut Brackert. Frankfurt/M: S. Fischer 1970 (FTB 6038 u. 6039).

Stoff heroisch bestimmt – Siegfrieds Werbung und Tod sowie Untergang der Burgunden am Hofe Etzels –, so ist die ethische Ausformung durch den (unbekannten) Dichter höfisch-ritterlich geprägt. Überall schlagen die Ideale höfischen Lebens und Verhaltens durch. Das Nibelungenlied ist zudem der Weltwirklichkeit verpflichtet und steht der Märchenhaftigkeit der Artusromane fern.

Unerhörten Reichtum in Form und Inhalt bietet die hochhöfische Lyrik[42]. Sie ist eine der erstaunlichsten Leistungen innerhalb der gesamten deutschen Literaturgeschichte überhaupt. Die berühmte Manessische Liederhandschrift oder auch ›Heidelberger Liederhandschrift C‹ (1320/30), eine großformatige Sammelhandschrift mit nahezu 6000 Strophen von 140 Autoren und 138 Verfasserbildern, mag eine Anschauung davon geben. Es dominiert die Liebeslyrik (Minnelyrik/ Minnesang). Daneben steht bedeutende geistliche und politische Lyrik sowie Spruch-Lyrik (Weisheitsdichtung).

Von formal einfachen Gedichten (Liedern) des frühen ›Donauländischen Minnesangs‹ ab 1160 (Kürenberger, Dietmar von Aist) geht die Entwicklung schnell zum kunstvollen, dreiteiligen Strophenbau (Friedrich von Hausen, Albrecht von Johansdorf), der über Jahrzehnte bestimmend werden sollte. Einen ähnlich rasanten Verlauf nimmt die Reimtechnik, die in der Spätzeit in reines Virtuosentum ausartet. Inhaltlich bietet der Minnesang ein breites Spektrum: einseitig verlangende Liebe durch die Frau oder den Mann, gegenseitig erfüllbares Glück (›ebene Minne‹) und entsagende ›hohe Minne‹ in allen nur möglichen Variationen. Reizvolle Liedgattungen werden benutzt: das Tagelied[43] (heimliches Zusammentreffen der Liebenden bei Nacht), das Botenlied (Bote als Mittler zwischen den Liebenden), das Gesprächs-

42 Deutsche Lyrik des Mittelalters. Auswahl und Übersetzung von Max Wehrli. Mit 36 Abbildungen aus der Manessischen Liederhandschrift. Zürich: Manesse 1955 u.ö. – Deutsche Gedichte des Mittelalters. Mittelhochdeutsch/Neuhochdeutsch. Ausgew., übers. u. erläutert v. Ulrich Müller in Zus.-Arbeit mit Gerlinde Weiss. Stuttgart: Reclam 1993 (RUB 8849). – Deutsche Lyrik des frühen und hohen Mittelalters [Mittelhochdeutsch/ Neuhochdeutsch, Kommentar]. Hrsg. v. Ingrid Kasten. Übersetzt v. Margherita Kuhn. Frankfurt/M: Deutscher Klassiker Verlag.

43 Tagelieder des deutschen Mittelalters. Mittelhochdeutsch/Neuhochdeutsch. Ausgew., übers. u. komment. v. Martina Backes. Einl. v. Alois Wolf. Stuttgart: Reclam1992 (RUB 8831).

lied, die Pastourelle (Begegnung zwischen einem Ritter und einem einfachen Mädchen in bukolischer Natur), Frauenlieder[44] und Tanzlieder.

Eine besondere sprachliche Qualität erreichen die Lieder des Heinrich von Morungen[45] (gest. 1222). Der bei weitem bedeutendste deutschsprachige Lyriker des Mittelalters aber ist ohne Zweifel Walther von der Vogelweide[46] (1190–1230), dem das gesamte Repertoire der Minne- und Sangspruchlyrik zur Verfügung steht und es meisterhaft variiert und verändert.

Burkhart von Hohenfels (1212–42), Gottfried von Neifen (um 1255) und Ulrich von Winterstetten (1241–80) stehen am Ende der hochhöfischen Lyrik. Sie bewegen sich zwar in traditionellen Themenstellungen, bemühen sich aber um eine Ausformung des metrisch-musikalischen Baus der Strophe und der rhetorisch-stilistischen Seite bis hin zum reinen Virtuosentum.

Die Lyrik eines Neithart von Reuenthal[47] (gest. 1246) durchbricht die Ethik der hochhöfischen Lyrik. Er führt den Bauer (›dörper‹) mit seinen Sommer- und Winterliedern in die Poesie ein und entwickelt besonders die Form der dörperlichen Tanzpoesie. Neidhart hat stark auf die literarische Nachwelt gewirkt.

Neben der höfischen Epik und Lyrik läuft immer ein Strom geistlicher Dichtung. Sie ist vor allem Mariendichtung: Marienlieder unbekannter Verfasser, Marienpreislieder[48], Mariengrüße[49], Mariengebete[50], Ma-

44 Frauenlieder des Mittelalters. Mittelhochdeutsch/Mittellateinisch/Altprovencalisch/Altfranzösisch. Übers. u. hrsg. v. Ingrid Kasten. Stuttgart: 1990.

45 Heinrich von Morungen. Lieder. Mittelhochdeutsch/Neuhochdeutsch. Text, Übers., Komm. v. Helmut Tervooren. Stuttgart: Reclam 1975 (RUB 9797 [4]).

46 Walther von der Vogelweide. Gedichte. Mittelhochdeutscher Text mit Übertragung. Ausgewählt und übersetzt von Peter Wapnewski. Frankfurt/M: Fischer 1962 u. ö. (FTb 6052). – Walther von der Vogelweide: Werke. Gesamtausgabe. Mittelhochdeutsch/Neuhochdeutsch. Übers., Komm. u. Hrsg. Günther Schweikle. Stuttgart: Reclam 1994. Bd. 1: Spruchlyrik. Bd. 2: Liedlyrik (RUB 819 u. 820).

47 Neidhart von Reuental: Lieder. Mittelhochdeutsch/Neuhochdeutsch. Auswahl mit den Melodien zu neun Liedern. Übers. u. Hrsg. Helmut Lomnitzer. Stuttgart: Reclam 1966 u. ö. (RUB 6927/28).

48 Marienlied des Meister Sigher. Text u. Anm.: de Boor 1, S, 415 f. (s. Anm. 4). Marienpreis des Rumzlant von Sachsen. Text u. Anm.: de Boor 1, S. 416–418 (s. Anm. 4).

49 Drei Mariensprüche (anonym). Text u. Anm.: de Boor 1, S. 412 f. (s. Anm. 4).

50 Zwei Mariengebete des Marner. Text u. Anm.: de Boor 1, S. 413–415 (s. Anm. 4).

riensprüche[51] und Rosenkranzgedichte. Einige Marienklagen sind Bestandteile von größeren Passionsspielen. Von den Marienleben ist die umfangreichste die des Walther von Rheinau (16263 Verse, Ende d. 13. Jh.), früher die des Priester Wernher[52] (1172). Schließlich seien noch die Marienlegenden[53] und Marienmirakel genannt.

Epische religiöse Bibeldichtung liegt weniger in der Bearbeitung alttestamentlicher, sondern neutestamentlicher Stoffe: so in der ›niederdeutschen Apokalypse‹ (um 1200), in der ›Judith‹ (um 1222) und in ›Der Saelden Hort‹[54] (um 1300). – Reich überliefert ist auch die Legendenepik, so der ›Oberdeutsche Servatius‹[55] (1180/90), ›Barlaam und Josaphat‹, Reinbot von Durne[56] (1231–53), ›Der heilige Georg‹ (u. a. m.).

Eine Gattung für sich sind die Geistlichen Spiele. Das erste deutschsprachige ist das ›Osterspiel von Muri‹[57] (1240–60). Obwohl nur fragmentarisch überliefert, ist der Text eindeutig für die Aufführung[58] bestimmt. Kunstvoll sind die Szenen miteinander verknüpft. Stilistisch ist es höfisch orientiert, inhaltlich klar sakral. Im Mittelpunkt dieses und aller anderen Osterspiele steht der Gang der 3 Marien zum

Mariengebet des Heinrich Frauenlob. Text u. Anm.: de Boor 1, S. 426–428 (s. Anm. 4).

51 Marienspruch des Meister Boppe. Text u. Anm.: de Boor 1, S. 418 (s. Anm. 4). Zwei Mariensprüche des Konrad von Würzburg. Text u. Anm.: de Boor 1, S. 419 (s. Anm. 4).

52 Auszug: Marias Geburt und Tempelgang. Text u. Anm.: de Boor 1, S. 440–442 (s. Anm. 4).

53 Aus dem ›Passional‹ (anonym, 1290/1300): Der Ritter und der Teufel. Der gehängte Dieb. Des Sünders Traum. Vom Geburtsfeste Mariä. Die Witwe und ihr Sohn. Text u. Anm.: de Boor 1, S. 461–478 (s. Anm. 4).

54 Aus der ›Saelden Hort‹: Die Krippe. Das Weltleben des Lazarus und der Maria Magdalena; Die Auferweckung des Lazarus. Text u. Anm.: de Boor 1, S. 73–75 und 268–279 (s. Anm. 4).

55 Auszüge: 1. Die Vision des Servatius in Rom. 2. Servatius‹ Tod. Text u. Anm.: de Boor 1, S. 315–319 (s. Anm. 4).

56 Auszüge: Georgs Abschied von seinen Brüdern. Die Apollostatue. Text u. Anm.: de Boor 1, S. 298–314 (s. Anm. 4).

57 Das Innsbrucker Osterspiel. Das Osterspiel von Muri. Mittelhochdeutsch/Neuhochdeutsch. Hrsg., übers., m. Anm. u. e. Nachw. versehen von Rudolf Meier. Stuttgart: Reclam 1962 (RUB 8660/01).

58 Moderne Aufführungen gab es durch Schüler in Muri und 1961 durch Studenten des germanischen Seminars der Freien Universität Berlin in Berlin, Göttingen, Saarbrücken, Tübingen und Marburg/L.

Grabe und die Verkündigung der Auferstehung Christi. Spätere Spiele haben die einzelnen Szenen stark erweitert, so das ›Innsbrucker Osterspiel‹[59] (1391) und das ›Redentiner Osterspiel‹[60] (wohl 1464), dem bedeutendsten aller deutschsprachigen Osterspiele (Linke), zudem ein ganz herausragendes Beispiel niederdeutscher Dichtung.

Die spätmittelalterliche Literatur (ca. 1300–ca. 1500), sprachlich vom Mittelhochdeutschen übers Spätmittelhochdeutsche ins Frühmittelhochdeutsche übergehend, bietet eine solch außerordentliche Vielfalt von Werken, dass hier nur einige wichtige Stränge angedeutet werden können. Immer muss berücksichtigt werden, dass mittelalterliche Literatur vor allem geistliche Literatur ist. Sie macht einen außerordentlich hohen quantitativen Anteil aus.

Die Geistlichen Spiele (früher fälschlich: Drama des Mittelalters) stellen eine in der Mitte d. 13. Jahrhunderts beginnende Tradition (s. o.) dar, die bis weit in die Neuzeit (17. Jh.) hineinragt[61] und auch innerlich mit der neueren Literatur (Barock) verbunden, da kein Geringerer als Walter Benjamin den Ursprung des barocken Trauerspiels im Geistlichen Spiel des Mittelalters sah[62]. Die ca. 200 erhaltenen Spiele[63] – zentriert im Ostertropus über die drei Frauen am Grabe – wachsen sich immer mehr zu größeren Spielen aus: Oster-, Passions-, Weihnachts-, Fronleichnams-, Weltgerichts- und Marienspiele. Auch alttestamentarische Stoffe werden thematisiert, Märtyrer- und Heiligenviten dramatisiert. Einige der späteren Spiele wurden über mehrere Tage verteilt unter einem enormen Aufwand von Darstellern vor Tau-

59 S. Anm. 56.

60 Das Redentiner Osterspiel. Mittelniederdeutsch/Mittelhochdeutsch. Übers. u. komment. v. Brigitta Schottmann. Stuttgart 1975 (RUB 9744–47).

61 Katalog der deutschsprachigen geistlichen Spiele [193] und Marienklagen [147] des Mittelalters. Von Rolf Bergmann, unter Mitarbeit von Eva P. Diederichs und Christoph Treutwein. München: Beck 1986.

62 Walter Benjamin: Ursprung des deutschen Trauerspiels. Berlin: Rowohlt 1928. Zuletzt: Walter Benjamin. Gesammelte Schriften, Bd. I, 1. Hrsg. v. Rolf Tiedemann und Hermann Schweppenhäuser. Frankfurt/M: Suhrkamp 1974, S. 203–409. – Benjamins Schrift, als Hab.-Schrift von der Phil. Fak. der Frankfurter Universität abgelehnt, wurde seit den 60er Jahren immer mehr zu einem die Barockforschung fundierenden Werk.

63 Deutsche Spiele und Dramen des 15. und 16. Jahrhunderts [15 Spiele]. Hrsg. v. Hellmut Thomke. Frankfurt/M: Deutscher Klassiker Verlag 1996.

senden von Zuschauern in Städten gespielt. Ziel: religiöse Massenbeeinflussung. Der Zuschauer wurde nicht als Theaterpublikum, sondern als Gemeindemitglied begriffen, das zum Schluss in das Spiel durch gemeinsames Gebet, Gesang, oder Gemeinschaftsprozession integriert war.

Ein weiterer Strang ist der höfische Prosaroman. Drei höfische Romane entstehen Anfang d. 14. Jh. (der ›Wilhelm von Österreich‹ des Johann von Würzburg, Maximilians ›Theuerdank‹ und der ›Rappoltsteiner Parzival‹ sowie der ›Niuwe Parzival‹ der Autoren Claus Wiese und Philipp Colin), bis nach 1336 eine fast 100-jährige Pause entsteht. Gräfin Elisabeth von Nassau-Saarbrücken (1393–1456) schreibt vier Prosahistorien, darunter den ›Hugo Scheppel‹ und führt damit die neue Form des höfischen Romans ein, der einige Fortsetzer findet. Der Berner Stadtadlige Thüring von Ringoltingen (gest. 1483) schreibt 1456 den Prosaroman ›Melusine‹[64], der weite Verbreitung fand.

Die Tradition des höfischen Prosaromans im 15. und 16. Jh.[65] teilt sich stofflich einerseits in Bearbeitungen hochmittelalterlicher höfischer Romane sowie Heldenepen (z.B. der Wigalois, Herzog Ernst oder die Geschichte von Siegfried im ›Lied vom Hürnen Seyfrid‹) und andererseits in Neubearbeitungen bzw. Neuübersetzungen französischer Texte (z.B. die deutsche Übersetzung des ›Amadis‹-Romans 1569, zurückgehend auf den Spanier Garci Rodriguez de Montalvo, 1492, 1508 gedruckt, 1540 ins Französische übersetzt.

Auch der Minnesang lebt in der spätmittelalterlichen Dichtung fort: u.a. Hugo Montfort (1357–1423), der Zürcher Johannes Hadlaub (2. Hälfte d. 13. Jh. – Anfang d. 14. Jh.), der Mönch von Salzburg[66] (2. Hälfte d. 14. Jh.). Eine Sonderstellung nimmt Oswald von Wolkenstein[67] (1376/78–2.8.1445) ein. Kein mittelalterlicher Lyriker ist in Zeugnissen und Selbstzeugnissen so greifbar wie er. Und kein ande-

64 Thüring von Ringoltingen: Melusine. Hrsg. v. H.-G. Roloff. Stuttgart: Reclam (RUB 1484).

65 Romane des 15. und 16. Jahrhunderst [Mit Holzschnitten sämtlicher Originalausgaben]. Hrsg. v. Jan-Dirk Müller. Frankfurt/M: Deutscher Klassiker Verlag 1990.

66 Auswahl mit Übersetzungen und Melodien: Der Mönch von Salzburg, ich bin du und du bist ich. Hrsg. v. F. V. Spechtler, Übersetzungen v. M. Korth. 1980.

67 Oswald von Wolkenstein. Die Lieder. Mittelhochdeutsch/Neuhochdeutsch. In

rer hat sein Leben so zum Gegenstand seines Werkes gemacht. Einen festen Auftragsgeber scheint er nicht gehabt zu haben. Er greift aber auf den reichen Fundus bisheriger Minnelieder zurück (Tagelied, Pastourelle), verfasst aber auch geistliche und didaktische Lieder. Auffallend ist das Vorherrschen erzählerischer Momente in seinen Liedern. Schließlich ist er sein eigener Komponist (mehrstimmige Sätze).

Die Vielfältigkeit spätmittelalterlicher Literatur kommt in Werkformen wie Reimreden, Schachallegorien, Fabeln und Tierdichtung, Wissenschaft- und Sachliteratur[68], Reiseliteratur, Geschichtsschreibung sowie Autobiographie und Familienchronik zum Ausdruck.

Von der massenhaften geistlichen Literatur sei die Mystik herausgegriffen, an ihrer Spitze Meister Eckhart[69] (1260–1329), der führende deutsche Mystiker des Spätmittelalters[70]. – Unter den Predigern ragt Johann Geiler von Kaysersberg (1445–1510) hervor.

Die städtische Literatur im 14. u. 15. Jh. bringt eine überaus große Fülle von Schrifttum hervor, das auch die Regelung des alltäglichen Lebens zum Inhalt hat. Von Ratsverlassen über Polizeiverordnungen bis hin zur Regelung privaten Lebens – so in der Nürnberger Hochzeitsordnung von 1485 – ergießt sich geradezu eine Aufzeichnungswut. »Das geschriebene Wort wird so in einem Maße zum Regulativ der Existenz, wie es zuvor allenfalls – und nicht in solcher Differenziertheit – bei der Klosterregel der Fall war« (Cramer). Beigetragen zur Verschriftlichung des Lebens hat natürlich auf die Vervielfältigung von Texten durch Schreiber und Drucker. Die Schreibwerkstatt von Diepold Lauber in Hagenau im Elsass (1427–1467) war wohl die produktivste ihre Zeit. Einen weiteren bedeutenden Schub gab es

Text und Melodien neu übertragen und kommentiert von Klaus J. Schönmetzler. München: Emil Vollmer 1979. – Oswald von Wolkenstein. Lieder. Mittelhochdeutsch/Neuhochdeutsch. Auswahl. Hrsg., übers. u. erläutert v. Burghart Wachinger. Stuttgart: Reclam 1964 (RUB 2839/40).

68 Deutsche Fachprosa des Mittelalters. Ausgewählte Texte. Hrsg., erläutert und mit einem Glossar versehen von Wolfram Schmitt. Berlin 1972. – Peter Assion. Altdeutsche Fachliteratur. Berlin: Schmidt 1973.

69 Meister Eckhart: Deutsche Predigten. Mittelhochdeutsche/neuhochdeutsch. Eine Auswahl. Hrsg., Übers. u. Komm. v. U. Störmer-Caysa. Stuttgart. Reclam (RUB 18117).

70 Mystische Texte des Mittelalters. Ausw. u. Hrsg. v. J. Lanckowski. Stuttgart: Reclam (RUB 8456).

durch die Erfindung des Buchdrucks. Luthers 42-zeilige Bibel erscheint 1456. Schüler Gutenbergs zerstreuen sich über ganz Deutschland. Aus der Werkstatt des Albrecht Pfister (nachweisbar 1448–66) in Bamberg stammen die Erstdrucke von Ulrich Boners ›Edelstein‹ (1461) und des ›Ackermanns aus Böhmen‹[71] (1460).

Es verwundert nicht, dass zahlreiche städtische Chroniken entstehen. Die älteste: die ›Kölner Reimchronik‹ des Gottfried von Hagen (gest. 1299). Die ›Lübecker Ratschronik‹ geht über die Jahre 1401–1482, die ›Landshuter Ratschronik‹ über 1439–1504. – Die Satire greift Raum. So will die Ständesatire ›Des Teufels Netz‹ (um 1420) die Schwächen aller Stände und Berufsgruppen aufdecken. Das Hauptwerk ist Heinrich Wittenwilers ›Der Ring‹[72] (1410/20), in dem eine neidhartische Bauerngeschichte in eine Enzyklopädie des Wissens und der Lebenslehre in aller Drastik und Komik eingebettet ist.

Unter der Narrenliteratur ist vor allem Sebastians Brants ›Narrenschiff‹ (1494) mit Holzschnitten von Dürer zu nennen, das zu einem europäischen Bucherfolg wurde. – Die Maerendichtung[73] (in Reimpaarversen) ist vom Hof übernommen und den städtischen Literaturbedürfnissen angepasst. Sie sind oft »Beispielerzählungen für die Lösung von Problemen der bürgerlichen Familie«.

Hans Folz (1435/49–1513) ist der herausragendste Maerendichter (über 20 Maeren). – Lieddichtung in der Stadt beinhaltet Liebeslieder in der Tradition des höfischen Minnesangs, Trink- und Gesellschaftslieder sowie Berichts- und Erzähllieder. – In den historisch-politischen Lieder, (meist anonym) wird von der innerstädtischen Auseinandersetzung bis zum territorialen Konflikt kein Thema ausgelassen. Über das Tagespolitische hinaus hat sich in einigen späteren Drucken die Liedüberlieferung zur Geschichte der Schweizer Eidgenossenschaft, beginnend mit der Schlacht bei Sempach 1386, erhal-

71 Johannes von Tepl: Der Ackermann. Frühneuhochdeutsch/Neuhochdeutsch. Übers. u. Komm. v. Ch. Kiening. Stuttgart: Reclam (RUB 18075).

72 Wittenwiler, Heinrich: der Ring. Frühneuhochdeutsch/Neuhochdeutsch. Übers. u. Hrsg. v. Horst Brunner. Stuttgart: Reclam.

73 Der münch mit dem genßlein. 13 spätmittelalterliche Verserzählungen. Aus dem Codex Karlsruhe 408 hrsg. u. erläutert von Rolf Max Kully und Heinz Rupp. Stuttgart: Reclam 1972 (RUB 9379-81). – [Märensammlung]: Novellistik des Mittelalters. Hrsg. v. Klaus Grubmüller. Frankfurt/M: Deutscher Klassiker Verlag 1996.

ten. – Im Schatten der geistlichen Spiele entwickelt sich die weltliche Dramatik in der Form der Fastnachtsspiele. Beginnend im 14. Jh. (meist anonym) ist es zunächst nur die Aneinanderreihung einzelner Rollen; später wird eine dialogische Situation (Gerichtsverhandlung, beim Arzt u. a.) geschaffen; schließlich entsteht das dramaturgisch gestaltete Spiel mit Dialog und Szenenwechsel, so in den Fastnachtsspielen des Hans Folz (1435/40–1513) und Hans Sachs (1494–1576).

Die Literatur des deutschen Frühhumanismus (1430–1510), auf dem Boden der italienischen Stadtkultur entstanden, hat zwar keine breite Wirkung erlangt, aber auf die Folgezeit (Neuzeit) starken Einfluss ausgeübt. Sie stand vor allem unter dem Einfluss der Cicero-Rezeption. Die deutschen Universitätsgründungen im 15. Jahrhundert haben das ihre getan, um die Rezeption der Antike zu fördern. Es treten vornehmlich 4 Eindeutscher des Humanismus auf: Niklas von Wyle (1415–1479); mit seinem ›Translatzen‹ stellte er einen Kanon humanistischer Literatur auf Deutsch bereit. Heinrich Schlüsselfelder (2. Hälfte d. 15. Jh.) übersetzte 1473 mit Bocaccios ›Decamerone‹ (1348–53) ein Werk der Weltliteratur. Heinrich Steinhöwel (1412–1478) übersetzte eine lat. Fassung des ›Apollonius‹-Romans und Petrarcas Version der ›Griseldis‹-Novelle (beide gedruckt 1471) u. a. m. und verfuhr dabei viel gründlicher als Wyl. Als Vierter wäre der vielseitige Albrecht von Eyb (2. Hälfte des 15. Jh.) zu nennen. 1472 erschien sein Ehebuch ›Ob eynem manne sey zu nemen ein eelichs weyb oder nicht‹, 1511 (posthum) der ›Spiegel der Sitten‹. Im Anhang dazu übersetzt er drei Komödien, die zu den gelungensten Übersetzungen lat. Texte im Mittelalter gehören (Cramer).

Unter den humanistischen Zentren und Zirkeln Deutschlands ragt Heidelberg hervor. 1456 beauftragt der Kurfürst den ehemaligen Studenten Peter Luder (gest. 1472) mit dem humanistischen Lehrprogramm. Ein bedeutender Anreger humanistischer Studien war Rudolf Agricola (1444–1485), ungewöhnlich umfassend gebildet, hielt er sich 1484–85 im Hause seiner Förderers Johann von Dalberg in Heidelberg auf. Wichtig wird seine Programmschrift ›De formando studio‹, in der er die Rhetorik neu als hermeneutisch bestimmte mit dem Hinweis auf die Bedeutung der Muttersprache für richtiges Denken.

Dossenheim, Winter 2004/05

Manfred Stange